Nicole Laudut

Große Lerngrammatik Französisch

Regeln, Anwendungsbeispiele, Tests

Konzeption:
Iolanda Da Forno / Chiara de Manzini

Hueber Verlag

Merci à tous ceux et celles qui m'ont apporté un précieux soutien dans la rédaction de cette grammaire: Birgitt Bernstein-Hodapp, Julie (ma fille), Reiner Hanke, Françoise Ravez, Anne-Marie Wagner et Jürgen Frank (mon très vigilent lecteur).

Das Werk und seine Teile sind urheberrechtlich geschützt. Jede Verwertung in anderen als den gesetzlich zugelassenen Fällen bedarf deshalb der vorherigen schriftlichen Einwilligung des Verlags.

Hinweis zu § 52a UrhG: Weder das Werk noch seine Teile dürfen ohne eine solche Einwilligung überspielt, gespeichert und in ein Netzwerk eingespielt werden. Dies gilt auch für Intranets von Firmen und von Schulen und sonstigen Bildungseinrichtungen.

4. 3. 2. | Die letzten Ziffern bezeichnen
2011 10 09 08 07 | Zahl und Jahr des Druckes.
Alle Drucke dieser Auflage können, da unverändert,
nebeneinander benutzt werden.
1. Auflage
© 2006 Hueber Verlag, 85737 Ismaning, Deutschland
Redaktion: Jürgen Frank, Hueber Verlag
Umschlaggestaltung: Parzhuber & Partner, München
Layout: Satz+Layout Fruth GmbH, München
Druck und Bindung: Ludwig Auer GmbH, Donauwörth
Printed in Germany
ISBN: 978–3–19–003273–0

Inhalt

Vorwort 14

Aussprache und Schreibung 19

Kapitel 1
Die Aussprache 20

1 Die Laute des Französischen 21
1.1 Die Vokale 21
1.2 Die Konsonanten 25

2 Wichtige Regeln zur Aussprache einiger Vokale 28
2.1 Das „stumme *e*" 28
2.2 Die Laute [e], [ə] und [ɛ] 30
2.3 Das *tréma* (¨) 30

3 Wichtige Regeln zur Aussprache einiger Konsonanten 31
3.1 Aussprache von *s* 31
3.2 Aussprache von *g* 32
3.3 Die Aussprache von *c* und die *cédille* 32
3.4 Aussprache von *h* 33
3.5 Aussprache von *x* 34

4 Nicht gesprochene Buchstaben 35

5 Gebundene Aussprache und *liaison* 36
5.1 Gebundene Aussprache 36
5.2 Die *liaison* (Bindung) 36

6 Assimilation 40
6.1 Assimilation innerhalb eines Wortes 40
6.2 Assimilation zwischen Wörtern 40

7 Die Betonung 40
7.1 Endbetonung 41
7.2 Expressive Betonung 42

8 Die Intonation 42
8.1 Die distinktive Funktion der Intonation 42
8.2 Die expressive Funktion der Intonation 43

Auf den Punkt gebracht 44
Und wenn Sie noch neugierig sind ... 48

Kapitel 2
Die Schreibung 49

1 Das Alphabet 49
1.1 Die Buchstaben des französischen Alphabets 49
1.2 Buchstabieren 50

2 Homophone Wörter 50

3 Die Akzente (*les accents*) 52

4 Der Apostroph (*l'apostrophe*) 54

5 Der Bindestrich (*le trait d'union*) 55

6 Die Satzzeichen 56
6.1 Überblick 56
6.2 Der Punkt 56
6.3 Das Komma 57
6.4 Das Ausrufezeichen 58

7 Groß- und Kleinschreibung 59

8 Die Worttrennung 60

Auf den Punkt gebracht 62
Und wenn Sie noch neugierig sind ... 63

Das Substantiv und seine Begleiter 65

Einführung 66

Kapitel 3
Das Substantiv 69

1 Das Genus der Substantive 70
1.1 Genus von Substantiven natürlichen Geschlechts 70

3

Inhalt

1.2	Substantive mit grammatischem Geschlecht	72
1.3	Besonderheiten beim Genus	77
2	Die Pluralbildung	78
2.1	Grundregel der Pluralbildung	78
2.2	Sonderformen bei der Pluralbildung	80
2.3	Weitere Unregelmäßigkeiten	81
2.4	Pluralbildung der zusammengesetzten Substantive (Komposita)	82

Auf den Punkt gebracht 84

Und wenn Sie noch neugierig sind ... 85

**Kapitel 4
Der Artikel** 86

1	Der bestimmte Artikel	86
1.1	Formen	86
1.2	Gebrauch	89
2	Der unbestimmte Artikel	93
2.1	Formen	93
2.2	Gebrauch	94
3	Der Teilungsartikel (l'article partitif)	95
3.1	Formen	95
3.2	Gebrauch	97
4	Der Null-Artikel	98
4.1	Fehlen des bestimmten oder unbestimmten Artikels	98
4.2	Das Fehlen des Teilungsartikels	99

Auf den Punkt gebracht 101

Und wenn Sie noch neugierig sind ... 103

**Kapitel 5
Das Adjektiv** 104

1	Grundregeln	104
1.1	Genus	104
1.2	Numerus	106
1.3	Übereinstimmung des Adjektivs mit dem Substantiv	107
1.4	Stellung	109
2	Besonderheiten bei den Adjektiven	110
2.1	Besonderheiten beim Genus der Adjektive	110
2.2	Unregelmäßige Formen	112
2.3	Unveränderliche Adjektive	113
2.4	Adjektive, die vor oder nach dem Substantiv stehen können	114
2.5	Zusammengesetzte Adjektive	115
2.6	Adjektivergänzungen	116
3	Steigerung des Adjektivs	117
3.1	Regelmäßige Komparativbildung	117
3.2	Regelmäßige Superlativbildung	118
3.3	Unregelmäßige Komparativ- und Superlativformen	120

Auf den Punkt gebracht 121

Und wenn Sie noch neugierig sind ... 124

**Kapitel 6
Die Possessivbegleiter** 125

1	Formen	125
1.1	Die Formen der 1., 2. und 3. Person Singular	125
1.2	Die Formen der 1., 2. und 3. Person Plural	127
2	Gebrauch	128

Auf den Punkt gebracht 129

Und wenn Sie noch neugierig sind ... 130

Inhalt

Kapitel 7
Die Demonstrativbegleiter 131

1 Formen 131
1.1 Die einfachen Formen 131
1.2 Die verstärkten Formen 132
2 Gebrauch 133
2.1 Gebrauch der einfachen Formen 133
2.2 Gebrauch der verstärkten Formen 134

Auf den Punkt gebracht 135

Und wenn Sie noch neugierig sind ... 136

Kapitel 8
Die Indefinitbegleiter 137

1 Überblick über die Indefinitbegleiter 137
2 Die gebräuchlichsten Indefinitbegleiter 139
2.1 *Aucun/-e* und *pas un/-e* (überhaupt / gar) kein/-e / kein/-e einzige/-r/-s / keinerlei 139
2.2 *Tout/tous/toute/toutes* der/die/das ganze / alle 140
2.3 *Chaque* jede/-r/-s 141
2.4 *Quelque/-s* irgendein/-e / einige 142
2.5 *Plusieurs* mehrere 142
2.6 *Autre/-s* andere/-r/-s 142
2.7 *Même/-s* selbe/-n / gleiche/-n 143
2.8 *La plupart de* die meisten 143
3 Weitere Indefinitbegleiter 144
3.1 *Divers/-es, différents/-es* mehrere / verschiedene 144
3.2 *Certain/-e/-s* gewisse/-r/-s / einige / manche 144
3.3 *N'importe quel/-le/-s* irgendein/-e / irgendwelche 145
3.4 *Nul/-le* (überhaupt / gar) kein/-e / kein/-e einzige/-r/-s / keinerlei 145
3.5 *Tel/-le/-s* solch ein/-e / ein/-e solche/-r-/-s 146
3.6 *Quelconque* irgendein/-e 146
3.7 *Maint/-e/-s* manche/-r/-s / einige / mehrere 146

Auf den Punkt gebracht 147

Und wenn Sie noch neugierig sind ... 148

Die Pronomen 149
Einführung 150

Kapitel 9
Die Personal- und Reflexivpronomen 153

1 Die verbundenen Personalpronomen 153
1.1 Subjektpronomen 154
1.2 Die direkten Objektpronomen 158
1.3 Die indirekten Objektpronomen 160
1.4 Die Reflexivpronomen 162
2 Stellung der Objekt- und Reflexivpronomen im Satz 165
2.1 Voranstellung 165
2.2 Nachstellung 166
2.3 Reihenfolge mehrerer Objektpronomen im Satz 167
3 Die unverbundenen Personalpronomen 168
3.1 Formen 168
3.2 Gebrauch 170

Auf den Punkt gebracht 171
Und wenn Sie noch neugierig sind ... 174

Inhalt

Kapitel 10
Die Adverbialpronomen 175

1 Das Adverbialpronomen *y* 175
2 Das Adverbialpronomen *en* 176
3 Stellung von *en* und *y* 178
3.1 Als einzige Pronomen im Satz 178
3.2 Reihenfolge der Objekt- und Adverbialpronomen 179

Auf den Punkt gebracht 180

Und wenn Sie noch neugierig sind ... 181

Kapitel 11
Die Possessivpronomen 182

1 Formen 182
2 Gebrauch 184
2.1 Wiederaufnahme einer Nominalgruppe 184
2.2 Possessivpronomen in festen Redewendungen 185

Auf den Punkt gebracht 185

Und wenn Sie noch neugierig sind ... 186

Kapitel 12
Die Demonstrativpronomen 188

1 Formen 188
2 Gebrauch 189
2.1 Gebrauch der einfachen Formen *celui, celle, ceux* und *celles* 189
2.2 Gebrauch der neutralen Formen *ce, ceci* und *cela / ça* 191
2.3 Gebrauch der zusammengesetzten Formen auf *-ci* und *-là* 193

3 Besonderheiten beim Gebrauch der Demonstrativpronomen 193
3.1 *Ceci* und *cela* als konkurrierende Formen 193
3.2 Formen auf *-ci* und *-là* als konkurrierende Formen 194

Auf den Punkt gebracht 195

Kapitel 13
Die Indefinitpronomen 197

1 Überblick über die Indefinitpronomen 197
2 Die gebräuchlichsten Indefinitpronomen 199
2.1 *On* man 199
2.2 *Personne* niemand, *rien* nichts 200
2.3 *Quelque chose* etwas 201
2.4 *Quelqu'un* jemand, *quelques uns / unes* einige 201
2.5 *Tout* alles, *tous / toutes* alle 202
2.6 *Chacun/-e* jede/-r/-s, *aucun/-e* (gar) keine/-r/-s, *pas un/-e* kein/-e einzige/-r/-s 203
2.7 *Plusieurs* mehrere und *certain/-e/-s* bestimmte / gewisse / einige 204
3 Weitere Indefinitpronomen 205
3.1 *Autre* andere/-r/-s 205
3.2 *L'un(e) ... l'autre* der/die/das eine ... der/die/das andere, *les un(e)s ... les autres* die einen ... die anderen 205
3.3 *Même/-s* selbe/-n / gleiche/-n 206
3.4 *N'importe qui* irgendwer, *n'importe quoi* irgend(et)was 206
3.5 *N'importe lequel/-le/-s* irgendeine/-r/-s / (Plural) irgendwelche 206

Inhalt

3.6	*La plupart* die meisten	207
3.7	*Nul/-le* niemand, *quiconque* jeder, *autrui* (die) andere/-n, *tel/-le* wer	207

Auf den Punkt gebracht 208

Und wenn Sie noch neugierig sind ... 209

Kapitel 14
Die Relativpronomen 210

1	*Qui*	211
1.1	*Qui* als Subjekt	211
1.2	*Qui* als indirektes Objekt	212
2	*Que*	212
3	*Où*	213
4	*Dont*	214
4.1	*Dont* in der Bedeutung von „dessen / deren"	214
4.2	*Dont* in Bezug auf eine Verb- oder Adjektivergänzung mit *de*	214
5	Präposition + *quoi*	215
6	*Ce qui / ce que* was	216
7	*Lequel* welche/-r/-s / der/die/das	218
7.1	Formen	218
7.2	Gebrauch	219
8	*Quiconque* jeder, der	221
9	Besonderheiten	222
9.1	*C'est* + Relativpronomen zur Hervorhebung	222
9.2	*Moi qui, toi qui* ...	223
9.3	*Celui qui ..., celui que ...*	223
10	Der Relativsatz	224
10.1	Wortstellung im Relativsatz	224
10.2	Arten von Relativsätzen	225
10.3	Modus im Relativsatz	226

Auf den Punkt gebracht 227

Kapitel 15
Die Interrogativa 230

1	Übersicht	230
2	Das Fragewort *qui*	231
2.1	*Qui* mit der Bedeutung „wer" oder „wen"	231
2.2	*Qui* mit der Bedeutung „wem" oder „wessen"	232
2.3	*Qui* mit weiteren Präpositionen	232
3	Das Fragewort *que / quoi*	232
4	Der Fragebegleiter *quel*	233
4.1	Die Formen von *quel*	233
4.2	Gebrauch von *quel*	234
5	Das Fragewort *combien (de)*	235
5.1	*Combien*	235
5.2	*Combien de*	235
6	Weitere Fragewörter	236
7	Das Fragepronomen *lequel*	237
8	Besonderheiten bei der Verwendung der Fragewörter	238
8.1	Verstärkung der Fragewörter mit *est-ce que*	238
8.2	Die Verstärkung mit *est-ce qui*	238
8.3	Die indirekte Frage	239

Auf den Punkt gebracht 241

Inhalt

Das Verb und seine Ergänzungen 243

Einführung 244

Kapitel 16
Der Indikativ (Präsens) 251

1 Formen 251
1.1 Die regelmäßigen Verben auf *-er* 251
1.2 Die regelmäßigen Verben auf *-ir* 252
1.3 Die regelmäßigen Verben auf *-dre* 254
1.4 Die wichtigsten unregelmäßigen Verben 255
1.5 Besonderheiten einiger Verben auf *-er* 257
2 Gebrauch 260

Auf den Punkt gebracht 261

Kapitel 17
Der Indikativ (Futur) 263

1 Das Futur I 263
1.1 Formen 263
1.2 Gebrauch 268
2 Das *futur proche* (die nahe Zukunft) 270
2.1 Formen 270
2.2 Gebrauch 271
3 Futur I oder *futur proche*? 272
4 Das Futur II 274
4.1 Formen 274
4.2 Gebrauch 275

Auf den Punkt gebracht 276

Kapitel 18
Der Indikativ (Zeiten der Vergangenheit) 279

1 Das *passé composé* (Perfekt) 279
1.1 *Être* und *avoir* als Hilfsverben 279
1.2 Das Partizip Perfekt 281
1.3 Wahl des Hilfsverbs: *avoir* oder *être*? 283
1.4 Besonderheiten 287
1.5 Gebrauch des *passé composé* 290

Auf den Punkt gebracht 291

2 Das *imparfait* (Imperfekt) 294
2.1 Formen 294
2.2 Gebrauch 296
2.3 Gebrauch von *passé composé* und *imparfait* 299

Auf den Punkt gebracht 302

3 Das *passé simple* 303
3.1 Formen 303
3.2 Gebrauch 307

Auf den Punkt gebracht 311

4 Das *plus-que-parfait* (Plusquamperfekt) 312
4.1 Formen 312
4.2 Gebrauch 313

Auf den Punkt gebracht 315

5 Das *passé antérieur* 316
5.1 Formen 316
5.2 Gebrauch 317

Auf den Punkt gebracht 319

6 Das *passé surcomposé* 320
6.1 Formen 320
6.2 Gebrauch 320

Auf den Punkt gebracht 321

Kapitel 19
Das *conditionnel* 322

1 Das *conditionnel I* 322
1.1 Regelmäßige Formen 322
1.2 Unregelmäßige Formen 324

Inhalt

1.3	Gebrauch	326
2	Das *conditionnel II*	328
2.1	Formen	328
2.2	Gebrauch	329
	Auf den Punkt gebracht	330

Kapitel 20
Der *subjonctif* 332

1	Die Formen des *subjonctif*	332
1.1	Der *subjonctif présent*	332
1.2	Der *subjonctif passé*	336
1.3	Der *subjonctif imparfait*	338
1.4	Der *subjonctif plus-que-parfait*	340
2	Gebrauch	341
2.1	Der *subjonctif* nach Verben und verbalen Ausdrücken	341
2.2	Der *subjonctif* nach unpersönlichen Ausdrücken	343
2.3	Der *subjonctif* nach Konjunktionen	345
2.4	Besonderheiten beim Gebrauch des *subjonctif*	346
3	Der Gebrauch des *subjonctif* in der Zeitenfolge	350
3.1	Präsens oder Futur im Hauptsatz	350
3.2	Zeit der Vergangenheit im Hauptsatz	351
	Auf den Punkt gebracht	352

Kapitel 21
Der Imperativ 355

1	Formen	355
1.1	Verben der ersten Gruppe	355
1.2	Verben der anderen Gruppen	357
1.3	Unregelmäßige Imperativ-Formen	358
2	Stellung der Pronomen beim Imperativ	359
2.1	Nachstellung beim bejahten Imperativ	359
2.2	Voranstellung beim verneinten Imperativ	360
2.3	Besonderheiten bei den Pronomen *en* und *y*	360
3	Alternative Konstruktionen zum Imperativ	361
4	Der Imperativ der Vergangenheit (*impératif passé*)	363
4.1	Bildung	363
4.2	Gebrauch	363
	Auf den Punkt gebracht	364

Kapitel 22
Die Zeitenfolge 366

1	Kriterien zur Wahl der Zeiten und Modi im Nebensatz	366
1.1	Wahl des Modus im Nebensatz	366
1.2	Wahl der Zeit im Nebensatz	367
2	Die Zeitenfolge in *subjonctif*-Sätzen	368
2.1	Verbform der Gegenwartsgruppe im Hauptsatz	368
2.2	Verbform der Vergangenheitsgruppe im Hauptsatz	369
3	Zeitenfolge in der indirekten Rede	372
3.1	Zeit der Gegenwartsgruppe im Hauptsatz	372
3.2	Zeit der Vergangenheitsgruppe im Hauptsatz	374
4	Zeitenfolge in Bedingungssätzen	376

Inhalt

4.1	Der reale Bedingungssatz (reale Hypothese)	377
4.2	Der irreale Bedingungssatz (irreale Hypothese)	378
4.3	Weitere konditionale Konstruktionen	379

Auf den Punkt gebracht 380

Kapitel 23
Infinite Verbformen 383

1	Der Infinitiv	383
1.1	Formen	383
1.2	Infinitivkonstrukionen	384
1.3	Weitere Verwendung des Infinitivs	389
1.4	Der verneinte Infinitiv	392
1.5	Infinitivkonstruktionen zur Wiedergabe eines deutschen Adverbs	393

Auf den Punkt gebracht 394

2	Das Partizip	396
2.1	Das Partizip Präsens	396
2.2	Das Partizip Perfekt	402

Auf den Punkt gebracht 407

3	Das *gérondif*	409
3.1	Bildung	409
3.2	Gebrauch	410

Auf den Punkt gebracht 412

Kapitel 24
Die reflexiven Verben 414

1	Die reflexiven Verben in Zeiten mit einfachen Verbformen	414
2	Die reflexiven Verben in Zeiten mit zusammengesetzten Verbformen	415
2.1	*Etre* als einziges Hilfsverb	415

| 2.2 | Grundregel zur Angleichung des *participe passé* | 416 |
| 2.3 | Besonderheiten bei der Angleichung des *participe passé* | 417 |

3	Kategorien von reflexiven Verben	419
3.1	Die reflexiv verwendeten Verben	419
3.2	Die reziprok verwendeten Verben	419
3.3	Die „echten" reflexiven Verben	420

| 4 | Reflexive Verben im Französischen und im Deutschen | 420 |

Auf den Punkt gebracht 422

Und wenn Sie noch neugierig sind ... 423

Kapitel 25
Das Passiv 424

1	Vorgangs- und Zustandspassiv	425
2	Bildung des Passivs	426
2.1	Die einfachen Zeiten	426
2.2	Die zusammengesetzten Zeiten	427
3	Der Urheber der Handlung im Passiv-Satz	428
3.1	Nennung des Urhebers	429
3.2	Verschweigen des Urhebers	429
4	Konkurrenzformen des Passivs	430
4.1	Das Indefinitpronomen *on*	430
4.2	Andere Umschreibungen mit passiver Bedeutung	430

Auf den Punkt gebracht 431

Kapitel 26
Besonderheiten bei Verben 433

1 Verben mit besonderer Funktion im Satz 433
1.1 Die Hilfsverben *être* und *avoir* 433
1.2 *Aller* und *venir* als Hilfsverben 433
1.3 Verbalperiphrasen zur Wiedergabe des Aspekts 435
1.4 Die Modalverben *devoir*, *pouvoir*, *savoir* und *vouloir* 435
2 Unpersönliche Verben und Ausdrücke 438
2.1 Verben und Ausdrücke, die nur unpersönlich verwendet werden 438
2.2 Verben, die persönlich oder unpersönlich verwendet werden 439
2.3 Wiedergabe einiger deutscher unpersönlicher Ausdrücke 440
3 Verbergänzungen 440
3.1 Transitive Verben mit direktem Objekt 442
3.2 Transitive Verben mit indirektem Objekt 443
3.3 Verben mit prädikativer Ergänzung 451
3.4 Intransitive Verben 452
Auf den Punkt gebracht 453

Der Satz 457

Einführung 458

Kapitel 27
Satzbau und Satzgefüge 463

1 Der Aussagesatz 463
1.1 Grundregeln zur Wortstellung im Aussagesatz 463
1.2 Abweichungen von der regelmäßigen Wortstellung 466
1.3 Die Verneinung 470
2 Der Fragesatz 477
2.1 Die Frage ohne Inversion 478
2.2 Die Frage mit Inversion 479
3 Der Ausrufesatz 482
3.1 Ausrufesatz ohne einleitendes Wort 483
3.2 Ausrufesatz mit einleitendem Wort 483
4 Der Aufforderungssatz 484
5 Der komplexe Satz (das Satzgefüge) 484
5.1 Verbindung von zwei oder mehreren Hauptsätzen (Parataxe) 485
5.2 Verbindung von Haupt- und Nebensatz (Hypotaxe) 486
5.3 Die indirekte Rede und die indirekte Frage 487
Auf den Punkt gebracht 491

Kapitel 28
Das Adverb 495

1 Form 495
1.1 Die abgeleiteten Adverbien 495
1.2 Die ursprünglichen Adverbien 498
1.3 Adverbiale Ausdrücke und Umschreibungen 498
2 Klassifizierung 499
3 Stellung 501
4 Besonderheiten 503
4.1 Adverbial gebrauchte Adjektive 503
4.2 Adjektivisch gebrauchte Adverbien 504

Inhalt

4.3	Besonderer Gebrauch einiger Adverbien	504
4.4	Verbaler Ausdruck im Französischen zur Wiedergabe eines deutschen Adverbs	507
5	Steigerung des Adverbs	508
5.1	Regelmäßige Komparativbildung	508
5.2	Regelmäßige Superlativbildung	508
5.3	Unregelmäßige Komparativ- und Superlativformen	509

Auf den Punkt gebracht 510

Und wenn Sie noch neugierig sind ... 512

**Kapitel 29
Die Präpositionen** 513

1	Form und Funktion	514
1.1	Form	514
1.2	Funktion	514
2	Gebrauch	518
2.1	Präpositionen mit mehreren deutschen Entsprechungen	518
2.2	Weitere Verwendungen der Präpositionen *à, de, en, par* und *pour*	522
2.3	Präpositionen mit eindeutiger Entsprechung im Deutschen	526
2.4	Präpositionalausdrücke	528
2.5	Präpositionen mit Infinitiv	531

Auf den Punkt gebracht 531

Und wenn Sie noch neugierig sind ... 533

**Kapitel 30
Die Konjunktionen** 534

1	Koordinierende (beiordnende) Konjunktionen	535
1.1	Funktion	536
1.2	Bedeutung	537
2	Subordinierende (unterordnende) Konjunktionen	540
2.1	Funktion	540
2.2	Form	541
2.3	Modus nach den subordinierenden Konjunktionen	541
2.4	Die Konjunktion *que*	546
2.5	Die Konjunktion *si*	547
3	Ersatz von Nebensätzen	548
3.1	Präpositionalgruppe anstelle eines Nebensatzes	548
3.2	Infinitiv-Konstruktion anstelle eines Nebensatzes	549
3.3	Partizipial-Konstruktion und *gérondif* anstelle eines Nebensatzes	549

Auf den Punkt gebracht 551

**Kapitel 31
Zahlen, Zeit- und Mengenangaben** 554

1	Zahlen	554
1.1	Die Grundzahlen	554
1.2	Die Ordnungszahlen	559
1.3	Unterschiedlicher Gebrauch der Grund- und Ordnungszahlen	560
1.4	Die Bruchzahlen	561
1.5	Die Sammelzahlen	562
1.6	Die Vervielfältigungszahlen	564
2	Zeitangaben	565
2.1	Die Uhrzeit	565
2.2	Das Datum	567
2.3	Die Wochentage	568
2.4	Jahreszahlen und Jahrhunderte	568
2.5	Die Monate und die Jahreszeiten	569

Inhalt

3	Maße und Mengenangaben	570
4	Rechnen	571
Auf den Punkt gebracht		572
Und wenn Sie noch neugierig sind ...		573

Kapitel 32
Wortbildung 574

1	Die Zusammensetzung	574
1.1	Schreibung der Komposita	574
1.2	Bestandteile des Kompositums	575
2	Die Ableitung	576
2.1	Ableitung durch Präfixe	577
2.2	Ableitung durch Suffixe	580
3	Ableitung ohne Änderung der Form	587
4	Wortkürzung	588
4.1	Bildung von Kurzformen	588
4.2	Initialwörter	589
Auf den Punkt gebracht		590

Anhang 593

Geschriebenes und gesprochenes Französisch 594
Präpositionen 597
Verbtabellen 600
Lösungen 618
Wort- und Sachregister 642
Zeichen und Abkürzungen 653
Grammatische Fachausdrücke 654

Vorwort

Was ist die *Große Lerngrammatik Französisch*?

Die *Große Lerngrammatik Französisch* ist eine Nachschlage- und Selbstlerngrammatik zur Wiederholung und Vertiefung oder zur Erarbeitung neuer Grammatikthemen. Die *Große Lerngrammatik Französisch* vermittelt umfassende Kenntnisse der heutigen französischen Grammatik. Als lernerorientierte Gebrauchsgrammatik ermöglicht sie eine aktive Mitarbeit der Lernenden.

- Die einzelnen Kapitel sind klar gegliedert und lernerfreundlich kleinschrittig aufgebaut.
- Die Beschreibung der grammatischen Phänomene erfolgt kontrastiv zum Deutschen, d.h. es werden Ähnlichkeiten bzw. Unterschiede zwischen dem Französischen und dem Deutschen berücksichtigt.
- Der Aufbau und die Systematik orientieren sich an didaktisch-pädagogischen Kriterien und verzichten daher auf linguistische Erörterungen bzw. formal-theoretische Fragestellungen.
- Die *Große Lerngrammatik Französisch* kann zum Selbststudium wie auch kursbegleitend eingesetzt werden. Allerdings ist sie kein Lehrbuch und kann daher einen (Selbstlern-)Kurs nicht ersetzen.

Für wen ist die *Große Lerngrammatik Französisch* gedacht?

Die *Große Lerngrammatik Französisch* wendet sich sowohl an AnfängerInnen als auch an Fortgeschrittene, insbesondere an
- Lernende, die einen Französischkurs an einer Volkshochschule oder einer anderen Bildungseinrichtung besuchen und gezielt bestimmte Grammatikkapitel wiederholen, nacharbeiten oder vertiefen möchten;
- Studierende an Universitäten und Dolmetscherinstituten, die sich umfassende Kenntnisse der französischen Grammatik aneignen wollen;
- Schüler der gymnasialen Oberstufe;
- Selbstlerner, die sich eigenständig bestimmte Kapitel der französischen Grammatik erarbeiten wollen;
- Lernende, die früher einmal Französisch gelernt haben und ihre „verschütteten" Grammatikkenntnisse auffrischen möchten.

Jeder hat seine eigene Art zu lernen und entsprechend unterschiedlich sind die Anforderungen, die an eine Grammatik gestellt werden. Die *Große Lerngrammatik Französisch* ist so konzipiert, dass jeder sein Lerntempo und seinen Lernweg selbst bestimmen kann. Allerdings sollten Sie mit den grundlegenden grammatischen Fachausdrücken vertraut sein.

Vorwort

Wie ist die *Große Lerngrammatik Französisch* aufgebaut?

Die *Große Lerngrammatik Französisch* ist in 32 Kapitel gegliedert, die fünf großen Themenkreisen zugeordnet sind:
- Aussprache und Schreibung
- Das Substantiv und seine Begleiter
- Die Pronomen
- Das Verb und seine Ergänzungen
- Der Satz

Im Anhang finden Sie
- Informationen zu den Sprachregistern des Französischen;
- eine Übersicht über die wichtigsten Präpositionen ausgehend vom Deutschen;
- die Verbformen der regelmäßigen und unregelmäßigen Verben in allen Zeiten und Modi;
- die Lösungen der Aufgaben aus den Rubriken *Auf Entdeckung, Test, Auf den Punkt gebracht* und *Und wenn Sie noch neugierig sind ...*;
- ein Wort- und Sachregister;
- eine Liste der verwendeten grammatischen Fachausdrücke in Latein, Deutsch und Französisch.

Die einzelnen Kapitel bestehen aus den folgenden Rubriken:

Was Sie vorab wissen sollten
Mit diesem Abschnitt beginnen die meisten Kapitel. Hier erhalten Sie grundlegende Informationen, die für das gesamte Kapitel wichtig sind.

Auf Entdeckung
Manchmal bietet es sich an, dass Sie selbst die Regeln aus Ihrem Vorwissen ableiten. Für diese aktive Form der Wissensaneignung ist die Rubrik *Auf Entdeckung* gedacht. Sie werden die Erfahrung machen, dass Sie Regeln, die Sie sich selbst erarbeitet haben, besser nachvollziehen und behalten können. Ihre Ergebnisse können Sie anschließend mit dem Lösungsteil des jeweiligen Kapitels vergleichen.

Grammatikregeln
Die Beschreibung der Grammatikregeln ist kleinschrittig gehalten und so einfach wie möglich formuliert. Zunächst werden die Grundregeln vermittelt, die für eine erste Orientierung wichtig sind – meistens Abschnitt 1 für die Formen und Abschnitt 2 für den Gebrauch. Wenn Sie erst angefangen haben Französisch zu lernen, sollten Sie bei jedem Thema zunächst einmal diese beiden

Vorwort

Abschnitte durcharbeiten. Danach werden schrittweise Schwierigkeiten und Besonderheiten behandelt.
Soweit es für das Lernen von Bedeutung ist, sind die Regeln kontrastiv angelegt. Die Beispiele entstammen dem aktuellen Sprachgebrauch und sind durchweg ins Deutsche übersetzt, um Ihnen das Nachschlagen unbekannten Wortschatzes zu ersparen.
Häufig finden sich Verweise auf andere Kapitel (z. B. ➡ Kapitel 1, Die Aussprache) bzw. Abschnitte innerhalb eines Kapitels (z. B. ➡ 2.2). Sie dienen dazu, auf Zusammenhänge aufmerksam zu machen, denen Sie bei Bedarf nachgehen können.

Test

Jeder neue Abschnitt innerhalb eines Kapitels schließt mit einem Test ab, der Ihnen die Gelegenheit bietet, das gerade Gelernte sofort anzuwenden. Damit können Sie direkt überprüfen, ob Sie die Regel behalten haben. Der Lösungsteil gibt Ihnen wieder die Möglichkeit zur Selbstkontrolle.
Legen Sie sich für die Tests ein Arbeitsheft an. Sie können zwar auch in die Lücken, die in den Tests vorgegeben sind, hineinschreiben, aber wie beim Kapitel *Auf Entdeckung* werden Sie die Erfahrung machen, dass Dinge, die Sie aufschreiben, besser in Ihrem Gedächtnis bleiben.

Tipp

Wie erwähnt, sind die meisten Kapitel so aufgebaut, dass zuerst die Grundregeln und dann die Besonderheiten behandelt werden. In besonders komplexen Kapiteln bieten wir Ihnen Lernhilfen in Form von Hinweisen zum Lernweg an, d.h. Sie finden in vielen Fällen nach der Grundregel einen Tipp, der Ihnen signalisiert, welche Abschnitte Sie gleich durcharbeiten sollten und welche zu einem späteren Zeitpunkt.

Auf den Punkt gebracht

Am Ende eines jeden Kapitels können Sie in der Rubrik *Auf den Punkt gebracht* überprüfen, ob Sie die wichtigsten im gesamten Kapitel dargestellten Regeln verstanden haben und anwenden können.
Sollte Ihnen eine Regel nicht mehr ganz präsent sein, gibt Ihnen das Zeichen ➡ an, wo Sie nachschlagen und Hilfe finden können. Wenn Sie dann noch Zweifel haben, können Sie Ihre Ergebnisse in den Lösungen des betreffenden Kapitels überprüfen.

Und wenn Sie noch neugierig sind …

Einige Kapitel enden mit der Rubrik *Und wenn Sie noch neugierig sind …* Hier werden zusätzliche Besonderheiten zum Thema des Kapitels dargestellt.

Vorwort

Zum Schluss noch eine Anregung

Haben Sie Geduld mit sich selbst und mit dem Lernstoff. Bedenken Sie, dass Sie nicht alles sofort bis in die kleinsten Einzelheiten verstehen und behalten müssen. Manchmal ist es sogar hilfreich, bestimmte Themen, die zunächst schwierig erscheinen, einfach liegen zu lassen und sich zu einem späteren Zeitpunkt wieder damit zu befassen. Seien Sie geduldig und denken Sie daran, dass Lernen durch Wiederholung erfolgt und natürlich auch, indem man Fehler macht. Und Sie werden sehen, dass vieles selbstverständlicher wird in dem Maße, wie Sie mit der französischen Sprache besser vertraut werden.

Wir wünschen Ihnen viel Spaß und viel Erfolg beim Lernen!

Nicole Laudut
Max Hueber Verlag

Aussprache und Schreibung

1 Die Aussprache
2 Die Schreibung

1 Die Aussprache

Dieses Kapitel bietet eine Einführung in die französische Aussprache. Lassen Sie sich nicht von der Informationsfülle abschrecken. Sie müssen nicht alles auf einmal lernen, sondern können die verschiedenen Abschnitte getrennt voneinander erarbeiten.

Zur Wiedergabe der französischen Aussprache werden in diesem Kapitel die Zeichen der internationalen phonetischen Lautschrift verwendet, die immer in eckigen Klammern stehen. Um Ihnen das Sprechen dieser Zeichen zu erleichtern, geben wir – soweit möglich – ihre deutsche Entsprechung an.

Was Sie vorab wissen sollten
Das französische Alphabet besteht wie das deutsche aus 26 Buchstaben (➡ **Kapitel 2, Die Schreibung, 1**). Mit diesen 26 Buchstaben werden die 36 Phoneme der französischen Sprache notiert. Unter Phonemen versteht man in der Linguistik Laute, die bedeutungsunterscheidend sind, wie z. B. [p] und [ʀ] in den Wörtern pas [pa] Schritt und rat [ʀa] Ratte oder [a] und [ã] in den Wörtern bas [ba] niedrig und banc [bã] Bank.

Auf Entdeckung
Lesen Sie mit Hilfe der angegebenen Lautschrift die folgenden Wörter. Achten Sie dabei besonders auf die Laut-Schrift-Entsprechung der fett gedruckten Buchstaben.
[o] wie rot: ch**â**t**eau** Schloss, tr**o**p zu viel, bient**ô**t bald, h**au**t hoch
[ʃ] wie **Sch**al: **ch**at Katze, **ch**er**ch**er suchen

Kreuzen Sie ja oder nein an. (➡ **Lösungen**)   ja nein
1. Ein einziger Laut kann auf verschiedene Weise geschrieben werden. Dem Laut [o] z. B. entsprechen die Schreibungen eau, o, ô und au. ☐ ☐
2. Zur Schreibung von bestimmten Lauten können Buchstaben kombiniert werden: [ʃ] z. B. wird im Französischen ch geschrieben. ☐ ☐

Beachten Sie
Die Schwierigkeiten, auf die z. B. deutsche Sprecher beim lauten Lesen des Französischen stoßen, können verschiedene Gründe haben:
1. Ein Laut kann verschiedene Schreibweisen / ein Buchstabe verschiedene lautliche Realisierungen haben.
2. Viele Buchstaben werden nicht gesprochen (➡ **2.1. und 4**).
3. Die gebundene Aussprache und die liaison (➡ **5**).

Die Aussprache **1**

1 Die Laute des Französischen

Die meisten Vokale und Konsonanten werden in beiden Sprachen ähnlich gesprochen. Im folgenden Abschnitt sind die Laute des Französischen mit Beispielen und ihrer deutschen Entsprechung aufgelistet.

> **TIPP**
>
> Sie müssen die folgenden Tabellen nicht lernen, können sie aber jederzeit zum Nachschlagen verwenden. Wichtige Informationen zu den einzelnen Lauten finden Sie in den Abschnitten ⇒ 2 und ⇒ 3.

1.1 Die Vokale

Das Französische unterscheidet zwischen oralen Vokalen, Nasalvokalen und Halbvokalen.

1.1.1 Orale Vokale
Beim Sprechen der oralen Vokale entweicht die Luft durch den Mund.

Schreibung	Laut	französische Beispiele	deutsche Entsprechung
a	[a]	cinéma Kino, table Tisch sowie: femme Frau	Lisa
â	[a]	pâte Teig, Pâques Ostern	
é	[e]	café Kaffee, pré Wiese	Andrea
ai		aider helfen, aigu spitz	
ei		peigner kämmen	
er, ez am Wortende		aller gehen, nez Nase, chez bei / zu	
es		Begleiter les, ces, des	
è, ê	[ɛ]	très sehr, fenêtre Fenster	nett, wäre
et am Wortende		muet stumm	
ai, aî		lait Milch, paraître scheinen	
e		belle schöne, mer Meer	
ei		peigne Kamm	
ë		Noël Weihnachten, Michaël sowie: tu es du bist, il est er ist	
eu	[ø]	vieux alt, peu wenig	böse
œu		des œufs Eier	

1 Die Laute des Französischen **21**

1 Die Aussprache

Schreibung	Laut	französische Beispiele	deutsche Entsprechung
eu œu	[œ]	fleur Blume, peur Angst cœur Herz, sœur Schwester	ihr könnt
e	[ə]	lentement langsam, prends-le nimm ihn	alle
i î ï y	[i]	midi Mittag, livre Buch dîner Abendessen maïs Mais lyrique lyrisch	Lisa
o ô au eau	[o]	trop zu viel, rose Rose tôt früh saut Sprung manteau Mantel, beau schön	Sohn
o	[ɔ]	poste Post, mort tot	Sonne
ou oû	[u]	tout alles, sous unter goûter kosten	Uwe
u û	[y]	perdu verloren, rue Straße sûr sicher sowie: j'ai eu ich habe gehabt	Tür

Beachten Sie
- Der Unterschied zwischen einem „dunklen" [ɑ] und einem „hellen" [a] wird im heutigen Französisch zu Gunsten des „hellen" a nicht mehr realisiert: ta [ta] (deine) und tas [tɑ] (Haufen) werden trotz unterschiedlicher lautschriftlicher Notierung beide [ta] gesprochen.
- Der französische Buchstabe u entspricht dem deutschen Buchstaben „ü": numéro [nymeʀo] Nummer. Dem deutschen Buchstaben „u" entspricht die Buchstabenkombination ou: toujours [tuʒuʀ] immer.
- Der Buchstabe y wird in konsonantischer Umgebung [i] gesprochen: typique [tipik] typisch.
  Zur Aussprache des Buchstabens y in vokalischer Umgebung (wie z. B. payer zahlen), siehe auch ➡ **1.1.3 Beachten Sie**.
- Das französische i wird in der Regel heller gesprochen als das deutsche.
- Zum ï (i tréma) siehe ➡ **2.3**.
- Zur Aussprache von ei und ai als [e] oder [ɛ] siehe auch ➡ **6.1**.

Die Aussprache 1

Test 1
Lesen Sie die folgenden Wörter und achten Sie besonders auf die Aussprache der Vokale (fett gedruckt).

[y] wie m**ü**de	[u] wie d**u**	[i] wie **I**dee
s**û**r sicher	s**ou**s unter	**i**c**i** hier
d**u**r hart	p**ou**r für	c**y**gne Schwan
m**u**r Mauer	j**ou**r Tag	**i**l **y** **a** es gibt
t**u**lipe Tulpe	t**ou**riste Tourist	l**y**rique lyrisch
nat**u**re Natur	t**ou**j**ou**rs immer	c**y**nique zynisch

1.1.2 Nasalvokale

Ein Charakteristikum der französischen Sprache sind die Nasalvokale. Das Deutsche kennt Nasalvokale nur aus französischen Fremdwörtern. Beim Sprechen der Nasalvokale entweicht die Luft durch den Mund und durch die Nase.

Schreibung	Laut	französische Beispiele	deutsche Enstprechung
an, am en, em	[ã]	**an** Jahr, l**am**pe Lampe p**en**dant während, **em**porter mitnehmen	Crois**san**t
on, om	[õ]	b**on** gut, régi**on** Region, c**om**bien wie viel	Pard**on**
in, im, ym en ain, aim, ein	[ɛ̃]	c**in**q fünf, **im**portant wichtig, s**ym**pa nett ri**en** nichts, bi**en** gut tr**ain** Zug, f**aim** Hunger, pl**ein** voll	T**ein**t
un, um	[œ̃]	l**un**di Montag, parf**um** Parfüm	Parf**um**

Beachten Sie
– Nasallaute werden mit zwei oder drei Buchstaben notiert.
– Der vierte Nasalvokal [œ̃] (Schreibung: un / um) wird häufig [ɛ̃] gesprochen: lundi [lœ̃di] wird also von den meisten [lɛ̃di] gesprochen, parfum [paʀfɛ̃].
– Folgt auf einen Nasalkonsonanten ein Vokal, wird nicht nasaliert: inespéré [inɛspeʀe] unverhofft, inutile [inytil] unnütz.
Auch bei der liaison (➠ 5.2) wird ein Nasallaut am Wortende vor vokalischem Anlaut entnasaliert: Bon_anniversaire ! [bɔnanivɛʀsɛʀ] Alles Gute zum Geburtstag!
Aber:
Die Nasallaute von un (ein/-e), aucun (kein/-e), bien (gut), en (in / nach), rien (nichts), commun (gemeinsam) und on (man / wir) bleiben bei der

Die Aussprache

liaison erhalten, aber der Nasalkonsonant n wird gesprochen:
un‿ami [ɛ̃nami] ein Freund, aucun‿ami [okɛ̃nami] kein Freund, on‿attend [ɔ̃natɑ̃] man wartet / wir warten, bien‿arrivé [bjɛ̃narive] gut angekommen.
- Folgt auf den Nasalkonsonanten ein anderer Nasalkonsonant, wird in der Regel ebenfalls nicht nasaliert: ennemi [ɛn(ə)mi] Feind, année [ane] Jahr.
Aber:
enneigé [ɑ̃neʒe] verschneit, ennui [ɑ̃nɥi] Langeweile.
- Bei vielen Wörtern fremden Ursprungs findet ebenfalls keine Nasalierung statt, z. B. forum [fɔʀɔm], barman [baʀman], tempo [tɛmpo], specimen [spesimɛn] Exemplar.

Test 2
Lesen Sie die folgenden Wörter und achten Sie auf die Aussprache der Nasalvokale (fett gedruckt).

[ɑ̃]	[ɔ̃]	[ɛ̃]
banc Bank	bon gut	bain Bad
enfant Kind	monde Welt	rien nichts
océan Ozean	bonjour guten Tag	pain Brot
pendant während	maison Haus	interdit verboten
vent Wind	ils vont sie gehen	vin Wein
lent langsam	long lang	lin Leinen

1.1.3 Halbvokale

Halbvokale treten immer in Kombination mit einem anderen Vokal auf. Sie haben im Deutschen keine richtige Entsprechung.

Schreibung	Laut	französische Beispiele	deutsche Entsprechung
ui	[ɥi]	huit acht, nuit Nacht	üi
i ï il ill y vor oder nach Vokalen	[j] [j] / [ij]	pied Fuß, bien gut faïence Fayence travail Arbeit mouillé nass, fille Tochter yeux Augen, rayé gestreift, payer bezahlen	ähnlich wie ja
ou oi, oî oê, oe	[w] [wa]	jouer spielen, oui ja moi ich, boîte Schachtel poêle Pfanne / Ofen, moelle Rückenmark	ähnlich wie Wellness (englische Aussprache)

Die Aussprache

Schreibung	Laut	französische Beispiele	deutsche Entsprechung
ua oua wa oin ouin	[wɛ̃]	aquarelle Aquarellmalerei, ouate Watte water-polo Wasser-Polo loin weit, moins weniger pingouin Pinguin	

Beachen Sie
- Vor oder nach einem Vokal wird y als Halbvokal [j] gesprochen:
  payer [peje] zahlen, noyau [nwajo] Kern.
  Aber: pays [pei] Land, paysage [peizaʒ], abbaye [abei] Abtei.
- Weitere wichtige Ausspracheregeln zu den Vokalen finden Sie in Abschnitt
  ➠ 2 dieses Kapitels.

Test 3
Lesen Sie die folgenden Wörter und achten Sie auf die Aussprache der Halbvokale (fett gedruckt).

[ɥi]	[wa]	[j]
aujourd'hui heute	moi ich	famille Familie
lui er	roi König	billard Billard
ensuite dann	quelquefois manchmal	soleil Sonne
nuit Nacht	aquarium Aquarium	travail Arbeit

1.2 Die Konsonanten

Die meisten französischen Konsonanten werden ähnlich wie die deutschen ausgesprochen.

Schreibung	Laut	französische Beispiele	deutsche Entsprechung
b bb	[b]	bateau Boot, robe Kleid abbé Abt	Bad
d dd	[d]	donner geben, sud, Süden addition Rechnung	du
f, ff ph	[f]	faire machen, offrir schenken pharmacie Apotheke	fahren

1 Die Laute des Französischen **25**

1 Die Aussprache

Schreibung	Laut	französische Beispiele	deutsche Entsprechung
g vor a, o und u gu vor e und i gg	[g]	gare Bahnhof guide Reiseführer aggraver verschlimmern sowie: seconde Sekunde	Gabel
g vor e und i j	[ʒ]	manger essen, girafe Giraffe jour Tag, jeudi Donnerstag	Garage (stimmhaft)
c vor a, o und u ch cc ck, k qu	[k]	calme ruhig, couleur Farbe, corps Körper, cuit gekocht orchestre Orchester accord Akkord ticket Ticket, ski Schi quand wann, qui wer	kalt
l ll	[l]	livre Buch ville Stadt, balle Ball	langsam
m, mm	[m]	mal schlecht, comment wie	morgen
n, nn	[n]	non nein, année Jahr	nein
gn ni	[ɲ]	agneau Lamm panier Korb	Champagner
p, pp b vor [s]	[p]	pour für, appeler rufen absent abwesend	Lampe
r, rr	[ʀ]	rouge rot, arriver ankommen	Rose
s im Anlaut ss c vor e und i ç sc t sth	[s]	soleil Sonne, sans ohne aussi auch place Platz, merci danke français französisch piscine Schwimmbad patient Patient asthme Asthma	essen (stimmlos)
s z x	[z]	maison Haus treize dreizehn deuxième zweite/-r	Rose (stimmhaft)
ch sh sch	[ʃ]	chat Katze short Kurzhose schéma Schema	Schablone (stimmlos)

Die Aussprache

Schreibung	Laut	französische Beispiele	deutsche Entsprechung
t, tt th	[t]	table Tisch, attendre warten théâtre Theater	sortieren
v w	[v]	vin Wein wagon Waggon	Wagen
x cc cs	[ks]	taxi Taxi accident Unfall tocsin Sturmglocke	Taxi
x	[gz]	exiger verlangen	
ng	[ŋ]	parking Parkplatz	singen
zz	[dz] [z]	pizza Pizza puzzle Puzzle	

Beachten Sie
- Anders als im Deutschen werden die Verschlusslaute p, t und k im Französischen nicht behaucht. Wenn Sie die Hand vor den Mund halten, sollten Sie keinen Luftstrom bei der Aussprache dieser Laute spüren.
- Wichtige Ausspracheregeln zu den Konsonanten finden Sie in Abschnitt ➡ 3 dieses Kapitels.

Test 4

Lesen Sie die folgenden Wörter und achten Sie auf die Aussprache der fett gedruckten konsonantischen Laute.

[ʃ] wie Ti**sch**
chercher suchen
archite**c**te Architekt
mar**ch**é Markt
ri**ch**e reich

[v] wie **W**ein
venir kommen
vrai wahr
no**v**embre November
je **v**ais ich gehe

[ɲ] wie Breta**gn**e
rensei**gn**ement Auskunft
mi**gn**on lieb
ga**gn**er gewinnen
a**gn**eau Lamm

TIPP

In den folgenden Abschnitten werden einige besonders wichtige Aspekte der französischen Aussprache dargestellt.

Die Aussprache

2 Wichtige Regeln zur Aussprache einiger Vokale

2.1 Das „stumme e"

Das so genannte „stumme e" (e muet) ist ein charakteristisches Merkmal des Französischen. Es entspricht ungefähr dem Laut „e" in dem deutschen Wort „Junge", wird aber in vielen Fällen nicht gesprochen.
Ob ein „stummes e" gesprochen wird oder nicht, hängt von seiner Stellung im Wort oder in der Wortgruppe sowie vom jeweiligen Sprecher ab.

> **TIPP**
>
> Zur Verdeutlichung dieses Phänomens steht das nicht gesprochene e in den folgenden Beispielen in Klammern.

2.1.1 Das „stumme e" in der ersten Silbe
In der Regel wird das „stumme e" in der ersten Silbe eines Wortes oder einer Wortgruppe gesprochen:
le matin [lə matɛ̃] der/am Morgen / Vormittag, demain [dəmɛ̃] morgen.

Beachten Sie
Das „stumme e" kann aber auch in der ersten Silbe weggelassen werden:
j(e) voudrais [ʒ vudʀɛ] oder [ʒə vudʀɛ] ich möchte
c(e) matin [s matɛ̃] oder [sə matɛ̃] heute Morgen.

2.1.2 Das „stumme e" in der letzten Silbe
Das „stumme e" wird in der letzten Silbe eines Wortes nicht gesprochen:
vill(e) [vil] Stadt, écol(e) [ekɔl] Schule.

Beachten Sie
Zur Ableitung der femininen Form eines Substantivs oder Adjektivs von der maskulinen Form wird in der Regel ein -e an die maskuline Form angehängt. Dieses -e wird zwar nicht gesprochen, bewirkt jedoch folgende Ausspracheänderungen:
– Der stumme Endkonsonant am Ende des Wortes wird hörbar:
 Français [fʀɑ̃sɛ] Franzose ↔ Française [fʀɑ̃sɛz] Französin.
– Der Nasallaut wird entnasalisiert: cousin [kuzɛ̃] Cousin ↔ cousine [kuzin]
 (➡ 1.1.2 Beachten Sie).

Die Aussprache 1

Test 5
Schreiben Sie die Wortpaare auf, die sich reimen. In den eckigen Klammern ist der gesuchte Reim jeweils angegeben.

1. ~~chaud~~	chaude	~~tôt~~	3. rond	ronde	monde
2. petit	petite	parti	4. lente	tant	tante

1. [o]	chaud	tôt	3. [ɔ̃d]	_____	_____
2. [ti]	_____	_____	4. [ɑ̃t]	_____	_____

2.1.3 Das „stumme e" innerhalb eines Wortes oder einer Wortgruppe
Das Aussprechen des „stummen e" hängt von der Zahl der Konsonanten ab, die ihm vorangehen. Dabei wird das Aufeinandertreffen von mehr als zwei konsonantischen Lauten vermieden:

Nicht gesprochen wird das „e",	**Gesprochen** wird das „e",
wenn es zwischen zwei gesprochenen Konsonanten steht: sam(e)di [samdi] Samstag rapid(e)ment [ʀapidmɑ̃] schnell la f(e)nêtre [la f(ə)nɛtʀ] das Fenster Je n(e) sais pas. [ʒə n(ə) sɛ pa] Ich weiß nicht.	wenn zwei gesprochene Konsonanten vorausgehen und ein weiterer Konsonant folgt: entreprise [ɑ̃tʀəpʀiz] Unternehmen calmement [kalməmɑ̃] ruhig

Beachten Sie
- Folgen mehrere „stumme e" aufeinander, wird in der Regel jedes zweite e nicht gesprochen unter Berücksichtigung der oben genannten Regel der Vermeidung von mehr als zwei konsonantischen Lauten hintereinander: Die Wortkette je te le redonne (ich gebe es dir wieder) kann sowohl j(e) te l(e) redonne [ʒtəlʀədɔn] als auch je t(e) le r(e)donne [ʒətlərdɔn] gesprochen werden.
- Das Aussprechen des „stummen e" hängt aber auch vom Sprachregister, vom Redefluss oder von der Absicht des Sprechers ab. Zum Beispiel verleiht das Aussprechen aller „stummen e" der Aussage mehr rhetorischen Nachdruck: Je ne le veux pas. {ʒənələvøpa} Ich will es nicht.

Test 6
Lesen Sie die folgenden Sätze und achten Sie darauf, das in Klammern gesetzte „stumme e" nicht zu sprechen.
1. Il vient sam(e)di. Er kommt am Samstag.
2. Je n(e) comprends pas. Ich verstehe nicht.

2 Wichtige Regeln zur Aussprache einiger Vokale

Die Aussprache

3. J'ai un p(e)tit problème. Ich habe ein kleines Problem.
4. Au r(e)voir. Auf Wiedersehen.

2.2 Die Laute [e], [ə] und [ɛ]

Die genaue Differenzierung dieser drei Laute ist im Französischen wichtig, da sie in vielen Fällen bedeutungsunterscheidend ist. Hier einige Beispiele:

[ə] vs. [e] Singular-/Pluralunterscheidung bei Begleitern und Pronomen wie z. B. beim bestimmten maskulinen Artikel le [lə] und les [le] (ebenfalls als Objektpronomen) oder beim Demonstrativbegleiter ce [sə] und ces [se]	le bureau [lə byʀo] das Büro les bureaux [le byʀo] die Büros Je le vois. [ʒə lə vwa] Ich sehe ihn. Je les vois. [ʒə le vwa] Ich sehe sie. ce gâteau [sə gato] dieser Kuchen ces gâteaux [se gato] diese Kuchen
[e] vs. [ɛ] Unterscheidung zwischen der 1. Person Futur auf -rai [ʀe] und der 1. Person des conditionnel auf -rais [ʀɛ]	Je le ferai. [ʒə lə fəʀe] Ich werde es tun. Je le ferais. [ʒə lə fəʀɛ] Ich täte es.

Beachten Sie
– Der Numerus der Substantive ist in der Regel nur am Begleiter erkennbar.
– Im heutigen Französisch wird die Opposition zwischen [e] und [ɛ] am Wortende immer mehr aufgegeben, regional unterschiedlich entweder zu Gunsten von [e] oder zu Gunsten von [ɛ].

Test 7

Lesen Sie die folgenden Wörter und achten Sie auf die in den eckigen Klammern angegebene Aussprachehilfe.

[ə] wie Junge	[e] wie Tee	[ɛ] wie wäre
petit klein	déjeuner Mittagessen	faire machen
demain morgen	idée Idee	lait Milch
le train der Zug	les trains die Züge	laine Wolle
ce bus dieser Bus	ces bus diese Busse	maire Bürgermeister
il parle er spricht	je parlerai ich werde sprechen	il parlait er sprach

2.3 Das tréma (¨)

Das tréma (¨) kann über einem e, i oder u stehen. Es zeigt an, dass zwei in einem Wort aufeinander folgende Vokale getrennt gesprochen werden müssen. Vergleichen Sie: mais [mɛ] aber / maïs [mais] Mais.

Die Aussprache

Das tréma steht jeweils über dem zweiten Vokallaut: Noël [nɔɛl] Weihnachten, Citroën [sitRɔɛn], naïf [naif] naiv, inouï [inwi] unerhört.

Beachten Sie
- Endet die maskuline Form eines Adjektivs auf -gu, wird die feminine Form mit -ë gebildet, damit die Aussprache des Wortstamms erhalten bleibt: aigu → aiguë spitz, ambigu → ambiguë zweideutig. Die Buchstabenfolge gue (ohne tréma) wird [g] gesprochen: figue [fig] Feige.
- Steht das ï zwischen zwei Vokalen, so entspricht es dem Laut [j]: aïe ! [aj] aua!

Test 8
Lesen Sie die folgenden Wörter und achten Sie auf das tréma.
1. Noël [nɔɛl] Weihnachten
2. naïf [naif] naiv
3. haïr [aiR] hassen
4. égoïste [egɔist] Egoist
5. héroïque [eRɔik] heroisch
6. faïence [fajɑ̃s] Steingut

3 Wichtige Regeln zur Aussprache einiger Konsonanten

3.1 Aussprache von s

Die Aussprache des Buchstabens s hängt von der lautlichen Umgebung ab:

s = [z] stimmhaft wie in Sohn, lesen	s = [s] stimmlos wie in Gras, essen
– zwischen zwei Vokalen: maison Haus, réserver reservieren – in der liaison (➡ 5): vous‿êtes [vuzɛt] ihr seid / Sie sind, ils‿ont [ilzɔ̃] sie haben	– am Wortanfang: soleil Sonne, salade Salat – vor oder nach einem Konsonanten: poste Post, réponse Antwort – wenn es verdoppelt wird: poisson Fisch, stress Stress

Beachten Sie
- Anders als im Deutschen wird das französische s im Anlaut wie ein stimmloses „s" gesprochen: sous [su] unter, surtout [syRtu] vor allem.
- Die genaue Differenzierung zwischen dem Laut [s] und dem Laut [z] ist im Französischen sehr wichtig, weil sie bedeutungsunterscheidend ist.

[s] wie essen	[z] wie Sohn
nous savons [nusavɔ̃] wir wissen	nous‿avons [nuzavɔ̃] wir haben
ils sont [ilsɔ̃] sie sind	ils‿ont [ilzɔ̃] sie haben
poisson [pwasɔ̃] Fisch	poison [pwazɔ̃] Gift

Die Aussprache

dessert [desɛʀ] Nachtisch
douce [dus] süß / sanft

désert [dezɛʀ] Wüste
douze [duz] zwölf

Test 9
Lesen Sie die folgenden Wörter und achten Sie auf die Aussprache von s, besonders im Anlaut.

[s] wie essen
souvent oft
salut hallo
professeur Lehrer
sportif sportlich

[z] wie Sohn
loisirs Freizeit
plaisir Vergnügen
ils arrivent sie kommen
ils attendent sie warten

3.2 Aussprache von g

Die Aussprache des Buchstabens g richtet sich nach dem folgenden Vokal.

Auf Entdeckung
Alle Wörter der folgenden Liste enthalten ein g. Die Aussprache ist in den eckigen Klammern angegeben. Lesen Sie diese Wörter laut.

> gare [gaʀ] Bahnhof   gymnastique [ʒimnastik] Gymnastik   gens [ʒã] Leute
> gigot [ʒigo] Keule   guerre [gɛʀ] Krieg   guider [gide] führen

Markieren Sie die richtige Aussage zur Aussprache von g. (➡ **Lösungen**)
1. Vor a, o und u wird der Buchstabe g wie ([g] / [ʒ]) gesprochen.
2. Vor e, i und y wird der Buchstabe g wie ([g] / [ʒ]) gesprochen.
3. Gue und gui werden wie ([gə] und [gi] / [ʒə] und [ʒi]) gesprochen.

Test 10
Markieren Sie die Wörter, in denen das g wie [ʒ] gesprochen wird.

âge Alter
voyage Reise
goûter kosten / probieren
gentil nett
fromage Käse

à gauche links
argent Geld
boulanger Bäcker
exagérer übertreiben
légume Gemüse

Belgique Belgien
changer wechseln
dialogue Dialog
manger essen
guitare Gitarre

3.3 Die Aussprache von c und die cédille

Die Aussprache des Buchstabens c hängt ebenfalls vom nachfolgenden Vokal oder von der angehängten cédille (ç) ab.

Die Aussprache

Auf Entdeckung
Alle Wörter der folgenden Liste enthalten ein c. Die Aussprache ist in den eckigen Klammern angegeben. Lesen Sie diese Wörter laut.

France [fʀɑ̃s] Frankreich	café [kafe] Kaffee	cinéma [sinema] Kino
français [fʀɑ̃sɛ] französisch	cygne [siɲ] Schwan	correct [kɔʀɛkt] korrekt
garçon [gaʀsɔ̃] Junge	reçu [ʀəsy] erhalten	cure [kyʀ] Kur

Markieren Sie die richtige Aussage zur Aussprache von c. ( **Lösungen**)
1. Vor a, o und u wird der Buchstabe c wie ([k] / [s]) gesprochen.
2. Vor e, i und y wird der Buchstabe c wie ([k] / [s]) gesprochen.
3. Vor a, o und u bewirkt die cédille, dass das c wie ([k] / [s]) gesprochen wird.

Test 11
In welchen Wörtern wird das c wie [s] gesprochen?
discuter diskutieren   chocolat Schokolade   escalope Schnitzel
maçon Maurer   encore noch einmal   épice Gewürz
escargot Schnecke   essence Benzin   glace Eis
leçon Lektion   occasion Gelegenheit   deçu enttäuscht

3.4 Aussprache von h

Der Buchstabe h wird im Französischen nicht gesprochen. Man unterscheidet jedoch zwischen einem h muet („stummes h") und einem h aspiré („aspiriertes h").

Das h muet am Wortanfang bewirkt	Das h aspiré am Wortanfang verhindert
– die Elision (Wegfall des Vokals) beim bestimmten Artikel le und la: l'hôtel [lotɛl] das Hotel l'heure [lœʀ] die Stunde (**Kapitel 2, Die Schreibung**, 4) – die liaison (5): un hôtel [ɛ̃notɛl] ein Hotel les heures [lezœʀ] die Stunden	– die Elision des bestimmten Artikels le und la: le héros [lə eʀo] der Held la harpe [la aʀp] die Harfe – die liaison (5): un héros [ɛ̃ eʀo] ein Held les harpes [le aʀp] die Harfen

Beachten Sie
Das h muet beeinflusst ebenfalls die Wahl des Possessiv- und des Demonstrativbegleiters (**Kapitel 6, Die Possessivbegleiter, 1.1 Beachten Sie** und **Kapitel 7, Die Demonstrativbegleiter, 1.1 Auf Entdeckung**).

1 Die Aussprache

Test 12
Lesen Sie die folgenden Wörter und achten Sie darauf, das h nicht zu sprechen.

hôtel Hotel	hors-d'œuvre Vorspeise	hamac Hängematte
homme Mann	habiter wohnen	huit acht
aujourd'hui heute	hamster Hamster	handicapé Behinderter

3.5 Aussprache von x

Die Aussprache des Buchstabens x hängt von der lautlichen Umgebung ab:

x = [ks] in den meisten Fällen	taxi [taksi] Taxi, mixer [mikse] mixen, boxe [bɔks] Boxkampf, texte [tɛkst] Text, excessif [ɛksesif] exzessiv
x = [gz] wenn auf ex- ein Vokal oder ein h folgt	examen [ɛgzamɛ̃] Prüfung, inexact [inɛgzakt] ungenau, exhiber [ɛgzibe] vorzeigen
x = [z] am Wortende in der liaison (➡ 5) bei den Ordnungszahlen	deux_amis [døzami] zwei Freunde six_oranges [sizoʀɑ̃ʒ] sechs Orangen deuxième [døzjɛm] zweite/-r, sixième [sizjɛm] sechste/-r, dixième [dizjɛm] zehnte/-r
x = [s] bei den Grundzahlen	six [sis] sechs und dix [dis] zehn (beim Zählen), soixante [swasɑ̃t] sechzig

Beachten Sie
In der Regel wird x am Wortende nicht gesprochen, es wird nur in der liaison als [z]-Laut hörbar: heureux [øʀø] glücklich → un heureux_événement [ɛ̃nøʀøzevenmɑ̃] ein glückliches Ereignis.

Test 13
Lesen Sie die folgenden Wörter und achten Sie auf die Aussprache von x.

x = [ks]	x = [z]	x = [gz]
taxe Steuer	dix heures zehn Uhr	exemple Beispiel
fixe fest	deuxième zweite/-r	exercice Übung
oxygène Sauerstoff	dix amis zehn Freunde	exhumer ausgraben

34   3 Wichtige Regeln zur Aussprache einiger Konsonanten

4 Nicht gesprochene Buchstaben

Im Französischen werden viele Buchstaben zwar geschrieben, aber nicht gesprochen. Dies ist z. B. bei den meisten Konsonanten am Wortende der Fall. In den folgenden Beispielen sind die nicht gesprochenen Buchstaben durchgestrichen:

lou~~p~~ [lu] Wolf   persi~~l~~ [pɛʀsi] Petersilie   heureu~~x~~ [øʀø] glücklich
canar~~d~~ [kanaʀ] Ente   cor~~ps~~ [kɔʀ] Körper   tro~~p~~ [tʀo] zu viel
lon~~g~~ [lɔ̃] lang   toujour~~s~~ [tuʒuʀ] immer   spor~~t~~ [spɔʀ] Sport

Beachten Sie
- Die Pluralendung -s bzw. -x wird in der Regel nicht gesprochen:
  loup~~s~~ [lu] Wölfe, canard~~s~~ [kanaʀ] Enten, bateau~~x~~ [bato] Schiffe, (ils sont) grand~~s~~ [gʀɑ̃] (sie sind) groß (➡ **Kapitel 3, Das Substantiv, 2.1** und ➡ **Kapitel 5, Das Adjektiv, 1.2**).
- Die Konjugationsendungen -s, -x, -t, -d und -ent werden ebenfalls nicht gesprochen: je di~~s~~ [ʒə di] ich sage, tu peu~~x~~ [ty pø] du kannst / darfst, il di~~t~~ [il di] er sagt, il pren~~d~~ [il pʀɑ̃] er nimmt, ils dis~~ent~~ [il diz] sie sagen.
- Bei einigen Wörtern wird ein Buchstabe im Wortinneren nicht gesprochen:
  auto~~m~~ne [otɔn] Herbst   com~~p~~ter [kɔ̃te] zählen
  se~~p~~t [sɛt] sieben   scul~~p~~ture [skyltyʀ] Skulptur

Test 14

Streichen Sie alle nicht hörbaren Buchstaben durch. Die Lautschrift hilft Ihnen dabei.
1. Ils travaillent tous les jours. [il tʀavaj tu le ʒuʀ] Sie arbeiten jeden Tag.
2. Ils visitent le port. [il vizit lə pɔʀ] Sie besichtigen den Hafen.
3. Le chat dort sous le lit. [lə ʃa dɔʀ su lə li] Die Katze schläft unter dem Bett.
4. Il vit ici depuis six mois. [il vi isi dəpɥi si mwa] Er lebt hier seit sechs Monaten.

TIPP

Dies waren die wichtigsten Informationen zur Aussprache der Laute im Einzelwort. Im Folgenden werden Regeln zur Aussprache des Französischen in der Wortkette dargestellt, die von entscheidender Bedeutung sind.

1 Die Aussprache

5 Gebundene Aussprache und *liaison*

Im Französischen werden die Wörter in der Wortkette (chaîne parlée) zu Sprecheinheiten (rhythmischen Gruppen mit Betonung auf der jeweils letzten Silbe) verbunden. Die gebundene Aussprache in der Wortkette und die liaison (Bindung) sind für das Französische charakteristisch. Sie bewirken, dass oft der Eindruck entsteht, dass Franzosen sehr schnell sprechen.

5.1 Gebundene Aussprache

Endet ein Wort auf einen konsonantischen Laut (wie z. B. il er) und beginnt das nachfolgende Wort mit einem Vokal oder stummen h, wird der Endkonsonant des ersten Wortes mit dem ersten Vokal des zweiten Wortes zusammen gesprochen.
Il habite ici. [ilabitisi] Er wohnt hier.
Il a mal à la tête. [ilamalalatɛt] Er hat Kopfschmerzen.
Je rentre en train. [ʒəʀɑ̃tʀɑ̃tʀɛ̃] Ich komme mit dem Zug zurück.

Beachten Sie
Die Aussprache des Konsonanten bleibt dabei in der Regel erhalten:
fils unique [fisynik] einziger Sohn
Aber:
[f] wird zu [v] bei neuf heures [nœvœʀ] neun Uhr und neuf ans [nœvɑ̃].

Test 15
Lesen Sie die folgenden Sätze und achten Sie auf die gebundene Aussprache.
1. Je pense à toi. [ʒəpɑ̃satwa] Ich denke an dich.
2. Je pars avec elle. [ʒəpaʀavekɛl] Ich fahre mit ihr.
3. Pour aller à la gare en métro ? [puʀalealagaʀɑ̃metʀo] Wie fährt man mit der U-Bahn zum Bahnhof?
4. Je leur ai téléphoné. [ʒəlœʀetelefone] Ich habe sie angerufen.

5.2 Die liaison (Bindung)

Bei der liaison wird ein normalerweise stummer Konsonant am Wortende hörbar, wenn das nachfolgende Wort mit Vokal oder „stummem h" beginnt. Dabei verschmelzen die beiden Wörter quasi zu einem Wort: des amis [dezami] Freunde.
In den folgenden Beispielen wird die liaison mit dem Zeichen ‿ deutlich gemacht.
Elle est‿allemande. [ɛletalmɑ̃d] Sie ist Deutsche.
Tu prends un‿apéritif ? [typʀɑ̃ ɛ̃napeʀitif] Nimmst du einen Aperitif?

Die Aussprache

Nos‿amis sont‿arrivés à six‿heures. [nozami sɔ̃taʀive asizœʀ]. Unsere Freunde sind um sechs Uhr angekommen.

Beachten Sie
- Die liaison ist nicht das Aussprechen des Endkonsonanten eines Wortes, sondern das Aussprechen des letzten Konsonanten eines Wortes zusammen mit dem ersten Vokal des nachfolgenden Wortes. In dem Satz C'est intéressant. [sɛtɛ̃teʀesɑ̃] (Das ist interessant.) wird das -t von est zusammen mit dem nächsten Vokallaut [ɛ̃] gesprochen.
- Folgende Buchstaben ändern ihre Aussprache bei der liaison:
  d wird [t] gesprochen: Quand‿il pleut ... [kɑ̃tilplø] Wenn es regnet ...
  x wird [z] gesprochen: deux‿ans [døzɑ̃] zwei Jahre.
- Adjektive, die auf einen Nasallaut enden, verlieren den Nasallaut (➟ 1.1.2):
  bon [bɔ̃] → Bon anniversaire ! [bɔnanivɛʀsɛʀ] Alles Gute zum Geburtstag!
  plein [plɛ̃] → en plein hiver [ɑ̃plɛnivɛʀ] mitten im Winter.

Test 16

Markieren Sie die liaisons und lesen Sie dann die Sätze laut.
1. J'aime les animaux. Ich liebe Tiere.
2. Nous arrivons demain. Wir kommen morgen an.
3. un hôtel trois étoiles ein Drei-Sterne-Hotel

5.2.1 Obligatorische liaison
Folgende Wörter müssen immer gebunden gesprochen werden:

– Subjektpronomen / Objektpronomen + Verb	nous‿avons [nuzavɔ̃] wir haben ils‿arrivent [ilzaʀiv] sie kommen Je les‿aime. [ʒə lezɛm] Ich liebe sie.
– Begleiter + Substantiv / Adjektiv	un‿ami [ɛ̃nami] ein Freund nos‿intérêts [nozɛ̃teʀɛ] unsere Interessen Quels‿amis ? [kɛlzami] Welche Freunde? un‿adorable petit chat [ɛ̃nadɔʀablə pətit ʃa] ein süßes Kätzchen
– Verb + nachgestelltes Pronomen	Reprenez-en. [ʀəpʀənezɑ̃] Nehmen Sie noch was! Allez-y. [alezi] Gehen Sie hin!
– Zahlwort + Substantiv / Adjektiv	trois‿enfants [tʀwazɑ̃fɑ̃] drei Kinder deux‿horribles pulls [døzɔʀibləpyl] zwei hässliche Pullis

5 Gebundene Aussprache und liaison

Die Aussprache

– vorangestelltes Adjektiv + Substantiv	un grand‿hôtel [ɛ̃ gʀɑ̃totɛl] ein großes Hotel de bons‿amis [də bɔ̃zami] gute Freunde
– einsilbige Präposition + Bezugswort	chez‿eux [ʃezø] bei ihnen en‿Italie [ɑ̃nitali] in Italien dans‿une heure [dɑ̃zynœʀ] in einer Stunde
– einsilbiges Adverb + Adjektiv	très‿agréable [tʀɛzagʀeablə] sehr angenehm tout‿entier [tutɑ̃tje] ganz
– nach der Konjunktion quand wenn	quand‿il veut [kɑ̃tilvø] wenn er will

5.2.2 Fakultative liaison

In vielen Fällen ist die liaison nur fakultativ, wie zum Beispiel:

– nach dem Verb être (die liaison wird jedoch meistens gemacht)	C'est un ami. [sɛtɛ̃nami] oder [sɛ ɛ̃nami] Er ist ein Freund. Ils sont allemands. [ilsɔ̃talmɑ̃] oder [ilsɔ̃ almɑ̃] Sie sind Deutsche.
– zwischen Hilfsverb und Partizip	Ils ont oublié. [ilzɔ̃tublije] oder [ilzɔ̃ ublije] Sie haben es vergessen.
– nach dem Verb	Vous êtes en vacances ? [vuzɛtzɑ̃ vakɑ̃s] oder [vuzɛt ɑ̃vakɑ̃s] Haben Sie Ferien? Je prenais une bière ... [ʒə pʀənɛzynbjɛʀ] oder [ʒə pʀənɛ ynbjɛʀ] Ich trank ein Bier ...
– nach mehrsilbigen Adverbien + Adjektiv	Il est tellement avare. [ilɛ tɛlmɑ̃tavaʀ] oder [ilɛ tɛlmɑ̃ avaʀ] Er ist so geizig.
– nach mehrsilbigen Präpositionen	J'attends depuis une heure. [ʒatɑ̃ dəpɥizynœʀ] oder [ʒatɑ̃ dəpɥi ynœʀ] Ich warte seit einer Stunde.
– vor aussi auch	vous aussi [vuzosi] oder [vu osi] Sie / ihr auch
– nach mais aber und den Verneinungspartikeln pas nicht, plus nicht mehr, jamais niemals	Il n'est pas encore là. [il nɛ pazɑ̃kɔʀ la] oder [il nɛ pa ɑ̃kɔʀ la] Er ist noch nicht da.

Die Aussprache

Beachten Sie
Die Realisierung der fakultativen liaison zeugt von gehobenem Sprachgebrauch.

Schreibung	gepflegte Aussprache	Alltagsaussprache
nous aussi wir auch	[nuzosi]	[nu osi]
pas ici nicht hier	[pazisi]	[pa isi]

5.2.3 Verbotene liaison
In den folgenden Fällen ist die liaison nicht möglich:

– das Wort beginnt mit einem h aspiré (➡ 2.2.3)	les héros [le eʀo] die Helden, les hamacs [le amak] die Hängematten
– nach der Konjunktion et und	un homme et une femme [ɛ̃nɔm e yn fam] ein Mann und eine Frau
– vor den Zahlwörtern un eins, huit acht und onze elf	le onze mai [lə ɔ̃zə mɛ] der 11. Mai
– zwischen Substantiv und Verb	Mes amis arrivent. [mezami aʀiv] Meine Freunde kommen.
– zwischen Substantiv und nachgestelltem Adjektiv	un restaurant excellent [ɛ̃ ʀɛstɔʀɑ̃ ɛksɛlɑ̃] ein ausgezeichnetes Restaurant
– nach den Fragewörtern quand wann, combien wie viel/-e und comment wie **Aber:** Comment allez-vous ? [kɔmɑ̃talevu] Wie geht es Ihnen?	Quand est-il parti ? [kɑ̃ etilpaʀti] Wann ist er weggefahren? Combien en voulez-vous ? [kɔ̃bjɛ̃ ɑ̃vulevu] Wie viel/-e (davon) möchten Sie? Comment as-tu fait ? [kɔmɑ̃ atyfɛ] Wie hast du das gemacht?
– nach dem Subjektpronomen in der Inversionsfrage	Sont-ils arrivés ? [sɔ̃til aʀive] Sind sie angekommen?

Test 17

Markieren Sie die liaisons.
1. Vous êtes français ? Sind sie Franzose?
2. Nous avons passé nos vacances en Italie. Wir haben unsere Ferien in Italien verbracht.
3. Je voudrais un café et un verre d'eau, s.v.p. Ich möchte einen Kaffee und ein Glas Wasser, bitte.
4. Je crois qu'elle est chez elle. Ich glaube, sie ist zu Hause.

1 Die Aussprache

> **TIPP**
>
> Hören Sie so oft wie möglich französisches Radio oder Fernsehen, um mit diesem überaus wichtigen Phänomen der gebundenen Aussprache vertraut zu werden.

6 Assimilation

Die Assimilation bewirkt, dass zwei Laute sich angleichen, indem der eine bestimmte Eigenschaften des anderen Lautes übernimmt. Assimilation kann innerhalb eines Wortes oder zwischen benachbarten Wörtern stattfinden.

6.1 Assimilation innerhalb eines Wortes

Im Folgenden finden Sie einige Beispiele für die Assimilation innerhalb eines Wortes:
- [k] (stimmlos) → [g] (stimmhaft) vor stimmhaftem [d]:
  anecdote [anɛgdɔt] Anekdote, seconde [səgɔ̃d] Sekunde
- [b] (stimmhaft) → [p] (stimmlos) vor stimmlosem [s]:
  absurde [apsyʀd] absurd, absent [apsɑ̃] abwesend
- Ob ein Vokal offen oder geschlossen gesprochen wird, kann ebenfalls von der lautlichen Umgebung abhängen, z. B. wird das ai in il aime [ilɛm] (er liebt) offen gesprochen, in vous aimez [vuzeme] ihr liebt / Sie lieben dagegen geschlossen, weil ein geschlossenes e folgt.

6.2 Assimilation zwischen Wörtern

Im folgenden Beispiel findet Assimilation innerhalb einer Wortkette statt. Vergleichen Sie die verschiedenen Aussprachen des folgendes Satzes:
Cela va de soi. [səlavadəswa] und [səlavatswa] Es versteht sich von selbst.
Die „schnellere" Aussprache des Satzes bewirkt die Elision des [ə], was wiederum zu einer Ausspracheänderung führt:
[d] (stimmhaft) → [t] (stimmlos) vor stimmlosem [s]: [səlavatswa].

7 Die Betonung

Es gibt im Französischen zwei Betonungsarten: eine Endbetonung und eine expressive Betonung. In den folgenden Beispielen ist die betonte Silbe jeweils fett gedruckt.

Die Aussprache 1

7.1 Endbetonung

Die allgemeine Regel zur Betonung des Französischen lautet:
- Im Französischen werden die Wörter in der chaîne parlée (Wortkette) zu Sprecheinheiten miteinander verbunden. In diesen Sprecheinheiten liegt die Betonung jeweils auf der letzten Silbe des letzten Wortes.
- Eine Sprecheinheit (auch „rhythmische Gruppe" genannt) kann bestehen aus
  - einem einzigen Wort: Vraiment ? Wirklich?
  - einer Wortgruppe: mes amis français meine französischen Freunde
  - einem ganzen Satz: Mes amis français sont arrivés. Meine französischen Freunde sind angekommen.

Beachten Sie
- Im Französischen wird der Wortakzent zugunsten des Akzents der Sprecheinheit aufgegeben: Dabei wird nur eine Silbe pro Sprecheinheit betont.
- Aus wie vielen Sprecheinheiten ein Satz besteht, hängt von der Sprechabsicht sowie vom Redefluss des Sprechers ab. Der folgende Satz Ma sœur Lucie arrive demain. (Meine Schwester Lucie kommt morgen.) kann unterschiedlich segmentiert werden.
  1 rhythmische Gruppe: Ma sœur Lucie arrive demain.
  2 rhythmische Gruppen: Ma sœur Lucie arrive demain.
  3 rhythmische Gruppen : Ma sœur, Lucie, arrive demain.
- Rhythmische Gruppen werden in der Schriftsprache oft mit Satzzeichen markiert. (➡ **Kapitel 2, Die Schreibung, 6.3**).

Test 18

Lesen Sie zuerst die Wochentage laut und achten Sie auf die Endbetonung (im Deutschen werden die Wochentage auf der ersten Silbe betont).

lundi Montag
mardi Dienstag
mercredi Mittwoch
jeudi Donnerstag

vendredi Freitag
samedi Samstag
dimanche Sonntag.

Lesen Sie nun die folgenden Sätze:
Lundi matin, je travaille. Am Montag Vormittag arbeite ich.
Lundi matin, je travaille au bureau. Am Montag Vormittag arbeite ich im Büro.

TIPP

Das Sprechen in Wortgruppen bewirkt, dass die Wortgrenze nicht deutlich herauszuhören ist. Sprechen Sie den folgenden deutschen Satz nach dem

1 *Die Aussprache*

> französischen Prinzip der gebundenen Aussprache und mit den liaisons
> um einen Eindruck davon zu bekommen:
> Er ‿ hat ‿ angeru**fen**, aber ‿ er ‿ hat nicht ge**sagt**, was ‿ er woll**te**.
> (Eratangeru**fen** / abereratnichtge**sagt** / waserwoll**te**.)

 Test 19
Markieren Sie die Silben, die betont werden können.
1. Je sais. Ich weiß.
2. Je ne sais pas. Ich weiß nicht.
3. Je ne sais pas pourquoi. Ich weiß nicht warum.
4. Je ne sais pas, en fait, pourquoi tu dis ça. Ich weiß eigentlich nicht, warum du das sagst.

7.2 Expressive Betonung

Bei der expressiven Betonung wird das hervorzuhebende Wort innerhalb einer rhythmischen Gruppe auf der ersten Silbe betont.
Diese regelwidrige Betonung wird zu emphatischen Zwecken verwendet:
C'était **tell**ement bon ! Es hat **so** gut geschmeckt!
Cela ne fait **au**cun doute. Das steht außer Zweifel.
C'est une **vé**ritable catastrophe. Es ist eine echte Katastrophe.

8 Die Intonation

Unter Intonation versteht man den Verlauf der Tonhöhe und Tonstärke innerhalb einer Sprecheinheit.

8.1 Die distinktive Funktion der Intonation

Man unterscheidet die folgenden Intonationstypen, denen jeweils eine charakteristische Intonationskurve entspricht:
– Aussagesatz: die Stimme senkt sich am Ende des Satzes.
  Tu viens demain. Du kommst morgen.
– Fragesatz: die Stimme hebt sich (mehr oder weniger) am Ende des Satzes.
  Tu viens demain ? / Viens-tu demain ? / Est-ce que tu viens demain ?
  Kommst du morgen?
  Quand viens-tu demain ? Wann kommst du morgen?

Die Aussprache

– Befehlssatz: die Stimme senkt sich am Ende des Satzes.
Tu viens demain ! Du kommst morgen!
– Ausrufesatz: die Stimme senkt sich oder hebt sich am Ende des Satzes je nach Gefühlslage des Sprechers:
Steigender Tonfall zum Ausdruck der Freude: Il vient demain ! Er kommt morgen!
Fallender Tonfall zum Ausdruck des Bedauerns: Quel malheur ! Was für ein Unglück!

Beachten Sie
– Das Heben der Stimme am Satzende macht aus einem Aussagesatz einen Fragesatz (➠ **Kapitel 27, Satzbau und Satzgefüge, 2**):

Aussagesatz Senken der Stimme am Satzende	C'est bon. Es schmeckt. Je suis prêt. Ich bin fertig.
Intonationsfrage Heben der Stimme am Satzende	C'est bon ? Schmeckt es? Tu es prêt ? Bist du fertig?

– Im Bereich der Intonation sind jedoch sehr viele Variationen möglich, was am Beispiel des Ausrufesatzes (➠ **8.2**) deutlich wird.

Test 20
Lesen Sie den folgenden Satz laut, einmal als Frage, einmal als Aussage und einmal als Befehl, und achten Sie auf die Intonation. Übertreiben Sie ruhig.
tu restes à la maison ce soir
1. Bleibst du heute Abend zu Hause?
2. Du bleibst heute Abend zu Hause.
3. Du bleibst heute Abend zu Hause!

8.2 Die expressive Funktion der Intonation

Mit der Intonation kann eine Vielfalt von Emotionen wiedergegeben werden wie z. B. im Ausrufesatz:
Bedauern: Quel dommage ! Wie schade!
Freude: C'est magnifique ! Das ist wunderschön!

Test 21

Sprechen Sie die folgenden Sätze und achten Sie auf die Intonation.
1. Tu viens avec nous demain ? Kommst du mit uns morgen?
2. Non, je ne viens pas. Nein, ich komme nicht.

Die Aussprache

3. Comme c'est dommage ! Wie schade!
4. C'est super ! Das ist super!

Auf den Punkt gebracht

1. (➡ **Was Sie vorab wissen sollten**)
Kreuzen Sie ja oder nein an.

	ja	nein
1. Das französische Alphabet hat mehr Buchstaben als das deutsche.	☐	☐
2. Ein einziger Laut kann unterschiedlich geschrieben werden.	☐	☐

2. (➡ 1.1)
Ordnen Sie die folgenden Wörter dem richtigen Laut zu.
1. tout alles, dynamique dynamisch, rue Straße, ouvert geöffnet, musée Museum, gyrophare Blaulicht

   [y] wie müde   [u] wie du   [i] wie Idee
   _____   _____   _____

2. chemin Weg, attendre warten, copain Freund, compris verstanden, blond blond, allemand deutsch

   [ã] wie Croissant   [ɛ̃] wie Teint   [ɔ̃] wie Pardon
   _____   _____   _____

3. ensuite dann, briller glänzen, lui er, voix Stimme, payer zahlen, toit Dach

   [ɥi] wie nuit   [wa] wie moi   [j] wie ja
   _____   _____   _____

3. (➡ 1.2)
Kreuzen Sie ja oder nein an.

	ja	nein
1. Wie im Deutschen wird der Buchstabe v manchmal [f] gesprochen.	☐	☐
2. Die Buchstabenkombination ch entspricht dem deutschen „sch".	☐	☐
3. In den Wörtern orchestre (Orchester), quand (wann) und ticket (Karte) ist der Laut [k] enthalten.	☐	☐

Die Aussprache

4. (▶ 2.1)
Markieren Sie die richtige Aussage.
1. Das „stumme e" wird (immer / in einigen Fällen nicht) gesprochen.
2. Das „stumme e" am Wortende wird (immer / niemals) gesprochen.
3. Die Wörter français und française französisch werden (gleich / unterschiedlich) gesprochen.

5. (▶ 2.2)
Welcher Laut kommt in den folgenden Wörtern vor?

	[e] wie Tee	[ə] wie Junge	[ɛ] wie Fest
je ich		X	
les die			
demain morgen			
mai Mai			

6. (▶ 2.3)
Markieren Sie die richtige Aussage.
1. Das tréma bewirkt, dass zwei aufeinander folgende Vokale in einem Wort (zusammen / getrennt) gesprochen werden.
2. Die Wörter mais aber und maïs Mais werden (gleich / unterschiedlich) gesprochen.
3. Adjektive auf -gu wie aigu spitz bilden die feminine Form auf (-güe / -gue).

7. (▶ 3.1 bis ▶ 3.3)
Wie werden die folgenden Konsonanten gesprochen? Markieren Sie die richtige Alternative.
1. Als Doppelkonsonant wird s (stimmhaft [z] / stimmlos [s]) gesprochen: passer verbringen.
Am Wortanfang wird s (stimmhaft [z] / stimmlos [s]) gesprochen: surtout vor allem.
Zwischen zwei Vokalen wird s (stimmhaft [z] / stimmlos [s]) gesprochen: oiseau Vogel.
2. Der Buchstabe g wird
vor e und i ([ʒ] / [g]) gesprochen: déranger stören, magique magisch;
vor a, o und u ([ʒ] / [g]) gesprochen: gâteau Kuchen, bague Ring, mégot Zigarettenkippe.

Auf den Punkt gebracht **45**

1 Die Aussprache

3. Der Buchstabe c wird
vor e und i und als ç ([s] / [k]) gesprochen: ceci dieses, garçon Junge;
vor a, o und u ([s] / [k]) gesprochen: campagne Land, collègue Kollege, culture Kultur.

8. (⇨ 3.4)
Markieren Sie die richtige Aussage.
1. Das französische h wird (niemals / nur am Wortanfang) gesprochen.
2. Das h muet (verlangt / verhindert) die liaison: un hôtel ein Hotel.

9. (⇨ 3.5)
Kreuzen Sie an, wie das x in den folgenden Wörtern gesprochen wird.

	[gz]	[ks]	[z]
taxi Taxi		X	
deuxième zweite/-r/-s			
texte Text			
examen Prüfung			

10. (⇨ 4)
Markieren Sie die richtige Aussage.
1. Im Französischen werden (alle / nicht alle) geschriebenen Buchstaben gesprochen.
2. Viele Konsonanten sind am Wortende (hörbar / nicht hörbar).
3. Die Pluralendung -s bzw. -x ist in der Regel (hörbar / nicht hörbar): amis Freunde, chapeaux Hüte.

11. (⇨ 5.1)
Stimmen die folgenden Aussagen?   ja   nein
1. Im Französischen werden die Wörter einzeln gesprochen.   ☐   ☐
2. Mit der gebundenen Aussprache wird der hörbare Endkonsonant
eines Wortes mit dem ersten Vokal des folgenden Wortes
zusammen gesprochen: Il est là. [ilɛla] Er ist da.   ☐   ☐

12. (⇨ 5.2)
Kreuzen Sie ja oder nein an.   ja   nein
1. Die liaison bewirkt, dass ein an sich stummer Endkonsonant
hörbar wird: un petit enfant ein kleines Kind   ☐   ☐
2. Zwischen Begleiter und Substantiv ist die liaison fakultativ:
les enfants die Kinder.   ☐   ☐

Die Aussprache 1

	ja	nein
3. Steht das Adjektiv vor dem Substantiv, ist die liaison zwischen Begleiter und Adjektiv obligatorisch: un agréable séjour ein angenehmer Aufenthalt.	☐	☐
4. Die Konjunktion ___ (und) verhindert die liaison: un livre et une cassette ein Buch und eine Kassette.	☐	☐
5. Zwischen Hilfsverb und Partizip ist die liaison fakultativ: ils ont écouté sie haben zugehört.	☐	☐
6. Beginnt ein Wort mit h, wird niemals die liaison gemacht.	☐	☐
7. Das h aspiré verhindert die liaison: des harengs Heringe.	☐	☐

13. (▶ 6)
Kreuzen Sie ja oder nein an.   ja   nein
1. Bei der Assimilation verändert sich ein Laut im Kontakt zu anderen Lauten.   ☐   ☐
2. Assimilation findet nur innerhalb eines Wortes statt.   ☐   ☐

14. (▶ 7)
Markieren Sie in den folgenden Sätzen die betonten Silben.
1. Aujourd'hui, je vais au marché. Heute gehe ich auf den Markt.
2. Moi, dit-elle, j'adore la musique. Ich, sagt sie, liebe Musik sehr.
3. Nous irons, si le temps le permet, faire une randonnée. Wir werden, wenn das Wetter es erlaubt, eine Wanderung machen.

15. (▶ 8)
Ordnen Sie die folgenden Sätze einem Intonationsschema zu.

	→	→
1. Ça ne va pas. Es geht nicht.		
2. Ça ne va pas ? Geht es nicht?		
3. Quel malheur ! Was für ein Unglück!		
4. Tu viens quand ? Wann kommst du?		
5. Bravo ! Bravo!		

Auf den Punkt gebracht

1 Die Aussprache

Und wenn Sie noch neugierig sind …
Lettres épenthétiques
Das Französische vermeidet in der Regel das Aussprechen von zwei aufeinander folgenden Vokallauten innerhalb eines Wortes oder zwischen zwei Wörtern, hiatus genannt. Zwei Möglichkeiten zur Vermeidung des für französische Ohren nicht wohlklingenden hiatus kennen Sie bereits: die gebundene Aussprache und die liaison.
Eine weitere wird im ➡ **Kapitel 2, Die Schreibung, 4** vorgestellt: die élision (Auslassung).

Zum Schluss dieses Kapitels lernen Sie eine vierte Möglichkeit kennen: la lettre épenthétique. Darunter versteht man einen Buchstaben (in den meisten Fällen ein l oder ein t), der zwischen zwei Vokale eingefügt wird.

Das l
Ein l kann vor dem Pronomen on stehen
– zur Vermeidung des Zusammentreffens eines Vokals mit on:
  un endroit où l'on se sent bien ein Ort, an dem man sich wohl fühlt
  si l'on veut wenn man will
– zur Vermeidung des Zusammentreffens des Lauts [k] mit on:
  Je veux que l'on m'obéisse. Ich will, dass man mir gehorcht.

Das t
Ein t wird zur Ausspracheerleichterung zwischen dem Verb und dem Subjekt bei der Inversion eingeschoben, wenn das Verb auf einen Vokal endet:
Mange-t-elle bien ? Isst sie gut?
A-t-il répondu à ta lettre ? Hat er deinen Brief beantwortet?

Die Schreibung 2

Die französische Schreibung spiegelt nicht genau die Aussprache wider. Die Laut-Buchstaben-Zuordnung ist in ➡ **Kapitel 1, Die Aussprache, 1** dargestellt.

1 Das Alphabet

Wie das deutsche Alphabet besteht das französische aus 26 Buchstaben: 6 Vokalen und 20 Konsonanten.

1.1 Die Buchstaben des französischen Alphabets

In der folgenden Tabelle sind die Buchstaben des französischen Alphabets dargestellt. Die Aussprache ist jeweils in den eckigen Klammern angegeben. Buchstaben werden verwendet, um Namen oder Wörter zu buchstabieren. Die Wortbeispiele entsprechen dem französischen Buchstabier-Alphabet.

A a	B b	C c	D d	E e	F f	G g	H h
[a]	[be]	[se]	[de]	[ə]	[ɛf]	[ʒe]	[aʃ]
Anatole	Berthe	César	Désiré	Emile	François	Gaston	Henri
I i	J j	K k	L l	M m	N n	O o	P p
[i]	[ʒi]	[ka]	[ɛl]	[ɛm]	[ɛn]	[o]	[pe]
Isidore	Jean	Kléber	Louis	Marie	Nicolas	Oscar	Paul
Q q	R r	S s	T t	U u	V v	W w	X x
[ky]	[ɛʀ]	[ɛs]	[te]	[y]	[ve]	[dubləve]	[iks]
Québec	Robert	Suzanne	Théophile	Ursule	Victor	Wagon	Xavier
Y y	Z z						
[igʀɛk]	[zɛd]						
Yvonne	Zoé						

Auf Entdeckung

Lesen Sie die oben stehende Tabelle noch einmal aufmerksam und ergänzen Sie die Liste der 11 Buchstaben, die im Französischen anders gesprochen werden als im Deutschen. (➡ **Lösungen**)

C __ __ __ __ Q __ __ __ __ __

2 Die Schreibung

1.2 Buchstabieren

- Die Buchstaben sind im Französischen maskulin: un A, un B usw.
- Doppelkonsonanten werden wie folgt buchstabiert: tt = deux t Doppel-t, pp = deux p Doppel-p usw.
  Beginnt der Name des Buchstabens mit vokalischem Anlaut, so muss die liaison gemacht werden (➡ **Kapitel 1, Die Aussprache, 5**): nn = deux n [døzɛn], ll = deux ll [døzɛl].
- Ï und ë heißen i tréma und e tréma (➡ **Kapitel 1, Die Aussprache, 2.3**): Noël (Weihnachten) wird wie folgt buchstabiert: [ɛn], [o], [ə] tréma, [ɛl].
- É, è und ê heißen [ə] accent aigu, [ə] accent grave und [ə] accent circonflexe (➡ 3).
  Été (Sommer) wird [ə] accent aigu, [te], [ə] accent aigu buchstabiert.
  Après (nach) wird [a], [pe], [ɛʀ], [ə] accent grave, [ɛs] buchstabiert.
  Mûr (reif) wird [ɛm], [y] accent circonflexe, [ɛʀ] buchstabiert.
- Ç heißt c cédille: ça (es) wird [se] cédille, [a] buchstabiert.

 Test 1
Buchstabieren Sie
1. Ihren Namen und Ihren Vornamen.
2. die folgenden Wörter: déranger stören, août August, thème Thema, naïf naiv, déçu enttäuscht.

> **TIPP**
>
> Sie können jederzeit zur Erarbeitung dieses Kapitels die Tabellen von ➡ **Kapitel 1, Die Aussprache, 1**, in denen die Laut-Buchstaben-Beziehungen der einzelnen Laute dargestellt sind, zur Hilfe nehmen.

2 Homophone Wörter

Im Französischen gibt es viele Homophone. Homophone sind Wörter, die trotz unterschiedlicher Schreibung und Bedeutung gleich ausgesprochen werden: Die Wörter ver Wurm, verre Glas, vers gegen, vert grün z. B. werden alle [vɛʀ] ausgesprochen.
Der Lautfolge [sɑ̃] entsprechen die Schreibungen sans ohne, sang Blut, cent hundert sowie die Singular-Formen des Verbs sentir fühlen / riechen: (je / tu) sens, (il / elle / on) sent sowie der Imperativ sens.

Die Schreibung 2

Auf Entdeckung

Sie haben in ➡ **Kapitel 1, Die Aussprache, 1** die Laute des Französischen kennen gelernt. Lesen Sie nun mit Hilfe der in den eckigen Klammern angegebenen Lautschrift die folgenden Sätze. Achten Sie dabei besonders auf die Schreibung der fett gedruckten homophonen Wörter.

> 1. [ma tãt dɔʀ su la tãt] Ma **tante** dort sous la **tente**. Meine Tante schläft unter dem Zelt.
>
> 2. [la mɛʀ dy mɛʀ vi obɔʀ dəla mɛʀ] La **mère** du **maire** vit au bord de la **mer**. Die Mutter des Bürgermeisters lebt am Meer.
>
> 3. [la ʀɛn tjɛ̃ le ʀɛn dy ʀɛn] La **reine** tient les **rênes** du **renne**. Die Königin hält die Zügel des Rentiers.

Vervollständigen Sie nun die folgenden Aussagen. (➡ **Lösungen**)
1. Dem Laut [ã] entsprechen die Schreibungen **an** und _____.
2. [mɛʀ] kann **mère** oder _____ oder _____ geschrieben werden.
3. [ʀɛn] kann sowohl Zügel als auch _____ oder _____ bedeuten.

In der folgenden Tabelle finden Sie wichtige grammatisch relevante Homophone, die eine häufige Fehlerquelle bei Diktaten darstellen.

Laut	Schreibung	Beispielsätze
[u]	**où** wo / wohin **ou** oder	**Où** sont mes lunettes ? – Sur la table **ou** sur le lit. **Wo** ist meine Brille? – Auf dem Tisch **oder** auf dem Bett.
[a]	**a** hat **à** auf / in / nach	Il **a** un appartement **à** Paris. Er **hat** eine Wohnung **in** Paris.
[sɛ]	**s'est** hat sich **c'est** das ist	Il **s'est** lavé. Er **hat sich** gewaschen. **C'est** tout. **Das ist** alles.
[ɔ̃]	**on** man **ont** haben (3. Person Plural Präsens von avoir)	**On** raconte qu'ils **ont** deux enfants. **Man** sagt, dass sie zwei Kinder **haben**.
[sə]	**ce** diese/-r/-s **se** sich	**Ce** produit **se** vend bien. **Dieses** Produkt verkauft **sich** gut.
[se]	**ses** seine / ihre **ces** diese	Il a perdu **ses** clés. Er hat **seine** Schlüssel verloren. **Ces** journaux ne m'intéressent pas. **Diese** Zeitungen interessieren mich nicht.

2 Homophone Wörter

2 Die Schreibung

Laut	Schreibung	Beispielsätze
[sɔ̃]	son sein / ihr sont sind (3. Person Plural Präsens von être)	Son père est malade. Sein / Ihr Vater ist krank. Mes invités sont arrivés. Meine Gäste sind angekommen.

 Test 2
Was passt wohin?
1. on oder ont
   Ils ___ raison: ___ mange bien ici. Sie **haben** Recht: **Man** isst hier gut.
2. ce oder se
   ___ livre ___ lit facilement. **Dieses** Buch liest **sich** leicht.
3. ou oder où
   ___ allons-nous ? A la mer ___ à la montagne ? **Wohin** fahren wir? Ans Meer **oder** ins Gebirge?
4. son oder sont
   ___ père et sa mère ___ très riches. **Sein** Vater und seine Mutter **sind** sehr reich.
5. a oder à
   Elle ___ travaillé ___ l'usine. Sie **hat in** der Fabrik gearbeitet.

> **TIPP**
>
> Wenn Sie viel schreiben und lesen, wird Ihnen das Erlernen der korrekten Schreibung leichter fallen. Im Folgenden lernen Sie weitere orthographische Zeichen des Französischen kennen.

3 Die Akzente (*les accents*)

Es gibt im Französischen drei accents, die einen Vokal begleiten können: den accent aigu (´), den accent grave (`) und den accent circonflexe (^). Diese drei accents können
- die Aussprache eines Vokals beeinflussen
  oder
- eine bedeutungsunterscheidende Funktion haben.

Die Schreibung 2

1. **accent aigu**
   - steht nur über e und markiert ein geschlossenes e [e]

   café [kafe] Kaffee, marché [maʀʃe] Markt, été [ete] Sommer

2. **accent grave**
   - steht nur über a, e und u

   là [la] dort, très [tʀɛ] sehr, où [u] wo / wohin
   - markiert ein offenes e [ɛ]
   - verändert bei a und u die Aussprache nicht

   après [apʀɛ] nach, frère [fʀɛʀ] Bruder
   déjà [deʒa] schon, où wo / wohin
   - ist bei gleich geschriebenen und gleich klingenden Wörtern bedeutungsunterscheidend

   là dort ↔ la der / die / das, à in / nach … ↔ a hat, où wo / wohin ↔ ou oder

3. **accent circonflexe**
   - kann über allen Vokalen stehen (außer y)
   - markiert ein offenes e [ɛ]
   - ist bei gleich geschriebenen und gleich klingenden Wörtern bedeutungsunterscheidend
   - beeinflusst in einigen Fällen die Aussprache des Vokals

   âme Seele, rêve Traum, paraître scheinen, hôtel Hotel, sûr sicher
   fenêtre [fənɛtʀə] Fenster, être [ɛtʀə] sein
   sûr [syʀ] sicher ↔ sur auf, mûr [myʀ] reif ↔ mur Mauer
   côte [kot] Küste ↔ cote [kɔt] Wert / Kursnotierung, jeûne [ʒøn] Fasten ↔ jeune [ʒœn] jung, le nôtre [notʀə] unsere/-r/-s ↔ notre [nɔtʀə] unser/-e

Beachten Sie
- Der accent circonflexe steht oft für einen im Lauf der Sprachgeschichte entfallenen Buchstaben (meistens ein -s): hôpital Hospital.
- Die homophonen Verbformen des passé simple und des subjonctif imparfait unterscheiden sich lediglich durch die Anwesenheit des accent circonflexe in der 3. Person Singular:
  il fut er war ↔ qu'il fût dass er war.
- Zum tréma (ë oder ï) siehe ➡ Kapitel 1, Die Aussprache, 2.3.

Test 3

Fügen Sie bei den unterstrichenen Wörtern – wenn es nötig ist – die fehlenden accents hinzu.
1. le mur de l'hopital die Mauer des Krankenhauses
2. la fenetre de l'hotel das Hotelfenster
3. La voisine est deja la. Die Nachbarin ist schon da.
4. Il a une tache sur son pull. Er hat einen Fleck auf seinem Pullover.

3 Die Akzente (les accents)

2 Die Schreibung

4 Der Apostroph (*l'apostrophe*)

Der Apostroph zeigt die Auslassung (élision) eines a, e oder i am Ende eines Wortes an, wenn das darauf folgende Wort mit einem Vokal oder „stummen h" beginnt. Der Apostroph wird in den folgenden Fällen verwendet:

1. bei den bestimmten Artikeln le und la	le → l'ami der Freund, l'opéra die Oper, l'hôtel das Hotel la → l'amie die Freundin, l'idée die Idee, l'habitude die Gewohnheit
2. beim Subjektpronomen je	J'aime le sport. Ich mag Sport. J'habite en France. Ich wohne in Frankreich.
3. bei den Objektpronomen me, te, se und le, la	Je m'appelle Anne. Ich heiße Anne. Elle s'habille bien. Sie zieht sich gut an. Je l'ai rencontré hier. Ich habe ihn gestern getroffen.
4. bei der Präposition de	l'heure d'arrivée die Ankunftszeit les sports d'hiver der Wintersport
5. bei der Konjunktion si vor il oder ils	S'il pleut, je reste à la maison. Wenn es regnet, bleibe ich zu Hause. **Aber:** si elle vient wenn sie kommt
6. beim Pronomen ce	C'est trop cher. Es ist zu teuer.
7. bei der Verneinungspartikel ne	Je n'aime pas ça. Ich mag das nicht. Il n'habite plus à Paris. Er wohnt nicht mehr in Paris.
8. bei der Konjunktion que (dass) und allen Konjunktionen, die que enthalten	Je pense qu'elle viendra. Ich denke, dass sie kommen wird. Quoiqu'il arrive … Was auch geschieht, … Lorsqu'elle sera là … Wenn sie da ist, …

 Test 4

Setzen Sie die Sätze zusammen. Lassen Sie den Vokal weg, wenn Sie einen Apostroph einsetzen.

1. à / Paris / habite / je Ich wohne in Paris.

2. Tu / chocolat / aimes / le Du liebst Schokolade.

Die Schreibung

3. Je / va / que / espère / il / bien Ich hoffe, dass es ihm gut geht.
   _____.
4. facile / Ce / ce / intéressant / est / et / est Es ist leicht und es ist interessant.
   _____.

5 Der Bindestrich (*le trait d'union*)

Der Bindestrich wird in den folgenden Fällen verwendet:

1. bei einigen Komposita, bei zusammengesetzten Vornamen und bei Zahlen unter hundert (➭ **Kapitel 31, 1.1.2 Beachten Sie**)	arc-en-ciel Regenbogen, porte-bonheur Glücksbringer Anne-Sophie, Léo-Paul trente-deux 32, quatre-vingt-neuf 89 **Aber:** cent dix 110
2. zwischen Verb und Pronomen bei der Inversionsfrage (➭ **Kapitel 27, 2.2.1**)	Qui êtes-vous ? Wer sind Sie? Prends-tu le train ? Nimmst du den Zug?
3. zwischen Verb und Pronomen beim bejahten Imperativ (➭ **Kapitel 21, 2**)	Téléphone-moi. Ruf mich an! Servez-vous. Bedienen Sie sich!
4. bei den Demonstrativbegleitern (➭ **Kapitel 7, 1.2**) und den Demonstrativpronomen (➭ **Kapitel 12, 1**)	Prenez-vous cette robe-là ? – Non, je prends celle-ci. Möchten Sie dieses Kleid? – Nein, ich nehme dieses.
5. bei der Worttrennung am Zeilenende (➭ **8**)	Vous devez apprendre la grammaire. Sie müssen Grammatik lernen.

Beachten Sie
zu 1. Bei der Verwendung des Bindestrichs bei den Komposita ist keine eindeutige Logik zu erkennen. Man schreibt z. B. portefeuille (Brieftasche) und portemanteau (Garderobenständer) ohne Bindestrich, aber porte-avions (Flugzeugträger) und porte-bagages (Gepäckträger) mit Bindestrich. Hier hilft Ihnen nur das Wörterbuch weiter.

Test 5
Setzen Sie, wo es erforderlich ist, einen Bindestrich.
1. Prenez vous le train demain ? Nehmen Sie morgen den Zug?
2. Ne nous attendez pas. Warten Sie nicht auf uns.
3. Attends moi. Warte auf mich!

2 Die Schreibung

4. Il y avait cent vingt personnes. Es waren 120 Leute da.
5. Il a vingt cinq ans. Er ist 25 Jahre alt.

6 Die Satzzeichen
6.1 Überblick

Im Französischen werden folgende Satzzeichen verwendet:

.	le point	( )	les parenthèses
,	la virgule	« »	les guillemets
:	les deux points	–	le tiret
;	le point-virgule	/	la barre oblique
?	le point d'interrogation	[ ]	les crochets
!	le point d'exclamation	…	les points de suspension

Beachten Sie
– Anders als im Deutschen werden Doppelpunkte, Anführungszeichen, Frage- und Ausrufezeichen in der Regel mit einem Leerzeichen Abstand gesetzt.
– Anstelle der im Deutschen üblichen Anführungszeichen „…" werden im Französischen folgende verwendet: « … »
– Die Satzzeichen werden weitgehend wie im Deutschen gebraucht. Im Folgenden wird nur auf die unterschiedliche Verwendung in beiden Sprachen hingewiesen.

6.2 Der Punkt

Wie im Deutschen kennzeichnet der Punkt das Ende eines Aussagesatzes.

6.2.1 Fehlen des Punktes
Im Unterschied zum Deutschen wird kein Punkt gesetzt:
– bei den Ordnungszahlen: le XIXe siècle das 19. Jahrhundert
– beim Datum: le 12/2/06 der / den 12. 2. 06

6.2.2 Verwendung des Punktes
Im Unterschied zum Deutschen steht in der Regel ein Punkt
– bei jedem Buchstaben einer Abkürzung, wenn die Buchstaben einzeln genannt werden: la S.N.C.F. die französische Eisenbahn, l'O.N.U. die UNO

Die Schreibung **2**

6.3 Das Komma

Im Deutschen hat das Komma vor allem eine syntaktische Funktion: Es trennt den Hauptsatz vom Nebensatz. Im Französischen dagegen hat das Komma vor allem die Funktion, Sprechpausen zu markieren. Aus diesem Grund sind die Regeln zur Kommasetzung im Französischen etwas freier (subjektiver) als im Deutschen.

6.3.1 Verwendung des Kommas
Anders als im Deutschen wird das Komma im Französischen verwendet

1.	bei Voranstellung einer Adverbial- oder Präpositionalergänzung sowie eines Nebensatzes	**Le matin**, je fais du jogging. Morgens jogge ich. **Sur la table**, il y a un vase. Auf dem Tisch steht eine Vase. **Si tu le vois**, dis-lui bonjour. Wenn du ihn siehst, grüße ihn.
2.	zur Hervorhebung eines Wortes / Satzgliedes	Je n'aime pas ça, **moi**. Ich mag das nicht. Il n'a, **heureusement**, rien remarqué. Er hat **zum Glück** nichts bemerkt.
3.	vor und nach einem Einschub	Il n'a, **à mon avis**, rien compris. Er hat meiner Meinung nach nichts verstanden.
4.	zur Trennung einer Partizipialkonstruktion	Il est parti, **vexé**. Er ist beleidigt weggegangen. **Arrivé à la maison**, j'ai pris une douche. Zu Hause angekommen, duschte ich.

6.3.2 Fehlen des Kommas
Anders als im Deutschen wird kein Komma verwendet

1.	zwischen Haupt- und Nebensatz, wenn der Satz mit dem Hauptsatz beginnt (➡ **6.3.1**)	J'espère que vous allez bien. Ich hoffe, dass es Ihnen gut geht. Je ne viens pas parce qu'il pleut. Ich komme nicht, weil es regnet.
2.	vor einem Infinitivsatz	Je vais toujours au marché pour acheter des fruits. Ich gehe immer auf den Markt, um Obst zu kaufen.
3.	vor einem Relativsatz	la ville où je suis né die Stadt, in der ich geboren wurde une idée que je trouve bonne eine Idee, die ich gut finde

6 Die Satzzeichen

2 Die Schreibung

Beachten Sie

zu 1. Vor den unterordnenden Konjunktionen alors que (während) und puisque (da) wird ein Komma gesetzt:
Nous ne sortirons pas, puisqu'il pleut. Wir werden nicht hinausgehen, da es regnet.

– Vor den beiordnenden Konjunktionen mais (aber), donc (also), or (dennoch) wird das Komma empfohlen (➟ **Kapitel 30, Die Konjunktionen, 1**).
Je te parle, mais tu n'écoutes pas. Ich spreche mit dir, aber du hörst nicht zu.

zu 3. Bei erklärenden Relativsätzen (➟ **Kapitel 14, Die Relativpronomen, 10.2**) wird ein Komma gesetzt. In diesem Fall hat das Komma eine bedeutungsunterscheidende Funktion. Bitte vergleichen Sie:
Les enfants, qui ont fini, peuvent aller jouer. Die (= alle) Kinder, die fertig sind, können spielen gehen.
Les enfants qui ont fini peuvent aller jouer. (Nur) die Kinder, die fertig sind, können spielen gehen.

Test 6
Komma oder nicht?
1. Strasbourg _ le 30 mai Straßburg, den 30. Mai
2. Je vais au lit _ parce que je suis fatigué. Ich gehe ins Bett, weil ich müde bin.
3. Je pense _ que tu as raison. Ich denke, dass du Recht hast.
4. Voici le livre _ dont je t'ai parlé. Hier ist das Buch, von dem ich dir erzählt habe.
5. En fait _ tu n'as rien compris. Eigentlich hast du nichts verstanden.

6.4 Das Ausrufezeichen

Anders als im Deutschen wird beim Imperativsatz (➟ **Kapitel 21, Der Imperativ, Was Sie vorab wissen sollten**) in der Regel kein Ausrufezeichen gesetzt. Das Ausrufezeichen wird im Französischen vor allem bei Ausrufen verwendet.

Imperativsatz	Ausrufesatz
Servez-vous. Bedienen Sie sich!	Quelle merveille ! Wie wunderbar!
Dépêche-toi. Beeil dich!	Comme c'est gentil ! Wie lieb!

7 Groß- und Kleinschreibung

Die französischen Substantive werden in der Regel kleingeschrieben. Großgeschrieben wird jedoch immer
- am Satzanfang: Il était une fois ... Es war einmal ...
  nach einem Punkt: Voilà. C'est fini. So. Es ist vorbei.
  nach einem Frage- oder Ausrufezeichen: Une nouvelle voiture ? C'est génial ! Vraiment génial ! Ein neues Auto? Das ist super! Echt super!
- nach einem Doppelpunkt, wenn direkte Rede folgt: Il a répondu : « Je ne sais pas. » Er hat geantwortet: „Ich weiß nicht."

Großgeschrieben werden außerdem

1.	Personennamen sowie Namen von Völkern und Dynastien	Pierre Dujardin, Anne-Marie, les Français die Franzosen, les Bourbons die Bourbonen
2.	geographische Namen (Länder, Regionen, Städte, Kontinente, Flüsse, Berge, Straßen usw.)	le Canada Kanada, le Périgord, l'Asie Asien, Munich München, le Rhin der Rhein, les Pyrénées die Pyrenäen, rue des Rosiers, le Midi de la France Südfrankreich
3.	Amtsbezeichnungen und Titel sowie Monsieur, Madame, Messieurs, Mademoiselle (und deren Abkürzungen: M., Mme., MM. und Mlle) in der Anrede	Monsieur le Ministre Herr Minister, Madame la Directrice Frau Direktorin **Aber:** Le ministre des Transports der Verkehrsminister Vous êtes bien Madame Lambert ? Sie sind doch Frau Lambert? Tu connais M. Fox ? Kennst du Herrn Fox?
4.	öffentliche Institutionen, Hochschulen	le Conseil de l'Europe der Europarat, l'Académie française, l'Education nationale das Erziehungsministerium, la Sorbonne
5.	historische Ereignisse und Epochen	la Révolution française die Französische Revolution, le Moyen Age das Mittelalter
6.	Titel von Werken (Filme, Zeitungen, Bücher, Kunstwerke usw.)	Les Misérables Die Elenden, Le Monde, le Nouvel Observateur, Germinal
7.	Namen von Festen	la Toussaint Allerheiligen, Pâques Ostern
8.	Namen von Autos, Flugzeugen, Schiffen usw.	la Jaguar, le Concorde, le France

2 Die Schreibung

Beachten Sie

- Bei mehrteiligen Eigennamen wird jeder Teil großgeschrieben, außer Artikel, Präpositionen und Konjunktionen: l'Indre et Loire, Sarlat-la-Canéda, Aix-en-Provence.
- Besteht der Eigenname aus einem Substantiv und einem Adjektiv, wird nur das Substantiv großgeschrieben: La Révolution française die Französische Revolution, le Massif central das Zentralmassiv.
- Besteht der Eigenname aus einem Substantiv und einem Eigennamen, wird nur der Eigenname großgeschrieben: la mer Méditerranée das Mittelmeer, l'île d'Oléron die Insel Oléron, le docteur Rousseau Doktor Rousseau, le mont Blanc der Montblanc.
- Die Großschreibung kann eine bedeutungsunterscheidende Funktion haben:
  le Français der Franzose ↔ le français die französische Sprache.
  le Créateur (Gott) der Schöpfer ↔ le créateur der Schöpfer / Hersteller
- Bei Titeln von Werken, die aus mehreren Teilen bestehen, wird nur das erste Wort großgeschrieben:
  La vie est un long fleuve tranquille Das Leben ist ein langer, ruhiger Fluss
  Autant en emporte le vent Vom Winde verweht

Test 7
Markieren Sie die richtige Schreibweise.
1. l'Océan Atlantique / l'océan Atlantique der atlantische Ozean
2. l'Ile de Ré / l'île de Ré die Insel Ré
3. la Révolution russe / la Révolution Russe die russische Revolution
4. Le Malade imaginaire / Le Malade Imaginaire Der eingebildete Kranke
5. la Commission européenne / la Commission Européenne die europäische Kommission

8 Die Worttrennung

Wie im Deutschen erfolgt die Worttrennung im Französischen am Silbenende.

Auf Entdeckung
Sehen Sie sich die folgenden Wörter an, die nach Silben getrennt sind, und bewerten Sie anschließend die unten stehenden Aussagen. (➡ Lösungen)
pain Brot   ta-ble Tisch   a-mi-cal freundlich
lit Bett   é-co-le Schule   trans-port Verkehr

Die Schreibung 2

Kreuzen Sie ja oder nein an.   ja nein
1. Eine Silbe kann aus einem einzigen Vokallaut bestehen.   ☐   ☐
2. Eine Silbe, die ein e muet (➟ **Kapitel 1, Die Aussprache, 2.1**)
   enthält, das nicht gesprochen wird, zählt bei der Worttrennung
   trotzdem als Silbe.   ☐   ☐
3. Eine Silbe kann aus einem einzigen Konsonanten bestehen.   ☐   ☐
4. Ein Wort besteht immer aus mehreren Silben.   ☐   ☐
5. Eine Silbe kann mehrere Konsonanten enthalten.   ☐   ☐

Bei der Worttrennung gelten folgende Regeln:

1. ein Konsonant zwischen zwei Vokalen bildet den Anfang einer neuen Silbe	amical → a-**mi**-cal freundlich événement → é-**vé**-**ne**-**ment** Ereignis vouloir → vou-**loir** wollen
2. Doppelkonsonanten werden getrennt	appris → ap-**pris** gelernt village → vil-**la**-ge Dorf
3. folgen drei Konsonanten aufeinander, so bleiben die beiden ersten zusammen	compter → com**p**-ter zählen sculpture → scul**p**-tu-re Skulptur acheter → a-**che**-ter kaufen
4. **ch**, **ph**, **th** und **gn** können nicht getrennt werden	téléphoner → té-lé-**pho**-ner telefonieren sympathique → sym-pa-**thi**-que sympathisch Bretagne → Bre-ta-**gne**
5. **r** oder **l** nach anderen Konsonanten werden nicht getrennt	agréable → a-**gré**-a-**ble** angenehm épingle → é-pin-**gle** Nadel éclater → é-**cla**-ter bersten

Test 8
Trennen Sie die folgenden Wörter nach den Silben.

_____ animal Tier   _____ métamorphose Metamorphose
_____ regarder betrachten   _____ architecture Architektur
_____ habiter wohnen   _____ authentique authentisch
_____ important wichtig   _____ ophtalmologue Augenarzt
_____ maladie Krankheit   _____ magnifique wunderschön
_____ ouverture Öffnung   _____ orthographe Rechtschreibung

2 Die Schreibung

Auf den Punkt gebracht

1. (➞ 1)
Kreuzen Sie ja oder nein an. ja nein
1. Die Buchstaben des französischen und des deutschen
   Alphabets werden alle gleich gesprochen. ☐ ☐
2. Doppelkonsonanten werden mit dem Zahlwort deux (zwei)
   buchstabiert: tt = deux t. ☐ ☐
3. Die Buchstaben sind im Französischen maskulin. ☐ ☐

2. (➞ 2)
Tragen Sie die deutsche Übersetzung ein: hat / wo / sich / in / dieser / oder.
ou _____   où _____
a _____   à _____
ce _____   se _____

3. (➞ 3)
Vervollständigen Sie die folgenden Sätze.
1. Die drei accents des Französischen heißen: accent _____,
   accent _____ und accent _____.
2. Das Wort aéroport (Flughafen) enthält einen accent _____.
3. Der accent aigu steht nur über dem Buchstaben ____.
4. Der accent grave steht über den Buchstaben ____, ____ und ____.

4. (➞ 4)
Kreuzen Sie ja oder nein an. ja nein
1. Der Apostroph steht anstelle eines ausgelassenen Vokals. ☐ ☐
2. Der Apostroph zeigt an, welche Silbe betont wird. ☐ ☐
3. Si + il wird zu s'il. ☐ ☐
4. Si + elle bleibt unverändert. ☐ ☐

5. (➞ 5)
Kreuzen Sie ja oder nein an. ja nein
1. Der Bindestrich dient zur Bildung zusammengesetzter Wörter. ☐ ☐
2. Der Bindestrich wird bei allen zusammengesetzten Zahlen
   verwendet. ☐ ☐
3. Der Bindestrich wird bei der Inversion Verb-Subjekt verwendet. ☐ ☐

6. (➞ 6.2)
Kreuzen Sie ja oder nein an. ja nein
1. Ordnungszahlen werden im Französischen ohne Punkt geschrieben. ☐ ☐

Die Schreibung 2

2. Wie im Deutschen trennt das Komma im Französischen immer Haupt- und Nebensatz. ☐ ☐
3. Das Komma im Französischen markiert meistens eine Sprechpause. ☐ ☐
4. Das Ausrufezeichen steht immer beim Imperativ. ☐ ☐

7. (⇒ 7)
Werden die folgenden Wörter groß- oder kleingeschrieben? groß klein
1. Eigennamen ☐ ☐
2. Substantive ☐ ☐
3. Namen von Autos, Schiffen und Flugzeugen ☐ ☐
4. Geographische Namen ☐ ☐

8. (⇒ 8)
Sind die folgenden Regeln zur Silbentrennung korrekt? Kreuzen Sie ja oder nein an und fügen Sie bei den Beispielen die Trennungsstriche hinzu. ja nein
1. Doppelkonsonanten werden getrennt: mille tausend. ☐ ☐
2. Ch, ph, th und gn werden ebenfalls getrennt: acheter kaufen. ☐ ☐
3. Drei aufeinander folgende Konsonanten werden getrennt: comptable Buchhalter. ☐ ☐

Und wenn Sie noch neugierig sind ...

1990 wurden vom Conseil supérieur de la langue française Empfehlungen zur Vereinfachung der Rechtschreibung formuliert. Einige betreffen den accent grave und den accent circonflexe.

accent	Schreibung vor 1990	empfohlen seit 1990
1. accent aigu Ein accent aigu, der als accent grave gesprochen wird, kann jetzt durch einen accent grave ersetzt werden. Aber: médecin [mɛdsɛ̃] bleibt	crémerie [kʁɛmʁi] réglementation [ʁɛgləmɑ̃tasjɔ̃] céleri [sɛlʁi]	crèmerie Käseladen règlementation Reglementierung cèleri Sellerie
2. accent circonflexe Der accent circonflexe ist bei i und u fakultativ, außer bei den Konjugationsformen (⇒ 2 Beachten Sie) sowie bei Homophonen (z. B. sûr sicher ↔ sur auf).	boîte dîner chaîne	boite Schachtel diner Abendessen chaine Kette

Solche Empfehlungen werden jedoch nicht sofort umgesetzt, deshalb haben die in diesem Kapitel genannten Regeln immer noch Gültigkeit.

Das Substantiv und seine Begleiter

Einführung

3 Das Substantiv

4 Der Artikel

5 Das Adjektiv

6 Die Possessivbegleiter

7 Die Demonstrativbegleiter

8 Die Indefinitbegleiter

Das Substantiv und seine Begleiter (Einführung)

Substantive (auch „Nomen" genannt) bezeichnen Lebewesen (Personen und Tiere), Gegenstände und Abstrakta (z. B. Gefühle, Begriffe, Eigenschaften). Man unterscheidet zwischen
- Eigennamen (z. B. Henri, France Frankreich)
und
Gattungsnamen (z. B. gare Bahnhof, maison Haus, patience Geduld)
- belebten (z. B. chat Katze, professeur Lehrer)
und
nicht-belebten Substantiven (z. B. voiture Auto, main Hand)
- zählbaren (z. B. pomme Apfel, chien Hund, crayon Stift)
und
nicht-zählbaren Substantiven (z. B. sable Sand, informatique Informatik).

1 Das Substantiv und seine Begleiter

Substantive werden im Französischen in der Regel mit einem Begleiter verwendet. Die Verbindung Substantiv und Begleiter wird als Nominalgruppe bezeichnet. Die Wortgruppe un petit village (ein kleines Dorf) ist z. B. eine Nominalgruppe, die aus einem Substantiv village, einem Adjektiv petit und einem Begleiter un besteht.

Die Tabelle gibt Ihnen einen Überblick über die verschiedenen Begleiter des Substantivs:

– Artikel bestimmter Artikel unbestimmter Artikel Teilungsartikel (➠ **Kapitel 4**)	**Le** soleil brille. **Die** Sonne scheint. J'ai **un** chat. Ich habe **eine** Katze. Je voudrais **du** lait. Ich möchte Milch.
– Adjektiv (➠ **Kapitel 5**)	J'aime les vins **français**. Ich liebe **französische** Weine.
– Possessivbegleiter (➠ **Kapitel 6**)	Où sont **mes** clés ? Wo sind **meine** Schlüssel?
– Demonstrativbegleiter (➠ **Kapitel 7**)	**Cette** voiture consomme peu d'essence. **Dieses** Auto verbraucht wenig Benzin.
– Indefinitbegleiter (➠ **Kapitel 8**)	Il faut **plusieurs** couleurs. Man braucht **mehrere** Farben.

Das Substantiv und seine Begleiter (Einführung)

– Interrogativbegleiter und Exklamativbegleiter (➡ Kapitel 15)	**Quel** train prenez-vous ? **Welchen** Zug nehmen Sie? **Quelle** horreur ! **Wie** schrecklich!
– Zahlwörter (➡ Kapitel 31)	Je voudrais **trois** timbres. Ich möchte **drei** Briefmarken.

Beachten Sie
– Das Adjektiv ist eigentlich kein Begleiter des Substantivs wie z. B. der Artikel, sondern eine fakultative Ergänzung, wird aber in diese Liste aufgenommen, weil es in der Regel beim Substantiv steht und sich nach diesem in Genus und Numerus richtet:
un bon conseil ein guter Rat, une bonne nouvelle eine gute Nachricht.
– Mit dem Begleiter kann ein Wort aus einer anderen Wortklasse zum Substantiv werden (➡ **Kapitel 32, Wortbildung,** 3).
Adjektiv: rouge rot → ce rouge dieses Rot
Verb: rire lachen → ton rire dein Lachen
Adverb: bien gut → le bien das Gute

2 Das Substantiv und seine Ergänzungen

Den Kern der Nominalgruppe bildet das Substantiv mit oder ohne Begleiter. Dieser Kern kann durch folgende Elemente erweitert werden:

– Adjektiv (➡ Kapitel 5)	C'est une **bonne** nouvelle. Das ist eine **gute** Nachricht.
– Präpositionalgruppe (➡ Kapitel 29)	J'ai acheté un livre **sur les animaux**. Ich habe ein Buch **über Tiere** gekauft.
– Relativsatz (➡ Kapitel 14)	Le livre **que j'ai acheté** est très intéressant. Das Buch, **das ich gekauft habe**, ist sehr interessant.
– Apposition (➡ Einführung, Der Satz, 1)	Mon père, **instituteur**, était très sévère. Mein Vater, **Grundschullehrer**, war sehr streng.

Das Substantiv und seine Begleiter (Einführung)

3 Gattungsnamen und Eigennamen

Auf Entdeckung
Vergleichen Sie die beiden Listen miteinander.

Gattungsnamen	Eigennamen
la ville die Stadt	Bordeaux
un fleuve ein Fluss	le Rhin der Rhein
une région eine Gegend	la Normandie
un écrivain ein Schriftsteller	Gustave Flaubert
une chanteuse eine Sängerin	Carla Bruni

Markieren Sie die richtige Alternative. (➡ **Lösungen**)
1. Gattungsnamen werden im Französischen (großgeschrieben / kleingeschrieben).
2. Eigennamen werden im Französischen (großgeschrieben / kleingeschrieben).

Beachten Sie
Anders als im Deutschen werden geographische Namen (außer Städtenamen) in der Regel mit einem Begleiter verwendet:
l'Europe Europa, la France Frankreich (➡ **Kapitel 4, Der Artikel, 1.2.3**).

Das Substantiv 3

Was Sie vorab wissen sollten

- Wie im Deutschen sind die Substantive im Französischen durch das Genus (grammatisches Geschlecht) gekennzeichnet. Im Gegensatz zum Deutschen sind sie jedoch entweder maskulin (männlich) oder feminin (weiblich), ein Neutrum gibt es also nicht.
- Das Genus der Substantive ist vom Sprachgebrauch festgelegt. Deshalb stimmt das Genus eines französischen Substantivs oft nicht mit dem des entsprechenden deutschen Substantivs überein: So ist z. B. das Wort soleil (Sonne) im Französischen maskulin, im Deutschen dagegen feminin.
- Anders als im Deutschen werden französische Substantive nicht dekliniert: Kasusbeziehungen werden durch die Stellung im Satz bzw. durch die Präpositionen de oder à ausgedrückt (➡ **Kapitel 26, Besonderheiten bei Verben, 3.2**).

Wie erkennen Sie nun, ob ein Substantiv maskulin oder feminin ist? Wie im Deutschen gibt es verschiedene Möglichkeiten:
- bei Lebewesen die Unterscheidung durch das natürliche Geschlecht: femme Frau, neveu Neffe (➡ **1.1**);
- bei Nicht-Lebewesen die Kennzeichnung durch den Begleiter: un jour ein Tag, cette maison dieses Haus;
- in einigen Fällen die Kennzeichnung durch charakteristische Endungen, wie z. B. die Endung -ment für maskuline Substantive, z. B. parlement Parlament, oder die Endung -tion für feminine Substantive, z. B. création Schöpfung (➡ **1.2.1**).

Weiterhin sind die französischen Substantive wie die deutschen durch den Numerus (Zahl) gekennzeichnet: Sie haben unterschiedliche Formen für Singular (Einzahl) und Plural (Mehrzahl), z. B. livre Buch – livres Bücher (➡ **2**).

TIPP

In der Regel sind Genus und Numerus im gesprochenen Französisch nicht am Substantiv selbst, sondern nur am Begleiter erkennbar. Aus diesem Grund sollten Sie ein Substantiv immer mit einem Begleiter lernen. Weil der bestimmte Artikel vor Vokal oder „stummem h" seinen Vokal verliert (➡ **Kapitel 2, Die Schreibung, 4**), ist es sinnvoller, ein Substantiv zusammen mit dem unbestimmten Artikel (un oder une) zu lernen: **un** appareil ein Apparat, **une** hépatite eine Hepatitis.

3 Das Substantiv

1 Das Genus der Substantive

Um das Genus der Substantive zu bestimmen, ist es hilfreich, zwischen Substantiven natürlichen Geschlechts (➡ 1.1) und Substantiven grammatischen Geschlechts (➡ 1.2) zu unterscheiden.

1.1 Genus von Substantiven natürlichen Geschlechts

Substantive natürlichen Geschlechts bezeichnen Personen, Tiere, Berufe und Nationalitäten. Bei diesen Substantiven bestimmt – wie im Deutschen – das natürliche Geschlecht das Genus:

maskulin	feminin
garçon Junge	fille Mädchen
directeur Leiter	directrice Leiterin
Français Franzose	Française Französin
chien Hund	chienne Hündin

1.1.1 Genusmarkierung durch Anhängen von -e an die maskuline Form

Bei Substantiven natürlichen Geschlechts kennzeichnet die Endung -e in der Regel feminine Substantive: Die feminine Form wird durch Anhängen eines -e an die maskuline Form gebildet:

maskulin	+ -e → feminin
Allemand Deutscher	Allemande Deutsche
cousin Cousin	cousine Kusine
ami Freund	amie Freundin
employé Angestellter	employée Angestellte

Beachten Sie
- Das hinzugefügte -e bewirkt eine Ausspracheänderung bei den Substantiven, die auf einen Konsonanten enden: der stumme Endkonsonant der maskulinen Form wird in der femininen Form hörbar:
  Allemand [almã] → Allemande [almãd]. (➡ Kapitel 1, Die Aussprache, 2.1.2).
- Endet die maskuline Form auf einen Vokal, so bewirkt das hinzugefügte -e keine Ausspracheänderung: ami [ami] Freund → amie [ami] Freundin. In der gesprochenen Sprache ist der Unterschied lediglich durch den unbestimmten Artikel hörbar: un ami [ɛ̃nami] ein Freund – une amie [ynami] eine Freundin.
- Maskuline Substantive, die bereits auf -e enden, sind mit der femininen Form identisch. In diesem Fall kennzeichnet ebenfalls nur der Begleiter das

Das Substantiv 3

Genus: collègue [kɔlɛg] Kollege / Kollegin, aber le collègue der Kollege, la collègue die Kollegin.
– Die Ableitung der femininen Form von der maskulinen kann zu weiteren Änderungen in der Schreibung führen:
-f → -ve: sportif Sportler → sportive Sportlerin
-c → -que: Grec Grieche → Grecque Griechin
-x → -se: époux Gatte → épouse Gattin

Test 1
Vervollständigen Sie die Tabelle, indem Sie nach obiger Regel die maskuline bzw. feminine Form der Substantive bilden.

	maskulines Substantiv		feminines Substantiv
1.	guide Fremdenführer	→	_____ Fremdenführerin
2.	veuf Witwer	→	_____ Witwe
3	_____ Kaufmann	←	commerçante Kauffrau
4.	_____ Chinese	←	Chinoise Chinesin
5.	internaute Internetbenutzer	→	_____ Internetbenutzerin
6.	_____ Gast	←	invitée Eingeladene / Gast

1.1.2 Lexikalische Geschlechtsbezeichnung
Männliche und weibliche Lebewesen können, wie im Deutschen, mit unterschiedlichen Wörtern bezeichnet werden, z. B.:

maskulin	feminin
père Vater, oncle Onkel	mère Mutter, tante Tante
coq Hahn, taureau Stier	poule Henne, vache Kuh

1.1.3 Kennzeichnung des Geschlechts durch Suffixe (Ableitungssilben)
Einige Suffixe kennzeichnen maskuline Substantive. Von diesen Suffixen wird dann die feminine Form des entsprechenden Substantivs abgeleitet:

Suffix	maskulin	feminin
-er → -ère	étranger Ausländer cuisinier Koch	étrangère Ausländerin cuisinière Köchin
-eur → -euse	vendeur Verkäufer joueur Spieler	vendeuse Verkäuferin joueuse Spielerin
-teur → -trice	directeur Leiter lecteur der Leser	directrice Leiterin lectrice Leserin

3 Das Substantiv

Suffix	maskulin	feminin
-ien → -ienne	musicien Musiker chirurgien Chirurg	musicienne Musikerin chirurgienne Chirurgin
-on → -onne	piéton Fussgänger champion Champion	piétonne Fußgängerin championne Siegerin

Beachten Sie
- Die oben aufgeführten Ableitungsregeln gelten auch für Adjektive (➡ **Kapitel 5, Das Adjektiv, 2.1**). Wenn Sie diese gelernt haben, können Sie auch die feminine Form eines Adjektivs von der maskulinen ableiten:
novateur → novatrice innovativ
familier → familière vertraut
italien → italienne italienisch usw.
- Substantive auf -teur, die direkt von einem Verb abgeleitet sind, bilden die feminine Form auf -teuse:
chanter singen → chanteur Sänger → chanteuse Sängerin.

Test 2
Vervollständigen Sie die Tabelle, indem Sie die maskuline bzw. feminine Form der Substantive bilden.

	maskulines Substantiv		feminines Substantiv
1.	infirmier Krankenpfleger	→	_____ Krankenschwester
2.	comédien Theaterschauspieler	→	_____ Theaterschauspielerin
3.	_____ Kellner	←	serveuse Kellnerin
4.	_____ Spion	←	espionne Spionin
5.	électeur Wähler	→	_____ Wählerin

1.2 Substantive mit grammatischem Geschlecht

Substantive, die keine Lebewesen bezeichnen, haben ein grammatisches Geschlecht, das vom Sprachgebrauch festgelegt wird.

Auf Entdeckung
Achten Sie auf die Form und das Genus der folgenden Substantive.

maskulin	feminin
sable Sand livre Buch vent Wind	table Tisch page Seite dent Zahn

Das Substantiv 3

maskulin	feminin
malheur Unglück	chaleur Hitze
cinéma Kino	caméra Filmkamera

Kreuzen Sie ja oder nein an. (➞ **Lösungen**) ja nein
1. Alle Substantive, die auf -e enden, sind feminin. ☐ ☐
2. Substantive, die auf einen Konsonanten enden, können sowohl maskulin als auch feminin sein. ☐ ☐
3. Alle Substantive, die auf einen Vokal enden, sind feminin. ☐ ☐

Beachten Sie
Das Genus eines Substantivs ist meistens nicht am Substantiv selbst zu erkennen. Es gibt jedoch einige Elemente, die auf das Genus eines Substantivs schließen lassen:
– das Suffix / die Endung (➞ 1.2.1) und
– die Bedeutung des Substantivs (➞ 5).

1.2.1 Genusmarkierung durch Suffixe
Einige Suffixe oder Endungen weisen auf ein maskulines oder ein feminines Substantiv hin. In der Tabelle finden Sie die wichtigsten dieser Endungen in alphabetischer Reihenfolge.

Maskulin sind in der Regel Substantive auf:

Suffix / Endung	Beispiele
-age	embouteillage Stau, chantage Erpressung, garage Garage
-ail	travail Arbeit, vitrail Kirchenfenster
-al	hôpital Krankenhaus, journal Zeitung
-as / -at	repas Mahlzeit, combat Kampf
-eau	manteau Mantel, troupeau Herde, drapeau Flagge
-eil	soleil Sonne, sommeil Schlaf, conseil Rat
-et	filet Netz, billet Fahrkarte, béret Mütze, jouet Spielzeug
-eu	jeu Spiel, pneu Reifen, milieu Mitte
-euil	fauteuil Sessel, accueil Empfang
-ier	levier Hebel, échiquier Schachbrett, pétrolier Öltanker
-in	raisin Traube, magasin Geschäft, sous-marin U-Boot

1 Das Genus der Substantive **73**

3 Das Substantiv

Suffix / Endung	Beispiele
-isme	tourisme Tourismus, dynamisme Dynamismus
-ment / -ent	appartement Wohnung, accident Unfall
-oir	miroir Spiegel, espoir Hoffnung, tiroir Schublade
-o / -ot / -ôt	numéro Nummer, haricot Bohne, impôt Steuer **Aber:** photo (Abkürzung von photographie) ist feminin.
-teur	aspirateur Staubsauger, ordinateur Computer

Beachten Sie
Die femininen Substantive image Bild, plage Strand, page Seite bilden nur scheinbar eine Ausnahme zur oben genannten Regel: -age ist bei diesen Wörtern nicht Suffix, sondern Teil des Wortstamms.
Dasselbe gilt für peau Haut und eau Wasser sowie für dent Zahn und jument Stute, die feminin sind.

Feminin sind in der Regel Substantive auf:

Suffix / Endung	Beispiele
-ade	promenade Spaziergang, ambassade Botschaft
-aie	roseraie Rosengarten, monnaie Münze
-aille	tenaille Zange, médaille Medaille
-aison	maison Haus, raison Vernunft, livraison Lieferung
-ance / -ence	confiance Vertrauen, distance Distanz différence Unterschied, conséquence Konsequenz **Aber:** silence (das) Schweigen ist maskulin.
-ée	matinée Vormittag, pensée Gedanke **Aber:** lycée Gymnasium, musée Museum sind maskulin.
-eille	corbeille Korb, merveille Wunder
-elle	cannelle Zimt, bretelle Riemen, ombrelle Sonnenschirm
-esse	paresse Faulheit, caresse (das) Streicheln
-ette	bicyclette Fahrrad, allumette Streichholz
-euse	friteuse Fritteuse, photocopieuse Kopiergerät, perceuse Bohrer

Das Substantiv 3

Suffix / Endung	Beispiele
-ie / -erie	boulangerie Bäckerei, rêverie Träumerei **Aber:** incendie Brand ist maskulin.
-ise	expertise Expertise, friandise Süßigkeit
-ité / -té	humanité Menschheit, beauté Schönheit **Aber:** comité Komitee ist maskulin.
-tion	nation Nation, réservation Reservierung
-ude	certitude Gewissheit, solitude Einsamkeit
-ure	ceinture Gürtel, peinture Gemälde / Malfarbe

Test 3
Kennzeichnen Sie die folgenden Substantive mit einem „f" für feminin oder „m" für maskulin.

1. voyage ___ Reise
2. journée ___ Tag
3. journalisme ___ Journalismus
4. ouverture ___ Öffnung
5. dépanneuse ___ Abschleppwagen
6. occident ___ Abendland
7. promesse ___ Versprechen
8. pédalo ___ Tretboot
9. tribunal ___ Gericht
10. chapiteau ___ Zirkuszelt
11. courrier ___ (Brief-)Post
12. attitude ___ Haltung
13. destination ___ Ziel / Zielort
14. méfiance ___ Misstrauen
15. rapidité ___ Geschwindigkeit
16. monument ___ Denkmal

1.2.2 Genus nach der Bedeutung des Substantivs
Substantive, die zu einer bestimmten Bedeutungsklasse gehören, haben in der Regel alle dasselbe Genus.
Maskulin sind in der Regel Substantive der folgenden Bedeutungsklassen:

Sprachen	le français Französisch, l'anglais Englisch
Länder und Regionen, die nicht auf -e enden	le Portugal Portugal, le Pérou Peru, le Canada Kanada, le Périgord das Perigord
Bäume	le pommier Apfelbaum, le chêne Eiche, le pin Pinie
Himmelsrichtungen	le nord Norden, le sud Süden
Buchstaben und Zahlwörter	un A ein A, un B ein B un trois eine Drei, un million eine Million

1 Das Genus der Substantive 75

3 Das Substantiv

Wochentage sowie Monate und Jahreszeiten	lundi Montag, mardi Dienstag le joli mai der schöne Mai le printemps Frühling, un été Sommer
öffentliche Verkehrsmittel Flugzeug- und Zugnamen	le bus Bus, le train Zug, un avion Flugzeug le TGV der ICE, le Concorde die Concorde
Farben	le bleu Blau, le rouge Rot
substantivierte Infinitive	le rire Lachen, le dîner Abendessen
elektronische Medien	le logiciel Software, le matériel Hardware le fax Fax, le mail / courriel E-Mail
chemische Substanzen	le fer Eisen, le calcaire Kalzium

Feminin sind in der Regel Substantive der folgenden Bedeutungsklassen:

Länder und Regionen, die auf -e enden	la Suisse die Schweiz, la Hongrie Ungarn, la Provence die Provence, la Normandie die Normandie **Aber:** le Mozambique Mosambik, le Mexique Mexiko, le Zaïre Zaire, le Maine Maine, le Cambodge Kambodscha
Flüsse, die auf -e enden	la Seine die Seine, la Dordogne die Dordogne, la Moselle die Mosel **Aber:** le Danube die Donau, le Rhône die Rhone, le Gange der Ganges
Wissenschaften	la médecine Medizin, la biologie Biologie **Aber:** le droit Jura
Autonamen	la Renault Renault, la Fiat Fiat, la BMW BMW

Test 4
Kennzeichnen Sie die folgenden Substantive mit einem „f" für feminin oder „m" für maskulin.
1. automne ___ Herbst
2. russe ___ Russisch
3. milliard ___ Milliarde
4. sociologie ___ Soziologie
5. tram ___ Straßenbahn
6. sud-est ___ Südosten
7. sapin ___ Tanne
8. Bretagne ___ Bretagne
9. mobile ___ Handy
10. Liban ___ Libanon
11. Pologne ___ Polen
12. Volvo ___ Volvo

1 Das Genus der Substantive

Das Substantiv 3

> **TIPP**
>
> Dies sind die wichtigsten Informationen über das Genus der Substantive. Im Folgenden werden einige Besonderheiten dargestellt. Wenn Sie erst angefangen haben Französisch zu lernen, können Sie direkt zu ➠ 2 gehen und den folgenden Abschnitt zu einem späteren Zeitpunkt erarbeiten.

1.3 Besonderheiten beim Genus

1.3.1 Weibliche Berufsbezeichnungen

Bei einigen Berufen kann die feminine Form nicht von der maskulinen abgeleitet werden, wie z. B. bei médecin Arzt (das Wort médecine Medizin bezeichnet die Wissenschaft). In diesen Fällen besteht die Möglichkeit femme voranzustellen:
une femme médecin eine Ärztin
une femme chauffeur de taxi eine Taxifahrerin

Beachten Sie
Das Anhängen von -e an die maskuline Berufsbezeichnung setzt sich immer mehr durch. Man findet z. B. immer öfter in Zeitungen Neubildungen wie z. B. la professeure die Lehrerin, l'ingénieure die Ingenieurin, l'écrivaine die Schriftstellerin.

Test 5

Bilden Sie die feminine Form der folgenden Berufsbezeichnungen.
1. un chauffeur de taxi Taxifahrer → _____
2. un artisan Handwerker → _____
3. un auteur Autor → _____
4. un consultant d'entreprise → Unternehmensberater _____

1.3.2 Substantive mit einem Genus für beide Geschlechter
Einige Substantive, die Personen bezeichnen, haben für beide Geschlechter nur eine Form (entweder maskulin oder feminin). Sie können jedoch sowohl männliche als auch weibliche Personen bezeichnen.

nur maskulin	
	un assassin ein Mörder / eine Mörderin
	le témoin der Zeuge / die Zeugin
	le tyran der Tyrann / die Tyrannin
	le bourreau der Henker / die Henkerin

1 Das Genus der Substantive

3 Das Substantiv

nur feminin	la victime das Opfer
	la vedette / star der Star
	la connaissance der / die Bekannte/-r

Beachten Sie
Bei einigen Tiernamen gibt es ebenfalls nur eine Form für beide Geschlechter.
Maskulin: le moustique die Mücke, le crocodile das Krokodil, le pou die Laus usw.
Feminin: la girafe die Giraffe, la fourmi die Ameise, la baleine der Wal usw.
Man behilft sich dann mit der Ergänzung mâle Männchen oder femelle Weibchen: une souris mâle / femelle ein Mäuserich / Mäuseweibchen.

1.3.3 Bedeutungsänderung bei Genusänderung
Über das Genus können Homophone (gleichklingende) Substantive unterschieden werden.

Auf Entdeckung
Versuchen Sie, den französischen Wortpaaren die jeweilige deutsche Entsprechung zuzuordnen. Wenn Sie Probleme haben, nehmen Sie ein Wörterbuch zu Hilfe. (➡ **Lösungen**)

la livre _____	le livre _____	das Buch / das Pfund
la poêle _____	le poêle _____	der Ofen / die Pfanne
la manche _____	le manche _____	der Stiel / der Ärmel
la vase _____	le vase _____	der Schlamm / die Vase
la voile _____	le voile _____	der Schleier / das Segel
la tour _____	le tour _____	der Turm / die Tour

2 Die Pluralbildung

Wie im Deutschen haben die französischen Substantive zwei Numeri: Singular (Einzahl) und Plural (Mehrzahl). Die Pluralform wird in der Regel von der Singularform abgeleitet.

2.1 Grundregel der Pluralbildung

Auf Entdeckung
Vergleichen Sie die Singular- und Pluralendungen der folgenden Substantive und leiten Sie die Regeln zur Pluralbildung der französischen Substantive ab. Achten Sie dabei auf die in den eckigen Klammern angegebene Aussprache.

Das Substantiv 3

Singular	→	Plural
maison [mɛzɔ̃] Haus	→	maisons [mɛzɔ̃] Häuser
livre [livʀ] Buch	→	livres [livʀ] Bücher
ami [ami] Freund	→	amis [ami] Freunde

Kreuzen Sie ja oder nein an. (➠ **Lösungen**)   ja   nein
1. Wie im Deutschen (Buch → Bücher) ist die Pluralform beim
   französischen Substantiv hörbar.   ☐   ☐
2. Die Pluralbildung erfolgt durch Anhängen eines -s an die
   Singularform des Substantivs.   ☐   ☐
3. Französische Substantive werden im Singular und Plural
   in der Regel gleich gesprochen.   ☐   ☐

Beachten Sie
- Die Pluralbildung durch Anhängen eines -s bewirkt in der Regel keine Ausspracheänderung. Aus diesem Grund ist im gesprochenen Französisch der Plural lediglich am Begleiter hörbar: un ami [œ̃nami] ein Freund → des amis [dezami] Freunde.
- Endet das Substantiv bereits im Singular auf -s, -x oder -z, wird kein -s angehängt:

Endung	Singular	Plural
-s	le dos der Rücken	les dos die Rücken
-x	un prix ein Preis	des prix Preise
-z	un nez eine Nase	des nez Nasen

- Bei den folgenden Substantiven, die den Plural regelmäßig bilden, unterscheidet sich die Pluralform von der Singularform in der Aussprache:
  os [ɔs] Knochen → os [o]
  œuf [œf] Ei → œufs [ø]
  bœuf [bœf] Ochse → bœufs [bø]

Test 6

Bilden Sie den Singular bzw. Plural der folgenden Substantive.
Singular   →   Plural
1. _____ Nachbar   ←   voisins Nachbarn
2. pays Land   →   _____ Länder
3. _____ Nuss   ←   noix Nüsse
4. haricot Bohne   →   _____ Bohnen
5. merguez Merguez   →   _____ Merguez

2 Die Pluralbildung **79**

3 Das Substantiv

2.2 Sonderformen bei der Pluralbildung

Substantive mit den folgenden Endungen im Singular bilden den Plural auf -x:

Endung	Beispiele
-eau → -eaux	château Schloss → châteaux Schlösser rideau Vorhang → rideaux Vorhänge
-au → -aux	tuyau Schlauch → tuyaux Schläuche, noyau Kern → noyaux Aber: landau → landaus Kinderwagen
-eu → eux	cheveu Haar → cheveux Haare Aber: pneu Reifen → pneus
-al → aux	cheval Pferd → chevaux Pferde, hôpital Krankenhaus → hôpitaux Krankenhäuser Aber: bal, carnaval, festival, récital, cérémonial, chacal bilden den Plural mit -s.

Beachten Sie
Die meisten Substantive mit den folgenden Endungen bilden den Plural auf -s:

Endung	Beispiele
-ail → -ails	éventail Fächer → éventails Fächer, portail Tor → portails Tore Aber: bail Pachtvertrag, corail Koralle, émail Email, travail Arbeit und vitrail Kirchenfenster bilden den Plural auf -aux.
-ou → -ous	tabou Tabu → tabous, verrou Riegel → verrous, clou Nagel → clous Aber: bijou Schmuck, caillou Stein, chou Kohl, genou Knie, hibou Kautz, joujou Kinderwort für Spielzeuge, pou Laus bilden den Plural auf -x.

Test 7
Setzen Sie die folgenden Substantive in den Plural.
1. mal Schmerz _____
2. aveu Geständnis _____
3. feu Feuer _____
4. bateau Schiff _____
5. détail Kleinigkeit _____
6. journal Zeitung _____
7. clou Nagel _____
8. bijou Schmuck _____
9. travail Arbeit _____
10. lieu Ort _____
11. trou Loch _____
12. adieu Lebewohl _____

Das Substantiv 3

TIPP

Sie haben nun die wichtigsten Regeln zur Pluralbildung der französischen Substantive gelernt. Im folgenden Abschnitt werden weitere Unregelmäßigkeiten dargestellt, die Sie, wenn Sie erst angefangen haben Französisch zu lernen, nicht sofort erarbeiten müssen. Wenn Sie möchten, können Sie gleich zum übernächsten Abschnitt ➟ **2.4** gehen.

2.3 Weitere Unregelmäßigkeiten

2.3.1 Substantive mit zwei Pluralformen
Die folgenden Substantive haben zwei Pluralformen, von denen die regelmäßige aber nur in einigen Komposita oder mit einer speziellen Bedeutung verwendet wird:

unregelmäßige Pluralform	regelmäßige Pluralform
œil Auge → yeux Augen	des œils-de-bœuf Türspione
ciel Himmel → cieux Himmel	des ciels d'été Sommerhimmel
aïeul Ahn → aïeux Ahnen	les aïeuls die Großeltern

2.3.2 Plural der Fremdwörter
Die meisten Fremdwörter bilden den Plural regelmäßig, einige wenige behalten ihre ursprüngliche Pluralform, andere verfügen über zwei Pluralformen:

regelmäßige Pluralbildung	agenda Terminkalender → agendas, spaghetti Spaghetti → spaghettis
ursprüngliche Pluralform	land Bundesland → länder, lied Lied → lieder
zwei Pluralformen	cameraman Kameramann → cameramans / cameramen, hobby Hobby → hobbys / hobbies

Beachten Sie
Die Pluralbildung der Fremdwörter gleicht sich der Pluralbildung französischer Substantive immer mehr an.

2.3.3 Substantive ohne Singularform
Einige Substantive werden nur im Plural verwendet, wie z. B. archives Archiv, arrhes Anzahlung, fiançailles Verlobung, épinards Spinat, frais Kosten, obsèques Beerdigung, vacances Ferien, menottes Handschellen.

3 Das Substantiv

2.3.4 Genusänderung bei Numerusänderung
Die folgenden Substantive sind maskulin im Singular und feminin im Plural:
un amour malheureux eine unglückliche Liebe → des amours malheureuses
un orgue ancien eine alte Orgel → les grandes orgues die Hauptorgel

2.4 Pluralbildung der zusammengesetzten Substantive (Komposita)

Bei der Pluralbildung der Komposita spielen zwei Faktoren eine Rolle:
– die Bestandteile des Kompositums,
– die Bedeutung des Kompositums.

2.4.1 Bestandteile des Kompositums
Die Grundregel lautet: Nur Substantive und Adjektive erhalten die Pluralmarkierung.

Bestandteile	Singular → Plural
Substantive und Adjektive werden angeglichen.	chou-fleur Blumenkohl → des choux-fleurs coffre-fort Safe → des coffres-forts rond-point Kreisverkehr → des ronds-points sourd-muet Taubstummer → des sourds-muets
Verben, Präpositionen und Adverbien sind unveränderlich.	tire-bouchon Korkenzieher → des tire-bouchons va-et-vient Hin und Her → des va-et-vient arrière-pensée Hintergedanke → des arrière-pensées non-violent Gewaltgegner → des non-violents
Substantiv mit Präposition und Substantiv: das zweite Element bleibt unverändert.	sac à main Handtasche → des sacs à main sport d'hiver Wintersport → des sports d'hiver

Beachten Sie
Komposita, die in einem Wort geschrieben werden, bilden den Plural regelmäßig: pourboire Tringeld → pourboires, portemanteau Garderobenständer → portemanteaux.
Aber: Bei den folgenden Substantiven erhalten beide Elemente die Pluralmarkierung:
Madame meine Dame / Frau → Mesdames
Mademoiselle mein Fräulein / Fräulein → Mesdemoiselles
Monsieur mein Herr / Herr → Messieurs

Das Substantiv 3

2.4.2 Bedeutung des Kompositums
Die Bedeutung des Kompositums beeinflusst ebenfalls die Pluralbildung: Das Substantiv oder das Adjektiv erhält nur dann ein -s im Plural, wenn die Bedeutung es zulässt:
- In den folgenden Beispielen hat das Substantiv eine singulare Bedeutung und steht deshalb im Singular:
  sans-abri Obdachloser (ohne Unterkunft) → des sans-abri
  après-midi Nachmittag (nach dem Mittag) → des après-midi
- In den folgenden Beispielen steht ein Element im Plural aufgrund seiner pluralen Bedeutung, auch wenn das Kompositum im Singular steht:
  un porte-avions ein Flugzeugträger (für mehrere Flugzeuge) → des porte-avions
  une brosse à dents eine Zahnbürste (für die Zähne) → des brosses à dents
  un pare-chocs eine Stoßstange (schützt gegen Stöße) → des pare-chocs
- Wird das Adjektiv adverbial gebraucht, bleibt es ebenfalls unveränderlich:
  nouveau-né Neugeborener → nouveau-nés
  haut-parleur Lautsprecher → haut-parleurs

Test 8

Bilden Sie die Pluralform der folgenden Komposita.
1. lave-linge Waschmaschine   _____
2. sous-sol Untergeschoss   _____
3. laissez-passer Passierschein   _____
4. couvre-lit Tagesdecke   _____
5. pomme de terre Kartoffel   _____
6. grand-père Großvater   _____
7. eau-de-vie Schnaps   _____
8. rouge-gorge Rotkehlchen   _____

TIPP

Wie Sie sehen, gibt es im Französischen keine einheitliche Regel zur Pluralbildung der Komposita. Wenn Sie Zweifel haben, gibt Ihnen jedes gute Wörterbuch darüber Auskunft.

2 Die Pluralbildung

3 Das Substantiv

Auf den Punkt gebracht

1. (➟ Was Sie vorab wissen sollten)
Kreuzen Sie ja oder nein an.   ja nein
1. Das Genus eines Substantivs ist meistens am Begleiter erkennbar. ☐ ☐
2. Das Genus eines Substantivs ist immer an der Endung erkennbar.   ☐ ☐
3. Das Genus eines Substantivs ist in einigen Fällen an der Endung
   erkennbar.   ☐ ☐

2. (➟ 1.1.1)
Kreuzen Sie ja oder nein an.   ja nein
1. Bei Substantiven, die Lebewesen bezeichnen, entspricht das
   Genus dem natürlichen Geschlecht.   ☐ ☐
2. Anglais Engländer und Anglaise Engländerin werden gleich
   gesprochen.   ☐ ☐
3. Ennemi Feind und ennemie werden gleich gesprochen.   ☐ ☐

3. (➟ 1.1.3)
Wie lautet die feminine Form der folgenden Substantive?
1. directeur Direktor → direc____   3. voleur Dieb → vol____
2. Italien Italiener → Ital____   4. Breton Bretone → Bret____

4. (➟ 1.2.1)
Markieren Sie die richtige/-n Aussage/-n.
1. Das Genus der Substantive mit grammatischem Geschlecht ist meistens
   (an der Endung / am Begleiter) erkennbar.
2. Substantive auf (-ment / -ité / -isme / -ette / -eau / -age / -oir) sind maskulin.
3. Substantive auf (-ail / -ade / -ier / -elle / -ance / -eu / -ude) sind feminin.

5. (➟ 1.2.2)
Markieren Sie die richtigen Aussagen.
1. Maskulin sind (Autonamen / Bäume / Sprachen / Zahlwörter).
2. Feminin sind (Ländernamen, die auf -e enden / Jahreszeiten / Autos /
   Farben).

6. (➟ 1.3)
Wie heißt die feminine Berufsbezeichnung?
médecin Arzt   _____   Ärztin
architecte Architekt   _____   Architektin
paysan Bauer   _____   Bäuerin
ingénieur Ingenieur   _____   Ingenieurin

Das Substantiv 3

7. (➠ 2.1)
Kreuzen Sie ja oder nein an. ja nein
1. Die Pluralbildung erfolgt in der Regel durch Anhängen
   eines -s an die Singularform. ☐ ☐
2. Die Pluralform des Substantivs ist hörbar. ☐ ☐
3. Der Plural von voix Stimme ist voix. ☐ ☐

8. (➠ 2.2)
Tragen Sie die Pluralform der folgenden Substantive ein.
Singular   Plural
avion Flugzeug   _____ Flugzeuge
manteau Mantel   _____ Mäntel
canal Kanal   _____ Kanäle
clou Nagel   _____ Nägel
neveu Neffe   _____ Neffen
journal Zeitung   _____ Zeitungen
bijou Schmuck   _____ Schmuck

9. (➠ 2.3)
1. Wie lautet die gängige Pluralform der folgenden Substantive?
   œil Auge → _____   agenda Terminkalender → _____
   hobby Hobby → _____   sandwich belegtes Brot → _____
   ciel Himmel → _____   land Bundesland → _____
2. Markieren Sie die Substantive, die keine Singularform haben:
   vacances Ferien, épinards Spinat, asperges Spargel, fiançailles Verlobung.

10. (➠ 2.4)
Kreuzen Sie ja oder nein an. ja nein
1. Die Pluralbildung der zusammengesetzten Substantive erfolgt
   immer durch Anhängen eines -s an beide Bestandteile. ☐ ☐
2. Nur Substantive und Adjektive können im Plural ein -s erhalten. ☐ ☐
3. Unveränderliche Wörter wie Adverbien und Präpositionen
   bleiben unveränderlich. ☐ ☐

Und wenn Sie noch neugierig sind ...
Die Empfehlungen zur Vereinfachung der Rechtschreibung erlauben die regelmäßige Pluralbildung der Komposita:
un perce-neige ein Schneeglöckchen → des perce-neiges
un après-midi ein Nachmittag → des après-midis.

4 Der Artikel

Bevor Sie dieses Kapitel durcharbeiten, sollte Ihnen ➡ **Kapitel 3, Das Substantiv** vertraut sein.

Was Sie vorab wissen sollten
- Der Artikel steht vor dem Substantiv und richtet sich in Genus (maskulin oder feminin) und Numerus (Singular oder Plural) nach diesem.
- Im Deutschen gibt es zwei Artikel: den bestimmten (der, die, das) und den unbestimmten Artikel (ein, eine). Im Französischen gibt es dagegen drei Artikel: den bestimmten (➡ 1), den unbestimmten (➡ 2) und den Teilungsartikel (➡ 3). Den Teilungsartikel, der eine unbestimmte Menge oder Anzahl bezeichnet, kennt das Deutsche nicht.

1 Der bestimmte Artikel

Der bestimmte Artikel wird in der Regel wie im Deutschen verwendet und weist auf etwas Bekanntes oder bereits Erwähntes (Person, Sache oder Begriff) hin.

1.1 Formen

Der bestimmte Artikel hat einfache (➡ 1.1.1) und zusammengezogene Formen (➡ 1.1.2).

1.1.1 Die einfachen Formen
Die Form des bestimmten Artikels hängt von zwei Faktoren ab:
- vom Genus und Numerus des Substantivs, vor dem es steht;
- vom Anfangsbuchstaben des darauf folgenden Wortes.

	Singular		Plural	
maskulin – vor Konsonant und h aspiré	le	le chien der Hund le hêtre die Buche	les	les chiens die Hunde les hêtres die Buchen
– vor Vokal oder „stummem h"	l'	l'animal das Tier l'homme der Mann		les animaux die Tiere les hommes die Männer
feminin – vor Konsonant und h aspiré	la	la souris die Maus la harpe die Harfe	les	les souris die Mäuse les harpes die Harfen
– vor Vokal oder „stummem h"	l'	l'école die Schule l'huître die Auster		les écoles die Schulen les huîtres die Austern

Der Artikel 4

Beachten Sie
- Le und la werden elidiert (verlieren ihren Vokal) vor Wörtern, die mit Vokal oder „stummem h" beginnen. Anstelle des weggefallenen Vokals wird ein Apostroph gesetzt:
le + Vokal → l'idiot der Idiot
le + stummes h → l'hélicoptère der Helikopter
la + Vokal → l'armoire der Schrank
la + stummes h → l'hirondelle die Schwalbe
Aber: le yoga Yoga, le yaourt der Joghurt, le yacht die Jacht
- Vor den Zahlwörtern un / une 1, huit 8, huitième 8., onze 11 und onzième 11. wird der Artikel nicht elidiert: le huit mai der 8. Mai.
- Vor dem „aspirierten h" wird der Artikel nicht elidiert (➡ **Kapitel 1, Die Aussprache**, 3.4). Das „aspirierte h" ist in den Wörterbüchern mit dem Zeichen ' in der Lautschrift gekennzeichnet.
le + aspiriertes h → le hérisson [lə'erisɔ̃] der Igel
la + aspiriertes h → la hache [la'aʃ] die Axt
Aber: le héros [lə'ero] der Held vs. l'héroïne [leroin] die Heldin.
- Wie im Deutschen gibt es für den Plural nur eine Form: les die.
le magasin der Laden → les magasins die Läden
la boutique die Boutique → les boutiques die Boutiquen
Vor Vokal oder „stummem h" wird die liaison (➡ **Kapitel 1, Die Aussprache**, 5) gemacht: les‿amis [lezami], les‿histoires [lezistwaʀ].

Test 1

Setzen Sie den bestimmten Artikel vor die folgenden Substantive. Das „aspirierte h" ist mit einem ' gekennzeichnet.

___ train der Zug   ___ chiens die Hunde   ___ tante die Tante
___ 'hasard der Zufall   ___ ennemi der Feind   ___ herbe das Gras
___ honneur die Ehre   ___ huître die Auster   ___ amour die Liebe
___ élèves die Schüler   ___ oncle der Onkel   ___ parents die Eltern

---
TIPP

Wie Sie in ➡ **Kapitel 3, Das Substantiv** gelernt haben, sind Genus und Numerus der französischen Substantive meist nur am Artikel hörbar. Bei der Elision ist jedoch das Genus nicht mehr erkennbar. Deshalb sollten Sie ein Substantiv eher mit dem unbestimmten Artikel un oder une (➡ 2) als mit dem bestimmten lernen.

4 Der Artikel

1.1.2 Der zusammengezogene bestimmte Artikel (article contracté)

Folgt auf die Präpositionen à und de der bestimmte Artikel, so verschmelzen Präposition und Artikel zu einem einzigen Wort. Das Deutsche kennt ebenfalls den zusammengezogenen Artikel, z. B. in dem Satz „Ich gehe ins Restaurant": ins = in + das oder „Ich komme vom Markt": vom = von + dem.

Auf Entdeckung

In der Tabelle finden Sie die Formen des zusammengezogenen bestimmten Artikels. Lesen Sie die folgenden Beispiele und achten Sie auf die besondere Form des Artikels (fett gedruckt in den Beispielen).

Artikel und Substantiv	Präposition à (in / auf / zu) + bestimmter Artikel	Präposition de (von / aus) + bestimmter Artikel
le théâtre	Je vais au théâtre. Ich gehe ins Theater.	Je viens du théâtre. Ich komme vom Theater.
la maison	Je reste à la maison. Ich bleibe zu Hause.	Je viens de la maison. Ich komme von zu Hause.
l'hôtel	Nous logeons à l'hôtel. Wir wohnen im Hotel.	Quelle est l'adresse de l'hôtel ? Wie ist die Adresse des Hotels?
les U.S.A.	Il habite aux U.S.A. Er wohnt in den USA.	Je rentre des U.S.A. Ich komme von den USA zurück.

Ergänzen Sie nun die Übersicht mit den Formen des zusammengezogenen Artikels: (➠ **Lösungen**)

à + le → ___	J'ai mal ___ dos. Ich habe Rückenschmerzen.	
à + les → ___	Je téléphone ___ renseignements. Ich rufe die Auskunft an.	
de + le → ___	La femme ___ voisin est là. Die Frau des Nachbarn ist da.	
de + les → ___	Le chien ___ voisins aboie toute la journée. Der Hund der Nachbarn bellt den ganzen Tag.	

Beachten Sie
- Die mit de oder à zusammengesetzten Präpositionen erfordern ebenfalls den zusammengezogenen Artikel:
  jusqu'à → **jusqu'au** bout bis zum Schluss
  à cause de → **à cause du** mauvais temps wegen des schlechten Wetters
  autour de → un voyage **autour du** monde eine Reise um die Welt
- Bei Buch- oder Filmtiteln, die den bestimmten Artikel enthalten, wird der zusammengezogene Artikel ebenfalls verwendet:
  Le Malade imaginaire → J'ai assisté à une représentation **du** Malade imaginaire. Ich war in einer Aufführung des Eingebildeten Kranken.

Der Artikel 4

- Ist der bestimmte Artikel Teil des Personennamens, wird er nicht zusammengezogen:
  Le Clézio → l'œuvre de Le Clézio das Werk von Le Clézio.
- Die Formen la und l' verschmelzen nicht mit den Präpositionen à oder de:
  Je vais à la poste. Ich gehe zur Post.
  J'ai mal à l'épaule. Die Schulter tut mir weh.
  Tallinn est la capitale de l'Estonie. Tallinn ist die Hauptstadt von Estland.

Test 2
Setzen Sie, wenn erforderlich, den zusammengezogenen Artikel ein.
1. la piscine → Elle vient _____ piscine. Sie kommt vom Schwimmbad.
2. le feu → Allez jusqu'_____ feu. Gehen Sie bis zur Ampel.
3. les enfants → Nous avons parlé _____ enfants. Wir haben von den Kindern gesprochen.
4. le rez-de-chaussée → Nous habitons _____ rez-de-chaussée. Wir wohnen im Erdgeschoss.
5. les Etats-Unis → Ils vivent _____ Etats-Unis. Sie wohnen in den USA.
6. le travail → Quand rentres-tu _____ travail ? Wann kommst du von der Arbeit?

1.2 Gebrauch

Der bestimmte Artikel weist auf ein Substantiv hin, das als bekannt vorausgesetzt wird, und zwar durch
- die Erfahrung: Le soleil se lève à l'est. **Die** Sonne geht im Osten auf.
- die Situation: Ferme la porte, s'il te plaît. Mach **die** Tür bitte zu!
- eine weitere Ergänzung: le train de 11 heures **der** 11-Uhr-Zug.

1.2.1 Der bestimmte Artikel bei Substantiven, die keine Eigennamen sind
Wie im Deutschen führt der bestimmte Artikel auch im Französischen ein Substantiv ein, das als bekannt vorausgesetzt wird: In dem Satz Passe-moi le sel, s'il te plaît (Gib mir das Salz, bitte) ist das Salz im Raum vorhanden, also sofort zu identifizieren.

Anders als im Deutschen wird der bestimme Artikel im Französischen in den folgenden Fällen verwendet:

1. in verallgemeinernden Aussagen	Les mots en -isme sont masculins. Wörter auf -isme sind maskulin.
– bei Stoffnamen	La bière est moins alcoolisée que le vin. Bier hat weniger Alkohol als Wein.

1 Der bestimmte Artikel **89**

4 Der Artikel

– bei Fachgebieten und Wissenschaften	Je n'aime pas **les** maths. Ich mag Mathe nicht. **le** droit Jura, **la** géographie Geographie	
2. bei Zeitangaben – Wochentage / Tageszeiten (Gewohnheiten) – Feiertage	fermé **le** lundi montags geschlossen tous **les** lundis jeden Montag **le** matin vormittags **la** Toussaint Allerheiligen, **la** Pentecôte Pfingsten	
3. bei der Beschreibung von Körperteilen	Il a **les** cheveux courts. Er hat kurze Haare. J'ai **la** tête vide. Mein Kopf ist leer. J'ai mal **au** ventre. Ich habe Bauchschmerzen.	
4. bei den Himmelsrichtungen	**le** nord de la France der Norden Frankreichs **le** sud de l'Allemagne der Süden Deutschlands	
5. bei Mengen und Maßen in distributiver Verwendung	2 euros **le** kilo 2 Euro pro Kilo 60 euros **la** nuit 60 Euro pro Nacht être payé à **l'**heure stundenweise bezahlt werden	
6. nach aimer / adorer lieben, préférer lieber mögen / bevorzugen, détester hassen (auch in verneinter Form)	J'adore **le** jazz. Ich liebe Jazz. Je déteste **les** araignées. Ich hasse Spinnen. Je n'aime pas **les** huîtres. Ich mag keine Austern.	
7. nach dem Verb jouer (spielen) in Verbindung mit einem Spiel oder einem Sport	On joue **aux** cartes ? Spielen wir Karten? Jouez-vous **au** foot ? Spielen Sie Fußball? jouer **à la** balle Ball spielen jouer **aux** échecs Schach spielen	
8. bei bestimmten verbalen Ausdrücken	avoir **le** temps Zeit haben, avoir **le** cafard Trübsal blasen, avoir **l'**habitude etwas gewöhnlich tun, regarder **la** télé fernsehen, écouter **la** radio Radio hören, apprendre **le** français Französisch lernen	
9. zur Bildung des Superlativs (➞ **Kapitel 5, Das Adjektiv, 3.2**)	**le** jour **le** plus long der längste Tag **la** ville **la** plus chère die teuerste Stadt	
10. in Ausrufen	**La** crapule ! Dieses Luder!	

Beachten Sie
– Der bestimmte Artikel vor Wochentagen drückt eine Regelmäßigkeit aus: **le** lundi jeden Montag / montags.
Zum Gebrauch des Artikels bei den Wochentagen siehe auch ➞ **4.1**.

Der Artikel 4

– Noël Weihnachten und Pâques Ostern werden in der Regel ohne Artikel verwendet:
Que fais-tu à Noël / à Pâques ? Was machst du an Weihnachten / Ostern?

Test 3
Stellen Sie fest, ob in den folgenden Sätzen der bestimmte Artikel verwendet wird oder nicht, und setzen Sie ihn gegebenenfalls ein.
1. Notre magasin est ouvert ___ dimanche. Unser Geschäft hat sonntags auf.
2. Je suis rentré ___ dimanche. Ich bin am Sonntag zurückgekommen.
3. Que faites-vous à ___ Noël ? Was machen Sie an Weihnachten?
4. J'adore ___ animaux. Ich liebe Tiere.
5. ___ argent ne m'intéresse pas. Geld interessiert mich nicht.
6. Je n'aime pas ___ chats. Ich mag Katzen nicht. / Ich mag keine Katzen.

1.2.2 Der bestimmte Artikel bei Personennamen
Bei Personennamen (Vor- und Nachnamen) steht in der Regel kein Artikel. Der bestimmte Artikel wird jedoch verwendet bei

1. Familiennamen und Dynastien im Plural	les Dulac die Dulacs les Bonaparte die Bonaparte
2. einigen Namen von Künstlern, oft ausländischer Herkunft	La Callas die Callas, Le Titien Titian
3. Titeln in Verbindung mit dem Familiennamen und in der Anrede	le général de Gaulle General de Gaulle la princesse Caroline Prinzessin Caroline Monsieur le Ministre Herr Minister

Beachten Sie
– Anders als im Deutschen erhält der Familienname im Französischen kein Plural-s: J'ai rencontré les Duroc. Ich habe die Durocs getroffen.
Aber:
Einige berühmte Familien oder Dynastien erhalten jedoch ein -s im Plural: les Bourbons die Bourbonen.
– Bei den Namen von Heiligen steht im Französischen kein Artikel: Saint Lazare der Heilige Lazarus, Sainte Catherine die Heilige Katharina.
– Die Verwendung des bestimmten Artikels vor einem Vornamen ist im Französischen nur im regionalen Sprachgebrauch möglich.

Test 4
Wird in den folgenden Sätzen der bestimmte Artikel verwendet oder nicht?
1. ___ Monsieur Renaud a téléphoné. Herr Renaud hat angerufen.

4 Der Artikel

2. ___ reine Elisabeth est arrivée hier en France. Königin Elisabeth ist gestern in Frankreich angekommen.
3. Madame ___ Directrice est occupée. Die Frau Direktorin ist beschäftigt.
4. ___ Martin sont nombreux en France. Es gibt viele Martins in Frankreich.

1.2.3 Der bestimmte Artikel bei geographischen Namen
Der bestimmte Artikel wird bei den meisten geographischen Namen verwendet:

1. Kontinente	l'Europe Europa, l'Asie Asien
Länder	le Maroc Marokko, la France Frankreich, la République tchèque Tschechien
Regionen / Landschaften	la Lorraine Lothringen, la Hesse Hessen
Berge	les Pyrénées die Pyrenäen, le mont-Blanc
Departements	le Haut-Rhin, l'Ardèche, la Gironde
2. Gewässer (Meere, Ozeane, Flüsse)	la mer Méditerranée das Mittelmeer, le Rhin der Rhein, la Loire die Loire
3. Inseln	la Martinique Martinique, la Corse Korsika, les Baléares die Balearen
4. einige Städtenamen	le Havre, le Mans, la Hague Den Haag, le Caire Kairo

Beachten Sie
zu 1. Zum Genus von Ländernamen siehe auch ➡ **Kapitel 3, Das Substantiv, 1.2.2.**
In Verbindung mit den Präpositionen en oder de entfällt bei femininen Ländernamen und Regionen der Artikel:
J'habite en Suisse. Ich wohne in der Schweiz.
Je viens d'Italie. Ich komme aus Italien.
In Verbindung mit den Präpositionen à und de wird bei den maskulinen Ländernamen der zusammengezogene Artikel verwendet (➡ 1.1.2):
Il vit aux Pays-Bas. Er lebt in den Niederlanden.
zu 3. Einige Inselnamen werden ohne Artikel verwendet:
Cuba, Madagascar, Chypre Zypern. Der Sprachgebrauch ist hier entscheidend.
zu 4. Vor Städtenamen steht in der Regel kein Artikel. Gehört jedoch der Artikel zum Namen der Stadt, so verschmilzt dieser mit den Präpositionen à und de (➡ 1.1.2):
le Caire → J'habite au Caire. Ich wohne in Kairo.
le Havre → les habitants du Havre die Einwohner von Le Havre
les Etats-Unis → la politique des Etats-Unis die Politik der USA.

Der Artikel 4

Test 5
Wird der bestimmte Artikel in den folgenden Sätzen verwendet oder nicht?
1. Elle vient de ___ Suisse. Sie kommt aus der Schweiz.
2. ___ Portugal est un pays magnifique. Portugal ist ein wunderschönes Land.
3. Tu es en ___ France depuis trois mois. Du bist seit drei Monaten in Frankreich.
4. Connais-tu le port ___ Havre ? Kennst du den Hafen von Le Havre?
5. Je rentre juste ___ Maroc. Ich komme gerade aus Marokko zurück.
6. ___ Loire est le plus long fleuve de ___ France. Die Loire ist der längste Fluss Frankreichs.

2 Der unbestimmte Artikel

Der unbestimmte Artikel wird weitgehend wie im Deutschen verwendet: Er dient dazu, ein noch nicht bekanntes Substantiv einzuführen.

2.1 Formen

Im Gegensatz zum Deutschen hat der französische unbestimmte Artikel eine Pluralform.

Auf Entdeckung
Lesen Sie die folgenden Sätze und achten Sie auf den unbestimmten Artikel (fett gedruckt in den Beispielen).
1. J'ai **un** problème. Ich habe **ein** Problem.
2. Je cherche **une** solution. Ich suche nach **einer** Lösung.
3. Il a **des** problèmes. Er hat Probleme.

Ergänzen Sie nun die Übersicht über die Formen des unbestimmten Artikels.
(➡ **Lösungen**)

	maskulin	feminin
Singular	___ homme **ein** Mann	___ femme **eine** Frau
Plural	___ hommes Männer	___ femmes Frauen

Beachten Sie
- Im Plural bezeichnet der unbestimmte Artikel eine unbestimmte Anzahl:
  Je mange des pommes. Ich esse (mehrere / einige) Äpfel.
  Im Deutschen bleibt des unübersetzt.
- Vor Vokal und „stummem h" wird die liaison gemacht:
  un‿ami [ɛ̃nami] ein Freund, des‿hôtels [dezotɛl] Hotels.

4 Der Artikel

Test 6
Setzen Sie den unbestimmten Artikel vor die folgenden Substantive.

___ bus ein Bus   ___ chiens Hunde   ___ idée eine Idee
___ fille ein Mädchen   ___ oiseaux Vögel   ___ amis Freunde
___ manteau ein Mantel   ___ jour ein Tag   ___ chien ein Hund
___ élève eine Schülerin   ___ policier ein Polizist   ___ enfants Kinder

> **TIPP**
>
> Deutsche Substantive, die im Plural ohne Artikel stehen, werden im Französischen in der Regel von **des** begleitet. Vergessen Sie also nicht, im Plural den unbestimmten Artikel zu verwenden.

2.2 Gebrauch

Der unbestimmte Artikel wird im Französischen in den folgenden Fällen verwendet:

zur Einführung eines neuen Substantivs	Il était une fois **une** reine… Es war einmal eine Königin …
zur Bezeichnung eines Einzelexemplars aus einer bestimmten Klasse	J'ai acheté **une** grammaire. Ich habe eine Grammatik gekauft. Ils ont **un** Renoir dans leur salon. Sie haben einen Renoir in ihrem Wohnzimmer.
zur Angabe einer unbestimmten Menge oder Anzahl mit der Pluralform **des**	Mangez des pommes. Essen Sie Äpfel! Prenez des risques. Seien Sie risikofreudig! J'ai des amis à Munich. Ich habe Freunde in München.
in einigen Redewendungen	C'est un amour ! Er/Sie ist so lieb! J'ai eu une peur bleue. Ich bekam eine Heidenangst. d'une voix douce mit sanfter Stimme sans un mot ohne ein einziges Wort

Beachten Sie
Der unbestimmte Artikel (un, une, des) wird mit **ne … pas de** (kein/-e) verneint:
J'ai une sœur. → Je n'ai pas de sœur. Ich habe eine Schwester. → Ich habe keine Schwester.
J'ai des enfants. → Je n'ai pas d'enfants. Ich habe Kinder. → Ich habe keine Kinder.

Der Artikel 4

Aber:
Nach c'est (das ist) und ce sont (das sind) bleibt der unbestimmte Artikel in der Verneinung erhalten: Ce n'est pas un adjectif, c'est un adverbe. Es ist kein Adjektiv, es ist ein Adverb.

Test 7

Ergänzen Sie die Tabelle, indem Sie die jeweils fehlende Form des bestimmten und unbestimmten Artikels einsetzen.

bestimmter Artikel		unbestimmter Artikel	
Singular	→ Plural	Singular	→ Plural
le jour der Tag	→ ___ jours	___ jour ein Tag	→ des jours
___ enfant das Kind	→ les enfants	un enfant ein Kind	→ ___ enfants
l'hiver der Winter	→ ___ hivers	___ hiver ein Winter	→ ___ hivers
___ mère die Mutter	→ ___ mères	___ mère eine Mutter	→ ___ mères
___ oie die Gans	→ ___ oies	___ oie eine Gans	→ ___ oies
la hache die Axt	→ ___ haches	___ hache eine Axt	→ ___ haches

> **TIPP**
>
> Sie haben nun die wichtigsten Informationen über den bestimmten und unbestimmten Artikel gelernt. Wenn Sie noch Anfänger(in) sind, können Sie den folgenden Abschnitt über den Teilungsartikel zu einem späteren Zeitpunkt durcharbeiten und direkt zu ➡ **4** weitergehen.

3 Der Teilungsartikel *(l'article partitif)*

Der Teilungsartikel drückt eine unbestimmte Menge oder Anzahl aus. Er hat im Deutschen keine Entsprechung. Deshalb steht in den folgenden Beispielen in den deutschen Sätzen kein Artikel.

3.1 Formen

Auf Entdeckung

Lesen Sie die folgenden Beispiele und achten Sie auf den Teilungsartikel (fett gedruckt).
1. Je mange **du** pain. Ich esse Brot.
2. J'écoute **de la** musique. Ich höre Musik.

4 Der Artikel

3. Elle a **de l'**esprit et **de l'**humour. Sie hat Witz und Humor.
4. J'ai mangé **des** épinards. Ich habe Spinat gegessen.

Ergänzen Sie nun die folgenden Aussagen. (➡ **Lösungen**)
1. Der Teilungsartikel ____ steht vor einem maskulinen Substantiv im Singular.
2. Der Teilungsartikel ____ steht vor einem femininen Substantiv im Singular.
3. Der Teilungsartikel ____ steht vor einem Substantiv mit vokalischem Anlaut.
4. Der Teilungsartikel ____ steht vor einem Substantiv im Plural.

Ergänzen Sie nun die Übersicht über den Teilungsartikel: (➡ **Lösungen**)

Teilungsartikel	Beispiel
de + le → ____	Achète ____ vin, s'il te plaît. Kauf bitte Wein.
de + la → ____	Elle a ____ chance. Sie hat Glück.
de + l' → ____	Je bois ____ eau minérale. Ich trinke Mineralwasser.
de + les → ____	J'ai ____ vacances en mai. Ich habe im Mai Ferien.

Beachten Sie
– Der Teilungsartikel im Plural **des** ist äußerst selten. Er steht nur bei Substantiven, die keine Singularform haben: **des** épinards Spinat, **des** gens Leute, **des** vacances Ferien usw.
In allen anderen Fällen handelt es sich bei **des** um die Pluralform des unbestimmten Artikels, der ebenfalls eine unbestimmte Menge oder Anzahl ausdrückt und als Teilungsartikel empfunden wird:
J'ai pris **des** photos. Ich habe Fotos gemacht.
J'ai invité **des** amis. Ich habe Freunde eingeladen.
– Der Teilungsartikel **du**, **de la**, **de l'** hat die gleichen Formen wie der mit der Präposition **de** zusammengezogene bestimmte Artikel, wird jedoch anders verwendet und übersetzt.

Teilungsartikel	zusammengezogener Artikel
Je fais **du** vélo. Ich fahre Rad. Im deutschen Satz steht kein Artikel.	C'est le vélo **du** facteur. Das ist das Rad **des** Briefträgers. Im deutschen Satz steht der bestimmte Artikel.

Test 8
Setzen Sie den passenden Teilungsartikel ein. Das Genus des Substantivs ist mit (m) für maskulin und (f) für feminin in Klammern angegeben.
1. Je ne bois que ____ eau (f). Ich trinke nur Wasser.
2. Nous avons bu ____ bière (f). Wir haben Bier getrunken.

Der Artikel 4

3. Je fais ___ russe (m) depuis trois ans. Ich lerne seit drei Jahren Russisch.
4. Elle a ___ volonté (f). Sie hat einen starken Willen.
5. Tu prends ___ sucre (m) ? Nimmst du Zucker?
6. Je voudrais ___ ail (m), s.v.p. Ich möchte Knoblauch, bitte.

3.2 Gebrauch

Der Teilungsartikel wird bei nicht-zählbaren Substantiven, z. B. Stoffnamen oder Abstrakta, verwendet. Wie sein Name besagt, bezeichnet er einen Teil von einem Ganzen: Je voudrais du gâteau bedeutet eigentlich „Ich möchte (vom ganzen) Kuchen (ein Stück)."

Der Teilungsartikel wird in den folgenden Fällen verwendet:

im Singular bei Stoffnamen und Abstrakta	C'est **du** sucre. Das ist Zucker. As-tu **de l'**argent sur toi ? Hast du Geld bei dir? Elle a **de la** force. Sie hat Kraft.
mit einem Eigennamen zur Bezeichnung eines Teils eines Werkes	Elle écoute **du** Bach toute la journée. Sie hört den ganzen Tag Bach.
in Verbindung mit dem Verb faire (machen) zur Bezeichnung einer Sportart oder einer Aktivität	Cet été, j'ai fait **du** VTT, **de la** poterie et **de l'**alpinisme. Diesen Sommer bin ich Mountain-Bike gefahren, habe getöpfert und bin berggestiegen.
im Plural bei Substantiven, die keine Singularform haben (➡ 3.1 Beachten Sie)	J'ai acheté **des** épinards au marché. Ich habe auf dem Markt Spinat gekauft. Il y avait **des** gens partout. Überall waren Leute.

Beachten Sie
Der Teilungsartikel wird wie der unbestimmte Artikel mit ne … pas de (kein/-e) verneint: Je **ne** fais **pas de** sport. Ich treibe keinen Sport. (➡ 4.2 Beachten Sie).

Test 9

Setzen Sie den jeweils passenden Artikel ein. Die Übersetzung hilft Ihnen.
1. Je fais _____ camping. Ich mache Camping.
2. J'aime _____ voyages. Ich liebe Reisen.
3. Je connais _____ gens à Nantes. Ich kenne Leute in Nantes.
4. Je voudrais _____ aspirine. Ich möchte Aspirin.
5. Elle fait _____ photo. Sie fotografiert.

3 Der Teilungsartikel (l'article partitif)

4 Der Artikel

6. Avez-vous _____ amis dans cette ville ? Haben Sie Freunde in dieser Stadt?
7. J'ai fait _____ sport hier soir. Ich habe gestern Abend Sport getrieben.
8. J'ai acheté _____ nouvelle voiture. Ich habe ein neues Auto gekauft.

4 Der Null-Artikel

Das Fehlen des Artikels (= Null-Artikel) ist im Französischen viel seltener als im Deutschen.

4.1 Fehlen des bestimmten oder unbestimmten Artikels

In den folgenden Fällen wird kein Artikel verwendet:

vor Wochentagen mit punktueller Bedeutung	On se voit mardi. Wir sehen uns am Dienstag. Il part dimanche. Er fährt am Sonntag weg.
nach dem Verb être bei der Angabe von Eigenschaften, Berufen, Funktionen, Nationalitäten, Konfessionen (prädikative Verwendung) sowie in Appositionen	Lorsque j'étais enfant … Als Kind … Il est informaticien. Er ist Informatiker. On l'a élu directeur. Man hat ihn zum Direktor gewählt. Je suis allemande. Ich bin Deutsche. Bergheim, petite ville d'Alsace, est pleine de charme. Bergheim, eine kleine Stadt im Elsass, ist voller Charme.
bei bestimmten Wendungen	perdre patience die Geduld verlieren, prendre rendez-vous einen Termin vereinbaren, avoir peur Angst haben, avoir faim / soif Hunger / Durst haben usw.
nach den Präpositionen en in, avec mit, sans ohne (in festen Wendungen) **Aber:** avec un ami mit einem Freund	en ville in die/der Stadt, en vitesse ganz schnell, en train mit dem Zug, en hiver im Winter avec ou sans sucre mit oder ohne Zucker, avec plaisir mit Vergnügen, avec joie mit Freude
bei Adressen	Elle habite rue Victor Hugo. Sie wohnt in der rue Victor Hugo.

Der Artikel 4

vor Monatsnamen	**en mai** im Mai
vor einem Adjektiv im Plural wird **des** durch **de** ersetzt (nur im gepflegten Sprachgebrauch)	**de belles pommes rouges** schöne rote Äpfel
bei Komposita	**des chaussures de marche** Wanderschuhe, **un sac à main** eine Handtasche
in Sprichwörtern, Zeitungsüberschriften und Anzeigen	Chien qui aboie ne mord pas. Bellende Hunde beißen nicht. Meurtre dans le métro ! Mord in der Metro! Terrain à vendre. Grundstück zu verkaufen.
bei femininen Ländernamen und Regionen in Verbindung mit den Präpositionen **en** (in / nach) und **de** (aus / von)	**en Italie** in / nach Italien, **de Bavière** aus Bayern

Test 10

Ist in den folgenden Beispielen ein Artikel erforderlich oder nicht? Wenn ja, setzen Sie ihn ein.
1. Je viens ___ mercredi. Ich komme am Mittwoch.
2. Il fait ___ vélo tous les jours. Er fährt jeden Tag Fahrrad.
3. J'ai apporté ___ verres. Ich habe Gläser mitgebracht.
4. Elle est ___ secrétaire de direction. Sie ist Chefsekretärin.
5. J'habite à ___ Brest, en ___ Bretagne. Ich wohne in Brest, in der Bretagne.
6. Elle est sortie sans ___ parapluie. Sie ist ohne Schirm weggegangen.

4.2 Das Fehlen des Teilungsartikels

In den folgenden Fällen wird der Teilungsartikel durch die Präposition **de** ersetzt. Der so genannte „verkürzte Teilungsartikel" **de** oder **d'** wird in den folgenden Fällen verwendet:

nach Mengenadverbien wie **un peu de** ein wenig, **peu de** wenig, **beaucoup de** viel, **assez de** genug, **trop de** zu viel	Je voudrais **un peu de** beurre. Ich möchte etwas Butter. As-tu **assez d'**argent ? Hast du genug Geld? J'ai **trop de** travail. Ich habe zu viel Arbeit.

4 Der Null-Artikel

4 Der Artikel

nach Mengenangaben wie **un kilo de** ein Kilo, **un litre de** ein Liter, **une livre de** ein Pfund	Donnez-moi **une livre de** tomates, s.v.p. Geben Sie mir ein Pfund Tomaten, bitte. La police a saisi **2 kilos d'**héroïne. Die Polizei hat 2 Kilo Heroin beschlagnahmt.
nach Substantiven, die ein Maß oder eine Dauer angeben wie **une tasse de** eine Tasse, **un verre de** ein Glas, **un morceau de** ein Stück, **une heure de** eine Stunde, **une minute de** eine Minute	Je voudrais **un morceau de** fromage. Ich möchte ein Stück Käse. J'aimerais boire **un verre d'**eau. Ich möchte ein Glas Wasser trinken. **une heure de** route eine Stunde Fahrt **une minute de** silence eine Schweigeminute
in verneinten Sätzen bei der Angabe von Nullmengen **pas de** kein/-e oder **plus de** kein/-e mehr	Elle n'a **pas de** patience. Sie hat keine Geduld. Je n'ai **plus d'**argent. Ich habe kein Geld mehr.

Beachten Sie
- **De** wird vor Vokal oder „stummem h" zu **d'**:
  J'ai invité trop **d'**amis. Ich habe zu viele Freunde eingeladen.
- Dem deutschen „kein/-e" entspricht im Französischen in den meisten Fällen **pas de**. **Pas de** verneint sowohl den unbestimmten Artikel als auch den Teilungsartikel:
  J'ai **un** vélo. Ich habe ein Rad. → Je n'ai **pas de** vélo. Ich habe kein Rad.
  Je bois **de l'**eau. Ich trinke Wasser. → Je ne bois **pas d'**eau. Ich trinke kein Wasser.
- **Pas de** wird jedoch nicht nach **c'est** (das ist) oder **ce sont** (das sind) verwendet (➡ **2.2**):
  Ce n'est pas un problème. Das ist kein Problem.
- **Pas de** verneint nicht den bestimmten Artikel:
  J'ai **le** temps. → Je n'ai pas **le** temps. Ich habe keine Zeit.
  J'aime **le** café. → Je n'aime pas **le** café. Ich mag keinen Kaffee.

Test 11
Artikel oder Nullartikel? Vervollständigen Sie die verneinten Sätze.
1. Tu as **de la** chance. → Tu n'as pas _____. Du hast Glück. → Du hast kein Glück.
2. Il a **des** amis. → Il n'a pas _____. Er hat Freunde. → Er hat keine Freunde.

Der Artikel 4

3. J'ai **la** télé. → Je n'ai pas _____. Ich habe einen Fernseher. → Ich habe keinen Fernseher.
4. Je prends **du** pain. → Je ne prends pas _____. Ich nehme Brot. → Ich nehme kein Brot.
5. J'ai **de la** famille en France. → Je n'ai pas _____ en France. Ich habe Verwandte in Frankreich. → Ich habe keine Verwandte in Frankreich.

Auf den Punkt gebracht

1. (➡ **Was Sie vorab wissen sollten**)
Kreuzen Sie ja oder nein an.   ja   nein
1. Wie im Deutschen gibt es im Französischen zwei Artikel: den bestimmten und den unbestimmten Artikel.   ☐   ☐
2. Der Artikel bestimmt das Genus und den Numerus des Substantivs, vor dem er steht.   ☐   ☐
3. Der Artikel richtet sich in Genus und Numerus nach dem Substantiv, vor dem er steht.   ☐   ☐

2. (➡ **1.1.1**)
Ergänzen Sie.
1. Die Formen des bestimmten Artikels im Singular lauten
   vor maskulinen Substantiven: ___ oder ___
   ___ jour der Tag, ___ hôtel das Hotel
   vor femininen Substantiven: ___ oder ___
   ___ nuit die Nacht, ___ université die Universität
2. Die Form des bestimmten Artikels im Plural lautet
   vor maskulinen und femininen Substantiven: ___
   ___ étudiants die Studenten, ___ étudiantes die Studentinnen.

3. (➡ **1.1.2**)
Die Formen des zusammengezogenen bestimmten Artikels lauten:
à + le   → ___   Je vais ___ musée. Ich gehe ins Museum.
à + les → ___   J'habite ___ Baléares. Ich wohne auf den Balearen.
de + le → ___   Je viens ___ marché. Ich komme vom Markt.
de + les → ___   Je rentre ___ Pays-Bas. Ich komme von den Niederlanden.

4 Der Artikel

4. (➟ 1.2)
Kreuzen Sie ja oder nein an. ja nein
Der bestimmte Artikel wird verwendet
1. bei Vor- und Nachnamen. ☐ ☐
2. nach den Verben aimer lieben und préférer lieber mögen. ☐ ☐
3. bei Ländernamen, die mit der Präposition en eingeführt werden. ☐ ☐
4. bei Familiennamen im Plural. ☐ ☐
5. bei allen Städtenamen. ☐ ☐
6. bei Wochentagen zur Angabe einer Regelmäßigkeit. ☐ ☐
7. bei Ländernamen. ☐ ☐

5. (➟ 2.1)
Die Formen des unbestimmten Artikels lauten:
Substantiv	Singular	Plural
maskulin	___ jour ein Tag	___ jours Tage
feminin	___ gare ein Bahnhof	___ gares Bahnhöfe

6. (➟ 2.2)
Markieren Sie die richtige Aussage und ergänzen Sie den Satz.
1. Der unbestimmte Artikel hat im Französischen (eine / keine) Pluralform.
2. Der unbestimmte Artikel im Plural drückt eine (bestimmte / unbestimmte) Menge oder Anzahl aus.
3. Der unbestimmte Artikel wird in der Regel mit (pas un / pas de) verneint:
   Nous n'avons pas __ chien. Wir haben keinen Hund.

7. (➟ 3.1)
Tragen Sie die passende Form des Teilungsartikels ein.
1. Prends ____ pain complet. Nimm Vollkornbrot!
2. Il faut ____ patience. Man braucht Geduld.
3. Il a ____ humour. Er hat Humor.
4. Avez-vous ____ aspirine ? Haben Sie Aspirin?
5. Elle porte ____ lunettes. Sie trägt eine Brille.

8. (➟ 3.2)
Kreuzen Sie ja oder nein an. ja nein
1. Der Teilungsartikel wird bei zählbaren Substantiven verwendet. ☐ ☐
2. Der Teilungsartikel bleibt im Deutschen unübersetzt. ☐ ☐
3. Der Teilungsartikel wird auch bei Abstrakta verwendet. ☐ ☐

Der Artikel 4

9. (⟹ 4)
Kreuzen Sie ja oder nein an und ergänzen Sie das Beispiel.   ja nein
Der Null-Artikel wird verwendet
1. nach en (in / nach) in Verbindung mit einem Ländernamen. ☐ ☐
2. nach Mengenadverbien, z. B. trop ___ beurre zu viel Butter. ☐ ☐
3. nach den Verben aimer lieben und détester hassen. ☐ ☐
4. nach dem Verb faire zur Bezeichnung einer Sportart. ☐ ☐
5. bei Wochentagen mit punktueller Bedeutung. ☐ ☐

Und wenn Sie noch neugierig sind ...

Anders als im Deutschen steht bei Krankheiten im Französischen immer ein Artikel: je nach Krankheit wird der bestimmte, unbestimmte oder Teilungsartikel verwendet. Vergleichen Sie hierzu die beiden Sprachen.

Bestimmter Artikel: J'ai **la** grippe. Ich habe (eine) Grippe.
                        Il a **le** rhume des foins. Er hat Heuschnupfen.
Unbestimmter Artikel: J'ai **un** rhume. Ich habe eine Erkältung.
                        J'ai **des** rhumatismes. Ich habe Rheuma.
Teilungsartikel: J'ai **de** l'arthrose. Ich habe Arthrose.
                        J'ai **du** diabète. Ich habe Diabetes.

5 Das Adjektiv

Wenn Sie ➡ **Kapitel 3, Das Substantiv** durchgearbeitet haben, wird Ihnen in diesem Kapitel vieles bekannt vorkommen, da Adjektive und Substantive viele Gemeinsamkeiten haben.

Was Sie vorab wissen sollten
- Das Adjektiv, auch „Eigenschaftswort" genannt, begleitet ein Substantiv und antwortet auf die Frage „Wie ist …?".
  J'aime la cuisine **italienne**. Ich liebe die **italienische** Küche.
  Comment est la mer ? – Elle est **calme**. Wie ist das Meer? – Es ist **ruhig**.
- Wie im Deutschen kann das Adjektiv auch pronominal, d. h. ohne Wiederholung eines bereits erwähnten Substantivs, verwendet werden:
  J'aime bien la voiture bleue. – Moi, je préfère **la rouge**. Mir gefällt das blaue Auto. – Mir gefällt **das rote** besser.

Auf Entdeckung
Lesen Sie zunächst die folgende Tabelle.

	Singular	Plural
maskulin	un projet intéressant ein interssantes Projekt	des projets intéressants interessante Projekte
feminin	une idée intéressante eine interessante Idee	des idées intéressantes interessante Ideen

Kreuzen Sie ja oder nein an. (➡ **Lösungen**) ja nein
1. Das Adjektiv richtet sich in Genus und Numerus nach dem Substantiv, auf das es sich bezieht. ☐ ☐
2. Das Adjektiv steht in der Regel vor dem Substantiv. ☐ ☐

1 Grundregeln

Die Grundform des Adjektivs ist die maskuline Form im Singular. Von dieser Form werden die anderen Formen abgeleitet.

1.1 Genus

Das französische Adjektiv hat eine maskuline und eine feminine Form, die sich in der Regel sowohl in der Schreibung als auch in der Aussprache unterscheiden.

Das Adjektiv 5

Auf Entdeckung

Lesen Sie die folgenden Beispiele aufmerksam und ergänzen Sie die unten stehenden Regeln zur Angleichung des Adjektivs mit dem Substantiv.
(⇒ **Lösungen**)

maskulin	feminin
un vélo **vert** ein günes Fahrrad	une voiture **verte** ein blaues Auto
un homme **poli** ein höflicher Mann	une femme **polie** eine höfliche Frau
un hôtel **moderne** ein modernes Hotel	une cuisine **moderne** eine moderne Küche

1. Die feminine Form des Adjektivs wird in der Regel durch Anhängen von __ an die maskuline Form gebildet: vert → _____ , poli → _____ .
2. Endet die maskuline Form bereits auf -e, so wird kein zusätzliches __ hinzugefügt: moderne → _____ .

Beachten Sie
- Endet die maskuline Form des Adjektivs auf einen nicht gesprochenen Konsonanten, so bewirkt das hinzugefügte -e, dass dieser Konsonant gesprochen wird (siehe auch ⇒ **Kapitel 1, Die Aussprache, 2.1.2, Beachten Sie**):
  un chat gris [gʀi] eine graue Katze → une souris grise [gʀiz] eine graue Maus
- Endet die maskuline Form des Adjektivs auf einen gesprochenen Konsonanten oder auf einen Vokal, so bewirkt das hinzugefügte -e keine Ausspracheänderung: d. h. die maskuline und die feminine Form unterscheiden sich nur in der Schreibung:
  un train direct [diʀɛkt] ein Direktzug. → une correspondance directe [diʀɛkt] ein Direktanschluss
  un garçon poli [pɔli] ein höflicher Junge → une fille polie [pɔli] ein höfliches Mädchen
- Endet die maskuline Form des Adjektivs auf einen Nasallaut, so wird dieser Laut entnasaliert:
  un sable fin [fɛ̃] ein feiner Sand → une pluie fine [fin] ein feiner Regen
  (⇒ **Kapitel 1, Die Aussprache 2.1.2, Beachten Sie**)

Test 1

Leiten Sie die feminine Form der folgenden Adjektive ab:
1. un journal français → eine französische Zeitung → une revue _____ eine französische Zeitschrift
2. un train rapide ein schneller Zug → une balle _____ ein schneller Ball
3. l'air marin die Meeresluft → une brise _____ eine Meeresbrise
4. un joli pull ein hübscher Pulli → une _____ veste ein hübsche Jacke

1 Grundregeln **105**

5 Das Adjektiv

1.2 Numerus

Bei der Pluralbildung gelten die gleichen Regeln wie für das Substantiv (➡ Kapitel 3, Das Substantiv, 2).

Auf Entdeckung
Lesen Sie die folgenden Beispiele aufmerksam und ergänzen Sie die unten stehenden Regeln. (➡ Lösungen)

Singular	Plural
un vélo neuf ein neues Fahrrad	des vélos neufs neue Fahrräder
un beau film ein schöner Film	de beaux films schöne Filme
un gros nuage eine dicke Wolke	de gros nuages dicke Wolken
un vin doux ein süßer Wein	des vins doux süße Weine

1. Wie beim Substantiv wird die Pluralform des Adjektivs in der Regel durch Anhängen von __ an die Singularform gebildet: neuf → _____, neuve → _____.
2. Adjektive, die im Singular auf -eau enden, erhalten im Plural ein __: beau → beaux.
3. Endet das Adjektiv bereits im Singular auf __ oder __, wird kein -s angehängt: gros → _____, doux → _____.

Beachten Sie
Die meisten Adjektive auf -al bilden die Pluralform auf -aux:
un geste amical eine freundschaftliche Geste → des gestes amicaux
un état normal ein normaler Zustand → des états normaux
Aber:
Banal banal, bancal wackelig, fatal fatal, final End-, glacial eisig, natal Geburts- und naval Schiffs- bilden den Plural auf -s.

Test 2
Ergänzen Sie die Spalten rechts und links mit den jeweils fehlenden Formen.

Singular	Plural
1. un ami fidèle ein treuer Freund	des amis _____
2. un exercice _____ eine leichte Übung	des exercices faciles
3. un tissu doux eine weicher Stoff	des tissus _____
4. un prix bas ein niedriger Preis	des prix _____
5. un _____ poème ein schönes Gedicht	de beaux poèmes
6. un hymne national eine Nationalhymne	des hymnes _____

106 1 Grundregeln

Das Adjektiv 5

1.3 Übereinstimmung des Adjektivs mit dem Substantiv

Wie bereits erwähnt, stimmt das Adjektiv in Genus und Numerus mit dem Substantiv, das es charakterisiert, überein.

1.3.1 Das Adjektiv als Attribut und als Prädikatsergänzung

Auf Entdeckung
Vergleichen Sie das Französische mit dem Deutschen und bewerten Sie die unten stehenden Aussagen. Die Adjektive sind in den Beispielen fett gedruckt.
(➭ Lösungen)

Adjektiv als Attribut	Adjektiv als Prädikatsergänzung
un ciel **bleu** ein **blauer** Himmel	Le ciel est **bleu**. Der Himmel ist **blau**.
une mer **bleue** ein **blaues** Meer	La mer est **bleue**. Das Meer ist **blau**.
des yeux **bleus** **blaue** Augen	Mes yeux sont **bleus**. Meine Augen sind **blau**.
des vestes **bleues** **blaue** Jacken	Les vestes sont **bleues**. Die Jacken sind **blau**.

Kreuzen Sie ja oder nein an.   ja   nein
1. Wie im Deutschen gleicht sich das Adjektiv nur dann an, wenn es als Attribut verwendet wird. ☐ ☐
2. Anders als im Deutschen richtet sich das Adjektiv als Attribut und als Prädikat in Genus und Numerus nach dem Substantiv. ☐ ☐

Beachten Sie
– Als Attribut steht das Adjektiv unmittelbar vor oder nach dem Substantiv:
une **bonne** idée eine gute Idee, des cheveux **longs** lange Haare
– Prädikat ist das Adjektiv, wenn es mit Verben wie être (sein), sembler / paraître (scheinen) oder devenir (werden) verwendet wird:
Elles sont contentes. Sie sind froh.
Elle semble fatiguée. Sie scheint müde zu sein.

Test 3

Setzen Sie, wenn erforderlich, die fehlenden Endungen ein.

Attribut	Prädikat
1. J'ai un petit__ chien.	Mon chien est petit__.
Ich habe einen kleinen Hund.	Mein Hund ist klein.
2. Mes amis allemand__ sont là.	Mes amis sont allemand__.
Meine deutschen Freunde sind hier.	Meine Freunde sind Deutsche.

5 Das Adjektiv

3. J'ai deux amis français __.
   Ich habe zwei französische Freunde.
4. J'ai acheté une grand__ table.
   Ich habe einen großen Tisch gekauft.

Mes amis sont français__.
Meine Freunde sind Franzosen.
Cette table est très grand__.
Dieser Tisch ist sehr groß.

1.3.2 Angleichung bei mehreren Adjektiven
Beziehen sich mehrere Adjektive auf dasselbe Substantiv, so werden alle Adjektive angeglichen.

Singular	Plural
Mon ami **français** est **grand** et **blond**. Mein französischer Freund ist groß und blond.	Mes amis **français** sont **grands** et **blonds**. Meine französischen Freunde sind groß und blond.
Mon amie **française** est **grande** et **blonde**. Meine französische Freundin ist groß und blond.	Mes amies **françaises** sont **grandes** et **blondes**. Meine französischen Freundinnen sind groß und blond.

Test 4
Setzen Sie, wenn erforderlich, die fehlenden Endungen ein.
1. Ces enfants sont poli__ et sage__. Diese Kinder sind höflich und artig.
2. C'est une femme intelligent__ et cultivé__. Sie ist eine intelligente und gebildete Frau.
3. Ces chaises sont dur__ et bancal__. Diese Stühle sind hart und wackelig.

1.3.3 Angleichung bei mehreren Substantiven
Bezieht sich ein Adjektiv auf mehrere Substantive, so steht es auf jeden Fall im Plural: un pull et un pantalon **bleus** ein blauer Pulli und eine blaue Hose.

Das Genus des Adjektivs hängt jedoch von folgenden Faktoren ab:
– Bei Substantiven gleichen Genus richtet sich das Adjektiv nach dem gemeinsamen Genus dieser Substantive:
  • maskulin Plural: un livre et un journal **allemands** ein deutsches Buch und eine deutsche Zeitung
  • feminin Plural: une veste et une écharpe **vertes** eine grüne Jacke und ein grüner Schal
– Bei Substantiven verschiedenen Genus steht das Adjektiv im Maskulinum Plural: un pull et une veste **verts** ein grüner Pulli und eine grüne Jacke.

Das Adjektiv 5

Test 5
Maskulin oder feminin? Gleichen Sie die Adjektive an.
1. Mon père et ma mère sont absent__. Mein Vater und meine Mutter sind nicht da.
2. Elle porte une robe et un chapeau rouge__. Sie trägt ein rotes Kleid und einen roten Hut.
3. Anne et Pauline sont petit__. Anne und Pauline sind klein.
4. Ma sœur et ma mère sont absent__. Meine Schwester und meine Mutter sind nicht da.

1.4 Stellung

Die meisten Adjektive stehen nach dem Substantiv. Einige Adjektive können nach oder vor dem Substantiv stehen (➞ 2.4). Wenige kurze Adjektive stehen immer vor dem Substantiv (➞ 1.4.2).

1.4.1 Nachgestellte Adjektive
Nachgestellt werden fast alle Adjektive, insbesondere die längeren:
une idée **géniale** eine geniale Idee
une conférence **internationale** eine internationale Konferenz

Beachten Sie
Farbadjektive und Adjektive zur Angabe der Nationalität stehen ebenfalls immer nach dem Substantiv:
un chat **noir** eine schwarze Katze
un journal **allemand** eine deutsche Zeitung

Test 6
Bringen Sie die folgenden Nominalgruppen in Ordnung.
1. compliquée / une / histoire → _____
   eine komplizierte Geschichte
2. espagnol / vin / un → _____
   ein spanischer Wein
3. livre / intéressant / un → _____
   ein interessantes Buch
4. robe / une / verte / rouge / et → _____
   ein grünes und rotes Kleid

5 Das Adjektiv

1.4.2 Vorangestellte Adjektive
Die folgenden häufig gebrauchten Adjektive stehen in der Regel vor dem Substantiv:

grand groß   beau schön
petit klein   gros dick
bon gut   haut hoch
mauvais schlecht   long lang
joli hübsch   vieux alt

Test 7
Stehen die folgenden Adjektive vor oder nach dem Substantiv?
1. (vieux)
   un _____ manteau _____ eine alter Mantel
2. (intelligent)
   un _____ enfant _____ ein kluges Kind
3. (petit, vert)
   un _____ vélo _____ ein kleines grünes Rad
4. (ennuyeux)
   un _____ débat _____ eine langweilige Debatte

TIPP

Dies sind die wichtigsten Informationen über Form und Stellung der französischen Adjektive. Wenn Sie erst angefangen haben Französisch zu lernen, können Sie den folgenden Abschnitt zu einem späteren Zeitpunkt durcharbeiten und gleich weiter zu Punkt ➧ 3 gehen.

2 Besonderheiten bei den Adjektiven

In diesem Abschnitt werden Abweichungen von den in ➧ 1 genannten Grundregeln dargestellt.

2.1 Besonderheiten beim Genus der Adjektive

Sie haben am Anfang dieses Kapitels gelernt, dass die feminine Form des Adjektivs durch Anhängen von -e an die maskuline Form gebildet wird.
In der folgenden Tabelle finden Sie weitere Veränderungen, die bei der Ableitung der femininen Form von der maskulinen Form des Adjektivs auftreten können. Diese Ableitungsregeln sollten Ihnen aus ➧ **Kapitel 3, Das Substantiv, 1.1.3** vertraut sein.

Das Adjektiv 5

Endung	Beispiel
Hinzufügen eines accent grave oder tréma: -er [e] → -ère [ɛʀ] -gu [gy] → guë [gy]	gaucher → gauchère linkshändig aigu → aiguë hoch / spitz
Verdoppelung des Endkonsonanten: -el [ɛl] → -elle [ɛl] -ul [yl] → -ulle [yl] -eil [ɛj] → -eille [ɛj] -en [ɛ̃] → -enne [ɛn] -on [ɔ̃] → -onne [ɔn] -et [ɛ] → -ette [ɛt]	mensuel → mensuelle monatlich nul → nulle inkompetent pareil → pareille gleich italien → italienne italienisch bon → bonne gut violet → violette violett
Veränderung der Endung: -eur [œʀ] → -euse [øz] -teur [tœʀ] → -trice [tʀis] -eux [ø] → -euse [øz] -ou [u] → -olle [ɔl] -f [f] → -ve [v] -c [k] → -que [k] -c [∅] → -che [ʃ]	menteur → menteuse verlogen conservateur → conservatrice konservativ heureux → heureuse glücklich mou → molle weich vif → vive lebhaft turc → turque türkisch blanc → blanche weiß

Beachten Sie
– Folgende Adjektive auf -et bilden die feminine Form auf -ète:
  discret → discrète diskret, complet → complète voll, secret → secrète geheimnisvoll, inquiet → inquiète unruhig.
– Adjektive auf -eur, die einem Komparativ entsprechen, bilden die feminine Form auf -eure: meilleur → meilleure besser, supérieur → supérieure höher usw.
– Adjektive auf -s bilden die feminine Form regelmäßig: gris → grise grau, précis → précise genau. Ausnahmen: bas → basse niedrig, gras → grasse fett, las → lasse müde, épais → épaisse dick, gros → grosse dick

Test 8

Leiten Sie die feminine oder maskuline Form der folgenden Adjektive ab.
  maskulin   feminin
1. le frère _____ der jüngere Bruder   la sœur cadette die jüngere Schwester
2. un vin alsacien ein elsässischer Wein   une ville _____ eine elsässische Stadt
3. un rire affreux ein hässliches Lachen   une chose _____ eine hässliche Sache

2 Besonderheiten bei den Adjektiven

5 Das Adjektiv

4. un sac léger eine leichte Tasche
5. un débat public eine öffentliche Debatte
6. un produit _____ ein Naturprodukt
7. un brouillard épais ein dichter Nebel
8. un garçon sportif ein sportlicher Junge

une brise _____ eine leichte Brise
une place _____ ein öffentlicher Platz
la médecine naturelle die Naturmedizin
une crème _____ eine dicke Creme
une fille _____ ein sportliches Mädchen

2.2 Unregelmäßige Formen

2.2.1 Adjektive mit unregelmäßiger femininer Form
Folgenden Adjektive haben eine unregelmäßige feminine Form:

beau → belle schön
nouveau → nouvelle neu
frais → fraîche frisch
vieux → vieille alt
faux → fausse falsch
roux → rousse rotbraun / -haarig

long → longue lang
doux → douce süß / sanft
favori → favorite Lieblings-
rigolo → rigolote lustig
malin → maligne schlau
bénin → bénigne harmlos

Test 9
Wie lautet die feminine Form der folgenden Adjektive?
1. vieux alt → une _____ dame eine alte Dame
2. frais kühl → une boisson _____ ein kühles Getränk
3. faux falsch → une _____ identité eine falsche Identität
4. long lang → une _____ histoire eine lange Geschichte
5. doux sanft → une voix _____ eine sanfte Stimme
6. nouveau neu → une _____ voiture ein neues Auto

2.2.2 Adjektive mit zwei maskulinen Formen
Zusätzlich zu der unregelmäßigen femininen Form haben die folgenden drei Adjektive bei Voranstellung zwei verschiedene maskuline Formen im Singular. Die Wahl der einen oder anderen Form hängt vom Anfangsbuchstaben des darauf folgenden Substantivs ab:

konsonantischer Anlaut	vokalischer Anlaut
un **nouveau** pull ein neuer Pulli un **beau** livre ein schönes Buch un **vieux** CD eine alte CD	un **nouvel** hôtel ein neuer Freund un **bel** animal ein schönes Tier un **vieil** arbre ein alter Baum

Das Adjektiv 5

Beachten Sie
Die Formen nouvel, vieil und bel werden vor Vokal oder „stummem h" zur Vermeidung des hiatus (Sprechen von zwei aufeinander folgenden Vokallauten) verwendet.

Test 10
Wählen Sie die jeweils passende maskuline Form des Adjektivs.
1. un _____ ami ein alter Freund
2. un _____ mot ein neues Wort
3. un _____ appartement eine alte Wohnung
4. un _____ hôpital ein neues Krankenhaus
5. un _____ hôtel ein schönes Hotel
6. un _____ livre ein schönes Buch

2.3 Unveränderliche Adjektive

Folgende Adjektive sind unveränderlich:

1. Farbadjektive, die einem Substantiv entsprechen: marron braun, orange orange, prune pflaumenfarbig usw.	des rideaux orange orange Vorhänge, des chaussures marron braune Schuhe, des canapés kaki kakifarbige Sofas
2. Farbadjektive, die durch ein weiteres Adjektiv oder Substantiv ergänzt werden: bleu foncé dunkelblau, jaune d'or golden, vieux rose altrosa usw.	des prés vert clair hellgrüne Wiesen, des tissus jaune citron zitronengelbe Stoffe, des cheveux poivre et sel grau melierte Haare
3. Adjektive, die einer anderen Sprache entliehen sind: chic schick, cool, angora sowie abgekürzte Adjektive	les gens chic(s) die schicken Leute des parents cool(s) coole Eltern des vestes angora Angorajacken des filles sympa(s) nette Mädchen
4. adverbial verwendete Adjektive (→ **Kapitel 28, Das Adverb, 4.1**)	Elles chantent faux. Sie singen falsch. Cette voiture coûte cher. Dieses Auto ist teuer.
5. die Adjektive demi halb und nu nackt, wenn sie vor dem Substantiv stehen	nu-pieds barfuss une demi-heure eine halbe Stunde

5 Das Adjektiv

Beachten Sie

zu 1. Einige Farbadjektive, die einem Substantiv entsprechen, sind jedoch veränderlich: rose → roses rosa, mauve → mauves malvenfarbig usw.

zu 3. Im heutigen Französisch werden abgekürzte Adjektive oder Adjektive aus anderen Sprachen immer öfter im Plural angeglichen, bleiben im Genus aber unveränderlich: des filles sympas nette Mädchen, des femmes chics schicke Frauen.

zu 5. Stehen demi und nu nach dem Substantiv, so sind sie veränderlich: pieds nus barfuss, une heure et demie anderthalb Stunden.

 Test 11

Werden die folgenden Adjektive angeglichen oder nicht? Wenn ja, fügen Sie die Endungen ein.
1. une pomme → des pommes rouge__ rote Äpfel
2. un pantalon → des pantalons bleu__ clair__ hellblaue Hosen
3. une tonne → une tonne et demi__ eineinhalb Tonnen
4. une idée → des idées extra__ Superideen
5. une chaussure → des chaussures chic__ schicke Schuhe
6. un garçon → des garçons sympa__ nette Jungen

TIPP

Jedes gute Wörterbuch gibt Ihnen Auskunft darüber, ob ein Adjektiv veränderlich (var.) oder unveränderlich (inv.) ist.

2.4 Adjektive, die vor oder nach dem Substantiv stehen können

Bei einigen Adjektiven bewirkt die Voran- oder Nachstellung eine Änderung der Bedeutung: Das nachgestellte Adjektiv behält seine wörtliche Bedeutung, das vorangestellte hat eine übertragene, wertende Bedeutung.

Nachstellung	Voranstellung
un livre ancien ein altes Buch (im Sinne von „wertvoll")	un ancien ministre ein ehemaliger Minister
un homme bon ein (herzens)guter Mensch	un bon prof ein kompetenter Lehrer
un homme brave ein tapferer Mensch	un brave homme ein netter Mensch
une chose certaine eine sichere Sache	un certain temps eine gewisse Zeit
un repas cher ein teures Essen	mon cher ami mein lieber Freund

Das Adjektiv 5

Nachstellung	Voranstellung
un enfant **curieux** eine neugieriges Kind	une **curieuse** histoire eine merkwürdige Geschichte
l'année **dernière** letztes Jahr	la **dernière** année das letzte Jahr
un homme **grand** ein großer Mann (großgewachsen)	un **grand** homme ein bedeutender Mann
un homme **pauvre** ein armer Mann	un **pauvre** homme ein bedauernswerter Mann
une voiture **propre** ein sauberes Auto	ma **propre** voiture mein eigenes Auto
un homme **seul** ein einsamer Mann	un **seul** homme ein einziger Mann
un enfant **triste** ein trauriges Kind	un **triste** individu ein schlimmer Typ

Beachten Sie
- Petit (klein) und jeune (jung) vorangestellt sind in vielen Fällen lexikalisiert (d. h. aus Adjektiv und Substantiv hat sich ein fester Ausdruck gebildet): Bei jeune fille (Mädchen) wird z. B. das Adjektiv ins Deutsche nicht übersetzt, ebenso bei petit déjeuner Frühstück.
  Dasselbe gilt für viele Verwandtschaftsbezeichnungen wie le beau-père der Schwiegervater, le petit-fils der Enkel, la belle-fille die Stieftochter, les petits-enfants die Enkelkinder.
- Nachgestellt ist certain Adjektiv, vorangestellt Indefinitbegleiter (➡ **Kapitel 8, Die Indefinitbegleiter, 3.2**).

Test 12

Übersetzen Sie die folgenden Adjektive ins Deutsche.
1. une cuisine propre   eine _____ Küche
2. une femme seule   eine _____ Frau
3. une histoire triste   eine _____ Geschichte
4. la belle-sœur   die _____
5. une seule fois   ein _____ Mal
6. la semaine dernière   _____ Woche

2.5 Zusammengesetzte Adjektive

Für zusammengesetzte Adjektive gelten dieselben Regeln wie für die Angleichung der zusammengesetzten Substantive (➡ **Kapitel 3, Das Substantiv, 2.4**):
- Sind beide Elemente ein Adjektiv, werden beide Elemente angeglichen.
  sourd-muet → des enfants **sourds-muets** taubstumme Kinder

5 Das Adjektiv

– Sind folgende Elemente Bestandteile eines zusammengesetzten Adjektivs, so bleiben sie unverändert:

– Adverbien	**avant**-dernier → les **avant-derniers** jours die vorletzten Tage
– Abkürzungen	**franco**-belge → les relations **franco-belges** die französisch-belgischen Beziehungen
– Präfixe (Vorsilben)	**extra**-fort → une colle **extra-forte** ein Superkleber
– adverbial verwendete Adjektive	**nouveau**-né → des enfants **nouveau-nés** neugeborene Kinder

 Test 13
Gleichen Sie, falls erforderlich, die zusammengesetzten Adjektive an.
1. des propos aigre__-doux__ süß-sauere Worte
2. les relations franco__ -allemand__ die deutsch-französischen Beziehungen
3. les organisations non__-gouvernemental__ die nichtstaatlichen Organisationen

2.6 Adjektivergänzungen

Viele Adjektive können durch ein Substantiv / Pronomen oder einen Infinitiv ergänzt werden. Diese Adjektivergänzungen werden mit einer Präposition angeschlossen. Die Wahl der Präposition hängt vom jeweiligen Adjektiv ab.

Die meisten Adjektivergänzungen werden mit de oder à angeschlossen:

1. Ergänzung mit **de**: amoureux verliebt, content zufrieden, fier stolz, heureux glücklich, libre frei, plein voll, responsable verantwortlich	Il est **amoureux d'**elle. Er ist in sie verliebt. Je suis **content de** mon travail. Ich bin mit meiner Arbeit zufrieden. Je suis **fier de** moi. Ich bin stolz auf mich. Tu es **libre de** choisir. Du kannst aussuchen. Je suis **responsable de** ce projet. Ich bin für dieses Projekt verantwortlich.
2. Ergänzung mit **à**: agréable angenehm, apte fähig, facile leicht, fidèle treu, prêt bereit	C'est **facile à** comprendre. Das ist leicht zu verstehen. Il reste **fidèle à** son idéal. Er bleibt seinem Ideal treu.

Das Adjektiv 5

Beachten Sie
Folgt auf ein Adjektiv eine Maßangabe, so wird diese mit de angeschlossen:
Cette rue est **longue de** 2 kilomètres. Diese Straße ist 2 km lang.

TIPP

Da es sich um feststehende lexikalische Verbindungen handelt, sollten Sie am besten ein Adjektiv immer mit der dazugehörigen Präposition lernen. Das Wörterbuch gibt hierüber Auskunft.

---

3 Steigerung des Adjektivs

Mit den Steigerungsformen (schöner, das schönste) können Eigenschaften von Personen und Sachen verglichen werden. Adjektive im Komparativ oder Superlativ werden ebenfalls immer angeglichen.

Was Sie vorab wissen sollten
Man unterscheidet zwei Vergleichsstufen:
1. den Komparativ (erste Steigerungsstufe)
   Je suis plus grande que toi. Ich bin größer als du.
2. den Superlativ (Höchststufe)
   Je suis la plus grande. Ich bin die größte.

3.1 Regelmäßige Komparativbildung

Die meisten Adjektive bilden den Komparativ regelmäßig.

Auf Entdeckung

Lesen Sie die folgenden Sätze und ergänzen Sie dann die unten stehenden Regeln zur Bildung des Komparativs. (➡ **Lösungen**)

Komparativ	Beispiel
höherer Grad (+)	Lisa est **plus grande que** Jeanne. Lisa ist **größer als** Jeanne.
gleicher Grad (=)	Léa est **aussi grande que** Luc. Léa ist **genauso groß wie** Luc.
geringerer Grad (–)	Léa est **moins grande** qu'Anne. Léa ist **kleiner als** Anne.

5 Das Adjektiv

1. Zur Bildung des Komparativs
   - höheren Grades wird _____ (mehr) dem Adjektiv vorangestellt.
   - gleichen Grades wird _____ (genauso) dem Adjektiv vorangestellt.
   - geringeren Grades wird _____ (weniger) dem Adjektiv vorangestellt.
2. Die Vergleichspartikel lautet im Französischen immer ____ und entspricht im Deutschen sowohl „wie" als auch „als":
   Elle est plus grande ____ lui. Sie ist größer als er.
3. Die Vergleichspartikel que wird vor vokalischem Anlaut zu ___:
   Luc est plus grand ___'Alain.

Beachten Sie
- Anders als im Deutschen ist der Komparativ geringeren Grades (moins + Adjektiv) im Französischen sehr gebräuchlich. Das Deutsche bevorzugt die positive Wendung: moins grand que kleiner als
- Der deutsche Komparativ zum Ausdruck eines mittleren Grades wird im Französischen wie folgt wiedergegeben:
   ein älterer Herr un homme assez âgé
   eine größere Summe une somme relativement élevée

Test 14
Formulieren Sie Vergleiche wie im Beispiel:
(– grande) → Léa est moins grande qu'Aude. Léa ist kleiner als Aude.
1. (+ dangereux) Le deltaplane est _____ _____ que le golf. Drachenfliegen ist gefährlicher als Golf.
2. (+ malin) Tu es _____ _____ que moi. Du bist schlauer als ich.
3. (– sympa) Léo est _____ _____ que sa sœur. Léo ist weniger nett als seine Schwester.
4. (= nerveux) Le fils est _____ _____ que le père. Der Sohn ist genauso nervös wie der Vater.

3.2 Regelmäßige Superlativbildung

Wie im Deutschen unterscheidet man im Französischen zwischen
- dem relativen Superlativ, der einen Vergleich ausdrückt:
   Le TGV est le train **le plus rapide**. Der TGV ist der schnellste Zug.
   und
- dem absoluten Superlativ, der ohne Vergleich einen sehr hohen Grad einer Eigenschaft ausdrückt:
   Le TGV est un train **très rapide**. Der TGV ist ein sehr schneller Zug.

Das Adjektiv 5

3.2.1 Der relative Superlativ

Der relative Superlativ wird mit dem Komparativ und dem vorangestellten bestimmten Artikel gebildet:

le plus la plus + Adjektiv les plus	le plus beau der schönste la plus belle die schönste les plus beaux die schönsten
le moins la moins + Adjektiv les moins	le moins âgé der jüngste.(der am wenigsten alte) la moins âgée die jüngste (die am wenigsten alte) les moins âgés die jüngsten (die am wenigsten alten)

Beachten Sie
- Die Superlativform le/la/les moins + Adjektiv zur Bezeichnung des geringsten Grades ist im Französischen sehr gebräuchlich. Das Deutsche bevorzugt dagegen die positive Wendung: le train le moins cher der billigste Zug.
- Bei Adjektiven, die vorangestellt werden können (➠ 1.4.2), sind zwei Konstruktionen möglich, die gleichbedeutend sind:
  Voranstellung: la plus belle ville die schönste Stadt
  Nachstellung mit Wiederholung des Artikels: la ville la plus belle.
  Bei den meisten Adjektiven ist nur die zweite Konstruktion möglich:
  les histoires les plus bizarres die merkwürdigsten Geschichten
- Dem Superlativ folgt in der Regel die Präposition de:
  C'est lui le plus paresseux de tous. Er ist der Faulste von allen.
  la plus belle ville du monde die schönste Stadt der Welt.

Test 15

Bilden Sie den relativen Superlativ.
1. (vieux) → ___ ____ _____ pont de Paris die älteste Pariser Brücke
2. (froide) → la ville de France ___ ____ _____ die kälteste Stadt Frankreichs
3. (grand) → ___ ____ _____ port du monde der größte Hafen der Welt
4. (célèbre) → le footballeur ___ ____ _____ der berühmteste Fußballer

3.2.2 Der absolute Superlativ

Der absolute Superlativ kennzeichnet einen sehr hohen Grad einer Eigenschaft. Er wird gebildet mit Hilfe von

Adverbien wie très sehr, extrêmement äußerst	C'est une **très** belle ville. Es ist eine sehr schöne Stadt. Il s'agit d'une affaire **extrêmement** délicate. Es handelt sich um eine äußerst delikate Angelegenheit.

3 Steigerung des Adjektivs

5 Das Adjektiv

| Präfixen wie super- super, hyper- hyper-, ultra- ultra- / super (Umgangssprache) | C'est **hyper**-cher. Das ist super teuer. un restaurant **ultra**-chic ein super schickes Restaurant |

Test 16

Verbinden Sie die französische Wendung mit ihrer deutschen Entsprechung. Markieren Sie anschließend die Adverbien, die den absoluten Superlativ ausdrücken.

1. vraiment bon
2. drôlement intéressant
3. fort compliqué
4. vachement sympa
5. complètement idiot
6. hyper-cher

a. recht kompliziert
b. sehr interessant
c. völlig blöd
d. wirklich gut
e. sauteuer
f. wahnsinnig nett

3.3 Unregelmäßige Komparativ- und Superlativformen

- Bon bildet den Komparativ und Superlativ unregelmäßig:
  bon gut → meilleur besser → le meilleur der beste
  Ce vin est **bon**, mais celui-ci est **meilleur**. Dieser Wein ist gut, aber dieser da ist besser.
  Anne est **la meilleure** élève de sa classe. Anne ist die beste Schülerin ihrer Klasse.

- Die Adjektive mauvais (schlecht) und petit (klein) haben zwei Komparativ- und Superlativformen, eine regelmäßige und eine unregelmäßige:
  mauvais → plus mauvais schlechter, le plus mauvais der schlechteste
  → pire schlimmer, le pire der schlimmste
  petit → plus petit kleiner, le plus petit der kleinste
  → moindre geringer, le moindre der geringste

Beachten Sie
In ihrer ursprünglichen Bedeutung bilden mauvais (schlecht) und petit (klein) den Komparativ und den Superlativ regelmäßig. Im übertragenen Sinn wird die unregelmäßige Form bevorzugt:
la pire des solutions die schlimmste Lösung
le moindre de mes soucis meine geringste Sorge

Das Adjektiv 5

Test 17
Bilden Sie den Superlativ.
1. (bon) → ___ _____ vin der beste Wein
2. (mauvais) → ___ _____ des défauts der schlimmste Fehler
3. (petit) → ___ _____ enfant das kleinste Kind
4. (petit)) → ___ _____ effort die kleinste Anstrengung
5. (mauvais) → ___ _____ élève der schlechteste Schüler

Auf den Punkt gebracht

1. (➠ Auf Entdeckung)
Kreuzen Sie ja oder nein an.   ja   nein
1. Das Adjektiv wird in Genus und Numerus angeglichen. ☐ ☐
2. Adjektive stehen in der Regel nach dem Substantiv. ☐ ☐

2. (➠ 1.1 und ➠ 1.2)
Kreuzen Sie ja oder nein an.   ja   nein
1. In der Regel wird die feminine Form des Adjektivs durch
   Anhängen von -e an die maskuline Form gebildet. ☐ ☐
2. Alle Adjektive enden im Plural auf -s. ☐ ☐
3. Bei der Pluralbildung der Adjektive gelten die gleichen
   Regeln wie beim Substantiv. ☐ ☐

3. (➠ 1.3)
Welches Adjektiv könnte der Form nach zu welchem Substantiv passen?
Machen Sie ein Kreuz oder mehrere Kreuze in das / die entsprechende/-n Feld/-er.

	blonde blond	bleus blau	avare geizig	petit klein	charmant reizend	riche reich
un village ein Dorf				✗		
des yeux Augen						
un homme ein Mann						
une femme eine Frau						
une ville eine Stadt						
une robe et un pull ein Kleid und ein Pulli						

5 Das Adjektiv

4. (➜ 1.4)
Kreuzen Sie ja oder nein an. ja nein
1. Alle Adjektive können vor dem Substantiv stehen. ☐ ☐
2. Die meisten Adjektive stehen nach dem Substantiv. ☐ ☐
3. Farbadjektive stehen, wie im Deutschen, vor dem Substantiv. ☐ ☐

5. (➜ 2.1)
Tragen Sie die feminine Form der folgenden Adjektive ein.
premier erste/-r/-s → _____ italien italienisch → _____
annuel jährlich → _____ peureux ängstlich → _____
naïf naiv → _____ franc aufrichtig → _____
discret diskret → _____ public öffentlich → _____

6. (➜ 2.2.1)
Tragen Sie die feminine Form der folgenden Adjektive ein.
faux falsch → _____ long lang → _____
doux sanft → _____ frais frisch → _____
vieux alt → _____ nouveau neu → _____

7. (➜ 2.2.2)
Tragen Sie die zwei maskulinen Formen im Singular der folgenden Adjektive ein.
beau schön → 1. un _____ homme 2. un _____ livre
nouveau neu → 1. un _____ ami 2. un _____ film
vieux alt → 1. un _____ hôtel 2. un _____ vélo

8. (➜ 2.3)
Kreuzen Sie ja oder nein an und ergänzen Sie die Beispiele. ja nein
1. Alle Farbadjektive werden angeglichen. ☐ ☐
2. Abgekürzte Adjektive sind in der Regel unveränderlich. ☐ ☐
3. Farbadjektive, die einem Substantiv entsprechen, sind in der
   Regel unveränderlich: des robes marron_ braune Kleider. ☐ ☐
4. Farbadjektive, die aus mehreren Elementen bestehen, sind
   unveränderlich: des yeux vert_ clair_ hellgrüne Augen. ☐ ☐

9. (➜ 2.4)
Kreuzen Sie ja oder nein an und ergänzen Sie das Beispiel. ja nein
1. Einige Adjektive können vor oder nach dem Substantiv stehen. ☐ ☐
2. Adjektive, die voran- oder nachgestellt werden können, ändern
   mit der Stellung auch die Bedeutung. ☐ ☐
3. Das vorangestellte Adjektiv behält seine ursprüngliche Bedeutung:
   seul allein → une seule histoire eine _____ Geschichte. ☐ ☐

Das Adjektiv 5

10. (➨ 2.5)
Kreuzen Sie ja oder nein an.   ja nein
Zusammengesetzte Adjektive werden wie folgt angeglichen:
1. Beide Elemente werden immer angeglichen.   ☐   ☐
2. Nur wenn beide Elemente ein Adjektiv sind, werden diese
   angeglichen.   ☐   ☐

11. (➨ 2.6)
Fügen Sie die Präposition de oder à ein.
1. Il est incapable ___ se concentrer. Er kann sich nicht konzentrieren.
2. Etes-vous prêt ___ commencer ? Sind Sie bereit zu beginnen?
3. Je ne suis pas fier ___ moi. Ich bin nicht stolz auf mich.
4. Cette veste est agréable ___ porter. Diese Jacke ist angenehm zu tragen.

12. (➨ 3.1 und ➨ 3.2)
1. Der Komparativ wird gebildet mit
   _____ (mehr) + Adjektiv   C'est _____ cher. Es ist teurer.
   _____ (weniger) + Adjektiv   C'est _____ cher. Es ist weniger teuer.
   _____ (genauso) + Adverb   C'est _____ cher. Es ist genauso teuer.
2. Der Superlativ wird gebildet mit
   _____ (am meisten) + Adjektiv   C'est _____ cher. Es ist das teuerste.
   _____ (am wenigsten) + Adjektiv C'est _____ cher. Es ist das billigste.

13. (➨ 3.3)
1. Die unregelmäßigen Formen von bon lauten:
   bon gut, _____ besser, _____ der beste
2. Die regelmäßigen und unregelmäßigen Formen von petit lauten:
                   Komparativ   relativer Superlativ
   regelmäßig   _____   _____
   unregelmäßig   _____   _____
3. Die regelmäßigen und unregelmäßigen Formen von mauvais lauten:
                   Komparativ   relativer Superlativ
   regelmäßig   _____   _____
   unregelmäßig   _____   _____

Auf den Punkt gebracht

5 Das Adjektiv

Und wenn Sie noch neugierig sind ...

Einige Adjektive verbinden sich mit einem Substantiv zur Bildung eines neuen Begriffs. Verbinden Sie die folgenden Substantiv-Adjektiv-Verbindungen mit ihrer deutschen Entsprechung. Sie werden feststellen, dass solche Verbindungen im Deutschen oft einem zusammengesetzten Substantiv entsprechen.

1. le fou rire
2. la vache folle
3. la guerre civile
4. l'enfant unique
5. la pierre précieuse
6. l'envoyé spécial

a. der Edelstein
b. das Einzelkind
c. der Reporter
d. der Rinderwahn
e. der Lachanfall
f. der Bürgerkrieg

Die Possessivbegleiter 6

Bevor Sie dieses Kapitel durcharbeiten, sollten Ihnen ➠ **Kapitel 3, Das Substantiv** und ➠ **Kapitel 4, Der Artikel** vertraut sein.

Was Sie vorab wissen sollten
Wie im Deutschen geben die Possessivbegleiter im Französischen ein Besitzverhältnis an.

1 Formen

Die Form der Possessivbegleiter hängt von zwei Faktoren ab:
- dem Genus und dem Numerus des Substantivs, das sie begleiten (Besitzobjekt)
  le nom der Name → **mon** nom mein Name
  la ville die Stadt → **ma** ville meine Stadt
  les livres die Bücher → **mes** livres meine Bücher
  und
- der Person der Besitzers
  1. Person Singular: je (ich) → **m**on mein/-e, **m**a mein/-e, **m**es meine
  2. Person Singular: tu (du) → **t**on dein/-e, **t**a dein/-e, **t**es deine

1.1 Die Formen der 1., 2. und 3. Person Singular

Wie bereits erwähnt, verweisen die Possessivbegleiter auf die Person des Besitzers und zeigen gleichzeitig das Genus des Besitzobjekts an.

Auf Entdeckung
Vervollständigen Sie die unten stehende Tabelle. So erhalten Sie einen Überblick über die Formen des Possessivbegleiters mit Bezug auf einen einzigen Besitzer. (➠ **Lösungen**)

ein Besitzer	ein Besitzobjekt		mehrere Besitzobjekte
	maskulin	feminin	maskulin und feminin
1. Person je (ich)	mon livre mein Buch	ma montre meine Uhr	mes livres meine Bücher m__ montres meine Uhren
2. Person tu (du)	t__ livre dein Buch	t__ montre deine Uhr	t__ livres deine Bücher tes montres deine Uhren
3. Person il/elle (er/sie)	son livre sein / ihr Buch	s__ montre seine / ihre Uhr	ses livres seine / ihre Bücher s__ montres seine / ihre Uhren

1 Formen **125**

6 Die Possessivbegleiter

Beachten Sie
- Wie im Deutschen zeigt der Possessivbegleiter im Plural das Genus des Besitzobjekts nicht mehr an: **mes** frères meine Brüder, **mes** sœurs meine Schwestern.
- Die femininen Formen ma, ta und sa werden zur Aussprache-Erleichterung durch die maskulinen Formen mon, ton und son ersetzt, wenn das darauf folgende Wort mit Vokal oder „stummem h" beginnt. Bitte beachten Sie die Entnasalisierung und die liasion (➡ **Kapitel 1, Die Aussprache, 1.1.2 Beachten Sie**):
  une adresse → **ton** adresse [tɔnadʀɛs] deine Adresse
  une habitude → **mon** habitude [mɔnabityd] meine Gewohnheit
  aimable → **ton** aimable mère [tɔnɛmabləmɛʀ] deine nette Mutter
- Anders als im Deutschen spielt im Französischen das Geschlecht des Besitzers keine Rolle bei der Wahl des Possessivbegleiters der 3. Person Singular: son und sa können sowohl „sein" als auch „ihr" bedeuten, ses „seine" oder „ihre".
  C'est **son** problème. Das ist sein / ihr Problem.
  Connais-tu **sa** sœur ? Kennst du seine / ihre Schwester?
  J'ai retrouvé **ses** clés. Ich habe seine / ihre Schlüssel wiedergefunden.
  Um Klarheit zu schaffen, kann man Ergänzungen wie à lui (von ihm) oder à elle (von ihr) hinzufügen: sa sœur à lui seine Schwester, sa sœur à elle ihre Schwester.

Test 1

a) Setzen Sie den passenden Possessivbegleiter ein. Das Genus der französischen Substantive ist in Klammern angegeben.

1. ___ chien (m) dein Hund
2. ___ manteau (m) mein Mantel
3. ___ femme (f) seine Frau
4. ___ ville (f) meine Stadt
5. ___ amis (m) meine Freunde
6. ___ ordinateur (m) mein Computer
7. ___ mari (m) ihr Mann
8. ___ musique (f) seine / ihre Musik
9. ___ enfants (m) meine Kinder
10. ___ frères (m) seine / ihre Brüder
11. ___ santé (f) deine Gesundheit
12. ___ vélo (m) mein Fahrrad

b) Setzen Sie **mon** oder **ma** ein. Achten Sie dabei auf den Anfangsbuchstaben des Substantivs.

1. ___ passeport mein Pass
2. ___ examen mein Examen
3. ___ adresse meine Adresse
4. ___ ami mein Freund
5. ___ amie meine Freundin
6. ___ enfance meine Kindheit
7. ___ passion meine Leidenschaft
8. ___ histoire meine Geschichte
9. ___ région meine Gegend
10. ___ idée meine Idee

Die Possessivbegleiter 6

1.2 Die Formen der 1., 2. und 3. Person Plural

Anders als im Deutschen wird bei mehreren Besitzern das Genus des Besitzobjekts nicht mehr angezeigt, wie Sie der folgenden Tabelle entnehmen können. Es gibt für jede Person nur eine Form für feminin und maskulin:

mehrere Besitzer	ein Besitzobjekt	mehrere Besitzobjekte
	maskulin und feminin	maskulin und feminin
1. Person nous (wir)	notre livre unser Buch notre montre unsere Uhr	nos livres unsere Bücher nos montres unsere Uhren
2. Person vous (ihr / Sie)	votre livre euer / Ihr Buch votre montre eure / Ihre Uhr	vos livres eure / Ihre Bücher vos montres eure / Ihre Uhren
3. Person ils / elles (sie)	leur livre ihr Buch leur montre ihre Uhr	leurs livres ihre Bücher leurs montres ihre Uhren

Beachten Sie
- Die Possessivbegleiter der 2. Person Plural votre und vos können als Höflichkeitsform sowohl auf einen einzigen als auch auf mehrere Besitzer hinweisen und entsprechen dann dem deutschen „Ihr/-e":
  Où avez-vous garé **votre** voiture ? Wo haben Sie Ihr Auto geparkt?
  Vos amis ne sont pas venus ? Sind Ihre Freunde nicht mitgekommen?
- Dem Pronomen on (man / wir) entsprechen, je nach Bedeutung, zwei unterschiedliche Possessivbegleiter:
  on = man → ses: Il faut payer **ses** dettes. Man muss **seine** Schulden begleichen.
  on = wir (Umgangssprache) → nos: On a perdu **nos** clés. Wir haben **unsere** Schlüssel verloren.
- Unterscheiden Sie zwischen leur und leurs:
  Ils prennent **leur** voiture. Sie nehmen Ihr Auto. (= ein Auto)
  Ils prennent **leurs** voitures. Sie nehmen Ihre Autos. (= mehrere Autos)
- Zur Unterscheidung zwischen leur (Possessivbegleiter) und leur (indirektes Personalpronomen) ➡ **Kapitel 9, Die Personalpronomen, 1.3.1 Beachten Sie.**

Test 2

Setzen Sie den passenden Possessivbegleiter ein. Die deutsche Übersetzung hilft Ihnen dabei.
1. Où sont ____ livres ? Wo sind eure Bücher?
2. Les voisins ont perdu ____ clés. Die Nachbarn haben ihre Schlüssel verloren.
3. ____ enfants sont déjà grands. Unsere Kinder sind schon groß.
4. Quel est ____ nom ? Wie ist Ihr Name?

6 Die Possessivbegleiter

5. Ils ont vendu ___ maison. Sie haben ihr Haus verkauft.
6. Nous avons pris ___ voiture. Wir haben unser Auto genommen.

2 Gebrauch

Die Possessivbegleiter werden weitgehend wie im Deutschen gebraucht:

– zur Angabe des Besitzes	Ce vélo m'appartient. → mon vélo Dieses Rad gehört mir. → mein Rad
– zur Angabe einer Zugehörigkeit oder einer Gewohnheit	la ville d'où je viens → ma ville die Stadt, woher ich komme → meine Stadt Je n'ai pas encore pris mon café. Ich habe meinen Kaffee noch nicht getrunken.
– bei Titeln und in der Anrede als Ausdruck des Respekts	Sa Majesté Seine / Ihre Majestät, Votre Altesse (Euer) Hoheit, Son Excellence Seine / Ihre Exzellenz, Mon Général Herr General
– bei Verwandtschaftsbezeichnungen	ma fille meine Tochter, mon frère mein Bruder Il habite encore chez ses parents. Er wohnt noch bei seinen / den Eltern.
– mit affektiver oder abwertender Bedeutung	mon chéri Liebling, Ma chère Sylvie Liebe Sylvie Elle m'énerve avec son Pierre ! Sie geht mir auf die Nerven mit ihrem Pierre!
– in einigen festen Wendungen	tenter sa chance sein Glück versuchen perdre son temps seine Zeit verlieren recouvrer ses esprits wieder zu sich kommen battre son plein auf dem Höhepunkt sein (z. B. Party) Je suis allé à sa rencontre. Ich bin ihm / ihr entgegengegangen. C'est ton tour. Du bist an der Reihe.

Beachten Sie
– Die Anredeformeln madame, monsieur und mademoiselle sind aus einem Possessivbegleiter und einem Substantiv zusammengesetzt. Deshalb ändern sie ihre Form im Plural:
monsieur mein Herr → messieurs meine Herren
madame meine Dame → mesdames meine Damen
mademoiselle mein Fräulein → Mesdemoiselles
messieurs dames meine Damen und Herren

Die Possessivbegleiter 6

- Wenn die Besitzverhältnisse eindeutig sind, wird bei Kleidungsstücken im Deutschen meist der bestimmte Artikel verwendet, im Französischen dagegen stets der Possessivbegleiter:
  Enlevez **vos** chaussures. Zieht die Schuhe aus!
- Bei Körperteilen kann der Possessivbegleiter entfallen, wenn das Besitzverhältnis eindeutig ist: J'ai les mains froides. Meine Hände sind kalt.

Test 3
Stellen Sie fest, ob der Possessivbegleiter oder der bestimmte Artikel verwendet wird, und ergänzen Sie die Sätze entsprechend.
1. J'ai oublié ____ parapluie. Ich habe meinen Regenschirm vergessen.
2. Vous perdez ____ temps. Sie verschwenden Ihre Zeit.
3. J'ai mal ____ dos. Mein Rücken tut mir weh.
4. Elle a fait réparer ____ vélo. Sie hat ihr Fahrrad reparieren lassen.
5. Elle a ____ cheveux longs. Sie hat langes Haar.
6. Il a travaillé toute ____ vie. Er hat sein ganzes Leben lang gearbeitet.

Auf den Punkt gebracht

1. (➔ 1)
Kreuzen Sie ja oder nein an. ja nein
1. Der Possessivbegleiter richtet sich in Genus und Numerus nach dem Besitzobjekt. ☐ ☐
2. Der Possessivbegleiter richtet sich in Genus und Numerus nach dem Besitzer. ☐ ☐
3. Die Form des Possessivpronomens hängt vom Besitzer und vom Besitzobjekt ab. ☐ ☐

2. (➔ 1.1)
a) Ergänzen Sie die folgende Tabelle mit den Formen des Possessivbegleiters bei einem Besitzer.

ein Besitzer	ein Besitzobjekt		mehrere Besitzobjekte
	maskulin	feminin	maskulin und feminin
1. Person	____ mein	____ meine	____ meine
2. Person	____ dein	____ deine	____ deine
3. Person	____ sein / ihr	____ seine / ihre	____ seine / ihre

6 Die Possessivbegleiter

b) Setzen Sie son oder sa ein.
sein Plan ___ plan
sein Auto ___ voiture
sein Freund ___ ami
seine Freundin ___ amie

ihr Plan ___ plan
ihr Auto ___ voiture
ihr Freund ___ ami
ihre Freundin ___ amie

3. (➨ 1.2)
Ergänzen Sie die folgende Tabelle mit den Formen des Possessivbegleiters bei mehreren Besitzern.

mehrere Besitzer	ein Besitzobjekt	mehrere Besitzobjekte
	maskulin und feminin	maskulin und feminin
1. Person	___ unser/-e	___ unsere
2. Person	___ euer/eure, Ihr/-e	___ eure / Ihre
3. Person	___ ihr/-e	___ ihre

4. (➨ 2)
Kreuzen Sie ja oder nein an und ergänzen Sie die Sätze.   ja   nein
1. Der Possessivbegleiter entfällt oft bei Körperteilen:
   J'ai mal à ___ jambe. Mein Bein tut weh.   ☐   ☐
2. Der Possessivbegleiter wird bei Kleidungsstücken verwendet:
   J'ai perdu ___ gants. Ich habe meine Handschuhe verloren.   ☐   ☐
3. Bei Verwandtschaftsbezeichnungen entfällt der Possessivbegleiter:
   J'ai vu ___ mère hier. Ich habe gestern deine Mutter gesehen.   ☐   ☐

Und wenn Sie noch neugierig sind ...
... können Sie noch einige Redewendungen kennen lernen, die alle einen Possessivbegleiter enthalten. Verbinden Sie das Französische mit dem Deutschen.
(➨ **Lösungen**)

1. pour ma part
2. à ta place
3. en ta faveur
4. en ma présence
5. à ta disposition
6. à mon avis
7. à votre santé
8. en mon absence

a. zu deinen Gunsten
b. zu deiner Verfügung
c. in meiner Anwesenheit
d. zum Wohl
e. an deiner Stelle
f. in meiner Abwesenheit
g. meinerseits
h. meiner Meinung nach

Die Demonstrativbegleiter 7

Bevor Sie dieses Kapitel durcharbeiten, sollten Ihnen ⟹ **Kapitel 3, Das Substantiv** und ⟹ **Kapitel 4, Der Artikel** vertraut sein.

Was Sie vorab wissen sollten
- Wie im Deutschen haben die Demonstrativbegleiter im Französischen eine hinweisende Funktion. Im mündlichen Sprachgebrauch werden sie oft von einer zeigenden Geste begleitet:
As-tu lu ce livre ? Hast du **dieses** Buch gelesen?
- Der Demonstrativbegleiter kann durch -ci oder -là verstärkt werden (⟹ 1.2 und ⟹ 2.2.):
ce livre-ci / ce livre-là dieses Buch (hier / da / dort).

1 Formen

Der Demonstrativbegleiter richtet sich in Genus und Numerus nach dem Substantiv, vor dem er steht.

1.1 Die einfachen Formen

Auf Entdeckung
Lesen Sie die folgende Übersicht mit allen Formen des Demonstrativbegleiters und ergänzen Sie anschließend die unten stehenden Regeln. (⟹ **Lösungen**)

	Demonstrativbegleiter	Beispiele
Singular maskulin	ce / cet diese/-r/-s	ce livre dieses Buch, ce héros dieser Held cet ami dieser Freund, cet hôtel dieses Hotel
feminin	cette diese/-r/-s	cette femme diese Frau, cette amie diese Freundin, cette histoire diese Geschichte
Plural maskulin und feminin	ces diese	ces amis diese Freunde, ces hôtels diese Hotels ces amies diese Freundinnen, ces histoires diese Geschichten

7 Die Demonstrativbegleiter

1. Die Form des Demonstrativbegleiters bei maskulinen Substantiven im Singular hängt vom Anfangsbuchstaben des darauf folgenden Wortes ab: Vor konsonantischem Anlaut steht die Form ___ → ___ livre, ___ héros. Vor Vokal oder „stummem h" steht die Form ___ → ___ ami, ___ hôtel.
2. Vor femininen Substantiven im Singular hat der Demonstrativbegleiter die Form ___ → ___ amie, ___ porte.
3. Im Plural hat der Demonstrativbegleiter nur eine Form für maskuline und feminine Substantive, nämlich ___ → ___ gens diese Leute.

Beachten Sie
– Die maskuline Form cet wird verwendet, um den hiatus (Zusammentreffen von zwei Vokallauten) zu vermeiden. Dadurch wird die gebundene Aussprache möglich (➡ **Kapitel 1, Die Aussprache, 5.1**): cet_été [sɛtete] diesen Sommer, cet_hôtel [sɛtotɛl] dieses Hotel.
– Die Unterscheidung zwischen der maskulinen Form cet und der femininen Form cette ist nicht hörbar. Sie ist nur in der geschriebenen Sprache erkennbar: cet élève dieser Schüler und cette élève diese Schülerin werden gleich gesprochen: [sɛtelɛv].

Test 1
Setzen Sie die passende Form des Demonstrativbegleiters ein.
1. un livre → ___ livre dieses Buch
2. une adresse → ___ adresse diese Adresse
3. un été → ___ été diesen Sommer
4. des enfants → ___ enfants diese Kinder
5. une table → ___ table dieser Tisch
6. des photos → ___ photos diese Bilder
7. un week-end → ___ week-end dieses Wochenende
8. une huître → ___ huître diese Auster
9. un hiver → ___ hiver diesen Winter
10. un étudiant → ___ étudiant dieser Student
11. une étudiante → ___ étudiante diese Studentin
12. des étudiants → ___ étudiants diese Studenten

1.2 Die verstärkten Formen

Der Demonstrativbegleiter kann mit den Ortsadverbien -ci (hier) oder -là (da / dort) verstärkt werden. Diese werden an das Substantiv mit Bindestrich angeschlossen:
ce verre-ci / ce verre-là dieses Glas (hier / da)
cet arbre-ci / cet arbre-là dieser Baum (hier / da)
ces livres-ci / ces livres-là diese Bücher (hier / da)

Die Demonstrativbegleiter

2 Gebrauch

Die Demonstrativbegleiter werden weitgehend wie im Deutschen verwendet. Sie dienen dazu, ein Substantiv näher zu bestimmen, und haben immer eine hinweisende Funktion.

2.1 Gebrauch der einfachen Formen

Der Demonstrativbegleiter hat folgende Funktionen.

– Deiktische Funktion: zeigt auf jemanden oder etwas, der oder das anwesend ist, und ist deshalb nur im Kontext verständlich.	D'où vient **ce** bruit ? Woher kommt **dieser** Lärm? D'où viennent **ces** personnes ? Woher kommen **diese** Leute?
– Anaphorische Funktion: nimmt ein im Text bereits erwähntes Element wieder auf.	J'ai bu un thé … **Ce** thé m'a fait du bien. Ich habe einen Tee getrunken … **Dieser** Tee hat mir gut getan.
– Kataphorische Funktion: führt ein neues Element in den Text ein.	**Cette** ville, Nantes, je la connais bien. **Diese** Stadt, Nantes, kenne ich gut.
– Emphatische Funktion: in Ausrufen.	J'ai eu une de **ces** peurs ! Ich habe so eine Angst gehabt! **Cet** idiot ! **Dieser** Idiot!

Beachten Sie
Bei Zeitangaben hat der Demonstrativbegleiter ebenfalls eine deiktische Funktion. Die Angaben sind nur in Bezug auf den Sprecher verständlich:
ce matin heute Morgen, **cet** après-midi heute Nachmittag usw.

Test 2

Setzen Sie den passenden Demonstrativbegleiter ein.
1. A qui est ____ verre ? Wem gehört dieses Glas?
2. Qui est ____ homme ? Wer ist dieser Mann?
3. Qu'est-ce que tu fais ____ soir ? Was machst du heute Abend?
4. Il a neigé ____ matin. Es hat heute Morgen geschneit.
5. ____ maison est trop grande. Dieses Haus ist zu groß.
6. ____ histoire ne me plaît pas. Diese Geschichte gefällt mir nicht.

7 Die Demonstrativbegleiter

> **TIPP**
>
> Sie haben nun die wichtigsten Regeln zum Gebrauch der einfachen Demonstrativbegleiter gelernt. Wenn Sie erst anfangen Französisch zu lernen, können Sie dieses Kapitel vorerst hier abschließen und direkt zu den Testaufgaben gehen.

2.2 Gebrauch der verstärkten Formen

Die verstärkten Formen der Demonstrativbegleiter können als konkurrierende oder nicht-konkurrierende Formen verwendet werden.

2.2.1 Ce ...-ci und ce ...-là als nicht-konkurrierende Formen
Im gesprochenen Französisch haben die Formen auf -ci und -là die gleiche Bedeutung, jedoch werden die Formen auf -là bevorzugt:
Prenez cette chaise-là. Nehmen Sie diesen Stuhl (da / dort).
Qui sont ces gens-là? Wer sind diese Leute (da / dort)?

2.2.2 Ce ...-ci und ce ...-là als konkurrierende Formen
In einigen Fällen können die Formen auf -ci oder -là in Opposition treten:

Die Formen auf -ci weisen auf Näheres hin

– im Raum	Prenez-vous ce livre-ci ou ce livre-là ? Nehmen Sie dieses oder jenes Buch?
– in der Zeit	ces jours-ci in diesen Tagen cette année-ci dieses Jahr

Die Formen auf -là weisen auf Entfernteres hin

– im Raum	Prenez-vous ce livre-ci ou ce livre-là ? Nehmen Sie dieses oder jenes Buch?
– in der Zeit (in Erzählungen)	ces jours-là in jenen Tagen cette année-là in jenem Jahr

Beachten Sie
Der Bedeutungsunterschied zwischen beiden Formen entspricht in der Regel der Opposition zwischen „diese/-r/-s" und „jene/-r/-s" im Deutschen:
cette nuit-ci in dieser Nacht ↔ cette nuit-là in jener Nacht.

Die Demonstrativbegleiter 7

Test 3
Ergänzen Sie die Demonstrativbegleiter mit -ci oder -là.
1. En ce temps-___, la vie était plus belle. In jener Zeit war das Leben schöner.
2. Ce matin- ___, il pleuvait. An jenem Morgen regnete es.
3. On ne le voit plus, ces temps-___. Man sieht ihn nicht mehr in letzter Zeit.
4. Cette fois- ___, je te pardonne. Dieses Mal verzeihe ich dir.

Auf den Punkt gebracht

1. (➡ 1.1)
Die Formen des Demonstrativbegleiters lauten:

	Singular	Plural
maskulin	___ livre dieses Buch ___ arbre dieser Baum ___ hôtel dieses Hotel	___ livres diese Bücher ___ arbres diese Bäume ___ hôtels diese Hotels
feminin	___ amie diese Freundin ___ porte diese Tür	___ amies diese Freundinnen ___ portes diese Türen

2. (➡ 1.2)
Setzen Sie die mit -là verstärkten Formen des Demonstrativbegleiters ein.
1. Fermez ___ porte-___. Schließen Sie diese Tür hier.
2. Prenez ___ livre-___. Nehmen Sie dieses Buch da.
3. ___ robes-___ sont très chic. Diese Kleider hier sind sehr schick.

3. (➡ 2)
Stimmen die folgenden Aussagen? Kreuzen Sie ja oder nein an.   ja nein
1. Im gesprochenen Französisch sind die Formen auf -ci und die
   Formen auf -là gleichbedeutend. ☐ ☐
2. Die verstärkten Formen können in Opposition verwendet werden:
   ce livre-ci bezeichnet dann das Buch, das dem Sprecher näher ist. ☐ ☐
3. Bei Zeitangaben weist die Form auf -là auf die Gegenwart des
   Sprechenden hin. ☐ ☐

7 Die Demonstrativbegleiter

Und wenn Sie noch neugierig sind ...

... finden Sie hier noch einige gebräuchliche Wendungen, die einen Demonstrativbegleiter enthalten. Verbinden Sie die französische Wendung mit ihrer deutschen Entsprechung.

1. à cet effet
2. de cette manière
3. pour cette raison
4. en ce moment
5. dans ce cas-là
6. à ce moment-là

a. in diesem Fall
b. in diesem Augenblick
c. jetzt
d. zu diesem Zweck
e. auf diese Weise
f. aus diesem Grund

Die Indefinitbegleiter 8

Was Sie vorab wissen sollten

Indefinitbegleiter, z. B. chaque (jede/-r/-s) oder plusieurs (mehrere), bezeichnen nicht näher bestimmte Personen, Sachen, Begriffe oder Mengen.
Sie stehen, wie alle Begleiter, in der Regel vor dem Substantiv, auf das sie sich beziehen:
Elle vient **chaque** jour. Sie kommt **jeden** Tag.

Die Indefinitbegleiter bilden keine einheitliche Klasse:
- Einige sind unveränderlich, z. B. chaque jede/-r/-s.
- Andere sind veränderlich, z. B. tout/toute/tous/toutes ganze/-r/-s / alle/-s, aucun/-e gar kein/-e.
- Einige werden mit einem Begleiter verwendet, z. B. tous/toutes les all die.
- Einige werden auch pronominal verwendet, z. B. plusieurs mehrere
  (➡ **Kapitel 13, Die Indefinitpronomen**).

1 Überblick über die Indefinitbegleiter

In der folgenden Tabelle sind die wichtigsten Indefinitbegleiter alphabetisch geordnet.

> **TIPP**
> Diese Tabelle ist zum Nachschlagen gedacht. Anschließend finden Sie eine ausführliche Darstellung der einzelnen Indefinitbegleiter.

Indefinitbegleiter	Beispiel
aucun /-e (überhaupt / gar) kein/-e / kein/-e einzige/-r/-s / keinerlei	Il n'a **aucun** talent. Er hat **gar kein** Talent.
autre/-s andere/-r/-s	Je voudrais une **autre** chambre. Ich möchte ein **anderes** Zimmer.
certain/-e/-s gewisse/-r/-s / einige / manche	**Certaines** personnes ne sont pas d'accord. **Manche** Leute sind nicht einverstanden.
chaque jede/-r/-s	Il vient **chaque** semaine. Er kommt **jede** Woche.

8 Die Indefinitbegleiter

Indefinitbegleiter	Beispiel
différents/-es verschiedene	**Différents** dossiers nous ont été transmis. **Verschiedene** Anträge wurden eingereicht.
divers/-es verschiedene	**Diverses** mesures ont été prises. **Verschiedene** Maßnahmen wurden ergriffen.
même/-s selbe/-n / gleiche/-n	Nous avons le **même** âge. Wir sind gleich alt. (wörtlich: haben **dasselbe** Alter)
maint/-e/-s manche/-r/-s / einige / mehrere	Je l'ai dit **maintes** fois. Ich habe es **mehrere** Male gesagt.
n'importe quel/-le/-s irgendein/-e / irgendwelche	J'ai pris **n'importe quel** livre. Ich habe **irgendein** Buch genommen.
nul/-le/-s (überhaupt / gar) kein/-e / kein/-e einzige/-r/-s / keinerlei	Je n'ai **nulle** envie d'y aller. Ich habe **überhaupt keine** Lust dort hinzugehen.
pas un/-e (überhaupt / gar) kein/-e / kein/-e einzige/-r/-s / keinerlei	Il n'y a **pas un** nuage dans le ciel. Es ist **keine einzige** Wolke am Himmel.
la plupart de die meisten	**La plupart des** spectateurs ont aimé la pièce. **Die meisten** Zuschauer haben das Stück gemocht.
plusieurs mehrere	Il y a eu **plusieurs** blessés. Es gab **mehrere** Verletzte.
quelconque irgendein/-e	pour une raison **quelconque** aus **irgendeinem** Grund
quelque/-s irgendein/-e / einige	J'ai attendu **quelques** minutes. Ich habe **einige** Minuten gewartet.
tel/-le/-s solch-e/-r/-s	Je n'ai jamais entendu de **telles** idioties. Ich habe noch nie **solchen** Unsinn gehört.
tout/-e ganze/-r/-s tous/toutes alle	Elle lit **toute la** journée. Sie liest den **ganzen** Tag. J'ai écrit à **tous** mes amis. Ich habe **allen** meinen Freunden geschrieben.

Die Indefinitbegleiter 8

Test 1
Markieren Sie die richtige Möglichkeit. Die Übersetzung hilft Ihnen dabei.
1. J'ai acheté (plusieurs / quelques) pommes. Ich habe **einige** Äpfel gekauft.
2. J'ai invité (plusieurs / certaines) personnes. Ich habe **mehrere** Leute eingeladen.
3. Donne-moi (le même / un autre) livre. Gib mir **ein anderes** Buch.
4. Il m'a montré (d'autres / différents) modèles. Er hat mir **verschiedene** Modelle gezeigt.
5. Il vient (le même / chaque) jour. Er kommt **jeden** Tag.
6. (Tous les / Certains) professeurs font grève. **Alle** Lehrer streiken.
7. Il m'a donné (plusieurs / tels) conseils. Er gab mir **solche** Ratschläge.
8. Voulez-vous (une autre / la même) place ? Möchten Sie **denselben** Platz?

2 Die gebräuchlichsten Indefinitbegleiter

Im Folgenden werden Besonderheiten bei der Verwendung der gebräuchlichsten Indefinitbegleiter erläutert.

2.1 Aucun/-e und pas un/-e (überhaupt / gar) kein/-e / kein/-e einzige/-r/-s / keinerlei

Aucun/-e und pas un/-e bezeichnen eine „Nullmenge" und stehen aus diesem Grund im Singular: **aucun** doute **kein** Zweifel.
Beide Indefinitbegleiter

– sind nur im Genus veränderlich	**aucun** spectateur kein einziger Zuschauer **aucune** solution keine einzige Lösung **pas un** mot kein einziges Wort **pas une** minute keine einzige Minute
– werden mit der Verneinungspartikel ne verwendet	Je n'ai **aucune** envie d'y aller. Ich habe nicht die geringste Lust dort hinzugehen. Il n'y a **pas une** minute à perdre. Wir dürfen keine Minute verlieren.

Beachten Sie
– Aucun/-e kann in Verbindung mit sans (ohne) verwendet werden:
sans aucune hésitation ohne das geringste Zögern

8 Die Indefinitbegleiter

- Pas un/-e wird oft durch seul/-e (einzig) verstärkt:
  pas une seule fois **kein einziges** Mal.
- Vor Substantiven, die keine Singularform haben, steht aucun(e)s im Plural:
  Nous n'avons eu **aucuns** frais. Wir hatten keinerlei Kosten.

Test 2
Setzen Sie die passende Form des Indefinitbegleiters aucun ein.
1. une trace → _____ trace keine einzige Spur
2. un bruit → _____ bruit kein einziges Geräusch
3. une raison → sans _____ raison ohne jeden Grund
4. des vacances → _____ vacances gar keine Ferien

2.2 Tout/tous/toute/toutes der/die/das ganze / alle

Der Indefinitbegleiter tout wird meist mit einem anderen Begleiter verwendet:
toute la semaine die ganze Woche, tous mes amis alle meine Freunde.

Auf Entdeckung
Lesen Sie zunächst die folgenden Beispiele.
Il a mangé **tout le** gâteau. Er hat den **ganzen** Kuchen gegessen.
Il a mangé **toute la** glace. Er hat das **ganze** Eis gegessen.
Tous les invités sont repartis. **Alle** Gäste sind weggegangen.
J'ai visité **toutes les** églises de la ville. Ich habe **alle** Kirchen der Stadt besichtigt.

Markieren Sie nun die richtige Aussage. (➡ **Lösungen**)
1. Tout ist in Genus und Numerus (veränderlich / unveränderlich).
2. Tout/-e hat im Singular die Bedeutung (alle / ganz).
3. Tous/toutes hat im Plural die Bedeutung (alle / ganz).

Der Indefinitbegleiter tout

ist kombinierbar mit einem	
– bestimmten Artikel	**tout le** livre das ganze Buch
– unbestimmten Artikel	**toute une** journée einen ganzen Tag
– Possessivbegleiter	**tout son** argent sein ganzes Geld
– Demonstrativbegleiter.	**tous ces** gens all diese Leute
kann im Plural in distributiver Bedeutung verwendet werden und drückt eine Regelmäßigkeit aus.	**tous les** trois jours jeden dritten Tag **toutes les** heures jede Stunde / stündlich Il vient **tous les** jours. Er kommt jeden Tag.

Die Indefinitbegleiter 8

wird ohne Begleiter im Singular mit der Bedeutung „jede/-r/-s" verwendet.	Il refuse **toute** innovation. Er lehnt jede Neuerung ab. **Tout** enfant a droit au respect. Jedem Kind gebührt Respekt.
wird in einigen Wendungen ohne Begleiter gebraucht.	à **toute** vitesse / à **toute** allure ganz schnell, à **toute** heure zu jeder Stunde, à **tout** moment in jedem Augenblick, de **toute** façon auf jeden Fall, de **tout** cœur aus ganzem Herzen
ist in den folgenden Fällen unveränderlich: – vor einem Städtenamen – vor einem Personennamen.	**tout** Paris ganz Paris (alle Einwohner) J'ai lu **tout** Balzac. Ich habe das gesamte Werk von Balzac gelesen.

Beachten Sie
– Tous/toutes les + Grundzahl entspricht im Deutschen „alle" + Grundzahl:
  Ils étaient là tous les trois. Sie waren alle drei hier.
  Tous les deux bedeutet „beide".
– Tout le monde ist eine feste Wendung und bedeutet „alle / jeder":
  Tout le monde est là ? Sind alle da?

Test 3
Setzen Sie die passende Form des Indefinitbegleiters **tout** ein.
1. _____ les enfants se sont endormis. Alle Kinder sind eingeschlafen.
2. _____ le monde en parle. Alle sprechen davon.
3. Il a neigé _____ la nuit. Es hat die ganze Nacht geschneit.
4. _____ les femmes sont parties. Alle Frauen sind abgereist.

2.3 Chaque jede/-r/-s

– Chaque wird ohne Begleiter verwendet und ist unveränderlich, das Substantiv steht im Singular:
  Il faut faire **chaque** exercice. Man muss **jede** Übung machen.
– Chaque hat eine distributive Bedeutung und kann eine Regelmäßigkeit ausdrücken:
  Il téléphone chaque jour. Er ruft täglich / jeden Tag an.

Die Indefinitbegleiter

2.4 Quelque/-s irgendein/-e / einige

Quelque/-s ändert seine Bedeutung, je nachdem ob es im Singular oder im Plural verwendet wird:

– Im Plural bedeutet quelques „einige".	Nous partons dans **quelques** jours. Wir fahren in einigen Tagen weg.
– Im Singular bedeutet quelque „irgendein/-e".	J'ai bien **quelque** idée ... Ich habe da so eine Idee ... **quelque** part irgendwo, **quelque** chose irgendetwas **Aber:** quelque temps einige Zeit

2.5 Plusieurs mehrere

Plusieurs ist unveränderlich und wird nur im Plural verwendet:
J'ai appelé **plusieurs** fois. Ich habe mehrere Male angerufen.
J'ai acheté **plusieurs** CD. Ich habe mehrere CDs gekauft.

Test 4
Wählen Sie zwischen chaque, quelque/-s oder plusieurs. Die Übersetzung hilft Ihnen dabei.
1. J'ai invité _____ amis. Ich habe **mehrere** Freunde eingeladen.
2. J'ai téléphoné il y a _____ temps. Ich habe vor **einiger** Zeit angerufen.
3. J'ai reçu _____ réponses. Ich habe **mehrere** Antworten erhalten.
4. Nous nous rencontrons _____ semaine. Wir treffen uns **jede** Woche.
5. J'ai acheté _____ journaux. Ich habe **einige** Zeitungen gekauft.
6. _____ enfant devrait savoir lire. **Jedes** Kind sollte lesen können.

2.6 Autre/-s andere/-r/-s

Autre/-s wird immer mit einem anderen Begleiter verwendet:
– bestimmter Artikel: **l'**autre homme der andere Mann
– unbestimmter Artikel: **une** autre chaise ein anderer Stuhl
– Possessivbegleiter: **mon** autre gant mein anderer Handschuh
– Demonstrativbegleiter: **cette** autre femme diese andere Frau
– Indefinitbegleiter: **quelques** autres problèmes einige andere Probleme
– Zahlwort: **deux** autres tickets zwei andere Karten

Beachten Sie
Im Plural wird autre meistens ohne Begleiter verwendet → d'autres andere:
J'ai **d'autres** soucis. Ich habe **andere** Sorgen.

Die Indefinitbegleiter 8

Auf Entdeckung

In den folgenden Beispielen finden Sie die verschiedenen Bedeutungen von autre. Verbinden Sie die französischen Sätze mit der deutschen Übersetzung. (➡ **Lösungen**)

Je reviendrai une autre fois.	Hole **andere** Stühle.
Va chercher d'autres chaises.	Ich komme **ein anderes** Mal wieder.
Je voudrais un autre café.	Ich habe ihn **neulich** angerufen.
Je lui ai téléphoné l'autre jour.	Ich möchte **noch einen** Kaffee.

Test 5

Setzen Sie un/-e autre oder d'autres ein.
1. Avez-vous _____ programme ? Haben Sie ein anderes Programm?
2. Voulez-vous _____ bière ? Möchten Sie noch ein Bier?
3. Je cherche_____ solution. Ich suche nach einer anderen Lösung.
4. J'ai _____ projets. Ich habe andere Pläne.

2.7 Même/-s selbe/-n / gleiche/-n

Même wird immer mit einem der folgenden Begleiter verwendet:
– bestimmter Artikel: les mêmes idées dieselben Ideen
– unbestimmter Artikel: une même quantité eine gleiche Menge
– Demonstrativbegleiter: cette même femme genau diese Frau

Beachten Sie
Nachgestellt ist même verstärkend: la gentillesse même die Freundlichkeit selbst, moi-même ich selbst.

Test 6

Wählen Sie zwischen le / la / les même/-s.
1. Vous avez ___ _____ prénom. Ihr habt denselben Vornamen.
2. Il raconte toujours ___ _____ histoires. Er erzählt immer dieselben Geschichten.
3. C'est toujours ___ _____ chose. Es ist immer dasselbe (dieselbe Sache).
4. Nous habitons dans ___ _____ ville. Wir wohnen in derselben Stadt.

2.8 La plupart de die meisten

Auf la plupart de folgt immer ein Begleiter:
La plupart des élèves ont compris. Die meisten Schüler haben verstanden.
La plupart de nos amis viennent. Die meisten unserer Freunde kommen.

2 Die gebräuchlichsten Indefinitbegleiter **143**

8 Die Indefinitbegleiter

Beachten Sie
La plupart de hat eine plurale Bedeutung. Deshalb steht das Verb immer im Plural.

TIPP

Wenn Sie erst angefangen haben Französisch zu lernen, sollten Sie Ihre Aufmerksamkeit zunächst auf die bisher dargestellten Indefinitbegleiter richten. Sie können den nächsten Abschnitt „Weitere Indefinitbegleiter" zu einem späteren Zeitpunkt erarbeiten und direkt zu den Kontrollaufgaben gehen.

---

3 Weitere Indefinitbegleiter

Die folgenden Indefinitbegleiter werden seltener oder vorwiegend in der Schriftsprache verwendet.

3.1 Divers/-es, différents/-es mehrere / verschiedene

- Différents und divers sind gleichbedeutend und meistens austauschbar:
  différents / divers dossiers verschiedene Akten.
- Sie stehen immer im Plural und richten sich nur im Genus nach dem Substantiv, das sie begleiten.
  Maskulin: différents / divers problèmes verschiedene Probleme
  Feminin: différentes / diverses solutions verschiedene Lösungen

3.2 Certain/-e/-s gewisse/-r/-s / einige / manche

Certains/certaines wird in der Regel im Plural mit der Bedeutung „einige / manche" verwendet:
Certaines personnes ont dit non. Einige Leute haben nein gesagt.
Certains enfants regardent trop la télé. Manche Kinder sehen zu viel fern.

Beachten Sie
- Im Singular wird certain/-e mit dem unbestimmten Artikel in der Bedeutung „ein/-e gewisse/-r/-s / ein/-e bestimmte/-r/-s" gebraucht:
  un certain sourire ein gewisses Lächeln.
- Vor einem Eigennamen kann un/-e certain/-e ausdrücken, dass man die betreffende Person entweder nicht genügend kennt oder nicht besonders schätzt:
  Une certaine Mme Noble voudrait vous voir. Eine gewisse Frau Noble möchte Sie sehen.

Die Indefinitbegleiter 8

Test 7
Setzen Sie die jeweils passende Form des in Klammern angegebenen Indefinitbegleiters ein.
1. (divers) → _____ personnes l'ont confirmé. Mehrere Leute haben es bestätigt.
2. (différent) → _____ modèles ont été présentés. Verschiedene Modelle wurden vorgestellt.
3. (différent) → _____ personnes ont téléphoné. Verschiedene Leute haben angerufen.
4. (certain) → _____ élèves ne font rien. Einige Schüler machen nichts.

3.3 N'importe quel/-le/-s irgendein/-e / irgendwelche

N'importe quel ist in Genus und Numerus veränderlich. Hier die verschiedenen Formen von n'importe quel im Überblick:

	Singular	Plural
maskulin	n'importe quel magasin irgendein Geschäft	n'importe quels magasins irgendwelche Geschäfte
feminin	n'importe quelle histoire irgendeine Geschichte	n'importe quelles villes irgendwelche Städte

Test 8
Setzen Sie, wenn nötig, die passenden Endungen ein.
1. J'ai choisi n'importe quel__ paquet. Ich habe irgendein Päckchen gewählt.
2. Il m'a montré n'importe quel__ modèles. Er hat mir irgendwelche Modelle gezeigt.
3. Tu peux m'appeler à n'importe quel__ heure. Du kannst mich jederzeit anrufen.
4. Ne dis pas n'importe quel__ bêtises. Sag nicht irgendwelche Dummheiten.

3.4 Nul/-le (überhaupt / gar) kein/-e / kein/-e einzige/-r/-s / keinerlei

Nul/-le hat dieselbe Bedeutung wie aucun/-e, wird jedoch seltener verwendet. Wie aucun/-e (➡ 1.2.1) bezeichnet nul/-le eine „Nullmenge" und steht aus diesem Grund meistens im Singular. Es ist nur im Genus veränderlich:
maskulin: nul inconvénient keinerlei Nachteile
feminin: nulle conséquence keinerlei Folgen

2 Weitere Indefinitbegleiter

8 Die Indefinitbegleiter

Beachten Sie
- Im Plural steht nuls/nulles nur vor Substantiven, die keine Singularform besitzen: **nuls frais** keinerlei Kosten.
- Wie aucun/-e (kein/-e einzige/-r/-s) wird nul/-le mit der Verneinungspartikel ne verwendet:
  Je **n**'ai nul souci. Ich habe keine einzige Sorge.

3.5 Tel/-le/-s solch ein/-e / ein/-e solche/-r/-/-s

Tel richtet sich in Genus und Numerus nach dem Substantiv. Hier die verschiedenen Formen von tel im Überblick:

	Singular	Plural
maskulin	**un tel** problème ein solches Problem	**de tels** problèmes solche Probleme
feminin	**une telle** histoire eine solche Geschichte	**de telles** histoires solche Geschichten

Beachten Sie
Tel wird meistens mit dem unbestimmten Begleiter verwendet:
Je n'ai jamais vu **un tel** désordre. Ich habe noch nie eine solche Unordnung gesehen.
Qui a eu **une telle** idée ? Wer hat eine solche Idee gehabt?

3.6 Quelconque irgendein/-e

Quelconque steht meistens nach dem Substantiv:
pour un motif **quelconque** / pour un **quelconque** motif aus irgendeinem Grund.

Beachten Sie
Quelconque kann auch die Bedeutung „banal" haben:
une histoire quelconque eine banale Geschichte

3.7 Maint/-e/-s manche/-r/-s / einige / mehrere

Maint gehört dem gehobenen Sprachgebrauch an und wird meistens im Plural verwendet:
Je lui ai répété **maintes** fois. Ich habe es ihm mehrere Male gesagt.

Die Indefinitbegleiter 8

Beachten Sie

Maint im Singular kommt vor allem in festen Redewendungen vor:
en mainte occasion bei mehrmaliger Gelegenheit
en maint endroit an manchem Ort.

Test 9
Wählen Sie den passenden Indefinitbegleiter. Richten Sie sich nach der Übersetzung.
1. Je n'ai _____ envie de rester. Ich habe **gar keine** Lust zu bleiben.
2. Je te l'ai dit à _____ reprises. Ich habe es dir schon **manches** Mal gesagt.
3. J'ai pris _____ décision. Ich habe **folgende** Entscheidung getroffen.
4. Il est parti pour une destination _____. Er brach auf mit **unbestimmtem** Ziel.

Auf den Punkt gebracht

1. (➠ Was Sie vorab wissen sollten)
Markieren Sie die richtige Aussage.
1. Indefinitbegleiter bezeichnen Personen und Sachen, die (genau / nicht genau) bestimmt sind.
2. Indefinitbegleiter stehen in der Regel (vor / nach) dem Substantiv.

2. (➠ 1)
Verbinden Sie die folgenden Indefinitbegleiter mit ihrer deutschen Entsprechung.
1. aucun/-e   a. mehrere
2. chaque   b. kein/-e einzige/-r/-s
3. tout   c. einige
4. plusieurs   d. alle
5. quelques   e. jede/-r/-s
6. tous / toutes   f. ganz

3. (➠ 2)
Markieren Sie die richtige Aussage.
1. Aucun/-e und pas un/-e haben (die gleiche / eine unterschiedliche) Bedeutung.
2. Aucun/-e und pas un/e werden in der Regel im (Singular / Plural) verwendet.
3. Quelques bedeutet (einige / irgendwelche).
4. Tout wird (meistens / selten) mit einem anderen Begleiter verwendet.

Die Indefinitbegleiter

5. Tout bedeutet im Singular (alle / ganz).
6. Tous bedeutet im Plural (alle / ganz).
7. Chaque ist (veränderlich / unveränderlich).
8. Autre ist kombinierbar mit (dem bestimmten Artikel / allen Begleitern).
9. Quelque ist (veränderlich / unveränderlich).
10. Plusieurs ist (veränderlich / unveränderlich).
11. Autre wird im Singular (mit / ohne) Begleiter verwendet.
12. Même (kann / kann nicht) mit dem Demonstrativbegleiter verwendet werden.

4. (➥ 3)
Verbinden Sie die folgenden Indefinitbegleiter mit ihrer deutschen Entsprechung.

1. certain/-e/-s
2. divers/-es / différents/-es
3. tel/-le/-s
4. n'importe quel/-le/-s
5. nul/-le/-s
6. maint/-e/-s

a. manche
b. kein/-e einzige/-r/-s
c. solche/-r/-s
d. verschiedene
e. einige
f. irgendeine/-r / irgendwelche

Und wenn Sie noch neugierig sind ...
Die folgenden Indefinitbegleiter ändern ihre Bedeutung, wenn sie – wie Adjektive – nach dem Substantiv stehen:

	Indefinitbegleiter	Adjektiv
certain	un certain temps eine gewisse Zeit	un échec certain ein sicherer (= tatsächlicher) Misserfolg
nul	sans nul doute ohne jeden Zweifel	un film nul ein sehr schlechter Film
divers / différents	diverses / différentes offres **verschiedene Angebote**	des avis divers / différents unterschiedliche (= nicht gleiche) Meinungen

Die Pronomen

  Einführung
 9 Die Personal- und Reflexivpronomen
10 Die Adverbialpronomen
11 Die Possessivpronomen
12 Die Demonstrativpronomen
13 Die Indefinitpronomen
14 Die Relativpronomen
15 Die Interrogativa

Die Pronomen (Einführung)

1 Definition

Pronomen (Fürwörter) werden stellvertretend für eine andere Wortgruppe (Substantiv, Nominalgruppe, Satz) verwendet. Sie dienen dazu, Wiederholungen zu vermeiden und Bezüge innerhalb eines Textes zu verdeutlichen:
Vincent est malade. Vincent reste au lit. → Il reste au lit. Vincent ist krank.
Vincent bleibt im Bett. → Er bleibt im Bett.

Im folgenden Sprachwitz sind alle Pronomen fett gedruckt:

La mère rentre du travail. Son fils, malade, est resté à la maison. **Elle lui** demande.	Die Mutter kommt von der Arbeit. Ihr kranker Sohn ist zu Hause geblieben. **Sie** fragt **ihn**.
– **Personne** n'est venu ?	– Ist **niemand** gekommen?
+ Si.	+ Doch.
– Qui ?	– Wer?
+ Toi.	+ Du.
– Non, je veux dire ... est-ce que **quelqu'un** était là ?	– Nein, ich meine ... war **jemand** da?
+ Oui.	+ Ja.
– Qui ?	– Wer?
+ Moi.	+ Ich.

Beachten Sie
Wie Sie aus diesem kurzen Dialog ersehen können, erhalten Pronomen ihre Bedeutung lediglich aus dem Kontext:
– Elle vertritt die Nominalgruppe la mère.
– Lui vertritt die Nominalgruppe son fils.
– Personne und quelqu'un bezeichnen eine (noch) nicht bekannte Person.
– Qui fragt nach einer nicht bekannten Person.
– Toi und moi bezeichnen die beiden Gesprächspartner.

Die Pronomen (Einführung)

2 Funktion der Pronomen

Pronomen können

– ein Nomen wieder aufnehmen (anaphorische Funktion)	Votre frère a téléphoné. **Il** rappellera demain. Ihr Bruder hat angerufen. **Er** ruft morgen wieder an.
– ein Nomen ankündigen (kataphorische Funktion)	**Qui** a téléphoné ? – Ta mère. **Wer** hat angerufen? – Deine Mutter. Je ne **l'**aime pas, cette veste. **Diese** Jacke mag ich nicht.
– eine Person des Gesprächs direkt bezeichnen	Quand es-**tu** arrivé ? – **Je** suis arrivé hier. Wann bist **du** angekommen? – **Ich** bin gestern angekommen.

Beachten Sie
Einige Pronomen können einen ganzen Satz wieder aufnehmen:
Elle a quitté son mari ! Je ne **le** savais pas. Sie hat ihren Mann verlassen! Ich wusste **es** nicht. (➥ **Kapitel 9, Die Personalpronomen, 1.1.4**)

3 Klassifizierung

Zur Klasse der Pronomen gehören die

Personalpronomen, die Auskunft über die Person geben, sowie die **Reflexivpronomen**, die das Subjekt vertreten. (➥ **Kapitel 9**)	je, tu, il … ich, du, er … (mit Verb) moi, toi, lui … ich, du, er … (ohne Verb) **Je** travaille. Et **toi** ? **Ich** arbeite. Und **du**? me, te, se … mich, dich, sich … Je **me** lave. Ich wasche **mich**. Vous **vous** trompez. Sie irren **sich**.
Adverbialpronomen, die eine Präpositionalgruppe vertreten. (➥ **Kapitel 10**)	en und y As-tu besoin de lait ? – Oui, j'**en** ai besoin. Brauchst du Milch? – Ja, ich brauche **welche**. As-tu pensé au lait ? – Oui, j'**y** ai pensé. Hast du an die Milch gedacht? – Ja, ich habe **daran** gedacht.
Possessivpronomen, die eine Nominalgruppe mit Possessivbegleiter vertreten. (➥ **Kapitel 11**)	le mien, la mienne … meiner, meine … On prend ma voiture ou **la tienne** ? Nehmen wir mein Auto oder **deines**?

Die Pronomen (Einführung)

Demonstrativpronomen, die eine Nominalgruppe mit Demonstrativbegleiter vertreten. (➠ **Kapitel 12**)	celui, celle … dieser, diese … Quel guide me conseilles-tu ? – **Celui-ci**. Welchen Reiseführer empfiehlst du mir? – **Diesen** (hier).
Indefinitpronomen, die auf eine unbestimmte Person, Sache oder Menge hinweisen. (➠ **Kapitel 13**)	quelqu'un jemand, personne niemand, tous alle, plusieurs mehrere … **Personne** n'a téléphoné. Es hat **niemand** angerufen.
Relativpronomen, die einen Relativsatz einleiten. (➠ **Kapitel 14**)	qui der / die / das, dont dessen … C'est un homme **qui** sait tout faire. Das ist ein Mann, **der** alles kann.
Interrogativpronomen, die das Element vertreten, das erfragt wird. (➠ **Kapitel 15**)	qui wer, que was, lequel welcher … **Qui** est-ce ? **Wer** ist das? **Que** faites-vous ce soir ? **Was** machen Sie heute Abend?

Die Personal- und Reflexivpronomen 9

Auf Entdeckung
Lesen Sie zunächst die folgenden Sätze und lösen Sie die unten stehende Aufgabe. Die fett gedruckten Wörter sind Personalpronomen. (➡ **Lösungen**)
1. Pierre est malade, **il** reste au lit. Pierre ist krank, **er** bleibt im Bett.
2. Luc et moi, **nous** sommes fâchés. Luc und ich, **wir** sind zerstritten.
3. Cette voiture est trop chère. Je ne vais pas l'acheter. Dieses Auto ist zu teuer. Ich werde **es** nicht kaufen.
4. Quand mes amis sont arrivés, je **leur** ai fait un café. Als meine Freunde kamen, habe ich **ihnen** einen Kaffee gemacht.

Markieren Sie in den Beispielsätzen die Wörter, auf die sich die Pronomen beziehen.

Was Sie vorab wissen sollten
Personalpronomen ersetzen Nomen oder Nominalgruppen (Personen, Sachen, Begriffe, Sachverhalte) und können wie diese verschiedene Funktionen im Satz übernehmen: Sie können als Subjektpronomen Subjekt sein, als Objekt- und Reflexivpronomen ein direktes oder indirektes Objekt ersetzen:

Funktion	Beispiel
Subjekt (Frage „wer?")	**Je** suis allemande. **Ich** bin Deutsche. **Nous** sommes fatigués. **Wir** sind müde.
direktes Objekt (Frage „wen?")	Il ne **me** voit pas. Er sieht **mich** nicht. Je ne **te** comprends pas. Ich verstehe **dich** nicht.
indirektes Objekt (Frage „wem?")	Je **lui** ai pardonné. Ich habe **ihm** verziehen. Tu **leur** répondras. Du wirst **ihnen** antworten.
reflexiv (rückbezüglich)	Il **se** dépêche. Er beeilt **sich**. Nous **nous** ennuyons. Wir langweilen **uns**.

Beachten Sie
Anders als im Deutschen unterscheidet man im Französischen zwischen verbundenen (➡ 1) und unverbundenen (➡ 3) Personalpronomen:
- verbunden: Il est content. Er ist froh.
- unverbunden: Qui est content ? – **Lui**. Wer ist froh? – **Er**.

1 Die verbundenen Personalpronomen

Die verbundenen Formen der Personalpronomen treten immer in Verbindung mit einem Verb auf. Sie werden auch „unbetonte Personalpronomen" genannt, da sie nie betont sein können.

9 Die Personal- und Reflexivpronomen

1.1 Subjektpronomen

Die Subjektpronomen vertreten ein Nomen, das Subjekt des Satzes ist.

1.1.1 Formen
Die Formen der Subjektpronomen lauten:

Person	Singular		Plural	
1. Person	je	ich	nous	wir
2. Person	tu	du	vous	ihr / Sie
3. Person	il	er / es	ils	sie
	elle	sie	elles	sie
	on	man / wir		

Beachten Sie
Je wird vor einem Vokal oder „stummen h" zu j':
J'arrive à 8 heures. Ich komme um 8 Uhr an.
J'habite à Nantes. Ich wohne in Nantes.

Test 1
Setzen Sie das passende Subjektpronomen ein.
1. ___ travailles du arbeitest
2. ___ écoute ich höre zu
3. ___ attend sie wartet
4. ___ viennent sie kommen
5. ___ venez ihr kommt / Sie kommen
6. ___ arrive er kommt
7. ___ lisons wir lesen
8. ___ reste ich bleibe

1.1.2 Gebrauch
Die Subjektpronomen werden weitgehend wie im Deutschen gebraucht. Im folgenden Abschnitt wird vor allem auf die Unterschiede hingewiesen:

1. **on** und **nous** wir
   On entspricht sowohl dem indefiniten „man" (➡ **Kapitel 13, Die Indefinitpronomen, 2.1**) als auch dem Personalpronomen „wir". In der Bedeutung von nous (wir) ist on vor allem im gesprochenen Französisch gebräuchlich.

   On m'a dit que … **Man** hat mir gesagt, dass…
   On m'a volé mon vélo. **Man** hat mir mein Fahrrad gestohlen.
   Qu'est-ce qu'on fait ce soir ? On va au cinéma ? Was machen **wir** heute Abend? Gehen **wir** ins Kino?
   On y va ? Gehen **wir**? / Fangen **wir** an?

Die Personal- und Reflexivpronomen 9

2. **vous** ihr / Sie Die 2. Person Plural wird auch für die höfliche Anrede im Singular und Plural benutzt.	Etes-**vous** prêts ? Seid **ihr** fertig? **Vous** êtes très aimable, Eva. **Sie** sind sehr freundlich, Eva. **Vous** partez déjà ? Gehen **Sie** schon weg?
3. **ils** / **elles** sie **Ils** steht für maskuline oder gemischte Gruppen, **elles** steht ausschließlich für weibliche Gruppen.	Vincent et Lisa sont mariés et **ils** ont un fils. Vincent et Lisa sind verheiratet und **sie** haben einen Sohn. Anne et Lisa sont amies, **elles** se voient très souvent. Anne und Lisa sind befreundet, **sie** sehen sich sehr oft.
4. **Il** ist auch unpersönliches Pronomen und entspricht dem deutschen „es" oder „man" (➔ 1.1.4).	Il neige. **Es** schneit. Il faut réserver. **Man** muss reservieren.

Beachten Sie

zu 1. Bei dem Pronomen **on** in der Bedeutung von „wir" wird das Adjektiv oder participe passé sinngemäß und nicht formal dem Subjekt angeglichen. Im folgenden Beispiel handelt es sich um eine Gruppe von Frauen:
On est arrivées à minuit. Wir sind um Mitternacht angekommen.

zu 2. Weil **vous** (ihr / Sie) sich sowohl auf eine einzelne Person als auch auf mehrere bezieht, muss auf die Angleichung des Adjektivs oder des participe passé geachtet werden:

eine Person	mehrere Personen
M. Leduc, vous êtes fatigué ? Herr Leduc, sind Sie müde? Etes-vous française, Madame ? Sind Sie Französin?	Vous êtes fatigués, les enfants ? Seid ihr müde, Kinder? Etes-vous allemandes, Mesdames ? Sind Sie Deutsche, meine Damen?

zu 3. Also auch wenn Sie von einer Gruppe sprechen, die aus 99 Frauen und einem einzigen Mann besteht, müssen Sie **ils** verwenden.

Test 2

Ersetzen Sie die Nominalgruppe (unterstrichen) durch das entsprechende Subjektpronomen.
1. Les filles sont sorties. _____ sont allées au cinéma.
   Die Mädchen sind ausgegangen. Sie sind ins Kino gegangen.
2. Mme Dumont est malade, _____ a une angine.
   Frau Dumont ist krank, sie hat eine Angina.

9 Die Personal- und Reflexivpronomen

3. <u>Marine et Léo</u> sont amis, ____ sont souvent ensemble.
   Marine und Léo sind befreundet, sie sind oft zusammen.
4. J'ai visité <u>le musée</u>, ____ est magnifique.
   Ich habe das Museum besucht, es ist wunderschön.
5. Allô, c'est <u>toi</u> ? ____ vas bien ?
   Hallo, bist du es? Geht es dir gut?
6. <u>Les enfants</u>, ____ allez au lit maintenant !
   Kinder, ihr geht jetzt ins Bett!
7. <u>Ma sœur et moi</u>, ____ habitons la même ville.
   Meine Schwester und ich, wir wohnen in derselben Stadt.

1.1.3 Stellung
Wie im Deutschen stehen die Subjektpronomen meistens direkt vor der konjugierten Form des Verbs.

Voranstellung	
– Im Aussagesatz steht das Subjektpronomen direkt vor der konjugierten Form des Verbs.	J'habite en France. Ich wohne in Frankreich.
– Im verneinten Aussagesatz werden Subjektpronomen und Verb durch **ne** getrennt.	Je ne comprends pas. Ich verstehe nicht. Elle n'est pas là. Sie ist nicht da.
– Subjektpronomen und Verb werden ebenfalls durch ein Objektpronomen (➡ 1.2 und ➡ 1.3) getrennt.	Il me téléphone souvent. Er ruft mich oft an. Je ne te comprends pas. Ich verstehe dich nicht.
– Bei der est-ce que-Frage und bei der Frage ohne Inversion (➡ **Kapitel 27, Satzbau und Satzgefüge, 2.1**) steht das Subjektpronomen ebenfalls vor der konjugierten Form des Verbs.	Est-ce que vous habitez en France ? / Vous habitez en France ? Wohnen Sie in Frankreich? Qu'est-ce qu'elle a dit ? Was hat sie gesagt?
Nachstellung (Inversion)	
– Bei der Inversionsfrage wird das Subjektpronomen nachgestellt und mit Bindestrich an das Verb angeschlossen (➡ **Kapitel 27, Satzbau und Satzgefüge, 2.2**).	Qui suis-je ? Wer bin ich? Où allons-nous ? Wohin gehen wir? Pourquoi riez-vous ? Warum lacht ihr?

Die Personal- und Reflexivpronomen 9

– Nach Kommentaradverbien wie peut-être vielleicht, sans doute wahrscheinlich usw., wenn diese am Satzanfang stehen (➡ **Kapitel 28, Das Adverb, 3 Beachten Sie**).

Sans doute ai-**je** parlé trop vite. Wahrscheinlich habe ich zu schnell gesprochen.

Test 3
Bringen Sie die Sätze in Ordnung.
1. pas / je / travaille / ne. _____ Ich arbeite nicht.
2. vous / où / allez- ? _____ Wohin gehen Sie?
3. vu / qu'est-ce que / avez / vous / ? _____ Was habt ihr gesehen?
4. ne / il / rit / jamais. _____ Er lacht nie.

1.1.4 Wiedergabe des deutschen Personalpronomens „es"
Dem deutschen Personalpronomen „es" entsprechen im Französischen verschiedene Pronomen:

1. Die neutralen Demonstrativpronomen ce / c' vor dem Verb être (sein) und cela / ça vor allen anderen Verben (➡ **Kapitel 12, Die Demonstrativpronomen, 2.2**).	C'est important. **Es** ist wichtig. Ce n'est pas vrai. **Es** stimmt nicht. Ça dépend. **Es** hängt davon ab. Cela me réjouit. **Es** freut mich.
2. Das Subjektpronomen il bei unpersönlichen Verben und Wendungen.	Il pleut. **Es** regnet. Il est possible qu'il vienne. **Es** ist möglich, dass er kommt. Il y a beaucoup de monde. **Es** sind viele Leute da.
3. Das direkte Objektpronomen le / l' mit Bezug auf einen Satz oder Sachverhalt.	Je le sais bien. Ich weiß **es** wohl. Tu le vois bien ! Du siehst **es** doch!
4. Das Indefinitpronomen on (man) im Passivsatz zur Wiedergabe des unpersönlichen „es" (➡ **Kapitel 25, Das Passiv, 4.1**).	Ce soir, on danse. **Es** wird heute Abend getanzt.

Test 4
Setzen Sie il, ça, on, ce / c' oder le ein, um das deutsche Pronomen „es" wiederzugeben.
1. ____ est étrange qu'il ne soit pas là. **Es** ist merkwürdig, dass er nicht da ist.

1 Die verbundenen Personalpronomen **157**

9 Die Personal- und Reflexivpronomen

2. ____ n'est pas la peine. **Es** ist nicht der Mühe wert.
3. Je ____ veux. Ich will **es**.
4. ____ dépend. **Es** hängt davon ab.
5. ____ raconte qu'il est malade. **Es** wird erzählt, dass er krank ist.
6. ____ idiot. **Es** ist idiotisch.

1.2 Die direkten Objektpronomen

Die direkten Objektpronomen vertreten ein Nomen oder eine Nominalgruppe, das / die direktes Objekt im Satz ist (im Deutschen entspricht es in der Regel einem Akkusativobjekt: Frage „wen?" oder „was?"):
Tu vois souvent tes parents ? – Je **les** vois une fois par mois environ. Siehst du deine Eltern oft? – Ich sehe **sie** ungefähr einmal im Monat.
Zur Stellung der Objektpronomen siehe Abschnitt ➡ **2**.

1.2.1 Formen
Die Formen der direkten Objektpronomen (Akkusativpronomen) lauten:

Person	Singular	Plural	Beispiele
1. Person	**me** mich	**nous** uns	Tu **me** vois ? Siehst du **mich**? On **nous** attend. Man erwartet **uns**.
2. Person	**te** dich	**vous** euch / Sie	Je **t'**aime. Ich liebe **dich**. Je **vous** aime. Ich liebe **euch / Sie**.
3. Person	**le** ihn **la** sie	**les** sie	Je **le** connais bien. Ich kenne **ihn** gut. Je **la** connais bien. Ich kenne **sie** gut. Je **les** connais tous. Ich kenne **sie** alle.

Beachten Sie :
- Vor Vokal oder „stummem h" werden **me** und **te** zu **m'** und **t'**:
  Est-ce que tu **m'**entends ? Hörst du mich?
  Viens, je **t'**emmène à la gare. Komm, ich fahre dich zum Bahnhof.
- Die direkten Objektpronomen der 3. Person Singular und Plural haben die gleiche Form wie der bestimmte Artikel.
  Le bus, je ne **le** prends jamais. Den Bus nehme ich nie.
  La voiture, je ne **la** prends jamais. Das Auto nehme ich nie.
  Les voisins, je **les** connais bien. Die Nachbarn kenne ich gut.
- **Le** (ihn) und **la** (sie) werden ebenfalls vor Vokal oder „stummem h" zu **l'** apostrophiert. Die Markierung des Geschlechts ist dann bei der 3. Person Singular nicht mehr gewährleistet:
  Est-ce que je **l'**aime ? Liebe ich **sie**? / Liebe ich **ihn**?

Die Personal- und Reflexivpronomen 9

Test 5
Setzen Sie die entsprechenden direkten Objektpronomen ein.
1. Et Julie, tu ___ vois souvent ? Und Julie, siehst du **sie** oft?
2. Mes parents ___ invitent demain. Meine Eltern laden **uns** morgen ein.
3. Il ne ___ connaît plus. Er kennt **mich** nicht mehr.
4. Je ___ déteste ! Ich hasse **dich**!
5. Parlez moins vite, je ne ___ comprends pas. Sprechen Sie langsamer, ich verstehe **Sie** nicht.
6. Léo ? Je ___ vois tous les jours. Leo? Ich sehe **ihn** jeden Tag.

1.2.2 Gebrauch der direkten Objektpronomen
Die direkten Objektpronomen werden in Verbindung mit Verben verwendet, die ein direktes Objekt zulassen. Das direkte Objekt wird direkt (ohne Präposition) an das Verb angeschlossen:
Tu connais **les nouveaux voisins** ? – Oui, je **les** connais un peu. Kennst du die neuen Nachbarn? – Ja, ich kenne sie ein wenig.

Ein direktes Objektpronomen kann das direkte Objekt

– **wieder aufnehmen:** innerhalb eines Textes oder innerhalb desselben Satzes (wenn das direkte Objekt am Satzanfang steht). (➡ **Kapitel 27, Satzbau und Satzgefüge, 1.1.2 c**)	J'aime beaucoup <u>ce film</u>. Je **l'**ai vu trois fois. Ich liebe <u>diesen Film</u>. Ich habe **ihn** dreimal gesehen. <u>Ce film</u>, je **l'**ai vu trois fois. <u>Diesen Film</u> habe ich dreimal gesehen.
– **ankündigen:** (➡ **Kapitel 27, Satzbau und Satzgefüge 1.1.2 c**).	Je **l'**ai vu trois fois, <u>ce film</u>. Ich habe **ihn** dreimal gesehen, <u>diesen Film</u>.

Beachten Sie
– Ein Verb, das im Französischen ein direktes Objekt zulässt, muss dies nicht auch im Deutschen tun und umgekehrt:
Je **l'**ai aidé à déménager. Ich habe **ihm** beim Umzug geholfen.
Je **lui** ai demandé. Ich habe **ihn** / **sie** gefragt.
Ob ein Verb ein direktes Objekt nach sich zieht, darüber gibt Ihnen das Wörterbuch Auskunft.
– Das Pronomen **le / l'** kann das deutsche neutrale Objektpronomen „es" wiedergeben (➡ **1.1.4**):
Je ne **le** savais pas. Ich wusste **es** nicht.

9 Die Personal- und Reflexivpronomen

Test 6
Ersetzen Sie das direkte Objekt (unterstrichen) durch das entsprechende Objektpronomen der 3. Person (le, la, l' oder les).
1. As-tu lu le journal ? – Oui, je ___ ai lu.
   Hast du die Zeitung gelesen? – Ja, ich habe **sie** gelesen.
2. Connais-tu les nouveaux voisins ? – Non, je ne ___ connais pas.
   Kennst du die neuen Nachbarn? – Nein, ich kenne **sie** nicht.
3. Aimez-vous les tomates ? – Oui, mais je ___ aime seulement crues.
   Mögen Sie Tomaten? – Ja, aber ich mag **sie** nur ungekocht.
4. Tu regardes souvent la télé ? – Non je ne ___ regarde jamais.
   Siehst du oft fern? – Nein, ich sehe niemals fern.

1.3 Die indirekten Objektpronomen

Die indirekten Objektpronomen werden in Verbindung mit Verben verwendet, die ein indirektes Objekt (Dativobjekt: Frage „wem?" oder „was?") zulassen:
Tu écris souvent **à tes amis** ? – Oui, je **leur** écris des mails presque tous les jours. Schreibst du oft **deinen Freunden**? – Ja, ich schreibe **ihnen** fast täglich E-Mails.
Zur Stellung der Objektpronomen siehe Abschnitt ➡ 2.

1.3.1 Formen

Auf Entdeckung
Vergleichen Sie die Formen der unten stehenden indirekten Objektpronomen mit denen der direkten Objektpronomen (➡ 1.2.1). Sie werden feststellen, dass die meisten Formen identisch sind.

Person	Singular	Plural	Beispiele
1. Person	**me** mir	**nous** uns	Le pull **me** plaît. Der Pulli gefällt **mir**. Elle **nous** fait confiance. Sie vertraut **uns**.
2. Person	**te** dir	**vous** euch / Ihnen	Je **t'**envoie un texto. Ich schicke **dir** eine SMS. Il **vous** obéit. Er gehorcht **euch** / **Ihnen**.
3. Person	**lui** ihm / ihr	**leur** ihnen	Elle **lui** écrit souvent. Sie schreibt **ihm** / **ihr** oft. Il **leur** écrit souvent. Er schreibt **ihnen** oft.

1 Die verbundenen Personalpronomen

Die Personal- und Reflexivpronomen 9

Notieren Sie nun die Formen der indirekten Objektpronomen, die sich von den direkten Objektpronomen unterscheiden: 1. ____ (ihm / ihr), 2. ____ (ihnen). (➠ **Lösungen**)

Beachten Sie
- Me und te werden vor Vokal oder „stummem h" zu **m'** und **t'**:
  Qu'est-ce que tu **m'**offres à Noël ? Was schenkst du **mir** zu Weihnachten?
  Je **t'**ai apporté le journal. Ich habe **dir** die Zeitung gebracht.
- Lui vertritt sowohl ein Maskulinum als auch ein Femininum:
  Elle **lui** a écrit, mais il ne **lui** a pas répondu. Sie hat **ihm** geschrieben, aber er hat **ihr** nicht geantwortet.
- Lui (indirektes Objektpronomen) wird oft mit der unverbundenen Form des Personalpronomens (➠ 3.1) verwechselt:
  Je **lui** téléphone souvent, mais **lui**, il ne m'appelle jamais. Ich rufe **ihn** oft an, aber **er** ruft mich nie an.
- Leur kann mit dem Possessivbegleiter leur / leurs (➠ **Kapitel 6, Die Possessivbegleiter, 1.2**) verwechselt werden. Es hat nie ein s:
  Il **leur** a pris toutes leurs économies. Er hat **ihnen ihre** ganzen Ersparnisse genommen.

Test 7

Setzen Sie das jeweils passende indirekte Objektpronomen ein.
1. Je ____ ai dit la vérité. Ich habe **ihm** die Wahrheit gesagt.
2. On ____ a parlé de toi. Man hat **mir** von dir erzählt.
3. Elle ____ a emprunté de l'argent. Sie hat sich Geld von **dir** geliehen.
4. Il ____ a sauvé la vie. Er hat **ihr** das Leben gerettet.
5. Il ____ a dit d'attendre ici. Er hat **uns** gesagt, dass wir hier warten sollen.
6. Je ____ conseille de ne rien dire. Ich rate **Ihnen**, nichts zu sagen.
7. Leur chien ne ____ obéit pas du tout. Ihr Hund gehorcht **ihnen** gar nicht.

1.3.2 Gebrauch
Die indirekten Objektpronomen vertreten ein indirektes Objekt. Ein indirektes Objektpronomen kann das indirekte Objekt

– **wieder aufnehmen:** innerhalb eines Textes oder innerhalb desselben Satzes (wenn das indirekte Objekt am Satzanfang steht). (➠ **Kapitel 27, Satzbau und Satzgefüge, 1.1.2**)	Il est très amoureux d'elle. Il **lui** envoie sans arrêt des textos. Er ist sehr in sie verliebt. Er schickt **ihr** ständig SMS. A mes oncles et tantes, je ne **leur** écris jamais. Meinen Onkeln und Tanten schreibe ich nie.

– ankündigen:
(➡ Kapitel 27, Satzbau
und Satzgefüge, 1.1.2 c).

Je **leur** écris une fois par mois, à mes parents. Ich schreibe **ihnen** einmal im Monat, meinen Eltern.

Beachten Sie
Ein indirektes Objekt wird durch die Präposition à an das Verb angeschlossen:
écrire à quelqu'un jemandem schreiben → Tu écris **à** tes amis ? Schreibst du deinen Freunden?
Ob ein Verb ein indirektes Objekt nach sich zieht, darüber gibt Ihnen jedes gute Wörterbuch Auskunft (➡ **1.2.2 Beachten Sie**).

Test 8
Setzen Sie das jeweils passende indirekte Objektpronomen ein.
1. Tu as demandé à tes parents ? – Oui, je ____ ai demandé.
   Hast du deine Eltern gefragt? – Ja, ich habe sie gefragt.
2. Qu'est-ce qu'il ____ a dit ? – Il ne ____ a rien dit du tout.
   Was hat er **euch** gesagt ? – Er hat **uns** gar nichts gesagt.
3. Ce tableau ____ plaît ? – Non, il ne ____ plaît pas du tout.
   Gefällt **Ihnen** dieses Bild? – Nein, es gefällt **mir** überhaupt nicht.
4. Tu ____ promets que tu viendras ? – Oui, je ____ le promets.
   Versprichst du **uns**, dass du kommst? – Ja, ich verspreche es **euch**.
5. Il ____ écrit souvent, mais elle ne ____ répond jamais.
   Er schreibt **ihr** oft, aber sie antwortet **ihm** nie.
6. Je ____ ai posé la question, mais il ne ____ a pas encore répondu.
   Ich habe **ihm** die Frage gestellt, aber er hat **mir** noch nicht geantwortet.

1.4 Die Reflexivpronomen

Sind Subjekt und Objekt eines Satzes identisch, so verwendet man ein Reflexivpronomen. Das Reflexivpronomen, auch „rückbezügliches Fürwort" genannt, weist immer auf das Subjekt des Satzes zurück.
Die Reflexivpronomen im Plural können auch mit reziproker Bedeutung (bei wechselseitiger Beziehung) verwendet werden (➡ **Kapitel 24, Die reflexiven Verben 3.2**):
Reflexivpronomen: Il ne **s'**aime pas. Er mag **sich** nicht.
Reziprokpronomen: Ils **s'**aiment. Sie lieben **einander**.

Bei den reziprok gebrauchten Verben drückt das Reflexivpronomen die Wechselseitigkeit der Handlung aus.

Die Personal- und Reflexivpronomen

nicht-reflexiv	reflexiv
Ma mère **me** peigne. Meine Mutter kämmt **mich**. Wer kämmt? → meine Mutter Wen oder was kämmt sie? → mich Il **m'**achète des fleurs. Er kauft **mir** Blumen. Wer kauft? → er Wem kauft er Blumen? → mir	Je **me** peigne. Ich kämme **mich**. Wer kämmt? → ich Wen oder was kämme ich? → mich Je **m'**achète des fleurs. Ich kaufe **mir** Blumen. Wer kauft? → ich Wem kaufe ich Blumen? → mir

Test 9

Markieren Sie die Reflexivpronomen.
1. Ta mère t'appelle. Deine Mutter ruft dich.
2. Tu t'intéresses à la politique ? Interessierst du dich für Politik?
3. Ce livre m'ennuie profondément. Dieses Buch langweilt mich zutiefst.
4. Comment t'appelles-tu ? Wie heißt du?
5. Je me lave les mains. Ich wasche mir die Hände.
6. Ce reportage ne m'intéresse pas. Diese Reportage interessiert mich nicht.

1.4.1 Formen
Die Formen der Reflexivpronomen lauten:

Person	Singular	Plural	Beispiele
1. Person	**me** mich / mir	**nous** uns	Je **me** souviens. Ich erinnere **mich**. Nous **nous** rencontrons demain. Wir treffen **uns** morgen.
2. Person	**te** dich / dir	**vous** euch / sich	Tu **te** prends trop au sérieux. Du nimmst **dich** zu ernst. Vous **vous** trompez. Sie irren **sich**.
3. Person	**se** sich	**se** sich	Il / Elle **se** connaît bien. Er / Sie kennt **sich** gut. Ils / Elles **se** reposent. Sie ruhen **sich** aus.

Beachten Sie
– In der 1. und 2. Person sind die Formen des Reflexivpronomens identisch mit den Formen der Objektpronomen. Nur in der 3. Person Singular und Plural hat das Reflexivpronomen eine spezifische Form, nämlich se (sich).

9 Die Personal- und Reflexivpronomen

– **Me**, **te** und **se** werden vor Vokal oder „stummem h" zu **m'**, **t'** und **s'**:
Je **m'**entends bien avec lui. Ich verstehe **mich** gut mit ihm.
Tu **t'**ennuies souvent ? Langweilst du **dich** oft?
Elle ne **s'**habitue pas à sa nouvelle vie. Sie gewöhnt **sich** nicht an ihr neues Leben.

Test 10
Setzen Sie das passende Reflexivpronomen ein.
1. Il ___ entend bien avec ses parents. Er versteht **sich** gut mit seinen Eltern.
2. Je ___ suis dépêché. Ich habe **mich** beeilt.
3. Tu ___ habilles comment ce soir ? Wie ziehst du **dich** heute Abend an?
4. Ils ___ promènent souvent ensemble. Sie gehen oft zusammen spazieren.
5. Nous ___ baignons tous les jours. Wir baden jeden Tag.
6. Vous ne ___ ennuierez pas. Sie werden **sich** nicht langweilen.

1.4.2 Gebrauch
Reflexivpronomen werden im Zusammenhang mit Reflexivverben verwendet, wie z. B. s'amuser sich amüsieren, s'habiller sich anziehen, se laver sich waschen (➡ **Kapitel 24, Die reflexiven Verben**).

1.4.3 Funktion
Wie im Deutschen kann das Reflexivpronomen sowohl direktes als auch indirektes Objekt sein:

direktes Objekt (wen?)	indirektes Objekt (wem?)
Je **me** lave. Ich wasche **mich**. Nous **nous** amusons bien. Wir amüsieren **uns** gut.	Je **m'**achète un pull. Ich kaufe **mir** einen Pullover. Tu **te** donnes du mal. Du gibst **dir** Mühe.

Beachten Sie
Weitere Informationen zu den Reflexivpronomen finden Sie unter ➡ 2 sowie in ➡ **Kapitel 24, Die reflexiven Verben**).

Test 11
Vertritt das Reflexivpronomen ein direktes (d) oder ein indirektes (i) Objekt?
Beispiel: Je me douche. Ich dusche (mich). d
1. Je me réveille tôt. Ich stehe früh auf. ___
2. Nous nous sommes fait un café. Wir haben uns einen Kaffee gemacht. ___
3. Il veut s'acheter une moto. Er will sich ein Motorrad kaufen. ___

Die Personal- und Reflexivpronomen **9**

4. Tu te fatigues trop. Du strengst dich zu sehr an. __
5. Il s'est blessé avec un couteau. Er hat sich mit einem Messer verletzt. __

2 Stellung der Objekt- und Reflexivpronomen im Satz

Anders als im Deutschen stehen die Objekt- und Reflexivpronomen in der Regel **vor** der konjugierten Form des Verbs, auf die sie sich beziehen:
Direktes Objektpronomen: Je te comprends. Ich verstehe **dich**.
Indirektes Objektpronomen: Je lui offre un CD. Ich schenke **ihm** eine CD.
Reflexivpronomen: Je me souviens. Ich erinnere **mich**.
Nur in wenigen Fällen stehen die Pronomen nach dem Verb (➡ 2.2).

2.1 Voranstellung

In den folgenden Fällen stehen die Objektpronomen vor der konjugierten Form des Verbs:

1. Im Aussagesatz bei einfachen wie bei zusammengesetzten Verbformen, auch im verneinten Satz.	Je la connais bien. Ich kenne **sie** gut. Elle m'a aidé. Sie hat **mir** geholfen. Tu te couches trop tard. Du gehst zu spät ins Bett. Je ne vous vois pas. Ich sehe **Sie** nicht. Elle ne m'a pas aidé. Sie hat **mir** nicht geholfen.
2. Im Fragesatz – Inversionsfrage – est-ce que-Frage – Intonationsfrage (➡ **Kapitel 27**, 2.1).	Le connais-tu ? Kennst du **ihn**? Vous souvenez-vous ? Erinnern Sie **sich**? Est-ce que tu le connnais ? Kennst du **ihn**? Vous leur avez dit ? Sie haben es **ihnen** gesagt? On se retrouve devant le cinéma ? Treffen wir **uns** vor dem Kino?
3. Im verneinten Imperativsatz.	Ne me dérange pas. Störe **mich** nicht. Ne lui montre pas les photos. Zeig **ihm** die Bilder nicht! Ne vous énervez pas. Regen Sie **sich** nicht auf!

Beachten Sie
– In der Inversionsfrage Vous souvenez-vous de son nom ? (Erinnern Sie sich an seinen Namen?) ist das erste vous (sich) Reflexivpronomen und steht vor dem Verb. Das zweite nachgestellte vous (Sie) ist das Subjektpronomen.

9 Die Personal- und Reflexivpronomen

– Achten Sie auf die Angleichung des participe passé bei vorangestelltem Objektpronomen (➡ **Kapitel 18, Der Indikativ [Zeiten der Vergangenheit], 1.4.2 a**).
Tu as vu tes amis ? – Non, je ne **les** ai pas vus. Hast du deine Freunde gesehen? – Nein, ich habe sie nicht gesehen.
Tu as écrit la lettre ? – Oui, je **l'**ai écrite. Hast du den Brief geschrieben? – Ja, ich habe ihn geschrieben.

2.2 Nachstellung

In den folgenden Fällen stehen die Objektpronomen nach der konjugierten Verbform:

1. Im bejahten Imperativsatz steht das Objektpronomen nach dem Verb, an das es mit Bindestrich angeschlossen ist.	Aide-**moi**. Hilf **mir**! Abonnez-**vous** vite. Abonnieren Sie schnell!
2. Bei Infinitivkonstruktionen steht das Objektpronomen wie im Deutschen vor dem Infinitiv und außerhalb der Negationsklammer ne ... pas nicht.	Le chef voudrait **te** voir. Der Chef möchte **dich** sehen. Elle ne veut pas **se** laver. Sie will **sich** nicht waschen.

Beachten Sie
zu 1. Im bejahten Imperativsatz wird anstelle von me und te die betonte Form moi und toi verwendet (➡ **3.2**):
Ecris-**moi** vite. Schreib mir schnell!
Dépêche-**toi**. Beeil dich!
zu 2. Bei Verben der Wahrnehmung (voir sehen, entendre hören, sentir fühlen usw.) steht das Pronomen jedoch vor der konjugierten Verbform:
Je regarde la pluie tomber. → Je **la** regarde tomber.
Ich sehe den Regen fallen. → Ich sehe **ihn** fallen.
J'ai entendu le bébé pleurer. → Je **l'**ai entendu pleurer.
Ich habe das Baby weinen hören. → Ich habe **es** weinen hören.

Test 12

Setzen Sie die Pronomen an der richtigen Stelle ein. Vergessen Sie bei der Nachstellung den Bindestrich nicht.
1. (moi) _____ suivez _____, s'il vous plaît. Folgen Sie **mir** bitte.
2. (vous) Je _____ remercie _____ beaucoup. Ich danke **Ihnen** vielmals.
3. (la) Je ne _____ vois_____ jamais. Ich sehe **sie** nie.

Die Personal- und Reflexivpronomen

4. (te)   Je ne ___ comprends ___ plus. Ich verstehe **dich** nicht mehr.
5. (vous) ___ partez ___ à quelle heure ? Um wie viel Uhr fahren **Sie**?
6. (toi) ___ Habille ___. Zieh **dich** an!
7. (lui) Est-ce que tu ___ as ___ écrit ? Hast du **ihm** / **ihr** geschrieben?
8. (toi) ___ lave ___ les mains. Wasch **dir** die Hände!

TIPP

Sie haben nun die wichtigsten Regeln zur Form, Funktion und Stellung der französischen Personalpronomen gelernt. Wenn Sie erst angefangen haben Französisch zu lernen, können Sie den nächsten Abschnitt über die Stellung mehrerer Pronomen im Satz zu einem späteren Zeitpunkt erarbeiten und direkt zu ➡ 3, **Die unverbundenen Personalpronomen**, gehen.

2.3 Reihenfolge mehrerer Objektpronomen im Satz

Wie im Deutschen können in einem Satz zwei Objektpronomen miteinander kombiniert werden. Hier finden Sie die übliche Darstellung der Reihenfolge der Objektpronomen im Satz:

me te se nous vous	(stehen vor)	le la les	(stehen vor)	lui leur	+ Verb

Beachten Sie
– Die Objektpronomen des Dialogs (1. und 2. Person Singular und Plural) stehen immer an erster Stelle:
  Il **me** le dit souvent. Er sagt es mir oft.
  Il **nous** l'a apporté hier. Er hat es uns gestern gebracht.
  Je **te** l'ai déjà donné. Ich habe es dir schon gegeben.
  Je **vous** l'ai dit cent fois. Ich habe es euch / Ihnen hundert Mal gesagt.
– Die direkten Objektpronomen der 3. Person Singular und Plural (le, la und les) stehen immer vor den indirekten Pronomen der 3. Person Singular und Plural:
  Il **le** lui dit souvent. Er sagt es ihm / ihr oft.
  Je **la** lui montrerai demain. Ich werde sie ihm / ihr morgen zeigen.

9 Die Personal- und Reflexivpronomen

Test 13
Setzen Sie die passende Pronomenkombination ein.
1. (le lui / lui le)
   Tu as donné l'argent à Marc ? – Oui, je ____ ____ ai donné.
   Hast du Marc das Geld gegeben? – Ja, ich habe es ihm gegeben.
2. (leur le / le leur)
   Tu offres ce CD à tes amis ? – Oui, je ____ ____ offre.
   Schenkst du diese CD deinen Freunden? – Ja, ich schenke sie ihnen.
3. (me l' / la m')
   Qui t'a montré cette photo ? – C'est ma sœur qui ____ ____ a montrée.
   Wer hat dir dieses Bild gezeigt? – Meine Schwester hat es mir gezeigt.
4. (les lui / lui les)
   As-tu donné les clés à Julie ? – Oui, je ____ ____ ai données.
   Hast du Julie die Schlüssel gegeben? – Ja, ich habe sie ihr gegeben.

3 Die unverbundenen Personalpronomen

Im Gegensatz zum Deutschen haben Personalpronomen, die allein, d. h. ohne Verb verwendet werden, eine eigene Form. Diese unverbundenen Personalpronomen (auch „betonte Personalpronomen" genannt) stehen:
– ohne Verb: Qui a fait ça ? – Moi. Wer hat das getan? – Ich.
– nach einer Präposition: Qui vient avec moi ? Wer kommt mit mir?
– in Verbindung mit einem verbundenen Personalpronomen zur Hervorhebung: Moi, je n'ai rien dit. Ich habe nichts gesagt.

3.1 Formen

Die Formen der unverbundenen Personalpronomen lauten:

Person	Singular	Plural	Beispiele
1. Person	**moi** ich / mich / mir	**nous** wir / uns	**Moi**, je n'aime pas l'opéra. **Ich** mag keine Opern. avec **moi** mit **mir**, pour **nous** für **uns**
2. Person	**toi** du / dich / dir	**vous** ihr / Sie / euch / Ihnen	Et **vous** ? Und **ihr** / **Sie**? Tiens, c'est pour **toi**. Hier, das ist für **dich**. avec **vous** mit **euch** / **Ihnen**

168 3 Die unverbundenen Personalpronomen

Die Personal- und Reflexivpronomen

Person	Singular	Plural	Beispiele
3. Person	**lui** er / ihn / ihm **elle** sie / ihr	**eux** sie / ihnen **elles** sie / ihnen	**Lui**, il aime sortir. **Elle**, elle aime rester à la maison. **Er** geht gern aus. **Sie** bleibt gern zu Hause. Tu pars avec **eux** ? – Non, je pars avec **elles**. Fährst du mit ihnen? – Nein, ich fahre mit ihnen (nur Frauen).
Reflexiv	**soi** sich		Chacun pour **soi**. Jeder für **sich**.

Beachten Sie
- Die unverbundenen Personalpronomen haben als Subjekt oder Objekt dieselbe Form: Moi kann z. B. je nach Kontext „ich", „mich" oder „mir" bedeuten:
  moi = ich → **Moi**, j'adore la grammaire. **Ich** liebe Grammatik.
  moi = mich → C'est pour **moi**. Das ist für **mich**.
  moi = mir → C'est à **moi**. Es gehört **mir**.
- **Nous** ist ebenfalls die betonte Form von on in der Bedeutung von „wir":
  Nous, on a fait une magnifique promenade. Wir haben einen wunderschönen Spaziergang gemacht.
- Die unverbundenen Personalpronomen der 3. Person sind, im Gegensatz zum Deutschen, auch im Plural genusmarkiert:
  C'est pour qui ? Pour **eux** ou pour **elles** ? Für wen ist das? Für **sie** oder für **sie**? Eine wörtliche Übersetzung ist hier nicht möglich, da das zweite „sie" (elles) eine Gruppe von Frauen bezeichnet.
- **Lui** ist sowohl indirektes Objektpronomen (mit der Bedeutung „ihm" oder „ihr") als auch unverbundenes Personalpronomen der 3. Person Singular maskulin (mit der Bedeutung „er", „ihn" oder „ihm").
  Indirektes Objektpronomen: Tu **lui** as écrit ? Hast du **ihm / ihr** geschrieben?
  Unverbundenes Objektpronomen: C'est pour **lui**. Das ist für **ihn**.
- **Soi** ist die unverbundene Form des Reflexivpronomens se (sich). Es weist auf ein unbestimmtes Subjekt hin und wird meistens mit einem Infinitiv gebraucht:
  avoir toute la vie devant **soi** das ganze Leben vor sich haben
  ne penser qu'à **soi** nur an sich denken.

Test 14

Setzen Sie die passende Form des unverbundenen Pronomens ein.
1. _____, je suis française. Et _____ ? **Ich bin Französin. Und du?**
2. _____, elle adore le ski. Et _____ ? **Sie fährt sehr gern Schi. Und er?**

9 Die Personal- und Reflexivpronomen

3. Le livre est pour ____, le CD pour ____. Das Buch ist für **mich**, die CD für **dich**.
4. Est-ce que ce stylo est à ____ ? – Non, il est à ____. Gehört dieser Kuli **Ihnen**? – Nein, er gehört **ihr**.

3.2 Gebrauch

Die unverbundenen Personalpronomen werden verwendet

1.	in verblosen Sätzen.	Qui s'occupe des boissons ? – **Moi** ! Wer kümmert sich um die Getränke? – **Ich**! J'aime le sport. Et **toi** ? Ich liebe Sport. Und **du**?
2.	zur Hervorhebung der Identität.	**Moi**, je suis **moi** et **toi**, tu es **toi**. Ich bin **ich** und du bist **du**.
3.	nach einer Präposition.	Tu manges **avec eux** ? – Non, je mange **avec toi**. Isst du **mit ihnen**? – Nein, ich esse **mit dir**. Je vais **chez moi**. Ich gehe **nach Hause**.
4.	nach der einführenden Wendung C'est ... / Ce sont ...	Qui est là ? – C'est **moi**. Wer ist da? – **Ich** bin's. C'est **elle**, j'en suis sûre. **Sie** ist es, dessen bin ich mir sicher.
5.	im Vergleichssatz.	Il est plus grand que **moi**, mais plus petit que **toi**. Er ist größer als **ich**, aber kleiner als **du**.
6.	Im bejahten Imperativsatz stehen moi und toi anstelle der unbetonten Form me und te und werden durch Bindestrich an das Verb angeschlossen. (➡ Kapitel 21, Der Imperativ, 2.1)	Donnez-**moi** un pain, s'il vous plaît. Geben Sie **mir** bitte ein Brot. Regarde-**moi** quand je te parle. Sieh **mich** an, wenn ich mit dir spreche! Dépêche-**toi**. Beeil **dich**!

Beachten Sie
– Im gesprochenen Französisch wird das lautlich schwache je / j' sehr oft durch die lautstärkere Form moi ergänzt:
Moi, je n'aime pas le sport. Ich, ich mag keinen Sport.
Betonte und unbetonte Form werden durch ein Komma getrennt.

Die Personal- und Reflexivpronomen 9

- Zur Hervorhebung der Identität muss in der 1. und 2. Person das unverbundene Personalpronomen durch das entsprechende verbundene Personalpronomen wieder aufgenommen werden:
  Moi, j'ai tout compris. **Ich** habe alles verstanden.
  In der 3.Person kann das unverbundene Personalpronomen jedoch allein stehen:
  Lui (il) n'a rien compris. **Er** hat nichts verstanden.
  In dieser emphatischen Verwendung wird das unverbundene Pronomen oft mit dem Adverb même (selbst) verstärkt:
  Moi-même, je n'y comprends rien. **Ich selbst** verstehe nichts.
  C'est lui-même qui me l'a dit. **Er selbst** hat es mir gesagt.
- Nach der Präposition à drückt das unverbundene Personalpronomen ein possessives Verhältnis aus:
  A qui est cette gomme ? – A moi. Wem gehört dieser Radiergummi? – **Mir**.
  Cette voiture est à vous ? Gehört **Ihnen** dieses Auto?
  C'est à moi kann sowohl „es gehört mir" als auch „ich bin dran" (z. B. bei Spielen) bedeuten. Der Kontext allein entscheidet.

Test 15
Setzen Sie die unbetonte oder die betonte Form des Personalpronomens ein.
1. Qu'est-ce que ____ fais demain ? Was machst **du** morgen?
2. Demain, ____ travaille. Et ____ ? Morgen arbeite **ich**. Und **du**?
3. ____ ? ____ ne sais pas encore. Ich? Ich weiß noch nicht.
4. ____ connais ce film ? Kennst **du** diesen Film?
5. ____, ____ la vois souvent, mais ____ non. **Sie** sehe ich oft, aber **ihn** nicht.

Auf den Punkt gebracht

1. (➡ 1 bis ➡ 1.1.3)
Kreuzen Sie ja oder nein an.

		ja	nein
1.	Verbundene Pronomen können nicht ohne Verb gebraucht werden.	☐	☐
2.	Je und tu werden vor Vokal und „stummem h" apostrophiert.	☐	☐
3.	Vous wird zur Anrede einer Person verwendet (Höflichkeitsform).	☐	☐
4.	On ersetzt oft nous in der Schriftsprache.	☐	☐
5.	Dem deutschen Pronomen „sie" (Plural) entspricht im Französischen ils oder elles.	☐	☐
6.	Subjektpronomen stehen bei der Intonationsfrage vor dem Verb.	☐	☐

Die Personal- und Reflexivpronomen

7. Subjektpronomen stehen bei der Inversionsfrage nach dem Verb. ☐ ☐
8. Zur Wiedergabe des deutschen neutralen Pronomens „es"
werden im Französischen verschiedene Pronomen verwendet. ☐ ☐

2. (➞ 1.1.4)
Markieren Sie die richtige Möglichkeit.
1. (Ça / Ce) va ? Wie geht's?
2. (Ça / Il) fait beau. Das Wetter ist schön.
3. Je ne (cela / le) savais pas. Ich wusste es nicht.
4. (Ce / C') n'est pas clair. Es ist nicht klar.

3. (➞ 1.2)
Setzen Sie die fehlenden Formen der direkten Objektpronomen ein.

	Singular	Plural
1. Person	me mich	____ uns
2. Person	____ dich	vous euch
3. Person	le ihn ____ sie	____ sie

4. (➞ 1.3)
Kreuzen Sie ja oder nein an.   ja nein
1. Direkte und indirekte Objektpronomen haben die gleiche
   Form für alle Personen. ☐ ☐
2. Das verbundene Pronomen lui bedeutet im Deutschen
   sowohl „ihr" als auch „ihm". ☐ ☐
3. Nous und vous können Subjektpronomen, direkte oder
   indirekte Pronomen sein. ☐ ☐

5. (➞ 1.4)
Kreuzen Sie ja oder nein an.   ja nein
1. Das Reflexivpronomen bezieht sich auf das Subjekt des Satzes. ☐ ☐
2. Direkte Objektpronomen und Reflexivpronomen haben für
   alle Personen die gleichen Formen. ☐ ☐
3. Nur in der 3. Person Singular und Plural hat das
   Reflexivpronomen eine spezifische Form: se / s' (sich). ☐ ☐
4. Das Reflexivpronomen vertritt immer ein direktes Objekt. ☐ ☐

Die Personal- und Reflexivpronomen 9

6. (➟ 2.1 und ➟ 2.2)
Markieren Sie die richtige Aussage und setzen Sie das Pronomen an der richtigen Stelle ein.
1. Die Objektpronomen stehen in der Regel (vor / hinter) dem Verb:
   Je ____ trouve ____ sympa. Ich finde sie nett.
2. Die Reflexivpronomen stehen in der Regel (vor / hinter) dem Verb:
   Ils ____ lavent ____. Sie waschen sich.
3. Im verneinten Imperativsatz stehen die Objektpronomen (vor / hinter) dem Verb: Ne ____ touche ____ pas. Fass mich nicht an.
4. Im Fragesatz stehen die Objektpronomen (vor / hinter) dem Verb:
   Est-ce que vous ____ connaissez ____ ? Kennen Sie ihn?
5. Im bejahten Imperativsatz stehen die Objektpronomen (vor / hinter) dem Verb: ____ lavez-____ vite. Wascht euch schnell!

7. (➟ 2.3)
Vervollständigen Sie die Reihe.
me
te   ____
se   (stehen vor)   ____   (stehen vor)   ____   +   Verb
nous   ____
vous

8. (➟ 3.1)
Tragen Sie die entsprechenden betonten Formen des Personalpronomens ein.
____, je   ____, nous
____, tu   ____, vous
____, il   ____, ils
____, elle   ____, elles

9. (➟ 3.2)
Kreuzen Sie ja oder nein an und ergänzen Sie die Sätze.   ja nein
1. Die unverbundenen Personalpronomen werden im gesprochenen
   Französisch sehr häufig zur Hervorhebung verwendet.   ☐   ☐
2. Die unverbundenen Pronomen stehen in verblosen Sätzen.   ☐   ☐
3. Die unverbundenen Pronomen stehen nach einer Präposition.   ☐   ☐
4. Im verneinten Imperativsatz ersetzen moi und toi die unbetonten
   Pronomen me und te: Ne ____ regarde pas. Schau mich nicht an!   ☐   ☐
5. Im bejahten Imperativsatz ersetzen moi und toi die unbetonten
   Pronomen me und te: Donne-____ ça. Gib mir das!   ☐   ☐

Auf den Punkt gebracht

9 Die Personal- und Reflexivpronomen

Und wenn Sie noch neugierig sind ...

... finden Sie hier noch einige sehr gebräuchliche Ausdrücke mit unverbundenen Pronomen. Verbinden Sie den französischen Ausdruck mit der deutschen Entsprechung.

1. C'est moi.
2. C'est à moi.
3. Moi non plus.
4. quant à moi
5. Cela va de soi.
6. chez moi

a. Ich bin dran. / Es gehört mir.
b. bei mir / zu Hause
c. Selbstverständlich.
d. Ich bin's.
e. was mich betrifft
f. Ich auch nicht.

Die Adverbialpronomen 10

1 Das Adverbialpronomen y

Das Adverbialpronomen y hat zwei Funktionen:

1. Y mit der Bedeutung „dort / dorthin" vertritt eine Ortsangabe, die durch Präpositionen wie à, en, dans, chez, sur (außer de) eingeführt wurde. (Frage: wo / wohin?)	Habitez-vous toujours à Nice ? – Oui, et je m'y plais beaucoup. Wohnen Sie immer noch in Nizza? – Ja, und es gefällt mir sehr gut **dort**. Tu vas chez le boucher ? – Oui, j'y vais. Gehst du zum Metzger? – Ja, ich gehe **hin**. Le livre est-il sur la table ? – Non, il n'y est pas. Ist das Buch auf dem Tisch? – Nein, es ist nicht **dort**.
2. Y vertritt ein indirektes Objekt, das mit der Präposition à eingeführt wurde. In diesem Fall hängt der Gebrauch von y vom Verb ab. Y entspricht hier den deutschen Pronominaladverbien „daran / dafür / darauf" usw.	Tu t'intéresses à la mode ? – Oui, je m'y intéresse. Interessierst du dich für Mode? – Ja, ich interessiere mich **dafür**. As-tu pensé aux cadeaux ? – Non, je n'y ai pas pensé. Hast du an die Geschenke gedacht? – Nein, ich habe nicht **daran** gedacht.
3. Y vertritt einen ganzen Satz.	Je voulais te réveiller, mais je n'y ai plus pensé. Ich wollte dich wecken, aber ich habe nicht mehr daran gedacht.

Beachten Sie

zu 1. Y kommt ebenfalls in der Wendung il y a (es gibt / es ist/sind … da) vor, die im Französischen sehr häufig verwendet wird.
Sur la table, il y a des verres. Auf dem Tisch stehen Gläser.

zu 2. In dieser Funktion vertritt y ausschließlich Sachen oder Begriffe. Ist das Bezugswort eine Person, so steht anstelle von y die Präposition à + das entsprechende betonte Personalpronomen (➡ **Kapitel 9, Die Personal- und Reflexivpronomen, 3.1**).
Sache: Tu penses à mon livre ? – Oui, j'y pense.
Denkst du an mein Buch? – Ja, ich denke **daran**.
Person: Tu penses à tes parents ? – Oui, je pense à eux.
Denkst du an deine Eltern? – Ja, ich denke **an sie**.

10 Die Adverbialpronomen

Aber:
Diese Regel wird im gesprochenen Französisch oft nicht befolgt.
Tu penses à tes parents ? – Oui, j'y pense.
Y wird vor dem Verb aller im Futur oder conditionnel I nicht verwendet, um das Zusammentreffen der beiden i-Laute zu vermeiden:
Iras-tu chez le médecin demain ? – Oui, j'irai. Wirst du morgen zum Arzt gehen? – Ja, ich werde hingehen.

 Test 1
Setzen Sie den passenden Ausdruck ein.
1. (j'y pense / je pense à lui)
   Tu penses à mon anniversaire ? – Oui, _____.
   Denkst du an meinen Geburtstag? – Ja, ich denke daran.
2. (je pense à elle / j'y pense)
   Penses-tu souvent à ta sœur ? Oui, _____ souvent.
   Denkst du oft an deine Schwester? – Ja, ich denke oft an sie.
3. (je crois à elle / j'y crois)
   Croyez-vous à l'astrologie ? – Oui, _____.
   Glauben Sie an Astrologie? – Ja, ich glaube daran.
4. (il y a répondu / il lui a répondu)
   A-t-il répondu à ta lettre ? – Oui, _____ aussitôt.
   Hat er deinen Brief beantwortet? – Ja, er hat ihn sofort beantwortet.

2 Das Adverbialpronomen *en*

Das Adverbialpronomen en hat drei Funktionen:

1. En mit der Bedeutung „daher / von dort" vertritt eine Ortsangabe, die durch die Präposition de (von / aus) eingeführt wurde. (Frage: woher?)	Est-il rentré **de la piscine** ? – Non, il n'**en** est pas encore rentré. Ist er **vom** Schwimmbad zurück? – Nein, er ist noch nicht (**von dort**) zurück.
2. En vertritt ein indirektes Objekt, das mit der Präposition de eingeführt wurde. In diesem Fall hängt der Gebrauch von en vom Verb oder Adjektiv ab. En entspricht hier den deutschen Pronominaladverbien „davon / daraus / darüber" usw.	Il parle souvent **de sa voiture**. – Oui, il **en** parle souvent, il **en** est très fier. Er spricht oft **von** seinem Auto. – Ja, er spricht oft **davon**, er ist sehr stolz **darauf**. As-tu besoin **de ce livre** ? – Oui, j'**en** ai besoin. Brauchst du dieses Buch? – Ja, ich brauche es.

Die Adverbialpronomen 10

3. **En** vertritt ein direktes Objekt: eine Nominalgruppe, die durch den unbestimmten oder den Teilungsartikel eingeführt wurde.

As-tu un portable ? – Oui, j'**en** ai un.
Hast du ein Handy? – Ja, ich habe eins.
As-tu bu **du** lait ? – Oui, j'**en** ai bu.
Hast du Milch getrunken? – Ja, ich habe **welche** getrunken.

Beachten Sie

zu 1. In adverbialer Verwendung (als Umstandsergänzungen) sind en und y komplementär: En antwortet auf die Frage „woher?" und y auf die Fragen „wo?" und „wohin?". Sie entsprechen genau der Opposition zwischen den Präpositionen à und de (➧ **Kapitel 29, Die Präpositionen, 2.1.1**):
Je vais à Lyon. → J'y vais. Ich fahre nach Lyon. Ich fahre **hin**.
Je viens de Lyon. → J'en viens. Ich komme von Lyon. Ich komme **von dort**.

zu 2. In dieser Verwendung vertritt en ausschließlich Sachen oder Begriffe. Ist das Bezugswort eine Person, so steht anstelle von en die Präposition de + das entsprechende betonte Objektpronomen (➧ **Kapitel 9, 3.1**).
Sache: Il s'occupe de son jardin. → Il s'**en** occupe. Er kümmert sich um seinen Garten. → Er kümmert sich **darum**.
Person: Il s'occupe de ses parents. → Il s'occupe **d'eux**. Er kümmert sich um seine Eltern. → Er kümmert sich **um sie**.

Aber:
Im mündlichen Gebrauch wird en auch als Vertreter von Personen verwendet: Il s'occupe de ses parents. → Il s'**en** occupe.

zu 3. En hat hier eine partitive Bedeutung und wird in Verbindung mit einem Zahlwort, einem Indefinitpronomen oder einer Mengenangabe verwendet. In diesem Fall bleibt en im Deutschen meistens unübersetzt.
Combien de pommes voulez-vous ? Wie viele Äpfel möchten Sie?
– Zahlwort: J'**en** voudrais trois. Ich möchte drei.
– Indefinitpronomen: J'**en** voudrais plusieurs. Ich möchte mehrere.
– Mengenangabe: J'**en** voudrais un kilo. Ich möchte ein Kilo.

Test 2

Setzen Sie den passenden Ausdruck ein.
1. (il parle de lui / il en parle)
   Parle-t-il parfois de son travail ? – Oui, _____ souvent.
   Spricht er manchmal über seine Arbeit? – Ja, er spricht oft darüber.
2. (je m'en souviens / je me souviens d'elle)
   Vous souvenez-vous de Mme Leblanc ? – Oui, _____.
   Erinnern Sie sich an Mme Leblanc? – Ja, ich erinnere mich an sie.

10 Die Adverbialpronomen

3. (j'ai besoin d'elle / j'en ai besoin)
   As-tu besoin de la voiture demain ? – Oui, _____.
   Brauchst du das Auto morgen? – Ja, ich brauche es.
4. (je m'en souviens / je me souviens d'elle)
   Te souviens-tu de cette chanson ? – Oui, _____.
   Erinnerst du dich an dieses Lied? – Ja, ich erinnere mich daran.
5. (je m'occupe d'elles / je m'en occupe)
   Tu t'occupes des plantes ? – Oui, _____.
   Kümmerst du dich um die Pflanzen? – Ja, ich kümmere mich darum.

3 Stellung von *en* und *y*

3.1 Als einzige Pronomen im Satz

In der Regel stehen en und y direkt vor dem Verb, auf das sie sich beziehen (in den folgenden Beispielen ist dieses Verb unterstrichen):
On va au cinéma ce soir ? – D'accord, on y va. Gehen wir heute Abend ins Kino? – Einverstanden, gehen wir hin.
C'est très important, tu dois absolument y penser. Das ist sehr wichtig, du musst unbedingt daran denken.
Combien as-tu acheté de viande ? – J'en ai acheté 500 grammes. Wie viel Fleisch hast du gekauft? – Ich habe 500 Gramm gekauft.
Ce vin est excellent. Tu devrais en acheter quelques bouteilles. Dieser Wein ist ausgezeichnet. Du solltest einige Flaschen kaufen.

Auf Entdeckung
Lesen Sie die folgenden Beispiele und achten Sie auf die Stellung der beiden Adverbialpronomen y und en. Ergänzen Sie anschließend die unten stehenden Regeln. (➡ **Lösungen**)

Satzart	Beispiel
Aussagesatz und Fragesatz	Je vais au bureau et j'y resterai jusqu'à ce soir. Ich fahre ins Büro und bleibe dort bis heute Abend. Tu peux avoir la voiture demain. – Tu n'en as pas besoin ? Du kannst morgen das Auto haben. – Brauchst du es nicht?
bejahter Imperativsatz	Prends-en plusieurs ! Nimm mehrere! Allez, vas-y, n'aie pas peur ! Los, geh hin, hab keine Angst!
verneinter Imperativsatz	N'y allez pas, c'est peut-être dangereux. Geht nicht hin, es ist vielleicht gefährlich. N'en prends pas, ce n'est pas bon. Nimm nichts davon, es schmeckt nicht.

Die Adverbialpronomen 10

Setzen Sie „vor" oder „hinter" ein:
1. Die Adverbialpronomen en und y stehen im Aussage- und Fragesatz direkt ____ dem Verb.
2. Im bejahten Imperativsatz stehen en und y ____ dem Verb.
3. Im verneinten Imperativsatz stehen en und y ____ dem Verb.

Beachten Sie
- Der bejahte Imperativsatz bildet die einzige Ausnahme zu der Regel der Voranstellung der Pronomen:
  Voici du fromage. Prenez-en un peu. Hier ist Käse. Nehmen Sie sich etwas davon.
- Endet das Verb im bejahten Imperativsatz nicht auf -s, so wird ein -s eingefügt (zur Vermeidung des hiatus).
  Voici deux bonbons. Donnes-en un à ton frère. Hier sind zwei Bonbons. Gib deinem Bruder eins. (Siehe hierzu ➡ **Kapitel 21, Der Imperativ, 2.3**)

TIPP

Sie haben nun die wichtigsten Informationen über die Adverbialpronomen en und y gelesen. Wenn Sie erst anfangen Französisch zu lernen, können Sie die Erarbeitung dieses Kapitels hier abschließen und zu den Kontrollaufgaben gehen. Wenn Sie weiter lesen möchten, sollten Sie vorher
➡ **Kapitel 9, Die Personal- und Reflexivpronomen**, 2 kennen.

3.2 Reihenfolge der Objekt- und Adverbialpronomen

Die Reihenfolge mehrerer Pronomen im Satz ist festgelegt.

Auf Entdeckung
Hier finden Sie die übliche Darstellung der Reihenfolge aller Objekt- und Adverbialpronomen im Satz. Prägen Sie sich diese Reihenfolge gut ein und lösen Sie dann die nachfolgende Aufgabe. (➡ **Lösungen**)

me							
te		le		lui			
se	(steht vor)	la	(steht vor)	leur	(steht vor)	y (steht vor)	en
nous		les					
vous							

Kreuzen Sie ja oder nein an. ja nein
1. Y und en treten immer als letzte Pronomen im Satz auf. ☐ ☐
2. Le, la und les stehen hinter lui und leur. ☐ ☐

10 Die Adverbialpronomen

3. Y steht immer an letzter Stelle, nach en. ☐ ☐
4. En steht immer nach y. ☐ ☐

Test 3
Setzen Sie die richtige Kombination ein.
1. (te le / le te)
   Je ___ ___ dirai demain. Ich werde es dir morgen sagen.
2. (t'en / en te)
   Je ___ ___ donnerai demain. Ich werde dir morgen welches geben.
3. (en leur / leur en)
   Je ___ ___ ai déjà parlé. Ich habe es ihnen schon erzählt.
4. (la lui / lui la)
   Je ___ ___ ai montré. Ich habe sie ihr gezeigt.
5. (y en / en y)
   Du lait, il ___ ___ a encore dans le frigo. Milch gibt es noch im Kühlschrank.
6. (y l' / l'y)
   Je ___ ___ ai déjà rencontré. Ich habe ihn dort schon getroffen.

Auf den Punkt gebracht

1. (➞ 1)
Kreuzen Sie ja oder nein an. ja nein
1. Y vertritt eine Ortsbestimmung. ☐ ☐
2. Y vertritt ein indirektes Objekt, das mit à eingeführt wird. ☐ ☐
3. Y vertritt eine Ergänzung mit de. ☐ ☐

2. (➞ 2)
Kreuzen Sie ja oder nein an und ergänzen Sie den Satz. ja nein
1. En vertritt ein indirektes Objekt, das mit de eingeführt wird. ☐ ☐
2. En vertritt eine Ortsbestimmung und antwortet auf die Frage „wo? oder wohin?". ☐ ☐
3. En, partitiv gebraucht, wird im Deutschen in der Regel nicht übersetzt: J'en voudrais deux. Ich _____ . ☐ ☐

3. (➞ 3.1)
Setzen Sie y oder en ein
1. Tu vas à la conférence, ce soir ? – Oui j' ___ vais.
   Gehst du heute Abend zum Vortrag? – Ja, ich gehe hin.
2. Tu viens de la fac ? – Oui, j'___ viens.
   Kommst du von der Uni? – Ja, ich komme von dort.

Die Adverbialpronomen 10

3. As-tu acheté des journaux ? – Oui, j' ___ acheté deux.
   Hast du Zeitungen gekauft? – Ja, ich habe zwei gekauft.
4. Répondras-tu à ma lettre ? – Oui, j' ___ répondrai.
   Wirst du auf meinen Brief antworten? – Ja, ich werde darauf antworten.
5. As-tu entendu parler de cet accident ? – Oui, j'___ ai entendu parler.
   Hast du von diesem Unfall gehört? – Ja, ich habe davon gehört.

4. (➩ 3.2)
Ergänzen Sie die Reihe der Personal- und Adverbialpronomen.

me							
te		le		lui			
se	(vor)	la	(vor)	leur	(vor)	___	(vor) ___
nous		les					
vous							

Und wenn Sie noch neugierig sind …

Hier lernen Sie noch einige sehr gebräuchliche Wendungen mit y und en kennen. Beide Pronomen sind hier lexikalisiert und können nicht mehr weggelassen werden. Verbinden Sie das Französische mit der deutschen Entsprechung.

Wendungen mit y

1. On y va.
2. Je n'y suis pour rien.
3. Elle s'y connaît.
4. Tu t'y prends mal.
5. Ça y est.

a. So, das war's. / Ich bin fertig.
b. Du stellst es nicht richtig an.
c. Ich kann nichts dafür.
d. Los, fangen wir an.
e. Sie kennt sich da gut aus.

Wendungen mit en

6. Je m'en vais.
7. J'en ai assez.
8. Je n'en peux plus.
9. Où en êtes-vous ?
10. Je ne t'en veux pas.
11. Je ne m'en fais pas.
12. Quoiqu'il en soit.

f. Ich mache mir keine Sorgen.
g. Ich nehme es dir nicht übel.
h. Wie dem auch sei.
i. Mir reicht's.
j. Ich kann nicht mehr.
k. Wie weit sind Sie gekommen?
l. Ich gehe.

11 Die Possessivpronomen

Bevor Sie mit diesem Kapitel beginnen, sollten Sie ➠ **Kapitel 6, Die Possessivbegleiter** kennen.

Was Sie vorab wissen sollten

Die Possessivpronomen (besitzanzeigende Fürwörter) vertreten ein Nomen oder eine Nominalgruppe mit Possessivbegleiter:
C'est mon pull. → C'est le mien. Das ist **mein Pulli**. → Das ist **meiner**.
Das Possessivpronomen le mien ersetzt hier mon pull.

Auf Entdeckung

Lesen Sie die folgenden Beispielsätze aufmerksam. Die Possessivbegleiter in der linken Spalte und die Possessivpronomen in der rechten Spalte sind fett gedruckt.

Possessivbegleiter	Possessivpronomen
Voici **mon** livre. Où est **ton** livre ? Hier ist mein Buch. Wo ist dein Buch?	Voici mon livre. Où est **le tien** ? Hier ist mein Buch. Wo ist deines?
C'est **ta** voiture ? – Oui, c'est **ma** voiture. Ist das dein Auto? – Ja, das ist mein Auto.	C'est ta voiture? – Oui, c'est **la mienne**. Ist das dein Auto? – Ja, das ist meines.
Mes parents habitent à Nice. Et **tes** parents ? Meine Eltern wohnen in Nizza. Und deine Eltern?	Mes parents habitent à Nice. Et **les tiens** ? Meine Eltern wohnen in Nizza. Und deine?

Kreuzen Sie nun ja oder nein an. (➠ **Lösungen**)   ja nein
1. Wie im Deutschen haben im Französischen Possessivbegleiter und Possessivpronomen die gleiche Form.   ☐ ☐
2. Die Possessivpronomen bestehen aus zwei Wörtern.   ☐ ☐
3. Der erste Teil des Possessivpronomens ist der bestimmte Artikel.   ☐ ☐
4. Die Possessivpronomen sind veränderlich.   ☐ ☐

1 Formen

Wie die Possessivbegleiter verweisen die Possessivpronomen auf den Besitzer und richten sich gleichzeitig in Genus und Numerus nach dem Besitzobjekt:
· mon lit mein Bett → le mien meines (1. Person Singular, maskulin Singular),
votre rue eure Straße → la vôtre eure (2. Person Plural, feminin Singular).

Die folgende Tabelle bietet eine vollständige Übersicht über die Possessivpronomen:

Die Possessivpronomen 11

ein Besitzer	ein Besitzobjekt		mehrere Besitzobjekte	
	maskulin	feminin	maskulin	feminin
1. Person je	le mien meine/-r/-s	la mienne meine/-r/-s	les miens meine	les miennes meine
2. Person tu	le tien deine/-r/-s	la tienne deine/-r/-s	les tiens deine	les tiennes deine
3. Person il / elle	le sien seine/-r/-s / ihre/-r/-s	la sienne seine/-r/-s / ihre/-r/-s	les siens seine / ihre	les siennes seine / ihre

mehrere Besitzer	ein Besitzobjekt		mehrere Besitzobjekte
	maskulin	feminin	maskulin und feminin
1. Person nous	le nôtre unsere/-r/-s	la nôtre unsere/-r/-s	les nôtres unsere
2. Person vous	le vôtre eure/-r/-s / Ihre/-r/-s	la vôtre eure/-r/-s / Ihre/-r/-s	les vôtres eure / Ihre
3. Person ils / elles	le leur ihre/-r/-s	la leur ihre	les leurs ihre

Beachten Sie
- Wie die Possessivbegleiter weisen die Possessivpronomen in der 3. Person nicht auf das Geschlecht des Besitzers hin, sondern richten sich ausschließlich nach dem Genus des Besitzobjekts: le sien und la sienne können sowohl „seine/-r/-s" als auch „ihre/-r/-s" bedeuten, les siens und les siennes „seine" oder „ihre".
  J'ai invité mes amis, Anne a invité **les siens**. Ich habe meine Freunde eingeladen, Anne hat **ihre** eingeladen.
- Achten Sie auf die unterschiedliche Aussprache der Possessivbegleiter notre [nɔtʀ] und votre [vɔtʀ] (offenes o) und der entsprechenden Possessivpronomen le nôtre [lə notʀ] und le vôtre [lə votʀ] (geschlossenes o, markiert durch den accent circonflexe): Voici **notre** table et voici **la vôtre**. Hier ist unser Tisch und hier ist eurer.
- Der erste Teil des Possessivpronomens ist der bestimmte Artikel. Beim Zusammentreffen mit der Präposition à oder de verschmilzt le oder les mit der Präposition (➡ **Kapitel 4, Der Artikel, 1.1.2**):
  Tu demandes à ton père et je demande **au mien**. Du fragst deinen Vater und ich frage meinen.

1 Formen

11 Die Possessivpronomen

Cela dépend de mon emploi du temps et **du tien**. Das hängt von meinem Stundenplan und von deinem ab.

Test 1
Tragen Sie das passende Possessivpronomen ein.
Beispiel: mon manteau → **le mien** mein Mantel → meiner
1. vos amis → ___ _____ eure Freunde → eure
2. nos résultats → ___ _____ unsere Ergebnisse → unsere
3. sa passion → ___ _____ seine / ihre Leidenschaft → seine / ihre
4. ta maison → ___ _____ dein Haus → deins
5. son histoire → ___ _____ seine / ihre Geschichte → seine / ihre
6. votre projet → ___ _____ Ihr Projekt → Ihres
7. leurs problèmes → ___ _____ ihre Probleme → ihre
8. mon adresse → ___ _____ meine Adresse → meine

2 Gebrauch

Die Possessivpronomen werden weitgehend wie im Deutschen verwendet.

2.1 Wiederaufnahme einer Nominalgruppe

Wie eingangs erwähnt, vertreten die Possessivpronomen eine Nominalgruppe mit Possessivbegleiter:
mon fils et **votre fils** mein Sohn und **Ihr Sohn** → Mon fils et **le vôtre** vont dans la même école. Mein Sohn und **Ihrer** gehen in dieselbe Schule.

Test 2
Ersetzen sie die zweite Nominalgruppe (unterstrichen) durch das passende Possessivpronomen.
mon jardin / leur jardin → Mon jardin est petit, **le leur** est grand.
mein Garten / ihr Garten → Mein Garten ist klein, ihrer ist groß.
1. ma robe / ta robe mein Kleid / dein Kleid
   Ma robe est plus longue que ___ _____. Mein Kleid ist länger als deins.
2. tes enfants / leurs enfants deine Kinder / ihre Kinder
   Tes enfants sont plus grands que ___ _____. Deine Kinder sind größer als ihre.
3. mes clés / tes clés meine Schlüssel / deine Schlüssel
   J'ai oublié mes clés. As-tu ___ _____ ? Ich habe meine Schlüssel vergessen. Hast du deine?

Die Possessivpronomen 11

4. son père / mon père sein Vater / mein Vater
   Je connais son père mais il ne connaît pas __ _____. Ich kenne seinen Vater, aber er kennt meinen nicht.
5. vos amis / nos amis eure Freunde / unsere Freunde
   Ce sont peut-être vos amis mais ce ne sont pas __ _____.
   Es sind vielleicht eure Freunde, aber es sind nicht unsere.
6. ton projet / son projet
   Ils ont refusé ton projet mais ils ont accepté __ _____. Sie haben dein Projekt abgelehnt, aber seines / ihres angenommen.

2.2 Possessivpronomen in festen Redewendungen

In den folgenden Wendungen haben die Possessivpronomen eine feste Bedeutung.

Auf Entdeckung

Versuchen Sie, die französische Redewendung mit ihrer deutschen Entsprechung zu verbinden. (➡ **Lösungen**)

1. les miens
2. A la vôtre !
3. Il a encore fait des siennes !
4. Mets-y un peu du tien !
5. Il est des nôtres.
6. A la tienne!

a. Streng dich ein bisschen an!
b. Er hat schon wieder was angestellt!
c. Er gehört zu uns.
d. Auf Ihr Wohl!
e. Auf dein Wohl!
f. meine Familie

Auf den Punkt gebracht

1. (➡ **Auf Entdeckung**)
Kreuzen Sie ja oder nein an.   ja   nein
1. Possessivbegleiter und Possessivpronomen haben im
   Französischen unterschiedliche Formen.   ☐   ☐
2. Die Possessivpronomen sind unveränderlich.   ☐   ☐
3. Die Possessivpronomen vertreten eine Nominalgruppe mit
   Possessivbegleiter.   ☐   ☐

2. (➡ 1)
Kreuzen Sie ja oder nein an.   ja   nein
1. Das Possessivpronomen richtet sich allein nach der Person
   des Besitzers.   ☐   ☐

11 Die Possessivpronomen

	ja	nein
2. Die Form des Possessivpronomens hängt vom Besitzer und vom Besitzobjekt ab.	☐	☐
3. Der erste Teil des Possessivpronomens ist der Possessivbegleiter.	☐	☐

3. (➜ 1)
Ergänzen Sie die folgenden Tabellen.

ein Besitzer	ein Besitzobjekt		mehrere Besitzobjekte	
	maskulin	feminin	maskulin	feminin
1. Person	__ mien	la _____	__ miens	les _____
2. Person	le _____	la _____	les _____	les tiennes
3. Person	le _____	__ sienne	__ _____	__ _____

mehrere Besitzer	ein Besitzobjekt		mehrere Besitzobjekte	
	maskulin	feminin	maskulin	feminin
1. Person	le nôtre	la _____	__ nôtres	
2. Person	le _____	la vôtre	les _____	
3. Person	__ leur	la _____	les _____	

4. (➜ 2)
Ersetzen Sie die folgenden Nominalgruppen durch Possessivpronomen.
1. son problème sein Problem → __ _____ seins
2. notre voiture mein Auto → __ _____ unseres
3. A votre santé ! Auf Ihr Wohl! → A __ _____ !
4. A ta santé ! Auf dein Wohl! → A __ _____ !

Und wenn Sie noch neugierig sind ...
Besitzverhältnisse können im Französischen wie folgt ausgedrückt werden:

Possessivbegleiter bzw. Possessivpronomen	J'ai oublié **mon** dentifrice. Ich habe meine Zahnpasta vergessen. Peux-tu me prêter **le tien** ? Kannst du mir deine leihen?
Verben wie avoir haben, appartenir gehören, posséder besitzen	Ces clés ne m'**appartiennent** pas. Diese Schlüssel gehören mir nicht.

Die Possessivpronomen 11

Substantiv + de + Substantiv oder Demonstrativpronomen + de	J'ai trouvé **les clés de la voisine**. Ich habe die Schlüssel der Nachbarin gefunden. Ce sont **celles de** la voisine. Es sind die von der Nachbarin.
être à + Personalpronomen oder être à + Substantiv	Ce sac est **à moi**. Diese Tasche gehört mir. A qui est cette montre ? – **A ma sœur**. Wem gehört diese Uhr? – Meiner Schwester.
das Relativpronomen dont dessen / deren	C'est une chanteuse **dont** j'adore la voix. Es ist eine Sängerin, deren Stimme ich liebe.

12 Die Demonstrativpronomen

Bevor Sie dieses Kapitel durcharbeiten, sollte Ihnen ➡ **Kapitel 7, Die Demonstrativbegleiter** bekannt sein.

Was Sie vorab wissen sollten

Die Demonstrativpronomen (hinweisende Fürwörter) ersetzen in der Regel ein Substantiv oder eine Nominalgruppe mit Demonstrativbegleiter.
Cette veste me plaît mais **celle-ci** non. Diese Jacke gefällt mir, aber **diese** nicht.

Auf Entdeckung

In der folgenden Tabelle sind die Demonstrativbegleiter und die Demonstrativpronomen fett gedruckt. Lesen Sie die Sätze aufmerksam und kreuzen Sie dann die richtige Aussage an. (➡ **Lösungen**)

Demonstrativbegleiter	Demonstrativpronomen
Ce pull est beau. Dieser Pulli ist schön.	Je préfère **celui-ci**. Ich mag lieber diesen (hier).
Cette robe est trop longue. Dieses Kleid ist zu lang.	**Celle-ci** est trop courte. Dieses (hier) ist zu kurz.
Ces gants sont en cuir. Diese Handschuhe sind aus Leder.	**Ceux-ci** sont en laine. Diese (hier) sind aus Wolle.
Ces photos sont trop sombres. Diese Bilder sind zu dunkel.	**Celles-ci** sont trop claires. Diese (hier) sind zu hell.

Kreuzen Sie ja oder nein an.   ja nein
1. Die Demonstrativpronomen haben im Französischen die
   gleiche Form wie die Demonstrativbegleiter.   ☐   ☐
2. Die Demonstrativpronomen sind veränderlich.   ☐   ☐

1 Formen

Die französischen Demonstrativpronomen richten sich in Genus und Numerus nach dem Nomen, das sie ersetzen. Man unterscheidet

– **einfache Formen**:

	Singular	Plural
maskulin	celui diese/-r/-s	ceux diese
feminin	celle diese/-r/-s	celles diese
Neutrum	ce dies / das	

Die Demonstrativpronomen 12

– **zusammengesetzte Formen**, die mit den Ortsadverbien ci und là gebildet werden:

	Singular	Plural
maskulin	celui-ci diese/-r/-s (hier) celui-là diese/-r/-s (da)	ceux-ci diese (hier) ceux-là diese (da)
feminin	celle-ci diese/-r/-s (hier) celle-là diese/-r/-s (da)	celles-ci diese (hier) celles-là diese (da)
Neutrum	ceci, cela / ça dies, das	

Beachten Sie
– Ci und là werden an das Demonstrativpronomen mit Bindestrich angeschlossen, außer im Neutrum: ceci / cela dieses.
– Cela wird im gesprochenen Französisch meist durch die verkürzte Form ça ersetzt:
Cela ne me dérange pas. / Ça ne me dérange pas. Das stört mich nicht.

Test 1

Setzen Sie celui-ci, celle-ci, ceux-ci oder celles-ci ein.
1. cette veste diese Jacke → _____ diese
2. ce chapeau dieser Hut → _____ dieser
3. ces habits diese Kleider → _____ diese
4. ces bottes diese Stiefel → _____ diese

2 Gebrauch

2.1 Gebrauch der einfachen Formen celui, celle, ceux und celles

Die maskulinen und femininen Formen celui, celle, ceux und celles können nicht allein verwendet werden.

In der Regel werden celui, celle, ceux und celles ergänzt durch

1. einen Relativsatz (➡ Kapitel 14, Die Relativpronomen, 9.3).	Je remercie ceux et celles qui m'ont aidé. Ich danke all **denjenigen, die mir geholfen haben**.

12 Die Demonstrativpronomen

2. ein Substantiv, das mit de angeschlossen wird.	La voiture rouge, c'est **celle de mon père**. Das rote Auto gehört meinem Vater / ist **das von meinem Vater**.
3. ein Adverb, das mit de angeschlossen wird.	J'ai lu le journal d'hier, mais pas **celui d'aujourd'hui**. Ich habe die Zeitung von gestern gelesen, aber nicht **die von heute**.
4. ein Infinitiv, der mit de angeschlossen wird.	le droit de parler et **celui de se taire** das Recht zu sprechen und **das** (Recht) **zu schweigen**
5. ein Partizip.	les biens acquis avant le mariage et **ceux acquis** après die Güter, die vor und nach der Ehe erworben wurden

Beachten Sie
zu 1. In dieser Verwendung entspricht celui qui / celle qui / ceux qui / celles qui dem deutschen Relativpronomen „derjenige, der / diejenige, die / dasjenige, das / diejenigen, die":
Celui qui a le pull rouge, c'est mon frère: **Derjenige, der** den roten Pulli trägt, ist mein Bruder.
zu 2. Ist eine Präposition fest mit der Ergänzung verbunden, dann wird diese Präposition übernommen:
Tu parles de la fille en rouge ? – Non, de **celle en bleu**. Sprichst du von dem Mädchen in Rot? – Nein, von der in Blau.
Tu prends le menu à 27 euros ou **celui à 35 euros** ? Nimmst du das Menü zu 27 Euro oder das zu 35 Euro?

Test 2
Setzen Sie celui, celle, ceux oder celles ein.
1. C'est ton portable ou _____ de ta sœur ? Ist das dein Handy oder das deiner Schwester?
2. N'achetez pas le livre du professeur mais _____ de l'élève. Kaufen Sie nicht das Lehrerhandbuch, sondern das Lehrbuch.
3. J'ai vu les photos qu'il a prises mais pas _____ que tu as prises. Ich habe die Bilder gesehen, die er gemacht hat, aber nicht die, die du gemacht hast.
4. Il y a deux sortes de gens : _____ qui parlent et _____ qui agissent. Es gibt zwei Arten von Menschen: diejenigen, die reden, und diejenigen, die handeln.

Die Demonstrativpronomen 12

2.2 Gebrauch der neutralen Formen ce, ceci und cela / ça

- Ceci, cela / ça und ce entsprechen den deutschen neutralen Pronomen „das / es". Sie können Subjekt oder Objekt sein:
  Subjekt: Ce n'est pas grave. **Das** ist nicht schlimm.
  Ça ne fait rien. **Das** macht nichts.
  Objekt: Dites-moi ce que vous voulez. Sagen Sie mir (**das**), was Sie wollen.
  Qui a fait ça ? Wer hat **das** gemacht?
- Cela und seine verkürzte Form ça werden im heutigen Französisch häufiger gebraucht als ceci. Aus diesem Grund wird ceci in den folgenden Beispielen nicht aufgeführt. (Zum Gebrauch von ceci und cela als konkurrierende Formen siehe auch ➡ 3.1.)

Ce ist obligatorisch,

– wenn das Verb être folgt.	C'est tout. **Das** ist alles. C'est Monsieur Blanc. **Das** / **Es** ist Herr Blanc. Ce sont des amis de longue date. **Das** / **Es** sind alte Freunde.
– als Bestandteil der Wendung c'est … qui / c'est … que zur Hervorhebung. (➡ **Kapitel 14, Die Relativpronomen**, 9.1)	C'est demain qu'il vient. Morgen kommt er. C'est toi qui décides. Du entscheidest.
– als Bestandteil des Relativpronomens ce qui / ce que / ce dont … (das,) was / worum … (➡ **Kapitel 14, Die Relativpronomen**, 6)	Il ne fait que ce qui lui plaît. Er macht nur, **was** ihm gefällt. J'aime ce qu'il fait. Ich mag, **was** er macht. Je ne sais pas ce dont il s'agit. Ich weiß nicht, **worum** es geht.

Cela / ça kann als Subjekt anstelle von ce verwendet werden,

– wenn das Verb être (sein) verneint wird.	Ce n'est pas vrai. = Cela / Ça n'est pas vrai. **Das** / **Es** ist nicht wahr.
– vor devoir (müssen) und pouvoir (können), wenn être folgt.	Ce doit être pratique. = Cela / Ça doit être pratique. **Das** / **Es** muss praktisch sein.

12 Die Demonstrativpronomen

Cela / ça wird verwendet

– wenn ein Objektpronomen vor dem Verb être steht.	Cela / Ça lui est égal. **Das / Es** ist ihm / ihr egal.
– als neutrales Subjekt bei allen Verben außer être.	Cela / Ça me déçoit. **Das / Es** enttäuscht mich.
– als neutrales Objekt.	Je n'aime pas cela / ça. Ich mag **das** nicht.

Ça ist obligatorisch und nicht mehr durch cela ersetzbar

– in bestimmten Wendungen.	Ça va. **Es** geht. Ça suffit. **Es** reicht. Le jazz, j'adore ça ! Ich liebe Jazz! Ça sent bon. **Das / Es** riecht gut. Ça y est. **Das** war's.

Beachten Sie
– Ce wird vor e zu c':
  C'est très agréable. Das ist sehr angenehm.
– Vor einem Substantiv im Plural kann ce sont (es sind) oder c'est (es ist) stehen. Eine gepflegtere Ausdrucksweise bevorzugt den Plural:
  Ce sont des gens très sympathiques. Es sind sehr sympathische Leute.
– Anders als nach ce wird nach ça die Elision nicht gemacht.
  Ça marche. Es funktioniert. → Ça a bien marché. Es hat gut funktioniert.
  Ça a été dur. Es ist hart gewesen.
– Vor dem betonten Personalpronomen steht in der Regel c'est:
  C'est moi. Das bin ich. C'est vous. Das seid ihr. / Das sind Sie.
  Nur bei der 3. Person Plural eux und elles (sie) kann c'est oder ce sont stehen:
  C'est elles. / Ce sont elles. Das sind sie.

Test 3
Setzen Sie ce / c' oder ça ein.
1. ___ est faux. Es ist falsch.
2. ___ m'est égal. Es ist mir egal.
3. ___ dure longtemps. Es dauert lange.
4. ___ sont de drôles de gens. Es sind komische Leute.
5. Fais ___ que tu veux. Mach, was du willst.
6. ___ n'est pas vrai. Das ist nicht wahr.
7. ___ ira. Es wird schon klappen.

Die Demonstrativpronomen 12

2.3 Gebrauch der zusammengesetzten Formen auf -ci und -là

- Im Gegensatz zu den einfachen Formen können die zusammengesetzten Formen des Demonstrativpronomens allein stehend verwendet werden, da sie bereits durch das Adverb -ci (hier) oder -là (dort) näher bestimmt sind:
De ces deux tableaux, je préfère celui-ci. Von diesen zwei Bildern gefällt mir dieses besser.
- Im heutigen Französisch sind die Formen auf -ci und -là in den meisten Fällen austauschbar:
Lequel prenez-vous ? – Celui-ci. / Celui-là. Welchen nehmen Sie? – Diesen (hier / da / dort).

Beachten Sie
Das gesprochene Französisch bevorzugt jedoch die Formen auf -là, während die Formen auf -ci vor allem in der Schriftsprache vorkommen.

TIPP

Sie kennen nun die wichtigsten Regeln zum Gebrauch der Demonstrativpronomen. Wenn Sie erst anfangen Französisch zu lernen, können Sie vorerst zu den Kontrollaufgaben gehen und den nächsten Abschnitt zu einem späteren Zeitpunkt durcharbeiten.

---

3 Besonderheiten beim Gebrauch der Demonstrativpronomen

3.1 Ceci und cela als konkurrierende Formen

Ceci und cela können bei Gegenüberstellungen in Opposition treten. In diesem Fall verweist ceci in der Bedeutung von „diese/-r/-s (hier) / das hier" auf Näheres und cela in der Bedeutung von „jene/-r/-s / diese/-r/-s da / das da" auf Entfernteres.

Ceci wird verwendet, um

1. auf Sachen, die räumlich näher sind, zu verweisen.	Ne buvez pas ceci, buvez plutôt cela. Trinken Sie **dieses** nicht, trinken Sie lieber das da.
2. eine Äußerung anzukündigen.	Retenez bien ceci : je n'ai pas été prévenu. Merken Sie sich **das**: Ich bin nicht benachrichtigt worden.

12 Die Demonstrativpronomen

Cela wird verwendet, um

1. auf Sachen, die räumlich entfernter sind, zu verweisen.	Ne buvez pas ceci, buvez plutôt **cela**. Trinken Sie dieses nicht, trinken Sie lieber **das da**.
2. eine bereits gemachte Aussage wieder aufzunehmen.	Il n'est pas venu. **Cela** ne me surprend pas. Er ist nicht gekommen. **Das** wundert mich nicht.

Beachten Sie
Diese Unterscheidung wird vor allem in der Schriftsprache gemacht.

3.2 Formen auf -ci und -là als konkurrierende Formen

Wie ceci und cela können auch die Formen auf -ci und -là bei Gegenüberstellungen in Opposition treten.

Die Formen auf **-ci** verweisen

1. auf Personen und Sachen, die sich in der Nähe des Sprechenden befinden.	De ces deux vins, je préfère **celui-ci**. Von diesen zwei Weinen ziehe ich **diesen (hier)** vor.
2. auf Personen und Sachen, die im Text als letzte genannt wurden.	J'ai rencontré Anne et **Marie**. **Celle-ci** portait un chapeau bleu. Ich habe Anne und Marie getroffen. **Letztere** trug einen blauen Hut.

Die Formen auf **-là** verweisen

1. auf Personen und Sachen, die vom Sprechenden weiter entfernt sind.	De ces deux vins, je préfère **celui-là**. Von diesen zwei Weinen ziehe ich **diesen (da)** vor.
2. auf Personen und Sachen, die im Text als erste genannt wurden.	J'ai rencontré **Anne** et Marie. **Celle-là** portait un chapeau rouge. Ich habe Anne und Marie getroffen. **Erstere** trug einen roten Hut.

Beachten Sie
Diese Unterscheidung wird nur in der Schriftsprache oder im gepflegten Sprachgebrauch gemacht.

Die Demonstrativpronomen 12

Test 4
Markieren Sie die richtige Möglichkeit.
1. De ces deux livres, je n'ai lu que (celui-ci / ça). Von diesen zwei Büchern habe ich nur dieses gelesen.
2. Cette photo me plaît. (Ce / Celle-ci) ne me plaît pas. Dieses Foto gefällt mir. Dieses gefällt mir nicht.
3. Je voudrais simplement ajouter (ceci / cela) : Merci à tous et à toutes ! Ich möchte nur noch eins hinzufügen: Danke an alle!
4. Comment (cela / ça) va ? Wie geht's?
5. Il a menti. (Ceci / Cela) ne m'étonne pas. Er hat gelogen. Das überrascht mich nicht.

Auf den Punkt gebracht

1. (→ Was Sie vorab wissen sollten / → Auf Entdeckung)
Kreuzen Sie ja oder nein an.   ja   nein
1. Die Demonstrativpronomen sind unveränderlich.   ☐   ☐
2. Die Demonstrativpronomen ersetzen ein Substantiv oder
   eine Nominalgruppe mit Demonstrativbegleiter.   ☐   ☐
3. Im Französischen haben die Demonstrativpronomen die
   gleiche Form wie die Demonstrativbegleiter.   ☐   ☐

2. (→ 1)
Ergänzen Sie.
1. Die einfachen Formen des Demonstrativpronomens lauten:

	Singular	Plural
maskulin	_____ diese/-r/-s	_____ diese
feminin	_____ diese/-r/-s	_____ diese

2. Die verstärkten Formen der Demonstrativpronomen werden mit den Ortsadverbien ____ und ____ gebildet.
3. Die neutralen Demonstrativpronomen lauten: ____, ceci, cela / ____.

3. (→ 2)
Kreuzen Sie ja oder nein an.   ja   nein
1. Die einfachen Formen können allein verwendet werden.   ☐   ☐
2. Ce wird vor allem in Verbindung mit être als Subjekt verwendet.   ☐   ☐
3. Cela / ça steht als Subjekt bei allen Verben außer être (sein).   ☐   ☐

12 Die Demonstrativpronomen

	ja	nein
4. Ceci und cela sind im heutigen Französisch meistens gleichbedeutend.	☐	☐
5. Ça ist in allen Fällen durch cela ersetzbar.	☐	☐
6. Die Formen auf -là werden in der Umgangssprache bevorzugt.	☐	☐

4. (➭ 3)
Kreuzen Sie ja oder nein an.

	ja	nein
1. Werden ceci und cela in Opposition verwendet, so verweist ceci auf eine bereits gemachte Aussage.	☐	☐
2. Im gesprochenen Französisch sind celui-ci und celui-là gleichbedeutend.	☐	☐
3. Werden celui-ci und celui-là in Opposition verwendet, so bezeichnet celui-ci das, was dem Sprechenden räumlich näher ist.	☐	☐

Die Indefinitpronomen 13

Bevor Sie dieses Kapitel lesen, sollte Ihnen das ➡ **Kapitel 8, Die Indefinitbegleiter** bekannt sein.

Was Sie vorab wissen sollten

Indefinitpronomen (unbestimmte Fürwörter), z. B. chacun (jede/-r/-s), quelques uns (einige), vertreten nicht näher bestimmte Personen, Sachen, Begriffe oder Mengen.

Ähnlich wie die Indefinitbegleiter bilden die Indefinitpronomen keine einheitliche Klasse.
– Einige sind unveränderlich: Je ne vois **personne**. Ich sehe niemanden.
– Andere sind veränderlich:
  Ces livres, je les ai **tous** lus. Diese Bücher habe ich alle gelesen.
  Ces revues, je les ai **toutes** lues. Diese Zeitschriften habe ich alle gelesen.
– Einige können – unverändert – auch als Indefinitbegleiter verwendet werden, z. B. plusieurs mehrere, aucun/-e keine/-r/-s.

1 Überblick über die Indefinitpronomen

Die folgende Tabelle gibt Ihnen einen Überblick über die Indefinitpronomen.

> **TIPP**
>
> Diese Tabelle ist zum Nachschlagen gedacht. Besonderheiten im Gebrauch der einzelnen Indefinitpronomen werden in den nächsten Abschnitten erläutert.

Indefinitpronomen	Beispiel
aucun/-e (überhaupt / gar) kein/-e / kein/-e einzige/-r/-s	As-tu mangé des petits gâteaux ? – Non, je n'en ai mangé **aucun**. Hast du Kekse gegessen? – Nein, ich habe **keinen einzigen** gegessen.
autre andere/-r/-s	Ma montre était cassée. J'en ai acheté une **autre**. Meine Uhr war kaputt. Ich habe **eine andere** gekauft.
autrui (die) andere/-n	Il faut penser à **autrui**. Man muss an **andere** denken.

13 Die Indefinitpronomen

Indefinitpronomen	Beispiel
certain/-e/-s bestimmte / gewisse / einige	Certains pensent que … **Einige** denken, dass …
chacun/-e jede/-r/-s	**Chacun** pour soi. **Jeder** für sich.
même selbe/-n / gleiche/-n	J'ai pris le même. Ich habe **denselben** genommen.
n'importe lequel/-le/-s irgendeine/-r/-s / (Plural) irgendwelche	Ils ont pris **n'importe lequel**. Sie haben **irgendeinen** genommen.
n'importe qui jeder n'importe quoi irgend(et)was	**N'importe qui** peut acheter ce livre. **Jeder** kann dieses Buch kaufen. J'ai répondu **n'importe quoi**. Ich habe **irgendwas** geantwortet.
nul/-le niemand	**Nul** n'est censé ignorer la loi. **Niemand** darf das Gesetz missachten.
on man	Au Brésil, **on** parle portugais. In Brasilien spricht **man** Portugiesisch.
pas un/-e (seul) (überhaupt / gar) kein/-e / kein/-e einzige/-r/-s	Des champignons ? – Nous n'en avons **pas** trouvé **un seul**. Pilze? – Wir haben **keinen einzigen** gefunden.
la plupart die meisten	**La plupart** sont partis avant minuit. **Die meisten** sind vor Mitternacht weggegangen.
personne niemand	Je n'attends **personne**. Ich warte auf **niemanden**.
plusieurs mehrere	Voici des bonbons. Prends-en **plusieurs**. Hier sind Bonbons. Nimm **mehrere**.
quelque chose etwas	Tu bois **quelque chose** ? Trinkst du **etwas**?
quelqu'un jemand quelques-uns / -unes einige	Attendez-vous **quelqu'un** ? Warten Sie auf **jemanden**? Tu as pris des photos ? – Oui, **quelques-unes**. Hast du Fotos gemacht? – Ja, **einige**.
quiconque irgendjemand	sans en parler à **quiconque** ohne **irgendjemandem** davon zu erzählen
rien nichts	Je ne prends **rien**. Ich nehme **nichts**.

1 Überblick über die Indefinitpronomen

Die Indefinitpronomen 13

Indefinitpronomen	Beispiel
tel/-le wer / ein jeder	**Tel** qui rit vendredi, dimanche pleurera. **Wer** zuletzt lacht, lacht am besten.
tout alles tous / toutes alle	J'ai **tout** compris. Ich habe **alles** verstanden. Ils viennent **tous**. Sie kommen **alle**.
l'un(e) … l'autre der/die/das eine … der/die/das andere	**L'un** est cher, **l'autre** est bon marché. **Das eine** ist teuer, **das andere** ist billig.
les un(e)s … les autres die einen … die anderen	**Les uns** sont grands, **les autres** sont petits. **Die einen** sind groß, **die anderen** sind klein.

Test 1
Markieren Sie die richtige Alternative. Die Übersetzung hilft Ihnen dabei.
1. (Chacun / Quelqu'un) pour soi. **Jeder** für sich.
2. Tu comprends (quelque chose / tout) ? Verstehst du **alles**?
3. (Personne / Rien) n'a bougé. **Nichts** hat sich bewegt.
4. (On / Quelqu'un) a téléphoné. **Jemand** hat angerufen.
5. Je voudrais te dire (quelque chose / tout). Ich möchte dir **etwas** sagen.
6. Tu as apporté des photos ? – Non, (aucune / chacune). Hast du Fotos mitgebracht? – Nein, **keins / kein einziges**.
7. (Quelques-uns / Tous) sont déjà partis. **Einige** sind schon weg.
8. Ce n'est pas (n'importe qui / n'importe quoi). Das ist nicht **irgendetwas**.
9. (La plupart / Plusieurs) restent. **Die meisten** bleiben.
10. J'ai pris (n'importe lequel / le même). Ich habe **denselben** genommen.

2 Die gebräuchlichsten Indefinitpronomen

2.1 On man

Als Indefinitpronomen hat on die Bedeutung „man" oder „jemand" und bezeichnet ein unbekanntes Subjekt: **On** a sonné. **Jemand** hat geläutet.

Beachten Sie
– On ist immer Subjekt. Das Verb, das auf on folgt, steht immer im Singular: On n'entend rien. Man hört nichts.
– On wird ebenfalls als Personalpronomen anstelle von nous (wir) verwendet (➥ Kapitel 9, Die Personal- und Reflexivpronomen, 1.1.2).
– Zum Gebrauch von l'on siehe ➥ Kapitel 1, Die Aussprache, Und wenn Sie noch neugierig sind …

13 Die Indefinitpronomen

2.2 Personne niemand, rien nichts

- Personne und rien bezeichnen beide eine Nullmenge. Personne wird bei Personen und rien bei Sachen verwendet:
  Je n'ai vu **personne**. Ich habe **niemanden** gesehen.
  Elle ne mange **rien**. Sie isst **nichts**.
- Personne und rien werden in der Regel zusammen mit der Verneinungspartikel ne (ohne pas) verwendet:
  Il n'aime **personne**. Er mag niemanden.
  Je ne regrette rien. Ich bedaure nichts.
- Als Subjekt stehen personne ne und rien ne am Satzanfang vor dem Verb:
  Personne n'a réagi. **Niemand** hat reagiert.
  Rien ne marche ici. **Nichts** funktioniert hier.

Beachten Sie

- In verblosen Sätzen werden personne und rien ohne ne verwendet:
  Qui t'a dit cela ? – **Personne**. Wer hat dir das gesagt? – **Niemand**.
- In der Umgangssprache werden personne und rien ebenfalls ohne ne verwendet:
  J'ai rien compris. Ich habe nichts verstanden.
  J'ai vu personne. Ich habe niemanden gesehen.
- In zusammengesetzten Zeiten umschließt ne ... personne beide Verbformen:
  Je n'ai rencontré personne. Ich habe niemanden getroffen.
- In den folgenden Fällen haben personne und rien eine positive Bedeutung:
  • In Verbindung mit einer zweiten Verneinung oder in einem Fragesatz:
    Il ne voit **jamais personne**. Er sieht nie **jemanden**.
    Je n'ai **rien** dit à personne. Ich habe niemandem **etwas** gesagt.
    Y-a-t-il **personne** de plus aimable ? Gibt es **jemanden**, der liebenswürdiger ist?
    As-tu jamais **rien** vu de plus beau ? Hast du je **etwas** Schöneres gesehen?
  • In Verbindung mit sans (ohne):
    Je m'en suis sorti **sans** le secours de **personne**. Ich habe es geschafft, ohne die Unterstützung von **irgendjemandem**.
    Il est entré dans la salle **sans** saluer **personne**. Er hat den Raum betreten, ohne **jemanden** zu grüßen.
    Je suis sorti **sans** que **personne** s'en aperçoive. Ich bin rausgegangen, **ohne** dass es **jemand** gemerkt hat.
  • In Verbindung mit mieux (besser) oder comme (wie) in verkürzten Vergleichssätzen hat personne ebenfalls eine positive Bedeutung:
    Tu le sais mieux que **personne**. Du weißt es besser als **jeder andere**.
    Je suis mieux placé que **personne** pour te répondre. Ich kann dir besser als **jeder andere** eine Antwort geben.
    Il fait la cuisine **comme** personne. Er kocht besser als **alle anderen**.

Die Indefinitpronomen 13

– Nach personne und rien wird das Adjektiv mit de angeschlossen:
Il n'y avait **personne** d'intéresssant. Es war niemand Interessantes da.
Ce n'est **rien de** grave. Es ist nichts Schlimmes.

2.3 Quelque chose etwas

Quelque chose ist unveränderlich und wird für Sachen verwendet:
Tu veux boire **quelque chose** ? Möchtest du **etwas** trinken?

Beachten Sie
Ein Adjektiv wird nach quelque chose ebenfalls mit de angeschlossen:
Je voudrais **quelque chose** d'original. Ich möchte **etwas** Originelles.

2.4 Quelqu'un jemand, quelques-uns / -unes einige

– Quelqu'un in der Bedeutung von „jemand" ist unveränderlich:
As-tu rencontré **quelqu'un** ? Hast du **jemanden** getroffen?
– Quelques-uns / -unes bedeutet „einige" und richtet sich im Genus nach dem Substantiv, das es vertritt:
Parmi ces champignons **quelques-uns** sont vénéneux. Unter diesen Pilzen sind **einige** giftig.
J'ai trouvé de vieilles cartes postales. **Quelques-unes** sont encore très belles.
Ich habe alte Postkarten gefunden. **Einige** sind noch sehr schön.

Beachten Sie
Ist quelques-uns / -unes direktes Objekt, so muss das Adverbialpronomen en (davon) verwendet werden:
J'ai acheté des pommes. → J'**en** ai acheté **quelques-unes**. Ich habe Äpfel gekauft. → Ich habe **einige** (davon) gekauft.

Test 2

Fügen Sie das passende Indefinitpronomen ein. Die Übersetzung hilft Ihnen dabei.
1. _____ ne va plus. **Nichts** geht mehr.
2. _____ a oublié sa veste. **Jemand** hat seine Jacke vergessen.
3. Avez-vous trouvé des champignons ? – Oui, _____. Habt ihr Pilze gefunden? – Ja, **einige**.
4. _____ se sent bien ici. **Man** fühlt sich gut hier.
5. _____ n'a téléphoné. Es hat **niemand** angerufen.
6. Avez-vous _____ de moins cher ? Haben Sie **etwas** Billigeres?

13 Die Indefinitpronomen

2.5 Tout alles, tous / toutes alle

- Im Singular ist tout unveränderlich und entspricht dem deutschen Neutrum „alles":
  C'est **tout**. Das ist **alles**.
- Im Plural bedeutet tous / toutes „alle" und richtet sich im Genus nach dem Substantiv, das es vertritt:
  Les exercices, je les ai **tous** faits. Die Übungen habe ich **alle** gemacht.
  Sur les dix personnes interrogées, **toutes** ont répondu oui. Von den zehn Personen, die gefragt wurden, haben **alle** mit ja geantwortet.

Beachten Sie

- Unterscheiden Sie bei der Aussprache das Indefinitpronomen tous (mit hörbarem -s [tus]) und den Indefinitbegleiter tous (gesprochen [tu]):
  Tous prennent le bus. [tus pʀɛn lə bys] Alle nehmen den Bus.
  tous les jours [tu le ʒuʀ] alle Tage / jeden Tag
- Sind tout oder tous / toutes nicht Subjekt des Satzes, so müssen sie in Verbindung mit dem Objektpronomen le / l' / les verwendet werden:
  J'ai mangé tout le gâteau. → Je l'ai **tout** mangé. Ich habe den ganzen Kuchen gegessen. → Ich habe **ihn** (**ganz**) aufgegessen.
- In den zusammengesetzten Zeiten steht tout / tous zwischen dem Hilfsverb und dem Partizip:
  J'ai **tout** fait. Ich habe alles gemacht.
- Tout kann ebenfalls Adverb sein (➡ **Kapitel 28, Das Adverb, 4.3.3**):
  Je suis **tout** content. Ich bin **ganz** froh.

👁 Test 3

Setzen Sie tout, tous oder toutes ein.
1. Les étudiants, qui ont passé l'examen, ont _____ été reçus.
   Die Studenten, die Examen gemacht haben, haben es **alle** geschafft.
2. J'ai _____ vu, _____ entendu. Je sais _____.
   Ich habe **alles** gesehen, **alles** gehört. Ich weiß **alles**.
3. Elle a sorti ses vieilles photos. _____ étaient jaunies.
   Sie hat ihre alten Fotos rausgeholt. **Alle** waren vergilbt.
4. Vous connaissez tous vos voisins ? – Non, pas _____. Kennen Sie alle Ihre Nachbarn? – Nein, nicht **alle**.

Die Indefinitpronomen

2.6 Chacun/-e jede/-r/-s, aucun/-e (gar) keine/-r/-s, pas un/-e kein/-e einizige/-r/-s

Die Indefinitpronomen chacun, aucun und pas un stehen in der Regel im Singular und richten sich nur im Genus nach dem Substantiv, das sie vertreten:

chacun/-e jede/-r/-s	Ces livres coûtent trois euros **chacun**. **Jedes** dieser Bücher kostet drei Euro. Elles sont parties **chacune** de leur côté. Sie sind **jede** in ihre Richtung gegangen.
aucun/-e (gar) keine/-r/-s	De ces livres, je **n**'en ai lu **aucun**. Ich habe **keins** von diesen Büchern gelesen. Tu as eu des réponses ? – Non, **aucune**. Hast du Antworten bekommen? – Nein, **keine**.
pas un/-e kein/-e einizige/-r/-s	De ces livres **pas un** ne m'a plu. Von diesen Büchern hat mir **kein einziges** gefallen. De ces vestes **pas une** ne me plaît. Von diesen Jacken gefällt mir **keine einzige**.

Beachten Sie
– Aucun/-e und pas un/-e sind gleichbedeutend und werden mit der Verneinungspartikel ne verwendet:
 Aber:
 In einem verblosen Satz wird ne nicht gebraucht:
 Avez-vous eu des difficultés ? – Non, **aucune**.
 Habt ihr Schwierigkeiten gehabt? – Nein, keine.
– Ist aucun/-e direktes Objekt, so wird es in Verbindung mit dem Adverbialpronomen en (davon) verwendet:
 As-tu vu des ours dans les Pyrénées ? – Non, je **n'en** ai vu **aucun**. Hast du Bären in den Pyrenäen gesehen? – Nein, ich habe **keine** gesehen.
– Pas un/-e wird oft mit seul/-e verstärkt:
 De ces films, je n'en ai **pas** vu **un seul**. Ich habe **keinen einzigen** von diesen Filmen gesehen.

Test 4

Setzen Sie chacun / chacune oder aucun / aucune ein.
1. Ces cassettes coûtent 4,50 € _____. **Jede** dieser Kassetten kostet 4,50 €.
2. Restez _____ à votre place. **Jeder** bleibt an seinem Platz!
3. Je n'aime _____ de ces romans. Ich mag **keinen** von diesen Romanen.
4. Combien de réponses as-tu reçues ? – _____. Wie viele Antworten hast du bekommen? – **Keine einzige**.

13 Die Indefinitpronomen

2.7 Plusieurs mehrere und certain/-e/-s bestimmte / gewisse / einige

- Plusieurs ist sowohl als Indefinitbegleiter als auch als Indefinitpronomen unveränderlich:
  Nous sommes **plusieurs** sur ce projet. Wir sind zu **mehreren** an diesem Projekt beteiligt.
- Certain(e)s steht immer im Plural und richtet sich im Genus nach dem Substantiv, das es vertritt:
  Certains ont préféré se taire. **Einige** haben es vorgezogen zu schweigen.
  Parmi ces photos **certaines** sont inutilisables. **Einige** von diesen Bildern sind unbrauchbar.

Beachten Sie

Sind plusieurs und certain(e)s direktes Objekt, so werden sie in Verbindung mit en (davon) verwendet (➡ Kapitel 10, Die Adverbialpronomen, 2):
J'ai acheté plusieurs tableaux. → J'**en** ai acheté **plusieurs**. Ich habe mehrere Bilder gekauft. → Ich habe **mehrere** (davon) gekauft.
J'ai vu certaines photos. → J'**en** ai vu **certaines**. Ich habe einige Fotos gesehen. → Ich habe **einige** (davon) gesehen.

Test 5

Setzen Sie das jeweils passende Indefinitpronomen ein. Die Übersetzung hilft Ihnen dabei.
1. _____ n'a dit bonjour. **Keiner** hat guten Tag gesagt.
2. _____ ne sont pas d'accord. **Einige** sind nicht einverstanden.
3. Il en a emporté _____. Er hat **mehrere** mitgenommen.
4. Je ne connais _____ ici. Ich kenne **niemanden** hier.
5. _____ étaient satisfaits. **Alle** waren zufrieden.
6. Je n'ai _____ fait. Ich habe **nichts** getan.
7. _____ n'ont pas voté. **Einige** haben nicht gewählt.
8. _____ m'a dit que tu étais là. **Man** hat mir gesagt, dass du da bist.
9. As-tu compris _____ ? Hast du **etwas** verstanden?
10. _____ a laissé un message pour vous. **Jemand** hat eine Nachricht für Sie hinterlassen.

TIPP

Wenn Sie erst angefangen haben Französisch zu lernen, können Sie den nächsten Abschnitt, in dem weitere, aber seltenere Indefinitbegleiter dargestellt werden, zu einem späteren Zeitpunkt durcharbeiten und direkt zu den Kontrollaufgaben weitergehen.

3 Weitere Indefinitpronomen

3.1 Autre andere/-r/-s

Als Pronomen wird autre immer mit einem Begleiter verwendet:
Unbestimmter Artikel: J'en voudrais **un autre**. Ich möchte **ein anderes**.
Bestimmter Artikel: Je ne suis pas comme **les autres**. Ich bin nicht wie **die anderen**.

Beachten Sie
- Im Plural steht un/e autre ohne Begleiter:
  J'en voudrais **d'autres**. Ich möchte **andere**.
- Ist un/-e autre nicht Subjekt des Satzes, so wird es in Verbindung mit dem Adverbialpronomen en (davon) gebraucht:
  J'ai pris un autre train. → J'**en** ai pris **un autre**. Ich habe einen anderen Zug genommen. → Ich habe **einen anderen** genommen.
- Autre chose (etwas anderes) ist ebenfalls ein Indefinitbegleiter:
  Donnez-moi **autre chose**, s.v.p. Geben Sie mir **etwas anderes**, bitte.

3.2 L'un(e) ... l'autre der/die/das eine ... der/die/das andere, les un(e)s ... les autres die einen ... die anderen

Das Indefinitpronomen l'un ... l'autre verhält sich wie ein Adjektiv und richtet sich in Genus und Numerus nach dem Substantiv, das es vertritt:

Singular	
l'un ... l'autre der eine ... der andere	**L'un** a huit ans, **l'autre** neuf. **Der eine** ist 10, **der andere** 9 Jahre alt.
l'une ... l'autre die eine ... die andere	**L'une** parle, **l'autre** écoute. **Die eine** spricht, **die andere** hört zu.
Plural	
les uns ... les autres die einen ... die anderen	**Les uns** partent, **les autres** arrivent. **Die einen** gehen, **die anderen** kommen.
les unes ... les autres die einen ... die anderen	**Les unes** lisent, **les autres** écoutent de la musique. **Die einen** lesen, **die anderen** hören Musik.

Beachten Sie
L'un(e) ... l'autre und les un(e)s ... les autres können ebenfalls eine Reziprozität (Wechselseitigkeit) ausdrücken und werden deshalb oft bei Reziprokverben verwendet (➡ **Kapitel 24, Die reflexiven Verben, 3.2**):
Ils pensent souvent **l'un à l'autre**. Sie denken oft **aneinander**.

13 Die Indefinitpronomen

 Test 6

Setzen Sie die passende Form von l'un … l'autre ein.
1. Les deux enfants jouent : _____ est le gendarme, _____ le voleur. Die beiden Kinder spielen: der eine ist der Polizist, der andere der Dieb.
2. Anne et Alice sont arrivées _____ après _____. Anne und Alice sind nacheinander gekommen.
3. Les deux sœurs font de la musique : _____ joue du piano, _____ de la flûte. Die beiden Schwestern musizieren: die eine spielt Klavier, die andere Flöte.
4. Aidez-vous _____ _____. Helft einander!

3.3 Même/-s selbe/-n / gleiche/-n

Das Indefinitpronomen même wird immer mit dem bestimmten Artikel verwendet und richtet sich in Genus und Numerus nach seinem Bezugswort:
Ton chapeau me plaît. Je voudrais **le même**. Dein Hut gefällt mir. Ich möchte **den gleichen** haben.
Tu n'as pas changé. Tu es restée **la même**. Du hast dich nicht verändert. Du bist **dieselbe** geblieben.
Ce sont toujours **les mêmes** qui aident. Es sind immer **dieselben**, die helfen.

3.4 N'importe qui irgendwer, n'importe quoi irgend(et)was

N'importe qui bezeichnet eine unbestimmte Person, n'importe quoi eine unbestimmte Sache:
Ça pourrait être **n'importe qui**. Es könnte **irgendjemand** sein.
J'ai pris **n'importe quoi**. Ich habe **irgendwas** genommen.

Beachten Sie
Beide Indefinitpronomen können leicht eine abwertende Bedeutung haben:
Je ne suis pas **n'importe qui** ! Ich bin nicht irgendjemand!
C'est **n'importe quoi** ! Das ist Quatsch!

3.5 N'importe lequel/-le/-s irgendeine/-r/-s / (Plural) irgendwelche

N'importe lequel wird bei Personen und Sachen verwendet und richtet sich in Genus und Numerus nach dem Substantiv, das es vertritt:
Je ne savais pas quel pull choisir. J'ai pris **n'importe lequel**. Ich wusste nicht, welchen Pulli ich wählen sollte. Ich habe **irgendeinen** genommen.

Die Indefinitpronomen 13

Hier die Formen von n'importe lequel im Überblick:

	Singular	Plural
maskulin	n'importe lequel irgendeiner	n'importe lesquels irgendwelche
feminin	n'importe laquelle irgendwelche	n'importe lesquelles irgendwelche

3.6 La plupart die meisten

Trotz der singularen Form von la plupart steht das Verb in der Regel in der Mehrzahl: La plupart n'**ont** rien pris. Die meisten haben nichts getrunken.

Test 7

Setzen Sie die folgenden Indefinitpronomen ein: la plupart, n'importe lequel, n'importe quoi, la même, d'autres.
1. J'ai dit _____. Ich habe **irgendwas** gesagt.
2. Je n'ai pas trouvé _____. Ich habe nicht **die gleiche** gefunden.
3. _____ ne comprennent rien. **Die meisten** verstehen nichts.
4. J'en connais _____. Ich kenne **andere**.
5. Tu peux prendre _____. Du kannst **irgendeinen** nehmen.

3.7 Nul/-le niemand, quiconque jeder, autrui (die) andere/-n, tel/-le wer

Diese Indefinitpronomen werden vor allem im geschriebenen Französisch (Verwaltungssprache) verwendet:

nul/-le niemand – kommt in festen Redewendungen vor – wird mit der Verneinungspartikel ne verwendet	A l'impossible **nul** n'est tenu. **Niemand** muss Unmögliches leisten.
quiconque jeder / irgendjemand	**Quiconque** renoncerait dans ce cas. **Jeder** würde in diesem Fall aufgeben.
autrui (die) andere/-n wird oft mit einer Präposition verwendet	penser à **autrui** an die anderen denken respecter le bien **d'autrui** den Besitz der anderen respektieren

3 Weitere Indefinitpronomen **207**

13 Die Indefinitpronomen

tel /-le wer kommt vor allem in Redewendungen vor

Tel est pris qui croyait prendre.
Wer anderen eine Grube gräbt, fällt selbst hinein.

Test 8
Setzen Sie nul, tel, quiconque oder autrui ein.
1. _____ préfère être trompé, _____ apprendre la vérité. Der eine will lieber betrogen werden, der andere die Wahrheit erfahren.
2. _____ n'est prophète en son pays. Ein Prophet gilt nichts in seinem Land.
3. Ne fais pas à _____ ce que tu ne veux pas que l'on te fasse. Das, was du nicht willst, dass man dir tut, füge auch keinem anderen zu.
4. Elle mérite plus que _____ de réussir. Sie verdient es mehr als jede andere, erfolgreich zu sein.

Auf den Punkt gebracht

1. (➡ Was Sie vorab wissen sollten)
Kreuzen Sie ja oder nein an. ja nein
1. Indefinitpronomen verweisen auf Personen, Sachen und Mengen, die nicht näher bestimmt sind. ☐ ☐
2. Alle Indefinitpronomen sind veränderlich. ☐ ☐
3. Einige Indefinitpronomen sind auch Indefinitbegleiter: _____ keine/-r, _____ mehrere. ☐ ☐

2. (➡ 1)
Verbinden Sie das französische Indefinitpronomen mit seiner deutschen Entsprechung.
1. quelque chose   a. alles
2. chacun   b. kein einziger
3. plusieurs   c. niemand
4. quelques-uns   d. jeder
5. on   e. etwas
6. aucun   f. mehrere
7. tout   g. man
8. personne   h. einige

Die Indefinitpronomen 13

3. (➡ 2)
Kreuzen Sie ja oder nein an. ja nein
1. On kann sowohl Subjekt als auch Objekt sein. ☐ ☐
2. Personne und rien werden immer mit ne verwendet. ☐ ☐
3. Quelques-uns entspricht dem Indefinitbegleiter quelques. ☐ ☐
4. Aucun/-e, pas un/-e (gar) keine/-r, plusieurs mehrere und certains bestimmte / gewisse / einige sind auch Indefinitbegleiter: plusieurs jours mehrere Tage. ☐ ☐
5. Chacun und pas un haben keine Pluralform. ☐ ☐
6. Im Singular ist tout unveränderlich. ☐ ☐

4. (➡ 3)
Verbinden Sie das französische Indefinitpronomen mit seiner deutschen Entsprechung.
1. n'importe quoi   a. niemand
2. le même   b. die meisten
3. nul   c. dieselben
4. les uns ... les autres   d. derselbe
5. la plupart   e. irgendetwas
6. les mêmes   f. irgendwer
7. n'importe qui   g. die einen ... die anderen

5. (➡ 4)
Markieren Sie die richtige Aussage.
1. Nul niemand, tel, quiconque und autrui kommen vor allem in der (Umgangssprache / Verwaltungssprache) vor.
2. Quiconque bedeutet (jeder / jemand).

Und wenn Sie noch neugierig sind ...
... finden Sie hier noch einige gebräuchliche Wendungen mit Indefinitpronomen:

tout	une fois pour toutes **ein für allemal** tous ensemble **alle zusammen** à tout prendre **alles in allem** malgré tout **trotz allem**
chacun	Chacun ses goûts. **Jedem sein Geschmack.** chacun son tour **einer nach dem anderen**
même	Ça revient au même. **Es läuft auf das gleiche hinaus.**

14 Die Relativpronomen

Was Sie vorab wissen sollten

- Die Relativpronomen (in den Beispielen fett gedruckt) haben eine zweifache Funktion: Sie vertreten ein Substantiv oder ein Pronomen (das Bezugswort ist in den Beispielen unterstrichen) und leiten einen Nebensatz ein:
J'ai perdu le sac **que** tu m'as offert. Ich habe die Tasche, **die** du mir geschenkt hast, verloren.
In diesem Satz vertritt das Relativpronomen que das Substantiv sac und leitet den Nebensatz tu m'as offert ein.
- Der vom Relativpronomen eingeführte Relativsatz ergänzt eine Nominalgruppe (= Bezugswort im Hauptsatz) und hat damit die Funktion eines Attributs: Wie ein Adjektiv gibt er zusätzliche Informationen über sein Bezugswort.
La chouette est un oiseau **nocturne**. Die Eule ist ein Nachtvogel. =
La chouette est un oiseau **qui vit la nuit**. Die Eule ist ein Vogel, der nachts lebt.
- Man unterscheidet zwischen
  - einfachen Relativpronomen: qui, que, quoi, dont, où und
  - zusammengesetzten Relativpronomen: lequel, quiconque.
- Alle Relativpronomen außer lequel (➞ **7.1**) sind unveränderlich.
- Qui, que, quoi, où und lequel können ebenfalls als Fragepronomen verwendet werden. (➞ **Kapitel 15, Die Interrogativa**)

Auf Entdeckung

Das Relativpronomen nimmt in der Regel ein Element des Hauptsatzes wieder auf. Lesen Sie die folgenden Sätze und unterstreichen Sie das Bezugswort des Relativpronomens. (➞ **Lösungen**)

1. La maison **où** nous habitons est située au centre ville. Das Haus, in dem wir wohnen, befindet sich in der Stadtmitte.
2. Les photos **que** nous avons prises sont très réussies. Die Fotos, die wir gemacht haben, sind sehr gelungen.
3. Les fruits **que** j'ai achetés sont trop mûrs. Das Obst, das ich gekauft habe, ist zu reif.
4. J'ai visité hier l'exposition **dont** tu m'as parlé. Ich war gestern in der Ausstellung, von der du mir erzählt hast.

Beachten Sie
Anders als im Deutschen steht vor dem Relativsatz in der Regel **kein Komma**. (Zur Kommasetzung in Relativsätzen siehe ➞ **10.2**.)

Die Relativpronomen 14

1 Qui

Das Relativpronomen qui ist sowohl Subjekt als auch, in Verbindung mit einer Präposition, indirektes Objekt.

1.1 Qui als Subjekt

Qui (der / die / das), ohne Präposition verwendet, ist immer Subjekt (Nominativ) des Relativsatzes:

Auf Entdeckung
Vergleichen Sie das Deutsche mit dem Französischen und leiten Sie anschließend die unten stehenden Regeln ab. (➡ **Lösungen**)
1. L'homme qui habite en face est bizarre. Der Mann, der gegenüber wohnt, ist merkwürdig.
2. J'ai des amis qui vivent aux U.S.A. Ich habe Freunde, die in den USA leben.
3. C'est un produit qui se vend bien. Das ist ein Produkt, das sich gut verkauft.

Kreuzen Sie ja oder nein an.   ja   nein
1. Als Subjekt vertritt qui nur Personen. ☐ ☐
2. Als Subjekt vertritt qui sowohl Personen als auch Sachen. ☐ ☐
3. Qui richtet sich in Genus und Numerus nach seinem Bezugswort. ☐ ☐

Beachten Sie
- Qui wird niemals apostrophiert:
  J'ai un frère qui est au chômage depuis deux ans. Ich habe einen Bruder, der seit zwei Jahren arbeitslos ist.
- Auf qui in der Funktion als Subjekt folgt das Verb oder ein Objektpronomen:
  C'est un journal qui paraît le soir. Das ist eine Zeitung, die abends erscheint.
  C'est un endroit qui me plaît. Das ist ein Ort, der mir gefällt.
- Qui, ohne Bezugswort verwendet, hat die Bedeutung von celui qui (derjenige, der) und kommt vor allem in Sprichwörtern oder festen Wendungen vor:
  Qui ne risque rien n'a rien. Wer nicht wagt, gewinnt nicht.
  Sauve qui peut. Rette sich, wer kann.

Test 1
Bilden Sie aus beiden Sätzen einen Haupt- und einen Relativsatz wie im Beispiel:
J'entends le train. Il passe. Ich höre den Zug. Er fährt vorbei.
→ J'entends le train qui passe. Ich höre den vorbeifahrenden Zug.
1. Ce sont des amis. Ils viennent de France. Das sind Freunde. Sie kommen aus Frankreich. → Ce sont des amis _____.

14 Die Relativpronomen

2. J'ai une chambre. Elle donne sur la cour. Ich habe ein Zimmer. Es geht auf den Hof. → J'ai une chambre _____.
3. J'ai acheté un CD. Il va te plaire. Ich habe eine CD gekauft. Sie wird dir gefallen. → J'ai acheté un CD _____.

1.2 Qui als indirektes Objekt

– In Verbindung mit einer Präposition (à qui, pour qui, avec qui, de qui ...) ist qui indirektes Objekt:
J'ai des voisins avec qui je m'entends très bien. Ich habe Nachbarn, **mit denen** ich mich sehr gut verstehe.
– Qui vertritt in der Funktion eines indirekten Objekts nur Personen:
La personne à qui j'ai écrit ne m'a toujours pas répondu. Derjenige, **dem** ich geschrieben habe, hat mir immer noch nicht geantwortet.
Bei Sachen wird das Relativpronomen lequel verwendet (➔ 7.2):
L'hôtel dans lequel nous avons passé la nuit était très calme. Das Hotel, **in dem** wir übernachtet haben, war sehr ruhig.

Beachten Sie
– Anstelle von de + qui steht meistens dont (➔ 4):
les amis de qui je parle → les amis dont je parle die Freunde, **von denen** ich spreche.
– Nach den Präpositionen parmi und entre (unter) wird auch bei Personen nur lequel verwendet (➔ 7.2.2).

2 Que

Que (den / die / das) vertritt sowohl Personen als auch Sachen und ist direktes Objekt (Akkusativobjekt) des Relativsatzes.

Personen: C'est un auteur que je connais bien. Das ist ein Autor, **den** ich gut kenne.
Ce sont des amis que je vois souvent. Das sind Freunde, **die** ich oft sehe.
Sachen: Le gâteau que tu as apporté est délicieux. Der Kuchen, **den** du mitgebracht hast, ist lecker.
J'ai perdu les clés que tu m'avais prêtées. Ich habe die Schlüssel verloren, **die** du mir geliehen hattest.

Beachten Sie
– Vor Vokal wird que zu qu': l'homme qu'elle aime der Mann, den sie liebt.
– Nach dem Relativpronomen que steht das Subjekt des Relativsatzes:
Le roman que je lis est en français. Der Roman, **den ich** lese, ist auf Französisch.

Die Relativpronomen 14

– Achten Sie auf die Angleichung des Partizips im Relativsatz mit que: Weil das direkte Objekt que vorangestellt ist, wird das Partizip in Genus und Numerus dem Objekt angeglichen (➠ **Kapitel 18, Der Indikativ [Zeiten der Vergangenheit]**, 1.4.2):
Voici les revues que tu m'as prêtées. Hier sind die Zeitschriften, die du mir geliehen hast.

Test 2

Subjekt, direktes oder indirektes Objekt? Setzen Sie qui, que oder à qui ein.
1. C'est un homme ____ j'adore. Es ist ein Mann, den ich sehr liebe.
2. C'est quelqu'un ____ a beaucoup de chance. Das ist jemand, der viel Glück hat.
3. Où est le vin ____ j'ai acheté hier ? Wo ist der Wein, den ich gestern gekauft habe?
4. Le voisin ____ j'ai laissé mes clés est parti en vacances. Der Nachbar, dem ich meine Schlüssel gegeben habe, ist in Urlaub gefahren.
5. Où est la route ____ mène à la plage ? Wo ist die Straße, die zum Strand führt?
6. C'est la fille ____ j'ai prêté mon vélo. Das ist das Mädchen, dem ich mein Fahrrad geliehen habe.

3 Où

Das Relativpronomen où (wo / wohin) kann sowohl eine Ortsangabe als auch eine Zeitangabe wieder aufnehmen.

Ortsangabe	la ville où j'habite die Stadt, **in der** ich wohne
	le lycée où il travaille das Gymnasium, **in dem** er arbeitet
Zeitangabe	l'année où je suis né das Jahr, **in dem** ich geboren wurde
	le jour où il est arrivé der Tag, **an dem** er gekommen ist

Beachten Sie
– Das Relativpronomen où kann mit einer Präposition kombiniert werden:
le pays d'où je viens das Land, **von wo / woher** ich komme
la ville par où nous sommes passés die Stadt, **durch die** wir gefahren sind.
– Où kann ohne Bezugswort verwendet werden:
Je ne sais pas où il habite. Ich weiß nicht, **wo** er wohnt.

Die Relativpronomen

4 Dont

Das Relativpronomen dont steht für eine Ergänzung mit de, entweder als
- Ergänzung eines Nomens mit de: Bei diesem Gebrauch entspricht dont dem deutschen Relativpronomen „dessen / deren" oder als
- Ergänzung eines Verbs oder Adjektivs mit de: Bei dieser Verwendung wird dont im Deutschen unterschiedlich wiedergegeben.

4.1 Dont in der Bedeutung von „dessen / deren"

Als Ergänzung eines Nomens drückt dont ein possessives Verhältnis aus:
C'est un écrivain dont j'aime tous les livres. Das ist ein Autor, **dessen** Bücher ich alle mag.
La plante dont les feuilles jaunissent manque d'eau. Die Pflanze, **deren** Blätter gelb werden, braucht Wasser.

Beachten Sie
In Verbindung mit einem Zahlwort kann dont partitiv verwendet werden:
J'ai trois sœurs, **dont** deux habitent à l'étranger. Ich habe drei Schwestern, **von denen** zwei im Ausland leben.
In dieser Verwendung kann dont in einem verblosen Relativsatz stehen:
Il est condamné à six mois de prison, **dont** trois avec sursis. Er ist zu sechs Monaten Freiheitsstrafe verurteilt, **davon** drei auf Bewährung.

4.2 Dont in Bezug auf eine Verb- oder Adjektivergänzung mit de

In diesem Fall hängt der Gebrauch von dont von der Ergänzung mit de im Nebensatz ab.

Ergänzung mit de	Beispiel
– Verbergänzung: z. B. parler de sprechen von, avoir besoin de brauchen	L'homme **dont** je parle n'est plus très jeune. Der Mann, **von dem** ich spreche, ist nicht mehr ganz jung. As-tu trouvé les documents **dont** tu as besoin ? Hast du die Dokumente gefunden, **die** du brauchst?
– Adjektivergänzung: z. B. fier de stolz auf, responsable de verantwortlich für	C'est un travail **dont** je suis très fier. Das ist eine Arbeit, **auf die** ich sehr stolz bin. L'équipe **dont** il est responsable est très compétente. Das Team, **für das** er verantwortlich ist, ist sehr kompetent.

Die Relativpronomen 14

Beachten Sie
- Bei Personen sind dont und de qui austauschbar (➡ 7.2.3):
  Cet acteur **dont / de qui** j'ai vu tous les films est excellent. Dieser Schauspieler, dessen Filme ich alle gesehen habe, ist hervorragend.
- Dont kann nicht die de-Ergänzung einer Präpositionalgruppe vertreten. In diesem Fall wird duquel verwendet (➡ 7.2.3):
  Nous nous baignons **dans l'eau du lac**. → Le lac **dans l'eau duquel** nous nous baignons est propre. Der See, **in dessen Wasser** wir baden, ist sauber.
- Vertritt das Relativpronomen eine Ortsergänzung mit de, gebraucht man in der Regel d'où und nicht dont:
  Il vient **d'une grande ville**. → La ville **d'où** il vient … Er kommt aus einer großen Stadt. → Die Stadt, aus der er kommt, …

Test 3
Wählen Sie zwischen qui, que, où oder dont.
C'est un film … Das ist ein Film, …
1. ____ je ne me souviens pas. … an den ich mich nicht erinnere.
2. ____ je n'aime pas du tout. … den ich überhaupt nicht mag.
3. ____ j'ai oublié le titre. … dessen Titel ich vergessen habe.
4. ____ est très intéressant. … der sehr interessant ist.
5. ____ il y a beaucoup d'action. … in dem es viel Action gibt.

5 Präposition + *quoi*

Das Relativpronomen quoi steht für unbestimmte Sachverhalte und wird immer in Verbindung mit einer Präposition verwendet:
Je sais **à quoi** m'attendre. Ich weiß, **worauf** ich gefasst sein muss.
Je ne sais pas **de quoi** tu parles. Ich weiß nicht, **wovon** du sprichst.

Das Bezugswort von quoi ist / sind:

– das Demonstrativpronomen ce	C'est tout à fait <u>ce</u> **à quoi** je m'intéresse. Das ist genau <u>das</u>, **wofür** ich mich interessiere.
– die Indefinitpronomen rien nichts, quelque chose etwas – voilà	Il n'y a <u>rien</u> **à quoi** il n'ait pas pensé. Es gibt <u>nichts</u>, **woran** er nicht gedacht hätte. C'est <u>quelque chose</u> **à quoi** je ne m'attendais pas. Es ist <u>etwas</u>, **worauf** ich nicht gefasst war. <u>Voilà</u> **de quoi** je voulais te parler. **Darüber** wollte ich mit dir reden. (Wörtlich: <u>Das ist es</u>, **worüber** …)

14 Die Relativpronomen

– ein ganzer Satz, vor allem in Wendungen wie ce à quoi worauf, après quoi danach, moyennant quoi dann, sans quoi / faute de quoi sonst	Je lui ai dit ce que je pensais. **Ce à quoi** elle a répondu … Ich habe ihr gesagt, wie ich darüber denke, **worauf** sie erwidert hat … J'ai fait des courses. **Après quoi** je suis rentré. Ich habe eingekauft. **Danach** bin ich nach Hause gegangen. Inscrivez-vous vite, **sans quoi** vous ne pourrez pas passer les examens. Melden Sie sich schnell an, **sonst** können Sie die Prüfungen nicht machen.

Beachten Sie
In Verbindung mit einem Infinitiv ist quoi in der Bedeutung von „das, was man braucht" sehr gebräuchlich:
As-tu **de quoi écrire** ? Hast du etwas zum Schreiben?
Je n'ai pas **de quoi payer** mon billet. Ich habe kein Geld, um meine Fahrkarte zu bezahlen.

Test 4
Markieren Sie die richtige Alternative.
1. J'ignore (de qui / de quoi) il a parlé. Ich weiß nicht, wovon er geredet hat.
2. Les amis (de quoi / dont) je parle sont allemands. Die Freunde, von denen ich spreche, sind Deutsche.
3. Je ne sais pas (à qui / à quoi) il passe son temps. Ich weiß nicht, womit er seine Zeit verbringt.

6 Ce qui / ce que was

Ce qui und ce que entsprechen dem deutschen neutralen Relativpronomen „was". Die beiden Relativausdrücke haben jedoch verschiedene Funktionen:

Auf Entdeckung
Lesen Sie die folgenden Beispiele aufmerksam.

ce qui	J'aime **ce qui** est beau. Ich liebe das, **was** schön ist. Choisis **ce qui** te plaît. Such dir aus, **was** dir gefällt.
ce que	Fais **ce que** tu veux. Mach, **was** du willst. Je ne sais pas **ce qu'**il a. Ich weiß nicht, **was** er hat.

Die Relativpronomen 14

Markieren Sie die richtige Aussage. (➡ **Lösungen**)
1. Ce qui steht für das (Subjekt / Objekt) des Relativsatzes.
2. Ce que steht für das (Subjekt / Objekt) des Relativsatzes.
3. Auf ce qui folgt das (Subjekt / Verb) des Relativsatzes.
4. Auf ce que folgt das (Subjekt / Verb) des Relativsatzes.

Das neutrale Demonstrativpronomen ce (das) ist hier Bezugswort des Relativpronomens und kann, anders als im Deutschen, nicht wegfallen:
Ce que tu dis est très intéressant. (**Das**) **was** du sagst, ist sehr interessant.

Beachten Sie
- Ce que wird vor Vokal zu ce qu':
  Il ne dit pas ce qu'il pense. Er sagt nicht das, was er denkt.
- Andere Relativpronomen sind ebenfalls mit dem Demonstrativpronomen ce kombinierbar. Sie werden ins Deutsche unterschiedlich übertragen:
  Ce dont je suis sûr, c'est qu'il viendra. Er wird kommen, **dessen** bin ich mir sicher.
  Ce à quoi il répond, ce n'est pas ma question. **Worauf** er antwortet, ist nicht meine Frage.
- Ce qui und ce que können auch eine indirekte Frage einleiten (➡ **Kapitel 15, Die Interrogativa**, 8.3.2).

Test 5

Setzen Sie ce qui oder ce que ein.
1. J'ai pris tout ___ ___ j'ai trouvé. Ich habe alles genommen, was ich gefunden habe.
2. Elle sait ___ ___ elle veut. Sie weiß, was sie will.
3. ___ ___ il a fait, est impardonnable. Was er getan hat, ist unverzeihlich.
4. Il n'a pas répondu, ___ ___ m'étonne. Er hat nicht geantwortet, was mich erstaunt.
5. Je ne sais pas ___ ___ je vais faire. Ich weiß nicht, was ich machen werde.
6. ___ ___ m'est arrivé est incroyable. Was mir passiert ist, ist unglaublich.

TIPP

Sie haben nun die gängigsten Relativpronomen des Französischen kennen gelernt. Wenn Sie erst angefangen haben Französisch zu lernen, können Sie den folgenden Abschnitt zu einem späteren Zeitpunkt durcharbeiten und direkt zu ➡ **9** gehen.

14 Die Relativpronomen

7 Lequel welche/-r/-s / der/die/das

Das Relativpronomen lequel wird sowohl für Personen als auch für Sachen verwendet.
Personen: J'ai demandé à Paul, **lequel** ne m'a pas répondu. Ich habe Paul gefragt, **der** mir nicht geantwortet hat.
Sachen: Nous avons mangé un gâteau, **lequel** était excellent. Wir haben einen Kuchen gegessen, **der** vorzüglich war.

7.1 Formen

Lequel setzt sich aus dem bestimmten Artikel (➡ **Kapitel 4, Der Artikel, 1**) und dem Fragebegleiter quel (➡ **Kapitel 15, Die Interrogativa, 4**) zusammen. Beide Elemente richten sich in Genus und Numerus nach dem Bezugswort.

Auf Entdeckung
Versuchen Sie, die folgende Tabelle zu ergänzen, indem Sie die fehlende Form des bestimmten Artikels einsetzen. Sie erhalten dann eine Übersicht über die Formen des Relativpronomens lequel. (➡ **Lösungen**)

	Singular	Plural
maskulin	__quel welche/-r/-s	__quels welche
feminin	__quelle welche/-r/-s	__quelles welche

Beachten Sie
- Lequel ist das einzige veränderliche Relativpronomen des Französischen.
- Beim Zusammentreffen mit den Präpositionen à und de verschmelzen die Formen le und les mit der jeweiligen Präposition zu au / aux und du / des. (➡ **Kapitel 4, Der Artikel 1.1.2**)
  Es entstehen dann folgende Formen:

à + lequel	auquel welchem / dem, à laquelle welcher / der auxquels / auxquelles welchen / denen
de + lequel	duquel von welchem / dem, de laquelle von welcher / der desquels / desquelles von welchen / denen

Test 6
Markieren Sie die jeweils passende Möglichkeit.
1. C'est la raison pour (laquelle / lequel) je n'ai pas pu venir. Das ist der Grund, weshalb ich nicht kommen konnte.

Die Relativpronomen

2. Parlez-nous des événements (auquel / auxquels) vous avez assisté. Erzählen Sie uns von den Ereignissen, an denen Sie teilgenommen haben.
3. C'est un projet à l'évolution (duquel / desquels) je m'intéresse. Das ist ein Projekt, an dessen Entwicklung ich interessiert bin.
4. Les villages par (lesquels / lequel) nous sommes passés sont très pittoresques. Die Dörfer, durch die wir gefahren sind, sind sehr malerisch.

7.2 Gebrauch

In einigen Fällen ist der Gebrauch von lequel obligatorisch, in anderen fakultativ.

7.2.1 Fakultativer Gebrauch von lequel

In den folgenden Fällen ist lequel fakultativ und mit dem einfachen Relativpronomen qui austauschbar:

1. Als Subjekt wird lequel im geschriebenen Französisch häufig verwendet.	L'automobiliste, **lequel** n'a pas respecté la priorité, doit payer une amende. = L'automobiliste **qui** n'a pas respecté la priorité … Der Autofahrer, **welcher / der** die Vorfahrt nicht beachtet (hat), muss eine Geldstrafe zahlen.
2. Mit Präpositionen ist lequel bei Personen ebenfalls möglich.	Le patron **pour lequel** je travaille a déposé son bilan. = Le patron **pour qui** je travaille … Der Chef, für den ich arbeite, hat Konkurs angemeldet.

Beachten Sie
zu 1. Vor dem Relativpronomen lequel steht in diesem Fall ein Komma.
Die Umgangssprache bevorzugt das einfache Relativpronomen qui:
J'ai une idée, laquelle te plaira sûrement. → J'ai une idée **qui** te plaira sûrement. Ich habe eine Idee, **welche / die** dir bestimmt gefallen wird.

7.2.2 Obligatorischer Gebrauch von lequel

In den folgenden Fällen muss lequel verwendet werden:

1. in Verbindung mit einer Präposition bei Sachen (indirektes Objekt)	C'est un livre **auquel** je tiens. Das ist ein Buch, **an dem** ich hänge. La chaise **sur laquelle** je suis assis est bancale. Der Stuhl, **auf dem** ich sitze, ist wackelig.

7 Lequel welche/-r/-s der/die/das

14 Die Relativpronomen

2. nach den Präpositionen parmi und entre (unter / zwischen) bei Personen	Les deux enfants **entre lesquels** j'étais assis étaient insupportables. Die zwei Kinder, **zwischen denen** ich saß, waren unerträglich.
3. zur Verdeutlichung des Bezugs (wenn qui zweideutig ist)	La sœur de mon ami, **laquelle** habite en France, parle couramment français. Die Schwester meines Freundes, **die** in Frankreich lebt, spricht fließend Französisch.

Beachten Sie

zu 1. Bei Personen wird das Relativpronomen qui mit Präposition in der Regel bevorzugt (➡ **1.2**):
C'est le professeur avec lequel / avec qui j'apprends le français. Das ist der Lehrer, bei dem ich Französisch lerne.

zu 3. Aus dem Satz La sœur de mon ami, qui habite en France … geht nicht deutlich hervor, ob die Schwester oder der Freund in Frankreich lebt. Das Relativpronomen lequel ist hier eindeutig, weil es das Genus markiert.

Test 7

Setzen Sie die passende Form von lequel ein.
1. Les amis avec _____ je pars en vacances sont italiens. Die Freunde, mit denen ich in Urlaub fahre, sind Italiener.
2. La fille avec _____ il parle s'appelle Aurélie. Das Mädchen, mit dem er spricht, heißt Aurélie.
3. Voici le lac dans _____ je me suis baigné. Hier ist der See, in dem ich gebadet habe.
4. J'ai noté le nom de toutes les villes par _____ je suis passé. Ich habe den Namen all der Städte notiert, durch die ich gefahren bin.

7.2.3 Gebrauch von duquel, de qui oder dont

Duquel, de qui und dont stehen für eine Verb- oder Adjektivergänzung mit de und sind im folgenden Beispiel austauschbar:
Le journaliste **dont** je tiens cette information est mon meilleur ami.
Le journaliste **de qui** je tiens cette information est mon meilleur ami.
Le journaliste **duquel** je tiens cette information est mon meilleur ami.
Der Journalist, **von dem** ich diese Information habe, ist mein bester Freund.

Beachten Sie

– De qui kann jedoch nur für Personen anstelle von dont oder duquel verwendet werden.
Person: L'acteur **de qui** / **dont** / **duquel** je parle joue dans le dernier film de Chabrol. Der Schauspieler, von dem ich spreche, spielt im letzten Film von Chabrol.

Die Relativpronomen

Sache: Le journal **dont** / **duquel** je tiens cette information ... Die Zeitung, von der ich diese Information habe, ... (de qui ist hier ausgeschlossen).
- Duquel vertritt die de-Ergänzung einer Präpositionalgruppe (➠ 4.2 Beachten Sie):
J'ai participé au tournage de ce film. Ich habe an den Dreharbeiten zu diesem Film teilgenommen. → Le film **au tournage duquel** j'ai participé ... Der Film, an dessen Dreharbeiten ich teilgenommen habe ...
Nach der Präpositionalgruppe au tournage kann nur duquel stehen, weil dont niemals nach einer Präpositionalgruppe (im folgenden Beispiel unterstrichen) stehen kann:
Le client <u>au nom</u> **duquel** j'interviens ... Der Kunde, <u>in</u> **dessen** <u>Namen</u> ich eingreife ...
- Als Ergänzung eines Nomens steht immer dont:
Le professeur **dont** les étudiants ont tous réussi est très satisfait. Der Professor, **dessen** Studenten alle erfolgreich waren, ist sehr zufrieden.

Test 8
Markieren Sie die richtige Möglichkeit.
1. La maison (dont / de qui) je suis le propriétaire ... Das Haus, dessen Besitzer ich bin, ...
2. La maison dans la cour (dont / de laquelle) j'ai souvent joué ... Das Haus, in dessen Hof ich oft gespielt habe, ...
3. J'aime cette région (dont / de laquelle) le climat est si doux. Ich liebe diese Gegend, deren Klima so mild ist.
4. Le paquet (dont / de qui) je t'ai parlé vient d'arriver. Das Päckchen, von dem ich dir erzählt habe, ist gerade angekommen.

8 *Quiconque* jeder, der

Als indefinites Relativpronomen wird quiconque ohne Bezugswort und nur für Personen verwendet:
Quiconque désobéira, sera puni. Jeder, der nicht gehorcht, wird bestraft.

Beachten Sie
- Quiconque wird meistens durch das einfache Relativpronomen qui ersetzt:
Qui veut, peut. Wer will, der kann.
- Quiconque ist auch Indefinitpronomen (➠ **Kapitel 13, Die Indefinitpronomen, 3.7**).

14 Die Relativpronomen

9 Besonderheiten

In diesem Abschnitt werden einige besondere Ausdrücke mit Relativpronomen behandelt.

9.1 C'est + Relativpronomen zur Hervorhebung

Die Wendung c'est + Relativpronomen wird zur Hervorhebung einzelner Satzglieder, vor allem im gesprochenen Französisch, sehr häufig verwendet (➡ **Kapitel 12, Die Demonstrativpronomen, 2.2** und ➡ **Kapitel 27, Satzbau und Satzgefüge, 1.1.2 a**):
C'est lui qui m'a dit ça. Er war es, der mir das erzählt hat.
C'est l'ami dont je t'ai parlé. Das ist der Freund, von dem ich dir erzählt habe.
C'est ici que j'habite. Hier wohne ich.

Auf Entdeckung
Lesen Sie die folgenden Beispiele.

c'est ... qui	C'est Jeanne qui a gagné. Jeanne hat gewonnen. C'est vous qui avez raison. Sie haben Recht.
c'est ... que	C'est un auteur que j'adore. Das ist ein Autor, den ich sehr liebe. C'est elle que je préfère. Sie mag ich lieber.

Markieren Sie die richtige Alternative. (➡ **Lösungen**)
1. C'est ... qui hebt das (Subjekt / Objekt) des Relativsatzes hervor.
2. C'est ... que hebt das (Subjekt / Objekt) des Relativsatzes hervor.

Beachten Sie
– Das Deutsche hebt durch die Wortstellung oder die Betonung hervor. Die Wendungen c'est... qui bzw. c'est ... que werden aus diesem Grund selten wörtlich übersetzt:
C'est moi qui fais tout ici. **Ich** mache alles hier.
– Die Verbform richtet sich dann nach dem Personalpronomen:
C'est vous qui commencez. Sie fangen an.
– Zur Hervorhebung werden auch die folgenden Wendungen oft gebraucht:

voilà ... qui	Voilà nos invités qui arrivent. Da kommen unsere Gäste. La voilà qui se met à rire. Jetzt fängt sie an zu lachen.

Die Relativpronomen 14

il y a … qui / que	Il y a quelqu'un **qui** vous demande. Da fragt jemand nach Ihnen. Il y a une chose **que** je n'aime pas chez lui. Eine Sache gefällt mir an ihm nicht.
ça fait + Zeitangabe + que	**Ça fait** une heure **que** j'attends. Ich warte schon seit einer Stunde.

Test 9

Setzen Sie c'est … qui oder c'est … que ein.
1. ____ l'homme ____ j'aime. Das ist der Mann, den ich liebe.
2. ____ une idée ____ je trouve excellente. Diese Idee finde ich ausgezeichnet.
3. ____ un ami ____ m'a beaucoup aidé. Dieser Freund hat mir sehr geholfen.
4. ____ vous ____ ne comprenez rien ! Sie sind es, der nichts versteht!
5. ____ moi ____ paie. Ich zahle.
6. ____ nous ____ ils veulent voir. Uns wollen sie sehen.

9.2 Moi qui, toi qui …

Das Bezugswort des Relativpronomens kann ebenfalls ein betontes Personalpronomen sein, das mit besonderem Nachdruck hervorgehoben wird (➡ **Kapitel 9, Die Personal- und Reflexivpronomen, 3.1**). Das Verb richtet sich dann nach dem Personalpronomen:
Traduis, **toi** qui **parles** bien français. Übersetz du, der **du** gut Französisch **sprichst**.

9.3 Celui qui …, celui que …

Das einfache Demonstrativpronomen wird oft durch einen Relativsatz näher bestimmt (➡ **Kapitel 12, Die Demonstrativpronomen, 2.1**):
C'est **celui dont** j'ai besoin. Das ist der, den ich brauche.
Pensez à **ceux qui** n'ont rien. Denkt an diejenigen, die nichts haben.

Beachten Sie
Das Demonstrativpronomen richtet sich in Genus und Numerus nach dem Wort, das es vertritt.

14 Die Relativpronomen

Test 10
Setzen Sie que, dont oder qui ein.
1. Regarde ces pulls. Prends celui ____ tu veux. Schau dir diese Pullis an. Nimm den, den du möchtest.
2. Celui ____ parle le dernier a souvent raison. Derjenige, der zuletzt spricht, hat oft Recht.
3. Ce gâteau est bon, mais celui ____ tu as fait hier était meilleur. Dieser Kuchen schmeckt gut, aber der, den du gestern gebacken hast, war besser.
4. Je félicite ceux et celles ____ ont réussi leur examen. Ich gratuliere denjenigen, die ihre Prüfung bestanden haben.
5. Ceux ____ les bagages ont été enregistrés peuvent passer. Diejenigen, deren Gepäck registriert wurde, können durchgehen.
6. Ce roman ? C'est celui ____ je t'ai parlé récemment. Dieser Roman? Es ist der, von dem ich dir neulich erzählt habe.

10 Der Relativsatz

Der Relativsatz ergänzt in der Regel ein Substantiv oder Pronomen im Hauptsatz:
Substantiv: <u>la musique</u> **que** j'aime <u>die Musik</u>, **die** ich liebe
Pronomen: <u>moi</u> **qui** aime la musique <u>ich</u>, **der** / **die** ich Musik liebe

Relativsätze ohne Bezugswort kommen vor allem in Sprichwörtern vor:
Qui trop commence, peu finit. Wer viel anfängt, führt wenig zu Ende.

10.1 Wortstellung im Relativsatz

– Anders als im Deutschen, wo die Personalform des Verbs am Ende steht, wird im französischen Relativsatz die Wortstellung des Aussagesatzes beibehalten: Relativpronomen – Subjekt – Verb – Ergänzung:
J'ai vu le professeur **dont tu m'as parlé hier**. Ich habe den Professor gesehen, von dem du mir gestern erzählt hast.
– Ist das Subjekt des Relativsatzes ein Substantiv (und kein Personalpronomen), ist die Umstellung Verb-Subjekt bei allen Relativpronomen außer qui möglich:
Voici la maison **que mes parents** ont achetée / **qu'ont achetée** mes parents. Hier ist das Haus, das meine Eltern gekauft haben.
C'est un projet **dont notre association** s'occupe / **dont s'occupe** notre association. Das ist ein Projekt, mit dem sich unser Verein beschäftigt.

Die Relativpronomen 14

– In der Regel steht das Relativpronomen unmittelbar hinter seinem Bezugswort:
J'aime <u>les films</u> **qui** finissent bien. Ich liebe Filme mit Happyend.
<u>L'appartement</u> **que** je loue est très bien situé. Die Wohnung, die ich miete, ist sehr schön gelegen.

Beachten Sie
– Ist qui Subjekt des Relativsatzes, folgt unmittelbar das Verb:
J'ai des amis **qui habitent** à Berlin. Ich habe Freunde, **die** in Berlin **leben**.
– Dem Relativpronomen kann eine Präposition vorangehen:
Le collègue **avec qui** je travaille est espagnol. Der Kollege, **mit dem** ich arbeite, ist Spanier.

Test 11
Bringen Sie die Bestandteile des Relativsatzes in die richtige Reihenfolge.
1. (j'ai / que / aux Puces / acheté)
   C'est un dictionnaire _____. Dieses Wörterbuch habe ich auf dem Flohmarkt gekauft.
2. (fabriqué / j'ai / avec lesquels / cette table)
   Ce sont les outils _____. Hier sind die Werkzeuge, mit denen ich diesen Tisch gebaut habe.
3. (je / que / t'ai / hier / prêté)
   Peux-tu me rendre l'argent _____ ? Kannst du mir das Geld zurückgeben, das ich dir gestern geliehen habe?
4. (les enfants / déjà grands / dont / sont)
   Anne, _____, a recommencé à travailler. Anne, deren Kinder schon groß sind, hat wieder angefangen zu arbeiten.

TIPP

Die nächsten Abschnitte behandeln spezielle Fragestellungen in Bezug auf die Relativsätze. Wenn Sie erst angefangen haben Französisch zu lernen, können Sie direkt zu den Kontrollaufgaben gehen und ➡ **10.2** und ➡ **10.3** zu einem späteren Zeitpunkt durcharbeiten.

10.2 Arten von Relativsätzen

Man unterscheidet zwischen notwendigen und nicht-notwendigen Relativsätzen. Die deutsche Übersetzung in den folgenden Beispielen macht den Bedeutungsunterschied zwischen beiden Arten von Relativsätzen deutlich:

14 Die Relativpronomen

Relativsatz	Beispiel
– **notwendig** Der Relativsatz kann nicht wegfallen, da er die Hauptinformation enthält.	Les élèves **qui ont écouté** ont tout compris. Nur die Schüler, die zugehört haben, haben alles verstanden.
– **nicht-notwendig** Der Relativsatz kann wegfallen, da er nur eine Zusatzinformation enthält.	Les élèves, **qui ont écouté**, ont tout compris. Alle Schüler haben zugehört und alle haben alles verstanden.

Beachten Sie
– Der nicht-notwendige Relativsatz wird in der Regel durch Kommas vom Hauptsatz getrennt (➡ **Kapitel 2, Schreibung, 6.3.2 Beachten Sie**).
– Der notwendige Relativsatz kann im Deutschen mit „der-/die-/dasjenige" wiedergegeben werden:
Je n'aime pas les gens qui critiquent tout. Ich mag die(jenigen) Leute nicht, die alles kritisieren.

Test 12
Sind die folgenden Relativsätze notwendig oder nicht? Setzen Sie, wenn nötig, die fehlenden Kommas ein.
1. Les invités_ qui avaient encore faim_ ont pris un dessert. Die Gäste, die noch hungrig waren, haben einen Nachtisch genommen.
2. Les invités_ qui avaient encore faim_ ont pris un dessert. Nur die Gäste, die noch hungrig waren, haben einen Nachtisch genommen.
3. Les clients_ qui ont bu de l'alcool_ doivent rentrer en taxi. Die Kunden, die Alkohol getrunken haben, müssen mit dem Taxi nach Hause fahren.

10.3 Modus im Relativsatz

– Im Relativsatz steht in der Regel der Indikativ:
J'ai trouvé un appartement qui me plaît. Ich habe eine Wohnung gefunden, die mir gefällt.
– Nur in wenigen Fällen steht im Relativsatz der subjonctif:
Je cherche un appartement qui me **plaise**. Ich suche eine Wohnung, die mir gefällt.

Beachten Sie
Eine ausführliche Darstellung zum Gebrauch des subjonctif im Relativsatz finden Sie in ➡ **Kapitel 20, Der *subjonctif*, 2.4.1**.

Die Relativpronomen 14

– Der Infinitiv kann in einem Relativsatz mit où oder quoi stehen:
Je cherche un endroit où dormir. Ich suche einen Ort zum Schlafen.
Il n'y a pas de quoi s'affoler. Es gibt keinen Grund zur Panik.

Auf den Punkt gebracht

1. (➡ 1)
Kreuzen Sie ja oder nein an. Das Relativpronomen qui   ja   nein
1. ist, ohne Präposition verwendet, immer Subjekt.   ☐   ☐
2. steht ausschließlich für Personen.   ☐   ☐
3. ist unveränderlich.   ☐   ☐
4. kann, mit einer Präposition verwendet, indirektes Objekt sein.   ☐   ☐

2. (➡ 2)
Kreuzen Sie ja oder nein an. Das Relativpronomen que   ja   nein
1. vertritt ausschließlich Sachen.   ☐   ☐
2. vertritt Personen und Sachen.   ☐   ☐
3. ist direktes Objekt des Relativsatzes.   ☐   ☐
4. ist veränderlich.   ☐   ☐

3. (➡ 3 bis ➡ 5)
Kreuzen Sie ja oder nein an.   ja   nein
Das Relativpronomen où
1. steht für eine Zeit- und Ortsangabe.   ☐   ☐
2. ist mit einer Präposition kombinierbar.   ☐   ☐

Das Relativpronomen dont
3. entspricht dem deutschen Relativpronomen „deren / dessen".   ☐   ☐
4. vertritt eine Verb- oder Adjektivergänzung mit à.   ☐   ☐
5. vertritt eine Verb- oder Adjektivergänzung mit de.   ☐   ☐

Das Relativpronomen quoi
6. steht für Personen und Sachen.   ☐   ☐
7. steht für unbestimmte Sachverhalte.   ☐   ☐
8. wird in Verbindung mit einer Präposition verwendet.   ☐   ☐

4. (➡ 6)
Ergänzen Sie den Satz und markieren Sie die richtige Alternative.
1. Ce qui und ce que entsprechen dem deutschen Relativpronomen _____.
2. Ce qui ist (Subjekt / Objekt) des Satzes.
3. Ce que ist (Subjekt / Objekt) des Satzes.

14 Die Relativpronomen

5. (➧ 7.1)
Die Formen von lequel lauten:

	Singular	Plural
maskulin	lequel welche/-r/-s	_____ welche
feminin	_____ welche/-r/-s	_____ welche

6. (➧ 7.2)
Kreuzen Sie ja oder nein an. ja nein
1. Lequel und qui sind als Subjekt immer austauschbar. ☐ ☐
2. Bei Personen und in Verbindung mit einer Präposition kann lequel verwendet werden. ☐ ☐
3. Bei Sachen und in Verbindung mit einer Präposition muss lequel verwendet werden. ☐ ☐
4. Nach den Präpositionen entre und parmi (unter / zwischen) sind qui und lequel austauschbar. ☐ ☐

7. (➧ 7.2.3)
Markieren Sie die richtige/-n Aussage/-n.
1. De qui, duquel und dont sind (immer / in manchen Fällen) austauschbar.
2. De qui wird für (Personen / Personen und Sachen) verwendet.
3. Nach einer Präpositionalgruppe kann nur (dont / duquel) stehen.
4. Dont steht direkt nach (einer Präpositionalgruppe / dem Bezugswort).

8. (➧ 8)
Kreuzen Sie ja oder nein an. ja nein
1. Quiconque und qui sind immer austauschbar. ☐ ☐
2. Quiconque wird ohne Bezugswort verwendet. ☐ ☐

9. (➧ 9)
Markieren Sie die richtige Alternative und füllen Sie die Lücken aus.
1. C'est qui hebt das (Subjekt / Objekt) hervor.
2. C'est que hebt das (Subjekt / Objekt) hervor.
3. „Derjenige, der" heißt auf Französisch: _____ ___.
4. „Ich, der ich ..." heißt auf Französisch: _____ ___.
5. „Da kommt Max." heißt auf Französisch: _____ Max ___ arrive.

Die Relativpronomen 14

10. (➡ 10)
Kreuzen Sie ja oder nein an. ja nein
1. Die Wortstellung im französischen Relativsatz entspricht
   der Wortstellung im deutschen Relativsatz. ☐ ☐
2. Der nicht-notwendige Relativsatz wird durch Kommas vom
   Hauptsatz getrennt. ☐ ☐
3. Im Relativsatz steht in der Regel der subjonctif. ☐ ☐

15 Die Interrogativa

Was Sie vorab wissen sollten

- Interrogativa (Fragewörter) leiten eine Ergänzungsfrage ein (➡ **Kapitel 27, Satzbau und Satzgefüge, 2 Was Sie vorab wissen sollten**):
  Où habitez-vous ? **Wo wohnen Sie?**
- Zur Klasse der Interrogativa gehören:
  • Fragepronomen wie qui wer, que was, lequel welche/-r/-s
  • Fragebegleiter wie quel welche/-r/-s, combien de wie viel/-e
  • Frageadverbien wie où wo / wohin, pourquoi warum, combien wie viel
- Wie im Deutschen können Fragewörter sowohl direkte als auch indirekte Fragen einführen (➡ 8.3).
  Direkte Frage: Où vas-tu ? **Wohin gehst du?**
  Indirekte Frage: Je te demande où tu vas. Ich frage dich, **wohin** du gehst.

> **TIPP**
>
> In diesem Kapitel stehen in den Beispielen die Fragewörter immer am Satzanfang, was der Norm der französischen Schriftsprache entspricht, jedoch im gesprochenen Französisch seltener ist. Ausführlichere Informationen über die Stellung des Fragewortes im Fragesatz finden Sie in ➡ **Kapitel 27, Satzbau und Satzgefüge, 2**).

1 Übersicht

Die folgende Tabelle enthält alle Fragewörter in alphabetischer Reihenfolge.

> **TIPP**
>
> Diese Tabelle ist zum Nachschlagen gedacht. Eine ausführliche Darstellung der einzelnen Fragewörter finden Sie im Anschluss.

Fragewort	Beispiel
combien wie viel/-e	**Combien** as-tu d'argent ? **Wie viel** Geld hast du?
comment wie	**Comment** allez-vous ? **Wie** geht es Ihnen?
lequel welche/-r/-s	**Lequel** prends-tu ? **Welchen** nimmst du?
où wo / wohin	**Où** allez-vous ? **Wohin** gehen Sie?
pourquoi warum	**Pourquoi** riez-vous ? **Warum** lachen Sie?

Die Interrogativa 15

Fragewort	Beispiel
quand wann	Quand partez-vous ? **Wann** fahren Sie weg?
que was / quoi was	Que fais-tu ? **Was** machst du? A quoi travailles-tu en ce moment ? **Woran** arbeitest du gerade?
quel/-le/-s welche/-r/-s	Quel jour sommes-nous ? **Welchen** Tag haben wir?
qui wer	Qui est là ? **Wer** ist da?

Test 1
Fügen Sie das passende Fragewort ein. Die Übersetzung hilft Ihnen dabei.

1. _____ vas-tu ? **Wohin** gehst du?
2. _____ partez-vous ? **Warum** gehen Sie?
3. _____ a fait ça ? **Wer** hat das gemacht?
4. _____ sommes-nous ? **Wie viele** sind wir?
5. _____ menu prenez-vous ? **Welches** Menü nehmen Sie?
6. _____ dites-vous ? **Was** sagen Sie?
7. A _____ pensez-vous ? **Woran** denken Sie?
8. _____ préfères-tu ? **Welches** magst du lieber?
9. _____ trouves-tu ma veste ? **Wie** findest du meine Jacke?
10. _____ venez-vous ? **Wann** kommen Sie?

2 Das Fragewort *qui*

Das Fragewort qui ist unveränderlich und wird nur für Personen verwendet.

2.1 **Qui mit der Bedeutung „wer" oder „wen"**

Qui fragt sowohl nach dem Subjekt (Frage „wer?") als auch nach dem direkten Objekt (Frage „wen?").

Funktion	Beispiel
Subjekt	Qui est-ce ? **Wer** ist das? Qui prend un apéritif ? **Wer** nimmt einen Aperitif?
direktes Objekt	Qui avez-vous rencontré ? **Wen** haben Sie getroffen? Qui attendez-vous ? **Wen** erwarten Sie?

15 Die Interrogativa

2.2 Qui mit der Bedeutung „wem" oder „wessen"

Da das Französische keine deklinierten Formen wie das Deutsche kennt, wird qui zur Wiedergabe des Dativs (Frage „wem?") und Genitivs (Frage „wessen?") mit einer Präposition kombiniert.

Wem	A qui avez-vous parlé ? **Mit wem** haben Sie gesprochen? A qui offres-tu ce CD ? **Wem** schenkst du diese CD?
Wessen	De qui est-ce l'idée ? **Wessen** Idee ist es? A qui est cette voiture ? **Wessen** Auto ist das?

2.3 Qui mit weiteren Präpositionen

Wie das deutsche „wen / wem" kann qui mit anderen Präpositionen kombiniert werden:
Chez qui habitez-vous ? **Bei** wem wohnen Sie?
Avec qui pars-tu en vacances ? **Mit** wem fährst du in Urlaub?
Pour qui me prends-tu ? **Für** wen hältst du mich?

Test 2

Setzen Sie qui, à qui, de qui, pour qui oder avec qui ein.
1. _____ sont ces fleurs ? **Für wen** sind diese Blumen?
2. _____ invitez-vous ? **Wen** laden Sie ein?
3. _____ appartient ce livre ? **Wem** gehört dieses Buch?
4. _____ vit-elle ? **Mit wem** lebt sie?
5. _____ est ce texte ? **Von wem** ist dieser Text?
6. _____ a dit cela ? **Wer** hat das gesagt?

3 Das Fragewort *que / quoi*

Das Fragewort que (was) und seine betonte Form quoi sind ebenfalls unveränderlich und werden nur für Sachen verwendet.
Beide Formen haben jedoch unterschiedliche Funktionen im Satz:
– Que fragt nach dem direktem Objekt (Akkusativ).
– Quoi am Satzanfang wird mit einer Präposition gebraucht und fragt nach dem indirekten Objekt.

Die Interrogativa 15

Fragewort	Beispiel
que was	**Que** penses-tu de lui ? **Was** hältst du von ihm? **Que** faites-vous ce soir ? **Was** machen Sie heute Abend?
quoi was	De **quoi** vit-elle ? **Wovon** lebt sie? A **quoi** pensez-vous ? **Woran** denken Sie?

Beachten Sie
- Que wird vor Vokal zu qu': Qu'avez-vous fait ? Was haben Sie gemacht?
- Im gesprochenen Französisch wird meistens die verstärkte Form qu'est-ce que / qu'est-ce qu' anstelle von que verwendet (➡ 8.1):
  Qu'est-ce que tu dis ? = Que dis-tu ? Was sagst du?
- Im gesprochenen Französisch wird die betonte Form quoi in der Funktion von que (als direktes Objekt) verwendet, wenn das Fragewort nicht an erster Stelle im Satz steht: Que fais-tu ce soir ? = Tu fais quoi ce soir ? Was machst du heute Abend? (➡ **Kapitel 27, Satzbau und Satzgefüge, 2.1.2**)

Test 3

Setzen Sie das Fragewort que oder quoi ein.
1. _____ penses-tu de mon idée ? Was hältst du von meiner Idee?
2. De _____ riez-vous ? Worüber lacht ihr?
3. _____ fais-tu ? Was machst du?
4. A _____ ça sert ? Wozu dient das?
5. _____ désirez-vous ? Was wünschen Sie?

4 Der Fragebegleiter *quel*

Wie alle Begleiter wird das Fragewort quel (welche/-r/-s) immer in Verbindung mit einem Substantiv verwendet.

4.1 Die Formen von *quel*

Quel ist veränderlich und richtet sich in Genus und Numerus nach dem Substantiv, das es begleitet:

15 Die Interrogativa

	Singular	Plural
maskulin	**Quel** train prenez-vous ? **Welchen** Zug nehmen Sie?	**Quels** pays connaissez-vous ? **Welche** Länder kennen Sie?
feminin	**Quelle** histoire préfères-tu ? **Welche** Geschichte magst du lieber?	**Quelles** villes voulez-vous visiter ? **Welche** Städte wollen Sie besichtigen?

Beachten Sie
- Die verschiedenen Formen von quel unterscheiden sich nicht in der Aussprache: Alle werden [kɛl] gesprochen. Nur vor Vokal oder „stummem h" wird bei der liaison das -s der Mehrzahl hörbar:
  Quels‿amis ? [kɛlzami] Welche Freunde?
  Quelles‿habitudes ? [kɛlzabityd] Welche Gewohnheiten?
- Quel ist mit einer Präposition kombinierbar:
  Sous quel prétexte ? **Unter** welchem Vorwand?
  A quel prix ? **Zu** welchem Preis?

4.2 Gebrauch von quel

- Quel fragt nach Personen und Sachen.
- Quel fragt nach Eigenschaften: Quel âge as-tu ? **Wie** alt bist du?
  oder
  nach einem oder mehreren Elemente/-n aus einer bestimmten Menge:
  A quel étage habites-tu ? In **welchem** Stock wohnst du?

Beachten Sie
- Im Französischen wird quel nicht nur in der Bedeutung von „welche/-r/-s" verwendet. Es wird im Deutschen unterschiedlich übersetzt:
  Quel est votre nom ? **Wie** ist Ihr Name?
  Quelle est votre profession ? **Was** sind Sie von Beruf?
  Quel verre prends-tu ? **Welches** Glas nimmst du?
  Quel est cet animal ? **Was** ist das **für ein** Tier?
- Quel wird auch in Ausrufen verwendet (➡ **Kapitel 27, 3.2**):
  Quelle horreur ! Wie schrecklich!

Test 4
Setzen Sie die passende Form von quel ein.
une adresse → **Quelle** est votre adresse ? Wie ist Ihre Adresse?
1. des activités → _____ activités proposez-vous ? Welche Aktivitäten bieten Sie an?
2. des cours → _____ cours suivez-vous ? Was für Kurse machen Sie?

Die Interrogativa 15

3. une heure → _____ heure est-il ? Wie viel Uhr ist es?
4. un ami → De _____ ami parlez-vous ? Von welchem Freund sprechen Sie?

5 Das Fragewort *combien (de)*

Das Fragewort combien (de) ist unveränderlich und fragt nach einer Quantität oder einem Maß:
Combien de personnes sont présentes ? **Wie viele** Personen sind anwesend?
Combien mesurez-vous ? **Wie** groß sind Sie?

5.1 Combien

Combien (ohne de) ist ein Frageadverb und wird vor einem Verb, das ein Maß erfragt, verwendet:
Combien coûte ce DVD ? **Was** kostet diese DVD?
Combien pèse cette lettre ? **Wie viel** wiegt dieser Brief?

Beachten Sie
In dieser Verwendung wird combien ins Deutsche oft mit „was" übersetzt:
Combien coûte un aller-retour ? **Was** kostet eine Hin- und Rückfahrt?

5.2 Combien de

Als Fragebegleiter wird combien de immer in Verbindung mit einem Substantiv und ohne weiteren Begleiter verwendet:
Combien de temps vas-tu mettre ? Wie viel Zeit wirst du brauchen?
Combien d'argent as-tu ? Wie viel Geld hast du?

Beachten Sie
– Vor Vokal oder „stummem h" wird de zu d':
  Combien d'amis invitez-vous ? Wie viele Freunde laden Sie ein?
– Combien de ist unveränderlich und steht ebenfalls vor pluralen Substantiven (also niemals combien ~~des~~):
  Combien de jours restez-vous ? **Wie viele** Tage bleiben Sie?
– Combien de kann ebenfalls mit einer Präposition verwendet werden:
  Pour combien de personnes ? Für wie viele Personen?
  Depuis combien de temps ? Seit wann? / Wie lange?

Test 5
Setzen Sie combien, combien de oder combien d' ein.
1. _____ enfants avez-vous ? Wie viele Kinder haben Sie?

15 Die Interrogativa

2. _____ jours dure le séminaire ? **Wie viele Tage** dauert das Seminar?
3. _____ as-tu payé ? **Wie viel** hast du bezahlt?
4. _____ coûte un kilo de pommes ? **Was** kostet ein Kilo Äpfel?

6 Weitere Fragewörter

Die folgenden Fragewörter sind Frageadverbien: Sie fragen nach adverbialen Bestimmungen (Ort, Zeit, Grund, Art und Weise) und sind wie alle Adverbien unveränderlich.

Fragewort	Beispiel
comment wie fragt nach der Art und Weise	**Comment** dit-on en français ? **Wie** sagt man das auf Französisch? **Comment** allez-vous ? **Wie** geht es Ihnen?
où wo / wohin fragt nach einem Ort **d'où** woher fragt nach der Herkunft	**Où** habitez-vous ? **Wo** wohnen Sie? **Où** cours-tu ? **Wohin** läufst du? **D'où** venez-vous ? **Woher** kommen Sie?
pourquoi warum fragt nach dem Grund	**Pourquoi** dis-tu cela ? **Warum** sagst du das? **Pourquoi** pleurez-vous ? **Warum** weinen Sie?
quand wann fragt nach dem Zeitpunkt	**Quand** passes-tu tes examens ? **Wann** hast du deine Prüfungen?

Test 6
Setzen Sie das passende Fragewort ein.
1. _____ apprenez-vous le français ? **Warum** lernen Sie Französisch?
2. _____ es-tu venu ? **Wie** bist du gekommen?
3. _____ prenez-vous vos congés ? **Wann** nehmen Sie Ihren Urlaub?
4. _____ vient ce bruit ? **Woher** kommt dieses Geräusch?
5. _____ va ce train ? **Wohin** fährt dieser Zug?

TIPP

Sie haben nun die gebräuchlichsten Fragewörter des Französischen kennen gelernt. Wenn Sie erst angefangen haben Französisch zu lernen, können Sie nun mit ➡ 8.1 weitermachen und den folgenden Abschnitt zu einem späteren Zeitpunkt durcharbeiten.

Die Interrogativa 15

7 Das Fragepronomen *lequel*

- Lequel (welche/-r/-s) ist ein Fragepronomen, das sowohl nach Personen als auch nach Sachen fragt. Es ist veränderlich und richtet sich in Genus und Numerus nach dem Substantiv, das es vertritt.
- Lequel setzt sich aus dem bestimmten Artikel (➡ **Kapitel 4, Der Artikel, 1**) und dem Fragebegleiter quel (➡ **4**) zusammen. Beide Teile gleichen sich dem Bezugswort an.

Auf Entdeckung
Sie kennen sicher die Formen des bestimmten Artikels und haben gerade die Formen des Fragebegleiters quel gelernt (➡ **3**). Versuchen Sie nun, die folgende Tabelle zu ergänzen. Sie erhalten dann eine Übersicht über alle Formen des Fragepronomens lequel.

	Singular	Plural
maskulin	lequel welcher	les_____ welche
feminin	__quelle welche	_____ welche

Beachten Sie
Der erste Teil des Fragepronomens lequel ist der bestimmte Artikel. Beim Zusammentreffen mit den Präpositionen à und de verschmilzt der Artikel mit der jeweiligen Präposition zu au bzw. du (➡ **Kapitel 4, Der Artikel, 1.1.2**). Die folgende Tabelle gibt Ihnen einen Überblick über diese neuen Formen:

		à + (lequel)	de + (lequel)
Singular	maskulin	auquel	duquel
	feminin	à laquelle	de laquelle
Plural	maskulin	auxquels	desquels
	feminin	auxquelles	desquelles

Test 7
Setzen Sie lequel, laquelle, lesquels oder lesquelles ein.
1. Voici deux vestes. _____ préférez-vous ? Hier sind zwei Jacken. **Welche** gefällt Ihnen besser?
2. Tu veux des journaux, mais _____ ? Du willst Zeitungen, aber **welche**?
3. _____ de ces villes françaises connais-tu ? **Welche** von diesen französischen Städten kennst du?
4. De ces deux manteaux, _____ est plus chaud ? **Welcher** von diesen beiden Mänteln ist wärmer?

15 Die Interrogativa

8 Besonderheiten bei der Verwendung der Fragewörter

8.1 Verstärkung der Fragewörter mit est-ce que

Alle Fragewörter können mit est-ce que verstärkt werden.

Auf Entdeckung
Vergleichen Sie die folgenden Fragesätze.

Fragewort allein	Fragewort mit est-ce que	Deutsch
Que fais-tu ?	Qu'est-ce que tu fais ?	Was machst du?
Où allez-vous ?	Où est-ce que vous allez ?	Wohin geht ihr?
Qui invites-tu ?	Qui est-ce que tu invites ?	Wen lädst du ein?

Kreuzen Sie ja oder nein an.   ja   nein
1. Das Hinzufügen von est-ce que ändert die Bedeutung der Frage.   ☐   ☐
2. Est-ce que wird im Deutschen nicht wiedergegeben.   ☐   ☐
3. Est-ce que ermöglicht die Beibehaltung der Wortfolge des
   Aussagesatzes (Subjekt → Verb).   ☐   ☐
4. que = qu'est-ce que   ☐   ☐

Beachten Sie
Das hinzugefügte est-ce que hat keine eigene Bedeutung und wirkt lediglich wie ein akustisches Fragesignal. Aus diesem Grund sind Fragen mit est-ce que im gesprochenen Französisch sehr gebräuchlich (➡ **Kapitel 27, Satzbau und Satzgefüge, 2.1.3**).

TIPP

Wenn Sie erst angefangen haben Französisch zu lernen, können Sie hier mit der Erarbeitung des Kapitels vorläufig abschließen und zu den Kontrollaufgaben gehen. Die Abschnitte ➡ 8.2 und ➡ 8.3 können Sie zu einem späteren Zeitpunkt durcharbeiten.

8.2 Die Verstärkung mit est-ce qui

Est-ce qui kann in Verbindung mit den Fragewörtern qui (wer) und que (was) verwendet werden.

Die Interrogativa 15

Auf Entdeckung
Vergleichen Sie die folgenden Fragen.

> 1. **Qui est-ce qui** fait ce bruit ? – **Le voisin** avec sa tondeuse. **Wer** macht diesen Lärm? – **Der Nachbar** mit seinem Rasenmäher.
> 2. **Qu'est-ce qui** fait ce bruit ? – **La tondeuse** du voisin. Was verursacht diesen Lärm? (Wörtlich: **Was** macht diesen Lärm?) – **Der Rasenmäher** des Nachbarn.

Markieren Sie die richtige Aussage.
1. Qui est-ce qui fragt nach (Personen / Sachen).
2. Qu'est-ce qui fragt nach (Personen / Sachen).
3. Qui est-ce qui und qu'est-ce-qui fragen beide nach dem (Subjekt / Objekt).

Beachten Sie
– Qui est-ce qui (wer) fragt nach Personen und ist mit qui austauschbar:
  Qui a fait ça ? = **Qui est-ce qui** a fait ça ? **Wer** hat das gemacht?
– Qu'est-ce qui (was) fragt bei Sachen nach dem Subjekt und kann nicht verkürzt werden:
  Qu'est-ce qui s'est passé ? Was ist passiert?
– Das erste qui bzw. qu' ist das Fragewort und markiert die Opposition Person vs. Sache. Das zweite qui ist das Relativpronomen (➠ **Kapitel 14, Die Relativpronomen, 1.1**) und markiert die Funktion Subjekt im Satz.

Test 8
Setzen Sie qui est-ce qui oder qu'est-ce qui ein.
1. _____ vient dîner ce soir ? **Wer** kommt zum Abendessen?
2. _____ te dérange ? **Was** stört dich?
3. _____ te plaît ? **Was** gefällt dir?
4. _____ a téléphoné ? **Wer** hat angerufen?

8.3 Die indirekte Frage

Ähnlich wie im Deutschen können die Fragewörter eine direkte oder indirekte Frage einleiten (➠ **Kapitel 27, Satzbau und Satzgefüge, 5.3.2**).

8.3.1 Unveränderte Fragewörter in der indirekten Rede
Die Grundregel lautet: Alle Fragewörter außer que und qu'est-ce qui werden unverändert in der indirekten Frage übernommen.

15 Die Interrogativa

Fragewort	direkte Frage	indirekte Frage
qui	Qui est là ? Wer ist da?	Il demande qui est là. Er fragt, wer da ist.
où	Où es-tu ? Wo bist du?	Il demande où tu es. Er fragt, wo du bist.
comment	Comment vous appelez-vous ? Wie heißen Sie?	Il demande comment vous vous appelez. Er fragt, wie Sie heißen.

Beachten Sie
Anders als im Deutschen erfolgt bei der indirekten Frage keine Subjekt-Prädikat-Umstellung.

8.3.2. Veränderte Fragewörter in der indirekten Rede
Que und seine verstärkten Formen qu'est-ce que und qu'est-ce qui bilden die einzige Ausnahme zu der oben unter ➡ 8.3.1 genannten Regel der unveränderten Übernahme der Fragewörter: Que / qu'est-ce que wird in der indirekten Frage zu ce que und qu'est-ce qui wird zu ce qui:

Fragewort	direkte Frage	indirekte Frage
que / qu'est-ce que was	Que fais-tu ? / Qu'est-ce que tu fais ? Was machst du?	Il demande ce que tu fais. Er fragt, was du machst.
qu'est-ce qui was	Qu'est-ce qui se passe ? Was ist los ?	Il demande ce qui se passe. Er fragt, was los ist.

Test 9
Fügen Sie das passende Fragewort ein.
Je me demande ... Ich frage mich, ...
1. _____ ils vont. wohin sie gehen.
2. _____ 'ils font. was sie machen.
3. _____ lui a dit ça. wer ihr das gesagt hat.
4. _____ ne va pas. was los ist.

Die Interrogativa 15

Auf den Punkt gebracht

1. (➟ 2)
Kreuzen Sie ja oder nein an. Das Fragewort qui   ja   nein
1. wird für Personen und Sachen verwendet. ☐ ☐
2. fragt nur nach dem Subjekt. ☐ ☐
3. fragt nach dem Subjekt und dem direkten Objekt. ☐ ☐
4. kann mit einer Präposition gebraucht werden. ☐ ☐
5. ist unveränderlich. ☐ ☐

2. (➟ 3)
Kreuzen Sie ja oder nein an.
Das Fragewort que   ja   nein
1. wird für Sachen verwendet. ☐ ☐
2. kann mit einer Präposition gebraucht werden. ☐ ☐
3. fragt nach dem direkten Objekt. ☐ ☐

Das Fragewort quoi   ja   nein
1. fragt nach Personen. ☐ ☐
2. wird in Verbindung mit einer Präposition verwendet. ☐ ☐
3. in Verbindung mit einer Präposition fragt nach dem
indirekten Objekt. ☐ ☐

3. (➟ 4)
Die Formen von quel lauten:

	maskulin	feminin
Singular	_____ ami ? Welcher Freund?	_____ amie ? Welche Freundin?
Plural	_____ amis ? Welche Freunde?	_____ amies ? Welche Freundinnen?

4. (➟ 5)
Kreuzen Sie ja oder nein an. Das Fragewort combien   ja   nein
1. wird nur in Verbindung mit de mit einem Substantiv verwendet. ☐ ☐
2. wird als Begleiter und Frageadverb verwendet. ☐ ☐
3. ist veränderlich. ☐ ☐
4. kann mit einer Präposition kombiniert werden. ☐ ☐

15 Die Interrogativa

5. (➞ 6)
Tragen Sie das entsprechende französische Frageadverb ein.
1. _____ warum
2. _____ wo
3. _____ woher
4. _____ wie
5. _____ wann
6. _____ wie viel

6. (➞ 7)
Kreuzen Sie ja oder nein an. Das Fragepronomen **lequel**   ja nein
1. ist unveränderlich. ☐ ☐
2. vertritt ein Substantiv und gleicht sich diesem an. ☐ ☐
3. kann nicht mit einer Präposition verwendet werden. ☐ ☐

7. (➞ 8)
Kreuzen Sie ja oder nein an. ja nein
1. Alle Fragewörter können mit est-ce que verstärkt werden. ☐ ☐
2. Die Verstärkung mit est-ce que ist vor allem in der
   Schriftsprache gebräuchlich. ☐ ☐
3. Qui ist mit qui est-ce qui austauschbar. ☐ ☐
4. Que ist mit qu'est-ce qui austauschbar. ☐ ☐
5. Alle Fragewörter leiten unverändert eine indirekte Frage ein. ☐ ☐
6. Que / Qu'est-ce que (was) wird in der indirekten Frage zu ce que. ☐ ☐
7. Qu'est-ce qui (was) wird in der indirekten Frage zu ce qui. ☐ ☐

Das Verb und seine Ergänzungen

    Einführung
16 Der Indikativ (Präsens)
17 Der Indikativ (Futur)
18 Der Indikativ (Zeiten der Vergangenheit)
19 Das *conditionnel*
20 Der *subjonctif*
21 Der Imperativ
22 Die Zeitenfolge
23 Infinite Verbformen
24 Die reflexiven Verben
25 Das Passiv
26 Besonderheiten bei Verben

Das Verb und seine Ergänzungen (Einführung)

Was sie vorab wissen sollten
- Verben (Tätigkeitswörter) werden konjugiert (gebeugt): Ihre Formen hängen von der Person, der Zeit und vom Modus ab.
- Verben bilden den Kern eines Satzes: Um sie herum ordnen sich die anderen Bestandteile des Satzes. (➠ **Kapitel 27, Satzbau und Satzgefüge**)

1 Die Konjugationsgruppen

Französische Verben haben unterschiedliche Infinitiv-Endungen. Nach diesen Endungen unterscheidet man vier Konjugationsgruppen (➠ **Kapitel 16, Der Indikativ [Präsens], 1**):
1. die regelmäßigen Verben auf -er (z. B. aimer lieben)
2. die regelmäßigen Verben auf -ir (z. B. finir beenden, dormir schlafen)
3. die regelmäßigen Verben auf -dre (z. B. attendre warten)
4. die unregelmäßigen Verben auf -(d)re, -oir und -ir (z. B. prendre nehmen, pouvoir können, venir kommen).

2 Die Form des Verbs

Ein Verb besteht aus Stamm und Endung:

Französisch		Deutsch	
Stamm	Endung	Stamm	Endung
parl-	-er	sprech-	-en
je parl-	-e	ich sprech-	-e

2.1 Der Stamm

Der Stamm trägt die Bedeutung des Verbs. Er kann unverändert bleiben oder variieren:

unverändert: je **parl**-e ich spreche, je **parl**-ais ich sprach, j'ai **parl**-é ich habe gesprochen

verändert: je **vien**-s ich komme, nous **ven**-ons wir kommen, je **viendr**-ai ich werde kommen.

2.2 Die Endung

Die Endung informiert über Person, Zeit und Modus des Verbs.

Das Verb und seine Ergänzungen (Einführung)

2.2.1 Die Endung abhängig von der Person
Es gibt insgesamt sechs Personen, drei im Singular und drei im Plural
(➡ **Kapitel 9**, Die Personal- und Reflexivpronomen, 1.1.1):

Person	Singular	Plural
1. Person	je parle ich spreche	nous parlons wir sprechen
2. Person	tu parles du sprichst	vous parlez ihr sprecht / Sie sprechen
3. Person	il / elle parle er / sie spricht	ils / elles parlent sie sprechen

Beachten Sie
Man unterscheidet zwischen finiten und infiniten Verbformen:
- Finite Verbformen (auch „Personalformen" genannt) sind konjugierte Verbformen, die sich nach der Person des Subjekts richten:
  je travaille ich arbeite, nous avons mangé wir haben gegessen.
- Infinite Verbformen (➡ **Kapitel 23**) dagegen werden nicht konjugiert und haben keine Personalform. Sie sind in der Regel unveränderlich:
  manger essen, mangé gegessen.

2.2.2 Die Endung abhängig von Tempus und Modus
Die Endungen bei den folgenden Verbformen lassen auf bestimmte Tempora (grammatische Zeiten) und Modi schließen:
Endung -e → je chant-e ich singe, il chant-e er singt (Indikativ Präsens / subjonctif Präsens)
Endung -ions → nous chant-ions ich sang (Indikativ imparfait) oder subjonctif Präsens
Endung -ant → parl-ant sprechend (Partizip Präsens)

3 Tempora und Modi

Das **Tempus** des Verbs sagt aus, zu welchem Zeitpunkt die dargestellte Handlung stattfindet, z. B.
in der Gegenwart: je travaille ich arbeite (Präsens)
in der Vergangenheit: je travaillais ich arbeitete (imparfait)
in der Zukunft: je travaillerai ich werde arbeiten (Futur)

Beachten Sie
- Wie im Deutschen gibt es im Französischen einfache und zusammengesetzte Zeiten:
  Einfache Zeiten bestehen aus einer einzigen Verbform, wie z. B.
  Präsens: je parle ich spreche
  Futur simple: je parlerai ich werde sprechen.

Das Verb und seine Ergänzungen (Einführung)

Zusammengesetzte Zeiten bestehen aus einem Hilfsverb und einem Partizip Perfekt, wie z. B.
Passé composé: j'ai parlé ich habe gesprochen
Plusquamperfekt: j'avais parlé ich hatte gesprochen.
– Einige wenige Verben („defektive" Verben genannt) haben eine unvollständige Konjugation:
Falloir (müssen) wird z. B. nur in der 3. Person Singular konjugiert und kann nicht im Imperativ, Partizip Präsens oder gérondif verwendet werden:
Il faut travailler. Man muss arbeiten.
Weitere defektive Verben finden Sie in den Verbtabellen im ➡ **Anhang**.

Der **Modus** informiert über die Haltung des Sprechenden zum Dargestellten, z. B. ob dieser das Geschehen wiedergibt als
– real → Indikativ: Il travaille. Er arbeitet.
– wahrscheinlich → conditionnel: Il travaillerait. Er würde arbeiten.
– erwünscht → subjonctif: Je veux qu'il vienne. Ich will, dass er kommt.
– Aufforderung → Imperativ: Travaille. Arbeite!

Die folgende Tabelle gibt Ihnen einen Überblick über die verschiedenen Modi und Zeiten des Französischen am Beispiel von parler (sprechen). Formen, die im Deutschen keine Entsprechung haben, sind nicht übersetzt.

Modus	einfache Zeit	zusammengesetzte Zeit
– Der **Indikativ** stellt einen Vorgang als real dar (➡ **Kapitel 16–18**).	1. **Präsens** il parle er spricht. 2. **imparfait** il parlait er sprach 3. **passé simple** il parla er sprach 4. **Futur I** il parlera er wird sprechen	1. **passé composé** il a parlé er hat gesprochen 2. **Plusquamperfekt** il avait parlé er hatte gesprochen 3. **passé antérieur** il eut parlé er hatte gesprochen 4. **Futur II** il aura parlé er wird gesprochen haben 5. **passé surcomposé** il a eu parlé er hatte gesprochen

Das Verb und seine Ergänzungen (Einführung)

Modus	einfache Zeit	zusammengesetzte Zeit
– Der **subjonctif** stellt einen Vorgang als nicht real (erwünscht oder wahrscheinlich) dar (➡ **Kapitel 20**).	1. **Präsens** qu'il parle 2. **imparfait** qu'il parlât.	1. **passé** qu'il ait parlé 2. **Plusquamperfekt** qu'il eût parlé
– Das **conditionnel** stellt einen Vorgang als möglich (unter bestimmten Bedingungen) dar (➡ **Kapitel 19**).	**conditionnel I** il parlerait er würde sprechen	**conditionnel II** il aurait parlé er hätte gesprochen
– Der **Imperativ** drückt eine Aufforderung aus (➡ **Kapitel 21**).	**Präsens** parle sprich	**passé** aie parlé du musst gesprochen haben

Infinite Verbformen (➡ **Kapitel 23**)	einfache Form	zusammengesetzte Form
– Der Infinitiv	**Infinitiv I** parler sprechen	**Infinitiv II** avoir parlé gesprochen haben
– Das Partizip	**Partizip Präsens** parlant sprechend	**Partizip Perfekt** ayant parlé gesprochen habend
– Das gérondif	en parlant beim Sprechen	

Beachten Sie
Konjugationstabellen der wichtigsten französischen Verben sowie eine Übersicht über unregelmäßige Verbformen finden Sie im ➡ **Anhang**.

4 Aspekt

Unter Aspekt versteht man die Art und Weise, wie eine Handlung in ihrem Verlauf dargestellt wird. Eine Handlung kann z. B. als abgeschlossen oder nicht abgeschlossen dargestellt werden.

Das Verb und seine Ergänzungen (Einführung)

→ Imperfektiver / durativer Aspekt:
Die Handlung dauert an, ist nicht abgeschlossen: Il pleut depuis trois jours. Es regnet seit drei Tagen.
→ Perfektiver Aspekt:
Die Handlung ist abgeschlossen: Il a plu pendant trois jours. Es hat drei Tage lang geregnet.

Der Aspektunterschied wird im Französischen durch die Opposition einfache Zeiten ↔ zusammengesetzte Zeiten markiert: Die einfachen Zeiten haben die Bedeutung „nicht abgeschlossen", die zusammengesetzten Zeiten die Bedeutung „abgeschlossen". Vergleichen Sie:

Imperfektiver Aspekt	Perfektiver Aspekt
Il **marche** dans la forêt. Er **läuft** durch den Wald.	Il **a marché** dans la forêt. Er **ist** durch den Wald **gelaufen**.
Il **marchait** dans la forêt. Er **lief** durch den Wald.	Il **avait marché** dans la forêt. Er **war** durch den Wald **gelaufen**.

Beachten Sie
Der Aspektunterschied zwischen passé composé, imparfait und passé simple ist in ➠ **Kapitel 18, Der Indikativ (Die Zeiten der Vergangenheit), 2.3** und **3.2** dargestellt.

5 Aktiv und Passiv

Wie im Deutschen gibt es aktive und passive Verbformen (➠ **Kapitel 25, Das Passiv**).

– **Aktiv** das Subjekt handelt selbst	J'invite des amis. Ich lade Freunde ein.
– **Passiv** etwas wird mit dem Subjekt gemacht	Je suis invité (par des amis). Ich werde (von Freunden) eingeladen.

Beachten Sie
Das Passiv wird im Französischen ausschließlich mit dem Hilfsverb être gebildet. Es hat in allen Zeiten und Modi eigene Formen (➠ **Anhang, S. 607**).

6 Klassifizierung der Verben

6.1 Vollverben

Ein Vollverb kann allein (ohne weiteres Verb) verwendet werden:

Das Verb und seine Ergänzungen (Einführung)

Elle **parle** bien français. Sie **spricht** gut Französisch.
Elle **a** un chat. Sie **hat** eine Katze.

6.2 Hilfsverben

Als Hilfsverb verliert ein Verb seine ursprüngliche Bedeutung und dient zur Bildung der zusammengesetzten Verbformen (➡ **Kapitel 26, Besonderheiten bei Verben, 1.1**).
Être (sein) und avoir (haben) dienen z. B. zur Bildung aller zusammengesetzten Verbformen der Vergangenheit:
J'**ai** raté mon train. Ich **habe** meinen Zug verpasst.
Je **suis** arrivé en retard. Ich **bin** zu spät gekommen.

6.3 Modalverben

Modalverben (➡ **Kapitel 26, Besonderheiten bei Verben, 1.4**) werden in Verbindung mit einem Infinitiv verwendet. Sie drücken aus, ob man etwas tun will, muss, soll oder darf:
Je **voudrais** rester mais je **dois** partir. Ich **möchte** bleiben, aber ich **muss** weg.
Modalverben können ebenfalls eine Vermutung ausdrücken:
Il **pourrait** bien avoir raison. Er **könnte** wohl Recht haben.

6.4 Verbalperiphrasen

Weitere Verben bilden in Verbindung mit einem Infinitiv Verbalperiphrasen, die verschiedene Aspekte im Ablauf einer Handlung kennzeichnen, wie z. B.
- aller zur Kennzeichnung der nahen Zukunft:
  Je **vais** sortir. Ich werde ausgehen.
- venir de zur Kennzeichnung einer unmittelbaren Vergangenheit:
  Je **viens** d'arriver. Ich bin gerade gekommen.
- être en train de zur Kennzeichnung des Verlaufs einer Handlung:
  Il **est en train de** lire. Er liest **gerade**.

Siehe hierzu ➡ **Kapitel 26, Besonderheiten bei Verben, 1.2** und **1.3**.

6.5 Kopulaverben

Kopulaverben wie être (sein), devenir (werden) oder sembler (scheinen) erfordern eine prädikative Ergänzung. Die prädikative Ergänzung führt eine Eigenschaft oder Charakteristik des Subjekts oder Objekts ein (➡ **Kapitel 26, Besonderheiten bei Verben, 3.3**).
Subjektergänzung: Je suis **contente**. Ich bin **froh**.
Objektergänzung: Je trouve Félix **compliqué**. Ich finde Félix **kompliziert**.

Das Verb und seine Ergänzungen (Einführung)

7 Ergänzungen des Verbs

Die Art und die Zahl der Ergänzungen hängen vom jeweiligen Verb ab
(➡ Kapitel 26, Besonderheiten bei Verben, 3).

Die folgende Tabelle gibt Ihnen einen Überblick über die Ergänzungen des Verbs.

1.	**Objekt**	
	direktes Objekt (Akkusativobjekt)	J'ai mangé **un sandwich**. Ich habe **ein Sandwich** gegessen.
	indirektes Objekt (Dativobjekt)	Je vais écrire **au propriétaire**. Ich werde **dem Vermieter** schreiben.
	Präpositionalobjekt	Je compte **sur toi**. Ich zähle **auf dich**. J'ai besoin **de toi**. Ich brauche **dich**.
2.	**adverbiale Ergänzung** (als notwendige Ergänzung des Verbs)	J'habite **au centre ville**. Ich wohne **in der Stadtmitte**. La réunion a duré **trois heures**. Die Sitzung hat **drei Stunden** gedauert.
3.	**prädikative Ergänzung** als Subjektergänzung als Objektergänzung	Elle est **intelligente**. <u>Sie</u> ist **klug**. Il <u>me</u> prend pour **un idiot**. Er hält <u>mich</u> für **einen Idioten**.

Beachten Sie

zu 1. Direktes Objekt eines Verbs kann auch eine Infinitivergänzung oder ein Objektsatz sein:
Infinitivergänzung: Elle veut **réussir**. Sie will **erfolgreich sein**.
Objektsatz: J'espère **que tu vas bien**. Ich hoffe, **dass es dir gut geht**.

zu 2. Einige Verben erfordern eine adverbiale Ergänzung. Es handelt sich dabei meistens um Verben oder verbale Ausdrücke, die einen Standort angeben (wie se trouver / être situé sich befinden, habiter wohnen, il y a es gibt) oder Verben, die ein Maß angeben (wie coûter kosten, durer dauern, peser wiegen):
Nous **logeons** dans un petit hôtel. Wir **wohnen** in einem kleinen Hotel.
Ce livre **coûte** 24 euros. Dieses Buch **kostet** 24 Euro.
Die notwendige adverbiale Ergänzung steht in der Regel nach dem Verb. Die freie adverbiale Ergänzung hat dagegen keinen festen Platz im Satz (➡ Kapitel 27, Satzbau und Satzgefüge, 1.1.3):
Je mange au RU **à midi**. = **A midi**, je mange au RU. Ich esse in der Mensa zu Mittag.

Der Indikativ (Präsens) 16

Was Sie vorab wissen sollten
- Der Indikativ Präsens drückt Handlungen aus, die sich in der Gegenwart (des Sprechenden oder Schreibenden) abspielen, und wird in der Regel wie im Deutschen gebraucht:
  Je suis à la maison en ce moment. Ich bin im Augenblick zu Hause.
- Die französischen Verben werden immer mit einem Subjektpronomen (je ich, tu du, il er ...) gebraucht. Aus diesem Grund sollten Sie, bevor Sie dieses Kapitel erarbeiten, ➡ **Kapitel 9, Die Personalpronomen, 1.1** kennen.

1 Formen

Zu den Verbgruppen und ihren Konjugationsendungen siehe ➡ **Einführung, Das Substantiv und seine Ergänzungen**.

1.1 Die regelmäßigen Verben auf -er

Zu dieser Gruppe gehören die meisten französischen Verben. Alle Verben (außer aller gehen / fahren), deren Infinitiv auf -er endet, werden im Indikativ Präsens wie folgt konjugiert:

Auf Entdeckung

Schauen Sie sich die folgende Konjugationstabelle an und achten Sie auf die in den eckigen Klammern angegebene Lautschrift. Tragen Sie anschließend die Verb-Endungen in die dafür vorgesehene Spalte ein.

Person	parl-er sprechen	Aussprache	Endung
je	parl-e ich spreche	[paʀl]	- __
tu	parl-es du sprichst	[paʀl]	- __
il/elle/on	parl-e er/sie/man spricht	[paʀl]	- __
nous	parl-ons wir sprechen	[paʀlɔ̃]	- __
vous	parl-ez ihr sprecht / Sie sprechen	[paʀle]	- __
ils/elles	parl-ent sie sprechen	[paʀl]	- __

Beachten Sie
- Die Endungen -e, -es, und -ent werden geschrieben, aber nicht gesprochen: Bei den Formen je parle, tu parles, il parle und ils parlent wird das Verb nur [paʀl] gesprochen.

16 Der Indikativ (Präsens)

Bei diesen nicht-betonten Endungen ist die Person des Verbs im Lautbild also nur am Personalpronomen festzustellen:
je parle [ʒə paʀl] ich spreche, tu parles [ty paʀl] du sprichst, usw.
Die 3. Person Singular und Plural sind sogar mit Personalpronomen im Lautbild identisch: il parle / ils parlent [il paʀl] bzw. elle parle / elles parlent [ɛl paʀl]. Nur wenn das Verb mit Vokal oder „stummem h" beginnt, wird durch die liaison die Pluralform hörbar:
il arrive [il aʀiv] er kommt → ils arrivent [ilzaʀiv] sie kommen
elle habite [ɛl abit] sie wohnt → elles habitent [ɛlzabit] sie wohnen

– Hörbar und betont sind nur die Endungen der 1. und 2. Person Plural:
nous parlons [nu paʀlɔ̃] wir sprechen, vous parlez [vu paʀle] ihr sprecht / Sie sprechen.

Test 1
Fügen Sie bei den folgenden Verben die jeweils passende Endung hinzu.

regard-er schauen	je regard-___	ich schaue
arriv-er ankommen	il arriv-___	er kommt an
cherch-er suchen	nous cherch-___	wir suchen
chant-er singen	tu chant-___	du singst
aim-er lieben	vous aim-___	ihr liebt / Sie lieben
parl-er sprechen	ils parl-___	sie sprechen

1.2 Die regelmäßigen Verben auf -ir

Bei den Verben auf -ir werden zwei Gruppen unterschieden.

TIPP

Um das Lesen der Tabellen zu erleichtern, werden ab hier nicht alle Verbformen mit Übersetzungen angegeben.

1.2.1 Verben auf -ir mit Stammerweiterung im Plural

Bei den meisten Verben auf -ir wird der Stamm im Plural bei allen Personen durch -iss- erweitert:

Infinitiv	Infinitivstamm	+ -iss- → Verbstamm im Plural
finir beenden	fin-	fin-iss- → nous finissons wir beenden
grandir wachsen	grand-	grand-iss- → vous grandissez ihr wachst / Sie wachsen
rougir erröten	roug-	roug-iss- → ils rougissent sie erröten

Der Indikativ (Präsens) 16

Auf Entdeckung

Schauen Sie sich die folgende Konjugationstabelle an und tragen Sie anschließend die Endungen in die dafür vorgesehene Spalte ein. Alle Verben auf -ir mit Stammerweiterung werden nach diesem Modell konjugiert:

Person	réfléch-ir nachdenken	Endung
je	réfléch-is	-__
tu	réfléch-is	-__
il/elle/on	réfléch-it	-__
nous	réfléchiss-ons	-__
vous	réfléchiss-ez	-__
ils/elles	réfléchiss-ent	-__

Viele dieser Verben sind von einem Adjektiv abgeleitet und bezeichnen den Übergang von einem Zustand in einen anderen:
gros dick → grossir dick werden / zunehmen
grand groß → grandir groß werden / wachsen.

Test 2

Tragen Sie die jeweilige Verbform ein. Achten Sie auf die Stammerweiterung im Plural.

fin-ir beenden tu _____ il _____ nous _____
réuss-ir Erfolg haben tu _____ nous _____ vous _____
ralent-ir verlangsamen je _____ nous _____ ils _____
maigr-ir abnehmen il _____ vous _____ ils _____
obé-ir gehorchen j' _____ il _____ nous _____

1.2.2 Verben auf -ir ohne Stammerweiterung im Plural

Bei diesen Verben verliert der Stamm im Singular seinen Endkonsonanten:
dorm-ir schlafen → dor- → je dor-s, tu dor-s, il dor-t
serv-ir (be-)dienen → ser- → je ser-s, tu ser-s, il ser-t

Auf Entdeckung

Schauen Sie sich die folgende Konjugationstabelle an und tragen Sie anschließend die Endungen in die dafür vorgesehene Spalte ein:

1 Formen 253

16 Der Indikativ (Präsens)

Person	dorm-ir schlafen	Endung
je	dor-s	-__
tu	dor-s	-__
il/elle/on	dor-t	-__
nous	dorm-ons	-__
vous	dorm-ez	-__
ils/elles	dorm-ent	-__

Beachten Sie
- Zu dieser Gruppe zählen nur wenige Verben: dormir schlafen, mentir lügen, sentir fühlen, servir dienen, se repentir bereuen / büßen, sortir (hin-)ausgehen sowie die von diesen Verben abgeleiteten Verben wie s'endormir einschlafen, ressentir empfinden usw.
- Folgende Verben auf -ir werden im Präsens wie die Verben auf -er konjugiert (➥ 1.1): assaillir stürmen, couvrir decken, cueillir pflücken, défaillir in Ohnmacht fallen, offrir schenken, ouvrir öffnen, souffrir leiden, z. B.: j'ouvre, tu ouvres, il ouvre usw. Dies gilt auch für Verben, die von diesen abgeleitet sind, wie recueillir aufnehmen, découvrir entdecken usw.

Test 3
Tragen Sie die passende Verbform ein.
1. (sortir)   Je ne _____ pas ce soir. Heute Abend gehe ich nicht weg.
2. (partir)   Nous _____ à 8 heures. Wir fahren um 8 Uhr weg.
3. (mentir)   Il _____ tout le temps. Er lügt die ganze Zeit.
4. (sentir)   Tu _____ bon. Du riechst gut.
5. (dormir)   Ils _____ trop. Sie schlafen zu viel.
6. (ressentir)   Que _____ ? Was empfinden Sie?

1.3 Die regelmäßigen Verben auf -dre

Viele Verben auf -dre (wie attendre warten, descendre hinuntergehen, vendre verkaufen usw.) werden nach dem folgenden Muster konjugiert:

Auf Entdeckung
Schauen Sie sich die folgende Tabelle an und tragen Sie anschließend die Endungen in die dafür vorgesehene Spalte ein.

Der Indikativ (Präsens) 16

Person	attend-re warten	répond-re antworten	Endung
je/j'	attend-s	répond-s	-_
tu	attend-s	répond-s	-_
il/elle/on	attend	répond	-_
nous	attend-ons	répond-ons	-_
vous	attend-ez	répond-ez	-_
ils/elles	attend-ent	répond-ent	-_

Beachten Sie
- Die regelmäßigen Verben auf -dre enden in der 3. Person Singular auf -d (und nicht auf -t): il vend er verkauft.
- Viele Verben auf -(d)re wie z. B. prendre (nehmen) oder peindre (malen) werden unregelmäßig konjugiert.
(Eine Liste der unregelmäßigen Verben finden Sie im ➽ **Anhang**.)

Test 4
Tragen Sie die jeweiligen Verbformen der folgenden Verben ein.
vend-re verkaufen   tu _____   il _____   nous _____
perd-re velieren   je _____   nous _____   vous _____
entend-re hören   nous _____   vous _____   elles _____
attend-re warten   j' _____   elle _____   ils _____

1.4 Die wichtigsten unregelmäßigen Verben

Es lohnt sich, die Konjugation der im Folgenden aufgeführten, sehr gebräuchlichen unregelmäßigen Verben auswendig zu lernen.

1.4.1 Die unregelmäßigen Verben
Die Pluralendungen -ons, -ez und -ent gelten für alle regelmäßigen und unregelmäßigen Verben außer für die hier aufgeführten:

Person	avoir haben	être sein	aller gehen	faire machen	dire sagen
je/j'	ai	suis	vais	fais	dis
tu	as	es	vas	fais	dis
il/elle/on	a	est	va	fait	dit

1 Formen **255**

16 Der Indikativ (Präsens)

Person	avoir haben	être sein	aller gehen	faire machen	dire sagen
nous	avons	sommes	allons	faisons	disons
vous	avez	êtes	allez	faites	dites
ils/elles	ont	sont	vont	font	disent

Beachten Sie
Wie im Deutschen werden être (sein) und avoir (haben) als Hilfsverben zur Bildung der zusammengesetzten Zeiten verwendet (➡ **Kapitel 18, Der Indikativ [Zeiten der Vergangenheit], 1**).

Test 5
Fügen Sie das passende Verb ein. Die Übersetzung hilft Ihnen dabei.
1. Je _____ au cinéma. Ich **gehe** ins Kino.
2. Elle _____ une promenade. Sie **macht** einen Spaziergang.
3. J'_____ soif. Ich **habe** Durst.
4. Vous _____ très aimable. Sie **sind** sehr freundlich.
5. Comment _____-on en français ? Wie **sagt** man das auf Französisch?
6. Nous _____ d'accord. Wir **sind** einverstanden.
7. Tu _____ de la chance. Du **hast** Glück.
8. Où _____-vous ? Wohin **gehen** Sie?
9. On _____ le bus ? **Nehmen** wir den Bus?
10. Qu'est-ce que vous _____ ? Was **sagen** Sie?
11. Elles _____ fatiguées. Sie **sind** müde.
12. Qu'est-ce qu'on _____ demain ? Was **machen** wir morgen?

1.4.2 Weitere unregelmäßige Verben auf -(d)re, -oir und -ir

Person	écrire schreiben	prendre nehmen	voir sehen	venir kommen
je/j'	écri-s	prend-s	voi-s	vien-s
tu	écri-s	prend-s	voi-s	vien-s
il/elle/on	écri-t	prend	voi-t	vien-t
nous	écriv-ons	pren-ons	voy-ons	ven-ons
vous	écriv-ez	pren-ez	voy-ez	ven-ez
ils/elles	écriv-ent	prenn-ent	voi-ent	vienn-ent

Der Indikativ (Präsens) 16

Beachten Sie
- Die Endungen sind für alle Verben identisch: -s, -s, -t, -ons, -ez und -ent. Die Verben sind im Stamm unregelmäßig, nicht in der Endung.
- Weitere unregelmäßige Verben finden Sie im ➡ **Anhang**.

Test 6
Markieren Sie das zur jeweiligen Gruppe nicht passende Verb.
Beispiel: écouter hören, aller gehen, danser tanzen, aimer lieben → aller ist kein regelmäßiges Verb.
1. finir beenden, réfléchir nachdenken, offrir schenken, grandir wachsen
2. être sein, dormir schlafen, faire machen, dire sagen
3. attendre warten, répondre antworten, prendre nehmen, vendre verkaufen
4. dormir schlafen, sortir weggehen, rougir rot werden, mentir lügen
5. être sein, faire machen, aller gehen / fahren, répondre antworten

---
TIPP

Dies sind die wichtigsten Informationen über das Präsens. Wenn Sie erst angefangen haben Französisch zu lernen, können Sie den folgenden Abschnitt, in dem einige Besonderheiten dargestellt werden, zu einem späteren Zeitpunkt erarbeiten und gleich mit Abschnitt ➡ **2** weitermachen.

1.5 Besonderheiten einiger Verben auf -er

Bei einigen regelmäßigen Verben auf -er gibt es leichte Änderungen in der Schreibung und / oder Aussprache. Die Konjugation bleibt jedoch regelmäßig: Es gelten dieselben Endungen wie für die anderen Verben auf -er.

1.5.1 Verben auf -cer und -ger
Um die Aussprache des Stamms zu erhalten, gibt es bei diesen Verben folgende Änderungen.

- Verben auf -cer:
  Um den [s]-Laut zu erhalten, wird bei der 1. Person Plural (vor der Endung -ons) eine cédille hinzugefügt: c → ç.
  (➡ **Kapitel 1, Die Aussprache, 3.3**)

  nous commençons wir beginnen
  nous avançons wir kommen voran
  nous lançons wir werfen

1 Formen **257**

16 Der Indikativ (Präsens)

– Verben auf -ger:
Um den [ʒ]-Laut zu erhalten,   nous mangeons wir essen
wird bei der 1. Person Plural   nous dérangeons wir stören
(vor der Endung -ons) ein e   nous nous vengeons wir rächen uns
hinzugefügt.
(➠ **Kapitel 1, Die Aussprache, 3.2**)

Test 7
Tragen Sie die jeweiligen Verbformen ein.

nager schwimmen	je _____	tu _____	nous _____
placer stellen	tu _____	nous _____	vous _____
changer wechseln	nous _____	vous _____	elles _____
lancer werfen	je _____	nous _____	vous _____

1.5.2 Verben auf -yer

Auf Entdeckung
Schauen Sie sich die folgende Konjugationstabelle an und lösen Sie die unten stehende Aufgabe.

Person	**payer** bezahlen	**appuyer** drücken	**envoyer** schicken
je/j'	paie / paye	appuie	envoie
tu	paies / payes	appuies	envoies
il/elle/on	paie / paye	appuie	envoie
nous	payons	appuyons	envoyons
vous	payez	appuyez	envoyez
ils/elles	paient / payent	appuient	envoient

Kreuzen Sie ja oder nein an. (➠ **Lösungen**)   ja   nein
1. Die Verben auf -ayer haben im Singular und in der
   3. Person Plural zwei Formen.   ☐ ☐
2. Die Verben auf -oyer und -uyer behalten das y bei allen Personen. ☐ ☐
3. Die Verben auf -oyer und -uyer verlieren in der
   1. und 2. Person Singular und in der 3. Person Singular
   und Plural ihr y.   ☐ ☐

Beachten Sie
Das y wird nur bei den betonten Endungen (-ons und -ez) immer beibehalten.

Der Indikativ (Präsens) 16

Test 8
Tragen Sie die jeweiligen Verbformen ein.

essayer versuchen	j' _____	tu _____	nous _____
employer benutzen	tu _____	nous _____	vous _____
appuyer drücken	nous _____	vous _____	elles _____

1.5.3 Verben auf -er mit unterschiedlichem Stamm
Verben mit stummem -e vor der Infinitiv-Endung (wie acheter kaufen) und Verben mit -é vor der Infinitiv-Endung (wie préférer bevorzugen) ändern ihren Stamm vor den unbetonten Endungen (-e, -es und -ent) wie folgt.

– Das -e wird zu -è: [ə] → [ɛ] (Hinzufügen eines accent grave).	mener führen → je mène semer säen → il sème acheter kaufen → j'achète geler frieren → il gèle
– Verdopplung des letzten Konsonanten	appeler rufen → j'appelle jeter werfen → il jette
– Das -é der zweiten Silbe wird zu -è: [e] → [ɛ]. (Der accent aigu wird durch einen accent grave ersetzt.)	préférer vorziehen → je préfère régler regeln → ils règlent

Beachten Sie
Bei den betonten Endungen (-ons und -ez) bleibt der Verbstamm erhalten:
mener führen → nous menons, vous menez
préférer bevorzugen → nous préférons, vous préférez
appeler rufen → nous appelons, vous appelez.

Test 9
Tragen Sie die jeweiligen Verbformen ein.

acheter kaufen	j' _____	vous _____	ils _____
rappeler erinnern	tu _____	nous _____	vous _____
espérer hoffen	j' _____	vous _____	elles _____
emmener mitnehmen	tu _____	elle _____	nous _____

16 Der Indikativ (Präsens)

2 Gebrauch

Wie im Deutschen dient das Präsens im Französischen zur Wiedergabe von

– Handlungen, die sich in der Gegenwart abspielen, sowie für Beschreibungen.	Qu'est-ce que tu fais ? Was machst du? Je ne fume plus. Ich rauche nicht mehr. Il est grand et maigre. Er ist groß und mager
– zeitlos gültigen Aussagen.	Le soleil **se lève** à l'Est. Die Sonne geht im Osten auf.
– Handlungen, die sich regelmäßig abspielen.	Je fais du sport régulièrement. Ich treibe regelmäßig Sport.
– historischen Fakten („historisches Präsens").	Mai 68, les étudiants sont dans la rue ... Mai 68, die Studenten sind auf der Straße ...
– zukünftigen Handlungen mit Zeitangabe (anstelle des Futurs).	Nous partons demain. Wir fahren morgen weg.
– Befehlen (anstelle des Imperativs).	Vous sortez d'ici tout de suite ! Ihr geht sofort hinaus!

Beachten Sie
Das Präsens kann nur ein Futur ersetzen, wenn ein anderes Wort im Satz den Zeitpunkt der Handlung verdeutlicht:
Nous partons **bientôt / demain / à trois heures / dès que possible** ... Wir fahren bald / morgen / um drei Uhr / sobald wie möglich ...

 Test 10
Was drückt das Präsens in den folgenden Beispielen aus? Markieren Sie die richtige Aussage.
1. Alex est très malade. Alex ist sehr krank. → (Beschreibung / allgemein gültige Aussage)
2. Cet été, nous allons en France. Wir fahren diesen Sommer nach Frankreich. → (Gewohnheit / Zukunft)
3. Une hirondelle ne fait pas le printemps. Eine Schwalbe macht noch keinen Sommer. (Beschreibung / zeitlos gültige Aussage)
4. Je vais en Italie une fois par mois. Ich fahre ein Mal im Monat nach Italien. → (historisches Präsens / Gewohnheit)
5. A 21 ans, Molière renonce à tout pour le théâtre. Mit 21 Jahren verzichtet Molière auf alles für das Theater. (gegenwärtige Handlung / historisches Präsens)

Der Indikativ (Präsens) 16

Auf den Punkt gebracht

1. (➧ 1.1)
Kreuzen Sie ja oder nein an.
Bei der regelmäßigen Konjugation der Verben auf -er sind ja nein
1. die drei Singularformen identisch. ☐ ☐
2. die erste und dritte Singularform identisch. ☐ ☐
3. die drei Endungen im Plural betont. ☐ ☐
4. nur die Endungen -ons und -ez betont. ☐ ☐

Ergänzen Sie nun die Konjugation von porter (tragen) im Indikativ Präsens.
je port-___   nous port-___
tu port-___   vous port-___
il/elle/on port-___   ils/elles port-___

2. (➧ 1.2)
Kreuzen Sie ja oder nein an.
Bei der Konjugation der regelmäßigen Verben auf -ir ja nein
1. sind die Endungen für alle Verben gleich. ☐ ☐
2. wird bei allen Verben der Stamm durch -iss- erweitert. ☐ ☐
3. wird bei den meisten Verben der Stamm durch -iss- nicht erweitert. ☐ ☐
4. betrifft die Stammerweiterung alle Personen des Verbs. ☐ ☐
5. wird der Stamm nur im Plural erweitert. ☐ ☐

3. (➧ 1.3)
Kreuzen Sie ja oder nein an. ja nein
1. Alle Verben auf -dre haben das gleiche Konjugationsmuster. ☐ ☐
2. Die Endungen von attendre (warten) im Singular lauten: -s, -s, -d. ☐ ☐
3. Die Pluralendungen -ons, -ez und -ent gelten für alle regelmäßigen Verben. ☐ ☐

4. (➧ 1.4)
Tragen Sie die konjugierten Formen ein.
être **sein**	je _____	tu _____	vous _____
avoir **haben**	tu _____	nous _____	vous _____
aller **gehen**	je _____	il _____	nous _____
prendre **nehmen**	je _____	vous _____	ils _____
faire **machen**	tu _____	nous _____	vous _____
venir **kommen**	il _____	vous _____	ils _____

16 Der Indikativ (Präsens)

5. (➠ 1.5)
Markieren Sie die jeweils richtige Aussage.
1. Der Stamm der Verben auf -cer und -ger wird (bei allen / nicht bei allen) Formen gleich gesprochen.
2. Die Verben auf -ayer haben für die nicht-betonten Endungen (eine Form / zwei Formen).
3. Die Verben auf -oyer und -uyer haben für die nicht-betonten Endungen (eine Form / zwei Formen).
4. Die 1. Person Singular von préférer (bevorzugen) lautet (je préfère / je préfére).
5. Die 1. Person Singular von appeler (rufen) lautet (j'appèle / j'appelle).
6. Die 1. Person Singular von mener (führen) lautet (je mène / je menne).

6. (➠ 2)
Kreuzen Sie ja oder nein an.

	ja	nein
1. Das Präsens wird weitgehend wie im Deutschen verwendet.	☐	☐
2. Das Präsens drückt eine Handlung aus, die sich gerade abspielt.	☐	☐
3. Das Präsens kann immer anstelle des Futurs verwendet werden.	☐	☐

Der Indikativ (Futur) 17

Das Futur drückt Handlungen und Ereignisse aus, die in der Zukunft stattfinden.

Was Sie vorab wissen sollten
- Anders als im Deutschen gibt es im Französischen zwei Möglichkeiten ein zukünftiges Geschehen auszudrücken:
  1. das futur simple (einfache Zukunft): Je viendrai. Ich **werde kommen**.
  2. das futur proche (unmittelbare Zukunft): Je **vais venir**. Ich **werde kommen**.
- Wie im Deutschen gibt es eine zusammengesetzte Form des Futurs (das Futur II oder futur antérieur), die Ereignisse bezeichnet, die sich zwar in der Zukunft abspielen, aber als abgeschlossen gesehen werden (➡ 4):
  Je rentrerai quand j'**aurai terminé** mon travail. Ich werde nach Hause kommen, wenn ich meine Arbeit **beendet haben werde**.

1 Das Futur I

Das Futur I (auch futur simple genannt) ist im Französischen eine einfache Zeit, entspricht aber im Deutschen einer zusammengesetzten Zeit: je **parlerai** ich **werde sprechen**.

1.1 Formen

Die Formen des Futur I setzen sich aus dem Futur-Stamm (➡ 1.1.2) und den Endungen (➡ 1.1.1) zusammen.

1.1.1 Endungen
Die Endungen des Futur I entsprechen den Endungen von avoir (haben) im Indikativ Präsens:

Person	**parler** sprechen	Endungen
je	parler**ai** ich werde sprechen	-ai
tu	parler**as** du wirst sprechen	-as
il/elle/on	parler**a** er wird sprechen	-a
nous	parler**ons** wir werden sprechen	-ons
vous	parler**ez** ihr werdet / Sie werden sprechen	-ez
ils/elles	parler**ont** sie werden sprechen	-ont

1 Das Futur I **263**

17 Der Indikativ (Futur)

Beachten Sie
Diese Endungen gelten für alle Verben, auch für die unregelmäßigen (➡ 1.1.3):
chanter singen → je chanter**ai**, tu chanter**as** …
voir sehen → je verr**ai**, tu verr**as** …

 Test 1
Tragen Sie die fehlenden Futur-Endungen ein.
1. Nous partir___ demain. Wir werden morgen wegfahren.
2. Prendr___-vous le train ? Werden Sie den Zug nehmen?
3. J'arriver___ avant toi. Ich werde vor dir ankommen.
4. Ils se marier___ bientôt. Sie werden bald heiraten.
5. Tu réussir___, c'est sûr. Du wirst es schaffen, klar.
6. Le concert débuter___ à 20 heures. Das Konzert wird um 20 Uhr beginnen.

1.1.2 Regelmäßiger Futur-Stamm der Verben auf -er, -ir und -re
Der Futur-Stamm wird in der Regel aus dem Infinitiv abgeleitet.

Person	manger essen	finir beenden	prendre nehmen
je	mangerai	finirai	prendrai
tu	mangeras	finiras	prendras
il/elle/on	mangera	finira	prendra
nous	mangerons	finirons	prendrons
vous	mangerez	finirez	prendrez
ils/elles	mangeront	finiront	prendront

Beachten Sie
- Die Verben auf -re verlieren das -e: prendre → prendr- → je prendrai ich werde nehmen.
- Die Aussprache von Verben wie préférer (bevorzugen) oder espérer (hoffen) weicht im Futur von der Schreibung ab: Der accent aigu der Infinitiv-Form wird beibehalten, aber [ɛ] ausgesprochen:
je préférerai [ʒə pʀefɛʀəʀe] ich werde bevorzugen.
Die Schreibung préfèrerai (mit accent grave) wird zwar empfohlen, hat sich aber noch nicht durchgesetzt. (➡ **Kapitel 2, Die Schreibung, Und wenn Sie noch neugierig sind …**)
- Bei den Verben auf -ier, -uer, -éer und -ouer wird das e geschrieben, aber nicht gesprochen:
je crierai [ʒə kʀiʀe] ich werde schreien
j'évaluerai [ʒevalyʀe] ich werde bewerten

264 1 Das Futur I

Der Indikativ (Futur)

nous créerons [nu kreRɔ̃] wir werden kreieren
il avouera [il avuRa] er wird gestehen.
Weitere Besonderheiten im Stamm einiger Verben auf -er finden Sie im Abschnitt ⇒ 1.1.4.

Test 2
Setzen Sie die Formen des Futur I ein.
1. (contacter) Nous vous _____ demain. Wir werden Sie morgen kontaktieren.
2. (attendre) Tu m'_____ ici. Du wirst hier auf mich warten.
3. (raconter) Il te _____ tout. Er wird dir alles erzählen.
4. (partir) A quelle heure _____-vous ? Um wie viel Uhr werden Sie wegfahren?
5. (s'habituer) Je ne m'_____ jamais. Ich werde mich niemals daran gewöhnen.
6. (terminer) Ils _____ bientôt. Sie werden bald fertig sein.

1.1.3 Unregelmäßiger Futur-Stamm
Viele unregelmäßige Verben haben einen unregelmäßigen Futur-Stamm. Die Endungen sind aber regelmäßig.

Auf Entdeckung
Lesen Sie zunächst die folgenden Sätze. Der Futur-Stamm ist jeweils fett gedruckt.
1. Je n'**ir**ai pas. Ich werde nicht hingehen.
2. Tu n'**aur**as pas le temps. Du wirst keine Zeit haben.
3. Ils ne **viendr**ont pas. Sie werden nicht kommen.
4. Nous **ser**ons déjà loin. Wir werden schon weit weg sein.
5. Que **fer**ez-vous ? Was werden Sie tun?

Leiten Sie nun die Formen des Futurs für die fünf folgenden Verben ab:

Person	avoir haben	être sein	faire machen	aller gehen	venir kommen
je/j'	_____	_____	_____	irai	_____
tu	auras	_____	_____	_____	_____
il/elle/on	_____	sera	_____	_____	_____
nous	_____	_____	_____	_____	_____
vous	_____	_____	ferez	_____	_____
ils/elles	_____	_____	_____	_____	viendront

1 Das Futur I

17 Der Indikativ (Futur)

Beachten Sie
Weitere Verben mit unregelmäßigem Futur-Stamm sind:
voir sehen → je ver**r**ai, tu ver**r**as, ...
envoyer schicken → j'enver**r**ai, tu enver**r**as, ...
devoir müssen → je dev**r**ai, tu dev**r**as, ...
pouvoir können → je pour**r**ai, tu pour**r**as, ...
savoir wissen → je sau**r**ai, tu sau**r**as, ...
vouloir wollen → je voud**r**ai, tu voud**r**as, ...
pleuvoir regnen → il pleuv**r**a
falloir müssen → il faud**r**a
Im ➡ **Anhang (Verbtabellen)** ist für jedes unregelmäßige Verb die Futur-Form angegeben.

 Test 3
Setzen Sie die Formen des Futurs ein.
1. (aller) Je n'_____ pas. Ich werde nicht hingehen.
2. (vouloir) Il ne _____ certainement pas. Er wird sicher nicht wollen.
3. (pleuvoir) Il _____ sur toute la France demain. Morgen wird es in ganz Frankreich regnen.
4. (falloir) Il _____ partir tôt. Wir werden früh wegfahren müssen.
5. (voir) On _____ bien. Wir werden sehen. / Mal sehen.
6. (pouvoir) _____-tu m'aider demain ? Wirst du mir morgen helfen können?

> **TIPP**
>
> Sie haben nun die wichtigsten Regeln über die Bildung des Futur I gelernt. Es folgen jetzt einige Besonderheiten, die Sie, wenn Sie erst angefangen haben Französisch zu lernen, zunächst überspringen können. Sie können also direkt zu ➡ 1.2 weitergehen und den nächsten Abschnitt zu einem späteren Zeitpunkt erarbeiten.

1.1.4 Besonderheiten bei einigen Verben auf -er
Die Futur-Formen der folgenden Verben werden aus der 1. Person des Indikativ Präsens abgeleitet: 1. Person + -r- + Futur-Endungen, z. B. nettoyer reinigen → je nettoie + -r- + -ai → je nettoierai ich werde reinigen.

Der Indikativ (Futur)

a) Verben auf -yer

Infinitiv	1. Person Präsens + -r-	Futur
essayer versuchen	j'essaie / j'essaye	j'essaierai / j'essayerai
employer benutzen	j'emploie	j'emploierai
appuyer drücken	j'appuie	j'appuierai

Aber:
envoyer schicken → j'enverrai

Beachten Sie
Wie im Präsens gibt es für die Verben auf -ayer zwei Formen: eine mit y und eine mit i: je paierai / je payerai ich werde bezahlen.

Test 4

Ergänzen Sie die Sätze mit den Formen des Futur I.
1. (payer) Vous ne _____ pas de supplément. Sie werden keinen Aufpreis bezahlen.
2. (s'ennuyer) Tu ne t' _____ pas. Du wirst dich nicht langweilen.
3. (appuyer) A mon signal vous _____ sur ce bouton. Auf mein Zeichen werden Sie auf diesen Knopf drücken.
4. (employer) Quelle méthode _____ -nous ? Welche Methode werden wir anwenden?
5. (envoyer) Nous vous _____ le catalogue. Wir werden Ihnen den Katalog schicken.

b) Verben mit „stummem e" vor der Infinitiv-Endung

Infinitiv	1. Person Präsens + -r-	Futur
emmener mitnehmen	j'emmène	j'emmènerai
se lever aufstehen	je me lève	je me lèverai
appeler rufen	j'appelle	j'appellerai

Test 5

Leiten Sie die richtige Form des Futurs ab.
1. (se lever) Nous nous _____ tôt. Wir werden früh aufstehen.
2. (acheter) Je n' _____ rien. Ich werde nichts kaufen.
3. (promener) Qui _____ le chien ? Wer wird den Hund ausführen?
4. (jeter) Ensuite, je _____ tous ces papiers. Dann werde ich all diese Papiere wegwerfen.

17 Der Indikativ (Futur)

> **TIPP**
>
> Der Stamm des Futur I ist mit dem Stamm des conditionnel (➟ **Kapitel 19, Das *conditionnel*, 1.1 und 1.2**) identisch. Charakteristisch für Futur I und conditionnel ist das r, das im Stamm immer hörbar ist.

1.2 Gebrauch

Das Futur wird sowohl temporal (Punkt 1 und 2 der unten stehenden Tabelle) als auch modal (Punkt 3 bis 6) verwendet. In modaler Funktion drückt das Futur die Haltung des Sprechers gegenüber dem aus, was er sagt.

Das Futur I wird verwendet

1.	für Vorgänge, die in der Zukunft liegen.	Demain, j'**irai** en ville. Morgen werde ich in die Stadt gehen.
2.	für Pläne, die sich auf eine unbestimmte Zukunft beziehen.	Quand je **serai** grand, je **serai** pilote. Wenn ich groß bin, werde ich Pilot.
3.	für Ge- oder Verbote (anstelle des Imperativs ➟ **Kapitel 21, Der Imperativ, 3**) sowie bei Empfehlungen.	Tu **resteras** à la maison ce soir ! Du bleibst heute Abend zu Hause! Au feu, vous **tournerez** à gauche. An der Ampel biegen Sie links ab.
4.	für Vermutungen.	On a sonné. Ce **sera** sans doute le facteur. Es hat geklingelt. Es wird wohl der Briefträger sein.
5.	in höflichen Äußerungen oder Bitten (höflicher als Präsens oder Imperativ).	Je vous **demanderai** de poster cette lettre. Ich bitte Sie, diesen Brief einzuwerfen. Ce **sera** tout, merci. Das ist alles, danke.
6.	in zeitlos gültigen Aussagen (z. B. in Sprichwörtern).	**Rira** bien qui **rira** le dernier. Wer zuletzt lacht, lacht am besten.
7.	in historischen Texten (stilistisches Mittel).	Napoléon est exilé à Sainte-Hélène où il **mourra** six ans plus tard. Napoleon wird auf Sankt-Helena ins Exil geschickt, wo er sechs Jahre später sterben wird.

Der Indikativ (Futur) 17

8. in Bedingungssätzen, wenn im si-Satz ein Verb im Präsens steht und die Handlung sich auf die Zukunft bezieht.	Si tu ne te dépêches pas, tu **rateras** ton train. Wenn du dich nicht beeilst, verpasst du deinen Zug.
9. in Nebensätzen mit quand wenn, dès que / aussitôt que sobald, wenn die Handlung sich auf die Zukunft bezieht.	Je téléphonerai dès que je **serai** à la maison. Ich rufe an, sobald ich zu Hause bin. Préviens-nous quand tu **auras** tes résultats. Sag Bescheid, wenn du die Ergebnisse hast.
10. nach espérer hoffen, wenn die Hoffnung auf die Zukunft gerichtet ist.	J'espère qu'il ne **pleuvra** pas. Ich hoffe, dass es nicht regnen wird.

Beachten Sie
- Das Futur I wird im Französischen häufiger als im Deutschen verwendet. Im folgenden Beispiel steht im Französischen das Futur, während im deutschen Satz das Präsens gebraucht wird:
 Nous dînerons dès qu'il **sera** là. Wir essen, sobald er da ist.
- Das Futur I kann durch das Präsens ersetzt werden, wenn durch die Verwendung von Zeitadverbien aus dem Kontext deutlich hervorgeht, dass die Handlung in der Zukunft liegt:
 Je vais au cinéma demain. Morgen gehe ich ins Kino.
 Das Deutsche macht von dieser Möglichkeit jedoch öfter Gebrauch.
- Das französische Futur kann leicht „offiziell / feierlich" klingen. So werden z. B. die zehn Gebote im Futur I ausgedrückt:
 Tu ne **tueras** pas. Du sollst nicht töten.
- Das Futur steht niemals im si-Satz: S'il pleut, nous ne **sortirons** pas. Wenn es regnet, gehen wir nicht hinaus.

Test 6

Drückt das Futur in den folgenden Sätzen eine zukünftige Handlung (a), eine Vermutung (b), einen Befehl (c) oder ein Verbot (d) aus?
Beispiel: Il neigera à partir de 600 mètres. Es wird ab 600 Meter schneien. (a)
1. Vous prendrez bien un apéritif ? Nehmen Sie einen Aperitif? __
2. Dans trois ans, je serai loin. In drei Jahren werde ich weit weg sein. __
3. Tu n'iras pas danser ce soir. Du gehst heute Abend nicht tanzen! __
4. Tu rangeras la cuisine avant de partir. Du wirst die Küche aufräumen, bevor du gehst. __

17 Der Indikativ (Futur)

2 Das *futur proche* (die nahe Zukunft)

Das *futur proche* (auch *futur composé* genannt) drückt ebenfalls zukünftige Handlungen aus.

2.1 Formen

Das *futur proche* wird aus der Präsensform von aller (gehen) und dem Infinitiv des jeweiligen Verbs gebildet.

Auf Endeckung
Wenn Sie die folgende Tabelle mit den Formen von aller im Indikativ Präsens ergänzen, erhalten Sie eine vollständige Konjugationstabelle des Verbs commencer (beginnen) im *futur proche*.

Person	aller	+	commencer
je	vais		commencer ich werde beginnen
tu	_____		commencer
il/elle/on	_____		commencer
nous	_____		commencer
vous	_____		commencer
ils/elles	_____		commencer

Beachten Sie
- Die Verneinung ne ... pas (nicht), ne ... plus (nicht mehr) usw. rahmt nur die konjugierte Form von aller ein:
  Je ne vais pas travailler aujourd'hui. Ich werde heute nicht arbeiten.
- Objekt- und Reflexivpronomen stehen vor dem Infinitiv:
  Je vais te conduire à la gare. Ich werde dich zum Bahnhof fahren.
  Il va se préparer. Er wird sich vorbereiten.
- Folgende Ausdrücke mit aller + Infinitiv sind nicht als *futur proche* zu deuten, sondern als eigenständige Verbverbindungen: aller chercher abholen, aller voir besuchen / besichtigen.
  Je vais chercher les enfants à midi. Ich hole die Kinder um 12 Uhr ab.
  Je vais voir mes parents ce week-end. Ich besuche meine Eltern dieses Wochenende.

Der Indikativ (Futur)

Test 7
Ergänzen Sie die folgenden Sätze.
1. Elle _____ se marier l'année prochaine. Sie heiratet nächstes Jahr.
2. Je _____ prévenir M. Leblanc. Ich sage Herrn Blanc Bescheid.
3. Vous _____ être en retard. Ihr werdet euch verspäten.
4. Nous _____ divorcer. Wir werden uns scheiden lassen.
5. Quand _____ -tu déménager ? Wann wirst du umziehen?
6. Ils _____ s'acheter une nouvelle voiture. Sie werden sich ein neues Auto kaufen.

2.2 Gebrauch

– Beide Futur-Formen stehen für zukünftige Geschehnisse, sind meistens austauschbar und werden im Deutschen in den meisten Fällen gleich wiedergegeben:
Je partirai demain. / Je vais partir demain. Ich werde morgen wegfahren.
J'espère que ça marchera. / J'espère que ça va marcher. Ich hoffe, es wird klappen.
Die Fälle, in denen die beiden Futur-Formen nicht austauschbar sind, sind in Abschnitt ➡ 3 aufgelistet.
– Beide Futur-Formen kommen sowohl im geschriebenen als auch im gesprochenen Französisch vor.

Beachten Sie
Durch die Anwesenheit des Hilfsverbs aller wirkt das futur proche dynamischer als das futur simple und wird deshalb im gesprochenen Französisch immer öfter anstelle des futur simple verwendet. Die Medien jedoch verwenden sehr häufig das Futur I, z. B. bei Programmankündigungen oder Wettermeldungen, weil es einen offizielleren Charakter hat:
Le soleil **brillera** toute la journée. Die Sonne wird den ganzen Tag scheinen.

Test 8
Vervollständigen Sie die folgende Tabelle, indem Sie die jeweils fehlende Form des Futurs einsetzen.

Futur I	futur proche
1. Je demanderai la permission. Ich werde um Erlaubnis bitten.	Je _____ _____ la permission.
2. Il se _____ dans un mois. Er wird in einem Monat heiraten.	Il va se marier dans un mois.

*2 Das **futur proche** (die nahe Zukunft)*

17 Der Indikativ (Futur)

Futur I	futur proche
3. Il _____ une réponse bientôt. Er wird bald eine Antwort bekommen.	Il va avoir une réponse bientôt.
4. Nous ne resterons pas longtemps. Wir werden nicht lange bleiben.	Nous n' _____ pas _____ longtemps.

> **TIPP**
>
> Sie haben nun das Wichtigste über den Gebrauch des Futur I und des futur proche gelernt. Wenn Sie erst angefangen haben Französisch zu lernen, können Sie dieses Kapitel hier abschließen und Abschnitt ➡ 3 und ➡ 4 zu einem späteren Zeitpunkt erarbeiten.

3 Futur I oder *futur proche*?

Das Futur I und das futur proche sind in vielen Fällen, jedoch nicht immer, austauschbar. Im Folgenden werden Unterschiede im Gebrauch der beiden Futur-Formen aufgelistet:

Das Futur I wird verwendet,

1. wenn der Zeitpunkt der Handlung eher unbestimmt ist.	Je te **rendrai** ton livre. Ich werde dir dein Buch (irgendwann) zurückgeben.
2. um ein festes Vorhaben auszudrücken (emphatisch).	Un jour, je **partirai**. Eines Tages werde ich weggehen.
3. bei einer formellen Vorhersage (z. B. Horoskop / Wetter).	Vous vous **marierez** et vous **aurez** beaucoup d'enfants. Sie werden heiraten und viele Kinder haben.
4. bei Befehlen und Verboten (anstelle des Imperativs).	Tu **resteras** ici. Du wirst hier bleiben. Tu ne **feras** pas ça. Das sollst du nicht machen.

Das futur proche wird verwendet,

1. wenn der Zeitpunkt der Handlung unmittelbar bevorsteht.	Je **vais** te **faire** un café. Ich mache dir (gleich) einen Kaffee.

Der Indikativ (Futur)

2. um eine vage Absicht zu äußern.	Je **vais** bientôt **déménager**. Ich werde bald umziehen.
3. um eine spontane Prognose oder Warnung auszudrücken.	J'ai l'impression qu'il **va pleuvoir**. Ich habe das Gefühl, dass es regnen wird. Attention, tu **vas** te **faire** mal. Vorsicht, du wirst dir weh tun.
4. wenn eine gewisse Entrüstung geäußert wird (verneint).	Tu ne **vas** pas **faire** ça quand même ! Du wirst das doch nicht machen!

Beachten Sie
- Das Futur I wird oft mit folgenden Zeitadverbien verwendet: un jour eines Tages, toujours immer, jamais niemals, die eine eher unbestimmte Zukunft bezeichnen: Je t'aimerai toujours. Ich werde dich immer lieben.
Das futur proche bevorzugt dagegen Zeitadverbien, die eine unmittelbare Zukunft bezeichnen wie tout à l'heure gleich, maintenant jetzt.
- Das futur proche kann sich ebenfalls auf eine fernere Zukunft beziehen: Je vais arrêter de travailler dans cinq ans. In fünf Jahren höre ich auf zu arbeiten.
Dadurch wird das Vorhaben wahrscheinlicher, seine Realisierung rückt sozusagen etwas näher heran. Aus diesem Grund wird es in der Umgangssprache bevorzugt.

Test 9

Markieren Sie die bessere Möglichkeit.
1. Je vais me coucher. / Je me coucherai. Ich gehe ins Bett.
2. Tu ne vas pas voler. / Tu ne voleras pas. Du sollst nicht stehlen.
3. Attention, tu vas tomber / tu tomberas. Pass auf, dass du nicht hinfällst.
4. Dépêche-toi, tu vas être en retard / tu seras en retard. Beeile dich, du kommst sonst zu spät.
5. Vous éteindrez / Vous allez éteindre avant de partir. Macht das Licht aus, bevor ihr geht.
6. Quand je serai / Quand je vais être grand, j'aurai beaucoup d'argent. Wenn ich groß bin, werde ich viel Geld haben.

TIPP

Bevor Sie den nächsten Abschnitt lesen, sollten Sie das passé composé (➥ **Kapitel 18, Der Indikativ [Zeiten der Vergangenheit]**, 1) erarbeitet haben. Für das Futur II gelten bezüglich der Wahl und der Angleichung des Partizip II die gleichen Regeln wie für alle zusammengesetzten Zeiten.

17 Der Indikativ (Futur)

4 Das Futur II

- Das Futur II (auch futur antérieur genannt) entspricht als zusammengesetzte Zeit des Futurs dem deutschen Futur II:
  j'aurai fini ich werde beendet haben
  je serai venu ich werde gekommen sein
- Das Futur II drückt ein zukünftiges Geschehen als abgeschlossen aus:
  Il se sentira mieux quand il **aura écrit** cette lettre. Er wird sich besser fühlen, wenn er diesen Brief **geschrieben haben wird**.

4.1 Formen

Das Futur II wird mit den Futur-Formen von être (sein) oder avoir (haben) und dem Partizip Perfekt des entsprechenden Verbs gebildet:
Ils **seront** déjà **partis**. Sie werden schon weggegangen sein.
Il n'**aura** pas encore **reçu** ma lettre. Er wird meinen Brief noch nicht bekommen haben.

Auf Entdeckung
Vervollständigen Sie die folgende Tabelle, indem Sie die entsprechenden Futur-Formen von être und avoir (➡ 1.1.3) einsetzen. Sie erhalten dann einen Überblick über die Formen des Futur II.

Person	manger essen		partir weggehen	
je/j'	aurai	mangé	_____	parti(e)
tu	_____	mangé	seras	parti(e)
il/elle/on	_____	mangé	_____	parti(e)
nous	_____	mangé	serons	parti(e)s
vous	aurez	mangé	_____	parti(e)(s)
ils/elles	_____	mangé	_____	parti(e)s

Test 10
Setzen Sie die Sätze ins Futur II und übersetzen Sie sie dann ins Deutsche.
1. Elle a rencontré des amis. → Elle _____ des amis.
   Sie hat Freunde getroffen. → Sie _____.
2. Vous êtes rentrés à 20 heures. → Vous _____ à 20 heures.
   Ihr seid um 20 Uhr zurückgekommen. → Ihr _____.

Der Indikativ (Futur)   17

3. Ils ont fini. → Ils _____.
   Sie haben beendet (Sie sind fertig). → Sie _____.
4. Je me suis habillé. → Je me _____.
   Ich habe mich angezogen. → Ich _____.
5. J'ai préparé à manger. → J' _____ à manger.
   Ich habe etwas zum Essen vorbereitet. → Ich _____.

4.2 Gebrauch

- Futur I und Futur II bezeichnen beide ein zukünftiges Geschehen, jedoch stellt das Futur II dieses Geschehen als ein in der Zukunft abgeschlossenes dar:
  Dans une heure, nous **serons arrivés**. Wir **werden** in einer Stunde **angekommen sein**.
- Im Deutschen wird das Futur II seltener als im Französischen verwendet und meistens durch das Perfekt ersetzt:
  Il téléphonera dès qu'il **sera arrivé**. Er wird anrufen, sobald er angekommen sein wird. → ... sobald er **angekommen ist**.

Das Futur II wird in den folgenden Fällen verwendet:

1. Die Handlung wird zu einem bestimmten Zeitpunkt in der Zukunft als abgeschlossen gesehen.	J'**aurai fini** dans une heure. In einer Stunde werde ich fertig sein (wörtlich: **werde** ich **beendet haben**).
2. In Verbindung mit dem Futur I zum Ausdruck einer Vorzeitigkeit.	Je te raconterai tout dès que / quand tu **seras rentré**. Ich werde dir alles erzählen, sobald / wenn du zu Hause **bist**.
3. Um eine Vermutung zu äußern.	La revoilà. Elle **aura oublié** quelque chose. Da ist sie wieder. Sie **wird** etwas **vergessen haben**.

Beachten Sie
- Wenn im Hauptsatz das Futur I steht, wird im Französischen als Ausdruck der Vorzeitigkeit im Nebensatz mit quand (wenn) oder dès que / aussitôt que (sobald) das Futur II verwendet:
  Vous **téléphonerez** à M. Dumont quand vous **aurez fait** les photocopies.
  Sie werden Herrn Dumont anrufen, wenn Sie die Kopien gemacht haben.
- Das Futur II als Ausdruck einer Vorzeitigkeit wird oft durch satzverkürzende Konstruktionen ersetzt:
  Je te téléphonerai **quand je serai arrivé**. → Je te téléphonerai **à mon arrivée**. Ich rufe dich bei meiner Ankunft an.

17 Der Indikativ (Futur)

Les enfants regarderont la télé **quand ils auront fait leurs devoirs**. → Les enfants regarderont la télé **après leurs devoirs**. Die Kinder werden nach den Hausaufgaben fernsehen.

Test 11

Drückt das Futur II in den folgenden Beispielen eine abgeschlossene Handlung (a), eine Vorzeitigkeit (b) oder eine Vermutung (c) aus?

1. Elle n'est pas encore là. Elle aura oublié notre rendez-vous. __
   Sie ist noch nicht da. Sie hat wohl unsere Verabredung vergessen.
2. Je te rendrai ton livre dès que je l'aurai lu. __
   Ich werde dir dein Buch zurückgeben, sobald ich es gelesen habe.
3. Je te préviendrai dès que j'aurai appris les résultats. __
   Ich werde dir Bescheid sagen, sobald ich die Ergebnisse erfahren habe.
4. Demain, à la même heure, tu auras déjà tout laissé derrière toi. __
   Morgen um die gleiche Zeit wirst du schon alles hinter dir gelassen haben.
5. Dans trois jours nous aurons déménagé. __
   In drei Tagen werden wir umgezogen sein.
6. Ils auront encore dit quelques bêtises. __
   Sie werden wieder irgendeinen Unsinn gesagt haben.

Auf den Punkt gebracht

1. (➡ 1.1.1 und ➡ 1.1.2)

a) Die regelmäßigen Futur-Formen der Verben auf -er, -ir und -re lauten:

Person	**rester** bleiben	**dormir** schlafen	**attendre** warten
je/j'	_____	_____	_____
tu	_____	_____	_____
il/elle/on	_____	_____	_____
nous	_____	_____	_____
vous	_____	_____	_____
ils/elles	_____	_____	_____

b) Stimmen die folgenden Aussagen? Kreuzen Sie ja oder nein an.   ja   nein
1. Die Endungen des Futur I sind mit den Endungen von
   avoir (haben) im Präsens identisch.   ☐   ☐

Der Indikativ (Futur) 17

	ja	nein
2. Die Formen des Futur I werden vom Präsens abgeleitet.	☐	☐
3. Die Formen des Futur I werden bei den regelmäßigen Verben vom Infinitiv abgeleitet.	☐	☐
4. Die Futur-Endungen gelten für alle Verben.	☐	☐

2. (⇒ 1.1.3)
Tragen Sie die 1. Person Singular des Futur I ein.
1. (être) → Je _____ triste. Ich werde traurig sein.
2. (avoir) → Je n'_____ pas le temps. Ich werde keine Zeit haben.
3. (venir) → Je _____ ce soir. Ich werde heute Abend kommen.
4. (faire) → Je _____ un gâteau. Ich werde einen Kuchen backen.
5. (aller) → J'_____ à la piscine. Ich werde ins Schwimmbad gehen.

3. (⇒ 1.1.4)
Tragen Sie die 1. Person Singular des Futur I ein.
1. (employer) → J'_____ le mot juste. Ich werde das richtige Wort benutzen.
2. (acheter) → J'_____ le journal. Ich werde die Zeitung kaufen.
3. (envoyer) → Je t'_____ un fax. Ich werde dir ein Fax schicken.
4. (essayer) → J'_____ d'être plus attentif. Ich werde versuchen aufmerksamer zu sein.

4. (⇒ 1.2)
Markieren Sie die richtige Möglichkeit.
1. Das Futur I wird im Französischen (seltener / häufiger) als im Deutschen verwendet.
2. Im folgenden Beispiel wird das Futur (temporal / modal) gebraucht:
   Après le bac, je partirai à l'étranger. Nach dem Abitur werde ich ins Ausland gehen.
3. Im folgenden Beispiel wird das Futur (temporal / modal) gebraucht:
   Tu balaieras la cuisine. Du wirst die Küche fegen.
4. Das Futur I (kann in einigen Fällen / kann nicht) durch das Präsens ersetzt werden.

5. (⇒ 2.1 und ⇒ 2.2)
Markieren Sie die richtige Aussage und ergänzen Sie die Sätze.
1. Das futur proche wird gebildet mit dem Präsens von aller (gehen) und dem (Partizip Perfekt / Infinitiv) des jeweiligen Verbs.
   Je vais _____. Ich werde beginnen.
2. Das futur proche wird vor allem im (gesprochenen / geschriebenen) Französisch verwendet.

17 Der Indikativ (Futur)

3. Die Verneinungspartikeln rahmen (die konjugierte Form von aller / die Gruppe aller + Infinitiv) ein.
   Je ne _____. Ich werde nicht arbeiten.
4. Das futur proche und das Futur I sind (in vielen Fällen / selten) austauschbar.

6. (→ 3)
Kreuzen Sie an, ob in den folgenden Fällen das futur proche (FP) oder das Futur I (FI) verwendet wird, und ergänzen Sie die Sätze.

	FP	FI
1. Der Zeitpunkt der Handlung steht unmittelbar bevor. Je _____ dans cinq minutes. Ich fahre in 5 Minuten weg.	☐	☐
2. Der Zeitpunkt der Handlung liegt weiter entfernt. Un jour, je _____. Eines Tages werde ich weggehen.	☐	☐
3. Ein Verbot wird ausgedrückt. Tu ne _____ pas. Du wirst nicht ausgehen.	☐	☐
4. Eine Warnung wird ausgesprochen. Attention, tu _____. Vorsicht, du fällst gleich hin.	☐	☐

7. (→ 4.1)
Die Formen des Futur II lauten:

Person	terminer beenden	sortir weggehen
je/j'	_____ terminé	_____ sorti(e)
tu	_____ terminé	_____ sorti(e)
il/elle/on	_____ terminé	_____ sorti(e)
nous	_____ terminé	_____ sorti(e)s
vous	_____ terminé	_____ sorti(e)s
ils/elles	_____ terminé	_____ sorti(e)s

8. (→ 4.2)
Stimmen die folgenden Aussagen? Kreuzen Sie ja oder nein an.

	ja	nein
1. Das Futur II wird mit aller gebildet.	☐	☐
2. Das Futur II stellt das Geschehen als abgeschlossen dar.	☐	☐
3. Das Futur II kann eine Vermutung ausdrücken.	☐	☐
4. Das Futur II wird im Französischen öfter als im Deutschen verwendet.	☐	☐

Der Indikativ (Zeiten der Vergangenheit) 18

Was Sie vorab wissen sollten
- Im Deutschen gibt es drei Zeiten der Vergangenheit (Imperfekt: ich ging, Perfekt: ich bin gegangen, Plusquamperfekt: ich war gegangen), im Französischen sechs:
  - zwei einfache Zeiten:
    imparfait: il mangeait er aß
    passé simple: il mangea er aß
  - drei zusammengesetzte Zeiten:
    passé composé: il a mangé er hat gegessen
    plus-que-parfait: il avait mangé er hatte gegessen
    passé antérieur: il eût mangé er hatte gegessen
  - das passé surcomposé, das vor allem im gesprochenen Französisch verwendet wird, ist in Abschnitt ➡ 6 dargestellt:
    il a eu mangé er hatte gegessen
- Bildung und Gebrauch dieser Zeiten werden im Folgenden ausführlich dargestellt.

1 Das *passé composé* (Perfekt)

Was Sie vorab wissen sollten
- Wie das deutsche Perfekt besteht das passé composé aus zwei Teilen:
  - einem Hilfsverb: être (sein) oder avoir (haben) im Präsens
  - dem Partizip Perfekt (participe passé) des entsprechenden Verbs.
  resté geblieben → Je suis resté. Ich bin geblieben.
  dormi geschlafen → J'ai dormi. Ich habe geschlafen.
- Trotz der formalen Ähnlichkeit entspricht der Gebrauch des passé composé nicht vollständig dem des deutschen Perfekt (➡ 1.5, ➡ 2.3.1 und ➡ 3.2.2).
- Wie alle zusammengesetzten Zeiten der Vergangenheit gibt das passé composé das Geschehen als abgeschlossen wieder (➡ **Einführung, Das Verb und seine Ergänzungen, 4**):
  Il **a neigé** toute la nuit. Es **hat** die ganze Nacht **geschneit**.

1.1 Être und avoir als Hilfsverben

Um das passé composé richtig bilden zu können, müssen Sie unbedingt die Konjugation von être und avoir im Präsens kennen (➡ **Kapitel 16, Der Indikativ [Präsens], 1.4.1**).

18 Der Indikativ (Zeiten der Vergangenheit)

Auf Entdeckung
Setzen Sie die fehlenden Formen des Indikativ Präsens von avoir und être ein. Sie erhalten so einen Überblick über das passé composé. (➟ **Lösungen**)

Person	manger essen	rester bleiben
je/j'	ai mangé ich habe gegessen	suis resté(e) ich bin geblieben
tu	___ mangé	___ resté(e)
il/elle/on	___ mangé	___ resté(e)
nous	___ mangé	___ resté(e)s
vous	___ mangé	___ resté(e)(s)
ils/elles	___ mangé	___ resté(e)s

Beachten Sie
- Zur Angleichung des Partizip Perfekt siehe ➟ **1.3.3** und ➟ **1.4**.
- Alle zusammengesetzten Zeiten werden mit den Hilfsverben avoir oder être gebildet. Die im Folgenden aufgeführten Regeln gelten für alle Zeiten der Vergangenheit.
- Über den Gebrauch von être oder avoir bei der Bildung der zusammengesetzten Zeiten informiert Sie ➟ **1.3**.

Test 1
Setzen Sie die entsprechenden Formen des Hilfverbs être oder avoir ein.
1. (être)
   Vous ___ venu seul ? Sind Sie allein gekommen?
   Nous ___ allés en France. Wir sind nach Frankreich gefahren.
   A quelle heure ___ -ils partis ? Um wie viel Uhr sind sie weggegangen?
   Je ___ sorti hier soir. Ich bin gestern Abend ausgegangen.
   Il ___ descendu à la cave. Er ist in den Keller hinuntergegangen.
   Tu t'___ trompé. Du hast dich geirrt.
2. (avoir)
   Qu'est-ce qu'ils ___ dit ? Was haben sie gesagt?
   Tu ___ bien travaillé. Du hast gut gearbeitet.
   Nous ___ mangé au restaurant. Wir haben im Restaurant gegessen.
   J'___ tout compris. Ich habe alles verstanden.
   ___ -vous fini l'exercice ? Haben Sie die Übung fertig gemacht?
   Il ___ téléphoné trois fois. Er hat dreimal angerufen.

Der Indikativ (Zeiten der Vergangenheit)

1.2 Das Partizip Perfekt

Das Partizip Perfekt hat regelmäßige und unregelmäßige Formen.

1.2.1 Regelmäßige Formen
Die regelmäßigen Verben (➡ Kapitel 16, Der Indikativ [Präsens] 1.1, 1.2 und 1.3) bilden das Partizip Perfekt regelmäßig wie folgt:

Verben auf -er → -é parl-er → parl-é all-er → all-é	J'ai **parlé** un peu français. Ich habe ein bisschen Französisch gesprochen. Où es-tu **allé** ? Wohin bist du gegangen?
Verben auf -ir → -i fin-ir → fin-i part-ir- → part-i	Avez-vous **fini** votre travail ? Habt ihr eure Arbeit beendet? Quand est-il **parti** ? Wann ist er weggefahren?
Verben auf -re → -u attend-re → attend-u descend-re → descend-u	J'ai **attendu** une heure. Ich habe eine Stunde gewartet. Où es-tu **descendu** ? Wo bist du ausgestiegen?

Beachten Sie
- Anders als im Deutschen stehen Hilfsverb und Partizip in der Regel nebeneinander im Satz:
  J'**ai pris** le train. Ich **habe** den Zug **genommen**.
  Je **suis allé** à la banque. Ich **bin** zur Bank **gegangen**.
- Getrennt werden Hilfsverb und Partizip nur von

– den Verneinungspartikeln pas nicht, plus nicht mehr usw.	Je n'ai **pas** pris le train. Ich habe den Zug nicht genommen. Je n'ai **plus** téléphoné. Ich habe nicht mehr angerufen.
– einigen kurzen Adverbien wie bien gut, mal schlecht, peu wenig, beaucoup viel usw. (➡ Kapitel 28, Das Adverb, 3).	J'ai **bien** dormi. Ich habe gut geschlafen. Elle a **très peu** mangé. Sie hat sehr wenig gegessen. Nous avons **beaucoup** appris. Wir haben viel gelernt.
– den Indefinitpronomen tout alles und rien nichts.	J'ai **tout** compris. Ich habe alles verstanden. Je n'ai **rien** entendu. Ich habe nichts gehört.

1 Das passé composé (Perfekt)

18 Der Indikativ (Zeiten der Vergangenheit)

Test 2
Leiten Sie die entsprechenden Formen des Partizip Perfekt ab.
1. aimer lieben → j'ai _____ ich habe geliebt
2. dormir schlafen → nous avons _____ wir haben geschlafen
3. descendre hinuntergehen → je suis _____ ich bin hinuntergegangen
4. partir weggehen → il est _____ er ist weggegangen
5. répondre antworten → elle n'a pas _____ sie hat nicht geantwortet
6. arriver ankommen → tu es _____ du bist angekommen

1.2.2 Unregelmäßige Formen
Die folgenden sehr gebräuchlichen Verben bilden das Partizip Perfekt unregelmäßig:

Infinitiv → Partizip Perfekt	Beispiel
avoir haben → **eu**	J'ai **eu** la grippe. Ich habe die Grippe **gehabt**.
boire trinken → **bu**	J'ai trop **bu**. Ich habe zu viel **getrunken**.
écrire schreiben → **écrit**	Qui a **écrit** ça ? Wer hat das **geschrieben**?
être sein → **été**	Il a **été** malade. Er ist krank **gewesen**.
faire machen → **fait**	Qu'est-ce que tu as **fait** ? Was hast du **gemacht**?
lire lesen → **lu**	As-tu **lu** le journal ? Hast du die Zeitung **gelesen**?
ouvrir öffnen → **ouvert**	Il a **ouvert** la fenêtre. Er hat das Fenster **geöffnet**.
prendre nehmen → **pris**	J'ai **pris** un taxi. Ich habe ein Taxi **genommen**.
venir kommen → **venu**	Ils ne sont pas **venus**. Sie sind nicht **gekommen**.
voir sehen → **vu**	Je n'ai rien **vu**. Ich habe nichts **gesehen**.

Beachten Sie
– Die Modalverben (➡ **Kapitel 26, Besonderheiten bei Verben, 1.4**) bilden ebenfalls das Partizip Perfekt auf -u:
  devoir müssen → **dû**: Il a **dû** partir. Er musste weggehen.
  pouvoir können → **pu**: Il n'a pas **pu** venir. Er konnte nicht kommen.
  vouloir wollen → **voulu**: Il a **voulu** venir. Er wollte kommen.
  savoir wissen / können → **su**: Je n'ai pas **su** répondre. Ich konnte nicht antworten.
– Im ➡ **Anhang** finden Sie Verbtabellen mit weiteren Sonderformen.

Der Indikativ (Zeiten der Vergangenheit)   18

Test 3
Setzen Sie die passende Form des Partizip Perfekt ein.
1. dire sagen → Qu'est-ce qu'il a _____ ? Was hat er gesagt?
2. faire machen → J'ai _____ un gâteau. Ich habe einen Kuchen gebacken.
3. avoir haben → Je n'ai pas _____ le temps. Ich hatte keine Zeit.
4. devoir müssen → Elle a _____ partir vite. Sie hat schnell weggehen müssen.
5. être sein → J'ai _____ malade. Ich bin krank gewesen.
6. prendre nehmen → J'ai _____ un taxi. Ich habe ein Taxi genommen.
7. pouvoir können → Nous n'avons pas _____ venir. Wir konnten nicht kommen.

1.3 Wahl des Hilfsverbs: avoir oder être?

Die Wahl des Hilfsverb avoir oder être beim passé composé (und damit bei allen anderen zusammengesetzten Zeiten) stimmt weitgehend mit der Wahl von „sein" oder „haben" beim deutschen Perfekt überein:
Nous **avons** visité l'exposition. Wir **haben** die Ausstellung besucht.
J'**ai** pris un taxi. Ich **habe** ein Taxi genommen.
Je **suis** arrivé en retard. Ich **bin** zu spät gekommen.
Il **est** resté trois jours. Er **ist** drei Tage geblieben.

Test 4
Markieren Sie die richtige Lösung.
1. Qu'est-ce que tu (as / es) fait ? Was hast du gemacht?
2. Nous (avons / sommes) allés au marché. Wir sind zum Markt gegangen.
3. Elle (a / est) rentrée tard. Sie ist spät zurückgekommen.
4. Il (a / est) mal dormi. Er hat schlecht geschlafen.
5. Où (as / es)-tu allé ? Wohin bist du gegangen?

1.3.1 Gebrauch von avoir
Die meisten Verben bilden das passé composé mit dem Hilfsverb avoir.
Wie im Deutschen verwendet man avoir

– bei allen Verben, die ein direktes Objekt haben. (➧ Kapitel 26, Besonderheiten bei Verben, 3.1)	J'**ai** acheté un pain. Ich **habe** ein Brot gekauft. Elle **a** perdu ses clés. Sie **hat** ihre Schlüssel verloren.
– bei den meisten Verben, die ein indirektes Objekt haben.	Je lui **ai** écrit. Ich **habe** ihm geschrieben. Je leur **ai** menti. Ich **habe** sie angelogen.

1 Das passé composé (Perfekt)

18 Der Indikativ (Zeiten der Vergangenheit)

Anders als im Deutschen verwendet man avoir

– bei Verben der Bewegung, die die Art und Weise der Fortbewegung angeben, wie z. B. courir rennen, sauter springen, nager schwimmen, avancer vorankommen, fuir fliehen.	J'ai couru très vite. Ich **bin** sehr schnell gerannt. Il n'**a** pas sauté très haut. Er **ist** nicht sehr hoch gesprungen. Nous **avons** nagé une heure. Wir **sind** eine Stunde geschwommen. J'**ai** bien avancé dans mon travail. Ich **bin** mit meiner Arbeit gut vorangekommen.
– beim Verb être.	J'ai été malade. Ich **bin** krank gewesen. Ils **ont** été surpris. Sie **sind** erstaunt gewesen.

Beachten Sie
Zu diesen Verben zählen auch Verben wie reculer rückwärts gehen, errer umherirren, marcher zu Fuß gehen usw.
Nous **avons** marché longtemps. Wir **sind** lange gelaufen.

Test 5
Setzen Sie die fehlenden Formen von avoir ein.
1. _____ -vous compris ? Haben Sie verstanden?
2. Les Dulac _____ téléphoné hier. Die Dulacs haben gestern angerufen.
3. Il _____ erré pendant des heures. Er ist stundenlang herumgeirrt.
4. L'été _____ été très beau. Der Sommer ist sehr schön gewesen.
5. J'_____ trouvé une montre. Ich habe eine Uhr gefunden.
6. Nous _____ roulé pendant deux heures. Wir sind zwei Stunden gefahren.

1.3.2 Gebrauch von être
Wie im Deutschen verwendet man être bei Verben

– der Bewegungsrichtung wie aller gehen / fahren, venir kommen, arriver ankommen, partir weggehen / abreisen, monter hinaufgehen, descendre hinuntergehen / aussteigen, tomber fallen.	Je **suis** allé en ville. Ich **bin** in die Stadt gegangen. Il **est** descendu à la cave. Er **ist** in den Keller hinuntergegangen. Il **est** tombé de sa chaise. Er **ist** von seinem Stuhl gefallen.
– des Verbleibens wie rester / demeurer bleiben.	Il **est** resté longtemps. Er **ist** lange geblieben.

284 1 *Das passé composé* (Perfekt)

Der Indikativ (Zeiten der Vergangenheit)

– der Zustandsänderung wie naître geboren werden, mourir sterben, devenir werden.	Je suis né à Lyon. Ich bin in Lyon geboren. Il est devenu tout rouge. Er ist ganz rot geworden.

Anders als im Deutschen verwendet man être bei

– allen reflexiven Verben (➧ Kapitel 24, Die reflexiven Verben, 2.1).	Il ne s'est même pas retourné. Er hat sich nicht mal umgedreht. Les enfants se sont douchés. Die Kinder haben (sich) geduscht. Qu'est-ce qui s'est passé ? Was ist passiert? (wörtlich: hat sich ereignet)

Beachten Sie
– Die Liste der Verben, die mit être das passé composé bilden, ist kurz. Zu diesen Verben gehören außerdem:
passer vorbeikommen, entrer hineingehen, sortir hinausgehen, rentrer zurückkommen, retourner zurückkehren
sowie die von diesen Verben abgeleiteten Formen wie:
ressortir wieder hinausgehen, parvenir erreichen, intervenir eingreifen.
Aber:
convenir → Nous **avons** convenu d'une date. Wir **haben** einen Termin vereinbart.
– Einige dieser Verben bilden, wenn sie ein direktes Objekt bei sich haben, das passé composé mit avoir (siehe hierzu ➧ 1.4.1):
J'**ai** descendu les cartons à la cave. Ich **habe** die Kartons in den Keller getragen.

Test 6

Hilfsverb être oder avoir? Markieren Sie die richtige Möglichkeit.
1. Il (a / est) allé en France. Er ist nach Frankreich gefahren.
2. Elle (a / est) été très malade. Sie ist sehr krank gewesen.
3. Vous (avez / êtes) bu un café. Sie haben einen Kaffee getrunken.
4. Nous nous (avons / sommes) ennuyés. Wir haben uns gelangweilt.
5. Ils (ont / sont) apporté un gâteau. Sie haben einen Kuchen mitgebracht.

1.3.3 Angleichung des Partizip Perfekt
Das Partizip Perfekt ist im Französischen, anders als im Deutschen, in bestimmten Fällen veränderlich.

18 Der Indikativ (Zeiten der Vergangenheit)

Auf Entdeckung

Lesen Sie die folgenden Sätze und leiten Sie dann die Grundregel zur Angleichung des Partizip Perfekt ab. (➡ **Lösungen**)

	passé composé mit avoir	passé composé mit être
Singular	il a mangé er hat gegessen elle a mangé sie hat gegessen	il est resté er ist geblieben elle est restée sie ist geblieben
Plural	ils ont mangé sie haben gegessen elles ont mangé sie haben gegessen	ils sont restés sie sind geblieben elles sont restées sie sind geblieben

Markieren Sie nun die richtige Aussage und ergänzen Sie die Sätze. (➡ **Lösungen**)

1. Wird das passé composé mit avoir gebildet, ist das Partizip Perfekt (veränderlich / unveränderlich):
   il a _____ er hat gegessen / elle a _____ sie hat gegessen.
2. Wird das passé composé mit être gebildet, ist das Partizip Perfekt (veränderlich / unveränderlich):
   il est _____ er ist geblieben / elle est _____ sie ist geblieben.

Beachten Sie

Das Partizip Perfekt im passé composé mit être verhält sich wie ein Adjektiv: Es gleicht sich in Genus und Numerus dem Subjekt an (➡ **Kapitel 5, Das Adjektiv, 1**). Vergleichen Sie:

Adjektiv	Partizip Perfekt
Il est grand. Er ist groß. Ils sont grands. Sie sind groß. Elle est grande. Sie ist groß. Elles sont grandes. Sie sind groß.	Il est sorti. Er ist ausgegangen. Ils sont sortis. Sie sind ausgegangen. Elle est sortie. Sie ist ausgegangen. Elles sont sorties. Sie sind ausgegangen.

Test 7

Gleichen Sie, falls erforderlich, das Partizip Perfekt dem Subjekt an.
1. Ils ont oublié__ de téléphoner. Sie haben vergessen anzurufen.
2. Elle est arrivé__ en retard. Sie ist zu spät gekommen.
3. Elles ont acheté__ un ordinateur. Sie haben einen Computer gekauft.
4. Ils sont parti__ ce matin. Sie sind heute Morgen weggefahren.
5. Les enfants se sont lavé__. Die Kinder haben sich gewaschen.
6. Léa et Anne sont resté__ chez elles. Léa und Anne sind zu Hause geblieben.

Der Indikativ (Zeiten der Vergangenheit) 18

TIPP

Dies waren die wichtigsten Informationen über die Bildung des passé composé. Im folgenden Abschnitt werden einige Besonderheiten dargestellt. Wenn Sie erst angefangen haben Französisch zu lernen, können Sie diesen Abschnitt zu einem späteren Zeitpunkt durcharbeiten und jetzt gleich zum Abschnitt ➩ 1.5 gehen.

1.4 Besonderheiten

Im Folgenden werden Abweichungen von den in ➩ 1.3 dargestellten Regeln zur Wahl des Hilfsverbs behandelt.

1.4.1 Besonderheiten beim Gebrauch von avoir und être

Wie bereits erwähnt, bilden einige Verben das passé composé sowohl mit être als auch mit avoir, je nachdem ob sie mit oder ohne direktes Objekt verwendet werden. In diesem Fall ändert das Verb auch seine Bedeutung:

ohne direktes Objekt → être	mit direktem Objekt → avoir
Je **suis monté** au grenier. Ich **bin** auf den Speicher **gegangen**. Elle **est descendue** à la cave. Sie **ist** in den Keller **hinuntergegangen**.	J'**ai monté** les valises. Ich **habe** die Koffer **hinaufgetragen**. As-tu **descendu** la poubelle ? **Hast** du den Mülleimer **hinuntergebracht**?
Nous ne **sommes** pas **sortis**. Wir **sind** nicht **hinausgegangen**.	As-tu **sorti** la voiture du garage ? **Hast** du das Auto aus der Garage **gefahren**?
Je ne **suis** pas **entré**. Ich **bin** nicht **hineingegangen**.	J'**ai entré** toutes les données dans l'ordinateur. Ich **habe** alle Daten in den Computer **eingegeben**.
Je **suis passé** ce matin. Ich **bin** heute Morgen **vorbeigekommen**.	Avez-vous **passé** de bonnes vacances ? **Haben** Sie schöne Ferien **verbracht**?

Beachten Sie
Dieses Phänomen gibt es auch im Deutschen: Ich **bin** nach München **gefahren**.
↔ Ich **habe** das Auto in die Garage **gefahren**.

Test 8

Hilfsverb être oder avoir? Markieren Sie die richtige Möglichkeit.
1. (Es / As)-tu rentré tard ? Bist du spät nach Hause gekommen?

18 Der Indikativ (Zeiten der Vergangenheit)

2. Ils (sont / ont) descendu du train. Sie sind aus dem Zug ausgestiegen.
3. Elle (est / a) rentré les plantes. Sie hat die Pflanzen hineingetragen.
4. Il (est / a) descendu nos valises. Er hat unsere Koffer hinuntergetragen.

1.4.2 Besonderheiten bei der Angleichung des Partizip Perfekt
Im Folgenden finden Sie Ausnahmen zu den in ➠ 1.3.3 genannten Regeln zur Angleichung des Partizip Perfekt:

a) **Ausnahme zur Regel der Unveränderlichkeit des Partizip Perfekt mit avoir:**
Bei Voranstellung des direkten Objekts wird das Partizip Perfekt diesem direkten Objekt in Genus und Numerus angeglichen (in den folgenden Beispielen ist das vorangestellte Objekt fett gedruckt):
Léo, je l'ai vu hier. Leo habe ich gestern gesehen.
Lisa, je l'ai vue hier. Lisa habe ich gestern gesehen.
Les Dulac, je ne les ai pas vus. Die Dulacs habe ich nicht gesehen.
Mes filles, je les ai conduites à la gare. Meine Töchter habe ich zum Bahnhof gefahren.

Beachten Sie
Ein vorangestelltes direktes Objekt kann sein:
– ein Fragebegleiter oder Fragepronomen
   Quels livres as-tu achetés ? **Welche** Bücher hast du gekauft?
   De ces deux robes, laquelle as-tu achetée ? **Welches** von diesen beiden Kleidern hast du gekauft?
– ein Objektpronomen
   Mes devoirs, je les ai déjà faits. Meine Hausaufgaben habe ich schon gemacht.
– das Relativpronomen que
   La lettre que j'ai reçue est très drôle. Der Brief, den ich bekommen habe, ist sehr lustig.

Aber:
Ist das Adverbialpronomen en vorangestelltes direktes Objekt, wird das Partizip Perfekt in der Regel nicht angeglichen:
Des fruits, j'en ai acheté pour moi. Obst habe ich für mich gekauft.

Test 9
Wird das Partizip Perfekt angeglichen oder nicht? Markieren Sie die richtige Möglichkeit.
1. Combien de livres as-tu (acheté / achetés) ? Wie viele Bücher hast du gekauft?

Der Indikativ (Zeiten der Vergangenheit)

2. J'ai (acheté / achetés) trois pulls. Ich habe drei Pullis gekauft.
3. La robe que tu as (acheté / achetée) est superbe. Das Kleid, das du gekauft hast, ist wunderschön.
4. Mes amis, je les ai (rencontré / rencontrés) hier. Meine Freunde habe ich gestern getroffen.
5. Avez-vous (oublié / oubliées) vos lunettes ? Haben Sie Ihre Brille vergessen?
6. La lettre ? Je l'ai (écrit / écrite) hier. Den Brief? Den habe ich gestern geschrieben.

b) Angleichung des Partizip Perfekt vor einem Infinitiv

Die Regeln zur Angleichung des Partizip Perfekt in Verbindung mit einem Infinitiv sind recht umständlich:

1. Der Infinitiv ist das Prädikat des direkten Objekts → das Partizip Perfekt bleibt unverändert	la pièce que j'ai **vu** jouer das Stück, das ich (spielen) gesehen habe
2. Der Infinitiv ist das Prädikat des Subjekts → das Partizip Perfekt wird diesem Subjekt angeglichen	L'actrice que j'ai **vue** jouer hier est excellente. Die Schauspielerin, die ich gestern (spielen) gesehen habe, ist hervorragend.

Beachten Sie

Im heutigen Französisch muss das Partizip Perfekt vor dem Infinitiv nicht mehr angeglichen werden:
Je ne les ai pas **entendu** venir. Ich habe sie nicht kommen hören.
Voici les journaux que j'ai **pu** trouver. Hier sind die Zeitungen, die ich finden konnte.
Je les ai **laissé** venir. Ich habe sie kommen lassen.
Voilà les journaux que je me suis **fait** apporter. Hier sind die Zeitungen, die ich mir habe bringen lassen.

c) Ausnahme zur Regel der Veränderlichkeit des Partizip Perfekt mit être bei reflexiven Verben

Die Angleichung des Partizips hängt von der Funktion des Reflexivpronomens ab. Angeglichen wird das Partizip Perfekt nur, wenn das Reflexivpronomen direktes Objekt ist:
Elle s'est **lavée**. Sie hat sich gewaschen.
Ist das Reflexivpronomen dagegen indirektes Objekt, ist das Partizip Perfekt unveränderlich:
Elle s'est **lavé** les mains. Sie hat sich die Hände gewaschen.

18 Der Indikativ (Zeiten der Vergangenheit)

Beachten Sie
Mehr zur Angleichung des Partizip Perfekt bei den reflexiven und reziproken Verben finden Sie in ➡ **Kapitel 24, Die reflexiven Verben, 2.2 und 2.3**.

 Test 10
Wird das Partizip Perfekt angeglichen oder nicht? Markieren Sie die richtige Möglichkeit.
1. Nous nous sommes (disputé / disputés). Wir haben uns gestritten.
2. Anne s'est (acheté / achetée) une robe. Anne hat sich ein Kleid gekauft.
3. Ils se sont (ennuyé / ennuyés). Sie haben sich gelangweilt.
4. Elle s'est (lavé / lavée) les cheveux. Sie hat sich die Haare gewaschen.
5. Elles se sont (téléphoné / téléphonées). Sie haben sich angerufen.
6. Elle s'est (accordé / accordée) une pause. Sie hat sich eine Pause genehmigt.

1.5 Gebrauch des passé composé

Wie eingangs erwähnt, ist die Grundfunktion des passé composé die Wiedergabe von Handlungen und Ereignissen, die als zeitlich abgeschlossen dargestellt werden.

Was Sie vorab wissen sollten
- Der Gebrauch des passé composé ist nicht mit dem des Perfekts im Deutschen identisch (➡ 2.3).
- Im heutigen Französisch ersetzt das passé composé im mündlichen wie im schriftlichen alltäglichen Sprachgebrauch (zum Beispiel im Briefverkehr oder in Tagebüchern) das passé simple (➡ 3).

Das passé composé wird verwendet:

1.	bei abgeschlossenen Handlungen	J'ai habité trois ans en France. Ich habe drei Jahre in Frankreich gelebt.
2.	bei Handlungen, die abgeschlossen sind, aber deren Folgen bis in die Gegenwart hineinreichen	J'ai arrêté de fumer il y a trois ans. Ich habe vor drei Jahren aufgehört zu rauchen. Je ne l'ai jamais revu depuis. Ich habe ihn seitdem niemals wieder gesehen.
3.	bei aufeinander folgenden Handlungen	Il s'est levé, a pris son manteau et a quitté la salle. Er stand auf, nahm seinen Mantel und verließ den Raum.
4.	in historischen Texten	Napoléon est mort à Saint-Hélène. Napoléon ist auf Sankt-Helena gestorben.

Der Indikativ (Zeiten der Vergangenheit)

5. anstelle des Futurs (direkte Rede)	Attends-moi. J'**ai fini** dans cinq minutes. Warte auf mich. Ich bin in fünf Minuten fertig.	
6. anstelle des passé simple (⇒ 3)	Il **passa** les dernières années de sa vie en France. → Il **a passé** les dernières années … Er verbrachte die letzten Jahre seines Lebens in Frankreich.	

Beachten Sie
Das passé composé wird im Deutschen je nach Kontext mit dem Perfekt oder dem Präteritum wiedergegeben (⇒ **2.3**):
Il s'est levé. Er **stand** auf. / Er **ist aufgestanden**.
Je n'ai rien dit. Ich **sagte** nichts. / Ich **habe** nichts **gesagt**.

Test 11

Setzen Sie die in Klammern angegebenen Verben im passé composé ein.
1. (aller) Elle ____ ____ au marché hier. Gestern ging sie auf den Markt.
2. (lire) Je n' ____ pas ____ ce fax. Ich habe dieses Fax nicht gelesen.
3. (attendre) Nous ____ ____ une heure à la gare. Wir haben eine Stunde am Bahnhof gewartet.
4. (pouvoir) Comment ____ -tu ____ faire ça ? Wie konntest du so etwas tun?
5. (dire) Qu'est-ce qu'il ____ ____ ? Was hat er gesagt?
6. (faire) Qu'est-ce que vous ____ ____ hier ? Was haben Sie gestern gemacht?
7. (dormir) ____ -ils bien ____ ? Haben sie gut geschlafen?
8. (sortir) Je ne ____ pas ____ hier. Ich bin gestern nicht ausgegangen.

TIPP

Die verschiedenen Funktionen von passé composé, imparfait und passé simple in Beziehung zueinander werden in ⇒ **2.3**, ⇒ **3.2.1** und ⇒ **3.2.2** erläutert.

Auf den Punkt gebracht

1. (⇒ Was Sie vorab wissen sollten)
Markieren Sie die richtige Möglichkeit oder vervollständigen Sie die Aussagen.
1. Das Französische hat (mehr / weniger) Zeiten der Vergangenheit als das Deutsche.

18 Der Indikativ (Zeiten der Vergangenheit)

2. Das passé composé ist eine (einfache / zusammengesetzte) Zeit der Vergangenheit.
3. Das passé composé besteht aus dem Präsens der Hilfsverben _____ oder _____ und dem Partizip Perfekt des entsprechenden Verbs.

2. (➟ 1.1)
Die Formen des passé composé lauten:

Person	parler sprechen	aller gehen / fahren
je/j'	ai parlé ich habe gesprochen	suis allé(e) ich bin gegangen
tu	_____ parlé	_____ allé(e)
il/elle/on	_____ parlé	_____ allé(e)
nous	_____ parlé	_____ allé(e)s
vous	_____ parlé	_____ allé(e)(s)
ils/elles	_____ parlé	_____ allé(e)s

3. (➟ 1.2.1 und ➟ 1.2.1)
1. Die regelmäßigen Formen des Partizip Perfekt lauten:
chanter singen → chant__ gesungen
sortir ausgehen → sort__ ausgegangen
répondre antworten → répond__ geantwortet
2. Die unregelmäßigen Formen des Partizip Perfekt der folgenden Verben lauten:
avoir haben → _____ gehabt
être sein → _____ gewesen
faire machen → _____ gemacht
prendre nehmen → _____ genommen
voir sehen → _____ gesehen

4. (➟ 1.3.1 und ➟ 1.3.2)
Kreuzen Sie avoir oder être an.

	avoir	être
1. Die meisten Verben bilden das passé composé mit	☐	☐
2. Alle Verben mit direktem Objekt bilden das passé composé mit	☐	☐
3. Verben, die die Art und Weise der Fortbewegung bezeichnen, bilden das passé composé mit	☐	☐
4. Das Verb être bildet das passé composé mit	☐	☐
5. Verben der Zustandsänderung bilden das passé composé mit	☐	☐
6. Alle reflexiven Verben bilden das passé composé mit	☐	☐
7. Verben der Bewegungsrichtung bilden das passé composé mit	☐	☐

Der Indikativ (Zeiten der Vergangenheit) 18

5. (⮕ 1.3.3)
Markieren Sie die richtige Aussage.
1. Wird das passé composé mit dem Hilfsverb avoir gebildet, ist das Partizip Perfekt in der Regel (veränderlich / unveränderlich).
2. Wird das passé composé mit dem Hilfsverb être gebildet, ist das Partizip Perfekt (veränderlich / unveränderlich).

6. (⮕ 1.4.1)
Setzen Sie avoir oder être als Hilfsverb ein.
1. Je ____ allé au cinéma. Ich bin ins Kino gegangen.
2. A quelle heure ____-tu rentré ? Um wie viel Uhr bist du nach Hause gekommen?
3. ____-tu rentré les plantes ? Hast du die Pflanzen reingebracht?
4. J'____ descendu les valises. Ich habe die Koffer hinuntergetragen.

7. (⮕ 1.4.2)
Kreuzen Sie ja oder nein an und ergänzen Sie die Sätze.

	ja	nein
1. Wird das passé composé mit avoir gebildet, ist das Partizip in den meisten Fällen unveränderlich: Ils ont mangé__ une glace. Sie haben ein Eis gegessen.	☐	☐
2. Wird das passé composé mit avoir gebildet, wird bei vorangestelltem direktem Objekt das Partizip Perfekt diesem Objekt angeglichen: la glace qu'il a mangé__ das Eis, das er gegessen hat	☐	☐
3. Das Partizip Perfekt wird bei reflexiven Verben immer dem Subjekt angeglichen.	☐	☐
4. Ist das Reflexivpronomen direktes Objekt, wird das Partizip Perfekt angeglichen.	☐	☐
5. Folgt auf das Partizip Perfekt ein Infinitiv, so muss das Partizip dem vorangestellten direkten Objekt angeglichen werden.	☐	☐

8. (⮕ 1.5)
Kreuzen Sie ja oder nein an.
Das passé composé wird verwendet bei

	ja	nein
1. Beschreibungen.	☐	☐
2. abgeschlossenen Handlungen.	☐	☐
3. gleichzeitig ablaufenden Handlungen.	☐	☐
4. aufeinander folgenden Handlungen.	☐	☐
5. sich wiederholenden Ereignissen.	☐	☐

Auf den Punkt gebracht

18 Der Indikativ (Zeiten der Vergangenheit)

2 Das *imparfait* (Imperfekt)

Das imparfait ist eine einfache Zeit der Vergangenheit: Es entspricht formal dem deutschen Präteritum (Imperfekt), wird aber z. T. anders verwendet (➡ 2.2, 2.3).

2.1 Formen

Das imparfait wird für alle Verben außer être (sein) regelmäßig gebildet.

2.1.1 Endungen

Auf Entdeckung

Betrachten Sie die folgende Tabelle und tragen Sie anschließend für jede Person die entsprechende Endung des imparfait in die rechte Spalte ein. (➡ **Lösungen**)

Person	parl-er sprechen		Aussprache	Endung
je	parlais	ich sprach	[paʀlɛ]	___
tu	parlais	du sprachst	[paʀlɛ]	___
il/elle/on	parlait	er sprach	[paʀlɛ]	___
nous	parlions	wir sprachen	[paʀljɔ̃]	___
vous	parliez	ihr sprachet / Sie sprachen	[paʀlje]	___
ils/elles	parlaient	sie sprachen	[paʀlɛ]	___

Beachten Sie
- Diese Endungen gelten für alle Verben.
- Die Endungen -ais, -ait und -aient werden alle gleich gesprochen: [ɛ].
- Das i der Endung der 1. und 2. Person Plural wird, auch wenn es nicht hörbar ist, geschrieben:
  crier schreien → nous criions [kʀiɔ̃] wir schrien
  payer bezahlen → vous payiez [peje] ihr bezahltet / Sie bezahlten
  travailler arbeiten → nous travaillions [tʀavajɔ̃] wir arbeiteten

Test 1

Fügen Sie die fehlenden Endungen des imparfait hinzu:

1. avoir haben	j'av___	vous av___	ils av___
2. essayer versuchen	tu essay___	nous essay___	vous essay___
3. faire machen	je fais___	vous fais___	elles fais___
4. prendre nehmen	il pren___	nous pren___	vous pren___

Der Indikativ (Zeiten der Vergangenheit)

2.1.2 Stamm
Die Endungen des imparfait werden an den Stamm der 1. Person Plural Präsens angehängt:
parler sprechen → nous **parl**-ons wir sprechen → je **parl**ais ich sprach
faire machen → nous **fais**-ons wir machen → je **fais**ais ich machte
prendre nehmen → nous **pren**-ons wir nehmen → je **pren**ais ich nahm.

Beachten Sie
– Die einzige Ausnahme zu dieser Regel bildet das Verb être, dessen Stamm für die imparfait-Bildung ét- ist:

Singular	Plural
j'étais ich war	nous étions wir waren
tu étais du warst	vous étiez ihr wart / Sie waren
il/elle/on était er/sie/man war	ils/elles étaient sie waren

– Bei den Verben auf -ger und -cer wird der Laut [ʒ] bzw. [s] bei allen Personen erhalten, was zu orthographischen Veränderungen vor den Endungen -ais, -ait und aient führt (➠ **Kapitel 1, Die Aussprache, 3.2 und 3.3**):
nager schwimmen → je nageais, tu nageais, il nageait, ils nageaient
commencer beginnen → je commençais …

Test 2

Bilden Sie für die folgenden Verben die 1. Person Plural Präsens und leiten Sie den Stamm für die Bildung des imparfait ab.

Infinitiv	1. Person Plural Präsens	→ imparfait-Stamm
habiter wohnen	nous _____ wir wohnen	→ habit-
finir beenden	nous _____ wir beenden	→ _____-
payer zahlen	nous _____ wir zahlen	→ _____-
faire machen	nous _____ wir machen	→ _____-
aller gehen / fahren	nous _____ wir gehen	→ _____-
avoir haben	nous _____ wir haben	→ _____-
prendre nehmen	nous _____ wir nehmen	→ _____-
manger essen	nous _____ wir essen	→ _____-

18 Der Indikativ (Zeiten der Vergangenheit)

2.2 Gebrauch

Mit dem imparfait (imperfekt = unvollendet im Sinne von nicht beendet / nicht abgeschlossen) wird eine Handlung zu einem bestimmten Zeitpunkt in der Vergangenheit in ihrem Verlauf dargestellt:
Il pleuvait. Es regnete.
Man erfährt nicht, wann der Regen einsetzte und wann er zu Ende war.

Beachten Sie
Der Gebrauch des imparfait entspricht nicht dem Gebrauch des deutschen Imperfekts (= Präteritum). Die unterschiedliche Verwendung der Zeiten der Vergangenheit im Französischen und Deutschen wird in ➡ **2.3**, ➡ **3.2.1**, ➡ **3.2.2** und ➡ **3.2.3** dargestellt.

2.2.1 Grundregel
Das imparfait antwortet auf die Frage „Was war?" bzw. „Wie war ...?" und wird in den folgenden Fällen verwendet:

1. Beschreibung von z. B. Landschaften, Gefühlen, Stimmungen, Eigenschaften	Il faisait beau, le ciel était bleu et le soleil brillait. Das Wetter war schön, der Himmel war blau und die Sonne schien. Luc était un peu timide. Luc war etwas schüchtern.
2. Gewohnheiten oder regelmäßig stattfindende Handlungen	Je prenais le train tous les jours. Ich fuhr jeden Tag mit dem Zug.
3. gleichzeitig ablaufende Handlungen	Elle conduisait, écoutait la radio et téléphonait. Sie fuhr, hörte Radio und telefonierte.
4. Beschreibung von Vorgängen, die den Hintergrund einer neu eintretenden Handlung bilden	J'étais au café et je buvais une bière quand soudain quelqu'un s'est approché de moi. Ich saß in der Kneipe und trank ein Bier, als sich mir plötzlich jemand näherte.
5. in der journalistischen Berichterstattung (mit dramatischer Wirkung)	10h15. L'avion de Nice atterrissait ... 10.15 Uhr. Das Flugzeug aus Nizza landete ...

Beachten Sie
zu 1. Weil das imparfait sich besonders gut für Beschreibungen eignet, wird es oft in Verbindung mit dem Verb être oder anderen Zustandsverben verwendet:

Der Indikativ (Zeiten der Vergangenheit) 18

C'**était** une belle journée de mai. Es war an einem schönen Tag im Mai.
Elle **semblait** contente. Sie schien zufrieden zu sein.

zu 2. In dieser Verwendung wird das imparfait oft von Zeitadverbien oder adverbialen Bestimmungen begleitet, die eine Regelmäßigkeit oder eine Dauer ausdrücken, wie z. B. souvent oft, chaque fois jedes Mal, toujours immer, régulièrement regelmäßig:
Il téléphonait **tous les jours.** Er rief **jeden Tag** an.

zu 3. Nach der Konjunktion pendant que (während), die eine Gleichzeitigkeit bezeichnet, steht das imparfait:
Je me suis endormi pendant qu'il parlait. Ich bin eingeschlafen, während er sprach.

zu 4. In Erzählungen bilden die Handlungen, die im imparfait wiedergegeben werden, die Kulisse zum Geschehen. Die neu eintretende Handlung wird mit dem passé composé oder passé simple wiedergegeben (➟ 2.3 und ➟ 3.2.1):
Je **dormais** profondément quand tu **es rentré**. Ich schlief fest, als du nach Hause gekommen bist.

zu 5. Es handelt sich hier um ein beliebtes Stilmittel der journalistischen Berichterstattung: Das imparfait wird hier, immer in Verbindung mit einer genauen Zeitangabe, anstelle des passé composé oder des passé simple verwendet. Es führt eine punktuell einsetzende Handlung ein, stellt diese aber in ihrem Verlauf dar.

Test 3

Um welchen Gebrauch des imparfait handelt es sich bei den folgenden Beispielen? Tragen Sie den entsprechenden Buchstaben ein:
a. Beschreibung, b. Gewohnheit, c. Gleichzeitigkeit, d. Kulisse
1. Elle **faisait** toujours le ménage. Sie war immer am Putzen. __
2. Mon père **était** très autoritaire. Mein Vater war sehr autoritär. __
3. L'homme **était** assis au bar et lisait le journal. Tout à coup … Der Mann saß an der Bar und las die Zeitung. Plötzlich … __
4. Elle **repassait** et **regardait** la télé. Sie bügelte und sah fern. __

TIPP

Sie haben nun die wichtigsten Informationen über das imparfait als Zeit der Vergangenheit gelernt. Wenn Sie erst angefangen haben Französisch zu lernen, können Sie den nächsten Abschnitt zu einem späteren Zeitpunkt erarbeiten und gleich zu den Kontrollaufgaben gehen.

Der Indikativ (Zeiten der Vergangenheit)

2.2.2 Weitere Verwendung des imparfait

In den folgenden Beispielen wird das imparfait nicht mehr temporal, sondern modal verwendet: Es schildert nicht Handlungen, die sich in der Vergangenheit abgespielt haben, sondern drückt die Haltung des Sprechers zum Gesagten aus:

– in einem Satz mit si, um einen Vorschlag, eine Eventualität auszudrücken (direkte Rede)	Si on **allait** au cinéma ? Wie wär's mit Kino?
– als Höflichkeitsform (anstelle des Präsens, zum Ausdruck einer gewissen Bescheidenheit)	Je **voulais** simplement vous demander … Ich möchte Sie nur fragen, … Je **venais** vous annoncer que … Ich bin gekommen, um Ihnen mitzuteilen, dass …
– in der indirekten Rede, wenn das Verb des Hauptsatzes in einer Zeit der Vergangenheit steht (➡ **Kapitel 22, Die Zeitenfolge, 3.2**)	Il a dit qu'il **était** malade. Er hat gesagt, er sei krank. Elle a demandé si tu **venais** demain. Sie hat gefragt, ob du morgen kommst.
– in einem mit si (wenn / falls) eingeleiteten Nebensatz, um eine Bedingung auszudrücken – ebenfalls zum Ausdruck eines Wunsches / von Bedauern	Si tu **venais** demain, nous pourrions finir. Wenn du morgen kommen würdest, könnten wir fertig werden. Si j'**avais** le temps, j'apprendrais le russe. Hätte ich Zeit, würde ich Russisch lernen. Ah, si j'**étais** plus jeune ! Ach, wenn ich doch jünger wäre!
– anstelle des Konditionals II zum Ausdruck einer Eventualität	Et si c'**était** vrai ? Und wenn das wahr wäre? Il ne **fallait** pas aller là-bas. Du hättest nicht hingehen sollen.

Beachten Sie

Dass das imparfait nicht nur die Bedeutung „vergangen" hat, wird besonders deutlich in den folgenden Beispielen, wo das Zeitadverb demain auf eine zukünftige Handlung verweist:
Si tu venais **demain**, nous pourrions finir ce travail. Wenn du **morgen** kämst, könnten wir fertig werden.
Elle a demandé si tu venais **demain**. Sie hat gefragt, ob du **morgen** kommst.

Der Indikativ (Zeiten der Vergangenheit) 18

Test 4
Um welchen Gebrauch des imparfait handelt es sich bei den folgenden Beispielen? Tragen Sie den entsprechenden Buchstaben ein:
a. Bedingung, b. indirekte Rede, c. Höflichkeitsform, d. Vorschlag, e. Wunsch
1. Si on faisait un tour ? Wie wär's mit einem kleinen Spaziergang? __
2. Ah, si je pouvais être ailleurs ! Ach, wenn ich nur anderswo sein könnte! __
3. Si j'étais toi, je ne dirais rien. Wenn ich du wäre, würde ich nichts sagen. __
4. Je passais pour vous dire ... Ich bin gekommen, um Ihnen zu sagen ... __
5. Il a dit que tu venais demain. Er hat gesagt, du kämst morgen. __

2.3 Gebrauch von passé composé und imparfait

Imparfait und passé composé bezeichnen beide ein vergangenes Geschehen, aber unter einem unterschiedlichen Aspekt (➙ **Einführung, Das Verb und seine Ergänzungen, 4**). Aus diesem Grund können sie im Französischen nicht beliebig gebraucht werden.

Imparfait und passé composé übernehmen in Erzählungen verschiedene Funktionen: Sie ergänzen sich und sind in den meisten Fällen nicht austauschbar.

Was Sie vorab wissen sollten
Der unterschiedliche Gebrauch von imparfait und passé composé beruht nicht auf einem zeitlichen Unterschied, sondern auf einem Aspektunterschied, d. h. einem Unterschied in der Art und Weise, wie das Geschehen dargestellt wird: Das imparfait beschreibt das Geschehen in seinem Verlauf (durativer / imperfektiver Aspekt), das passé composé dagegen beschreibt das Geschehen als abgeschlossen (perfektiver / punktueller Aspekt). Vergleichen Sie:
Il travaillait. Er arbeitete. (→ Man erfährt nichts über Anfang und Ende der Handlung.)
Il a travaillé deux heures. Er hat zwei Stunden gearbeitet. (→ Er arbeitet nicht mehr.)

Die folgende Tabelle gibt einen Überblick über die unterschiedliche Verwendung dieser beiden Zeiten:

18 Der Indikativ (Zeiten der Vergangenheit)

Das imparfait wird verwendet	Das passé composé wird verwendet
1. bei Beschreibungen von Personen und Situationen C'était une femme gaie et intelligente. Sie war eine fröhliche und intelligente Frau. Il faisait nuit. Es war Nacht.	1. bei Handlungen Il est arrivé et m'a dit ... Er kam und sagte zu mir ...
2. bei regelmäßigen Handlungen En général, elle se levait tôt. Meistens stand sie früh auf.	2. bei einmaligen Handlungen Ce matin-là, elle est restée au lit longtemps. An diesem Morgen blieb sie lange im Bett.
3. bei sich wiederholenden Handlungen Il me téléphonait souvent. Er rief mich oft an.	3. bei sich wiederholenden, aber abgeschlossenen Handlungen J'ai essayé trois fois de téléphoner. Ich habe dreimal versucht anzurufen.
4. bei gleichzeitig ablaufenden Handlungen J'avais peur et je tremblais ... Ich hatte Angst und ich zitterte ...	4. bei aufeinander folgenden Handlungen J'ai eu peur et j'ai pris la fuite. Ich habe Angst bekommen und bin geflüchtet.
5. bei Handlungen, die in ihrer Dauer nicht bestimmt sind Autrefois nous habitions à la campagne. Früher wohnten wir auf dem Land.	5. bei abgeschlossenen Handlungen Nous avons habité trois ans à la campagne. Wir haben drei Jahre auf dem Land gelebt.
6. bei Kommentaren, Erklärungen, der Wiedergabe von Eindrücken Au café hier avec Max, c'était vraiment sympa. Im Café gestern mit Max war es wirklich nett.	6. bei der objektiveren Wiedergabe des Geschehens J'ai rencontré Max hier. Nous avons passé une bonne soirée. Ich habe gestern Max getroffen. Wir haben einen schönen Abend verbracht.
7. bei der Angabe des Grundes Il était tard et je suis allé me coucher. Es war spät und ich ging ins Bett. (= weil es spät war ...)	7. bei der Angabe der Folgen Il était furieux et il a quitté la pièce. Er war wütend und verließ das Zimmer. (also verließ er ...)

Der Indikativ (Zeiten der Vergangenheit)

Beachten Sie
- Wie bereits erwähnt, antwortet das imparfait auf die Frage „Was war?" bzw. „Wie war ...?" und schildert eine Kulisse. Das passé composé dagegen antwortet auf die Frage „Was geschah (dann)?" und gibt die Ereignisse wieder, die sich vor dieser Kulisse abspielen:
Nous **étions** à table quand il **est arrivé**. Wir **saßen** am Tisch, als er **kam**.
- Der Aspektunterschied zwischen imparfait und passé composé wird oft durch lexikalische Mittel verstärkt:

Signalwörter für das imparfait	Signalwörter für das passé composé
souvent oft, chaque jour jeden Tag, tous les étés jeden Sommer, d'habitude gewöhnlich, en général im Allgemeinen, autrefois früher usw.	hier gestern, un jour eines Tages, tout à coup plötzlich, ce matin-là an diesem Morgen, l'année dernière letztes Jahr, en 1989 im Jahre 1989, récemment vor kurzem usw.
Une fois par semaine, elle **allait** au cinéma. Sie ging einmal pro Woche ins Kino.	**Hier**, elle **est allée** au cinéma. Sie ist gestern ins Kino gegangen.

- Der Aspektunterschied, der im Französischen durch die Wahl der einen oder anderen Zeit markiert wird, wird im Deutschen oft mit lexikalischen Mitteln verdeutlicht. Vergleichen Sie:
Il **avait** peur. Er **hatte** Angst. ↔ Il **a eu** peur. Er **bekam** Angst.

Test 5

Imparfait oder passé composé? Markieren Sie die richtige Möglichkeit.
1. (Je téléphonais / J'ai téléphoné) hier à Jérôme, mais il (n'était pas / n'a pas été) là. Ich habe gestern Jérôme angerufen, aber er war nicht da.
2. Mon père (adorait / a adoré) la pêche et tous les dimanches, nous (allions / sommes allés) au bord de l'eau. Mein Vater angelte sehr gern und wir fuhren jeden Sonntag an den Fluss.
3. Dans le café, il (faisait / a fait) chaud et l'air (sentait / a senti) la cigarette. Je (ressortais / suis ressorti) aussitôt. In dem Café war es heiß und die Luft roch nach Zigaretten. Ich ging sofort wieder hinaus.
4. Il (était / a été) inquiet parce que le train (n'arrivait pas / n' est pas arrivé). Er war besorgt, weil der Zug nicht kam.
5. Il (était / a été) trop tard pour aller au restaurant, alors nous (mangions / avons mangé) un sandwich. Es war zu spät, um ins Restaurant zu gehen, so haben wir ein Sandwich gegessen.
6. Nous (allions / sommes allés) au restaurant hier. (C'était / Ça a été) très bon. Wir sind gestern ins Restaurant gegangen. Das Essen war sehr gut.

18 Der Indikativ (Zeiten der Vergangenheit)

Auf den Punkt gebracht

1. (➡ 2.1)
Vervollständigen Sie die folgenden Aussagen.
1. Die Endungen des imparfait lauten:
   je parl___, tu parl___, il parl___, nous parl___, vous parl___, ils parl___
2. Die Endungen des imparfait werden an den Stamm der ___ Person Plural _____ angehängt.
3. Die einzige Ausnahme ist das Verb _____ (sein): j'_____ ich war.

2. (➡ 2.2.1)
Kreuzen Sie ja oder nein an.
Das imparfait wird verwendet für   ja   nein
1. Beschreibungen   ☐   ☐
2. sich wiederholende Ereignisse   ☐   ☐
3. abgeschlossene Handlungen   ☐   ☐
4. aufeinander folgende Handlungen   ☐   ☐
5. gleichzeitig ablaufende Handlungen   ☐   ☐
6. nicht abgeschlossene Handlungen   ☐   ☐

3. (➡ 2.2.2)
Markieren Sie zunächst die Verben im imparfait und tragen Sie ein, welcher Verwendung des imparfait sie entsprechen.
a. Vorschlag, b. höfliche Bitte, c. indirekte Rede, d. Bedingungssatz
1. S'il savait ça, il serait furieux. Wenn er das wüsste, wäre er wütend. ___
2. Si on mangeait ? Wie wär's mit Essen? ___
3. Il a demandé si tu venais. Er hat gefragt, ob du kommst. ___
4. Je voulais savoir si tu viens. Ich wollte nur wissen, ob du kommst. ___

4. (➡ 2.3)
Passé composé oder imparfait? Markieren Sie die richtige Alternative.
1. (J'ai regardé / Je regardais) la télé hier. Ich habe gestern ferngesehen.
2. (Il a fait / Il faisait) souvent une promenade, le soir. Er machte oft abends einen Spaziergang.
3. Qu'est-ce qu'il (a dit / disait) ? Was hat er gesagt?
4. Nous (avons eu / avions) rendez-vous à 3 heures, il (est arrivé / arrivait) à 4 heures. Wir waren um 3 Uhr verabredet, er kam um 4 Uhr.
5. Comme il (semblait / a semblé) fatigué, nous (ne restions pas / ne sommes pas restés) longtemps. Weil er müde wirkte, sind wir nicht lange geblieben.

Der Indikativ (Zeiten der Vergangenheit)

3 Das *passé simple*

Was Sie vorab wissen sollten
- Das passé simple ist eine einfache Zeit der Vergangenheit, die im Deutschen keine Entsprechung hat.
- Das passé simple wird nur noch in Erzählungen (Romanen, Märchen, historischen Berichten usw.) gebraucht. Es wird im gesprochenen und geschriebenen Alltagsfranzösisch nicht mehr verwendet (es kommt in der direkten Rede nicht mehr vor) und ist durch das passé composé ersetzt worden.
- Im Gegensatz zum imparfait (➞ 2.2.1) wird das passé simple niemals für Beschreibungen verwendet. Wie das passé composé (➞ 1.5) antwortet das passé simple auf die Frage „Was geschah (dann)?" und führt ein abgeschlossenes Ereignis ein.

> **TIPP**
>
> Da das passé simple im Alltagsfranzösisch nicht mehr gebraucht wird, sollten Sie, wenn Sie erst angefangen haben Französisch zu lernen, diesen Abschnitt zu einem späteren Zeitpunkt erarbeiten und direkt zu ➞ 4 gehen.

3.1 Formen

> **TIPP**
>
> Die Vielfalt der Formen des passé simple sollte Sie nicht entmutigen: Sie werden diese Zeit, die in der Umgangssprache nicht mehr vorkommt, kaum verwenden. Es geht also für Sie vor allem um „rezeptives Wissen".

3.1.1 Verben auf -er
Alle Verben, deren Grundform auf -er endet, werden im passé simple wie folgt konjugiert.

Auf Entdeckung
Betrachten Sie die Konjugationstabelle von parler (sprechen) im passé simple und tragen Sie anschließend die Endungen des passé simple in die dafür vorgesehene Spalte ein. (➞ **Lösungen**)

18 Der Indikativ (Zeiten der Vergangenheit)

Person	parl-er sprechen	Endung
je	parlai ich sprach	-ai
tu	parlas du sprachst	-____
il/elle/on	parla er sprach	-____
nous	parlâmes wir sprachen	-____
vous	parlâtes ihr spracht / Sie sprachen	-____
ils/elles	parlèrent sie sprachen	-____

Beachten Sie
- Die Endungen des passé simple werden an den Infinitiv-Stamm angehängt:
  chant-er singen → il chanta
  appel-er rufen → il appela
  pay-er bezahlen → il paya
  all-er gehen / fahren → il alla er ging / fuhr.
- Bei den Verben auf -ger und -cer bleibt der Laut [ʒ] bzw. [s] bei allen Personen erhalten, was zu orthographischen Veränderungen führt:
  nager schwimmen → je nageai, tu nageas, il nagea, nous nageâmes, vous nageâtes.
  commencer beginnen → je commençai, tu commenças, il commença, nous commençâmes, vous commençâtes.

Test 1
Tragen Sie die jeweilige Verbform des passé simple ein.

écouter zuhören	tu _____	vous _____	ils _____
aller gehen / fahren	il _____	ils _____	nous _____
manger essen	je _____	nous _____	ils _____
lancer werfen	il _____	vous _____	ils _____

TIPP

Weil das passé simple in der direkten Rede nicht vorkommt, stehen im Folgenden alle Beispiele in der 3. Person Singular oder Plural (il/elle und ils/elles).

3.1.2 Verben auf -ir und -dre
Die meisten Verben auf -ir und die regelmäßigen Verben auf -dre werden im passé simple wie folgt konjugiert:

Der Indikativ (Zeiten der Vergangenheit)

Auf Entdeckung
Betrachten Sie die Tabelle und tragen Sie anschließend die Endungen des passé simple in die dafür vorgesehene Spalte ein. (➥ **Lösungen**)

Person	fin-ir beenden	attend-re warten	Endung
je/j'	finis ich beendete	attendis ich wartete	-is
tu	finis	attendis	-____
il/elle/on	finit	attendit	-____
nous	finîmes	attendîmes	-____
vous	finîtes	attendîtes	-____
ils/elles	finirent	attendirent	-____

Beachten Sie
- Diese Endungen werden ebenfalls an den Infinitiv-Stamm angehängt:
  réfléch-ir beenden → il réfléchit
  vend-re verkaufen → il vendit
- Diese Endungen gelten für alle Verben auf -ir außer (➥ **3.1.3**)
  venir kommen → il vint
  tenir halten → il tint
  courir rennen → il courut
  mourir sterben → il mourut
- Die Endungen der 1. und 2. Person Plural haben immer einen accent circonflexe:
  nous allâmes, vous allâtes
  nous finîmes, vous finîtes
  nous bûmes, vous bûtes

Test 2
Tragen Sie die jeweilige Verbform des passé simple ein.

réussir Erfolg haben	tu ____	vous ____	ils ____
répondre antworten	il ____	ils ____	nous ____
finir beenden	je ____	il ____	ils ____
vendre verkaufen	il ____	nous ____	ils ____

Der Indikativ (Zeiten der Vergangenheit)

3.1.3 Die unregelmäßigen Verben
Bei den unregelmäßigen Verben unterscheidet man drei Gruppen von Endungen:

Person	1. Endung [i] faire machen	2. Endung [y] boire trinken	3. Endung [ɛ̃] venir kommen
je	fis	bus	vins
tu	fis	bus	vins
il/elle/on	fit	but	vint
nous	fîmes	bûmes	vînmes
vous	fîtes	bûtes	vîntes
ils/elles	firent	burent	vinrent

Beachten Sie
zu 1. Die Endungen auf [i] gelten für die meisten unregelmäßigen Verben:
voir sehen → il vit, rire lachen → il rit, prendre nehmen → il prit usw.
zu 2. Die Endungen auf [y] gelten für die Verben auf -oir:
vouloir wollen → il voulut, savoir wissen → il sut, recevoir bekommen → il reçut usw.
Aber:
voir sehen → il vit
Die Endung [y] gilt ebenso für einige Verben auf -re:
lire lesen → il lut, croire glauben → il crut, vivre leben → il vécut, moudre mahlen → il moulut usw.
zu 3. Nach diesem Muster werden nur venir (kommen) und tenir (halten) sowie die von diesen beiden Verben abgeleiteten Verben (revenir wiederkommen → il revint, obtenir erreichen → il obtint usw.) konjugiert.

Test 3
Tragen Sie die jeweilige Verbform ein.

prendre nehmen	il _____	ils _____
faire machen	il _____	elles _____
voir sehen	il _____	ils _____
venir kommen	il _____	elles _____
vivre leben	il _____	ils _____
vouloir wollen	il _____	ils _____

Der Indikativ (Zeiten der Vergangenheit)

> **TIPP**
>
> In den Verbtabellen im ➡ **Anhang** sind für jedes Verb zwei passé-simple-Formen angegeben. Ausgehend von diesen beiden Formen können Sie dann die anderen bilden.

3.2 Gebrauch

Mit dem passé simple wird immer eine Geschichte erzählt. Deshalb wird es auch in ursprünglich mündlich vorgetragenen, formalisierten Erzählungen wie Märchen, Fabeln usw. ebenfalls verwendet.

Auf Entdeckung
Lesen Sie den Anfang dieses Märchens und lösen Sie dann die unten stehende Aufgabe. (➡ **Lösungen**)

> Il **était** une fois une mère ourse, bien grande et bien forte qui **vivait** au fond de la forêt. Elle **avait** deux oursons qu'elle **adorait**. (...) Un jour, elle **eut** faim, alors elle **annonça** à ses enfants ...
> Es war einmal eine ziemlich große und starke Bärenmutter, die im tiefen Wald wohnte. Sie hatte zwei Bärenkinder, die sie über alles liebte. (...) Eines Tages bekam sie Hunger und sprach zu ihren Kindern ...

Vervollständigen Sie die folgenden Aussagen.
1. In diesem Text treten zwei Zeiten der Vergangenheit auf: das _____ und das _____.
2. Der Rahmen für die Handlung wird mit dem _____ ausgedrückt.
3. Das neu eintretende Ereignis wird mit dem _____ eingeführt.
4. Mit dem _____ beginnt die eigentliche Handlung.

Beachten Sie
In Erzählungen wechseln sich passé simple und imparfait immer ab: Das passé simple stellt das Geschehen als punktuell einsetzend dar, während das imparfait den Handlungsrahmen beschreibt:
La conversation **était** très animée. Tout le monde **parlait**, personne n'**écoutait**. La porte s'**ouvrit**, le professeur se **dirigea** vers son bureau et tout le monde se **tut**. Die Unterhaltung war sehr lebhaft. Alle sprachen durcheinander, niemand hörte zu. Da öffnete sich die Tür, der Lehrer ging auf sein Pult zu und alles verstummte.

Der Indikativ (Zeiten der Vergangenheit)

3.2.1 Gegenüberstellung von imparfait und passé simple

Das imparfait wird verwendet für	Das passé simple wird verwendet für
1. Handlungen, die in ihrem Verlauf dargestellt werden (unvollendet): Ils **attendaient** devant la porte. Sie warteten vor der Tür.	1. Handlungen, die als abgeschlossen dargestellt werden: Ils **attendirent** 3 heures devant la porte. Sie warteten 3 Stunden vor der Tür.
2. Beschreibungen Le ciel **était** bleu, et la mer **était** calme. Der Himmel war blau und das Meer war ruhig.	2. plötzlich eintretende Ereignisse Le ciel était bleu, puis **se couvrit** tout à coup. Der Himmel war blau, dann bedeckte er sich plötzlich.
3. sich wiederholende Handlungen Il **avait** l'habitude de se lever tard. Il **faisait** son jogging, puis **prenait** un petit déjeuner copieux. Er stand gewöhnlich spät auf. Er joggte, dann frühstückte er üppig.	3. einmalige Handlungen Ce matin-là, il **se leva** tôt, **fit** un jogging et **prit** un petit déjeuner léger. An diesem Morgen stand er früh auf, joggte und nahm ein leichtes Frühstück zu sich.
4. gleichzeitig ablaufende Handlungen Elle **écoutait** de la musique et elle **lisait**. Sie hörte Musik und las.	4. aufeinander folgende Handlungen Il se **leva**, **prit** son manteau et **quitta** la pièce. Er stand auf, nahm seinen Mantel und verließ das Zimmer.

Beachten Sie
zu 1. Das imparfait wirkt statisch (Beschreibungen), das passé simple dynamisch (Handlungen). Dieser Aspektunterschied (andauernd vs. punktuell) wird im Deutschen in einigen Fällen mit unterschiedlichen Verben wiedergegeben:
Elle avait faim. Sie hatte Hunger. ↔ Elle eut faim. Sie bekam Hunger.
Il se taisait. Er schwieg. ↔ Il se tut. Er verstummte.
zu 2. Das passé simple hat eine punktuelle Bedeutung: ein (einzelnes) Ereignis tritt plötzlich ein. Deshalb wird das passé simple oft von Adverbialbestimmungen wie soudain / tout à coup plötzlich, ce jour-là an diesem Tag, à ce moment-là in diesem Augenblick begleitet.
– Das passé composé hat im heutigen Französisch alle Funktionen des passé simple übernommen:
Elle eut faim. → Elle **a eu** faim. Sie bekam Hunger.

Der Indikativ (Zeiten der Vergangenheit) 18

Test 4
Markieren Sie die richtige Aussage.
1. Nous (étions / fûmes) à table quand Pierre (arrivait / arriva). Wir saßen am Tisch, als Pierre kam.
2. Quand il (ouvrait / ouvrit) la porte, il (découvrait / découvrit) le désastre. Als er die Tür öffnete, entdeckte er das Desaster.
3. Il (essayait / essaya) une dernière fois. Er machte einen letzten Versuch.
4. Il (pleuvait / plut), le ciel (était / fut) tout gris. Es regnete, der Himmel war ganz grau.
5. Ils (se mariaient / se marièrent) et ils (avaient / eurent) beaucoup d'enfants. Sie heirateten und bekamen viele Kinder. (Schlussformel bei Märchen)
6. Il (pleuvait / plut) depuis des heures, ils (décidaient / décidèrent) alors de rester à la maison. Es regnete seit Stunden, so beschlossen sie, zu Hause zu bleiben.

3.2.2 Gegenüberstellung von passé composé und passé simple

- Sowohl das passé composé als auch das passé simple geben Vorgänge wieder, die sich in der Vergangenheit abgespielt haben und als abgeschlossen dargestellt werden:
  Il vida son verre, se leva et sortit. / Il a vidé son verre, s'est levé et il est sorti.
  Er leerte sein Glas, stand auf und ging.
- Das passé composé und das passé simple wechseln sich in Erzählungen mit dem imparfait ab:
  Elle était plongée dans sa lecture et elle ne l'entendit pas arriver. / Elle était plongée dans sa lecture et elle ne l'a pas entendu arriver. Sie war in ihre Lektüre vertieft und hörte ihn nicht kommen.

In den folgenden Fällen sind passé composé und passé simple nicht austauschbar:

Das passé composé	Das passé simple
– stellt einen Bezug zur Gegenwart des Erzählers her: Je n'ai jamais oublié ce qu'il m'a dit ce jour-là. Ich habe niemals vergessen, was er mir an diesem Tag gesagt hat.	– stellt keinen Bezug zur Gegenwart des Erzählers her: Il n'oublia jamais ce qu'il lui dit ce jour-là. Er vergaß niemals, was er ihm an diesem Tag sagte.
– steht in der direkten Rede: « Où es-tu allé, hier ? » „Wohin bist du gestern gegangen?"	– steht nur in Erzählungen, vor allem in der 3. Person: Il resta trois ans à Paris. Er blieb drei Jahre in Paris.

3 Das passé simple

18 Der Indikativ (Zeiten der Vergangenheit)

Beachten Sie
Passé composé und passé simple können nicht in einem Satz zusammen verwendet werden:
Il termina ses devoirs et il sortit. / Il a terminé ses devoirs et il est sorti. / ~~Il termina ses devoirs et il est sorti.~~ Er beendete seine Aufgaben und ging hinaus.

3.2.3 Gegenüberstellung von imparfait, passé simple und passé composé
In literarischen Texten treten imparfait, passé simple und passé composé zusammen auf. Jeder Zeit obliegt dann eine bestimmte Funktion, wie Sie an diesem kurzen Text feststellen können:
(Die Übersetzung des Textes steht unter der Tabelle).

L'ordinateur 3 **possédait** un écran plat géant et un clavier traditionnel. Logicielle **s'assit** dans le fauteuil et **trouva**, à hauteur de genou, le corps de l'appareil qui, comme la plupart des ordinateurs, **ressemblait** à une simple valise métallique. Sur sa façade, garnie de plusieurs tiroirs, **clignotaient** de nombreuses lampes témoins.	Das **imparfait** dient hier zur Beschreibung des Computers. Mit dem **passé simple** werden die aufeinander folgenden Handlungen eingeführt: die eigentliche Geschichte schreitet voran.
– Vous ne **l'avez** pas **débranché** ? demanda Logicielle. – Oh, nous n'**avons touché** à rien.	Das **passé composé** wird in einer Unterhaltung verwendet. Die Gesprächsstituation (1. und 2. Person) schließt das passé simple aus.

(aus L'ordinaTueur von Christian Grenier)

Der Computer 3 besaß einen großen Flachbildschirm und eine klassische Tastatur. Logicielle setzte sich in den Sessel und fand auf Kniehöhe den Rechner, der wie die meisten Computer einem einfachen Metallkoffer ähnelte. Auf der Vorderseite, auf der sich mehrere Schubladen befanden, blinkten zahlreiche Kontrolllampen.
– Haben Sie ihn nicht ausgeschaltet? fragte Logicielle.
– Oh, wir haben nichts angerührt.

Der Indikativ (Zeiten der Vergangenheit) 18

Auf den Punkt gebracht

1. (➧ **Was Sie vorab wissen sollten**)
Kreuzen Sie ja oder nein an.   ja   nein
1. Wie das imparfait antwortet das passé simple auf die Frage „Was war". ☐ ☐
2. Das passé simple wird niemals für Beschreibungen verwendet. ☐ ☐
3. Das passé simple gibt ein abgeschlossenes Ereignis wieder. ☐ ☐
4. Das passé simple kommt nicht mehr im gesprochenen Französisch vor. ☐ ☐

2. (➧ 3.1)
Kreuzen Sie ja oder nein an.   ja   nein
1. Die Endungen des passé simple sind für alle Verben gleich. ☐ ☐
2. Das passé simple wird hauptsächlich in der 3. Person gebraucht. ☐ ☐
3. Die 1. und 2. Person Plural haben einen accent circonflexe. ☐ ☐

3. (➧ 3.2.1)
Markieren Sie die richtige Aussage.
1. Das passé simple antwortet auf die Frage („Was war?" / „Was geschah?").
2. Das passé simple stellt das Geschehen als (andauernd / plötzlich eintretend) dar.
3. Das passé simple beschreibt die (Kulisse / Handlung).
4. Das passé simple ist (statischer / dynamischer) als das imparfait.

4. (➧ 3.2.2)
Markieren Sie die richtige Möglichkeit.
1. Das passé composé ersetzt im heutigen Französisch das (imparfait / passé simple).
2. Das passé composé und das passé simple schildern (abgeschlossene / nicht abgeschlossene) Vorgänge.
3. In der direkten Rede steht kein (passé simple / passé composé).
4. Das passé simple stellt (einen / keinen) Bezug zur Gegenwart des Sprechers her.

5. (➧ 3.2.3)
Kreuzen Sie ja oder nein an.   ja   nein
1. In literarischen Texten wechseln sich passé simple, passé composé und imparfait ab. ☐ ☐
2. Mit dem passé simple schreitet die Handlung voran. ☐ ☐
3. Das passé composé stellt die Kulisse dar. ☐ ☐
4. Für Beschreibungen wird das passé simple verwendet. ☐ ☐

18 Der Indikativ (Zeiten der Vergangenheit)

4 Das *plus-que-parfait* (Plusquamperfekt)

Was Sie vorab wissen sollten
- Das französische plus-que-parfait ist eine zusammengesetzte Zeit der Vergangenheit und wird weitgehend wie im Deutschen gebildet:
  Il avait bu. Er hatte getrunken.
- Wie alle zusammengesetzten Zeiten der Vergangenheit stellt das plus-que-parfait das Geschehen als abgeschlossen dar:
  Il **avait lu** longtemps puis s'**était endormi**. Er hatte lange gelesen und war dann eingeschlafen.

4.1 Formen

Das plus-que-parfait wird – ähnlich wie das deutsche Plusquamperfekt – mit dem imparfait von avoir (haben) oder être (sein) und dem Partizip Perfekt des jeweiligen Verbs gebildet.

Auf Entdeckung
Ergänzen Sie die Tabelle mit den Formen von avoir und être im imparfait. Sie erhalten dann einen Überblick über die Formen des plus-que-parfait.
(➡ **Lösungen**)

Person	**manger** essen	**partir** weggehen
j'	avais mangé	_____ parti(e)
tu	_____ mangé	étais parti(e)
il/elle/on	_____ mangé	_____ parti(e)
nous	_____ mangé	étions parti(e)s
vous	aviez mangé	_____ parti(e)(s)
ils/elles	_____ mangé	_____ parti(e)s

Für das plus-que-parfait gelten bezüglich Wahl und Angleichung des Partizip Perfekt die gleichen Regeln wie für das passé composé (➡ 1.3 und ➡ 1.4).

Test 1
Setzen Sie die Formen des plus-que-parfait in der zweiten Spalte ein.
J'ai travaillé longtemps. → J'**avais travaillé** longtemps.
Ich habe lange gearbeitet. → Ich hatte lange gearbeitet.
1. Nous avons déjà mangé. → Nous _____ déjà _____.
   Wir haben schon gegessen. → Wir hatten schon gegessen.

312 *4 Das **plus-que-parfait** (Plusquamperfekt)*

Der Indikativ (Zeiten der Vergangenheit) 18

2. Les invités sont partis. → Les invités _____ _____.
   Die Gäste sind gegangen. → Die Gäste waren gegangen.
3. Avez-vous appris votre leçon ? → _____-vous _____ votre leçon ?
   Haben Sie Ihre Lektion gelernt? → Hatten Sie Ihre Lektion gelernt?
4. Elle n'a rien compris. → Elle n' _____ rien _____.
   Sie hat nichts verstanden. → Sie hatte nichts verstanden.
5. Elles sont arrivées en retard. → Elles _____ _____ en retard.
   Sie sind zu spät gekommen. → Sie waren zu spät gekommen.

4.2 Gebrauch

Wie das imparfait wird das plus-que-parfait im Französischen sowohl temporal (➡ 4.2.1) als auch modal (➡ 4.2.2) verwendet.

4.2.1 Temporaler Gebrauch
– Wie das deutsche Plusquamperfekt bezeichnet das plus-que-parfait Vorgänge, die sich in der Vergangenheit vor anderen Vorgängen abgespielt haben (Vorzeitigkeit):
  Mes invités étaient partis, alors je suis allé me coucher. Meine Gäste waren abgereist, dann bin ich ins Bett gegangen.
– Das plus-que-parfait antwortet auf die Frage „Was war davor gewesen / geschehen?" und wird verwendet für

– abgeschlossene Vorgänge oder Zustände in der Vergangenheit.	Elle ne m'**avait** rien **dit**. Sie hatte mir nichts gesagt. La ville **avait** beaucoup **changé**. Die Stadt hatte sich sehr verändert.
– Geschehnisse, die sich vor anderen Vorgängen abgespielt haben (Vorzeitigkeit).	J'ai retrouvé le chapeau que j'**avais perdu** au marché. Ich habe den Hut wieder gefunden, den ich auf dem Markt **verloren hatte**.

Beachten Sie
Als Zeit der Vorzeitigkeit wird das plus-que-parfait in Verbindung mit dem imparfait, passé simple oder passé composé verwendet:
Elle **avait téléphoné**, mais je n'**étais** pas à la maison. Sie hatte angerufen, aber ich war nicht zu Hause.
Ils **avaient fini** de manger quand j'**arrivai** à la maison. / Ils **avaient fini** de manger quand je **suis arrivé** à la maison. Sie hatten fertig gegessen, als ich zu Hause ankam.

18 Der Indikativ (Zeiten der Vergangenheit)

Test 2
Setzen Sie die Verben in Klammern ins plus-que-parfait.
1. Il était de bonne humeur parce qu'il (réussir) _____ _____ son examen. Er war gut gelaunt, weil er seine Prüfung bestanden hatte.
2. Quand je suis arrivé, il (déjeuner) n'_____ pas encore _____. Als ich kam, hatte er noch nicht gegessen.
3. J'ai revu la maison où (passer) j'_____ _____ mon enfance. Ich habe das Haus wieder gesehen, wo ich meine Kindheit verbracht hatte.
4. Le cambrioleur (entrer) _____ _____ par la fenêtre. Der Einbrecher war durch das Fenster hereingekommen.
5. (commander) J'_____ _____ un thé, il m'a apporté un café. Ich hatte einen Tee bestellt, er hat mir einen Kaffee gebracht.
6. Il (pleuvoir) _____ _____ toute la matinée. Es hatte den ganzen Morgen geregnet.

4.2.2 Weitere Verwendung des plus-que-parfait
In den folgenden Fällen wird das plus-que-parfait nicht temporal, sondern modal verwendet:

– im si-Satz in Verbindung mit dem conditionnel passé (➡ Kapitel 22, Die Zeitenfolge, 4.2.2)	Si j'**avais su**, j'aurais téléphoné plus tôt. Wenn ich es gewusst hätte, hätte ich früher angerufen. S'il **avait pu**, il m'aurait aidé. Wenn er gekonnt hätte, hätte er mir geholfen.
– für höfliche Bitten (wie das imparfait)	J'**étais venu** vous demander un petit service. Ich wollte Sie um einen kleinen Gefallen bitten.
– zum Ausdruck des Bedauerns in einem Satz mit si	Ah, si j'**avais su** ! Ach, wenn ich das gewusst hätte!

Test 3
Um welchen Gebrauch des plus-que-parfait handelt es sich in den folgenden Sätzen? Tragen Sie den entsprechenden Buchstaben ein:
a. Vorzeitigkeit, b. Bedingungssatz, c. höfliche Bitte
1. Si j'avais été là, j'aurais dit quelque chose. Wäre ich da gewesen, hätte ich etwas gesagt. __
2. J'avais pourtant essayé le pull avant de l'acheter. Ich hatte doch den Pulli anprobiert, bevor ich ihn gekauft hatte. __
3. J'étais venu vous demander si vous pouviez me prêter une échelle. Ich wollte Sie fragen, ob Sie mir eine Leiter leihen könnten. __

Der Indikativ (Zeiten der Vergangenheit) 18

Auf den Punkt gebracht

1. (➞ 4.1)
Die Formen des plus-que-parfait lauten:

Person	trouver finden	sortir ausgehen
j'	_____ trouvé	_____ sorti(e)
tu	_____ trouvé	_____ sorti(e)
il/elle/on	_____ trouvé	_____ sorti(e)
nous	_____ trouvé	_____ sorti(e)s
vous	_____ trouvé	_____ sorti(e)(s)
ils/elles	_____ trouvé	_____ sorti(e)s

2. (➞ 4.2)
Kreuzen Sie ja oder nein an.
Das plus-que-parfait   ja   nein
1. drückt Vorgänge aus, die sich in der Vergangenheit vor
   anderen Vorgängen abgespielt haben.   ☐   ☐
2. wird ausschließlich temporal verwendet.   ☐   ☐
3. drückt eine Bedingung aus, die nicht mehr erfüllbar ist.   ☐   ☐
4. kann Bedauern ausdrücken.   ☐   ☐
5. drückt in Verbindung mit dem imparfait, passé simple oder
   passé composé Vorzeitigkeit aus.   ☐   ☐

18 Der Indikativ (Zeiten der Vergangenheit)

5 Das passé antérieur

Bevor Sie dieses Kapitel durcharbeiten, sollte Ihnen ➟ 3, das passé simple, vertraut sein.

Was Sie vorab wissen sollten
- Das passé antérieur ist eine zusammengesetzte Zeit der Vergangenheit, die im Deutschen keine Entsprechung hat und sehr selten verwendet wird:
  Il eût vite compris. Er hatte schnell verstanden.
- Wie das passé simple (➟ 3) wird das passé antérieur nur im gehobenen, meistens literarischen, Sprachgebrauch verwendet und kommt in der direkten Rede nicht mehr vor.
- Das passé antérieur bezeichnet eine Vorzeitigkeit in Bezug auf eine Handlung, die im passé simple wiedergegeben wird. Diese Handlung ist bereits abgeschlossen, wenn eine neue Handlung einsetzt, die mit dem passé simple wiedergegeben wird.
  Après qu'il **eût terminé** son discours, il se **leva** et **quitta** la salle. Nachdem er seine Rede beendet hatte, stand er auf und verließ den Saal.

5.1 Formen

Das passé antérieur wird gebildet mit dem passé simple von avoir (haben) oder être (sein) und dem Partizip Perfekt des entsprechenden Verbs.

Auf Entdeckung
Vervollständigen Sie die folgende Tabelle, indem Sie die entsprechenden Formen von être und avoir im passé simple einsetzen. Sie erhalten dann einen Überblick über die Formen des passé antérieur. (➟ **Lösungen**)

Person	manger essen	partir weggehen
je/j'	eus mangé	_____ parti(e)
tu	_____ mangé	fus parti(e)
il/elle/on	_____ mangé	_____ parti(e)
nous	_____ mangé	fûmes parti(e)s
vous	eûtes mangé	_____ parti(e)(s)
ils/elles	_____ mangé	_____ parti(e)s

Der Indikativ (Zeiten der Vergangenheit)

Beachten Sie
Für das passé antérieur gelten bezüglich Wahl und Angleichung des Partizip Perfekt die gleichen Regeln wie für alle zusammengesetzten Zeiten (⟹ 1.3 und ⟹ 1.4).

Test 1
Tragen Sie die entsprechende Form des passé antérieur ein.
j'ai demandé ich habe gefragt → j'eus demandé
1. nous avons dit wir haben gesagt → nous _____ _____
2. tu es arrivé du bist angekommen → tu _____ _____
3. ils ont pris sie haben genommen → ils _____ _____
4. vous êtes sortis Sie sind ausgegangen → vous _____ _____
5. elle a travaillé sie hat gearbeitet → elle _____ _____

5.2 Gebrauch

Das passé antérieur drückt eine Vorzeitigkeit in der Vergangenheit aus. Es bezeichnet abgeschlossene Vorgänge, die sich unmittelbar vor anderen abgeschlossenen Vorgängen abgespielt haben:
Après qu'il **eut vidé** son verre, il se **sentit** mieux. Nachdem er sein Glas **geleert hatte**, **fühlte** er sich besser.

5.2.1 Das passé antérieur im Hauptsatz
Im Hauptsatz wird das passé antérieur nur in Verbindung mit einer Zeitangabe wie en un instant / en un rien de temps (im Nu), vite (schnell) verwendet, die zum Ausdruck bringt, dass die Handlung sich schnell vollzogen hat:
On l'**eut** vite **remplacé**. Schnell hatte man Ersatz für ihn gefunden.
A peine **eut**-il **prononcé** ces mots qu'il le regretta. Kaum hatte er diese Worte gesprochen, bereute er es schon.

5.2.2 Das passé antérieur in Nebensätzen
Das passé antérieur wird ausschließlich in temporalen Nebensätzen verwendet, die mit quand / lorsque (wenn / als), dès que / aussitôt que (sobald), après que (nachdem) eingeleitet werden. Das Verb im Hauptsatz steht dann im passé simple:
Dès qu'il **eut mangé**, il **alla** dans sa chambre. Sobald er fertig gegessen hatte, ging er in sein Zimmer.
Après qu'il **fut parti**, elle **alla** se coucher. Nachdem er weggegangen war, ging sie ins Bett.

18 Der Indikativ (Zeiten der Vergangenheit)

Beachten Sie
Im gesprochenen und geschriebenen Standardfranzösisch werden passé antérieur und passé simple durch folgenden Konstruktionen ersetzt:
- Präpositionalgruppe
  Après qu'il **fut parti**, elle téléphona à la police. Nachdem er weggegangen war, rief sie die Polizei an. → **Après son départ**, elle a téléphoné ...
- Infinitivkonstruktion (bei Subjektgleichheit)
  Après qu'il **eut appris** ses résultats, il téléphona à ses parents. Nachdem er seine Ergebnisse erfahren hatte, rief er seine Eltern an. → **Après avoir appris** ses résultats ...
- Passé surcomposé (➠ 6)
  Quand il **eut** tout **dit**, il se sentit mieux. Als er alles gesagt hatte, fühlte er sich besser. → Quand il **a eu** tout **dit**, il s'est senti mieux. Als er alles gesagt hatte ...

5.2.3 Gegenüberstellung von passé antérieur und plus-que-parfait
- Das passé antérieur bezeichnet punktuelle, abgeschlossene Vorgänge.
  Quand il **eut déjeuné**, il fit le tour du lac. Als er mit dem Mittagessen fertig war, machte er einen Spaziergang um den See.
- Das plus-que-parfait (➠ 4.2.1) bezeichnet sich wiederholende Vorgänge.
  Quand il **avait déjeuné**, il faisait le tour du lac. Wenn er mit dem Mittagessen fertig war, machte er (gewöhnlich) einen Spaziergang um den See.

 Test 2
Setzen Sie das in Klammern stehende Verb ins passé antérieur.
Beispiel: (partir) Dès que le Prince fut parti, la méchante Reine envoya sa belle-fille dans la forêt. Sobald der Prinz weggegangen war, schickte die böse Königin ihre Stieftochter in den Wald.
1. (dépenser) Lorsqu'il _____ _____ son argent, il chercha de nouveau du travail. Als er sein Geld ausgegeben hatte, suchte er wieder Arbeit.
2. (comprendre) Quand ils _____ enfin _____, ils se mirent à rire. Als sie es endlich verstanden hatten, fingen sie an zu lachen.
3. (apercevoir) Dès qu'il _____ _____ cette femme, il l'aima. In dem Moment, als er diese Frau gesehen hatte, liebte er sie.
4. (téléphoner) Après qu'il _____ _____, il alla se coucher. Nachdem er angerufen hatte, ging er zu Bett.

Der Indikativ (Zeiten der Vergangenheit) 18

Auf den Punkt gebracht

1. (➡ 5.1)
Die Formen des passé antérieur lauten:

Person	parler sprechen	rester bleiben
je/j'	eus parlé	_____ parti(e)
tu	_____ parlé	fus parti(e)
il/elle/on	_____ parlé	_____ parti(e)
nous	_____ parlé	fûmes parti(e)s
vous	eûtes parlé	_____ parti(e)(s)
ils/elles	_____ parlé	_____ parti(e)s

2. (➡ 5.2)
Stimmen die folgenden Aussagen? Kreuzen Sie ja oder nein an.
Das passé antérieur   ja nein
1. entspricht dem deutschen Perfekt.   ☐   ☐
2. hat im Deutschen keine Entsprechung.   ☐   ☐
3. wird nur im gehobenen Sprachgebrauch verwendet.   ☐   ☐
4. bezeichnet abgeschlossene Vorgänge in der Vergangenheit.   ☐   ☐
5. kann in allen Nebensätzen vorkommen.   ☐   ☐
6. kommt sowohl in Haupt- als auch in Nebensätzen vor.   ☐   ☐
7. drückt in temporalen Nebensätzen Vorzeitigkeit aus.   ☐   ☐
8. wird im Alltagsfranzösisch durch andere Konstruktionen ersetzt. ☐ ☐

18 Der Indikativ (Zeiten der Vergangenheit)

6 Das *passé surcomposé*

Das passé surcomposé kommt fast nur im gesprochenen Französisch vor, als Ersatz für das passé antérieur (➡ 5):
Quand il **a eu dit** cela, il s'est rassis. Nachdem er das gesagt hatte, setzte er sich wieder hin.

6.1 Formen

Das passé surcomposé wird mit dem passé composé von avoir (haben) oder être (sein) und dem Partizip Perfekt des entsprechenden Verbs gebildet. Es stehen also zwei Partizip Perfekt nebeneinander:
Après qu'il **a eu parlé**, tout le monde a applaudi. Nachdem er gesprochen hatte, haben alle Beifall geklatscht.
Quand tu **as été parti**, j'ai commencé à ranger. Als du weggegangen warst, habe ich angefangen aufzuräumen.

Die folgende Tabelle gibt Ihnen einen Überblick über die Formen des passé surcomposé:

Person	manger essen	partir weggehen
j'	ai eu mangé	ai été parti(e)
tu	as eu mangé	as été parti(e)
il/elle/on	a eu mangé	a été parti(e)
nous	avons eu mangé	avons été parti(e)s
vous	avez eu mangé	avez été parti(e)(s)
ils/elles	ont eu mangé	ont été parti(e)s

6.2 Gebrauch

Das passé surcomposé steht nur in temporalen Nebensätzen. Wie das passé antérieur drückt es eine Vorzeitigkeit aus:
Dès que j'**ai eu terminé**, je suis sorti. Sobald ich fertig (geworden) war, ging ich weg.

Der Indikativ (Zeiten der Vergangenheit) 18

Test 1
Schreiben Sie neben die Formen des passé antérieur die entsprechenden Formen des passé surcomposé.

Quand elle eut traversé la rue, … Als sie die Straße überquert hatte, …
→ Quand elle ___ ___ _____ la rue, …
1. Quand il m'eut vu, … Als er mich gesehen hatte, …
   → Quand il m'___ ___ _____, …
2. Après que j'eus mangé, … Nachdem ich gegessen hatte, …
   → Après que j'___ ___ _____, …
3. Dès qu'il fut arrivé, … Sobald er angekommen war, …
   → Dès qu'il ___ ___ _____, …
4. Quand nous eûmes demandé, … Als wir gefragt hatten, …
   → Quand nous ___ ___ _____, …

Auf den Punkt gebracht

1. (➭ 6.1)
Markieren Sie die richtige Möglichkeit.
1. Das passé surcomposé wird hauptsächlich im (geschriebenen / gesprochenen) Französisch verwendet.
2. Das passé surcomposé ist eine zusammengesetzte Zeit mit (einem / zwei) Partizip/-ien Perfekt.
3. Das passé surcomposé ersetzt in der Alltagssprache das (plus-que-parfait / passé antérieur).

2. (➭ 6.2)
Kreuzen Sie ja oder nein an.

Das passé surcomposé	ja	nein
1. drückt eine Gleichzeitigkeit aus.	☐	☐
2. drückt eine Vorzeitigkeit aus.	☐	☐
3. steht ausschließlich in Hauptsätzen.	☐	☐
4. steht ausschließlich in temporalen Nebensätzen.	☐	☐

19 Das conditionnel

Was Sie vorab wissen sollten

– Das conditionnel wird im Französischen sowohl als Modus als auch als Zeit verwendet (➟ **Einführung, Das Verb und seine Ergänzungen**):
In modaler Funktion drückt das conditionnel (wie der deutsche Konjunktiv II) aus, dass der Sprecher sich von seiner Aussage mehr oder weniger distanziert. Das Geschehen wird als möglich (nicht real) dargestellt:
Auriez-vous l'amabilité d'ouvrir la fenêtre ? Wären Sie so freundlich, das Fenster zu öffnen?
Temporal verwendet, bezeichnet es eine von der Vergangenheit aus gesehen zukünftige Handlung:
Je croyais qu'il viendrait. Ich dachte, er werde / würde kommen.
– Das conditionnel hat zwei Zeiten:
1. das conditionnel I (présent): je parlerais ich würde sprechen
2. das conditionnel II (passé): j'aurais parlé ich hätte gesprochen.

TIPP

Conditionnel und futur haben viele Gemeinsamkeiten: Wenn Sie ➟ **Kapitel 17, Der Indikativ (Futur)** kennen, wird Ihnen in diesem Kapitel vieles bereits bekannt vorkommen.

---

1 Das *conditionnel I*

Das conditionnel I setzt sich aus dem Futur-Stamm (➟ **Kapitel 17, Der Indikativ [Futur]**, 1.1.2, 1.1.3 und 1.1.4) und den imparfait-Endungen zusammen.

1.1 Regelmäßige Formen

Wie beim Futur werden die regelmäßigen Formen des conditionnel I aus dem Infinitiv abgeleitet:
Verben auf -er: parler → je parler-ais ich würde sprechen
Verben auf -ir: finir → je finir-ais ich würde beenden
Verben auf -re: prendre (ohne -e) → je prendr-ais ich würde nehmen.

Beachten Sie
Der Stamm des Futur I ist mit dem Stamm des conditionnel I identisch. Charakteristisch für Futur und conditionnel ist das -r, das im Stamm immer vorhanden ist.

Das conditionnel 19

Auf Entdeckung
Wenn Sie die imparfait-Endungen kennen (**Kapitel 18, Der Indikativ [Zeiten der Vergangenheit]**, 2.1.1), können Sie problemlos diese Tabelle vervollständigen. Sie erhalten dann einen Überblick über die regelmäßigen Formen des conditionnel I. Tragen Sie anschließend die conditionnel-Endungen in die rechte Spalte ein. (**Lösungen**)

Person	arriver ankommen	finir beenden	prendre nehmen	Endung
je/j'	arriverais	finir___	prendr___	___
tu	arriver___	finir___	prendrais	___
il/elle/on	arriverait	finirait	prendr___	___
nous	arriverions	finir___	prendrions	___
vous	arriver___	finiriez	prendr___	___
ils/elles	arriver___	finir___	prendr___	___

Beachten Sie
- Diese Endungen gelten für alle Verben, auch für die unregelmäßigen.
- Bei den Verben auf -ier, -uer, -éer und -ouer wird das geschriebene -e nicht gesprochen:
  crier → je crierais [ʒə kʀiʀɛ] ich würde schreien
  évaluer → j'évaluerais [ʒevalyʀɛ] ich werde (ein-/ab-)schätzen
  créer → nous créerions [nu kʀeʀjɔ̃] wir würden kreieren
  avouer → il avouerait [il avuʀɛ] er würde gestehen
- Die 1. Person Singular von Futur und conditionnel unterscheidet sich in der Aussprache nur durch den Laut [e] und [ɛ] am Ende:
  je parlerai [ʒə paʀləʀe] ich werde singen
  je parlerais [ʒə paʀləʀɛ] ich würde singen.
  Da in vielen Gegenden Frankreichs die Laute [e] und [ɛ] nicht mehr unterschiedlich gesprochen werden, sind beide Formen leicht zu verwechseln.

Test 1
Setzen Sie die fehlenden conditionnel-Endungen ein.
1. tu regarder___ du würdest schauen
2. il arriver___ er würde ankommen
3. nous choisir___ wir würden aussuchen
4. je préférer___ ich würde vorziehen
5. ils répondr___ sie würden antworten
6. vous chanter___ ihr würdet / Sie würden singen

19 Das conditionnel

1.2 Unregelmäßige Formen

Es treten dieselben Besonderheiten wie beim Futur auf (➡ **Kapitel 17, Der Indikativ [Futur], 1.1.3 und 1.1.4**).

1.2.1 Unregelmäßige Formen bei den unregelmäßigen Verben
Die unregelmäßigen Verben haben denselben unregelmäßigen Stamm wie beim Futur I.

Auf Entdeckung
Ausgehend von der hier angegebenen Form des conditionnel können Sie den Stamm der gebräuchlichsten unregelmäßigen Verben des Französischen ableiten. Schreiben Sie ihn anschließend in die mittlere Spalte. (➡ **Lösungen**)

Infinitiv →	Stamm	conditionnel
être sein	ser-	→ je serais ich wäre
avoir haben	____-	→ nous aurions wir hätten
aller gehen	____-	→ j'irais ich würde gehen
faire machen	____-	→ vous feriez ihr würdet / Sie würden machen
venir kommen	____-	→ elle viendrait sie würde kommen
pouvoir können	____-	→ je pourrais ich könnte
devoir müssen / sollen	____-	→ ils devraient sie müssten / sollten
vouloir wollen	____-	→ je voudrais ich möchte

Beachten Sie
Weitere unregelmäßige Formen finden Sie in den Verbtabellen im ➡ **Anhang**.

Test 2
Vervollständigen Sie die folgenden Sätze mit den Formen des conditionnel I.
1. S'il faisait beau, j'_____ à la plage. Wenn das Wetter schön wäre, würde ich an den Strand gehen.
2. Qu'est-ce que tu _____ à ma place ? Was würdest du an meiner Stelle tun?
3. _____-vous m'aider, s'il vous plaît ? Könnten Sie mir bitte helfen?
4. Il m'a demandé si je _____ à sa fête. Er hat mich gefragt, ob ich zu seinem Fest käme.

Das conditionnel

5. Elle savait qu'elle _____ célèbre un jour. Sie wusste, dass sie eines Tages berühmt würde.
6. Tu _____ fumer moins. Du solltest weniger rauchen.
7. Je _____ un café, s'il vous plaît. Ich möchte einen Kaffee, bitte.
8. _____-vous le temps de passer demain ? Hätten Sie Zeit, morgen vorbeizukommen?

1.2.2 Besonderheiten bei den Verben auf -er
Bei den folgenden Verben wird das conditionnel I aus der 1. Person Singular Präsens + -r gebildet:

Infinitiv	1. Person Präsens + -r →	conditionnel
Verben auf -ayer: essayer versuchen -oyer: nettoyer reinigen -uyer: appuyer drücken	j'essaie / essaye je nettoie j'appuie	j'essaierais / essayerais je nettoierais j'appuierais
Verben wie acheter kaufen se lever aufstehen (mit Hinzufügung eines accent grave)	j'achète je me lève	j'achèterais je me lèverais
appeler rufen jeter wegwerfen	j'appelle je jette	j'appellerais je jetterais

Beachten Sie
– Eine ausführlichere Beschreibung dieser Verben finden Sie in ➡ **Kapitel 16, Der Indikativ (Präsens), 1.5.2** und **1.5.3**.
– Bei Verben wie préférer (bevorzugen) und espérer (hoffen) wird der accent aigu [ε] gesprochen: je préférerais [ʒə pʀefɛʀ(ə)ʀɛ], j'espérerais [ʒɛspɛʀəʀɛ] (siehe auch ➡ **Kapitel 2, Die Schreibung, Und wenn Sie noch neugierig sind …**).

Test 3

Vervollständigen Sie die folgenden Sätze mit den Formen des conditionnel I der in Klammern angegebenen Verben.
1. (emmener) Si j'avais la voiture, je t'_____ à la gare. Wenn ich das Auto hätte, würde ich dich zum Bahnhof mitnehmen.
2. (essayer) A ta place, j'_____ de téléphoner. An deiner Stelle würde ich versuchen zu telefonieren.
3. (préférer) Si j'avais le choix, je _____ partir tout de suite. Wenn ich die Wahl hätte, würde ich lieber gleich weggehen.

19 Das conditionnel

4. (appeler) Si j'avais un chien, je l'_____ Max. Wenn ich einen Hund hätte, würde ich ihn Max nennen.

1.3 Gebrauch

Das conditionnel I bezeichnet Vorgänge, die eintreten könnten oder nicht. In vielen Fällen wird es wie der deutsche Konjunktiv II verwendet (Punkt 1–4 in der unten stehenden Tabelle).

Das conditionnel I wird verwendet

1. zur höflichen Formulierung von Wünschen, Vorschlägen, Bitten, Vorwürfen, meist in Verbindung mit den Modalverben pouvoir (können) und devoir (müssen).	**J'aimerais** tellement y aller ! Ich **würde** so gern **hingehen**! On **devrait** inviter Anne. Wir **sollten** Anne einladen. **Pourriez**-vous m'ouvrir, s.v.p. ? **Könnten** Sie mir bitte aufmachen? Tu **devrais** faire plus de sport. Du **solltest** mehr Sport **treiben**.
2. für imaginiertes Geschehen (auch bei Rollenspielen).	Qu'est-ce que tu **ferais** à ma place ? Was **würdest** du an meiner Stelle **tun**? Je **serais** le roi, tu **serais** la reine. Ich **wäre** der König, du **wärst** die Königin.
3. im Hauptsatz in Verbindung mit einem Bedingungssatz.	S'il pleuvait, nous **resterions** ici. Sollte es regnen, **würden** wir hier **bleiben**.
4. in der indirekten Rede als „Futur der Vergangenheit" bei Vorgängen, die von der Vergangenheit aus gesehen in der Zukunft liegen (Ausdruck der Vorzeitigkeit).	Je savais qu'il **dirait** oui. Ich wusste, dass er ja **sagen würde**. Elle a dit qu'elle le **ferait**. Sie hat gesagt, dass sie es **machen würde**.
5. bei Vermutungen oder nicht bestätigten Informationen (oft in den Nachrichten).	Trois otages **seraient** entre les mains des gangsters. Drei Geiseln sind angeblich in der Gewalt der Gangster.
6. in einigen festen Wendungen.	On **dirait** qu'il va pleuvoir. Es sieht nach Regen aus. Tu **ferais mieux** de te taire. Du **solltest** lieber schweigen.

Das conditionnel 19

Beachten Sie

zu 3. In dem Nebensatz, der die Bedingung einführt (si-Satz), steht das imparfait. Das conditionnel steht nur im Hauptsatz und benennt die Folgen (nicht die Bedingungen):
Si tu travaillais moins, tu **serais** moins stressé. Wenn du weniger arbeiten würdest, **wärst** du weniger gestresst.
Zur Zeitenfolge im Bedingungssatz ➧ **Kapitel 22, Die Zeitenfolge, 4.**

zu 4. Als „Futur der Vergangenheit" ersetzt das conditionnel I in der indirekten Rede ein Futur I der direkten Rede, wenn das Verb, das die indirekte Rede einleitet, in einer Zeit der Vergangenheit steht:
Je **savais** qu'il **viendrait**. Ich **wusste**, er **würde kommen**.
Eine genaue Darstellung der Zeitenfolge in der indirekten Rede finden Sie in ➧ **Kapitel 22, Die Zeitenfolge, 3.**

Test 4
Wie wird das conditionnel I in den folgenden Sätzen gebraucht:
Futur in der Vergangenheit (F), höfliche Bitte / Aufforderung (B), Distanzierung vom Gesagten (D) oder imaginiertes Geschehen (I)?
1. Pourriez-vous me passer le sel ? Könnten Sie mir das Salz reichen? ___
2. Elle a dit qu'elle viendrait ce soir. Sie hat gesagt, sie komme heute Abend. ___
3. Le train devrait arriver dans quelques minutes. Der Zug müsste in einigen Minuten da sein. ___
4. Si je ratais mon examen, j'arrêterais tout. Wenn ich mein Examen nicht bestehen würde, würde ich mit allem aufhören. ___

TIPP

Bevor Sie den nächsten Abschnitt lesen, sollten Sie ➧ **Kapitel 18, Der Indikativ (Zeiten der Vergangenheit), 1** kennen. Wenn Sie erst angefangen haben Französisch zu lernen, können Sie vorläufig hier mit der Erarbeitung dieses Kapitels abschließen und zu den Kontrollaufgaben gehen.

---

19 Das conditionnel

2 Das conditionnel II

Das conditionnel II ist die dem conditionnel I entsprechende zusammengesetzte Zeit.

2.1 Die Formen

Das conditionnel II wird gebildet aus
- einem Hilfsverb: être (sein) oder avoir (haben) im conditionnel I
- dem Partizip Perfekt des entsprechenden Verbs:
  faire machen → j'aurais fait ich hätte gemacht
  aller gehen → je serais allé/-e ich wäre gegangen.

Auf Entdeckung
Ergänzen Sie die Tabelle mit den fehlenden Formen von avoir und être im conditionnel I. Sie erhalten dann einen Überblick über die Formen des conditionnel II.

Person	dire sagen		rester bleiben	
j'/je	aurais	dit	_____	resté(e)
tu	_____	dit	serais	resté(e)
il/elle/on	aurait	dit	_____	resté(e)
nous	_____	dit	serions	resté(e)s
vous	auriez	dit	_____	resté(e)(s)
ils/elles	_____	dit	seraient	resté(e)s

Beachten Sie
Für das conditionnel II gelten bezüglich Wahl und Angleichung des Partizip Perfekt die gleichen Regeln wie für das passé composé (➡ **Kapitel 18, Der Indikativ [Zeiten der Vergangenheit], 1.3 und 1.4**).

Test 5
Setzen Sie die Formen des conditionnel II ein, so wie im Beispiel:
J'ai dormi longtemps. Ich habe lange geschlafen.
  → J'**aurais dormi** longtemps. Ich **hätte** lange **geschlafen**.
1. Nous avons compris. Wir haben verstanden.
   → Nous _____ _____. Wir hätten verstanden.
2. Tu es arrivé à l'heure. Du bist pünktlich gekommen.
   → Tu _____ _____ à l'heure. Du wärst pünktlich gekommen.

Das conditionnel

3. Ils ont été malades. Sie sind krank gewesen.
   → Ils _____ _____ malades. Sie wären krank gewesen.
4. Je n'ai rien fait. Ich habe nichts gemacht.
   → Je n'_____ rien _____. Ich hätte nichts gemacht.

2.2 Gebrauch

Das conditionnel II drückt Handlungen und Ereignisse aus, die in der Vergangenheit hätten eintreten können, aber nicht eingetreten sind:
Tu aurais dû m'écouter. Du hättest auf mich hören sollen.
Ähnlich wie das conditionnel I wird das conditionnel II verwendet

1.	bei Wünschen, die nicht mehr in Erfüllung gehen können, in Verbindung mit Modalverben (Bedauern).	J'aurais tellement voulu devenir célèbre ! Ich wäre so gern berühmt geworden!
2.	zur Formulierung von Vorwürfen in Verbindung mit Modalverben.	Tu aurais dû y penser plus tôt. Du hättest früher daran denken müssen. Tu aurais pu me prévenir ! Du hättest mir Bescheid sagen können!
3.	im Hauptsatz, in Verbindung mit einer Bedingung, die nicht mehr erfüllt werden kann (irreale Bedingungssätze).	Je serais venu aussitôt si tu avais téléphoné. Ich wäre sofort gekommen, wenn du angerufen hättest.
4.	in der indirekten Rede als „Futur der Vergangenheit" für Geschehnisse, die von einem Zeitpunkt der Vergangenheit aus als abgeschlossen gesehen werden (Ausdruck der Vorzeitigkeit).	Il a dit qu'il viendrait dès qu'il aurait fini son travail. Er hat gesagt, dass er käme, sobald er seine Arbeit beendet hätte. Je pensais que tu aurais fini avant ce soir. Ich dachte, dass du vor heute Abend fertig geworden wärst.
5.	bei Vermutungen oder nicht bestätigten Informationen (Distanzierung).	L'attentat n'aurait causé que des dégâts matériels. Das Attentat soll nur Sachschaden verursacht haben.

Beachten Sie
zu 1. In der indirekten Rede ersetzt das conditionnel II ein Futur II der direkten Rede (➞ Kapitel 22, Die Zeitenfolge, 3):

19 Das conditionnel

Direkte Rede: Il a dit : « J'**aurai fini** avant six heures. » Er hat gesagt: „Ich **werde** vor 6 Uhr fertig **sein**."
Indirekte Rede: Il a dit qu'il **aurait fini** avant six heures. Er hat gesagt, dass er vor 6 Uhr fertig **sei / wäre**.
Beide Zeiten stellen das Geschehen als abgeschlossen dar.

zu 2. In dem Nebensatz, der die Bedingung einführt, steht das Plusquamperfekt (➡ **Kapitel 18, Der Indikativ [Zeiten der Vergangenheit]**, 4): Si tu m'**avais prévenu**, je **serais venu** te chercher à la gare. Wenn du mir Bescheid **gesagt hättest**, **hätte** ich dich vom Bahnhof **abgeholt**.

 Test 6

Conditionnel I oder conditionnel II? Markieren Sie die richtige Möglichkeit.
1. Il a dit qu'il (rentrerait / serait rentré) tard. Er hat gesagt, dass er spät nach Hause käme.
2. Tu (devrais / aurais dû) me le dire. Du hättest es mir sagen müssen.
3. Si je gagnais au loto, (j'achèterais / j'aurais acheté) une grande maison. Wenn ich im Lotto gewinnen würde, würde ich ein großes Haus kaufen.
4. (J'aimerais / J'aurais aimé) le revoir. Ich hätte ihn gern wiedergesehen.
5. S'il avait su, il ne (viendrait pas / serait pas venu). Wenn er das gewusst hätte, wäre er nicht gekommen.
6. D'après nos informations, il (consommerait / aurait consommé) de la drogue. Nach unseren Informationen soll er Drogen genommen haben.

Auf den Punkt gebracht

1. (➡ 1.1)
Markieren Sie die richtige Aussage.
1. Conditionnel I und Futur haben (identische / unterschiedliche) Stämme.
2. Die Endungen des conditionnel I sind die Endungen des (Präsens / imparfait).
3. Die Endungen sind bei den unregelmäßigen und regelmäßigen Verben (identisch / unterschiedlich).

2. (➡ 1.2)
Tragen Sie die 1. Person Singular des conditionnel I ein.
Beispiel: avoir haben → J'aurais le temps. Ich hätte Zeit.
1. être sein → Je _____ heureux. Ich wäre glücklich.
2. venir kommen → Je _____ sûrement. Ich würde sicher kommen.
3. aller gehen → J' _____ ailleurs. Ich würde andersohin gehen.
4. faire machen → Je _____ des économies. Ich würde sparen.

Das conditionnel 19

5. pouvoir können → Je _____ finir. Ich könnte fertig werden.
6. devoir müssen → Je _____ revenir. Ich müsste wiederkommen.
7. s'ennuyer sich langweilen → Je m'_____. Ich würde mich langweilen.
8. se lever aufstehen → Je me _____ tard. Ich würde spät aufstehen.
9. essayer versuchen → J'_____. Ich würde es versuchen.

3. (🕮 1.3)
Kreuzen Sie ja oder nein an. Das conditionnel I   ja   nein
1. drückt die Distanzierung des Sprechenden zum Gesagten aus. ☐ ☐
2. steht im si-Satz und drückt eine Bedingung aus. ☐ ☐
3. wird im Hauptsatz in Verbindung mit einer Bedingung verwendet: Das Verb im Nebensatz steht dabei im imparfait. ☐ ☐
4. entspricht in der indirekten Rede einem Futur in der direkten Rede. ☐ ☐
5. drückt höflich Wünsche, Bitten und Vorschläge aus. ☐ ☐

4. (🕮 2.1)
Die Formen des conditionnel II lauten:

Person	prendre nehmen	partir weggehen
j'/je	aurais pris	_____ parti(e)
tu	_____ pris	serais parti(e)
il/elle/on	aurait pris	_____ parti(e)
nous	_____ pris	serions parti(e)s
vous	auriez pris	_____ parti(e)(s)
ils/elles	_____ pris	seraient parti(e)s

5. (🕮 2.2)
Kreuzen Sie ja oder nein an. Das conditionnel II wird verwendet   ja   nein
1. zum Ausdruck einer zukünftigen Möglichkeit. ☐ ☐
2. bei nicht bestätigten Informationen. ☐ ☐
3. in einem si-Satz in Verbindung mit dem Plusquamperfekt. ☐ ☐
4. zum Ausdruck eines nicht erfüllten Wunsches oder von Bedauern. ☐ ☐
6. mit einem Modalverb zur Formulierung von Vorwürfen. ☐ ☐

20 Der subjonctif

Was Sie vorab wissen sollten

- Im Gegensatz zum Indikativ (➡ **Einführung, Das Verb und seine Ergänzungen**), der ein Geschehen als objektiv-real beschreibt, ist der subjonctif im Französischen subjektiv, emotional-affektiv: Das Geschehen wird als gedacht, möglich oder wünschenswert dargestellt.
  Indikativ: Je suis sûr qu'il **vient**. Ich bin sicher, dass er kommt.
  Subjonctif: Je doute qu'il **vienne**. Ich bezweifle, dass er kommt.
- Der subjonctif wird hauptsächlich in Nebensätzen verwendet.
- Der subjonctif entspricht nicht dem deutschen Konjunktiv: Der deutsche Konjunktiv I wird hauptsächlich in der indirekten Rede verwendet (Er sagte, er **sei** Professor.), während der Konjunktiv II dem französischen conditionnel I entspricht (Er **wäre** gern Professor. Il **aimerait** être professeur d'université.)
- Der subjonctif hat vier Zeiten:
  - zwei einfache Zeiten: subjonctif présent und subjonctif imparfait
  - zwei zusammengesetzte Zeiten: subjonctif passé und subjonctif plus-que-parfait.
- Der Gebrauch des subjonctif hängt von der Haltung des Sprechenden gegenüber dem im Nebensatz ausgedrückten Geschehen ab. Diese Haltung wird in der Regel durch so genannte „subjonctif-Auslöser", d. h. Verben, Ausdrücke oder Konjunktionen, die den subjonctif erfordern, besonders deutlich gemacht (➡ 2).

TIPP

Weil dem subjonctif in der Regel die Konjunktion que vorangeht, steht bei den Beispielen und in den Verbtabellen im ➡ **Anhang** immer que vor der subjonctif-Form.

---

1 Die Formen des *subjonctif*

Von den vier Zeiten des subjonctif werden im heutigen Alltagsfranzösisch nur noch zwei verwendet: der subjonctif présent und der subjonctif passé.

1.1 Der subjonctif présent

Der subjonctif présent der meisten Verben wird regelmäßig gebildet. Unregelmäßige Formen finden Sie in den Abschnitten ➡ **1.1.2** und ➡ **1.1.3**.

Der subjonctif 20

1.1.1 Regelmäßige Formen
- Die subjonctif-Endungen werden an den Stamm der 3. Person Plural
  (ils/elles sie) des Indikativ Präsens angehängt:
  parler sprechen → ils/elles **parl**-ent → que je **parle**
  attendre warten → ils/elles **attend**ent → que j'**attende**
  dormir schlafen → ils/elles **dorm**-ent → que je **dorme**
- Diese Endungen gelten für alle Verben, außer être und avoir (➥ 1.1.1).

Auf Entdeckung
Anhand der folgenden Konjugationstabelle tragen Sie die Endungen des subjonctif présent in die dafür vorgesehene Spalte ein. (➥ **Lösungen**)

Person	ils parl-ent sie sprechen	ils finiss-ent sie beenden	Endung
que je	parle	finisse	-____
que tu	parles	finisses	-____
qu'il/elle/on	parle	finisse	-____
que nous	parlions	finissions	-____
que vous	parliez	finissiez	-____
qu'ils/elles	parlent	finissent	-____

Beachten Sie
- Die Formen des subjonctif sind zum Teil mit denen des Indikativs identisch. Die 1. und 2. Person Singular und die 3. Person Singular und Plural sind bei den Verben auf -er identisch mit den Formen des Indikativ Präsens:
  je parle ich spreche → que je parle
  tu parles du sprichst → que tu parles
  il parle er spricht → qu'il parle
  ils/elles parlent sie sprechen → qu'ils/elles parlent
  Die 1. und 2. Person Plural sind dagegen mit den imparfait-Formen identisch:
  nous **parlions** wir sprachen → que nous **parlions**
  vous **habitiez** wir wohnten → que vous **habitiez**
- Das i der Endung der 1. und 2. Person Plural wird geschrieben, auch wenn es nicht hörbar ist:
  crier schreien → que nous criions [kʀiɔ̃]
  payer gewinnen → que vous payiez [peje]
- Verben mit Stammwechsel im Indikativ Präsens (➥ **Kapitel 16, Der Indikativ [Präsens], 1.4 und 1.5**) haben auch im subjonctif zwei Stammformen:

20 Der subjonctif

Person	nous venons wir kommen ils viennent sie kommen	nous achetons wir kaufen ils achètent sie kaufen
que je/j'	vienne	achète
que tu	viennes	achètes
qu'il/elle/on	vienne	achète
que nous	venions	achetions
que vous	veniez	achetiez
qu'ils/elles	viennent	achètent

Test 1
Bilden Sie die passende Form des subjonctif présent der folgenden Verben.
1. rester bleiben → que je _____ que vous _____
2. dormir schlafen → que tu _____ qu'ils _____
3. préférer bevorzugen → qu'il _____ que vous _____
4. boire trinken → que nous _____ qu'ils _____
5. partir weggehen → que je _____ qu'elles _____
6. envoyer schicken → que tu _____ que nous _____
7. prendre nehmen → qu'elle _____ que vous _____

1.1.2 Unregelmäßige Formen
Nur wenige Verben haben unregelmäßige subjonctif-Formen.
Etre (sein) und avoir (haben) haben sowohl einen unregelmäßigen Stamm als auch unregelmäßige Endungen:

Person	avoir haben	être sein
que je/j'	aie	sois
que tu	aies	sois
qu'il/elle/on	ait	soit
que nous	ayons	soyons
que vous	ayez	soyez
qu'ils/elles	aient	soient

Beachten Sie
– Als einzige Verben haben être und avoir im subjonctif présent für die 3. Person Singular die Endung -t:

Der subjonctif 20

Je ne pense pas qu'il ait raison. Ich denke nicht, dass er Recht hat.
Je doute qu'il soit malade. Ich bezweifle, dass er krank ist.
- Wie im Deutschen ist der subjonctif présent von avoir (haben) und être (sein) gleichzeitig Imperativ. (➡ **Kapitel 21, Der Imperativ, 1.3**)
N'**aie** pas peur. **Hab** keine Angst!
Sois raisonnable. **Sei** vernünftig!

1.1.3 Verben mit eigenem subjonctif-Stamm
Bei den folgenden Verben wird der subjonctif von einem unregelmäßigen Stamm abgeleitet. Die Endungen sind jedoch regelmäßig.

Auf Entdeckung
Sie kennen bereits die Endungen des subjonctif présent der regelmäßigen Verben (➡ **1.1.1**). Ergänzen Sie die folgenden Konjugationstabellen, indem Sie die fehlenden Endungen hinzufügen. Sie erhalten dann einen Überblick über die subjonctif-Formen der gebräuchlichsten unregelmäßigen Verben. (➡ **Lösungen**)

Person	aller gehen	faire machen	pouvoir können
que je/j'	aill_____ [aj]	fass_____	puisse
que tu	ailles	fass_____	puiss_____
qu'il/elle/on	aill_____	fass_____	puiss_____
que nous	allions [aljɔ̃]	fass_____	puiss_____
que vous	all_____	fassiez	puiss_____
qu'ils/elles	aillent	fass_____	puiss_____

Person	savoir wissen	vouloir wollen	falloir müssen (nur 3. Person)
que je	sache	veuill_____	Ø
que tu	sach_____	veuill_____	Ø
qu'il/elle/on	sach_____	veuille	qu'il faille
que nous	sach_____	voul_____	Ø
que vous	sach_____	vouliez	Ø
qu'ils/elles	sachent	veuill_____	Ø

20 Der subjonctif

Beachten Sie
- Aller und vouloir haben ebenfalls zwei Stammformen im subjonctif (fett gedruckt in der Tabelle).
- Der subjonctif présent von savoir (wissen) ist gleichzeitig Imperativ (➠ **Kapitel 21, Der Imperativ, 1.3**).
  Sache que cela ne te regarde pas. Du sollst wissen, dass dich das nichts angeht.
- Für die in den Verbtabellen im ➠ **Anhang** aufgelisteten Verben sind jeweils mehrere Formen des subjonctif présent angegeben.
- Zum Gebrauch des subjonctif présent in der Zeitenfolge ➠ 3.

Test 2
Setzen Sie die Formen des subjonctif présent der in Klammern angegebenen Verben ein.
1. (faire) J'aimerais qu'il _____ beau demain. Ich möchte, dass das Wetter morgen schön ist.
2. (prendre) Il faut que tu _____ tes médicaments. Du musst deine Medikamente nehmen.
3. (pouvoir) Crois-tu qu'elle _____ t'aider ? Glaubst du, dass sie dir helfen kann?
4. (être) Je ne pense pas que cela _____ possible. Ich denke nicht, dass es möglich ist.
5. (aller) Je voudrais que tu _____ chercher du pain. Ich möchte, dass du Brot holst.
6. (avoir) Il faut que vous _____ de la patience. Sie müssen Geduld haben.

TIPP

Wenn Sie gleich etwas über den Gebrauch des subjonctif présent erfahren möchten, können Sie direkt zu Abschnitt ➠ **2** gehen.

1.2 Der subjonctif passé

Der subjonctif passé ist eine zusammengesetzte Zeit und wird aus dem subjonctif présent von avoir (haben) oder être (sein) und dem Partizip Perfekt des jeweiligen Verbs gebildet.

Der subjonctif 20

Auf Entdeckung
Ergänzen Sie die folgende Konjugationstabelle mit den Formen von avoir (haben) und être (sein) im subjonctif présent. Sie erhalten dann einen Überblick über die Formen des subjonctif passé. (➔ **Lösungen**)

Person	manger essen	rester bleiben
que je/j'	____ mangé	sois resté(e)
que tu	aies mangé	____ resté(e)
qu'il/elle/on	____ mangé	____ resté(e)
que nous	____ mangé	____ resté(e)s
que vous	____ mangé	____ resté(e)(s)
qu'ils/elles	____ mangé	____ resté(e)s

Beachten Sie
- Für den subjonctif passé gelten bezüglich Wahl und Angleichung des Partizip Perfekt die gleichen Regeln wie für das passé composé (➔ **Kapitel 18, Der Indikativ [Zeiten der Vergangenheit], 1.3 und 1.4**).
- Das Verhältnis subjonctif présent vs. subjonctif passé beruht auf dem Aspektunterschied „nicht abgeschlossen" vs. „abgeschlossen":
  • Der subjonctif présent bezeichnet ein nicht abgeschlossenes Geschehen:
    Je ne crois pas qu'**il pleuve**. Ich glaube nicht, dass es regnen wird.
  • Der subjonctif passé bezeichnet ein abgeschlossenes Geschehen:
    Je ne crois pas qu'il **ait plu**. Ich glaube nicht, dass es geregnet hat.
- Zum Gebrauch des subjonctif passé in der Zeitenfolge ➔ **3**.

Test 3

Vervollständigen Sie die Sätze in der rechten Spalte mit den Formen des subjonctif passé.

passé composé	→ subjonctif passé
1. elle est venue sie ist gekommen	→ Il est étonnant qu'elle ____ _____. Es ist erstaunlich, dass sie gekommen ist.
2. il a choisi er hat gewählt	→ Je regrette qu'il ____ _____ cette solution. Ich bedaure, dass er diese Lösung gewählt hat.
3. elle a travaillé sie hat gearbeitet	→ Je ne pense pas qu'elle ____ assez _____. Ich denke nicht, dass sie genug gearbeitet hat.
4. ils ont compris sie haben verstanden	→ Je doute qu'ils ____ _____. Ich bezweifle, dass sie verstanden haben.

1 Die Formen des subjonctif

20 Der subjonctif

> **TIPP**
>
> In den folgenden Abschnitten (➡ **1.3** und ➡ **1.4**) werden zwei weitere Zeiten des subjonctif vorgestellt. Da diese Zeiten aber kaum noch verwendet werden, können Sie, wenn Sie erst angefangen haben Französisch zu lernen, diese Abschnitte zu einem späteren Zeitpunkt durcharbeiten und gleich zum Abschnitt ➡ **2** gehen.

1.3 Der subjonctif imparfait

Der subjonctif imparfait kommt nur noch im gehobenen und literarischen Sprachgebrauch vor.

1.3.1 Formen

Der subjonctif imparfait aller Verben wird ausgehend vom Stamm und Endungsvokal des passé simple der 2. Person Singular gebildet, wobei das -s der Endung wegfällt (➡ **Kapitel 18, Der Indikativ [Zeiten der Vergangenheit], 3**):

parler sprechen → tu **parla**-s du sprachst → que tu **parla**-sses
prendre nehmen → tu **pri**-s du nahmst → que tu **pri**-sses
boire trinken → tu **bu**-s du trankst → que tu **bu**-sses
venir kommen → tu **vin**-s du kamst → que tu **vin**-sses

Auf Entdeckung

Markieren Sie in der folgenden Konjugationstabelle die Endungen des subjonctif imparfait und tragen Sie diese dann in die zweite Tabelle ein. (➡ **Lösungen**)

Person	rester bleiben tu resta-s du bliebst	partir weggehen tu parti-s du gingst weg
que je	restasse	partisse
que tu	restasses	partisses
qu'il/elle/on	restât	partît
que nous	restassions	partissions
que vous	restassiez	partissiez
qu'ils/elles	restassent	partissent

338 1 Die Formen des subjonctif

Der subjonctif 20

Person	avoir haben tu eu-s du hattest	être sein tu fu-s du warst	Endung
que je/j'	eusse	fusse	-____
que tu	eusses	fusses	-____
qu'il/elle/on	eût	fût	-____
que nous	eussions	fussions	-____
que vous	eussiez	fussiez	-____
qu'ils/elles	eussent	fussent	-____

Beachten Sie
- Im heutigen Französisch wird, wenn überhaupt, nur noch die 3. Person Singular des subjonctif imparfait verwendet:
  Ses parents souhaitaient qu'elle **travaillât** plus sérieusement. Ihre Eltern wünschten, dass sie ernsthafter arbeitete.
- Charakteristisch für die 3. Person Singular ist in der Schreibung der accent circonflexe. Nur dadurch unterscheiden sich die Formen des passé simple von denen des subjonctif imparfait.
  Passé simple: Il **vint** [vɛ̃] le jour même. Er kam am selben Tag.
  Subjonctif imparfait: Elle exigea qu'il **vînt** [vɛ̃] le jour même. Sie bestand darauf, dass er am selben Tag kam.
- Der subjonctif imparfait erscheint in einigen festen Wendungen:
  Plût au Ciel que tu aies raison ! Mögest du Recht haben! (Wörtlich: Möge es dem Himmel gefallen, dass du Recht hast!)
- Informationen über den Gebrauch des subjonctif imparfait in der Zeitenfolge erhalten Sie in Abschnitt ➡ 3.

Test 4

Bilden Sie, ausgehend vom passé simple, die entsprechenden Formen des subjonctif imparfait der folgenden Verben.
1. tu restas du bliebst → qu'il _____
2. tu dormis du schliefst → qu'ils _____
3. tu revins du kamst wieder → que tu _____
4. tu eus du hattest → qu'il _____
5. tu bus du trankst → qu'il _____
6. tu partis du gingst weg → que nous _____
7. tu fis du machtest → qu'il _____
8. tu fus du warst → qu'il _____

20 Der subjonctif

1.4 Der subjonctif plus-que-parfait

Der subjonctif plus-que-parfait ist eine zusammengesetzte Zeit und wird aus den subjonctif imparfait von avoir (haben) oder être (sein) und dem Partizip Perfekt des jeweiligen Verbs gebildet.

Auf Entdeckung
Ergänzen Sie die folgende Konjugationstabelle, indem Sie die fehlenden Formen des subjonctif imparfait von avoir (haben) und être (sein) hinzufügen. Sie erhalten dann einen Überblick über die Formen des subjonctif plus-que-parfait. (➡ **Lösungen**)

Person	manger essen	rester bleiben
que je/j'	_____ mangé	fusse rest(e)
que tu	eusses mangé	_____ resté(e)
qu'il/elle/on	_____ mangé	_____ resté(e)
que nous	_____ mangé	_____ resté(e)s
que vous	_____ mangé	_____ resté(e)(s)
qu'ils/elles	_____ mangé	_____ resté(e)s

Beachten Sie
- Für den subjonctif plus-que-parfait gelten bezüglich Wahl und Angleichung des Partizip Perfekt die gleichen Regeln wie für das passé composé (➡ **Kapitel 18, Der Indikativ [Zeiten der Vergangenheit], 1.3** und **1.4**).
- Zum Gebrauch des subjonctif plus-que-parfait in der Zeitenfolge siehe Abschnitt ➡ **3**.

Test 5
Vervollständigen Sie die Sätze in der zweiten Spalte mit den Formen des subjonctif plus-que-parfait.

Il n'était pas venu. → Il était regrettable qu'il ne fût pas venu.
Er war nicht gekommen. → Es war zu bedauern, dass er nicht gekommen war.

1. Elle avait réussi. → Il souhaitait de tout son cœur qu'elle
   Sie hatte es geschafft.   _____ _____. Er wünschte von ganzem Herzen, dass sie es geschafft hatte.

2. Ils avaient renoncé. → Il valait mieux qu'ils _____ _____.
   Sie hatten darauf verzichtet.   Es war besser, dass sie darauf verzichtet hatten.

Der subjonctif 20

3. Nous l'avions appris.
   Wir hatten es erfahren.
4. Il était déjà arrivé.
   Er war schon angekommen.

→ Il était parti sans que nous l'_____. Er war weggegangen, ohne dass wir es erfahren hatten.
→ Elle ne pouvait croire qu'il _____ déjà _____. Sie konnte nicht glauben, dass er schon angekommen war.

2 Gebrauch

Was Sie vorab wissen sollten
– Der subjonctif steht in der Regel in einem Nebensatz, der mit der Konjunktion que (dass) eingeleitet wird. Im Hauptsatz wird der subjonctif selten verwendet.
– Bestimmte Verben oder verbale Ausdrücke und Konjunktionen (auch „subjonctif-Auslöser" genannt) leiten einen Nebensatz mit que (dass) ein und erfordern im Nebensatz den subjonctif.
– Anders als im Deutschen steht nach Verben des Sagens und Denkens im Französischen der Indikativ:
Il dit qu'il **est** malade. Er sagt, er **sei** krank.
Ebenso nach affirmer / prétendre behaupten, répondre antworten, annoncer ankündigen, être d'avis meinen, croire glauben, penser denken usw.

TIPP

Die folgenden Regeln zum Gebrauch des subjonctif gelten für alle Zeiten des subjonctif. Wann welche Zeit verwendet wird, erfahren Sie in Abschnitt ➡ 3. Eine detailliertere Darstellung finden Sie in ➡ **Kapitel 22, Die Zeitenfolge, 2**.

2.1 Der subjonctif nach Verben und verbalen Ausdrücken

Die folgenden Verben und verbalen Ausdrücke, die Subjektivität ausdrücken, leiten einen Nebensatz mit que (dass) ein, in dem der subjonctif steht:

1. Verben und Wendungen der Willensäußerung
   – Wunsch

   J'aimerais qu'il me réponde. Ich möchte, dass er mir antwortet.

   – Befehl

   Il veut que nous partions demain. Er will, dass wir morgen wegfahren.

2 Gebrauch **341**

20 Der subjonctif

– Verbot	**J'interdis qu'**il y aille. Ich verbiete ihm, dass er dort hingeht.
– Empfehlung	**Il vaut mieux qu'**elle soit là. Es ist besser, wenn sie da ist.
2. Verben des Empfindens	
– Freude	**Je me réjouis que** vous alliez mieux. Ich freue mich, dass es Ihnen besser geht.
– Bedauern	**Je regrette que** tu ne sois pas venu. Ich bedauere, dass du nicht gekommen bist.
– Gefallen / Missfallen	**Je préfère que** tu partes. Es ist mir lieber, wenn du gehst.
– Furcht	**Je crains qu'**il ne soit trop tard. Ich fürchte, dass es zu spät ist.
– Erstaunen	**Je m'étonne qu'**il ne soit pas là. Ich wundere mich, dass er nicht da ist.
– Mitgefühl	**Je comprends qu'**elle soit déçue. Ich verstehe, dass sie enttäuscht ist.
3. Verben und Ausdrücke, die Ungewissheit oder Zweifel ausdrücken	**Je doute** qu'il réussisse. Ich bezweifle, dass er es schafft. **Je ne crois pas** que cela lui plaise. Ich glaube nicht, dass es ihm gefällt.
4. Nach Verben des Denkens und Sagens, die verneint oder fragend verwendet werden (➟ **2.4.3**)	**Pensez-vous** qu'il réussisse ? Denken Sie, dass er es schafft? **Je ne prétends pas** que ce soit agréable. Ich behaupte nicht, dass es angenehm ist.

Beachten Sie

zu 1. Ebenso: *exiger* verlangen, *désirer* wünschen, *préférer* bevorzugen, *attendre* erwarten, *aimer mieux* lieber haben, *permettre* erlauben usw.
Aber:
Nach *espérer* (hoffen) steht der Indikativ:
J'espère qu'il viendra. Ich hoffe, dass er kommt.

zu 2. Ebenso: *avoir peur* Angst haben, *se plaindre* sich beklagen und weitere Konstruktionen mit *être* (sein) + Adjektiv, die ein Gefühl ausdrücken: *être heureux* glücklich sein, *être surpris* überrascht sein, *être furieux* wütend sein usw.
Je suis surpris qu'il ait dit ça. Ich bin überrascht, dass er das gesagt hat.

Der subjonctif 20

- Bei Subjektgleichheit im Haupt- und Nebensatz wird eine Infinitiv-Konstruktion verwendet (➡ 2.4.4):
J'aimerais partir tôt. Ich möchte früh wegfahren.

Test 6
Tragen Sie die richtige Möglichkeit in die Lücke ein.
1. (prends / prenne)
Permettez-vous que je _____ votre sac ? Erlauben Sie, dass ich Ihre Tasche nehme?
2. (est / soit)
J'espère qu'elle _____ là. Ich hoffe, sie ist da.
3. (comprend / comprenne)
Je doute qu'elle _____. Ich bezweifle, dass sie es versteht.
4. (dit / dise)
Je ne crois pas qu'il _____ la vérité. Ich glaube nicht, dass er die Wahrheit sagt.
5. (a / ait)
J'ai peur qu'elle n' _____ eu un accident. Ich habe Angst, dass sie einen Unfall gehabt hat.
6. (est / soit)
On dit qu'elle _____ partie. Man sagt, sie sei weggegangen.

2.2 Der subjonctif nach unpersönlichen Ausdrücken

Weitere subjonctif-Auslöser sind die folgenden unpersönlichen Ausdrücke mit folgender Bedeutung (die Liste ist nicht vollständig):

1. Notwendigkeit
il faut es muss sein, **il ne faut pas** es muss nicht sein, **il est nécessaire** es ist notwendig, **ce n'est pas la peine** es ist nicht nötig	**Il faut** que j'aille chez le dentiste. Ich muss zum Zahnarzt gehen. **Il est nécessaire** que tu y ailles. Es ist notwendig, dass du hingehst. **Ce n'est pas la peine** qu'il vienne. Er braucht nicht zu kommen.

2. Möglichkeit
il se peut (es) kann sein, **il est probable** es ist wahrscheinlich, **il est possible** es ist möglich, **il semble** es scheint	**Il se peut** qu'il ait raison. Kann sein, dass er Recht hat. **Il est possible** que je sois absent demain. Es ist möglich, dass ich morgen nicht da bin.

20 Der subjonctif

3. Wertung und Urteil
   gebildet mit
   - il est / c'est (es ist) + Adjektiv:
     il est inutile es ist nicht nötig,
     il est normal es ist normal,
     il est important es ist wichtig,
     il est urgent es ist dringend
   - il est / c'est (es ist) + Substantiv:
     il est dommage es ist schade,
     c'est une chance es ist ein Glück

Il est inutile que vous téléphoniez. Es ist nicht nötig, dass Sie anrufen.
Il est normal qu'il ait gagné. Es ist normal, dass er gewonnen hat.
Il est urgent que tu te reposes. Es ist dringend notwendig, dass du dich ausruhst.
(Il est) dommage que nous nous soyons ratés. (Es ist) schade, dass wir uns verpasst haben.
(C'est) une chance que je l'aie vu. (Was für) ein Glück, dass ich ihn gesehen habe.

Beachten Sie
zu 1. Der unpersönliche Ausdruck il faut que ist in der Umgangssprache sehr gebräuchlich. Er wird im Deutschen meistens mit „müssen" wiedergegeben:
Il faut que je parte. **Ich muss** weggehen.
Il faut qu'on se voie. **Wir müssen** uns sehen / treffen.
zu 3. Das einleitende il est oder c'est (es ist) kann in manchen Fällen wegfallen: Inutile que vous veniez. Sie brauchen nicht zu kommen.

Test 7
Ordnen Sie die verschiedenen subjonctif-Auslöser einer Bedeutung zu:
a. Notwendigkeit, b. Wertung, c. Wahrscheinlichkeit.
Tragen Sie den entsprechenden Buchstaben in die Lücke ein.
Beispiel: Il faut que nous téléphonions. Wir müssen anrufen. **a**
1. Il se peut qu'il téléphone. Kann sein, dass er anruft. __
2. Il est bon qu'elle parte en vacances. Es ist gut, dass sie in Urlaub fährt. __
3. Il est normal que vous soyez fatigués. Es ist normal, dass ihr müde seid. __
4. Il faut que tu répondes vite. Du musst schnell antworten. __
5. Il est probable que nous partions demain. Es ist wahrscheinlich, dass wir morgen wegfahren. __
6. Il est nécessaire que vous veniez tôt. Es ist notwendig, dass sie früh kommen. __

2.3 Der subjonctif nach Konjunktionen

Im Folgenden finden Sie eine Liste der gebräuchlichsten unterordnenden Konjunktionen, die den subjonctif erfordern:

– final (Angabe des Zwecks) **pour que / afin que** damit	Il a insisté **pour que** je vienne. Er hat darauf bestanden, dass ich komme.
– konzessiv (einschränkend) **quoique / bien que** obwohl	**Bien qu**'il m'ait fait un plan, je me suis perdu. Obwohl er mir einen Plan gezeichnet hat, habe ich mich verfahren.
– temporal (Zeitangabe) **avant que** bevor, **jusqu'à ce que** bis	Puis-je lui parler **avant qu**'il ne parte ? Kann ich mit ihm sprechen, bevor er geht? Il a insisté **jusqu'à ce que** je dise oui. Er hat nicht nachgegeben, bis ich ja sagte.
– modal (Art und Weise) **de façon / de manière que** so dass, **sans que** ohne dass	Il a pris mon sac **sans que** je m'en aperçoive. Er hat meine Tasche genommen, ohne dass ich es bemerkt habe.
– kausal (Angabe des Grundes in verneinter Form) **ce n'est pas que** nicht dass	Ce n'est pas que je n'aie pas écouté, mais je n'ai rien compris. Nicht dass ich nicht zugehört hätte, aber ich habe nichts verstanden.
– konditional (führt eine Bedingung ein) **à condition que** unter der Bedingung / vorausgesetzt, dass	Je viendrai **à condition qu**'il ne pleuve pas. Ich werde kommen, vorausgesetzt, dass es nicht regnet.

Beachten Sie
- Weitere Konjunktionen, die den subjonctif auslösen, finden Sie in ➠ **Kapitel 30, Die Konjunktionen, 2.3.2**.
- Zum Ersatz von Nebensätzen durch andere Konstruktionen siehe ➠ **2.4.4** sowie ➠ **Kapitel 30, Die Konjunktionen, 3**.
- Der subjonctif muss verwendet werden, wenn der que-Satz vor dem Hauptsatz steht:
  Que tu l'**aies fait** exprès ou non, c'est pareil. Ob du es absichtlich getan hast oder nicht, bleibt sich gleich.
  Que vous **soyez** en retard ne m'étonne pas. Dass Sie zu spät kommen, überrascht mich nicht.

20 Der subjonctif

– Ersetzt que die Konjunktion si in einem zweiten gleichgeordneten Nebensatz, kann der subjonctif stehen:
Si tu as le temps demain et s'il **fait** beau, nous pourrons faire une promenade. → Si tu as le temps demain et qu'il **fasse** beau, nous pourrons ...
Wenn du morgen Zeit hast und das Wetter schön ist, können wir einen Spaziergang machen.

 Test 8
Subjonctif oder Indikativ? Markieren Sie die richtige Möglichkeit.
1. J'aimerais vous voir avant que vous ne (prenez / preniez) une décision. Ich möchte Sie sehen, bevor Sie eine Entscheidung treffen.
2. Après qu'il (est parti / soit parti), tout le monde a éclaté de rire. Nachdem er weggegangen war, haben alle gelacht.
3. J'ai froid bien qu'il (fait / fasse) chaud. Ich friere, obwohl es warm ist.
4. Pars avant qu'il (n'est / ne soit) trop tard. Geh, bevor es zu spät ist.
5. Viens dès que tu (peux / puisses). Komm, sobald du kannst.
6. J'ai attendu jusqu'à ce qu'elle (s'endort / s'endorme). Ich habe gewartet, bis sie eingeschlafen ist.

TIPP

Sie haben nun die wichtigsten Informationen zum Gebrauch des subjonctif gelernt. Im folgenden Abschnitt werden einige Besonderheiten dargestellt. Wenn Sie erst angefangen haben Französisch zu lernen, können Sie diesen Abschnitt zunächst überspringen und direkt zu ➡ 3 gehen.

2.4 Besonderheiten beim Gebrauch des subjonctif

2.4.1 Der subjonctif in Relativsätzen
In der Regel steht in Relativsätzen der Indikativ, in den folgenden Fällen wird jedoch der subjonctif verwendet:

– Das Verb des Hauptsatzes ist verneint oder wird in fragender Form verwendet.	**Je n'ai jamais entendu** une chose **qui** soit aussi ridicule. Ich habe noch nie etwas so Lächerliches gehört. **Connaissez-vous** une personne **qui** soit plus charmante ? Kennen Sie jemanden, der charmanter ist?

Der subjonctif 20

– Im Hauptsatz nach einem Superlativ oder einem Adjektiv mit restriktiver Bedeutung wie le seul der einzige, le premier der erste, le dernier der letzte oder ne ... que nur.	C'est **le meilleur** vin **que** j'aie jamais bu. Das ist der beste Wein, den ich je getrunken habe. Je suis **le seul qui** ait compris. Ich bin der einzige, der verstanden hat. Il **n'y a qu'**une personne **qui** puisse penser cela. Es gibt nur einen Menschen, der so etwas denken kann.
– Der Relativsatz drückt ein Ziel oder eine Folge aus.	Je cherche une femme de ménage **qui** vienne deux fois par semaine. Ich suche eine Putzfrau, die zweimal die Woche kommt.
– Der Relativsatz drückt eine Konzession aus.	**Où que** tu ailles, je te suivrai. Wo du auch hingehst, ich werde dir folgen. **Quoi que** je fasse, tu n'es jamais content. Was ich auch mache, du bist nie zufrieden. **Qui que** tu sois, sois le bienvenu ! Wer du auch bist, sei willkommen!

Beachten Sie
Im heutigen Französisch steht immer öfter der Indikativ. Die Aussage im subjonctif klingt jedoch weniger endgültig als die im Indikativ:
C'est la seule personne que nous **connaissions** ici. / C'est la seule personne que nous **connaissons** ici. Sie ist die einzige Person, die wir hier kennen.

Test 9

Subjonctif oder Indikativ? Markieren Sie die richtige Alternative. Wählen Sie den subjonctif, wenn es möglich ist.
1. Je cherche un travail qui (n'est / ne soit) pas trop fatigant. Ich suche eine Arbeit, die nicht zu anstrengend ist.
2. C'est la plus belle ville que nous (ayons / avons) jamais visitée. Es ist die schönste Stadt, die wir je besichtigt haben.
3. C'est l'appartement que (j'ai / j'aie) acheté il y a un an. Das ist die Wohnung, die ich vor einem Jahr gekauft habe.
4. C'est la seule chose qui le (fasse / fait) réagir. Das ist das einzige, worauf er reagiert.
5. C'est le meilleur film que (j'ai / j'aie) jamais vu. Das ist der beste Film, den ich je gesehen habe.

Der subjonctif

2.4.2 Der subjonctif im Hauptsatz

Die Verwendung des subjonctif im Hauptsatz ist selten. In den meisten Fällen geht dem subjonctif im Hauptsatz ebenfalls die Konjunktion que voraus.

Der subjonctif steht in folgenden Fällen im Hauptsatz:

– bei Befehlen / Verboten	Que personne ne sorte ! Niemand verlässt den Raum! Soyons sérieux. Spaß beiseite! (Wörtlich: Seien wir ernst!)
– bei Wünschen (oft in Ausrufesätzen)	Puissiez-vous réussir ! / Pourvu que vous réussissiez ! Hoffentlich schaffen Sie es! Que le meilleur gagne ! Der Beste soll / möge gewinnen!
– in einigen formelhaften Wendungen (ohne que)	Vive(nt) les bleus ! Es leben die Blauen (die französische Fußballmannschaft)! Ainsi soit-il ! Sein Wille geschehe! Advienne que pourra. Komme, was wolle. Coûte que coûte. Koste es, was es wolle.

Test 10

Welcher Kategorie entspricht in den folgenden Sätzen der Gebrauch des subjonctif?
a. Befehl, b. Wunsch, c. formelhafte Wendung.
Tragen Sie den entsprechenden Buchstaben in die Lücke ein.
1. Vive l'Europe ! Es lebe Europa! __
2. Dieu soit loué ! Gelobt sei Gott! __
3. Soyez à l'heure. Seien Sie pünktlich! __
4. Pourvu qu'il fasse beau ! Hoffentlich wird das Wetter schön! __

2.4.3 Subjonctif oder Indikativ nach Verben der Meinungsäußerung

Sie haben in Abschnitt ➡ 2.1 gelernt, dass der subjonctif nach Verben des Denkens und Sagens erforderlich ist, wenn diese in verneinter oder fragender Form verwendet werden. In einigen Fällen kann jedoch auch der Indikativ stehen. Der Sprechende entscheidet je nach Strategie: Will er seinem Gesprächspartner klarmachen, dass es an der Aussage Zweifel gibt, verwendet er den subjonctif, will er Zweifel ausschließen, verwendet er den Indikativ:

Der subjonctif

Indikativ: keine Zweifel	subjonctif: Zweifel
Je ne crois pas qu'il **viendra** demain. Ich glaube nicht, dass er morgen kommt.	Je ne crois pas qu'il **vienne** demain. Ich glaube nicht, dass er morgen kommt.
Penses-tu que cette valise **est** assez grande ? Meinst du, dieser Koffer ist groß genug?	Penses-tu que cette valise **soit** assez grande ? Meinst du, dieser Koffer ist groß genug?
Il semble que l'orage **est** passé. Es scheint, dass das Gewitter vorbei ist.	Il semble que l'orage **soit** passé. Es scheint, dass das Gewitter vorbei ist.

Beachten Sie
Solche Bedeutungsnuancen werden in der Umgangssprache jedoch immer seltener ausgedrückt mit der Folge, dass der subjonctif im heutigen Französisch immer öfter dem Indikativ weicht.

Test 11

Markieren Sie in den folgenden Sätzen die richtige/-n Möglichkeit/-en.
1. Je ne pense pas qu'il (vienne / viendra). Ich denke nicht, dass er kommt.
2. Il faut que vous (venez / veniez) vite. Sie müssen schnell kommen.
3. Bien qu'il (a fait / ait fait) beau hier, je ne suis pas sorti. Obwohl das Wetter gestern schön war, bin ich nicht ausgegangen.
4. Je suis sûr qu'il (a / ait) raison. Ich bin sicher, dass er Recht hat.
5. Je ne suis pas sûr qu'il (a / ait) raison. Ich bin nicht sicher, dass er Recht hat.
6. Je ne veux pas que tu (prends / prennes) la voiture. Ich will nicht, dass du das Auto nimmst.

2.4.4 Subjonctif oder Infinitiv
Bei Subjektgleichheit im Haupt- und Nebensatz wird der subjonctif durch eine Infinitiv-Konstruktion ersetzt (➡ **Kapitel 28, Die Konjunktionen, 3.2**):

2 Subjekte → subjonctif:	Tu pars. Il pleut. → **Pars** avant qu'il (ne) **pleuve**. Du gehst. Es regnet. → **Geh**, bevor es **regnet**.	
1 Subjekt → Infinitiv:	Tu pars. Tu manges. → **Mange** avant de **partir**. Du gehst. Du isst. → **Iss**, bevor du **gehst**.	

Beachten Sie
Weitere Informationen über den Ersatz von Nebensätzen durch andere Konstruktionen erhalten Sie in ➡ **Kapitel 28, Die Konjunktionen, 3**.

20 Der subjonctif

 Test 12
Können die folgenden Sätze durch eine Infinitiv-Konstruktion ersetzt werden?
Kreuzen Sie ja oder nein an.   ja nein
1. Il a téléphoné avant que nous partions. Er hat angerufen,
   bevor wir weggefahren sind.   ☐   ☐
2. Vous réussirez à condition que vous travailliez plus. Ihr werdet
   es schaffen, unter der Bedingung, dass ihr mehr arbeitet.   ☐   ☐
3. Il est nécessaire qu'on aide son prochain. Man muss seinem
   Nächsten helfen.   ☐   ☐
4. Je ne suis pas sûr qu'il ait dit ça. Ich bin nicht sicher, ob er
   das gesagt hat.   ☐   ☐

3 Der Gebrauch des *subjonctif* in der Zeitenfolge

In diesem Abschnitt erhalten Sie einen Überblick über den Gebrauch des *subjonctif* in der Zeitenfolge. Eine ausführliche Darstellung der Zeitenfolge im *subjonctif*-Satz finden Sie in ➡ **Kapitel 22, Die Zeitenfolge, 2.**

Was Sie vorab wissen sollten
– Zeit und Modus des Verbs im Nebensatz hängen von der Zeit des Verbs im Hauptsatz ab.
– Die Zeitenfolge ist die chronologische Wiedergabe der im Haupt- und Nebensatz ablaufenden Handlungen. Man unterscheidet drei Abhängigkeitsverhältnisse.
  1. Gleichzeitigkeit (nicht abgeschlossen)
     Je doute qu'il soit vraiment malade. Ich bezweifle, dass er wirklich krank ist.
  2. Nachzeitigkeit (nicht abgeschlossen)
     Je voudrais que tu traduises ce courriel. Ich möchte, dass du diese E-Mail übersetzt.
  3. Vorzeitigkeit (abgeschlossen)
     Je veux que tu aies rangé ta chambre avant que je rentre. Ich will, dass du dein Zimmer aufgeräumt hast, bevor ich zurück bin.

3.1 Präsens oder Futur im Hauptsatz

Steht das Verb im Hauptsatz im Präsens, Futur oder conditionnel I, so gilt die folgende Zeitenfolge:

– Gleich- oder Nachzeitigkeit → subjonctif présent im Nebensatz
Je veux que tu **sortes**. Ich will, dass du hinausgehst.
Il exigera que vous **partiez** tout de suite. Er wird verlangen, dass ihr sofort weggeht.
– Vorzeitigkeit → subjonctif passé im Nebensatz
Je doute qu'il **ait dit** la vérité. Ich bezweifle, dass er die Wahrheit gesagt hat.

3.2 Zeit der Vergangenheit im Hauptsatz

Steht das Verb im Hauptsatz in einer Zeit der Vergangenheit, so gilt die folgende Zeitenfolge:
– Gleich- oder Nachzeitigkeit → subjonctif imparfait im Nebensatz.
Il voulait qu'elle **partît** sans tarder. Er wollte, dass sie unverzüglich wegginge.
– Vorzeitigkeit → subjonctif plus-que-parfait im Nebensatz.
Il voulait qu'elle **fût** déjà **parti**. Er wollte, dass sie schon weggegangen war.

Beachten Sie
Im heutigen Alltagsfranzösisch werden aber nur noch der subjonctif présent und der subjonctif passé verwendet. Es gilt dann folgendes vereinfachtes System:
– Gleich- oder Nachzeitigkeit → subjonctif présent im Nebensatz
J'avais eu peur qu'elle ne **soit** pas là. Ich hatte befürchtet, dass sie nicht da wäre.
J'attendais qu'il **parte**. Ich wartete darauf, dass er ging.
– Vorzeitigkeit → subjonctif passé im Nebensatz
J'attendrai que tu **sois parti**. Ich werde warten, bis du weggegangen bist.

Test 13

Markieren Sie die richtige Alternative.
1. Je ne crois pas qu'il (vienne / soit venu). Ich glaube nicht, dass er gekommen ist.
2. Tout le monde souhaite que tu (réussisses / aies réussi). Alle wünschen, dass du es schaffst.
3. Il est possible que je me (trompe / sois trompé). Es ist möglich, dass ich mich geirrt habe.
4. Supposons que tu (aies / aies eu) raison. Nehmen wir an, dass du Recht hast.
5. J'étais désolé que Pierre (rate / ait raté) son examen. Es tat mir leid, dass Pierre seine Prüfung nicht bestanden hatte.
6. Supposons qu'il (ait / ait eu) tort. Nehmen wir an, dass er Unrecht hatte.

20 Der subjonctif

Auf den Punkt gebracht

1. (➡ Was Sie vorab wissen sollten)
Kreuzen Sie ja oder nein an.   ja   nein
1. Der subonctif présent entspricht dem deutschen Konjunktiv.   ☐   ☐
2. Der subjonctif hat wie der Indikativ acht Zeiten.   ☐   ☐
3. Subjonctif-Auslöser sind Verben, verbale Ausdrücke oder
   Konjunktionen, die den subjonctif im Nebensatz erfordern.   ☐   ☐
4. Der subjonctif kommt vor allem in Nebensätzen vor.   ☐   ☐

2. (➡ 1.1.1)
Markieren Sie die richtige Aussage und ergänzen Sie die Tabelle.
1. Die Formen des subjonctif présent werden von der 3. Person (Singular / Plural) des Indikativ Präsens abgeleitet.
2. Die Endungen des subjonctif présent gelten für (alle Verben / alle Verben außer être sein und avoir haben).
3. Verben mit Stammwechsel haben im subjonctif présent (nur eine Stammform / zwei Stammformen).
4. Die 1. und 2. Person Plural des subjonctif présent sind mit den Formen des (imparfait / passé simple) identisch.
5. Ergänzen Sie die folgende Konjugationstabelle von zapper (zappen) im subjonctif présent:
   que je zapp__   que nous zapp__
   que tu zapp__   que vous zapp__
   qu'il zapp__   qu'ils zapp__

3. (➡ 1.1.2 und ➡ 1.1.3)
Tragen Sie die Formen des subjonctif présent der folgenden Verben ein.

être sein	que je ____	qu'il ____	que nous ____
avoir haben	que tu ____	qu'il ____	que vous ____
faire machen	qu'il ____	que nous ____	qu'ils ____
aller gehen	que j' ____	que tu ____	que nous ____
savoir wissen	que je ____	qu'il ____	que vous ____
pouvoir können	que tu ____	que nous ____	qu'ils ____

4. (➡ 1.2)
Kreuzen Sie ja oder nein an.   ja   nein
1. Der subjonctif passé ist eine einfache Zeit der Vergangenheit.   ☐   ☐
2. Der subjonctif passé wird mit dem subjonctif présent von
   avoir (haben) oder être (sein) und dem Partizip Perfekt gebildet.   ☐   ☐

Der subjonctif 20

5. (→ 1.3)
Kreuzen Sie ja oder nein an und ergänzen Sie die Tabelle.   ja   nein
1. Die Formen des subjonctif imparfait werden vom Endungsvokal des passé simple abgeleitet.   ☐   ☐
2. Der subjonctif imparfait wird in der Umgangssprache häufig
   verwendet.   ☐   ☐
3. Ergänzen Sie die Endungen des subjonctif imparfait:
   que je parla___   que nous parla___
   que tu parlâ___   que vous parla___
   qu'il parlâ___   qu'ils parla___

6. (→ 1.4)
Ergänzen Sie die Formen des subjonctif plus-que-parfait:

parler sprechen	sortir ausgehen
que j' _____ parlé	que je _____ sorti(e)
que tu _____ parlé	que tu _____ sorti(e)
qu'il/elle/on _____ parlé	qu'il/elle/on _____ sorti(e)
que nous _____ parlé	que nous _____ sorti(e)s
que vous _____ parlé	que vous _____ sorti(e)(s)
qu'ils/elles _____ parlé	qu'ils/elles _____ sorti(e)s

7. (→ 2.1 bis → 2.3)
Kreuzen Sie ja oder nein an.
Auslöser des subjonctif sind   ja   nein
1. Verben und Ausdrücke der Willensäußerung.   ☐   ☐
2. Verben der subjektiven Empfindung.   ☐   ☐
3. alle unterordnenden Konjunktionen.   ☐   ☐
4. viele unpersönliche Ausdrücke.   ☐   ☐
5. Verben und Wendungen, die Unsicherheit ausdrücken.   ☐   ☐
6. das Verb espérer hoffen, das einen Wunsch ausdrückt.   ☐   ☐
7. Verben des Sagens und Denkens wie dire sagen, croire glauben,
   penser denken.   ☐   ☐
8. In einem vorangestellten que-Satz steht der subjonctif.   ☐   ☐

8. (→ 2.4.1)
Kreuzen Sie ja oder nein an.
Der subjonctif steht in der Regel   ja   nein
1. in allen Relativsätzen.   ☐   ☐
2. in Relativsätzen, die ein Ziel oder einen Wunsch ausdrücken.   ☐   ☐
3. in Relativsätzen, wenn im Hauptsatz ein Superlativ steht.   ☐   ☐

Auf den Punkt gebracht

20 Der subjonctif

9. (⟹ 2.4.2)
Markieren Sie die richtige/-n Aussage/-n.
Im Hauptsatz
1. steht der subjonctif (oft / selten).
2. steht der subjonctif in (Fragesätzen / Ausrufesätzen).
3. drückt der subjonctif (Befehle / Wünsche / Zweifel) aus.

10. (⟹ 2.4.3)
Markieren Sie die richtige Aussage.
Nach den Verben des Sagens und Denkens, die in verneinter oder fragender Form verwendet werden, ...
1. steht in der Regel der (Indikativ / subjonctif),
2. ist der Indikativ (in einigen Fällen möglich / grundsätzlich ausgeschlossen).

11. (⟹ 2.4.4)
Können die folgenden Sätze durch eine Infinitivkonstruktion ersetzt
werden? Kreuzen Sie ja oder nein an.   ja   nein
1. J'ai prié pour qu'elle guérisse. Ich habe gebetet, damit sie
   wieder gesund wird.   ☐   ☐
2. Avant que tu partes, il faut que tu passes me voir. Bevor du
   gehst, musst du bei mir vorbeikommen.   ☐   ☐

12. (⟹ 3)
Markieren Sie die richtige Aussage.
1. Der subjonctif présent drückt aus, dass die Handlung im Nebensatz (abgeschlossen / nicht abgeschlossen) ist.
2. Der subjonctif passé drückt aus, dass die Handlung im Nebensatz (abgeschlossen / nicht abgeschlossen) ist.

Der Imperativ 21

Was Sie vorab wissen sollten

Mit dem Imperativ werden im Französischen wie im Deutschen Befehle, Aufforderungen, Ratschläge, Bitten und Verbote formuliert. Aber anders als im Deutschen enden Sätze im Imperativ meistens mit einem Punkt. Nur bei Ausrufen oder ausdrücklichen Ge- und Verboten wird das Ausrufezeichen verwendet.

Befehl	Taisez-vous ! Schweigt / Schweigen Sie!
Aufforderung	Entrez. Tretet / Treten Sie ein.
Rat	Mangez plus de fruits. Esst / Essen Sie mehr Obst.
Bitte	Aide-moi, s'il te plaît. Hilf mir, bitte!
Verbot	Ne crie pas comme ça ! Schrei nicht so!

Beachten Sie
Im Französischen gibt es auch eine Form der Vergangenheit für den Imperativ (impératif passé), die aber äußerst selten verwendet wird (➠ 4).

TIPP

Die Formen des Imperativ Präsens sind in der Regel mit denen des Indikativ Präsens identisch. Bevor Sie dieses Kapitel durcharbeiten, sollten Sie sich daher mit ➠ **Kapitel 16, Der Indikativ (Präsens)** befasst haben.

1 Formen

Die meisten Imperativ-Formen sind regelmäßig. Die unregelmäßigen Formen werden in ➠ 1.3 behandelt.

1.1 Verben der ersten Gruppe

Die Formen des Imperativs für die Verben der ersten Gruppe (auf -er) werden von den Formen des Indikativ Präsens abgeleitet.

Auf Entdeckung
Vergleichen Sie die Formen des Verbs travailler (arbeiten) im Indikativ und im Imperativ und leiten Sie dann die Regeln zur Bildung des Imperativs ab.

21 Der Imperativ

Person	Indikativ Präsens	Imperativ
je	travaill-e	∅
tu	travaill-es	travaill-e arbeite
il/elle/on	travaill-e	∅
nous	travaill-ons	travaill-ons arbeiten wir / lass(t) uns arbeiten
vous	travaill-ez	travaill-ez arbeitet / arbeiten Sie
ils/elles	travaill-ent	∅

Kreuzen Sie ja oder nein an. (➨ **Lösungen**) ja nein
1. Es gibt für alle Personen eine Imperativ-Form. ☐ ☐
2. Anders als im Deutschen fehlt im Französischen beim Imperativ das Subjektpronomen bei allen Personen. ☐ ☐
3. Die Endungen des Indikativ Präsens und des Imperativs sind für alle Personen gleich. ☐ ☐
4. Bei der 2. Person Singular fehlt im Imperativ das -s. ☐ ☐
5. Die Endungen der 1. und 2. Person Plural des Indikativ Präsens und des Imperativs sind identisch. ☐ ☐

Beachten Sie
– Der einzige Unterschied zwischen Imperativ und Indikativ Präsens der Verben auf -er ist das Fehlen des -s bei der Endung der 2. Person Singular. Der Stamm variiert im Imperativ wie im Indikativ Präsens.

Infinitiv	Indikativ Präsens	Imperativ
appeler rufen	tu appelles du rufst nous appelons wir rufen	appelle ruf appelons rufen wir
payer bezahlen	tu paies du bezahlst nous payons wir bezahlen	paie bezahl payons bezahlen wir

– Die Verben auf -ir, die im Präsens wie die Verben der ersten Gruppe auf -e enden, bilden den Imperativ ebenfalls nach diesem Modell. (➨ **Kapitel 16, Der Indikativ [Präsens], 1.2.2 Beachten Sie**).
offrir schenken → tu offres → offre schenke
– Mit der 2. Person Plural wird eine Aufforderung an eine Gruppe von Personen, die man duzt, oder eine oder mehrere Personen, die man siezt, formuliert: Approchez. Kommt / Kommen Sie näher!

Der Imperativ 21

Test 1
Bilden Sie die Imperativ-Formen für die folgenden Verben.
1. chercher suchen → _____ Such!
2. manger essen → _____ Essen wir!
3. commencer anfangen → _____ Fangen wir an!
4. signer unterschreiben → _____ Unterschreiben Sie!
5. essayer versuchen → _____ Versuch!
6. ouvrir öffnen → _____ Öffne!

1.2 Verben der anderen Gruppen
Bei allen anderen Verben (auch den unregelmäßigen) entsprechen die Formen des Imperativs genau denen des Indikativ Präsens.

Auf Entdeckung
Ergänzen Sie die folgende Tabelle. (➡ **Lösungen**)

Infinitiv	Indikativ Präsens	Imperativ
finir beenden	tu finis nous finissons vous finissez	finis beende _____ beenden wir finissez beendet / beenden Sie
sortir (hin)ausgehen	tu sors nous sortons vous sortez	_____ geh raus _____ gehen wir raus sortez geht raus / gehen Sie raus
faire machen (unregelmäßiges Verb)	tu fais nous faisons vous faites	_____ mach _____ machen wir _____ macht / machen Sie

Beachten Sie
Bei der 2. Person Singular von aller (gehen) fehlt im Imperativ das -s. Die Formen von aller im Imperativ lauten: va geh, allons gehen wir, allez geht / gehen Sie.

Test 2
Leiten Sie von der Indikativ-Form die Imperativ-Form ab.
1. nous prenons wir nehmen → _____. Nehmen wir!
2. tu lis du liest → _____. Lies!
3. vous apprenez Sie lernen → _____. Lernen Sie!
4. tu reviens du kommst zurück → _____. Komm zurück!
5. tu vas du gehst / fährst → _____ plus vite. Fahr schneller!
6. nous voyons wir sehen → _____. Sehen wir mal!

21 Der Imperativ

1.3 Unregelmäßige Imperativ-Formen

Vier Verben bilden den Imperativ aus den Formen des subjonctif Präsens:

avoir haben	être sein	savoir wissen	vouloir wollen
aie hab(e)	sois sei	sache wisse	veuille wolle
ayons haben wir	soyons seien wir	sachons wissen wir	veuillons wollen wir
ayez habt / haben Sie	soyez seid / seien Sie	sachez wisst / wissen Sie	veuillez wollt / wollen Sie

Beachten Sie
- Das Verb vouloir wird vor allem in der 2. Person Plural verwendet. Die anderen Personen sind äußerst selten. Die folgenden Formulierungen finden sich häufig im Briefverkehr:
  Veuillez trouver ci-joint … Beigefügt finden Sie …
  Veuillez m'excuser … Bitte entschuldigen Sie mich …
  Veuillez agréer l'expression de mes meilleures salutations. Hochachtungsvoll
- Vouloir hat regelmäßige Imperativformen, die jedoch selten verwendet werden:
  Ne m'en veux pas. Nimm es mir nicht übel.
  Ne m'en voulez pas. Nehmen Sie es mir nicht übel.
  Voulons d'abord. Zuerst müssen wir wollen.

Test 3
Setzen Sie die passende Imperativ-Form ein.
1. _____ gentil. Sei lieb.
2. _____ que je ne viendrai pas. Sie sollen wissen, dass ich nicht kommen werde.
3. _____ me faire savoir si vous serez présent ou non. Bitte teilen Sie mir mit, ob Sie anwesend sein werden oder nicht.
4. N'_____ pas peur. Haben Sie keine Angst.
5. _____ prudents. Seid vorsichtig.

TIPP

Sie haben nun die wichtigsten Regeln über die Bildung des Imperativs gelernt. Bevor Sie sich mit dem nächsten Abschnitt befassen, sollten Sie das ➡ **Kapitel 9, Die Personal- und Reflexivpronomen** kennen.

Der Imperativ 21

2 Stellung der Pronomen beim Imperativ

Der Imperativ kann von Objekt- oder Reflexivpronomen begleitet werden. Für die Stellung der Pronomen im Imperativsatz ist es entscheidend, ob der Imperativ bejaht oder verneint ist. (➡ **Kapitel 9, Die Personal- und Reflexivpronomen, 2.1** und **2.2**)

2.1 Nachstellung beim bejahten Imperativ

Beim bejahten Imperativ steht das Verb an erster Stelle. Die Objektpronomen stehen hinter dem Verb. Diese Regel gilt ebenfalls für die reflexiven Verben im Imperativ.

nicht-reflexive Verben	reflexive Verben
Embrasse-**moi**. Küss mich! Prenons-**le**. Nehmen wir ihn! Attendez-**nous**. Wartet auf uns! Ecrivons-**lui**. Schreiben wir ihm!	Amuse-**toi** bien. Amüsier dich gut! Dépêchons-**nous**. Beeilen wir uns! Habillez-**vous** vite. Zieht euch schnell an!

Beachten Sie
– Das Objektpronomen oder das rückbezügliche Pronomen wird mit Bindestrich an das Verb angeschlossen.
– Im bejahten Imperativsatz wird anstelle von me und te die betonte Form moi und toi verwendet. (➡ **Kapitel 9, 3**)
 Donne-moi ça. Gib mir das!
 Regarde-toi. Schau dich an!

Test 4

Bilden Sie Imperativsätze wie im Beispiel.
Tu me réponds. Du antwortest mir. → Réponds-moi. Antworte mir!
1. Tu me téléphones demain. Du rufst mich morgen an.
 → _____ demain. Ruf mich morgen an!
2. Vous vous calmez. Sie beruhigen sich.
 → _____. Beruhigen Sie sich!
3. Tu te reposes un peu. Du erholst dich ein bisschen.
 → _____ un peu. Erhol dich ein bisschen!
4. Tu le regardes. Du siehst ihn an.
 → _____. Sieh ihn an!
5. Nous nous dépêchons. Wir beeilen uns.
 → _____. Beeilen wir uns!
6. Tu lui écris. Du schreibst ihm / ihr.
 → _____. Schreib ihm / ihr!

21 Der Imperativ

2.2 Voranstellung beim verneinten Imperativ

Die Personalpronomen stehen im verneinten Imperativ – wie im Aussagesatz – vor dem Verb: in der gleichen Form und in der gleichen Reihenfolge. (➔ **Kapitel 9, Die Personal- und Reflexivpronomen, 2**)

Nicht-Reflexivverben	Reflexivverben
Ne l'aide pas. Hilf ihm / ihr nicht! Ne le prenons pas. Nehmen wir ihn nicht! Ne m'attendez pas. Wartet nicht auf mich! Ne lui en donne pas. Gibt ihm nicht davon!	Ne te lève pas. Steh nicht auf! Ne nous pressons pas. Beeilen wir uns nicht! Ne vous inquiétez pas. Machen Sie sich keine Sorgen!

Beachten Sie
Die Verneinungspartikel, z. B. ne ... pas, rahmen die Gruppe Pronomen + Verb ein. Dieselbe Regel gilt ebenfalls für die reflexiven Verben im Imperativ.

Test 5
Verneinen Sie die bejahten Imperativsätze wie im Beispiel.
Téléphone-moi. Ruf mich an! → Ne me téléphone pas. Ruf mich nicht an!
1. Donne-le-lui. Gib es ihm! → _____. Gib es ihm nicht!
2. Attends-moi. Warte auf mich! → _____. Warte nicht auf mich!
3. Dépêchez-vous. Beeilen Sie sich! → _____. Beeilen Sie sich nicht!
4. Fais-le. Tu es ! → _____. Tu es nicht!
5. Prends-les. Nimm sie! → _____. Nimm sie nicht!

2.3 Besonderheiten bei den Pronomen en und y

Vor den Pronomen en oder y im bejahten Imperativ wird bei der 2. Person Singular zur Aussprachererleichterung das fehlende -s wieder hinzugefügt. Diese Regel betrifft ausschließlich die Verben auf -er und das Verb aller in der 2. Person Singular im bejahten Imperativ.

Imperativ	bejahter Imperativ mit en oder y
Achète du pain. Kauf Brot! Pense aux fleurs. Denk an die Blumen! Va vite à l'école. Geh schnell zur Schule!	Achètes-en. Kauf welches! Penses-y. Denk daran! Vas-y vite. Geh schnell hin!

Der Imperativ 21

Test 6
Bejahen Sie die verneinten Imperativsätze wie im Beispiel.
N'en parle pas. Sprich nicht darüber! → Parles-en. Sprich darüber!
1. Ne l'attends pas. Warte nicht auf sie! → _____. Warte auf sie!
2. N'en parlons pas. Sprechen wir nicht darüber! → _____. Sprechen wir darüber!
3. N'en envoie pas. Schicke keine! → _____. Schicke welche!
4. N'y va pas. Geh nicht hin! → _____. Geh hin!

3 Alternative Konstruktionen zum Imperativ

Wie das Deutsche verfügt auch das Französische über verschiedene Möglichkeiten, ein Ge- oder Verbot mehr oder weniger energisch auszudrücken. Neben dem Imperativ gibt es folgende Möglichkeiten:

1. der subjonctif als Ersatz für die 3. Person Singular und Plural	Qu'il fasse attention. Er soll aufpassen. Qu'ils fassent attention. Sie sollen aufpassen.
2. der Infinitiv für einen Befehl / ein Verbot ohne bestimmten Adressaten	Attendre ici. Hier warten. Ne pas marcher sur les pelouses. Rasen nicht betreten. Ne pas se pencher au dehors. Nicht hinauslehnen.
3. ein verbloser Satz für einen dringlichen Befehl	Silence ! Ruhe! Dehors ! Raus! Défense d'entrer. Eintritt verboten. Vite ! Schnell!
4. der Indikativ Präsens	Tu t'en vas maintenant ! Jetzt gehst du aber! Vous arrêtez tout de suite. Ihr hört jetzt gleich auf!
5. das Futur	Tu n'oublieras pas d'arroser les plantes. Du wirst doch nicht vergessen, die Pflanzen zu gießen!
6. eine Frage im Indikativ oder Konditional zur Formulierung einer höflichen Bitte	Tu peux ouvrir la fenêtre ? Kannst du das Fenster öffnen? Pourriez-vous m'aider, s'il vous plaît ? Könnten Sie mir helfen, bitte?

21 Der Imperativ

Beachten Sie

zu 1. Mit dem subjonctif wird der Befehl oder die Aufforderung nicht direkt an eine Person gerichtet, sondern über Dritte an diese Person übermittelt.
Qu'il entre. Er möge / soll reinkommen!
Qu'ils fassent ce qu'ils veulent. Sollen Sie doch machen, was sie wollen!

zu 2. Der Infinitiv drückt im Vergleich zum Imperativ einen abgeschwächten Befehl oder ein abgeschwächtes Verbot aus. In dieser Verwendung wird er oft wie im Deutschen bei Kochrezepten verwendet:
battre les blancs en neige ... die Eier zu Schaum schlagen ...

zu 5. Die zehn Gebote werden mit dem Futur ausgedrückt.
Tu ne tueras pas. Du sollst nicht töten.

 Test 7

Durch welche Struktur können Sie die folgenden Imperative ersetzen?
1. Ne stationnez pas. Parken Sie nicht.
   → Défense de stationner. Parken verboten.
2. Epluchez trois oignons. Schälen Sie drei Zwiebeln.
   → _____. Drei Zwiebeln schälen.
3. Ne mens pas. Lüge nicht!
   → _____. Du sollst nicht lügen.
4. Vous n'avez pas le droit de parler. Sie dürfen nicht sprechen.
   → _____. Sprechen verboten.
5. Il doit se décider vite. Er soll sich schnell entscheiden.
   → _____. Dass er sich schnell entscheide!
6. Apporte-moi un thé, s'il te plaît. Bring mir bitte einen Tee.
   → _____. Kannst du mir einen Tee bringen, bitte.

TIPP

Wenn Sie erst angefangen haben Französisch zu lernen, können Sie den folgenden Abschnitt zu einem späteren Zeitpunkt erarbeiten und direkt zu den Kontrollaufgaben gehen.

Der Imperativ **21**

4 Der Imperativ der Vergangenheit (*impératif passé*)

Anders als im Deutschen gibt es für den Imperativ im Französischen eine Zeit der Vergangenheit:
Ayez terminé votre travail avant six heures. Ihr sollt mit eurer Arbeit vor sechs Uhr fertig sein.
Soyez rentrés avant minuit. Ihr müsst vor Mitternacht zurück sein.

4.1 Bildung

Diese Zeit wird regelmäßig gebildet mit den Hilfsverben être (sein) oder avoir (haben) im Imperativ Präsens (d.h. im subjonctif Präsens) und dem Partizip Perfekt des jeweiligen Verbs.

mit avoir	
2. Person Singular	Aie fini avant que je rentre. Du musst fertig sein, bevor ich zurück bin.
1. Person Plural	Ayons fini avant qu'il rentre. Wir müssen fertig sein, bevor er zurückkommt.
2. Person Plural	Ayez fini avant qu'il rentre. Ihr müsst / Sie müssen fertig sein, bevor er zurückkommt.
mit être	
2. Person Singular	Sois rentré(e) avant minuit. Du musst vor Mitternacht zurück sein.
1. Person Plural	Soyons rentré(e)s avant qu'il n'arrive. Wir müssen zurück sein, bevor er kommt.
2. Person Plural	Soyez rentré(e/s) avant minuit. Ihr müsst / Sie müssen vor Mitternacht zurück sein.

4.2 Gebrauch

Wird die Handlung im Imperativsatz als vollzogen betrachtet, so benutzt man diese zusammengesetzte Form des Imperativs.
Ayez rangé votre chambre avant ce soir. Ihr sollt euere Zimmer vor heute Abend aufgeräumt haben.

Beachten Sie
Diese Form wird jedoch selten verwendet. Die Umgangssprache bevorzugt Umschreibungen mit essayer / tâcher de versuchen zu.

21 Der Imperativ

Sois rentré avant six heures. Du musst vor 6 Uhr zurück sein. → Tâche de rentrer avant six heures.
Ayez fini avant ce soir. Dass ihr vor heute Abend fertig seid! Essayez d'avoir fini avant ce soir.

 Test 8
Wie könnten die folgenden Sätze ins Deutsche übertragen werden?
1. Soyez partis avant ce soir. _____
2. Ayez terminé avant midi. _____
3. Tu peux sortir, mais sois revenu avant midi. _____

Auf den Punkt gebracht

1. (→ Was Sie vorab wissen sollten)
Kreuzen Sie ja oder nein an.   ja   nein
1. Der Imperativ drückt Befehle und Verbote aus.   ☐   ☐
2. Im Französischen endet der Imperativsatz mit einem
   Ausrufezeichen.   ☐   ☐

2. (→ 1.1 und → 1.2)
1. Die Formen des Imperativs für das Verb parler lauten:
   parl___ sprich, parl___ sprechen wir, parl___ sprecht / sprechen Sie.
2. Die Formen des Imperativs für das Verb faire lauten:
   fai___ mach, fai___ machen wir, fai___ macht / machen Sie.
3. Die Formen des Imperativs für das Verb aller lauten:
   _____ geh, _____ gehen wir, _____ geht / gehen Sie.

3. (→ 1.3)
Setzen Sie die Imperativ-Formen der 2. Person Plural (von être sein, avoir haben und vouloir wollen) ein.
1. _____ attentifs. Seid aufmerksam!
2. _____ de la patience. Habt Geduld!
3. _____ fermer vos livres. Bitte, schließt eure Bücher!

Der Imperativ 21

4. (➞ 2)
Kreuzen Sie „vor" oder „hinter" an und setzen Sie die Pronomen an der richtigen Stelle ein.

	vor	hinter	
1. Beim verneinten Imperativ steht das Pronomen (lui) Ne le ___ donne___ pas. Gib es ihm nicht!	☐	☐	dem Verb.
2. Beim bejahten Imperativ steht das Pronomen (moi) ___excusez___. Entschuldigen Sie!	☐	☐	dem Verb.
3. Bei den Reflexivverben steht das Pronomen beim bejahten Imperativ ___ reposez___ bien. Erholen Sie sich gut!	☐	☐	dem Verb.

5. (➞ 3)
Kreuzen Sie ja oder nein an.

	ja	nein
1. Ein Befehl ohne bestimmten Adressaten wird im Französischen mit dem subjonctif formuliert.	☐	☐
2. Ein Befehl ohne bestimmten Adressaten wird im Französischen mit dem Infinitiv formuliert.	☐	☐
3. Der Infinitiv drückt einen sehr eindringlichen Befehl aus.	☐	☐

6. (➞ 4)
Kreuzen Sie ja oder nein an.

	ja	nein
1. Der Imperativ hat ebenfalls eine Form für die Vergangenheit.	☐	☐
2. Der impératif passé wird häufig verwendet.	☐	☐
3. Der impératif passé wird regelmäßig gebildet.	☐	☐

22 Die Zeitenfolge

Der Nebensatz ist vom Hauptsatz abhängig (➡ **Kapitel 27, Satzbau und Satzgefüge, 5.2**). Diese Abhängigkeit wirkt sich auf den Gebrauch der Zeiten und Modi im Nebensatz aus. In diesem Kapitel geht es um den korrekten Gebrauch der Zeitformen im Satzgefüge.

> **TIPP**
>
> Bevor Sie mit diesem Kapitel beginnen, sollten Sie die Kapitel über das Verb (➡ **Kapitel 16–20**) erarbeitet haben.

1 Kriterien zur Wahl der Zeiten und Modi im Nebensatz

Was Sie vorab wissen sollten
Entscheidend für die Wahl des Modus und des Tempus im Nebensatz sind die folgenden Faktoren:
1. Ob im Hauptsatz ein „subjonctif-Auslöser" steht oder nicht (➡ **1.1**).
2. In welcher Zeit das Verb im Hauptsatz steht (➡ **1.2.1**).
3. Welches Zeitverhältnis zwischen der Handlung im Hauptsatz und der im Nebensatz besteht: Verläuft die Handlung im Nebensatz gleich-, vor- oder nachzeitig zur Handlung im Hauptsatz? (➡ **1.2.2**)

1.1 Wahl des Modus im Nebensatz

Im Nebensatz steht in den meisten Fällen der Indikativ. Bestimmte Verben, Ausdrücke oder Konjunktionen im Hauptsatz erfordern jedoch den subjonctif im Nebensatz. Diese so genannten „subjonctif-Auslöser" sind in ➡ **Kapitel 20**, Der *subjonctif*, 2.1–2.3 ausführlich dargestellt.
Verb: **Je souhaite que** vous réussissiez. Ich wünsche, dass Sie Erfolg haben.
Ausdruck: **Il est important que** nous réagissions vite. Es ist wichtig, dass wir schnell reagieren.
Konjunktion: Je viendrai **bien que** je n'aie pas beaucoup de temps. Ich werde kommen, obwohl ich nicht viel Zeit habe.

Die Zeitenfolge 22

Test 1
Indikativ oder subjonctif? Markieren Sie die richtige Möglichkeit.
1. J'exige que (tu es / tu sois) présente. Ich verlange, dass du anwesend bist.
2. J'espère que (tu répondras / tu répondes) à mon mail. Ich hoffe, dass du auf meine Mail antworten wirst.
3. Il faut que (tu sais / tu saches) que je ne suis pas d'accord. Du musst wissen, dass ich nicht einverstanden bin.
4. Je suis parti avant que Paul (n'est / ne soit) rentré. Ich bin weggegangen, bevor Paul zurückgekommen ist.
5. Il dit qu'il ne (comprend / comprenne) pas ta réaction. Er sagt, dass er deine Reaktion nicht versteht.
6. Je trouve normal que la police (est / soit) intervenue. Ich finde es normal, dass die Polizei eingegriffen hat.

1.2 Wahl der Zeit im Nebensatz

Die Zeit des Verbs im Nebensatz ist abhängig von der Zeit des Verbs im Hauptsatz und vom Zeitverhältnis zwischen Haupt- und Nebensatz. Die folgenden Kriterien gelten für alle Nebensätze.

1.2.1 Zeit des Verbs im Hauptsatz
Die Zeit des Verbs im Hauptsatz bestimmt die Zeit des Verbs im Nebensatz. Man unterscheidet zwischen
- Zeiten der Gegenwartsgruppe (présent und futur) und
- Zeiten der Vergangenheitsgruppe (imparfait, passé composé, passé simple, plus-que-parfait, passé antérieur und conditionnel).

1.2.2 Zeitverhältnis zwischen Haupt- und Nebensatz
Haupt- und Nebensatz stehen in einem bestimmten Zeitverhältnis, das man wie folgt erfassen kann:
- Gleichzeitigkeit
  Die Handlung im Haupt- und Nebensatz findet zur gleichen Zeit statt.
  Je **sais** que tu **travailles**. Ich **weiß**, dass du **arbeitest**.
- Vorzeitigkeit
  Die Handlung im Nebensatz liegt weiter zurück in der Vergangenheit als die Handlung im Hauptsatz.
  Je **sais** que **tu as travaillé**. Ich **weiß**, dass du **gearbeitet hast**.
- Nachzeitigkeit
  Die Handlung im Nebensatz findet nach der Handlung im Hauptsatz statt.
  Je **sais** que tu **travailleras**. Ich **weiß**, dass du **arbeiten wirst**.

22 Die Zeitenfolge

 Test 2

Findet die Handlung im Nebensatz während (w), nach (n) oder vor (v) der Handlung im Hauptsatz statt? Tragen Sie den entsprechenden Buchstaben ein.
Beispiel: Je veux qu'il **vienne** demain. Ich will, dass er morgen kommt. n
1. Il dit qu'il **rentrera** tard. Er sagt, dass er spät heimkommen wird. __
2. Je suis heureuse que tu **sois** là. Ich freue mich, dass du da bist. __
3. Souhaitons qu'il **ait réussi**. Hoffen wir, dass er es geschafft hat. __
4. J'espère que vous **allez** bien. Ich hoffe, dass es Ihnen gut geht. __
5. Je sais qu'il **a été** malade. Ich weiß, dass er krank gewesen ist. __
6. Je ne crois pas qu'il **viendra**. Ich glaube nicht, dass er kommen wird. __

TIPP

Wenn Sie erst angefangen haben Französisch zu lernen und den subjonctif noch nicht kennen, können Sie direkt zu Abschnitt ➡ 3 gehen und Abschnitt ➡ 2 zu einem späteren Zeitpunkt erarbeiten.

---

2 Die Zeitenfolge in *subjonctif*-Sätzen

Welche Zeit in einem Nebensatz mit subjonctif verwendet wird, hängt von der Zeit des Verbs im Hauptsatz sowie vom Zeitverhältnis zwischen Haupt- und Nebensatz ab (➡ 1.2).

2.1 Verbform der Gegenwartsgruppe im Hauptsatz

Steht das Verb im Hauptsatz im Präsens oder Futur, so erscheint im Nebensatz je nach Zeitverhältnis (Gleich-, Nach- oder Vorzeitigkeit) der subjonctif présent oder passé:

Subjonctif présent im Nebensatz bei Gleichzeitigkeit oder Nachzeitigkeit	Subjonctif passé im Nebensatz bei Vorzeitigkeit
Je **souhaite** qu'il **fasse** son travail. Ich wünsche, dass er seine Arbeit macht. J'**attendrai** qu'il **parte**. Ich werde warten, bis er weggeht.	Je **souhaite** qu'il **ait fait** son travail. Ich wünsche, dass er seine Arbeit gemacht hat. J'**attendrai** qu'il **soit parti**. Ich werde warten, bis er weggegangen ist.

368 *2 Die Zeitenfolge in subjonctif-Sätzen*

Die Zeitenfolge 22

Beachten Sie
- Die zusammengesetzte Verbform drückt immer eine Vorzeitigkeit aus. Der Vorgang ist zu einem bestimmten Zeitpunkt bereits abgeschlossen:
  Je sortirai dès que le facteur sera passé. Ich werde gehen, sobald der Briefträger gekommen ist.
- Die oben genannte Regel gilt ebenfalls, wenn das Verb im Hauptsatz im Imperativ steht.
  Gleich- / Nachzeitigkeit → subjonctif présent: Souhaitons qu'il **vienne**. Hoffen wir, dass er kommt.
  Vorzeitigkeit → subjonctif passé: Souhaitons qu'il **soit venu**. Hoffen wir, dass er gekommen ist.

Test 3

Findet die Handlung im Nebensatz gleichzeitig (g), nachzeitig (n) oder vorzeitig (v) statt? Kreuzen Sie den entsprechenden Buchstaben an.   g n v
1. Je souhaite que tu sois heureux là-bas. Ich wünsche dir, dass du dort glücklich bist. ☐ ☐ ☐
2. Elle regrette beaucoup que vous ne puissiez pas venir demain. Sie bedauert sehr, dass Sie morgen nicht kommen können. ☐ ☐ ☐
3. C'est une chance que tu aies trouvé si vite une chambre. Es ist ein Glück, dass du so schnell ein Zimmer gefunden hast. ☐ ☐ ☐
4. Je ne comprends pas qu'il ne soit pas là. Ich verstehe nicht, dass er nicht da ist. ☐ ☐ ☐
5. Je ne pense pas qu'il soit déjà parti. Ich denke nicht, dass er schon weggegangen ist. ☐ ☐ ☐
6. Je suis déçu que tu dises cela. Ich bin enttäuscht, dass du das sagst. ☐ ☐ ☐

2.2 Verbform der Vergangenheitsgruppe im Hauptsatz

Steht im Hauptsatz das Verb in einer Zeit der Vergangenheit, unterscheidet man je nach Sprachniveau
- die umgangssprachliche Ebene für den mündlichen und schriftlichen alltäglichen Sprachgebrauch
  und
- den gehobenen und literarischen Sprachgebrauch.

2.2.1 Alltäglicher Sprachgebrauch
Das in der Umgangssprache verwendete Modell der Zeitenfolge stellt eine Vereinfachung des klassischen Modells dar.

22 Die Zeitenfolge

Auf Entdeckung
Lesen Sie die folgenden Beispiele.

Verb im Hauptsatz	Gleichzeitigkeit oder Nachzeitigkeit	Vorzeitigkeit
imparfait	Je souhaitais qu'il téléphone. Ich wünschte, dass er anruft.	Je souhaitais qu'il **ait** téléphoné. Ich wünschte, dass er angerufen hätte.
Perfekt	J'ai souhaité qu'il téléphone. Ich habe gewünscht, dass er anruft.	J'ai souhaité qu'il **ait** téléphoné. Ich habe gewünscht, dass er angerufen hätte.
conditionnel	Je souhaiterais qu'il téléphone. Ich würde wünschen, dass er anruft.	Je souhaiterais qu'il **ait** téléphoné. Ich würde wünschen, dass er angerufen hätte.

Kreuzen Sie ja oder nein an.   ja   nein
1. Steht das Verb im Hauptsatz in einer Zeit der Vergangenheit, kann im Nebensatz der subjonctif présent oder passé stehen. ☐ ☐
2. Gleichzeitigkeit wird mit dem subjonctif présent ausgedrückt. ☐ ☐
3. Vorzeitigkeit wird mit dem subjonctif passé ausgedrückt. ☐ ☐
4. Nachzeitigkeit wird mit dem subjonctif passé ausgedrückt. ☐ ☐

Beachten Sie
Die Zeitenfolge im subjonctif reduziert sich im Alltagsgebrauch auf zwei Zeiten: subjonctif présent und subjonctif passé, weil die anderen Zeiten des subjonctif (subjonctif imparfait und subjonctif plus-que-parfait) in der Umgangssprache nicht mehr vorkommen.

Test 4
Markieren Sie die richtige Möglichkeit.
1. Il a fallu que nous (fassions / ayons fait) attention. Wir mussten aufpassen.
2. Je voulais qu'il (fasse / ait fait) du sport. Ich wollte, dass er Sport machte.
3. Je souhaitais qu'il (réussisse / ait réussi). Ich wünschte, dass er es geschafft hatte.
4. Il faudrait que vous (révisiez / ayez révisé) le subjonctif avant demain. Sie sollten bis morgen den *subjonctif* wiederholt haben.
5. Quoiqu'elle (fasse / ait fait) tout son possible, elle n'a pas eu le poste. Obwohl sie ihr Möglichstes getan hatte, hat sie die Stelle nicht bekommen.

Die Zeitenfolge 22

> **TIPP**
>
> Den folgenden Abschnitt können Sie nur erarbeiten, wenn Sie den subjonctif imparfait und plus-que-parfait bereits kennen. Sollte das nicht der Fall sein, können Sie gleich zu ➡ 3 gehen.

2.2.2 Gehobener Sprachgebrauch

Steht das Verb im Hauptsatz in einer Zeit der Vergangenheit (imparfait, passé simple, passé composé, plus-que-parfait oder passé antérieur), so steht je nach dem Zeitverhältnis der subjonctif imparfait oder plus-que-parfait im Nebensatz.

subjonctif imparfait (Gleichzeitigkeit oder (Nachzeitigkeit)	subjonctif plus-que-parfait (Vorzeitigkeit)
Il souhaitait qu'elle **réussît**. Er wünschte, dass sie Erfolg hatte. Il avait souhaité qu'elle **vînt**. Er hatte gewünscht, dass sie kam.	Il souhaitait qu'elle **eût réussi**. Er wünschte, dass sie Erfolg gehabt hatte. Il avait souhaité qu'elle **fût venu**. Er hatte gewünscht, dass sie gekommen war.

Beachten Sie
- Diese Zeitenfolge wird sogar im gehobenen Sprachgebrauch nur noch in der 3. Person angewandt.
- Das Verhältnis subjonctif imparfait / subjonctif plus-que-parfait beruht auf dem Aspektunterschied „nicht abgeschlossen" / „abgeschlossen":
  Il avait redouté qu'elle n'entrât. Er hatte befürchtet, dass sie hereinkäme.
  Il avait craint qu'elle ne l'eût mal compris. Er hatte befürchtet, dass sie ihn missverstanden hätte.

Test 5

Ersetzen Sie die unterstrichene Verbform durch die entsprechende umgangssprachliche Form.
J'aurais aimé qu'il <u>apprît</u> sa leçon. → J'aurais aimé qu'il apprenne sa leçon.
Ich wollte, dass er seine Lektion lernt.
1. C'était avant qu'il ne <u>fît</u> sa sieste. → C'était avant qu'il ne _____ sa sieste. Es war, bevor er seinen Mittagsschlaf machte.
2. Il fallait absolument qu'elle fût informée. Sie musste unbedingt informiert werden. → Il fallait absolument qu'elle _____ informée.
3. Il voulait que son fils fît du latin. → Il voulait que son fils _____ du latin. Er wollte, dass sein Sohn Latein lernte.
4. Il ne comprenait pas qu'elle eût pu s'échapper. → Il ne comprenait pas qu'elle _____ s'échapper. Er verstand nicht, dass sie entkommen konnte.

Die Zeitenfolge

3 Zeitenfolge in der indirekten Rede

Die indirekte Rede ist die nicht-wörtliche Wiedergabe einer Aussage.

Auf Entdeckung
Lesen Sie die folgenden Sätze und leiten Sie anschließend die unten stehenden Regeln ab.

> 1. Pierre dit qu'il est prêt. Pierre sagt, dass er fertig sei.
> 2. Elle prétend qu'elle n'est pas au courant. Sie behauptet, dass sie nicht informiert sei.
> 3. Elle dit qu'elle a compris. Sie sagt, dass sie verstanden habe.

Markieren Sie die richtige Aussage (➡ **Lösungen**).
1. Die indirekte Rede steht im (Hauptsatz / Nebensatz).
2. Zwischen Haupt- und Nebensatz steht (ein / kein) Komma.
3. In der indirekten Rede steht im Französischen der (Indikativ / subjonctif).

Beachten Sie
– In diesem Abschnitt geht es nur um die Zeitenfolge in der indirekten Rede. Weitere Informationen über die Bildung der indirekten Rede und der indirekten Frage finden Sie in ➡ **Kapitel 27, Satzbau und Satzgefüge, 5.3**.
– Welche Zeit in der indirekten Rede verwendet wird, hängt von der Zeit des Verbs im Hauptsatz sowie vom Zeitverhältnis zwischen Haupt- und Nebensatz ab. Die folgenden Regeln gelten sowohl für die indirekte Rede als auch für die indirekte Frage.

3.1 Zeit der Gegenwartsgruppe im Hauptsatz

Steht das Verb im Hauptsatz im Präsens oder Futur, wird die Zeit der direkten Rede ohne Änderung in die indirekte Rede übernommen. Hier einige Beispiele:

direkte Rede Il dit : « ... » Er sagt: „...“	indirekte Rede Il dit que ... Er sagt, dass ...
– Präsens « Je **suis** malade. » „Ich bin krank."	→ Präsens (Gleichzeitigkeit) Il dit qu'il **est** malade. Er sagt, dass er krank sei.
– Futur « Je ne **viendrai** pas. » „Ich werde nicht kommen."	→ Futur (Nachzeitigkeit) Il dit qu'il ne **viendra** pas. Er sagt, dass er nicht kommen werde.

Die Zeitenfolge 22

- Perfekt
  « J'**ai pris** le bus. » „Ich habe den Bus genommen."
- conditionnel I
  « Je **serais** très heureux de faire votre connaissance. » „Ich wäre sehr glücklich, Ihre Bekanntschaft zu machen."
- subjonctif
  « Il **faut** que j'**aille** chez le dentiste. » „Ich muss zum Zahnarzt gehen."

→ Perfekt (Vorzeitigkeit)
  Il dit qu'il **a pris** le bus. Er sagt, dass er den Bus genommen habe.
→ conditionnel I (Nachzeitigkeit)
  Il dit qu'il **serait** très heureux de faire votre connaissance. Er sagt, dass er sehr glücklich wäre, Ihre Bekanntschaft zu machen.
→ subjonctif présent
  Il dit qu'il **faut** qu'il **aille** chez le dentiste. Er sagt, dass er zum Zahnarzt gehen müsse.

Test 6

Ergänzen Sie die folgende Tabelle mit den fehlenden Formen der direkten oder indirekten Rede.

direkte Rede	indirekte Rede
« J'ai mal aux dents. » „Ich habe Zahnschmerzen."	Anne dit qu'_____. Anne sagt, dass sie Zahnschmezen habe.
« _____. » „Ich werde morgen kommen. "	Pierre dit qu'il viendra demain. Pierre sagt, dass er morgen kommen werde.
« Je téléphonerai demain. » „Ich werde morgen anrufen."	Léa dit qu'_____. Lea sagt, dass sie morgen anrufen werde.
« _____. » „ Ich habe meine Papiere verloren."	Félix dit qu'il a perdu ses papiers. Félix sagt, dass er seine Papiere verloren habe.
« _____. » „Ich war gestern krank."	Léo prétend qu'il était malade hier. Léo behauptet, dass er gestern krank gewesen sei.
« J'aimerais être au bord de la mer. » „Ich wäre gern am Meer."	Hugo dit qu'_____. Hugo sagt, dass er gern am Meer wäre.

3 Zeitenfolge in der indirekten Rede

22 Die Zeitenfolge

3.2 Zeit der Vergangenheitsgruppe im Hauptsatz

Steht das Verb im Hauptsatz in einer Zeit der Vergangenheit, so gilt folgende Zeitenfolge:

direkte Rede Il a dit : « ... » Er hat gesagt: „..."	indirekte Rede Il a dit que ... Er hat gesagt, dass ...
– Präsens « Je **suis** d'accord. » „Ich bin einverstanden."	→ imparfait Il a dit qu'il **était** d'accord. Er hat gesagt, dass er einverstanden sei.
– Perfekt « J'**ai accepté** tout de suite. » „Ich habe sofort zugesagt."	→ plus-que-parfait Il a dit qu'il **avait accepté** tout de suite. Er hat gesagt, dass er sofort zugesagt habe.
– Futur « Je **serai** à l'heure. » „Ich werde pünktlich sein."	→ conditionnel I Il a dit qu'il **serait** à l'heure. Er hat gesagt, dass er pünktlich sein werde.
– Futur II « J'**aurai fini** avant ce soir. » „Ich werde vor heute Abend fertig sein."	→ conditionnel II Il a dit qu'il **aurait fini** avant ce soir. Er hat gesagt, dass er vor heute Abend fertig sein werde.
– subjonctif présent « Il faut que je **parte** tout de suite. » „Ich muss sofort weg."	→ subjonctif imparfait Il a dit qu'il fallait qu'il **partît** tout de suite. Er hat gesagt, dass er sofort weg müsse. (gehobener Sprachgebrauch)
– subjonctif passé « Il faut que j'**aie fini** avant 9 heures. » „Ich muss vor 9 Uhr fertig sein."	→ subjonctif plus-que-parfait Il a dit qu'il fallait qu'il **eût fini** avant 9 heures. Er hat gesagt, dass er vor 9 Uhr fertig sein müsse. (gehobener Sprachgebrauch)

Beachten Sie
– Präsens, Futur, passé composé, passé simple und passé antérieur kommen in der indirekten Rede nicht vor. Im Alltagsfranzösisch wird jedoch diese Regel nicht immer befolgt:
Il m'a dit : « J'ai déménagé en juin. » Er hat mir gesagt: „Ich bin im Juni umgezogen." → Il m'a dit qu'il a déménagé en juin.

Die Zeitenfolge

- Imparfait, plus-que-parfait und conditionnel werden unverändert übernommen:
  Il a dit : Er hat gesagt:
  « J'**étais** malade hier. » „Ich war gestern krank." → Il a dit qu'il **était** malade hier. Er hat gesagt, dass er gestern krank gewesen sei.
  « J'**étais arrivé** à l'heure. » „Ich war pünktlich gekommen." → Il a dit qu'il **était arrivé** à l'heure. Er hat gesagt, dass er pünktlich gekommen sei.
  « Ce **serait** super, si ça marche. » „Es wäre super, wenn es klappt." → Il a dit que ce **serait** super si ça marchait. Er hat gesagt, dass es super wäre, wenn es klappen würde.
- Weil der subjonctif imparfait im Französischen kaum noch verwendet wird, steht in der indirekten Rede meist der subjonctif présent (➡ **2.2.1**):
  Il m'a dit : « Je veux que tu viennes tout de suite. » Er hat mir gesagt: „Ich will, dass du sofort kommst." → Il m'a dit qu'il voulait que je vienne tout de suite. Er hat mir gesagt, er wolle, dass ich sofort komme.

Test 7

Leiten Sie nach den Regeln der Zeitenfolge die indirekte Rede von der direkten Rede ab. Das einleitende Verb steht im passé composé.
J'ai rencontré Lise. Elle m'a dit : Ich habe Lise getroffen. Sie hat mir gesagt:
1. « Je suis restée à la maison hier soir. » „Ich bin gestern Abend zu Hause geblieben." → Elle m'a dit qu'_____ à la maison. Sie hat mir gesagt, dass sie zu Hause geblieben sei.
2. « J'avais rendez-vous avec Alain mais il n'est pas venu. » „Ich war mit Alain verabredet, aber er ist nicht gekommen." → Elle m'a dit qu' _____ _____ rendez-vous avec Alain mais qu'_____ _____. Sie hat gesagt, dass sie mit Alain verabredet war, aber dass er nicht gekommen sei.
3. « Il n'a même pas téléphoné. » „Er hat nicht mal angerufen." → Elle a dit qu' _____. Sie hat gesagt, dass er nicht mal angerufen habe.
4. « Je vais lui téléphoner demain. » „Ich werde ihn morgen anrufen." → Elle a dit qu'_____ demain. Sie hat gesagt, dass sie ihn morgen anrufen werde.
5. « Je suis furieuse. » „ Ich bin wütend." → Elle a dit qu'elle _____ furieuse. Sie hat gesagt, dass sie wütend sei.
6. « La prochaine fois, je ferai attention. » „Nächstes Mal werde ich aufpassen." → Elle a dit que la prochaine fois _____. Sie hat gesagt, dass sie nächstes Mal aufpassen werde.

4 Zeitenfolge in Bedingungssätzen

Was Sie vorab wissen sollten
- Der Bedingungssatz (auch „Konditionalsatz" genannt) nennt im Nebensatz die Bedingungen, unter denen sich die Handlung im Hauptsatz vollziehen könnte:
  On peut rentrer, **si tu veux**. Wir können nach Hause gehen, **wenn du willst**.
- Bedingungssätze werden im Französischen meist durch die Konjunktion si (wenn / falls) eingeleitet. Die folgenden Regeln gelten für Nebensätze, die durch si eingeleitet werden. Weitere Konjunktionen oder Konjunktionalausdrücke, die einen Bedingungssatz einleiten, finden Sie in Abschnitt ➡ **4.3**.
- Si und quand werden im Deutschen beide mit „wenn" wiedergegeben. Si drückt eine Bedingung aus und ist immer durch „falls" zu ersetzen, quand wird dagegen rein temporal gebraucht.
  Informationen über die verschiedenen Bedeutungen und den Gebrauch von si finden Sie in ➡ **Kapitel 30, Die Konjunktionen, 2.5**.

Auf Entdeckung
Lesen Sie die folgenden Beispiele und leiten Sie die unten stehenden Regeln ab.
1. Je viendrai si j'ai le temps. Ich werde kommen, wenn ich Zeit habe.
2. Si tu veux, on peut aller au cinéma ce soir. Wenn du willst, können wir heute Abend ins Kino gehen.
3. Si j'avais le temps, je suivrais un cours de danse. Wenn ich Zeit hätte, würde ich einen Tanzkurs machen.
4. Je serais venu plus tôt si j'avais su. Ich wäre früher gekommen, wenn ich es gewusst hätte.

Kreuzen Sie ja oder nein an. (➡ **Lösungen**)　　　　　　　　　ja　nein
1. Der Nebensatz (mit si) kann vor- oder nachgestellt werden.　　☐　☐
2. Wie im Deutschen werden Haupt- und Nebensatz in jedem
   Fall durch ein Komma getrennt.　　　　　　　　　　　　　　☐　☐
3. Steht der Nebensatz am Anfang, so wird er vom Hauptsatz
   durch ein Komma getrennt.　　　　　　　　　　　　　　　　☐　☐
4. Im si-Satz steht der Indikativ.　　　　　　　　　　　　　　　☐　☐

Wie im Deutschen unterscheidet man zwischen
- **realen Bedingungssätzen**, bei denen die Bedingung erfüllbar ist:
  Je viendrai si j'ai le temps. Ich werde kommen, wenn ich Zeit habe.
  und
- **irrealen Bedingungssätzen**, bei denen die Bedingung nicht oder nicht mehr erfüllbar ist:
  Si j'avais su, je n'aurais rien dit. Wenn ich es gewusst hätte, hätte ich nichts gesagt.

Die Zeitenfolge 22

4.1 Der reale Bedingungssatz (reale Hypothese)

Der reale Bedingungssatz bezieht sich auf die Gegenwart oder die Zukunft:
Die Bedingung kann noch erfüllt werden.
Es gilt die gleiche Zeitenfolge wie im Deutschen:
Steht im Hauptsatz eine Zeit der Gegenwartsgruppe (Präsens oder Futur) oder der Imperativ, so steht das Verb im Nebensatz im Präsens oder passé composé.
J'y **vais** si tu y **vas**. Ich **gehe** hin, wenn du **hingehst**.
J'**irai** si tu y **vas**. Ich **werde hingehen**, wenn du hingehst.
Vas-y si tu **veux** y aller. **Geh** hin, wenn du hingehen **willst**.
Tu **peux** y aller si tu **as fait** tes devoirs. Du **kannst** hingehen, wenn du deine Hausaufgaben **gemacht hast**.

Test 8
Verbinden Sie Haupt- und Nebensatz.

1. Le séminaire sera annulé Das Seminar wird abgesagt (werden),	si la tienne est en panne. wenn deins eine Panne hat.
2. Je viendrai te chercher à la gare Ich werde dich vom Bahnhof abholen,	si tu n'y arrives pas. wenn du es nicht schaffst.
3. Je peux t'aider Ich kann dir helfen,	s'il n'y a pas assez de participants. wenn es nicht genug Teilnehmer gibt.
4. Nous changerons de stratégie Wir werden unsere Strategie ändern,	si tu as le temps. wenn du Zeit hast.
5. Passe me voir Besuche mich,	si tu viens en train. wenn du mit dem Zug kommst.
6. Je peux te prêter ma voiture Ich kann dir mein Auto leihen,	s'il le faut. wenn es sein muss.

TIPP

Bevor Sie den nächsten Abschnitt erarbeiten, sollten Sie unbedingt
➡ **Kapitel 19, Das *conditionnel*** kennen.

22 Die Zeitenfolge

4.2 Der irreale Bedingungssatz (irreale Hypothese)

Man unterscheidet je nach Erfüllbarkeitsgrad der Bedingung zwischen dem
- irrealen Bedingungssatz der Gegenwart (➡ 4.2.1)
und dem
- irrealen Bedingungssatz der Vergangenheit (➡ 4.2.2).

4.2.1 Der irreale Bedingungssatz der Gegenwart
Beim irrealen Bedingungssatz der Gegenwart ist die Bedingung, die sich auf die Gegenwart oder die Zukunft bezieht, entweder erfüllbar oder nicht erfüllbar.
Es gilt in beiden Fällen die folgende Zeitenfolge:
Im si-Satz steht das imparfait und im Hauptsatz das conditionnel I.
- Die Bedingung ist noch erfüllbar:
  S'il **pleuvait** demain, nous **resterions** à la maison. Wenn es morgen regnen würde, blieben wir zu Hause.
- Die Bedingung ist nicht erfüllbar:
  Si j'**avais** le choix, je **prendrais** celui-ci. Wenn ich die Wahl hätte, würde ich dieses nehmen.

Beachten Sie
Anders als im Deutschen steht das conditionnel niemals im si-Satz. Vergleichen Sie die beiden Sprachen:
Si je le savais, je te le dirais. Wenn ich es wüsste, würde ich es dir sagen.

4.2.2 Der irreale Bedingungssatz der Vergangenheit
Beim irrealen Bedingungssatz der Vergangenheit bezieht sich die Bedingung auf die Vergangenheit: Die Bedingung wurde nicht erfüllt und ist nicht mehr erfüllbar. Bedauern ist oft daraus hörbar.

Es gilt in diesem Fall die folgende Zeitenfolge:
Im si-Satz steht das plus-que-parfait und im Hauptsatz das conditionnel I / II:
Si je m'**étais couché** plus tôt, je **serais** moins fatigué aujourd'hui. Wenn ich früher ins Bett **gegangen wäre**, **wäre** ich heute nicht so müde.
Si Julien **avait travaillé** plus, il **aurait réussi** ses examens. Wenn Julien mehr **gearbeitet hätte**, **hätte** er seine Prüfungen **bestanden**.

Test 9
Markieren Sie die richtige Lösung.
1. Si tu (étais / serais) d'accord, nous (pourrions / aurions pu) aller en Corse. Wenn du einverstanden wärst, könnten wir nach Korsika fahren.
2. Si (j'avais / j'avais eu) ton numéro de téléphone, je t'(avais / aurais) téléphoné. Wenn ich deine Telefonnummer gehabt hätte, hätte ich dich angerufen.

Die Zeitenfolge

3. Si tu (essaierais / essayais) vraiment, tu (réussissais / réussirais). Wenn du es wirklich versuchen würdest, würdest du es schaffen.
4. Si tu (voulais / avais voulu), tu (gagnerais / aurais gagné). Wenn du gewollt hättest, hättest du gewonnen.
5. Si tu (aurais / avais) écouté, tu (comprendrais / aurais compris). Wenn du zugehört hättest, hättest du es verstanden.
6. Si je (gagnais / gagnerais) au loto, j'(achèterais / aurais acheté) un bateau. Wenn ich im Lotto gewinnen würde, würde ich ein Boot kaufen.

4.3 Weitere konditionale Konstruktionen

Die folgenden Konjunktionen oder Ausdrücke können ebenfalls Bedingungssätze einleiten (➠ **Kapitel 30, Die Konjunktionen, 2.3.2 und 2.5.1**). Die Liste ist nicht vollständig:

– mit Indikativ même si auch wenn sauf si / excepté si außer wenn	**Même si** je le **voulais**, je ne pourrais rien te dire. Auch wenn ich es wollte, könnte ich dir nichts sagen. Je viens **sauf s'**il **pleut**. Ich komme, außer wenn es regnet.
– mit subjonctif à condition que unter der Bedingung, dass à moins que es sei denn à supposer que / supposé que angenommen (, dass) que … ou que ob … oder	Je viens **à condition qu'**il **vienne** aussi. Ich komme unter der Bedingung, dass er auch kommst. **Supposé qu'**il **réussisse**, que pourra-t-il faire ensuite ? Angenommen er schafft es, was wird er dann machen können? **Que** tu **viennes** ou **que** tu ne **viennes** pas, cela m'est égal. Ob du kommst oder nicht, ist mir egal.
– mit conditionnel au cas où falls	Préviens-moi **au cas où** tu **aurais** besoin de quelque chose. Sag mir Bescheid, falls du etwas brauchst.

22 Die Zeitenfolge

Auf den Punkt gebracht

1. (⇒ 1.1)
Welche Zeiten und Modi im Französischen im Nebensatz stehen, ist von drei Faktoren abhängig:
1. _____
2. _____
3. _____

2. (⇒ 1.2.1)
Nennen Sie
1. zwei Zeiten der Gegenwartsgruppe: _____
2. drei Zeiten der Vergangenheitsgruppe: _____

3. (⇒ 1.2.2)
Verläuft die Handlung im Nebensatz gleich-, vor- oder nachzeitig zu der Handlung im Nebensatz?
1. Téléphone-moi quand **tu seras rentré**. Ruf mich an, wenn du zu Hause bist. _____
2. Je travaillais quand **Daniel a téléphoné**. Ich war am Arbeiten, als Daniel angerufen hat. _____
3. Il dit qu'**il a beaucoup travaillé** cette semaine. Er sagt, dass er diese Woche viel gearbeitet habe. _____

4. (⇒ 2)
Markieren Sie die richtige/-n Aussage/-n bezüglich der Verwendung der Zeiten im subjonctif-Satz mit que:
1. Steht das Verb im Hauptsatz im Präsens oder im Futur, wird der (subjonctif présent / subjonctif passé / subjonctif imparfait) verwendet.
2. Steht das Verb im Hauptsatz in einer Zeit der Vergangenheit, wird im Alltagsfranzösisch der (subjonctif présent / subjonctif passé / subjonctif imparfait) verwendet.
3. Steht das Verb im Hauptsatz in einer Zeit der Vergangenheit, wird im gehobenen Sprachgebrauch der (subjonctif présent / subjonctif passé / subjonctif imparfait / subjonctif plus-que-parfait) verwendet.

5. (⇒ 3)
Markieren Sie die richtige Aussage.
1. Steht das Verb, das die indirekte Rede einleitet, in einer Zeit der Gegenwartsgruppe, so werden die Zeiten der direkten Rede (verändert / unverändert) übernommen.

Die Zeitenfolge 22

2. Steht das Verb, das die indirekte Rede einleitet, in einer Zeit der Vergangenheitsgruppe, so werden die Zeiten der direkten Rede (verändert / unverändert) übernommen.

6. (▸ 3.2)
Leiten Sie die indirekte Rede von der direkten Rede ab.

direkte Rede Louise a dit : Louise hat gesagt:	indirekte Rede Louise a dit ... Louise hat gesagt, ...
« J'**étais** fatiguée hier soir. » „Ich war gestern Abend müde."	... qu'elle _____ fatiguée hier soir. ... dass sie gestern Abend müde gewesen sei.
« Je me **suis couchée** tôt. » „Ich bin früh ins Bett gegangen."	... qu'elle _____ tôt. ... dass sie früh ins Bett gegangen sei.
« Ce soir, je **mange** au restaurant. » „Heute Abend esse ich im Restaurant."	qu'elle _____ au restaurant ce soir. ... dass sie heute Abend im Restaurant esse.
« Ensuite, j'**irai** au cinéma. » „Dann werde ich ins Kino gehen."	qu'elle _____ ensuite au cinéma. ... dass sie dann ins Kino gehen werde.

7. (▸ 4, Was Sie vorab wissen sollten und ▸ Auf Entdeckung)
Markieren Sie die richtige Aussage.
1. In einem Bedingungssatz wird die Bedingung im (Hauptsatz / Nebensatz) genannt.
2. Nach der Konjunktion si steht (nur der Indikativ / der Indikativ oder der subjonctif).
3. Steht der Nebensatz am Satzanfang, wird (ein Komma / kein Komma) gesetzt.

8. (▸ 4.1)
Markieren Sie die richtige Aussage.
Im realen Bedingungssatz ...
1. ist die Bedingung (erfüllbar / nicht erfüllbar),
2. ist die Zeitenfolge (wie / anders als) im Deutschen.

Auf den Punkt gebracht

22 Die Zeitenfolge

9. (⟹ 4.2)
Für die Verwendung der Zeiten in irrealen Bedingungssätzen (irreale Hypothese) gilt das folgende Schema:

Bedingung	Nebensatz mit si	Folge (Hauptsatz)
erfüllbar	imparfait Si tu voulais vraiment, Wenn du wirklich wolltest,	_____ (réussir) tu _____ mieux. würdest du es besser schaffen.
unerfüllbar	imparfait Si j'étais toi, Wenn ich du wäre,	_____ (accepter) j'_____. würde ich annehmen.
nicht mehr erfüllbar	_____ S'il n'avait pas plu, Wenn es nicht geregnet hätte,	_____ (venir) je _____ à vélo. wäre ich mit dem Fahrrad gekommen.

10. (⟹ 4.3)
Tragen Sie den passenden konditionalen Ausdruck ein.
1. Je vais essayer _____ c'est difficile. Ich werde es versuchen, auch wenn es schwierig ist.
2. _____ il pleuvrait, nous pourrions nous réfugier sous l'auvent. Falls es regnen sollte, könnten wir uns unter das Vordach flüchten.
3. Je suis d'accord _____ Pierre vienne aussi. Ich bin einverstanden, unter der Bedingung dass Pierre auch kommt.
4. Je le ferai _____ tu n'es pas d'accord. Ich werde es tun, außer wenn du dagegen bist.

Infinite Verbformen 23

Infinite Verbformen werden im Gegensatz zu finiten Verbformen nicht konjugiert. (➡ **Einführung, Das Verb und seine Ergänzungen**)

Was Sie vorab wissen sollten
Das Deutsche kennt zwei infinite Verbformen (den Infinitiv und das Partizip), das Französische drei:
1. den Infinitiv: Etre ou ne pas être ... **Sein** oder nicht **sein** ...
2. das Partizip: Les personnes **désirant** s'inscrire sont priées de se présenter au guichet 3. Diejenigen, die sich anmelden möchten, werden gebeten, zum Schalter 3 zu gehen.
3. das gérondif: **En tournant** à droite, vous irez plus vite. Wenn Sie links abbiegen, werden Sie schneller sein.

1 Der Infinitiv

Der Infinitiv (auch „Grundform" genannt) ist die Form des Verbs, die im Wörterbuch zu finden ist.

1.1 Formen

Die Konjugationsklassen werden nach der Endung des Infinitivs bestimmt. Es gibt im Französischen vier Endungen für den Infinitiv (➡ **Einführung, Das Verb und seine Ergänzungen, 1**):
1. **-er**: parler sprechen, aimer lieben
2. **-ir**: partir weggehen, dormir schlafen
3. **-(d)re**: vendre verkaufen, lire lesen
4. **-oir**: voir sehen, savoir wissen

Der Infinitiv hat eine einfache (Infinitiv Präsens / Infinitiv I) und eine zusammengesetzte Form (Infinitiv Perfekt / Infinitiv II) und kann in beiden Zeiten das Passiv bilden:

	Infinitiv I (Präsens)	Infinitiv II (Perfekt)
Aktiv	regarder betrachten aller gehen	avoir regardé betrachtet haben être allé gegangen sein
Passiv	être fabriqué hergestellt werden	avoir été fabriqué hergestellt worden sein

23 Infinite Verbformen

Beachten Sie
- Bezüglich der Wahl des Partizip Perfekt gelten die gleichen Regeln wie für das passé composé. (➥ **Kapitel 18, Der Indikativ [Zeiten der Vergangenheit]**, 1.3 und 1.4)
- Wie im Deutschen wird der Infinitiv II verwendet, wenn die Handlung zu einem bestimmten Zeitpunkt als abgeschlossen betrachtet wird:
  J'espère n'**avoir** rien **oublié**. Ich hoffe, nichts **vergessen** zu **haben**.
  Il prétend **être allé** au lit tôt. Er behauptet, früh ins Bett **gegangen** zu **sein**.

Test 1
Bilden Sie für die folgenden konjugierten Verbformen die Formen des Infinitivs I und II.

Indikativ Präsens		Infinitiv I	Infinitiv II
1. tu travailles	du arbeitest	_____	avoir travaillé
2. il finit	er beendet	_____	_____
3. elle attend	sie wartet	attendre	____ attendu
4. j'aime	ich liebe	_____	_____
5. ils rentrent	sie kommen zurück	_____	_____
6. on boit	wir trinken	boire	____ bu
7. vous avez	ihr habt / Sie haben	_____	____ eu
8. je suis	ich bin	_____	____ été

1.2 Infinitivkonstrukionen

Der Infinitiv wird an bestimmte Verben mit oder ohne Präposition angeschlossen. Im Folgenden werden die gebräuchlichsten Verbergänzungen genannt.

1.2.1 Infinitiv ohne Präposition
Der Infinitiv ohne Präposition steht nach

1.	Modalverben devoir müssen / sollen, pouvoir können / dürfen, vouloir wollen, savoir wissen	Je **dois** travailler. Ich **muss** arbeiten. Je **sais** lire. Ich **kann** lesen. Tu **peux** m'aider ? **Kannst** du mir helfen?
2.	aller als Hilfsverb (Bildung der nahen Zukunft)	Je **vais** m'acheter une nouvelle voiture. Ich werde mir ein neues Auto kaufen.
3.	Verben der Willensäußerung wie désirer / souhaiter wünschen, espérer hoffen (Subjektgleichheit erforderlich)	Elle **souhaite** partir demain. Sie **will** morgen abreisen. J'**espère** te voir bientôt. Ich **hoffe**, dich bald zu sehen.

Infinite Verbformen

4.	Verben des persönlichen Empfindens wie aimer lieben, préférer / aimer mieux lieber mögen / vorziehen, détester hassen, désirer wünschen (Subjektgleichheit erforderlich)	J'aime parler français. Ich spreche gern Französisch. Préférez-vous rester ou partir ? Möchten Sie **lieber** bleiben oder gehen? Je **déteste** chanter. Ich **hasse** singen.
5.	Verben des Denkens und Sagens wie croire glauben, penser denken, prétendre / affirmer behaupten, espérer hoffen, s'imaginer sich einbilden (Subjektgleichheit erforderlich)	Je **crois** avoir compris. Ich **glaube**, verstanden zu haben. Il **pense** finir demain. Er **denkt**, morgen fertig zu werden. J'**espère** avoir réussi. Ich **hoffe**, es geschafft zu haben.
6.	Verben der Wahrnehmung wie sentir fühlen, voir sehen, regarder betrachten, écouter zuhören, entendre hören sowie laisser lassen / zulassen und faire lassen / veranlassen (➞ 1.3.2)	Je **regarde** les gens passer. Ich **schaue** den Leuten **zu**, die vorbeigehen. J'**ai entendu** une voiture démarrer. Ich **habe** ein Auto starten **hören**. **Laisse**-moi conduire. **Lass** mich fahren. Il me **fait** rire. Er **bringt** mich zum Lachen.
7.	Verben der Bewegungsrichtung wie venir kommen, descendre hinuntergehen, monter hinaufgehen, passer vorbeigehen (Angabe eines Ziels)	Je **viens** te voir demain. Ich **komme** dich morgen besuchen. Je **passe** te prendre chez toi. Ich **hole** dich zu Hause **ab**. Elle **est sortie** faire les courses. Sie **ist** zum Einkaufen **gegangen**.
8.	nach unpersönlichen Ausdrücken wie il vaut mieux es ist besser, il faut man muss	Il **vaut mieux** partir tout de suite. Es **ist besser**, gleich wegzugehen. Il **faut** y penser. **Man muss** daran denken.

Beachten Sie
- Bei den Konstruktionen 3., 4., 5. und 6. müssen das finite und das infinite Verb das gleiche Subjekt haben. Haben beide Verben unterschiedliche Subjekte, wird ein durch eine Konjunktion eingeleiteter Nebensatz verwendet (➞ **Kapitel 30, Die Konjunktionen, 3.2**):
Je veux finir vite. **Ich** will schnell fertig sein.
Je veux que **tu** finisses vite. **Ich** will, dass **du** schnell fertig bist.
- Bei den Verben der Wahrnehmung ist Subjektgleichheit nicht erforderlich, da der Infinitiv als Kern des Infinitivsatzes ein eigenes Subjekt hat (➞ **1.3.2**):
Il regarde le train partir. Er sieht den Zug abfahren.

23 Infinite Verbformen

Test 2

Markieren Sie die Verben, die den Infinitiv ohne Präposition nach sich ziehen können. Ordnen Sie diese Verben anschließend den jeweiligen Kategorien zu.

1. parler sprechen
2. pouvoir können
3. chanter singen
4. voyager reisen
5. passer vorbeikommen
6. préférer bevorzugen
7. regarder betrachten
8. affirmer behaupten
9. monter hinaufgehen
10. perdre verlieren
11. croire glauben
12. boire trinken
13. voir sehen
14. détester hassen
15. vouloir wollen

Modal	Empfinden	Denken	Wahrnehmung	Bewegung
___	___	___	___	___
___	___	___	___	___

1.2.2 Infinitiv nach der Präposition de
Der Infinitiv mit de steht nach

1. zahlreichen Verben, z. B. arrêter de / cesser de aufhören, permettre de erlauben, proposer de vorschlagen, interdire de / défendre de verbieten, oublier de vergessen, rêver de träumen von, promettre de versprechen	Me **permettez**-vous **de** m'asseoir à côté de vous ? **Darf** ich mich neben Sie setzen? Je te **défends** d'y aller. Ich **verbiete** dir, dort hinzugehen. J'**ai oublié de** téléphoner. Ich **habe vergessen** anzurufen. Je te **promets d'**être à l'heure. Ich **verspreche** dir, pünktlich zu sein.
2. venir de als Hilfsverb bei der Bildung der unmittelbaren Vergangenheit (➡ Kapitel 26, **Besonderheiten bei Verben**, 1.2)	Je **viens de** terminer mon livre. Ich habe gerade mein Buch zu Ende gelesen. Pierre **vient d'**arriver. Pierre ist gerade angekommen.
3. unpersönlichen Ausdrücken wie il s'agit de es geht um, il est dangereux es ist gefährlich, il est bon de es ist gut, il convient de es ist angebracht, il est possible / impossible de es ist möglich / unmöglich	Il **s'agit de** ne pas perdre la tête. **Es geht darum**, einen kühlen Kopf zu bewahren. Il **est dangereux de** parler au chauffeur. **Es ist gefährlich**, mit dem Fahrer zu sprechen. Il **n'est pas possible de** répondre. **Es ist nicht möglich** zu antworten.

Infinite Verbformen

4. Wendungen mit avoir + Substantiv + de, z. B. avoir envie de Lust haben, avoir le temps de Zeit haben, avoir peur de Angst haben	Je n'ai pas le temps de manger. Ich habe keine Zeit zu essen. J'ai envie de partir. Ich habe Lust wegzugehen. J'ai le temps de me préparer. Ich habe Zeit mich vorzubereiten.
5. bestimmten Adjektiven, z. B. être fier de stolz sein, être heureux de glücklich sein, être libre de frei sein, être sûr de sicher sein	Je suis fier de vous présenter ma dernière invention. Ich bin stolz, Ihnen meine letzte Erfindung vorzustellen. Vous êtes libre de choisir. Sie dürfen auswählen. (Wörtlich: Sie sind frei auszuwählen.)

Beachten Sie
Viele dieser Verben oder Wendungen drücken eine persönliche Meinung oder Wertung aus.

Test 3
Wird in den folgenden Sätzen der Infinitiv mit de oder ohne Präposition angeschlossen?
1. Passe __ prendre les clés. Komm die Schlüssel abholen.
2. Pouvez- vous __ me dire l'heure, s.v.p. ? Können Sie mir bitte die Uhrzeit sagen?
3. Il a oublié __ fermer la porte. Er hat vergessen, die Tür zu schließen.
4. J'aime __ travailler dans le jardin. Ich arbeite gern im Garten.
5. Elle est sûre __ réussir. Sie ist sicher, dass sie es schafft.
6. Elle a peur __ me faire la peine. Sie hat Angst, mich traurig zu machen.
7. Les vaches regardent __ passer les trains. Die Kühe schauen, wie die Züge vorbeifahren.
8. Arrête __ fumer. Hör auf zu rauchen.
9. Je voudrais __ dormir longtemps. Ich möchte lange schlafen.
10. Je n'ai plus envie __ travailler. Ich habe keine Lust mehr zu arbeiten.

23 Infinite Verbformen

1.2.3 Der Infinitiv nach der Präposition à

Im Folgenden finden Sie einige wichtige Infinitivergänzungen mit à.
Der Infinitiv mit à steht

1. nach bestimmten Verben, z. B. aider à helfen, commencer à beginnen, apprendre à lernen, servir à dienen, penser à denken, apprendre à lernen, réussir à / arriver à es schaffen, avoir à etwas zu tun haben	Il m'**aide à** faire mes devoirs. Er hilft mir bei den Hausaufgaben. J'**apprends à** danser. Ich lerne tanzen. As-tu **réussi à** le joindre ? Hast du ihn erreicht? J'ai encore des choses **à** régler. Ich habe noch etwas zu erledigen.
2. nach bestimmten Adjektiven: facile à leicht zu, difficile à schwierig zu, agréable à angenehm zu, prêt à bereit zu	C'est **facile à** comprendre. Es ist leicht zu verstehen. Je suis **prête à** me défendre. Ich bin bereit, mich zu verteidigen.

Beachten Sie
Viele dieser Verben oder Adjektive drücken eine Bereitschaft oder eine Absicht aus.

Test 4

Wird in den folgenden Sätzen der Infinitiv mit de, à oder ohne Präposition angeschlossen?
1. Tu es prêt __ partir, mais … Du bist reisefertig, aber …
2. Tu dois d'abord __ ranger ta chambre. Du musst zuerst dein Zimmer aufräumen.
3. N'oublie pas __ fermer les fenêtres. Vergiss nicht, die Fenster zu schließen.
4. Tu n'as pas besoin __ couper l'électricité. Du brauchst den Strom nicht abzuschalten.
5. Pense __ arroser les plantes. Denk daran, die Pflanzen zu gießen.
6. Va __ porter les clés chez les voisins. Geh und bring den Nachbarn die Schlüssel.
7. Promets-moi __ ne rien oublier. Versprich mir, nichts zu vergessen.
8. C'est facile __ retenir, non ? Es ist leicht, sich das zu merken, oder?

TIPP

Ob der Infinitiv mit à oder de angeschlossen wird, legt der Sprachgebrauch fest. Das Wörterbuch gibt Ihnen darüber Auskunft. Es ist auf jeden Fall sinnvoll, ein Verb oder ein Adjektiv mit der dazugehörenden Präposition zu lernen.

Infinite Verbformen

1.3 Weitere Verwendung des Infinitivs

Der Infinitiv, als eigenständige Verbform, kann sowohl im Haupt- als auch im Nebensatz stehen.

1.3.1 Der Infinitiv im Hauptsatz
Der Infinitiv als eigenständige Verbform steht

1. im Aufforderungssatz ohne bestimmten Adressaten (⇒ **Kapitel 21, Der Imperativ, 3**)	**appuyer** sur la touche « on » auf die „On"-Taste **drücken**. Ne pas **déranger**. Nicht **stören**. **Cocher** la case correspondante. Das zutreffende Feld **ankreuzen**.
2. im Fragesatz (ohne Subjekt) als Ausdruck einer gewissen Ratlosigkeit	Que **faire** ? Was **(soll ich) tun**? Par où **commencer** ? Wo **(soll ich) anfangen?**
3. im Ausrufesatz	Le **rencontrer**, jamais de la vie ! Ihn **treffen**, nie im Leben! Moi, te **quitter**, jamais ! Ich, dich **verlassen**, niemals!
4. im Aussagesatz (literarischer Sprachgebrauch)	Et tous d'**applaudir** à ces mots. Und alle klatschten bei diesen Worten.

1.3.2 Der Infinitiv im Nebensatz
Im Nebensatz steht der Infinitiv

1. in der indirekten Frage mit Fragewort	Je me demande **où aller**. Ich frage mich, **wohin ich gehen soll**.
2. im Relativsatz mit où oder quoi mit der Bedeutung „können"	Je cherche un endroit **où dormir**. Ich suche einen Ort **zum Schlafen**. Il m'a donné **de quoi manger**. Er hat mir **zu essen** gegeben.
3. im Infinitivsatz nach Verben der Wahrnehmung sowie nach laisser lassen und faire lassen / veranlassen	Je ne l'ai pas **entendu arriver**. Ich habe ihn nicht **kommen hören**. Tu ne me **laisses** pas **parler**. Du lässt mich nicht **ausreden**. J'ai fait **réparer** ma voiture. Ich habe mein Auto **reparieren lassen**.

1 Der Infinitiv

23 Infinite Verbformen

zu 3. Im Infinitivsatz haben beide Verben ein eigenes Subjekt:
J'entends **le train** passer. Ich höre den Zug vorbeifahren. Wer hört: ich, was fährt vorbei: der Zug.
Der Infinitiv kann vor oder nach dem Subjekt stehen:
J'entends **passer** le train. = J'entends le train **passer**. Ich höre den Zug vorbeifahren.
Beide Konstruktionen sind gleichwertig.

zu 5. Das deutsche Verb „lassen" kann im Französischen mit laisser + Infinitiv oder faire + Infinitiv wiedergegeben werden.
Laisser + Infinitiv hat die Bedeutung „lassen / erlauben":
Laisse-moi parler. Lass mich (aus)reden.
Elle m'a **laissé** partir. Sie hat mich gehen lassen.
Nach laisser kann der Infinitiv vor- oder nachgestellt werden:
J'ai laissé **sortir** le chien. = J'ai laissé le chien **sortir**. Ich habe den Hund rausgehen lassen.
Faire + Infinitiv hat die Bedeutung „veranlassen":
Je fais repeindre la cuisine. Ich lasse die Küche streichen.
Nach faire steht der Infinitiv immer vor dem direkten Objekt: Je me suis fait **couper** les cheveux. Ich habe mir die Haare schneiden lassen.

Test 5

Markieren Sie die Sätze, die mit einer Infinitivkonstruktion verkürzt werden können.
1. Je pense que je viendrai bientôt. Ich denke, dass ich bald kommen werde.
2. Je crois que Léa ne viendra pas. Ich glaube, dass Léa nicht kommen wird.
3. J'entends que le professeur crie. Ich höre, dass der Lehrer schreit.
4. Je voudrais que tu m'apportes un journal. Ich möchte, dass du mir eine Zeitung bringst.

1.3.3 Der Infinitiv anstelle eines adverbialen Nebensatzes
Nach zahlreichen Präpositionen hat der Infinitiv eine satzverkürzende Funktion:

Präposition + Infinitiv	Beispiele
1. pour / afin de um ... zu gibt das Ziel an	Je cours **pour** être à l'heure. Ich renne, **um** pünktlich **zu** sein.
2. sans ohne gibt die Art und Weise an au lieu de statt	Elle a répondu **sans** hésiter. Sie hat geantwortet, **ohne zu** zögern. **Au lieu de** râler, tu ferais mieux de m'aider. **Anstatt zu** meckern, solltest du mir lieber helfen.

Infinite Verbformen 23

3. avant de vor / après nachdem gibt einen Zeitpunkt oder Zeitraum an	Téléphone-moi **avant de** partir. Ruf mich an, **bevor** du wegfährst. **Après** être rentré, j'ai pris une douche. **Als** ich wieder zu Hause war, habe ich geduscht.
4. à condition de vorausgesetzt / wenn führt eine Bedingung ein	**A condition de** partir tôt, nous pourrons faire le voyage en une journée. **Wenn** wir früh losfahren, können wir die Reise an einem Tag machen.

Beachten Sie
- Die Präposition übernimmt die Funktion einer Konjunktion und der Infinitiv ersetzt einen Nebensatz. Diese Konstruktion ist nur bei Subjektgleichheit möglich (➡ **1.2.1 Beachten Sie**):
Je travaille **pour** réussir. Ich arbeite, **um** es **zu** schaffen.
Haben beide Verben unterschiedliche Subjekte, wird der Nebensatz durch eine Konjunktion eingeleitet (➡ **Kapitel 30, Die Konjunktionen**):
Je prie pour **que** tu réussisses. **Ich** bete, **damit du** es schaffst.
- Nach après (nach) steht logischerweise nur der Infinitiv II.
Après **avoir pris** un cachet, je me suis senti mieux. Nachdem ich eine Tablette **genommen hatte**, fühlte ich mich besser.

Test 6

Infinitiv oder Nebensatz? Wählen Sie die richtige Alternative.
1. avant de partir / avant que tu partes
   Téléphone-moi _____. Ruf mich an, bevor du gehst.
2. pour pouvoir lire / pour que tu puisses lire
   Je t'ai acheté une loupe _____. Ich habe dir eine Lupe gekauft, damit du lesen kannst.
3. après avoir mangé / après qu'il a mangé
   Il est sorti _____. Er ist ausgegangen, nachdem er gegessen hatte.
4. pour me pardonner / pour qu'il me pardonne
   J'ai tout fait _____. Ich habe alles getan, damit er mir verzeiht.
5. sans me regarder / sans qu'il me regarde
   Il est passé devant moi _____. Er ging an mir vorbei, ohne mich anzusehen.
6. pour maigrir / pour que je maigrisse
   Je fais du sport _____. Ich treibe Sport, um abzunehmen.

Infinite Verbformen

1.3.4 Der substantivierte Infinitiv

Anders als das Deutsche verfügt das Französische nicht über die Möglichkeit, von jedem Infinitiv – ohne Veränderung der Form – ein Substantiv abzuleiten. Es gibt im Französischen zwar substantivierte Infinitive, aber die Liste ist nicht unbegrenzt. Die folgenden Infinitive sind richtige Substantive geworden: Sie werden mit Begleiter verwendet und können in den Plural gesetzt werden (die Liste ist damit nicht vollständig).

le rire das Lachen → les rires
le déjeuner das Mittagessen → les déjeuners
le dîner das Abendessen → les dîners
le baiser der Kuss → les baisers

Beachten Sie
Neubildungen sind selten und kommen vor allem in der Sprache der Philosophie oder Psychologie vor: le devenir das Werden, l'être das Sein, le paraître der Schein.

1.4 Der verneinte Infinitiv

Bezieht sich die Verneinung auf den Infinitiv I oder II, verhalten sich die Negationspartikeln unterschiedlich.

Die Verneinung bezieht sich auf den

Infinitiv I	
Die Negationspartikeln stehen zusammen vor dem Infinitiv: ne pas (nicht) ne rien (nichts), ne jamais (niemals) stehen zusammen und unmittelbar vor dem Infinitiv	Prière de **ne pas fumer**. Bitte nicht rauchen. J'espère **ne jamais** le revoir. Ich hoffe, ihn niemals wiederzusehen. Il préfère **ne rien** savoir. Er will lieber nichts wissen.

Die Verneinung bezieht sich auf den

Infinitiv II	
Die Negationspartikeln rahmen avoir oder être ein: n'… pas nicht n'… rien nichts n'… jamais niemals	Il jure **n'avoir rien dit**. Er schwört, nichts gesagt zu haben. Il affirme **n'être jamais** entré dans cette maison. Er behauptet, dieses Haus niemals betreten zu haben.

Infinite Verbformen 23

Beachten Sie
Im heutigen gesprochenen Französisch werden die Negationspartikeln ne pas immer öfter auch vor dem Infinitiv II gebraucht:
Il prétend **ne pas** être sorti. Er behauptet, nicht hinausgegangen zu sein.
J'aimerais **ne jamais** l'avoir rencontré. Ich hätte ihn lieber niemals kennen gelernt.

Test 7

Verneinen Sie die folgenden Infinitive.
1. parler au chauffeur → _____ au chauffeur.
   mit dem Fahrer sprechen → Nicht mit dem Fahrer sprechen.
2. ouvrir les fenêtres → _____.
   die Fenster öffnen → Die Fenster nicht öffnen.
3. être allé en ville → _____ en ville
   in die Stadt gegangen zu sein → nicht in die Stadt gegangen zu sein
4. avoir fait les courses → _____ les courses
   eingekauft zu haben → nicht eingekauft zu haben

1.5 Infinitivkonstruktionen zur Wiedergabe eines deutschen Adverbs

Einige deutsche Adverbien werden im Französischen mit einer Infinitivkonstruktion wiedergegeben. In der folgenden Tabelle finden Sie die gebräuchlichsten Wendungen:

deutsches Adverb	französisches Verb + Infinitiv
gern Ich lerne **gern** Französisch.	aimer J'**aime** apprendre le français.
lieber Ich bleibe **lieber** hier.	préférer / aimer mieux Je **préfère** rester ici.
beinahe Ich hätte **beinahe** den Zug verpasst.	avoir failli J'**ai failli** rater le train.
schließlich Sie hat **schließlich** verstanden.	finir par Elle **a fini par** comprendre.
weiter Es regnet **weiter**.	continuer à Il **continue à** pleuvoir.
gerade Lisa hat **gerade** geheiratet.	venir de Lisa **vient de** se marier.

1 Der Infinitiv

23 Infinite Verbformen

Auf den Punkt gebracht

1. (➡ 1.1)
a) Kreuzen Sie ja oder nein an und ergänzen Sie.　　　　　　　　　　ja　nein
1. Alle französischen Verben enden im Infinitiv auf -er.　　　　　　　☐　☐
2. Man unterscheidet im Französischen 4 Infinitiv-Endungen:　　　　☐　☐
　1. ___　2. ___　3. ___　4. ___

b) Die Formen des Infinitivs lauten:
Infinitiv I　　　　　　　　Infinitiv II:
travaill__ arbeiten　　　　_____ _____ gearbeitet haben
part__ wegfahren　　　　　_____ _____ weggefahren sein

2. (➡ 1.2.1)
Kreuzen Sie ja oder nein an. Der Infinitiv steht ohne Präposition　　ja　nein
1. nach Modalverben.　　　　　　　　　　　　　　　　　　　　　　☐　☐
2. nach Verben der Wahrnehmung.　　　　　　　　　　　　　　　　☐　☐
3. nach Wendungen mit avoir + Substantiv.　　　　　　　　　　　　☐　☐
4. nach Verben des Wünschens und Sagens.　　　　　　　　　　　　☐　☐
5. nach être in Verbindung mit bestimmten Adjektiven.　　　　　　☐　☐
6. nach Verben, die eine Bewegungsrichtung angeben.　　　　　　☐　☐

3. (➡ 1.2.2)
Kreuzen Sie ja oder nein an. Der Infinitiv mit de steht　　　　　　　ja　nein
1. nach Verben der Wahrnehmung.　　　　　　　　　　　　　　　　☐　☐
2. nach Wendungen mit avoir + Substantiv.　　　　　　　　　　　　☐　☐
3. nach einigen unpersönlichen Ausdrücken.　　　　　　　　　　　☐　☐
4. nach einigen Adjektiven.　　　　　　　　　　　　　　　　　　　☐　☐

4. (➡ 1.2.3)
Kreuzen Sie ja oder nein an. Der Infinitiv mit à steht　　　　　　　　ja　nein
1. nach Verben des Wünschens und Sagens.　　　　　　　　　　　　☐　☐
2. nach einigen Adjektiven.　　　　　　　　　　　　　　　　　　　☐　☐
3. nach Verben, die eine Bewegungsrichtung angeben.　　　　　　☐　☐
4. nach Modalverben.　　　　　　　　　　　　　　　　　　　　　　☐　☐

5. (➡ 1.3.1 und ➡ 1.3.2)
Kreuzen Sie ja oder nein an. Der Infinitiv　　　　　　　　　　　　　ja　nein
1. steht nur im Nebensatz.　　　　　　　　　　　　　　　　　　　☐　☐
2. steht im Infinitivsatz nach Verben der Wahrnehmung.　　　　　☐　☐
3. hat im Infinitivsatz dasselbe Subjekt wie das Verb im Hauptsatz.　☐　☐
4. kann einen Imperativsatz ohne bestimmten Adressaten ersetzen.　☐　☐

Infinite Verbformen

6. (➡ 1.3.3)
Markieren Sie die richtige Möglichkeit und ergänzen Sie.
1. Der Infinitiv ersetzt einen adverbialen Nebensatz, wenn Haupt- und Nebensatz (das gleiche Subjekt / verschiedene Subjekte) haben.
2. Der Infinitiv, der einen Nebensatz ersetzt, wird durch eine (Präposition / Konjunktion) eingeleitet.
3. Präpositionen, die den Infinitiv einleiten können, sind z. B.:

_____ um zu   _____ ohne   _____ vor
_____ nach   _____ vorausgesetzt   _____ statt

7. (➡ 1.3.4)
Kreuzen Sie ja oder nein an.   ja   nein
1. Wie im Deutschen kann im Französischen von jedem
   Infinitiv ein Substantiv abgeleitet werden.   □   □
2. Le souvenir (die Erinnerung), le goûter (das Vesper) und
   le savoir (das Wissen) sind substantivierte Infinitive.   □   □

8. (➡ 1.4)
Kreuzen Sie ja oder nein an.   ja   nein
1. Die Verneinungspartikel ne pas rahmt den Infinitiv I ein. □   □
2. Die Verneinungspartikel ne pas steht vor dem Infinitiv I. □   □
3. Die Verneinungspartikel ne pas rahmt den Infinitiv II ein. □   □
4. Im heutigen Französisch kann ne pas vor dem Infinitiv II stehen. □ □

9. (➡ 1.5)
Übersetzen Sie die folgenden Sätze ins Deutsche.
1. Nous avons continué à manger.
   _____
2. Je préfère prendre le train.
   _____
3. J'ai failli rire.
   _____

23 Infinite Verbformen

2 Das Partizip

Wie im Deutschen hat das Partizip im Französischen zwei Zeiten:
- das Partizip Präsens: chantant singend
  und
- das Partizip Perfekt: chanté gesungen.

2.1 Das Partizip Präsens

Der Gebrauch des Partizip Präsens ist in beiden Sprachen unterschiedlich: Das Partizip Präsens wird im Französischen öfter gebraucht als im Deutschen.

2.1.1 Bildung des Partizip Präsens
Das Partizip Präsens wird regelmäßig gebildet.

Auf Entdeckung
Lesen Sie die Tabelle aufmerksam und leiten Sie die Regeln zur Bildung des Partizip Präsens ab (fett gedruckt ist der jeweilige Stamm des Verbs).

Infinitiv	1. Person Plural Präsens	Partizip Präsens
parler sprechen	nous **parl**ons wir sprechen →	**parl**ant sprechend
manger essen	nous **mange**ons wir essen →	**mange**ant essend
partir wegfahren	nous **part**ons wir fahren weg →	**part**ant wegfahrend
finir beenden	nous **finiss**ons wir beenden →	**finiss**ant beendend
prendre nehmen	nous **pren**ons wir nehmen →	**pren**ant nehmend

Kreuzen Sie ja oder nein an. (➡ Lösungen) ja nein
1. Das Partizip Präsens wird durch Anhängen von -ant an den Stamm des Infinitivs gebildet. ☐ ☐
2. Das Partizip Präsens wird durch Anhängen von -ant an den Stamm der 1. Person Plural Präsens (nous) des Verbs gebildet. ☐ ☐
3. Die Endung des Partizip Präsens ist für alle Verben -ant. ☐ ☐

Beachten Sie
Es gibt nur drei unregelmäßige Formen:
être sein → **étant** seiend
avoir haben → **ayant** habend
savoir wissen → **sachant** wissend

Infinite Verbformen

Test 1
Bilden Sie das Partizip Präsens der folgenden Verben.
1. vouloir wollen   _____ wollend
2. savoir wissen   _____ wissend
3. attendre warten   _____ wartend
4. être sein   _____ seiend
5. aller gehen   _____ gehend
6. faire machen   _____ machend
7. dire sagen   _____ sagend
8. dormir schlafen   _____ schlafend

2.1.2 Formen
Das Partizip Präsens hat eine einfache und eine zusammengesetzte Form jeweils im Aktiv und im Passiv.

	einfache Form	zusammengesetzte Form
Aktiv	regardant betrachtend allant gehend	ayant regardé betrachtet habend étant allé gegangen seiend
Passiv	étant regardé wörtlich: betrachtet seiend	ayant été regardé wörtlich: betrachtet worden seiend

Beachten Sie
- Die zusammengesetzte Form wird mit dem Partizip Präsens von avoir → ayant oder être → étant und dem Partizip Perfekt des entsprechenden Verbs gebildet. Sie kennzeichnet, wie alle zusammengesetzten Zeiten der Vergangenheit, eine abgeschlossene Handlung:
  Ayant habité longtemps en France, elle parle couramment le français. Da sie lange Zeit in Frankreich **gelebt hat**, spricht sie fließend Französisch.
- Zur Bildung des Partizip Perfekt und zur Wahl des Hilfsverbs ➡ **Kapitel 18, Der Indikativ (Zeiten der Vergangenheit), 1.**

Test 2
Bilden Sie die einfache und zusammengesetzte Form des Partizip Präsens:

1. Person Plural Präsens	einfache Form	zusammengesetzte Form
nous aimons wir lieben	_____ liebend	_____ _____ geliebt habend
nous restons wir bleiben	_____ bleibend	_____ _____ geblieben seiend

2 Das Partizip

23 Infinite Verbformen

1. Person Plural Präsens	einfache Form	zusammengesetzte Form
nous lisons wir lesen	_____ lesend	_____ _____
		gelesen habend
nous cherchons wir suchen	_____ suchend	_____ _____
		gesucht habend
nous voyons wir sehen	_____ sehend	_____ _____
		gesehen habend

2.1.3 Gebrauch
Das Partizip Präsens kann verwendet werden

a) als Verb in Partizipialkonstruktionen
Je l'ai surpris **écoutant** à la porte. Ich habe ihn ertappt, wie er an der Tür lauschte.
Eine Partizipialkonstruktion kann folgende Nebensätze ersetzen:

Nebensatz	Partizipialkonstruktion
1. einen Relativsatz mit qui une bouteille **qui** contient un litre eine Flasche, **die** einen Liter enthält	une bouteille **contenant** un litre
2. einen Kausalsatz **Parce que** j'avais trop bu, j'ai pris un taxi. **Da** ich zu viel getrunken hatte, habe ich ein Taxi genommen.	**Ayant** trop **bu**, j'ai pris un taxi.
3. einen Temporalsatz **Après qu'**il a eu brûlé ses lettres, il a décidé de ne plus penser à elle. **Nachdem** er ihre Briefe verbrannt hatte, beschloss er, nicht mehr an sie zu denken.	**Ayant brûlé** ses lettres, il a décidé de ne plus penser à elle.
4. einen Konzessivsatz **Quoique** je sois malade, j'irai travailler. **Obwohl** ich krank bin, werde ich zur Arbeit gehen.	(Quoiqu') **étant** malade, j'irai travailler. (die Konjunktion wird meistens beibehalten)

Infinite Verbformen

Beachten Sie
- Eine Partizipialkonstruktion wird im Deutschen meistens mit einem Haupt- oder Nebensatz wiedergegeben:
  Prenant de la vitesse, le train disparut à l'horizon. Der Zug **wurde schneller und** verschwand am Horizont.
- Die Partizipialkonstruktion hat keinen festen Platz im Satz. Bei Voranstellung wird sie vom Rest des Satzes durch ein Komma getrennt:
  Suivant ses amis, elle a quitté la pièce. = Elle a quitté la pièce **suivant** ses amis. Sie folgte ihren Freunden und verließ das Zimmer.
- Als Verbform ist das Partizip Präsens unveränderlich und kommt vor allem in der Schriftsprache vor, besonders in der Verwaltungssprache:
  les dossiers **concernant** les demandes de subvention die Akten **betreffend** die Anträge auf Förderung
  Restant à votre disposition pour de plus amples renseignements ... Für weitere Informationen zu Ihrer Verfügung **stehend** ...

Test 3
Ersetzen Sie die unterstrichenen Sätze durch eine Partizipialkonstruktion wie im Beispiel:
Cet enfant ne lit pas <u>parce qu'il regarde trop la télé</u>. Dieses Kind liest nicht, weil es zu viel fernsieht. → Regardant trop la télé, cet enfant ne lit pas.
1. Nous avons reçu le dossier <u>qui concerne votre demande de bourse</u>. Wir haben die Akte, die Ihren Antrag auf ein Stipendium betrifft, erhalten.
   → Nous avons reçu le dossier _____.
2. Il vit comme un pauvre <u>bien qu'il ait beaucoup d'argent</u>. Er lebt wie ein Armer, obwohl er viel Geld hat.
   → Il vit comme un pauvre _____.
3. <u>Quand il a eu fini son travail</u>, il est sorti. Als er mit seiner Arbeit fertig war, ist er weggegangen.
   → _____, il est sorti.
4. <u>Parce qu'il roulait trop vite</u>, il a provoqué un accident. Weil er zu schnell fuhr, hat er einen Unfall gebaut.
   → _____, il a provoqué un accident.
5. J'ai rencontré mes amis <u>alors qu'il sortaient de la gare</u>. Ich habe meine Freunde getroffen, als sie den Bahnhof verließen.
   → J'ai rencontré mes amis _____.

b) als Adjektiv
Als Adjektiv richtet sich das Partizip Präsens (in diesem Fall auch „Verbaladjektiv" genannt) in Genus und Numerus nach dem Substantiv, auf das es sich bezieht:

2 Das Partizip **399**

23 Infinite Verbformen

	Singular	Plural
maskulin	**un** projet intéressant**_** ein interessantes Projekt	**des** projets intéressant**s** interessante Projekte
feminin	**une** idée intéressant**e** eine interessante Idee	**des** idées intéressant**es** interessante Ideen

Beachten Sie
- Das Verbaladjektiv wird sowohl attributiv als auch prädikativ verwendet:
  - attributiv: J'ai vu un film très **intéressant**. Ich habe einen sehr interessanten Film gesehen.
  - prädikativ: Ce film est très **intéressant**. Dieser Film ist sehr interessant.
- Das Verbaladjektiv wird genau wie ein Adjektiv gesteigert:
  une offre intéressante ein interessantes Angebot
  une offre plus intéressante ein interessanteres Angebot
  l'offre la plus intéressante das interessanteste Angebot
- Viele Partizipien werden zur Bildung von Komposita verwendet:
  Il a été pris **en flagrant délit.** Er wurde auf frischer Tat ertappt.
  le **numéro gagnant** die Gewinnzahl
  une **étoile filante** eine Sternschnuppe

Test 4
Setzen Sie die Partizipien aus dem Kasten zu dem jeweils passenden Substantiv und fügen Sie – wenn nötig – die Endung hinzu.

roulant_	rafraîchissant_	filant_	bruyant_
fuyant_	parlant_	courant_	commerçant_

1. une rue _____   eine Einkaufsstraße
2. un escalier _____   eine Rolltreppe
3. des voisins _____   laute Nachbarn
4. un front _____   eine fliehende Stirn
5. le cinéma _____   der Tonfilm
6. une boisson _____   ein erfrischendes Getränk
7. une étoile _____   eine Sternschnuppe
8. un compte _____   ein Girokonto

c) als Substantiv
Das substantivierte Partizip Präsens wird wie ein Substantiv angeglichen:
Les **étudiants** préparent leurs examens. Die Studenten bereiten sich auf ihre Prüfungen vor.
C'est une très bonne **étudiante**. Das ist eine sehr gute Studentin.

Infinite Verbformen

Weitere substantivierte Partizipien sind z. B. l'enseignant der Lehrende / Lehrer, le commerçant der Kaufmann, l'habitant der Einwohner, le représentant der Vertreter, le manifestant der Demonstrant.

Beachten Sie
– Es gibt im heutigen Französisch viele Neubildungen, wie z. B. l'apprenant der Lernende, l'accompagnant der Begleiter, le soignant der Pfleger, le non-voyant der Blinde (wörtlich: der Nichtsehende), le mal-entendant der Schwerhörige.
Die Verwaltungssprache und die Medien erweisen sich hier als besonders produktiv.

d) zur Bildung des gérondif (⇒ 3.1)

2.1.4 Verb oder Adjektiv?
Als Verb ist das Partizip Präsens unveränderlich, als Adjektiv ist es veränderlich und begleitet immer ein Substantiv:

Partizip Präsens als Verb (bezeichnet eine Handlung)	Partizip Präsens als Adjektiv (bezeichnet eine Eigenschaft)
Glissant sur la chaussée, je me suis fait une entorse. Ich bin auf der Straße ausgerutscht und habe mir den Knöchel verstaucht.	Attention, chaussée **glissante**. Vorsicht, glatte Straße.
Tremblant de colère, elle a quitté la pièce. Vor Zorn zitternd verließ sie das Zimmer.	Elle parlait d'une voix **tremblante**. Sie sprach mit zitternder Stimme.

Beachten Sie
In einigen Fällen unterscheidet zusätzlich die Schreibung die Funktion des Partizips. Hier einige Beispiele:

Partizip Präsens als Verb	Partizip Präsens als Adjektiv
une élève **excellant** dans toutes les matières eine in allen Fächern überragende Schülerin	C'est une élève **excellente**. Das ist eine exzellente Schülerin.
la nuit **précédant** notre départ die Nacht vor unserer Abfahrt	la nuit **précédente** die vorige Nacht

23 Infinite Verbformen

des orateurs **fatiguant** leurs auditeurs ihre Zuhörer ermüdende Redner	des orateurs **fatigants** anstrengende Redner
des paroles **provoquant** des réactions multiples Worte, die zu unterschiedlichen Reaktionen führen	des paroles **provocantes** provozierende Worte

 Test 5
Markieren Sie die richtige Möglichkeit.
1. Les enfants jouent, (sautant / sautants) de flaque en flaque. Die Kinder spielen, von Pfütze zur Pfütze hüpfend.
2. Les (enseignant / enseignants) ont menacé de faire grève. Die Lehrkräfte drohen mit Streik.
3. (Enseignant / Enseignante) aux adultes, elle n'a pas de problèmes de discipline. Da sie Erwachsene unterrichtet, hat sie keine Disziplinprobleme.
4. Il est très (provocant / provoquant). Er ist sehr provozierend.
5. Ne (voyant / voyants) rien venir, ils commencent à s'inquiéter. Weil sie nichts kommen sehen, werden sie langsam unruhig.
6. (Négligeant / Négligent) tous les conseils, il est parti. Alle Ratschläge missachtend ist er weggegangen.
7. Il est très (négligeant / négligent). Er ist sehr nachlässig.

2.2 Das Partizip Perfekt

Bevor Sie diesen Abschnitt lesen, sollte Ihnen Abschnitt ➧ 1 zur Bildung des Partizip Perfekt aus ➧ **Kapitel 18, Der Indikativ (Zeiten der Vergangenheit)** bekannt sein.

2.2.1 Bildung des Partizip Perfekt
Das Partizip Perfekt (auch „Partizip II" genannt) hat regelmäßige und unregelmäßige Formen.

> **TIPP**
>
> Im Folgenden wird zur Vereinfachung nur auf die regelmäßige Bildung des Partizip Perfekt eingegangen. Die unregelmäßigen Formen finden Sie in den Verbtabellen im ➧ **Anhang**.

Infinite Verbformen

Auf Entdeckung
Die folgenden Verben haben regelmäßige Partizip-Perfekt-Endungen (➡ **Kapitel 18, Der Indikativ [Zeiten der Vergangenheit], 1.2.1**).
Setzen Sie die fehlenden Formen des Partizip Perfekt ein.

Grundform		Partizip Perfekt
1. parler sprechen	→	_____ gesprochen
aller gehen / fahren	→	_____ gegangen / gefahren
2. partir wegfahren	→	_____ weggefahren
finir beenden	→	_____ beendet
3. perdre verlieren	→	_____ verloren
descendre hinuntergehen	→	_____ hinuntergegangen

Leiten Sie nun die Regel zur Bildung der regelmäßigen Formen des Partizip Perfekt ab.
1. Verben auf -er bilden das Partizip Perfekt auf -__, z. B.
   aimer lieben → aim__ geliebt
2. Verben auf -ir bilden das Partizip Perfekt auf -__, z. B.
   dormir schlafen → dorm__ geschlafen
3. Verben auf -re bilden das Partizip Perfekt auf -__, z. B.
   attendre warten → attend__ gewartet

2.2.2 Gebrauch
Ähnlich wie das Partizip Präsens kann das Partizip Perfekt als Verb, als Adjektiv oder als Substantiv verwendet werden.

a) Verb
Als Verbform ist das Partizip Perfekt veränderlich und wird gebraucht

– zur Bildung der zusammengesetzten Zeiten der Vergangenheit mit dem Hilfsverb avoir (haben) oder être (sein).	J'ai **compris**. Ich habe verstanden. Il est **arrivé**. Er ist angekommen. J'avais été **malade**. Ich war krank gewesen. Je ne serais pas **parti**. Ich wäre nicht weggegangen.
– zur Bildung des Passivs mit dem Hilfsverb être (sein). (➡ **Kapitel 25, Das Passiv, 2**)	Avez-vous été bien **reçus** ? Wurden Sie gut empfangen?

23 Infinite Verbformen

– in Partizipialkonstruktionen für abgeschlossene Handlungen	Rentré chez moi, j'ai pris une douche. Zu Hause angekommen, habe ich geduscht.
als Ersatz von Nebensätzen, vor allem in der Schriftsprache.	Nos amis **partis**, nous sommes allés nous coucher. Als unsere Freunde weg waren, sind wir ins Bett gegangen.

Beachten Sie
Eine Partizipialkonstruktion wird im Deutschen meistens durch einen Nebensatz wiedergegeben. Sie kann folgende Nebensätze ersetzen:

Nebensatz	Partizipialkonstruktion
1. Temporalsatz **Quand** je suis arrivé à la maison, j'ai constaté le désastre. Als ich zu Hause war, habe ich die Katastrophe entdeckt.	**Arrivé** à la maison, j'ai constaté le désastre. Zu Hause angekommen, habe ich die Katastrophe entdeckt.
2. Kausalsatz **Comme** la pluie nous a surpris, nous avons fait demi-tour. Da der Regen uns überrascht hat, sind wir umgekehrt.	**Surpris** par la pluie, nous avons fait demi-tour. Vom Regen überrascht, sind wir umgekehrt.
3. Relativsatz Les mots **qui** sont terminés par -eau prennent un -x au pluriel. Die Wörter, die auf -eau enden, bilden den Plural auf -x.	Les mots **terminés** par -eau prennent un -x au pluriel. Wörter auf -eau bilden den Plural auf -x.

Test 6
Ersetzen Sie den Nebensatz (unterstrichen) durch eine Partizipialkonstruktion.
1. <u>Comme elle est née en France</u>, elle est automatiquement française.
   _____ en France, elle est automatiquement française.
   Da sie in Frankreich geboren wurde, ist sie automatisch Französin.
2. <u>Comme nous sommes partis tard</u>, nous sommes arrivés tard.
   _____ tard, nous sommes arrivés tard.
   Da wir spät weggefahren sind, sind wir auch spät angekommen.
3. <u>Quand il a eu fini ses devoirs</u>, il est allé chez un copain.
   Ses devoirs _____, il est allé chez un copain.
   Nachdem er mit seinen Aufgaben fertig war, ging er zu einem Freund.

4. Le voleur qui était poursuivi par la police a réussi à s'échapper.
   Le voleur, _____ par la police, a réussi à s'échapper.
   Dem Dieb, der von der Polizei verfolgt wurde, gelang es zu entkommen.

b) Adjektiv
Als Adjektiv richtet sich das Partizip Perfekt in Genus und Numerus nach dem Substantiv, auf das es sich bezieht:

	Singular	Plural
maskulin	un livre fermé ein geschlossenes Buch	des livres fermés geschlossene Bücher
feminin	une porte fermée eine geschlossene Tür	des portes fermées geschlossene Türen

Beachten Sie
Das heutige Französisch verwendet viele Partizipien adjektivisch zur Bildung von Komposita, wie z. B. les quartiers défavorisés die sozialen Brennpunkte, les personnes âgées die älteren Menschen, les eaux usées das Abwasser.

Test 7
Setzen Sie die Partizipien aus dem Kasten zu dem jeweils passenden Substantiv und gleichen Sie sie – wenn nötig – an.

| alcoolisé_ | concerné_ | endormi_ | étoilé_ |
| trouvé_ | réussi_ | déplacé_ | industrialisé_ |

1. les pays _____   die Industrieländer
2. les boissons _____   die alkoholischen Getränke
3. le bureau des objets _____ das Fundbüro
4. un film _____   ein gelungener Film
5. les personnes _____   die Betroffenen
6. un enfant _____   ein schlafendes Kind
7. les personnes _____   die Vertriebenen
8. une nuit _____   eine Sternennacht

c) Substantiv
Als Substantiv wird das Partizip Perfekt wie ein Substantiv verändert: le réfugié der Flüchtling → les réfugiés die Flüchtlinge.
Weitere substantivierte Partizipien sind z. B.:
le vécu das Erlebte, la remise en cause die Infragestellung, le blessé der Verletzte, le passé die Vergangenheit, la mort der Tod, un rescapé ein Überlebender, un parvenu ein Parvenü, le délégué der Delegierte, le suivi die Abwicklung.

23 Infinite Verbformen

2.2.3 Veränderlichkeit des Partizip Perfekt

Sie haben in ⟹ **Kapitel 18, Der Indikativ (Zeiten der Vergangenheit)**, 1 die Regeln über die Angleichung des Partizip Perfekt bei den zusammengesetzten Verbformen kennen gelernt. Im Folgenden werden nur die wichtigsten Regeln zusammengefasst.

Partizip Perfekt mit être	Beispiele
– immer veränderlich – richtet sich nach dem Subjekt	Il est tombé. Er ist gestürzt. Elle est tombée. Sie ist gestürzt. Ils sont tombés. Sie sind gestürzt. Elles sont tombées. Sie (nur Frauen) sind gestürzt.
ebenfalls im Passiv	Le camping est interdit. Campen ist verboten. La baignade est interdite. Baden ist verboten. Les portables sont interdits. Handys sind verboten. Les drogues sont interdites. Drogen sind verboten.

Beachten Sie
Die Regeln zur Veränderlichkeit des Partizip Perfekt bei den reflexiven Verben sind in ⟹ **Kapitel 24, Die reflexiven Verben**, 2.2 und 2.3 dargestellt.

Partizip Perfekt mit avoir	Beispiele
– meistens unveränderlich	Il a travaillé. Er hat gearbeitet. Ils ont travaillé. Sie haben gearbeitet.
– veränderlich, wenn das direkte Objekt (in den Beispielen unterstrichen) vor dem Verb steht (⟹ **Kapitel 18, Der Indikativ [Zeiten der Vergangenheit]**,1.3.3 und 1.4)	le pull que j'ai acheté der Pulli, den ich gekauft habe la veste que j'ai achetée die Jacke, die ich gekauft habe les livres que j'ai achetés die Bücher, die ich gekauft habe les cassettes que j'ai achetées die Kassetten, die ich gekauft habe

Test 8
Gleichen Sie – wenn nötig – die Partizipien an.
1. Nous avons visité__ une maison. Wir haben ein Haus besichtigt.
2. La maison que nous avons visité__ est très grande. Das Haus, das wir besichtigt haben, ist sehr groß.

Infinite Verbformen

3. Elle a été construit__ dans les années vingt. Es wurde in den zwanziger Jahren gebaut.
4. Nous avons visité__ aussi le quartier. Wir haben auch das Viertel besichtigt.
5. Nous sommes resté__ toute la matinée. Wir sind den ganzen Vormittag geblieben.
6. Nous avons pris__ quelques photos. Wir haben einige Fotos gemacht.
7. Toutes les photos que nous avons pris__ sont raté__. Alle Fotos, die wir gemacht haben, sind misslungen.
8. Rentré__ à la maison, nous les avons mis__ à la poubelle. Als wir zu Hause waren, haben wir sie in den Mülleimer geworfen.
9. Nous avons acheté__ une nouvelle pellicule et fait__ de nouvelles photos. Wir haben einen neuen Film gekauft und neue Fotos gemacht.

Auf den Punkt gebracht

1. (➡ 2.1.1 und 2.1.2)
Kreuzen Sie ja oder nein an und ergänzen Sie.   ja   nein
1. Das Partizip Präsens wird vom Stamm des Infinitivs abgeleitet. ☐ ☐
2. Das Partizip Präsens wird vom Stamm der 1. Person Plural Präsens abgeleitet. ☐ ☐
3. Das Partizip Präsens hat eine einfache und eine zusammengesetzte Form: _____ singend, _____ gesungen habend ☐ ☐
4. Nur drei Verben bilden das Partizip I unregelmäßig:
être sein → _____ seiend
avoir haben → _____ habend
savoir wissen → _____ wissend

2. (➡ 2.1.3)
Kreuzen Sie ja oder nein an.   ja   nein
1. Als Verb verwendet ist das Partizip I immer unveränderlich. ☐ ☐
2. Adjektivisch verwendet ist das Partizip Präsens unveränderlich. ☐ ☐
3. Eine Partizipialkonstruktion wird oft mit einem deutschen Nebensatz wiedergegeben. ☐ ☐
4. Egal ob das Partizip Präsens als Verb oder als Adjektiv verwendet wird, es wird immer gleich geschrieben und übersetzt. ☐ ☐

23 Infinite Verbformen

3. (➞ 2.1.4)
Ordnen Sie die folgenden Partizipien einer Kategorie zu: a = Substantiv, b = Verbform, c = Verbaladjektiv und fügen Sie – wenn nötig – die Endung hinzu.
1. Les numéros **gagnant__** ne sont pas encore communiqués. Die Gewinnzahlen wurden noch nicht bekannt gegeben. __
2. Les **perdant__** ont toujours tort. Die Verlierer haben immer Unrecht. __
3. **Perdant__** son calme, il s'est mis à crier. Er verlor die Ruhe und begann zu schreien. __

4. (➞ 2.2.1)
Die regelmäßigen Formen des Partizip Perfekt lauten:
1. chanter singen → chant__ gesungen
2. partir weggehen → part__ weggefahen
3. attendre warten → attend__ gewartet

5. (➞ 2.2.2)
Kreuzen Sie ja oder nein an.

	ja	nein
1. Das Partizip Perfekt wird bei der Bildung der zusammengesetzten Verbformen der Vergangenheit verwendet.	☐	☐
2. Das Partizip Perfekt kennzeichnet in Partizipialkonstruktionen einen abgeschlossenen Vorgang.	☐	☐
3. Das Partizip Perfekt kann eine satzverkürzende Funktion haben.	☐	☐
4. Als Adjektiv und Substantiv bleibt das Partizip Perfekt unveränderlich.	☐	☐

6. (➞ 2.2.3)
Markieren Sie die richtige Aussage.
Bei den zusammengesetzten Zeiten der Vergangenheit ...
1. ist das Partizip Perfekt mit être (veränderlich / unveränderlich).
2. richtet sich das Partizip Perfekt mit être nach dem (Subjekt / Objekt).
3. ist das Partizip Perfekt mit avoir (immer / in einigen Fällen) veränderlich.

Infinite Verbformen

3 Das *gérondif*

Was Sie vorab wissen sollten
- Das gérondif hat im Deutschen keine direkte Entsprechung:
  En lisant ça, j'ai pensé à toi. Als ich das las, habe ich an dich gedacht.
- Das gérondif hat zwei Zeiten:
  Präsens: En téléphonant, tu accrois tes chances. Wenn du anrufst, erhöhst du deine Chancen.
  Perfekt: En ayant téléphoné, tu aurais accru tes chances. Wenn du angerufen hättest, hättest du deine Chancen erhöht.
  Die zusammengesetzte Form kennzeichnet, wie alle zusammengesetzten Zeiten der Vergangenheit, eine abgeschlossene Handlung.
- Die einfache Form des gérondif wird sowohl im gesprochenen als auch im geschriebenen Französisch häufig verwendet.

3.1 Bildung

Das gérondif ist unveränderlich.

Auf Entdeckung

Lesen Sie die Tabelle aufmerksam und nennen Sie anschließend die Regeln zur Bildung des gérondif présent.

Grundform	Partizip Präsens →	gérondif présent
parler sprechen	parlant sprechend	en parlant beim Sprechen
aller gehen	allant gehend	en allant beim Gehen
dormir schlafen	dormant schlafend	en dormant im Schlaf

Kreuzen Sie ja oder nein an. (➡ **Lösungen**)   ja   nein
1. Zur Bildung des gérondif wird der Infinitiv verwendet.   ☐   ☐
2. Zur Bildung des gérondif wird das Partizip Präsens verwendet.   ☐   ☐
3. Das gérondif wird mit Hilfe der Präposition en und dem
   Partizip Präsens des entsprechenden Verbs gebildet.   ☐   ☐

Beachten Sie
En + die Form des Partizip Präsens stehen in der Regel zusammen. Sie werden getrennt durch
- Objekt- und Adverbialpronomen:
  Il s'est trompé **en me rendant** la monnaie. Er hat sich verzählt, als er mir herausgab.
  En y allant tôt, tu as une chance d'avoir une place. Wenn du früh hingehst, hast du eine Chance, eine Karte zu bekommen.

23 Infinite Verbformen

- Reflexivpronomen
  En te pressant un peu, **tu** seras à l'heure. Wenn du dich ein bisschen beeilst, wirst du pünktlich sein.
  Das Reflexivpronomen bezieht sich dann auf das Subjekt des Hauptsatzes.
- von der Verneinungspartikel ne:
  En ne téléphonant pas, tu as raté une occasion. Weil du nicht angerufen hast, hast du eine Gelegenheit verpasst.

3.2 Gebrauch

Das gérondif ist ein beliebtes Mittel der Satzverkürzung: Es kann zwei Hauptsätze oder einen Haupt- und einen Nebensatz miteinander verbinden.

3.2.1 Verknüpfung von zwei Hauptsätzen

Das gérondif drückt in diesem Fall immer Gleichzeitigkeit aus. Beide Hauptsätze müssen in einer temporalen oder modalen Beziehung zueinander stehen.

zwei Hauptsätze	gérondif
1. temporal Il regarde la télé et il mange. Er sieht fern und er isst.	Il regarde la télé **en mangeant**. Er sieht fern **und isst dabei**.
2. modal (Art und Weise) Il est entré et il me souriait. Er kam herein und lächelte mich an.	Il est entré **en me souriant**. Er kam herein **und lächelte** mich **an**.

Beachten Sie
- Sätze wie Elle lit + il regarde la télé. (Sie liest + er sieht fern.) können nicht mit einem gérondif verknüpft werden, da sie nicht das gleiche Subjekt haben.
- Die Gleichzeitigkeit wird oft durch die Verwendung von tout verdeutlicht:
  Tout en me parlant, il pensait à autre chose. Er sprach mit mir, wobei er an etwas anderes dachte.

 Test 1
Ersetzen Sie den unterstrichenen Satz durch ein gérondif.
Pierre travaille et <u>il écoute de la musique</u>. → Pierre travaille en écoutant de la musique.
1. <u>Il conduit</u> et il téléphone. Er fährt und er telefoniert.
   → Il téléphone _____.

410 3 Das gérondif

Infinite Verbformen

2. Il boit un café et <u>il lit le journal</u>. Er trinkt einen Kaffee und liest die Zeitung.
   → Il boit un café _____ .
3. Elle est partie et <u>elle pleurait</u>. Sie ging weg und sie weinte.
   → Elle est partie _____ .
4. Il est arrivé et <u>il courait</u>. → Er rannte herbei.
   → Il est arrivé _____ .

3.2.2 Verknüpfung von Haupt- und Nebensatz

Mit dem gérondif wird der Nebensatz oder der Hauptsatz verkürzt. Neben der Gleichzeitigkeit drückt das gérondif verschiedene Nuancen aus:

Nebensatz	gérondif
1. temporal **Pendant qu'**il travaille, il écoute la radio. **Während** er arbeitet, hört er Radio. Je t'appelle **dès que** je suis à la maison. Ich rufe dich an, **sobald** ich zu Hause bin.	Il travaille **en écoutant** de la musique. Er arbeitet und hört dabei Musik. Je t'appelle **en arrivant** à la maison.
2. kausal (Grund) Il a provoqué un accident **parce qu'**il roulait trop vite. Er hat einen Unfall verursacht, **weil** er zu schnell fuhr.	Il a provoqué un accident **en roulant** trop vite. Er hat einen Unfall durch zu schnelles Fahren verursacht.
3. konditional (Bedingung) **Si** tu prends le train, tu économiseras du temps. **Wenn** du mit dem Zug fährst, wirst du Zeit sparen.	**En prenant** le train, tu économiseras du temps. **Indem** du mit dem Zug fährst, wirst du Zeit sparen.
4. modal (Art und Weise) J'ai passé une annonce **de sorte que** j'ai trouvé un job. Ich habe eine Anzeige aufgegeben **und auf diese Weise** einen Job gefunden.	J'ai trouvé un job **en passant** une annonce.
5. konzessiv (einschränkend) **Bien qu'**il ait été averti, il est tombé dans le piège. **Obwohl** er gewarnt wurde, ist er in die Falle getappt.	Tout **en étant averti**, il est tombé dans le piège.

3 Das *gérondif*

23 Infinite Verbformen

Beachten Sie
- Wie das Partizip kann das gérondif einen Nebensatz ersetzen. Jedoch setzt das gérondif immer Subjektgleichheit voraus. Vergleichen Sie:
J'ai rencontré Luc **en sortant** de la fac. Ich habe Luc getroffen, als ich aus der Uni kam.
J'ai rencontré Luc **sortant** de la fac. Ich habe Luc getroffen, der aus der Uni kam.
Weil der zweite Satz zwei Subjekte hat, kann das gérondif nicht verwendet werden.
- Die gérondif-Konstruktion kann vor oder nach dem Hauptsatz stehen:
En entendant ça, j'ai éclaté de rire. = J'ai éclaté de rire **en entendant ça.**
Als ich das hörte, habe ich einen Lachanfall bekommen.

Test 2
Können die folgenden Sätze durch eine gérondif-Konstruktion verkürzt werden? Kreuzen Sie ja oder nein an.

	ja	nein
1. Il écoute de la musique et elle lit. Er hört Musik und sie liest.	☐	☐
2. Pendant que j'attends le train, je lis une revue. Während ich auf den Zug warte, lese ich eine Zeitschrift.	☐	☐
3. Quand nous sommes partis, les enfants jouaient. Als wir weggingen, spielten die Kinder.	☐	☐
4. Quand les enfants sont partis, ils chantaient. Als die Kinder weggingen, haben sie gesungen.	☐	☐
5. Si tu travailles sérieusement, tu auras ton examen. Wenn du ernsthaft arbeitest, wirst du dein Examen bestehen.	☐	☐

Auf den Punkt gebracht

1. (➡ Was Sie vorab wissen sollten)
Kreuzen Sie ja oder nein an.

	ja	nein
1. Das gérondif ist eine Verbform, die im Deutschen keine Entsprechung hat.	☐	☐
2. Das gérondif kommt vor allem in der Schriftsprache vor.	☐	☐
3. Das gérondif hat eine einfache und eine zusammengesetzte Form.	☐	☐

2. (➡ 3.1)
Markieren Sie die richtige/-en Aussage/-n.
1. Das gérondif wird mit der Präposition **en** und dem (Partizip Präsens / Partizip Perfekt) gebildet.

Infinite Verbformen 23

2. Die Präposition en und das Partizip Präsens stehen in der Regel (nebeneinander / getrennt) im Satz.
3. Die Präposition en und das Partizip Präsens werden von (Objektpronomen / Adverbien / Adverbialpronomen / Reflexivpronomen) getrennt.

3. (➡ 3.2.1)
Kreuzen Sie ja oder nein an.

		ja	nein
1.	Das gérondif kann zwei Hauptsätze miteinander verbinden.	☐	☐
2.	Das gérondif kann einen Haupt- und einen Nebensatz miteinander verbinden.	☐	☐
3.	Das gérondif drückt Nachzeitigkeit aus.	☐	☐
4.	Das gérondif ist nur bei Subjektgleichheit möglich.	☐	☐

4. (➡ 3.2.2)
Das gérondif drückt unterschiedliche Beziehungen aus. Tragen Sie die entsprechende Nummer des Satzes in die jeweilige Spalte ein.

modal	temporal	kausal	konditional	konzessiv

1. Elle lit le journal **en attendant** son train. Sie liest die Zeitung, während sie auf ihren Zug wartet.
2. Elle est partie **en claquant** la porte. Sie hat beim Weggehen die Tür zugeknallt.
3. Même **en prenant** un taxi, vous arriverez en retard. Auch wenn ihr ein Taxi nehmt, werdet ihr zu spät kommen.
4. **En travaillant**, tu réussiras. Wenn du arbeitest, wirst du es schaffen.
5. Je me suis fait mal au dos **en soulevant** une caisse trop lourde. Ich habe mich beim Heben einer schweren Kiste am Rücken verletzt.

24 Die reflexiven Verben

Bevor Sie dieses Kapitel durcharbeiten, sollten Sie sich mit ➠ **Kapitel 9, Die Personalpronomen** und ➠ **Kapitel 16, Der Indikativ (Präsens)** beschäftigt haben.

Was Sie vorab wissen sollten
Reflexive Verben sind Verben, die mit einem Reflexivpronomen (➠ **Kapitel 9, Die Personalpronomen, 1.4**) gebraucht werden. Bei diesen Verben sind Subjekt und Objekt identisch, d. h. das Reflexivpronomen (auch „rückbezügliches Fürwort" genannt) verweist die Handlung auf das Subjekt zurück.

nicht reflexiv Subjekt ≠ Objekt	Elle regarde le paysage. Sie schaut die Landschaft an.
reflexiv Subjekt = Objekt	Elle se regarde dans la glace. Sie schaut sich im Spiegel an.

1 Die reflexiven Verben in Zeiten mit einfachen Verbformen

Reflexive Verben haben die gleichen Konjugationsformen wie nicht-reflexive Verben. Einziges charakteristisches Merkmal ist die Anwesenheit des Reflexivpronomens.

Auf Entdeckung
Sie kennen bereits die Reflexivpronomen und die Formen des Präsens der regelmäßigen Verben. Versuchen Sie nun, die folgende Konjugationstabelle des Verbs se laver (sich waschen) im Präsens zu ergänzen. (➠ **Lösungen**)

Person	Singular	Plural
1.	je ___ lave ich wasche mich	nous ___ lav___ wir waschen uns
2.	tu te lav___ du wäschst dich	vous vous lav___ ihr wascht euch / Sie waschen sich
3.	il ___ lave er wäscht sich elle ___ lave sie wäscht sich	ils ___ lav___ sie waschen sich elles ___ lavent sie waschen sich

Dieses „Modell" gilt für alle Zeiten mit einfachen Verbformen wie z. B. das
imparfait: Il se lavait. Er wusch sich.
futur simple: Il se lavera. Er wird sich waschen.
conditionnel: Il se laverait. Er würde sich waschen.

Die reflexiven Verben 24

Beachten Sie
- Die Formen der Reflexivpronomen können Sie in ➔ **Kapitel 9, Die Personalpronomen, 1.4.1** nachprüfen.
- Zur Stellung des Reflexivpronomens lesen Sie ➔ **Kapitel 9, Die Personalpronomen, 2.1 und 2.2**.
Es gilt in den meisten Fällen die Regel: Das Reflexivpronomen steht direkt vor dem Verb, auf das es sich bezieht (unterstrichen in den folgenden Beispielen).
Je **me** demande s'il viendra. Ich frage mich, ob er kommt.
Nous devons **nous** dépêcher. Wir müssen uns beeilen.
Je le regarde **se** raser. Ich schaue ihm beim Rasieren zu.
- Zur Stellung und Form der Reflexivpronomen im Imperativ ➔ **Kapitel 21, Der Imperativ, 2.1 und 2.2**.

Test 1
Setzen Sie das passende Reflexivpronomen ein.
1. Cet enfant ___ ennuie souvent. Dieses Kind langweilt sich oft.
2. Je ___ promène souvent dans la forêt. Ich gehe oft im Wald spazieren.
3. Elle ___ appelle Lisa. Sie heißt Lisa.
4. Vous ___ couchez trop tard. Sie gehen zu spät ins Bett.
5. Nous ___ amusons beaucoup. Wir amüsieren uns sehr.

> **TIPP**
> Bevor Sie weiterlesen, sollte Ihnen das ➔ **Kapitel 18, Der Indikativ (Zeiten der Vergangenheit)** vertraut sein.

2 Die reflexiven Verben in Zeiten mit zusammengesetzten Verbformen

2.1 Etre als einziges Hilfsverb

Anders als im Deutschen bilden die reflexiven Verben die zusammengesetzten Verbformen mit dem Hilfsverb être: Il s'est lavé. Er **hat** sich gewaschen.

24 Die reflexiven Verben

Auf Entdeckung

Setzen Sie die fehlenden Formen des Indikativ Präsens von être ein. Sie erhalten so einen Überblick über die Formen des reflexiven Verbs se laver (sich waschen) im passé composé (➡ **Lösungen**).

Sg.	1. Person	je me ____ lavé(e) ich habe mich gewaschen
	2. Person	tu t' ____ lavé(e) du hast dich gewaschen
	3. Person	il s' ____ lavé er hat sich gewaschen
		elle s' ____ lavée sie hat sich gewaschen
Pl.	1. Person	nous nous ____ lavé(e)s wir haben uns gewaschen
	2. Person	vous vous ____ lavé(e)(s) ihr habt euch gewaschen / Sie haben sich gewaschen
	3. Person	ils se ____ lavés sie haben sich gewaschen
		elles se ____ lavées sie haben sich gewaschen

Dieses „Modell" (Hilfsverb être + participe passé) gilt für alle Zeiten mit zusammengesetzten Verbformen wie z. B. das
Plusquamperfekt: Il s'était lavé. Er hatte sich gewaschen.
Futur II: Il se sera lavé. Er wird sich gewaschen haben.
Konditional II: Il se serait lavé. Er hätte sich gewaschen.

Test 2

Setzen Sie die fehlenden Formen von être ein.
1. Plusquamperfekt → Il s'____ rasé. Er hatte sich rasiert.
2. Futur II → Nous nous ____ lavés. Wir werden uns gewaschen haben.
3. Konditional II → Je me ____ dépêchée. Ich hätte mich beeilt.

2.2 Grundregel zur Angleichung des participe passé

Wie bei allen Zeiten mit zusammengesetzten Verbformen, die mit dem Hilfsverb être gebildet werden, gleicht sich das participe passé in Genus (Geschlecht) und Numerus (Zahl) dem Subjekt an. (➡ **Kapitel 23**, **Infinite Verbformen**, 2.2.3)
Antonin s'est rasé. Antonin hat sich rasiert.
Pauline s'est maquillée. Pauline hat sich geschminkt.
Ils se sont rencontrés. Sie haben sich getroffen.
Elles se sont disputées. Sie haben (sich) gestritten.

Test 3

Setzen Sie die fehlende Form von être ein und achten Sie auf die Angleichung des participe passé.
1. Léa s'____ levé__ tôt ce matin. Léa ist heute Morgen früh aufgestanden.

Die reflexiven Verben **24**

2. Mme Lemoine, vous ____ -vous levé__ tôt ce matin ? Frau Lemoine, sind Sie heute früh aufgestanden?
3. Ils se ____ baign__ pendant 3 heures. Sie haben 3 Stunden lang gebadet.
4. Il s'____ excus__ auprès de moi. Er hat sich bei mir entschuldigt.
5. Elles se ____ perdu__ dans la forêt. Sie haben sich im Wald verlaufen.
6. Anne, à quelle heure t' ____-tu levé__ ? Anne, um wie viel Uhr bist du aufgestanden?

> **TIPP**
>
> Dies sind die wichtigsten Informationen über die reflexiven Verben. Wenn Sie erst angefangen haben Französisch zu lernen, können Sie den folgenden Abschnitt ➟ 2.3, in dem einige Besonderheiten zur Angleichung des participe passé behandelt werden, zu einem späteren Zeitpunkt durcharbeiten und direkt zu ➟ 3 weitergehen.

2.3 Besonderheiten bei der Angleichung des participe passé

Die Angleichung des Partizips hängt von der Funktion (direktes oder indirektes Objekt) des Reflexivpronomens ab.

2.3.1 Funktion des Reflexivpronomens

Wie im Deutschen kann das Reflexivpronomen ein direktes oder ein indirektes Objekt vertreten. Die Regel lautet:
- Ist das Reflexivpronomen direktes Objekt, wird das participe passé **angeglichen**.
- Ist das Reflexivpronomen indirektes Objekt, wird das participe passé **nicht angeglichen**.

Funktion	Beispiel
direktes Objekt (Frage „wen?" oder „was?")	Ils **se** sont lavé**s**. Sie haben **sich** gewaschen. Elle ne s'est pas ennuyé**e**. Sie hat sich nicht gelangweilt.
indirektes Objekt (Frage „wem?" oder „was?")	Elle s'est lavé les cheveux. Sie hat sich die Haare gewaschen. Ils **se** sont acheté une maison. Sie haben sich ein Haus gekauft.

Beachten Sie
Das Reflexivpronomen ist indirektes Objekt, wenn das reflexive Verb ein anderes direktes Objekt hat. In den folgenden Beispielen sind die direkten Objekte

2 Die reflexiven Verben in Zeiten mit zusammengesetzten Verbformen **417**

24 *Die reflexiven Verben*

unterstrichen. Die Reflexivpronomen haben also hier alle die Funktion des indirekten Objekts.

Je me suis acheté <u>une robe</u>. Ich habe mir <u>ein Kleid</u> gekauft.
Elle s'est cassé <u>la jambe.</u> Sie hat sich <u>das Bein</u> gebrochen.
Ils se sont serré <u>la main.</u> Sie haben sich <u>die Hand</u> geschüttelt.

Test 4
Gleichen Sie, wenn erforderlich, das participe passé an.
1. Ils se sont envoyé__ des cadeaux. Sie haben sich Geschenke geschickt.
2. Elle s'est cassé__ le bras. Sie hat sich den Arm gebrochen.
3. Nous nous sommes rencontré__ hier. Wir haben uns gestern getroffen.
4. Elle s'est beaucoup énervé__. Sie hat sich sehr aufgeregt.
5. Elles ne se sont rien dit__. Sie haben sich nichts gesagt.
6. Ils se sont rasé__. Sie haben sich rasiert.

2.3.2 Stellung des direkten Objekts
Es gilt die gleiche Regel wie bei der Angleichung des participe passé beim passé composé mit avoir (➧ **Kapitel 18, Der Indikativ [Zeiten der Vergangenheit], 1.4.2 a**):
Nur wenn das direkte Objekt (in den Beispielen unterstrichen) vor dem Verb steht, wird das participe passé diesem vorangestellten Objekt angeglichen.

– **Nachstellung** des direkten Objekts → Das participe passé ist unveränderlich.	Je me suis acheté <u>des livres</u>. Ich habe mir <u>Bücher</u> gekauft. Elle s'est offert <u>trois jours de repos</u>. Sie hat sich <u>drei Ruhetage</u> gegönnt.
– **Voranstellung** des direkten Objekts → Das participe passé wird dem direkten Objekt angeglichen.	Voici <u>les livres</u> que je me suis achetés. Hier sind <u>die Bücher</u>, die ich mir gekauft habe. Pendant <u>les trois jours de repos</u> qu'elle s'est offerts … In <u>den drei Ruhetagen</u>, die sie sich gegönnt hat, …

Test 5
Ist das participe passé veränderlich oder nicht? Ergänzen Sie die Formen, wenn nötig.
1. Où t'es-tu procuré__ ce livre ? Wo hast du dieses Buch her?
2. Elle s'est occupé__ de sa sœur. Sie hat sich um ihre Schwester gekümmert.
3. Je me suis acheté__ une robe. Ich habe mir ein Kleid gekauft.
4. La robe que je me suis acheté__ est trop petite. Das Kleid, das ich mir gekauft habe, ist zu klein.

Die reflexiven Verben **24**

3 Kategorien von reflexiven Verben

Man unterscheidet drei Kategorien von reflexiven Verben. Die Regeln, die Sie in den Abschnitten ➨ 1 und ➨ 2 gelernt haben, gelten für alle.

3.1 Die reflexiv verwendeten Verben

Wie im Deutschen können viele französische Verben reflexiv oder nicht-reflexiv gebraucht werden, mit oder ohne Bedeutungsänderung.

3.1.1 Ohne Bedeutungsänderung
Bei den meisten Verben bleibt die Bedeutung unverändert:
(se) laver (sich) waschen, (se) demander (sich) fragen, (s')énerver (sich) aufregen, (se) permettre (sich) erlauben, (s')aimer (sich) mögen usw.
Elle ne s'aime pas. Sie mag sich nicht.
Je me demande où est la clé. Ich frage mich, wo der Schlüssel ist.

3.1.2 Mit Bedeutungsänderung
Bei einigen Verben ändert sich die Bedeutung, je nachdem ob sie reflexiv oder nicht-reflexiv gebraucht werden, wie z. B.:

nicht reflexiv	reflexiv
Levez la main avant de répondre. Heben Sie die Hand, bevor Sie antworten.	Je me lève toujours très tôt. Ich stehe immer sehr früh auf.
Qui porte le sac ? Wer trägt die Tasche?	Comment se porte votre mère ? Wie geht es Ihrer Mutter?
ebenso: appeler rufen, rendre zurückgeben	ebenso: s'appeler heißen, se rendre hingehen / sich ergeben

3.2 Die reziprok verwendeten Verben

Bei den reziprok gebrauchten Verben drückt das Reflexivpronomen die Wechselseitigkeit der Handlung aus. Das Reflexivpronomen wird in der Bedeutung von l'un l'autre (einander / gegenseitig) verwendet, z. B. se saluer sich begrüßen, se connaître sich kennen, se rencontrer sich treffen / begegnen, s'écrire sich schreiben, se séparer sich trennen usw.
Nous nous téléphonons souvent. Wie telefonieren oft miteinander.
Vous êtes-vous bien entendus ? Habt ihr euch gut verstanden?
Ils se sont battus. Sie haben sich geschlagen.

24 Die reflexiven Verben

Beachten Sie
- Das Verb steht in diesem Fall logischerweise im Plural, da mehrere Subjekte anwesend sein müssen, um eine Wechselseitigkeit zu bewirken. Reziproke Pronomen sind dann ebenfalls im Plural: nous uns, vous euch / sich, se sich.
- Die Gegenseitigkeit der Handlung wird oft durch Wendungen wie l'un l'autre einander, mutuellement gegenseitig hervorgehoben.
  Aimez-vous les uns les autres ! Liebt einander!
  Nous nous aidons mutuellement. Wir helfen uns gegenseitig.

3.3 Die „echten" reflexiven Verben

Diese Verben können nur reflexiv verwendet werden: Das Reflexivpronomen ist fester Bestandteil des Verbs geworden und kann nicht durch ein anderes Objekt ersetzt werden.
Zu dieser Kategorie zählen relativ wenige Verben, z. B. s'enrhumer sich erkälten, s'évanouir ohnmächtig werden, se moquer de sich lustig machen über, se souvenir de sich erinnern an, se suicider sich umbringen usw.
Je ne me souviens de rien. Ich erinnere mich an nichts.
Ne vous moquez pas de moi. Lachen Sie nicht über mich.

Beachten Sie
Das participe passé dieser Verben gleicht sich immer dem Subjekt an.
Elle s'est évanouie. Sie ist ohnmächtig geworden.
Ils se sont moqués de moi. Sie haben sich über mich lustig gemacht.

Test 6
Ordnen Sie die folgenden reflexiven Verben einer Kategorie zu:
a = reziprokes Verb, b = „echtes" reflexives Verb, c = reflexiv verwendetes Verb.
1. s'habiller sich anziehen __
2. se moquer sich lustig machen __
3. se demander sich fragen __
4. se téléphoner sich anrufen __
5. se souvenir sich erinnern __
6. se rencontrer sich treffen __

4 Reflexive Verben im Französischen und im Deutschen

Einige französische reflexive Verben entsprechen im Deutschen nicht-reflexiven Verben und umgekehrt. Hier finden Sie eine Liste der gebräuchlichsten Verben (das Reflexivpronomen ist jeweils fett gedruckt):

Die reflexiven Verben 24

nur im Französischen reflexiv

s'appeler heißen, s'arrêter aufhören / stehen bleiben, se baigner baden, s'écrier ausrufen, s'en aller weggehen, s'endormir einschlafen, s'évader fliehen, s'évanouir in Ohnmacht fallen, se lever aufstehen, se marier heiraten, se méfier misstrauen, se noyer ertrinken, s'obstiner auf etwas bestehen, se promener spazieren gehen, se réveiller aufwachen, se taire schweigen

Comment t'appelles-tu ? Wie heißt du?
Je m'en vais. Ich gehe (weg).
Il s'est baigné. Er hat gebadet.
Elle s'évanouit souvent. Sie fällt oft in Ohnmacht.
Lève-toi. Steh auf!
Elle se marie la semaine prochaine. Sie heiratet nächste Woche.
Il se méfie de tout. Er misstraut allem.
Je me suis promené dans la forêt. Ich bin im Wald spazieren gegangen.
Taisez-vous ! Schweigen Sie!

nur im Deutschen reflexiv

avoir la nostalgie de sich sehnen nach, avoir peur de sich fürchten vor, bouger sich bewegen, changer sich ändern, divorcer sich scheiden lassen, être en retard sich verspäten, refuser sich weigern, remercier sich bedanken, tomber amoureux sich verlieben

Ne bougez plus. Bewegt **euch** nicht mehr!
Tu n'as vraiment pas changé. Du hast **dich** wirklich nicht verändert.
Il refuse de venir. Er weigert **sich** zu kommen.
Je vous remercie. Ich bedanke **mich** (bei euch).
Il est tombé amoureux de la femme de son ami. Er hat **sich** in die Frau seines Freundes verliebt.

Test 7

Stellen Sie fest, ob das Verb reflexiv oder nicht-reflexiv verwendet wird. Fügen Sie – wenn nötig – das Reflexivpronomen hinzu.
1. Nous ne ____ parlons plus. Wir sprechen uns nicht mehr.
2. Ils ____ sont tombés amoureux. Sie haben sich verliebt.
3. Il ____ refuse de parler. Er weigert sich zu sprechen.
4. Ils ____ endorment tard. Sie schlafen spät ein.
5. Je ____ suis évanouie. Ich bin in Ohnmacht gefallen.
6. Elle ne ____ change pas. Sie ändert sich nicht.

4 Reflexive Verben im Französischen und im Deutschen **421**

24 Die reflexiven Verben

Auf den Punkt gebracht

1. (➭ 1)
a) Ergänzen Sie die Konjugationstabelle des Verbs se reposer (sich ausruhen) im Präsens.

Singular	Plural
je ___ repos___ ich ruhe mich aus tu ___ repos___ du ruhst dich aus il ___ repos___ er ruht sich aus elle ___ repos___ sie ruht sich aus	nous ___ repos___ wir ruhen uns aus vous ___ repos___ ihr ruht euch aus / Sie ruhen sich aus ils ___ repos___ sie ruhen sich aus elles ___ repos___ sie ruhen sich aus

b) Kreuzen Sie ja oder nein an.   ja   nein
1. Reflexive Verben haben andere Konjugationsformen als nicht-reflexive Verben. ☐ ☐
2. Reflexive Verben sind am Reflexivpronomen erkennbar. ☐ ☐
3. Das Reflexivpronomen steht in der Regel nach dem Verb. ☐ ☐

2. (➭ 2)
Kreuzen Sie ja oder nein an und ergänzen Sie die Sätze.   ja   nein
1. Die reflexiven Verben bilden die zusammengesetzten Zeiten mit dem Hilfsverb avoir haben: ☐ ☐
   Je me ____ promené. Ich bin spazieren gegangen.
   Nous nous ____ rencontrés. Wir haben uns getroffen.
2. Die Grundregel lautet: Das Partizip der Reflexivverben richtet sich in Geschlecht und Zahl nach dem Subjekt: ☐ ☐
   Elle s'est dépêché__. Sie hat sich beeilt.
   Ils ne se sont pas trompé__. Sie haben sich nicht geirrt.
3. Das Reflexivpronomen kann direktes oder indirektes Objekt im Satz sein. ☐ ☐
4. In dem Satz Je me fais un café. (Ich mache mir einen Kaffee.) ist das Reflexivpronomen me direktes Objekt. ☐ ☐
5. Das Partizip wird immer angeglichen, wenn das Reflexivpronomen direktes Objekt ist. ☐ ☐

Die reflexiven Verben

3. (➠ 3 und ➠ 4)
Kreuzen Sie ja oder nein an.   ja   nein
1. Reflexivpronomen können auch eine reziproke Bedeutung
   haben.   ☐   ☐
2. Reziprok verwendete Verben stehen immer im Singular.   ☐   ☐
3. Die Reflexivpronomen nous, vous und se können eine
   reziproke Bedeutung haben.   ☐   ☐
4. Das Partizip Perfekt der echten reflexiven Verben wird immer
   angeglichen.   ☐   ☐
5. Alle Verben, die im Deutschen reflexiv sind, sind auch im
   Französischen reflexiv.   ☐   ☐

Und wenn Sie noch neugierig sind ...

Die reflexiv verwendeten Verben können eine passive Bedeutung haben. Diese konkurrierende Form des Passivs (➠ **Kapitel 25, Das Passiv**, 5.2) kennt das Deutsche ebenfalls.
Ça s'écrit comment ? Wie schreibt sich das?
Cette maison s'est vite vendue. Dieses Haus hat sich schnell verkauft.
Cette porte ne s'ouvre pas sans code. Diese Tür öffnet sich ohne Geheimzahl nicht.

25 Das Passiv

Was Sie vorab wissen sollten

Aktiv-Sätze und Passiv-Sätze haben die gleiche Bedeutung, jedoch wird im Passiv-Satz im Vergleich zum Aktiv-Satz die Perspektive gewechselt: Im Passiv-Satz steht nicht der Urheber der Handlung im Vordergrund, sondern die Handlung selbst. Das Subjekt eines Passiv-Satzes handelt nicht, sondern es wird mit ihm etwas getan.

Aktiv: Air France a annulé tous les vols pour Nice. Air France hat alle Flüge nach Nizza annuliert.

Passiv: Tous les vols pour Nice ont été annulés. Alle Flüge nach Nizza wurden annuliert.

Auf Entdeckung

Versuchen Sie, anhand der folgenden Darstellung die spezifischen Merkmale der Passiv-Bildung herauszufinden.

Aktiv-Satz			Passiv-Satz		
Subjekt	Verb	direktes Objekt	Subjekt	Verb	Urheber
Le chat	mange	la souris.	La souris	est mangée	par le chat.
Die Katze	frisst	die Maus.	Die Maus wird von der Katze gefressen.		
Le peuple	élit	le président.	Le président	est élu	par le peuple.
Das Volk	wählt	den Präsidenten.	Der Präsident wird vom Volk gewählt.		

Kreuzen Sie ja oder nein an. (➠ **Lösungen**)   ja   nein
1. Das direkte Objekt des Aktiv-Satzes (la souris / le président) ist das Subjekt des Passiv-Satzes. ☐ ☐
2. Die Verbform wird unverändert übernommen. ☐ ☐
3. Die Passiv-Form wird mit dem Hilfsverb être und dem Partizip Perfekt des jeweiligen Verbs gebildet. ☐ ☐
4. Das Subjekt des Aktiv-Satzes (le chat / le peuple) ist im Passiv-Satz der Urheber der Handlung. ☐ ☐

Beachten Sie

Weil das direkte Objekt des Aktiv-Satzes zum Subjekt des Passiv-Satzes wird, können nur Verben mit direktem Objekt das Passiv bilden. Intransitive Verben und Verben mit indirektem Objekt können im Französischen also kein Passiv bilden:
Die Sätze Il a disparu. (Er ist verschwunden.) und Il nous a écrit. (Er hat uns geschrieben.) können nicht ins Passiv gesetzt werden, da sie kein direktes Objekt enthalten.

Das Passiv 25

1 Vorgangs- und Zustandspassiv

Man unterscheidet zwischen einem Vorgangspassiv, das eine Handlung beschreibt, und einem Zustandspassiv, das das Resultat der Handlung nennt.

Auf Entdeckung
Vergleichen Sie das Französische mit dem Deutschen und stellen Sie die Unterschiede fest.

	Französisch	Deutsch
Vorgangspassiv beschreibt eine Handlung	Les voitures **sont revendues** à l'étranger.	Die Autos **werden** im Ausland wieder **verkauft**.
Zustandspassiv nennt das Resultat einer Handlung	Ils **sont invités** à une fête.	Sie **sind** auf ein Fest **eingeladen**.

Markieren Sie die richtige Aussage. (➡ **Lösungen**)
1. Das Deutsche (unterscheidet / unterscheidet nicht) formal zwischen Vorgangs- und Zustandspassiv.
2. Im Französischen werden beide Passivarten (gleich / unterschiedlich) gebildet.

Beachten Sie
Weil das Französische formal keinen Unterschied zwischen Vorgangs- und Zustandspassiv macht, entscheidet der Kontext, ob es sich um ein Vorgangs- oder Zustandspassiv handelt. Die Frage stellt sich vor allem beim Übersetzen.

Test 1

Wie würden Sie die folgenden Passiv-Sätze ins Deutsche übersetzen?
1. La porte est ouverte. Die Tür (ist / wird) geöffnet.
2. La récolte a été détruite par la grêle. Die Ernte (wurde / war) vom Hagel vernichtet.
3. Nous avons été accueillis très chaleureusement. Wir (wurden / waren) sehr herzlich empfangen.
4. Les champs sont recouverts de neige. Die Felder (sind / werden) vom Schnee bedeckt.
5. Une autopsie a été ordonnée. Eine Autopsie (wurde / war) angeordnet.
6. Je suis déçu par ta réaction. Ich (bin / werde) von deiner Reaktion enttäuscht.

25 Das Passiv

> **TIPP**
>
> Sowohl Vorgangs- als auch Zustandspassiv werden im Französischen mit dem Hilfsverb être (sein / werden) gebildet: Aus diesem Grund sind in den Beispielen, wenn möglich, in der deutschen Übersetzung beide Varianten angegeben.

2 Bildung des Passivs

Das Passiv wird aus den konjugierten Formen von être und dem Partizip Perfekt des jeweiligen Verbs gebildet. Zur Bildung des Passivs ist es daher unerlässlich, die Konjugation von être (➞ **Anhang**) zu kennen sowie die Bildung des Partizip Perfekt. (➞ **Kapitel 18, Der Indikativ [Zeiten der Vergangenheit], 1.2**)

2.1 Die einfachen Zeiten

Für die Bildung der einfachen Zeiten des Passivs werden die Konjugationsformen von être in den einfachen Zeiten mit dem Partizip Perfekt verwendet.

Auf Entdeckung

Tragen Sie die fehlenden Formen von être in die Tabelle ein (Sie können die Verbtabelle auf S. 607 zur Hilfe nehmen). Sie erhalten dann eine Übersicht über das Passiv in den einfachen Zeiten.

Indikativ	
Zeit	Passiv
présent	je _____ protégé(e) ich werde / bin geschützt
imparfait	elle _____ protégée sie wurde / war geschützt
passé simple	tu fus protégé(e) du wurdest / warst geschützt
futur I	nous _____ protégé(e)s wir werden geschützt werden / sein
conditionnel I	ils _____ protégés sie würden geschützt werden / sie wären geschützt

Das Passiv 25

subjonctif	
Zeit	Passiv
présent	qu'elle _____ protégée dass sie geschützt werde / sei
imparfait	que vous fussiez protégé(e)s dass Sie geschützt würden / wären

Beachten Sie
- Die Zeit des Hilfsverbs être ist die Zeit des Verbs im Passiv-Satz.
  Präsens: il est (er ist) → Präsens Passiv: il est prévenu er wird / ist benachrichtigt.
  Imparfait: nous étions (wir waren) → Imparfait Passiv: nous étions prévenus wir wurden / waren benachrichtigt.
- Das Partizip Perfekt richtet sich – wie bei allen zusammengesetzten Verbformen, die mit être gebildet werden – in Genus und Numerus nach dem Subjekt des Satzes (in den Beispielen unterstrichen):
  Il est reçu par le maire. Er wird vom Bürgermeister empfangen.
  Elle est reçue par le maire. Sie wird vom Bürgermeister empfangen.
  Ils sont reçus par le maire Sie werden vom Bürgermeister empfangen.
  Elles sont reçues par le maire. Sie werden vom Bürgermeister empfangen.
- Im ➠ **Anhang** finden Sie in den Verbtabellen (➠ 2.6) die vollständige Passiv-Konjugation von aimer (lieben).

Test 2
Bilden Sie die Form des Passivs in den angegebenen Zeiten, indem Sie die entsprechende Form von être hinzufügen.
1. (Futur) Ce livre _____ illustré par des enfants. Dieses Buch wird von Kindern illustriert werden.
2. (Präsens) Le chien _____ attaché à l'arbre. Der Hund ist am Baum festgebunden.
3. (imparfait) Les tableaux _____ exposés en vrac. Die Bilder waren ungeordnet ausgestellt (worden).
4. (conditionnel) Les dégâts _____ remboursés par l'assurance. Der Schaden würde von der Versicherung bezahlt (werden).

2.2 Die zusammengesetzten Zeiten

Für die Bildung der zusammengesetzten Zeiten werden die zusammengesetzten Konjugationsformen von être verwendet. Die Zeit des Hilfsverbs être ist ebenfalls die Zeit des Verbs im Passiv.

25 Das Passiv

Indikativ	
Zeit	Passiv
passé composé	j'ai été protégé(e) ich bin geschützt worden
plus-que-parfait	elle avait été protégée sie war geschützt worden
passé antérieur	tu eus été protégé(e) du warst geschützt worden
futur composé	elle va être protégée sie wird geschützt werden
futur II	nous aurons été protégé(e)s wir werden geschützt worden sein
conditionnel II	ils auraient été protégés sie wären geschützt worden

subjonctif	
Zeit	Passiv
subjonctif passé	qu'elle ait été protégée dass sie geschützt worden sei
plus-que-parfait	qu'il eût été protégé dass er geschützt worden wäre

Test 3

Bilden Sie die Form des Passivs in den angegebenen zusammengesetzten Zeiten, indem Sie die entsprechende Form von être bilden.

1. (futur composé) Cette maison _____ _____ détruite. Dieses Haus wird abgerissen (werden).
2. (passé composé) Nous _____ _____ surpris par cette nouvelle. Wir sind von dieser Nachricht überrascht worden.
3. (plus-que-parfait) Personne n'_____ _____ oublié. Niemand war vergessen worden.
4. (conditionnel II) Une enquête _____ _____ réalisée. Eine Untersuchung wäre durchgeführt worden.

3 Der Urheber der Handlung im Passiv-Satz

Im Französischen wie im Deutschen kann im Passiv-Satz der Urheber der Handlung (das Agens) genannt sein oder nicht. Wird der Urheber der Handlung nicht genannt, so wird der Blick auf die Handlung gelenkt.

Das Passiv 25

3.1 Nennung des Urhebers

Wird der Urheber der Handlung genannt, so wird er mit der Präposition par oder de eingeführt.

Einführung mit par – immer beim Vorgangspassiv – in den meisten Fällen beim Zustandspassiv	Les récoltes ont été détruites **par** la grêle. Die Ernte wurde vom Hagel vernichtet. Le policier a été insulté **par** l'automobiliste. Der Polizist wurde vom Autofahrer beschimpft. Nous avons été surpris **par** l'orage. Wir wurden vom Gewitter überrascht.
Einführung mit de (selten) – bei Verben des Gefühls oder des Wertens – bei Verben, die im übertragenen Sinne verwendet werden	Ce professeur est aimé **de** ses élèves. Dieser Lehrer wird von seinen Schülern geliebt. Ce lac est entouré **de** montagnes. Dieser See ist von Bergen umgeben. J'ai été pris **de** panique. Ich wurde von Panik ergriffen.

3.2 Verschweigen des Urhebers

Wird der Urheber der Handlung nicht genannt, so kann dies aus verschiedenen Gründen erfolgen: Der Urheber ist

1. unbekannt	Un crime a été commis cette nuit. Heute Nacht ist ein Mord begangen worden.
2. allen bekannt	Le chef de la bande a été condamné à 3 ans de prison ferme. Der Anführer wurde zu 3 Jahren Gefängnis ohne Bewährung verurteilt.
3. unwichtig	Les spectateurs sont priés d'éteindre leur portable. Die Zuschauer werden gebeten, ihr Handy auszuschalten.

Test 4
Wird das Agens mit par oder de eingeführt?
1. Ce projet est subventionné ___ l'Union européenne. Dieses Projekt wird von der Europäischen Union subventioniert.
2. Les murs sont couverts ___ tags. Die Wände sind mit Graffiti bedeckt.
3. L'Abbé Pierre est respecté ___ tous les Français. Der Abbé Pierre wird von allen Franzosen respektiert.
4. Au mois d'août, la plage est envahie ___ les touristes. Im August wird der Strand von den Touristen in Besitz genommen.

3 Der Urheber der Handlung im Passiv-Satz

25 Das Passiv

4 Konkurrenzformen des Passivs

Das Passiv wird im Französischen seltener als im Deutschen und vor allem in der Schriftsprache verwendet. Die folgenden Konstruktionen, die eine passive Bedeutung haben, können Passiv-Konstruktionen ersetzen.

4.1 Das Indefinitpronomen on

Französische Passiv-Sätze können nicht ohne Subjekt sein. Deshalb werden deutsche subjektlose Passiv-Sätze im Französischen mit on (man) wiedergegeben:

Passiv-Satz im Deutschen	Aktiv-Satz im Französischen
Hier wird Französisch gesprochen. Mir wurde geholfen.	Ici, on parle français. On m'a aidé.

Beachten Sie
Folgende unpersönliche Konstruktionen können ebenfalls eine passivische Bedeutung haben:
Il a été constaté que … Es wurde festgestellt, dass …
Il fut décidé que … Es wurde beschlossen, dass …

4.2 Andere Umschreibungen mit passiver Bedeutung

In den folgenden Wendungen handelt das Subjekt des Satzes nicht, sondern „erduldet" das Geschehen.

1. **Reflexive Verben:** Das Subjekt des Satzes handelt nicht (➠ **Kapitel 24, Die reflexiven Verben**).	Ce livre s'est vendu à 30.000 exemplaires. Von diesem Buch wurden 30.000 Exemplare verkauft. Cela se comprend aisément. Dies ist leicht zu verstehen.
2. Se faire + Infinitiv: Im gesprochenen Französisch sehr gebräuchlich.	Il s'est fait pincer par la police. Er ist von der Polizei erwischt worden. Je me suis fait mordre par un chien. Ich wurde von einem Hund gebissen.
3. Se voir + Infinitiv: Vor allem in der Amtssprache verwendet.	Je me suis vu attribuer la somme de 1.000 euros. Mir wurde die Summe von 1.000 Euro zugesagt.

Das Passiv 25

Beachten Sie
zu 2. Die Wendung se faire + Infinitiv hat in der Bedeutung von „sich etwas machen lassen" eine aktive Bedeutung. Das Subjekt handelt aktiv (verfolgt eine bestimmte Absicht).
Aktiv: Je me suis fait faire une robe. Ich habe mir ein Kleid machen lassen.
Passiv: Je me suis fait piquer par une guêpe. Ich bin von einer Wespe gestochen worden.

Test 5

Markieren Sie die Sätze, die eine passive Bedeutung haben.
1. La ville a été reconstruite. Die Stadt wurde wieder aufgebaut.
2. Il s'est fait apporter une pizza. Er hat sich eine Pizza bringen lassen.
3. Je me suis fait avoir. Ich habe mich reinlegen lassen.
4. Ce vin blanc se boit très frais. Dieser Weißwein sollte sehr kühl getrunken werden.
5. On m'a volé mon vélo. Mir wurde mein Fahrrad gestohlen.
6. Il s'interdit tout commentaire. Er verbietet sich jeden Kommentar.

Auf den Punkt gebracht

1. (➠ Auf Entdeckung)
Kreuzen Sie ja oder nein an.

	ja	nein
1. Alle Verben können im Französischen das Passiv bilden.	☐	☐
2. Nur Verben, die ein direktes Objekt zulassen, können im Französischen das Passiv bilden.	☐	☐
3. Das Passiv wird im Französischen mit dem Hilfsverb être gebildet.	☐	☐
4. Der Satz Nous sommes bien arrivés. (Wir sind gut angekommen.) kann ins Passiv gesetzt werden.	☐	☐

2. (➠ 1)
Kreuzen Sie ja oder nein an.

	ja	nein
1. Vorgangs- und Zustandspassiv werden im Französichen mit dem Hilfsverb être gebildet.	☐	☐
2. Vorgangs- und Zustandspassiv unterscheiden sich im Französischen formal.	☐	☐

3. (➠ 2)
a) Setzen Sie die jeweils passende Form von être ein, um einen Passiv-Satz in der angegebenen Zeit zu bilden.

25 Das Passiv

présent	La rave-party _____ autorisée. Die Rave-Party ist genehmigt.
imparfait	Elle _____ usée par le travail. Sie war von der Arbeit verbraucht.
passé composé	Pierre _____ élu délégué de classe. Pierre ist zum Klassensprecher gewählt worden.
futur I	3.000 emplois _____ supprimés. 3.000 Arbeitsstellen werden abgebaut (werden).
plus-que-parfait	Ils _____ réveillés par un bruit bizarre. Sie waren durch ein seltsames Geräusch geweckt worden.
futur composé	Tu _____ admise dans la classe supérieure. Du wirst versetzt werden.

b) Kreuzen Sie ja oder nein an.   ja   nein
1. Das Partizip Perfekt ist im Passiv-Satz unveränderlich.   ☐   ☐
2. Die Zeit des Hilfsverbs être ist gleichzeitig die Zeit des Verbs
   im Passiv.   ☐   ☐

4. (➔ 3)
Markieren Sie die richtige Alternative und ergänzen Sie die Aussage.
1. In einem Passiv-Satz (muss / kann) der Urheber der Handlung genannt werden.
2. Der Urheber der Handlung wird im Passiv mit der Präposition ___ oder ___ eingeführt.
3. In den meisten Fällen wird der Urheber der Handlung mit der Präposition ___ eingeführt.

5. (➔ 4)
Haben die folgenden Sätze eine passive (P) oder eine aktive (A) Bedeutung?

                                                                            P   A
1. On prend un verre ? Trinken wir etwas?   ☐   ☐
2. Je me suis fait contrôler par la police. Ich wurde von der Polizei
   kontrolliert.   ☐   ☐
3. Ce mot s'écrit comme il se prononce. Dieses Wort schreibt sich,
   wie man es spricht.   ☐   ☐
4. Je me suis fait photographier. Ich habe mich fotografieren lassen.   ☐   ☐

Auf den Punkt gebracht

Besonderheiten bei Verben 26

In diesem Kapitel werden Verben mit besonderen Funktionen im Satz (z. B. Hilfsverben oder Modalverben) sowie verschiedene Ergänzungen des Verbs dargestellt.
Die Konjugation und der Gebrauch der Zeiten und Modi wurden in den
➡ **Kapiteln 16–25** behandelt.

1 Verben mit besonderer Funktion im Satz

Die folgenden Verben üben, wenn sie nicht als Vollverb (➡ **Einführung, Das Verb und seine Ergänzungen, 6.1**) verwendet werden, besondere Funktionen im Satz aus.

1.1 Die Hilfsverben être und avoir

Als Hilfsverben dienen être (sein) und avoir (haben) zur Bildung der zusammengesetzten Verbformen (➡ **Kapitel 18, Der Indikativ [Zeiten der Vergangenheit], 1**):
j'**ai** travaillé ich **habe** gearbeitet
je **suis** arrivé ich **bin** angekommen

Être (sein) dient ebenfalls zur Bildung des Passivs (➡ **Kapitel 25, Das Passiv**):
je **suis** aimé ich **werde** geliebt.

1.2 Aller und venir als Hilfsverben

Aller (gehen / fahren) und venir (kommen) können auch als Hilfsverben gebraucht werden.

Auf Entdeckung

Lesen Sie die folgenden Sätze aufmerksam und markieren Sie die richtige Aussage. (➡ **Lösungen**)

aller	venir
1. On va au cinéma, ce soir ? Gehen wir heute Abend ins Kino?	3. Tu viens demain, à la réunion ? Kommst du morgen zur Sitzung?
2. Je vais m'acheter une moto. Ich werde mir ein Motorrad kaufen.	4. Paul vient de téléphoner. Paul hat gerade angerufen.

1 Verben mit besonderer Funktion im Satz **433**

26 Besonderheiten bei Verben

1. In den Sätzen 1 und 3 sind aller und venir (Vollverben / Hilfsverben).
2. In den Sätzen 2 und 4 sind aller und venir (Vollverben / Hilfsverben).
3. Bei der Verwendung von aller und venir als Hilfsverben ist das dazugehörige Vollverb ein (Infinitiv / Partizip Perfekt).
4. Aller als Hilfsverb drückt eine (zukünftige / vergangene) Handlung aus.
5. Venir als Hilfsverb drückt eine (zukünftige / vergangene) Handlung aus.

Beachten Sie
– Aller in Verbindung mit dem Infinitiv eines anderen Verbs dient zur Bildung der nahen Zukunft (➡ **Kapitel 17, Der Indikativ [Futur], 2**), die im Deutschen oft mit dem Präsens und dem Adverb „gleich" wiedergegeben wird:
Je **vais** t'**expliquer**. Ich **erkläre** es dir **gleich**.
– Venir de in Verbindung mit dem Infinitiv eines anderen Verbs dient zur Bildung der unmittelbaren Vergangenheit, die im Deutschen meist mit einer Zeit der Vergangenheit und dem Adverb „gerade" wiedergegeben wird:
Le docteur **vient d'arriver**. Der Arzt **ist gerade gekommen**.
– Als Hilfsverben stehen aller und venir nur im Präsens und im imparfait:
J'**allais sortir**, quand le téléphone a sonné. Ich **wollte gerade gehen**, als das Telefon klingelte.
Je **venais de terminer** mon travail quand il est arrivé. Ich **war gerade** mit meiner Arbeit **fertig**, als er kam.

 Test 1
Formulieren Sie die Sätze neu, indem Sie entweder die nahe Zukunft oder die unmittelbare Vergangenheit anwenden.
Il a téléphoné il y a 5 minutes. → Il vient de téléphoner. Er hat vor 5 Minuten angerufen. → Er hat gerade angerufen.
1. Il arrive dans 5 minutes. → Il _____. Er kommt in 5 Minuten. → Er kommt gleich.
2. Ils sont arrivés il y a quelques minutes. → Ils _____. Sie sind vor einigen Minuten gekommen. → Sie sind gerade gekommen.
3. Le film a commencé depuis peu. → Le film _____. Der Film hat vor kurzem angefangen. → Der Film hat gerade angefangen.
4. Il revient dans un instant. → Il _____. Er kommt in einem Augenblick zurück. → Er kommt gleich zurück.

Besonderheiten bei Verben 26

1.3 Verbalperiphrasen zur Wiedergabe des Aspekts

Weitere Verben können in Verbindung mit dem Infinitiv eines anderen Verbs verschiedene Aspekte im Ablauf einer Handlung ausdrücken, wie z. B.

- inchoativer Aspekt
  (die Handlung setzt gerade ein)
  se mettre à / commencer à
  beginnen / anfangen

  Il s'est mis à crier. Er fing an zu schreien.
  Il commence à pleuvoir. Es fängt an zu regnen.

- durativer Aspekt
  (die Handlung dauert an)
  être en train de dabei sein
  continuer à weitermachen

  Je suis en train de travailler. Ich bin gerade am Arbeiten.
  Continuez à travailler. Arbeiten Sie weiter!

- perfektiver Aspekt
  (die Handlung ist abgeschlossen)
  avoir fini de fertig sein mit
  arrêter de / cesser de aufhören

  J'ai fini de manger. Ich bin fertig mit Essen.
  Il a cessé de pleuvoir. Es hat aufgehört zu regnen.

Beachten Sie
Der Infinitiv wird jeweils mit einer Präposition angeschlossen.

Test 2
Markieren Sie die richtige Möglichkeit.
1. Je (vais / suis en train de) réfléchir. Ich werde darüber nachdenken.
2. Ils (sont en train / ont fini) de manger. Sie sind gerade beim Essen.
3. As-tu (arrêté de / commencé à) travailler ? Hast du aufgehört zu arbeiten?
4. Nous (venions de / allions) dîner. Wir wollten gerade zu Abend essen.

1.4 Die Modalverben devoir, pouvoir, savoir und vouloir

Als Modalverben werden devoir, pouvoir, savoir und vouloir in Verbindung mit dem Infinitiv eines anderen Verbs verwendet. Wie im Deutschen wird der Infinitiv direkt (d. h. ohne Präposition) angeschlossen:
Je dois me dépêcher. Ich muss mich beeilen.

Die folgende Tabelle gibt Ihnen einen Überblick über die Bedeutung und Verwendung der Modalverben:

Besonderheiten bei Verben

1. devoir müssen / sollen Notwendigkeit, Pflicht Aufforderung Vermutung (➡ 1.4.1)	Je **dois** partir. Ich **muss** weg. Vous **devez** passer au secrétariat. Sie **sollen** ins Sekretariat kommen. Elle **doit** / **devrait** être arrivée maintenant. Sie **muss** / **müsste** nun angekommen sein. Vous **avez dû** faire une erreur. Sie haben **wohl** einen Fehler gemacht.
2. vouloir wollen / mögen Wille, Absicht Wunsch	Je **veux** partir. Ich **will** weg. A quelle heure **voulez**-vous être réveillé ? Um wie viel Uhr **wollen** Sie geweckt werden?
3. pouvoir können / dürfen Fähigkeit (➡ 1.4.2) höfliche Bitte Erlaubnis Vermutung (conditionnel)	Tu **peux** venir demain ? **Kannst** du morgen kommen? **Pouvez**-vous m'aider, s'il vous plaît ? **Können** Sie mir bitte helfen? **Puis**-je avoir la voiture demain ? **Kann** ich morgen das Auto haben? Il **pourrait** bien refuser. Er **könnte** durchaus ablehnen.
4. savoir können erlernte Fähigkeit (➡ 1.4.2)	Cet enfant **sait** déjà lire. Dieses Kind **kann** schon lesen.

Beachten Sie
Die conditionnel-Form von vouloir (je voudrais) entspricht im Deutschen „ich möchte" und wird zum Ausdruck einer höflichen Bitte oder Bestellung verwendet:
Je **voudrais** un café, s'il vous plaît. **Ich möchte** einen Kaffee, bitte.

Test 3
Markieren Sie die richtige Möglichkeit.
1. Ils (doivent / peuvent) être sortis. Sie sind vermutlich ausgegangen.
2. Vous (pouvez / voulez) répéter, s.v.p. ? Können Sie es bitte wiederholen?
3. Tu (pourrais / devrais) fumer moins. Du solltest weniger rauchen.
4. Ils (veulent / doivent) se marier. Sie wollen heiraten.
5. Je (dois / peux) passer un examen. Ich muss eine Prüfung machen.
6. Je ne (veux / sais) pas répondre. Ich kann nicht antworten.

Besonderheiten bei Verben

1.4.1 Devoir
Devoir (müssen / sollen) wird im Französischen seltener verwendet als im Deutschen. Die unpersönliche Wendung il faut (man muss) ist in der Umgangssprache gebräuchlicher:
Il faut que je parte. **Ich muss** gehen.
Il faut répondre à trois questions. **Man muss** drei Fragen beantworten.

Beachten Sie
Wird devoir nicht mit einem Infinitiv gebraucht, sondern mit einem Substantiv, dann hat es die Bedeutung „schulden":
Paul me doit 50 euros. Paul **schuldet** mir 50 Euro.

1.4.2 Pouvoir und savoir
Das deutsche Modalverb „können" wird im Französischen mit zwei Verben wiedergegeben: savoir oder pouvoir.
Il sait nager. Er **kann** schwimmen.
Je peux venir ce soir ? **Kann** ich heute Abend kommen?
Beide Verben haben jedoch im Französischen eine unterschiedliche Bedeutung:
– Savoir bedeutet ursprünglich „wissen" und hat als Modalverb die Bedeutung „die (erlernte) Fähigkeit haben":
  Je ne sais pas conduire. Ich kann nicht Auto fahren.
– Pouvoir hat die Bedeutung „physisch fähig sein" oder „befugt sein":
  Je ne peux pas conduire sans lunettes. Ich kann nicht ohne Brille fahren.
  Vous pouvez téléphoner à partir de 10 heures. Sie können ab 10 Uhr anrufen.

Test 4

Savoir oder pouvoir? Ordnen Sie die folgenden Tätigkeiten im Kasten dem passenden Verb zu.

parler français Französisch sprechen	faire la cuisine kochen
venir demain morgen kommen	faire du ski Schi fahren
rester un peu ein bisschen bleiben	essayer versuchen

Je sais … Ich kann …
1. _____
2. _____
3. _____

Je peux … Ich kann …
1. _____
2. _____
3. _____

26 Besonderheiten bei Verben

2 Unpersönliche Verben und Ausdrücke

Im Französischen werden unpersönliche Verben und Ausdrücke nur mit dem Pronomen il (es) verwendet. Il vertritt in diesem Fall ein nicht bestimmtes Subjekt. Anders als im Deutschen steht das Verb immer in der 3. Person Singular:
Il pleut. **Es** regnet.
Il faut faire la queue. **Man** muss sich anstellen.
Il y avait vingt personnes. **Es waren** zwanzig Leute da.

Man unterscheidet zwischen Verben, die immer unpersönlich sind, und Verben, die sowohl unpersönlich als auch persönlich verwendet werden.

2.1 Verben und Ausdrücke, die nur unpersönlich verwendet werden

Die folgenden Verben und Ausdrücke werden nur unpersönlich verwendet:

1. falloir müssen / es ist notwendig (sehr gebräuchlich) il faut + Infinitiv il faut que + subjonctif	Il faut vivre au présent. Man muss in der Gegenwart leben. Il faut absolument que tu viennes. Du musst unbedingt kommen.
2. il y a es gibt / ist (im Deutschen unterschiedlich wiedergegeben)	Il y a un problème. **Es gibt** ein Problem. Il y a du monde. **Es sind** viele Leute da. Il y a longtemps. **Es ist** lange her. Il y a un arbre dans le jardin. **Es steht** ein Baum im Garten.
3. s'agir de sich handeln um	Il s'agit d'un malentendu. Es handelt sich um ein Missverständnis.
4. il est + Adjektiv + que il est + Adjektiv + Infinitiv il est + Substantiv + Infinitiv	Il est important que tu réagisses vite. Es ist wichtig, dass du schnell reagierst. Il est inutile d'insister. Es ist sinnlos, darauf zu bestehen. Il est temps de partir. Es ist Zeit zu gehen.
5. Verben zur Angabe des Wetters	Il pleut et il fait du vent. Es regnet und es ist windig.

Besonderheiten bei Verben

6. il est zur Angabe der Uhrzeit	Il est trois heures. Es ist drei Uhr.
7. il fait + Adjektiv oder Substantiv	Il fait froid. Es ist kalt. Il fait nuit. Es ist Nacht.

Beachten Sie

zu 1. Durch Hinzufügen eines indirekten Objektpronomens kann bei der unpersönlichen Wendung il faut (man muss) ein persönliches Subjekt eingeführt werden:
Il **nous** faut produire plus. **Wir** müssen mehr produzieren.
Il **me** faut répondre vite. **Ich** muss schnell antworten.

zu 4. Nach vielen unpersönlichen Ausdrücken mit il est (es ist) steht oft der subjonctif (➡ **Kapitel 20, Der *subjonctif*, 2.2**):
Il est possible qu'elle ait raison. Es ist möglich, dass sie Recht hat.

zu 5. Metaphorisch verwendet können einige dieser Verben ein persönliches Subjekt bei sich haben:
Les coups pleuvent. Es regnet Schläge.

2.2 Verben, die persönlich oder unpersönlich verwendet werden

Wie im Deutschen können viele Verben und Ausdrücke sowohl unpersönlich als auch persönlich verwendet werden. Die folgende Liste ist nicht vollständig.

Unpersönliche Verwendung Das Subjekt wird nicht genannt, das Verb steht immer im Singular.	Persönliche Verwendung Das Subjekt wird genannt und das Verb richtet sich nach dem Subjekt.
Il paraît qu'il s'est remarié. Es heißt, dass er wieder geheiratet hat. Il manque un -s au dernier mot. Es fehlt ein -s beim letzten Wort. Que se passe-t-il ? Was ist los?	Ces exercices paraissent faciles. Diese Übungen scheinen leicht zu sein. Tu me manques. Du fehlst mir. La scène se passe dans la rue. Die Szene spielt sich auf der Straße ab.
Il suffit d'attendre. Man braucht nur abzuwarten. Il me tarde qu'ils arrivent. Ich kann kaum erwarten, dass sie kommen. Il vaut mieux que tu ne dises rien. Es ist besser, wenn du nichts sagst.	Quelques minutes suffisent. Einige Minuten reichen. Mes amis tardent à arriver. Meine Freunde sind immer noch nicht da. Ces arguments ne valent rien. Diese Argumente taugen nichts.

26 Besonderheiten bei Verben

Test 5
Werden die Verben in den folgenden Sätzen unpersönlich verwendet?
Kreuzen Sie ja oder nein an.

		ja	nein
1.	Il suffit de ne pas répondre. Man braucht nur nicht zu antworten.	☐	☐
2.	Il reste deux élèves dans la classe. Es sind zwei Schüler in der Klasse übrig.	☐	☐
3.	Il se fait du souci. Er macht sich Sorgen.	☐	☐
4.	Il est interdit de fumer dans les chambres. Es ist verboten, in den Schlafzimmern zu rauchen.	☐	☐
5.	Il se demande si elle viendra. Er fragt sich, ob sie kommen wird.	☐	☐
6.	Un accident s'est produit sur la RN 10. Ein Unfall hat sich auf der RN 10 ereignet.	☐	☐

2.3 Wiedergabe einiger deutscher unpersönlicher Ausdrücke

Auf Entdeckung
Verbinden Sie die folgenden deutschen unpersönlichen Ausdrücke mit ihrer französischen Entsprechung. Was stellen Sie fest? Markieren Sie die richtige Aussage. (➡ Lösungen)
1. J'ai chaud.   a. Es geht mir gut.
2. Il manque de tact.   b. Mir ist schwindlig.
3. Je vais bien.   c. Es freut mich, dass ...
4. Je suis content que ...   d. Mir ist warm.
5. J'ai le vertige.   e. Es fehlt ihm am Feingefühl.
1. Einem unpersönlichen deutschen Ausdruck entspricht immer eine unpersönliche Wendung im Französischen.
2. Einige Ausdrücke, die im Deutschen unpersönlich gebraucht werden, werden im Französischen mit einer persönlichen Wendung wiedergegeben.

3 Verbergänzungen

Was Sie vorab wissen sollten
Eine Verbergänzung ist ein Satzteil, der entweder fakultativ oder obligatorisch zum Verb gehört:
fakultativ: Il rit **de moi**. Er lacht **über mich**.
obligatorisch: J'ai acheté **une nouvelle voiture**. Ich habe **ein neues Auto** gekauft.

Besonderheiten bei Verben

Auf Entdeckung

Sie haben in der ➡ **Einführung, Das Verb und seine Ergänzungen, 7** die verschiedenen Ergänzungen des Verbs kennen gelernt. Lesen Sie nun die folgenden Sätze und entscheiden Sie, um welche Verbergänzung es sich handelt. Verbinden Sie dann die Ergänzung mit dem jeweils passenden Beispiel.
(➡ **Lösungen**)

Ergänzung	Beispiel
1. direktes Objekt	a. Je pense **à toi**. Ich denke an dich.
2. indirektes Objekt als Dativobjekt	b. Nous sommes restés **amis**. Wir sind Freunde geblieben.
3. indirektes Objekt als Präpositionalobjekt	c. J'ai écrit **au journal**. Ich habe der Zeitung geschrieben.
4. prädikative Ergänzung	d. Il vit **dans la rue**. Er lebt auf der Straße.
5. adverbiale Ergänzung	e. Je passe **le permis de conduire**. Ich mache die Fahrprüfung.

Ergänzen Sie nun die folgenden Definitionen. (➡ **Lösungen**)
1. Das direkte Objekt (Akkusativobjekt) wird (mit / ohne) Präposition angeschlossen.
2. Das indirekte Objekt wird (mit / ohne) Präposition angeschlossen.

Beachten Sie
– In der französischen Grammatik nennt man Verben, die ein direktes und / oder indirektes Objekt erfordern, „transitive Verben". In der deutschen Grammatik versteht man unter transitiv nur Verben, die ein direktes Objekt (Akkusativobjekt) zulassen.
– Intransitive Verben sind Verben, die kein direktes oder indirektes Objekt zulassen: Elle dort. Sie schläft.
– Wie im Deutschen können viele transitive Verben auch ohne Objekt verwendet werden:
Je lis (le journal). Ich lese (die Zeitung).
Je n'ai pas répondu (à Luc). Ich habe (Luc) nicht geantwortet.
– In der ➡ **Einführung, Das Verb und seine Ergänzungen, 7 Beachten Sie** wird die adverbiale Ergänzung des Verbs genauer dargestellt.

TIPP

Im Wörterbuch wird in der Regel angegeben, ob ein Verb transitiv (v. tr.) oder intransitiv (v. intr.) ist.

---

3 Verbergänzungen

Besonderheiten bei Verben

3.1 Transitive Verben mit direktem Objekt

Einem französischen Verb mit direktem Objekt entspricht meistens ein deutsches Verb mit Akkusativobjekt:
J'ai fait **un très beau voyage**. Ich habe **eine sehr schöne Reise** gemacht.

Die folgenden Verben haben im Französischen ein direktes Objekt bei sich, im Deutschen jedoch nicht. Die in der Tabelle verwendeten Abkürzungen bedeuten: qn = quelqu'un jdn = jemanden / jdm = jemandem, qc = quelque chose etw = etwas.

aider qn jdm helfen	J'aide **mes amis** à déménager. Ich helfe **meinen Freunden** beim Umziehen.
attendre qn / qc auf jdn / etw warten	J'attends **le bus**. Ich warte **auf den Bus**.
chercher qn / qc nach jdm / etw suchen	Je cherche **une solution**. Ich suche **nach einer Lösung**.
contredire qn jdm widersprechen	Il **la** contredit sans arrêt. Er widerspricht **ihr** ständig.
croire qn / qc jdm / etw glauben	Je **le** crois. Ich glaube **ihm**.
écouter qn / qc jdm / etw zuhören	Elle ne **l'**écoute jamais. Sie hört **ihm / ihr** nie zu.
éviter qn / qc jdm / etw ausweichen	L'automobiliste a évité **le cycliste** de justesse. Der Autofahrer ist **dem Fahrradfahrer** knapp ausgewichen.
féliciter qn jdm gratulieren	Le professeur félicite **ses étudiants**. Der Professor gratuliert **seinen Studenten**.
fréquenter qn mit jdm verkehren	Nous fréquentons beaucoup **nos voisins**. Wir treffen uns oft **mit unseren Nachbarn**.
menacer qn jdm drohen	Il **les** a menacés. Er hat **ihnen** gedroht.
remercier qn jdm danken	Je remercie **les participants** pour leur engagement. Ich danke **den Teilnehmern** für ihr Engagement.
rencontrer qn / qc jdm / etw begegnen	Je **l'**ai rencontré par hasard. Ich bin **ihm** zufällig begegnet.

Besonderheiten bei Verben 26

suivre qn / qc
jdm / etw folgen

Suivez **la voiture rouge**. Folgen Sie **dem roten Auto**!

Beachten Sie
- Alle Verben, die ein direktes Objekt bei sich haben, bilden die zusammengesetzten Zeiten mit dem Hilfsverb avoir haben (➡ **Kapitel 18, Der Indikativ (Zeiten der Vergangenheit]**, 1.3).
  J'ai acheté une nouvelle voiture. Ich habe ein neues Auto gekauft.
- Nur die transitiven Verben, die ein direktes Objekt zulassen, können das Passiv bilden (➡ **Kapitel 25, Das Passiv, Auf Entdeckung**):
  La préfecture autorise la manifestation. Das Regierungspräsidium genehmigt die Demonstration. → La manifestation est autorisée. Die Demonstration ist genehmigt.

3.2 Transitive Verben mit indirektem Objekt

Was Sie vorab wissen sollten
Das indirekte Objekt wird mit einer Präposition angeschlossen und entspricht im Deutschen
- einem Dativobjekt:
  Le professeur explique la règle **aux élèves**. Der Lehrer erklärt **den Schülern** die Regel.
- einem Präpositionalobjekt:
  Il insiste **sur ce point**. Er besteht **auf diesem Punkt**.

Beachten Sie
Die Unterscheidung zwischen einem indirekten Objekt als Entsprechung eines deutschen Dativobjekts und einem indirekten Objekt als Präpositionalobjekt ist hilfreich, um die unterschiedliche Pronominalisierung dieser beiden Objekte zu verstehen (➡ **Einführung, Der Satz, 1 Beachten Sie**, ➡ **3.2.1 Auf Entdeckung** und ➡ **3.2.2 Beachten Sie**).

3.2.1 Das indirekte Objekt als Entsprechung eines deutschen Dativobjekts

Was Sie vorab wissen sollten
Wie im Deutschen gibt es im Französischen Verben, die nur ein indirektes Objekt haben, z. B. nuire à schaden und appartenir à gehören, und solche, die sowohl ein direktes als auch ein indirektes Objekt haben, z. B. die Verben des Mitteilens (wie écrire schreiben, faxer faxen, mailer mailen) oder Gebens / Nehmens (wie donner geben, prêter leihen, emprunter ausleihen, voler stehlen).

3 Verbergänzungen **443**

26 Besonderheiten bei Verben

In den folgenden Beispielen sind die indirekten Objekte fett gedruckt und die direkten Objekte unterstrichen:
J'ai montré le chemin **à un passant**. Ich habe **einem Passanten** den Weg gezeigt.
Il ne **m'**a pas dit son nom. Er hat **mir** seinen Namen nicht gesagt.

Beachten Sie
In den meisten Fällen gibt es eine Übereinstimmung zwischen dem Französischen und dem Deutschen.
Die folgenden sehr gebräuchlichen Verben haben jedoch im Französischen ein indirektes Objekt bei sich, im Deutschen dagegen nicht (siehe auch ➡ **3.1**):

demander à qn jdn fragen	J'ai demandé l'heure **à un employé**. Ich habe **einen Angestellten** nach der Uhrzeit gefragt.
mentir à qn jdn belügen	Il ment sans arrêt **à ses parents**. Er belügt **seine Eltern** ständig.
téléphoner à qn jdn anrufen	Je **lui** ai téléphoné hier. Ich habe **sie / ihn** gestern angerufen.

Auf Entdeckung
Lesen Sie die folgenden Sätze aufmerksam. Das indirekte Objekt ist jeweils fett gedruckt. Leiten Sie anschließend die unten stehenden Regeln ab. (➡ **Lösungen**)

> 1. J'envoie un fax **à mon collègue**. → Je **lui** envoie un fax. Ich schicke **meinem Kollegen** ein Fax. → Ich schicke **ihm** ein Fax.
> 2. Il a laissé un message **à ses collaborateurs**. → Il **leur** a laissé un message. Er hat **seinen Mitarbeitern** eine Nachricht hinterlassen. → Er hat **ihnen** eine Nachricht hinterlassen.

1. Das indirekte Objekt, das einem deutschen Dativobjekt entspricht, wird im Französischen mit der Präposition ___ angeschlossen:
   J'écris ___ ma mère. Ich schreibe meiner Mutter.
2. Das indirekte Objekt (Dativobjekt) wird durch ein (verbundenes / unverbundenes) Objektpronomen vertreten, das (mit / ohne) Präposition angeschlossen wird:
   Pouvez-vous ___ prêter votre stylo ? Können Sie **mir** Ihren Kuli leihen?

Beachten Sie
Mehr über die Stellung der verschiedenen Objekte im Satz erfahren Sie in
➡ **Kapitel 9, Die Personal- und Reflexivpronomen, 2**.

Besonderheiten bei Verben 26

Test 6
Markieren Sie die richtige Möglichkeit.
1. J'aide (mes enfants / à mes enfants) à faire leurs devoirs. Ich helfe meinen Kindern bei den Hausaufgaben.
2. Tu ne (l' / lui) écoute pas. Du hörst ihm nicht zu.
3. Il a menti longtemps (ses parents / à ses parents). Er hat seine Eltern lange belogen.
4. Je ne (l' / lui) ai pas encore remercié. Ich habe ihm noch nicht gedankt.
5. Je (les / leur) ai demandé. Ich habe sie gefragt.
6. Nous (les / leur) avons écrit. Wir haben ihnen geschrieben.

3.2.2 Das indirekte Objekt als Präpositionalobjekt
Das Präpositionalobjekt ist ebenfalls ein indirektes Objekt, das mit Hilfe einer Präposition angeschlossen wird. Die Wahl der Präposition hängt in diesem Fall vom Verb ab:
penser à denken an → Je pense à vous. Ich denke **an** euch / Sie.
parler de erzählen von → Paul m'a parlé **de** toi. Paul hat mir **von** dir erzählt.
Die meisten Präpositionalobjekte werden mit der Präposition à oder de angeschlossen.

> **TIPP**
>
> Sie müssen die folgenden Tabellen nicht lernen, können sie aber jederzeit zum Nachschlagen verwenden.

a) Verben, die das Objekt mit à anschließen

s'abonner à abonnieren	Je vais **m'abonner à** « La revue de la Presse ». Ich werde die „Revue de la presse" abonnieren.
appartenir à gehören	A qui **appartient** ce chien ? Wem gehört dieser Hund?
attribuer à zuweisen	A qui **attribuez**-vous cette citation ? Wem weisen Sie dieses Zitat zu?
condamner à verurteilen zu	Il a été **condamné à** 3 mois de prison. Er ist zu 3 Monaten Freiheitsstrafe verurteilt worden.
contribuer à beitragen zu	Il a beaucoup **contribué à** la réussite de ce projet. Er hat viel zum Erfolg dieses Projekts beigetragen.

3 Verbergänzungen **445**

26 Besonderheiten bei Verben

faire allusion à anspielen auf	Je ne **ferai** pas **allusion à** cet incident. Ich werde nicht auf diesen Zwischenfall anspielen.
faire attention à aufpassen auf	**Faites attention à** la marche. Achten Sie auf die Stufe!
nuire à schaden	Le stress **nuit à** la santé. Stress schadet der Gesundheit.
participer à teilnehmen an	**Participerez**-vous **à** la réunion, demain ? Werden Sie an der Sitzung morgen teilnehmen?
réagir à reagieren auf	Comment as-tu **réagi à** cette nouvelle ? Wie hast du auf diese Nachricht reagiert?
réfléchir à nachdenken über	As-tu **réfléchi à** ma proposition ? Hast du über meinen Vorschlag nachgedacht?
renoncer à verzichten auf	Je ne veux pas **renoncer à** ce projet. Ich will nicht auf dieses Projekt verzichten.
ressembler à ähnlich sein / ähneln	Il **ressemble** beaucoup **à** son frère. Er ist seinem Bruder sehr ähnlich.
s'adresser à sich wenden an	**Adressez-vous à** l'accueil. Wenden Sie sich an den Empfang.
s'attendre à gefasst sein auf	Je ne **m'attendais** pas **à** ça. Ich war nicht darauf gefasst.
s'habituer à sich gewöhnen an	Je ne **m'habitue** pas **à** cette ville. Ich gewöhne mich nicht an diese Stadt.
s'intéresser à sich interessieren für	Tu ne **t'intéresses** pas **à** mon travail. Du interessierst dich nicht für meine Arbeit.
se limiter à sich begrenzen auf	Son univers **se limite à** son travail. Seine Welt begrenzt sich auf seine Arbeit.
se reporter à sich beziehen auf	**Reportez-vous au** texte page 32. Siehe Text Seite 32.
se résigner à sich abfinden mit	J'ai dû **me résigner à** son départ. Ich musste mich mit seinem Weggang abfinden.

Beachten Sie
– Das mit à eingeführte Präpositionalobjekt wird durch à + unverbundenes Personalpronomen ersetzt:

3 Verbergänzungen

Besonderheiten bei Verben 26

Tu penses à tes amis ? – Oui, je pense à eux. Denkst du **an deine Freunde**?
→ Ja, ich denke **an sie**.
Bei Sachen wird das Präpositionalobjekt durch das Adverbialpronomen y
vertreten (➡ **Kapitel 10, Die Adverbialpronomen**):
Tu penses à ton avenir ? – Oui, j'**y** pense. Denkst du **an deine Zukunft**? →
Ja, ich denke **daran**.

Test 7

Markieren Sie die Sätze, die ein Präpositionalobjekt enthalten.
1. J'ai prêté un CD à Marc. Ich habe Marc eine CD geliehen.
2. Tu ne penses jamais à toi. Du denkst nie an dich.
3. Je vais réfléchir à ce problème. Ich werde über dieses Problem nachdenken.
4. Ce film plaît beaucoup aux ados. Dieser Film gefällt Jugendlichen sehr.

b) Verben, die das Objekt mit de anschließen

avoir besoin de brauchen	J'**ai besoin d'**un renseignement. Ich brauche eine Auskunft.
changer de wechseln	J'ai **changé de** voiture. Ich habe das Auto gewechselt.
dépendre de abhängen von	Il **dépend** financièrement **de** ses parents. Er hängt finanziell von seinen Eltern ab.
disposer de verfügen über	Vous **disposez de** trois heures. Sie haben drei Stunden zur Verfügung.
douter de zweifeln an	Je **doute du** succès de cette entreprise. Ich zweifle am Gelingen dieses Unternehmens.
mourir de sterben an	Ils sont **morts de** faim. Sie sind verhungert.
prendre soin de sich kümmern um	**Prenez soin de** votre santé. Kümmern Sie sich um Ihre Gesundheit.
remercier de danken für	Je vous **remercie de** votre aide. Ich danke Ihnen für Ihre Hilfe.
rire de lachen über	Nous avons bien **ri de** cette histoire. Wir haben sehr über diese Geschichte gelacht.
s'apercevoir de bemerken	Je ne **me suis aperçu de** rien. Ich habe nichts bemerkt.

3 Verbergänzungen **447**

Besonderheiten bei Verben

se charger de übernehmen	Qui **se charge de** l'arrosage des plantes ? Wer übernimmt das Gießen der Pflanzen?
se débarrasser de loswerden	Je n'arrive pas à **me débarrasser de** lui. Es gelingt mir nicht ihn loszuwerden.
se douter de ahnen / argwöhnen	Il ne **se doute de** rien. Er ahnt nichts.
se mêler de sich kümmern um / sich einmischen in	**Mêle-toi de** tes affaires ! Kümmere dich um deine eigenen Angelegenheiten!
se moquer de sich lustig machen über	Je ne voulais pas **me moquer de** toi. Ich wollte mich nicht über dich lustig machen.
s'occuper de sich kümmern um	Qui **s'occupe du** chien ? Wer kümmert sich um den Hund?
se plaindre de klagen über	Les voisins **se plaignent du** bruit. Die Nachbarn klagen über den Lärm.
se réjouir de sich freuen auf / über	Je **me réjouis de** ta visite. Ich freue mich auf / über deinen Besuch.
se rendre compte sich bewusst sein	Il ne **se rend pas compte de** sa situation. Er ist sich seiner Lage nicht bewusst.
se souvenir de sich erinnern an	Je **me souviens** bien **de** ce prof. Ich erinnere mich gut an diesen Lehrer.
souffrir de leiden an / unter	**De** quoi **souffrez**-vous ? Woran leiden Sie?

Beachten Sie

Das mit de eingeführte Präpositionalobjekt wird durch de + unverbundenes Personalpronomen vertreten:
Tu te souviens **de Paul** ? Erinnerst du dich **an Paul**? – Oui, je me souviens **de lui**. – Ja, ich erinnere mich **an ihn**.
Bei Sachen wird das Präpositionalobjekt durch das Adverbialpronomen en ersetzt (➡ **Kapitel 10, Die Adverbialpronomen, 2**):
Te souviens-tu **de ce film** ? Erinnerst du dich **an diesen Film**? – Oui, je m'**en** souviens. – Ja, ich erinnere mich **daran**.

Besonderheiten bei Verben 26

Test 8
Setzen Sie die Präposition à / aux oder de / des ein.
1. Je n' ai pas encore réfléchi ___ mes prochaines vacances. Ich habe noch nicht über meinen nächsten Urlaub nachgedacht.
2. Qui s'occupe ___ enfants ? Wer kümmert sich um die Kinder?
3. Tu te souviens ___ notre séjour à Nice ? Erinnerst du dich an unseren Nizza-Aufenthalt?
4. Avez-vous encore besoin ___ moi ? Brauchen Sie mich noch?
5. Il s'intéresse beaucoup ___ l'argent. Er interessiert sich sehr für Geld.
6. Cette voiture appartient ___ voisins. Dieses Auto gehört den Nachbarn.

c) Verben, die das Objekt mit anderen Präpositionen anschließen

Präposition	Beispiel
– en	
consister en	**En quoi consiste** ton travail ? Worin besteht
bestehen aus	deine Arbeit?
se déguiser en	**En quoi te déguises**-tu ? – En sorcière. Als was
sich verkleiden als	verkleidest du dich? – Als Hexe.
traduire en	Ce livre n'est pas **traduit en** allemand. Dieses
übersetzen in	Buch ist nicht ins Deutsche übersetzt.
se transformer en	Le Prince **s'est transformé en** crapaud. Der
sich verwandeln in	Prinz hat sich in eine Kröte verwandelt.
– sur	
compter sur	Tu peux **compter sur** moi. Du kannst dich auf
sich verlassen auf	mich verlassen.
se fonder / baser sur	Ce film est **fondé sur** un fait divers. Dieser Film
basieren / beruhen auf	basiert auf einer wahren Geschichte.
insister sur	J'**insiste sur** ce point. Ich weise auf diesen Punkt
hinweisen auf	hin.
– pour	
s'engager pour	Il **s'engage** à fond **pour** l'environnement. Er
sich engagieren für	engagiert sich voll für die Umwelt.
s'enthousiasmer pour	Elle **s'enthousiasme pour** la musique classique.
sich begeistern für	Sie begeistert sich für klassische Musik.
– dans	
intervenir dans	Je ne veux pas **intervenir dans** cette affaire. Ich
sich einmischen in	will mich in diese Sache nicht einmischen.
persister dans	Il **persiste dans** son erreur. Er bleibt auf seinem
bestehen auf	Irrtum bestehen.

3 Verbergänzungen **449**

Besonderheiten bei Verben

se plonger dans sich vertiefen in	Elle est **plongée dans** son livre de maths. Sie ist in ihr Mathebuch vertieft.

Beachten Sie
In den meisten Fällen hat die Präposition eine eigene Bedeutung. Aus diesem Grund gibt es hier eine deutliche Übereinstimmung mit der deutschen Entsprechung:
lutter **contre** la pollution **gegen** die Umweltverschmutzung kämpfen
lutter **pour** la justice **für** die Gerechtigkeit kämpfen

d) Verben mit unterschiedlichen Präpositionen
Einige Verben können das Objekt mit unterschiedlichen Präpositionen anschließen. Dabei kann sich die Bedeutung ändern. Hier einige Beispiele:

commencer à beginnen zu	Il commence **à** neiger. Es fängt an **zu** schneien.
commencer par beginnen mit	Commençons **par** le premier. Fangen wir **mit** dem ersten an.
croire à (intellektuelle Entscheidung)	Je crois **au** bonheur. Ich glaube **an** das Glück.
croire en (im Sinne von Vertrauen)	Croyez-vous **en** Dieu ? Glauben Sie **an** Gott?
jouer à (ein Spiel) spielen	On **joue aux** cartes ? Spielen wir Karten?
jouer de (ein Instrument) spielen	**Jouez**-vous **d'**un instrument ? Spielen Sie ein Musikinstrument ?
manquer à etwas nicht erfüllen	Il a manqué **à** sa parole. Er hat sein Wort nicht gehalten.
manquer de nicht haben / fehlen	Il manque **de** courage. Es fehlt ihm an Mut.
parler à sprechen mit	Je parle souvent **à** mes plantes. Ich spreche oft **mit** meinen Pflanzen.
parler de erzählen von	Parle-moi **de** toi. Erzähle mir **von** dir.
remercier de / pour danken für	Je vous **remercie de / pour** votre lettre. Ich danke Ihnen **für** Ihren Brief.
servir à nützen / dienen zu	A quoi sert cet appareil ? **Wozu** dient dieses Gerät?
servir de dienen als	Il nous a servi **d'**interprète. Er diente uns **als** Dolmetscher.

Besonderheiten bei Verben 26

> **TIPP**
>
> Jedes gute Wörterbuch gibt darüber Auskunft, mit welcher Präposition ein Verb verwendet wird.

Test 9
Setzen Sie à / aux oder de / du ein.
1. Sais-tu jouer ___ échecs ? Kannst du Schach spielen?
2. As-tu parlé ___ tes parents ? Hast du mit deinen Eltern gesprochen?
3. Aude joue très bien ___ piano. Aude spielt sehr gut Klavier.
4. Je ne crois pas ___ cette histoire. Ich glaube diese Geschichte nicht.
5. Tes excuses ne servent ___ rien. Deine Entschuldigungen nützen nichts.
6. Il m'a parlé ___ son projet. Er hat mir von seinem Projekt erzählt.

3.3 Verben mit prädikativer Ergänzung

Kopulaverben erfordern eine prädikative Ergänzung (➡ **Einführung, Das Verb und seine Ergänzungen, 6.5**). Die prädikative Ergänzung bestimmt das Subjekt oder das direkte Objekt näher:
Subjektergänzung: **Vous êtes prêts** ? Seid **ihr fertig**?
Objektergänzung: **Cela me rend malade**. Das macht **mich krank**.

In der folgenden Tabelle finden Sie einige gebräuchliche Kopulaverben mit prädikativen Ergänzungen

zum Subjekt	
– Zustandsverben wie être sein, paraître / sembler scheinen, rester / demeurer bleiben, devenir werden, faire wirken / aussehen	La vie **est** belle. Das Leben **ist** schön. Il **semble** gêné. Er scheint verlegen (zu sein). Il **est devenu** gros. Er **ist** dick **geworden**. Il **fait** jeune. Er **wirkt** jung.
– verbale Ausdrücke wie avoir l'air aussehen, passer pour gelten als	Tu **as l'air** un peu fatigué. Du **siehst** ein wenig müde **aus**.
– einige reflexive Verben wie s'appeler heißen, se sentir sich fühlen, se révéler sich herausstellen als	Je **me sens** bien. Ich **fühle mich** wohl. Le témoignage **s'est révélé** faux. Die Aussage **stellte sich als** falsch **heraus**.
– einige Passivverben wie être élu / nommé gewählt / ernannt werden zu, être considéré comme betrachtet werden für	Il **a été élu** maire au premier tour. Er **wurde** im ersten Wahlgang zum Bürgermeister **gewählt**.

26 Besonderheiten bei Verben

zum Objekt
- transitive Verben wie trouver finden, rendre machen, prendre pour / tenir pour halten für, considérer comme betrachten als, nommer ernennen zu

  Il la **rend** folle. Er **macht** sie verrückt.
  Je le **trouve** sympa. Ich **finde** ihn nett.
  Je le **tiens pour** très doué. Ich **halte** ihn **für** sehr begabt.
  Je la **considère comme** ma sœur. Sie ist für mich wie eine Schwester.

- einigen reflexive Verben wie se trouver sich finden, se prendre pour sich halten für

  Lise **se trouve** trop petite. Lise **findet sich** zu klein.

Beachten Sie
Wie im Deutschen wird die prädikative Ergänzung direkt oder mit Präposition angeschlossen:
- direkt: Ce tableau **est magnifique**. Dieses Gemälde **ist wunderschön**.
- mit Präposition: Je tiens cette information **pour vraie**. Ich halte diese Information **für wahr**.

Test 10
Markieren Sie die Sätze, die eine prädikative Ergänzung enthalten.
1. Nous sommes arrivés à cinq heures. Wir sind um fünf Uhr angekommen.
2. Il est resté calme. Er ist ruhig geblieben.
3. Nous sommes arrivés fatigués. Wir sind müde angekommen.
4. Je trouve ce film intéressant. Ich finde diesen Film interessant.
5. Je ne suis pas resté longtemps. Ich bin nicht lange geblieben.
6. Je regarde un film intéressant. Ich schaue einen interessanten Film an.

3.4 Intransitive Verben

Intransitive Verben haben kein Objekt bei sich. Es gibt nur wenige wirklich intransitive Verben:
Elle chatte toute la journée. Sie chattet den ganzen Tag.
Il dort. Er schläft.

Beachten Sie
Die meisten intransitiven Verben können mit direktem Objekt verwendet werden, wenn Objekt und Verb zum gleichen Bedeutungsumfeld gehören:
mourir d'une belle mort einen schönen Tod sterben
vivre sa vie sein Leben leben

Besonderheiten bei Verben 26

Viele Verben können sowohl intransitiv als auch transitiv verwendet werden. Sie ändern dabei leicht ihre Bedeutung:

intransitiv	transitiv
Elle conduit trop vite. Sie fährt zu schnell.	Je conduis la voiture au garage. Ich fahre das Auto zur Werkstatt.
J'aime bien sortir le soir. Ich gehe gern abends aus.	Il a sorti le chien. Er hat den Hund ausgeführt.

Beachten Sie
Die Wahl des Hilfsverbs être oder avoir bei der Bildung der zusammengesetzten Verbformen ist für diese Verben in ➥ **Kapitel 18, Der Indikativ (Zeiten der Vergangenheit), 1.4.1** dargestellt.

Test 11
Welche Verben sind intransitiv (i), welche transitiv (t)?   i   t
1. Nous rentrons demain. Ich komme morgen zurück. ☐ ☐
2. Elle a beaucoup pleuré. Sie hat viel geweint. ☐ ☐
3. J'ai rentré les plantes. Ich habe die Pflanzen hereingebracht. ☐ ☐
4. Avez-vous bien dormi ? Haben Sie gut geschlafen? ☐ ☐

Auf den Punkt gebracht

1. (➥ 1.1 bis ➥ 1.3)
Stimmen die folgenden Aussagen? Kreuzen Sie ja oder nein an.   ja   nein
1. Als Hilfsverben dienen être (sein) und avoir (haben) zur Bildung der zusammengesetzten Zeiten. ☐ ☐
2. Bei der Bildung des Passivs wird wie im Deutschen das Hilfsverb devenir (werden) verwendet. ☐ ☐
3. Aller in Verbindung mit einem Infinitiv dient zur Bildung der nahen Zukunft. ☐ ☐
4. Venir de in Verbindung mit einem Infinitiv dient zur Bildung der unmittelbaren Vergangenheit. ☐ ☐
5. Je suis en train de manger bedeutet „Ich fange zu essen an". ☐ ☐
6. Il s'est mis à pleurer bedeutet „Er begann zu weinen". ☐ ☐

26 Besonderheiten bei Verben

2. (➔ 1.4)
Markieren Sie die richtige Aussage.
1. Nach devoir (müssen), pouvoir (können), vouloir (wollen) und savoir (können) wird der Infinitiv (direkt / mit Präposition) angeschlossen.
2. Devoir (müssen) kann auch eine (Erlaubnis / Vermutung) ausdrücken.
3. Pouvoir (können) kann auch eine (Notwendigkeit / Vermutung) ausdrücken.
4. Savoir (können) drückt eine (erlernte Fähigkeit / Befugnis oder physische Fähigkeit) aus.

3. (➔ 2.1)
Markieren Sie die richtige Aussage.
1. Unpersönliche Verben werden mit dem Pronomen (il / ce) verwendet.
2. Bei unpersönlichen Wendungen steht das Verb immer im (Singular / Plural).
3. Die unpersönlichen Ausdrücke il faut (man muss) und il y a (es gibt) können (nur / in einigen Fällen) unpersönlich verwendet werden.
4. Nach unpersönlichen Ausdrücken mit être + Adjektiv steht oft (der Indikativ / der subjonctif).

4. (➔ 2.2 und ➔ 2.3)
Wie heißen die folgenden Sätze auf Deutsch?
1. Il me tarde de te revoir. _____.
2. Il paraît qu'il va neiger. _____.
3. Qu'est-ce qui s'est passé ? _____?
4. Il vaut mieux que je parte. _____.
5. J'ai froid. _____.
6. Comment vas-tu ? _____?

5. (➔ 3 Was Sie vorab wissen sollten und Auf Entdeckung)
Stimmen die folgenden Aussagen? Kreuzen Sie ja oder nein an.   ja   nein
1. Ein Verb mit direktem und / oder indirektem Objekt ist ein transivites Verb.   ☐   ☐
2. Das direkte Objekt wird mit einer Präposition angeschlossen.   ☐   ☐
3. Das indirekte Objekt wird mit einer Präposition angeschlossen.   ☐   ☐

6. (➔ 3.1 und ➔ 3.2)
a) Markieren Sie die Verben, die ein direktes Objekt nach sich ziehen.
regarder betrachten   téléphoner anrufen.   remercier danken
demander fragen   féliciter gratulieren   donner geben
aider helfen   écouter zuhören   attendre warten

Besonderheiten bei Verben 26

b) Markieren Sie die richtige Aussage.
1. Transitive Verben mit direktem Objekt (können das Passiv / können kein Passiv) bilden.
2. Das indirekte Objekt als Präpositionalobjekt wird (meistens / immer) mit einer Präposition angeschlossen.
3. Das indirekte Objekt entspricht im Deutschen (einem Dativobjekt / einem Dativobjekt und einem Präpositionalobjekt).
4. Das indirekte Objekt als Dativobjekt wird durch ein (verbundenes / unverbundenes) Personalpronomen vertreten.

c) Ergänzen Sie mit der jeweils passenden Präposition.

appartenir ___ gehören zu
intervenir ___ sich einmischen in
réfléchir ___ nachdenken über
se débarrasser ___ loswerden
se souvenir ___ sich erinnern an
renoncer ___ verzichten auf

s'intéresser ___ sich interessieren für
participer ___ teilnehmen an
avoir besoin ___ brauchen
se déguiser ___ sich verkleiden als
s'occuper ___ sich kümmern um
compter ___ sich verlassen auf

d) Markieren Sie die richtige Möglichkeit.
1. Il joue très bien (aux / des) échecs. Er spielt sehr gut Schach.
2. Parle-moi (à / de) tes vacances. Erzähl mir von deinem Urlaub.
3. Sais-tu jouer (au / du) piano ? Kannst du Klavier spielen?

7. (→ 3.3)
Stimmen die folgenden Aussagen? Kreuzen Sie ja oder nein an.   ja nein
1. Kopulaverben führen ein direktes Objekt ein.   ☐ ☐
2. Kopulaverben erfordern eine prädikative Ergänzung.   ☐ ☐
3. Eine prädikative Ergänzung bestimmt das Subjekt oder das Objekt näher.   ☐ ☐
4. Etre (sein) führt eine prädikative Objektergänzung ein: Je suis allemande. Ich bin Deutsche.   ☐ ☐
5. In dem Satz Cette histoire me rend fou. (Diese Geschichte macht mich verrückt.) ist fou eine prädikative Objektergänzung.   ☐ ☐
6. Die prädikative Ergänzung wird immer direkt (d. h. ohne Präposition) angeschlossen.   ☐ ☐

8. (→ 3.4)
Stimmen die folgenden Aussagen? Kreuzen Sie ja oder nein an.   ja nein
1. Intransitive Verben haben in der Regel kein Objekt.   ☐ ☐
2. Es gibt zahlreiche intransitive Verben.   ☐ ☐
3. Die meisten intransitiven Verben können unter bestimmten Umständen transitiv verwendet werden.   ☐ ☐

Auf den Punkt gebracht

Der Satz

Einführung

27 Satzbau und Satzgefüge

28 Das Adverb

29 Die Präpositionen

30 Die Konjuktionen

31 Zahlen, Zeit- und Mengenangaben

32 Wortbildung

Der Satz (Einführung)

Was Sie vorab wissen sollten
- Merkmale des Satzes sind
  - in der geschriebenen Sprache die Satzzeichen (Punkt, drei Punkte, Fragezeichen und Ausrufezeichen) am Satzende und die Großschreibung am Satzanfang
  und
  - in der gesprochenen Sprache die Intonation sowie eine längere Pause (Der Satz als melodische Einheit ➡ **Kapitel 1, Die Aussprache, 8**).
- Ein Satz enthält in der Regel eine konjugierte Verbform. Sätze ohne Verb können als verkürzte Sätze aufgefasst werden:
  Quelle surprise ! Was für eine Überraschung!

1 Satzfunktionen

Ein Satz besteht aus mehreren Satzgliedern, die bestimmte Funktionen im Satz haben. In der folgenden Tabelle sind die wichtigsten Funktionen aufgelistet:

Satzteil	Beispiel
Subjekt als **Agens** im Passivsatz (➡ **Kapitel 25, Das Passiv**)	Emma vient demain. **Emma** kommt morgen. Le téléphone sonne. **Das Telefon** klingelt. Ce café est tenu par des étudiants. Dieses Café wird **von Studenten** geführt.
Prädikat (das finite Verb)	Elle écrit. Sie **schreibt**. Tu **as** bien **dormi** ? **Hast** du gut **geschlafen**?
Objekt – direktes Objekt – indirektes Objekt (➡ **Beachten Sie**)	Elle écrit une lettre. Sie schreibt **einen Brief**. Il dit qu'il est malade. Er sagt, **er sei krank**. Elle écrit une lettre à son copain. Sie schreibt **ihrem Freund** einen Brief. J'ai besoin de temps. Ich brauche **Zeit**.
adverbiale Bestimmung – lokal (Ort) – temporal (Zeit) – modal (Art und Weise)	Je suis dans le jardin. Ich bin **im Garten**. J'arrive à 3 heures. Ich komme **um 3 Uhr** an. Mange avant qu'il n'arrive. Iss, **bevor er kommt**! C'est écrit à la main. Das ist **handgeschrieben**.

Der Satz (Einführung)

– kausal (Grund)		Je n'écris pas **parce que je n'ai pas le temps**. Ich schreibe nicht, **weil ich keine Zeit habe**.
– final (Zweck)		J'ai couru **pour arriver à l'heure**. Ich bin gerannt, **um rechtzeitig anzukommen**.
– konditional (Bedingung)		Téléphone-moi **si tu viens**. Ruf mich an, **wenn du kommst**.
– konsekutiv (Folge)		C'est **trop** beau **pour être vrai**. Es ist **zu** schön, **um wahr zu sein**.
– konzessiv (Einräumung)		Nous sommes venus **malgré la pluie**. Wir sind **trotz Regen** gekommen.
prädikative Ergänzung		
– zum Subjekt		Elle est **amoureuse**. Sie ist **verliebt**.
– zum Objekt		Je trouve Antoine **très sympathique**. Ich finde Antoine **sehr sympathisch**.
Attribut		J'ai acheté une veste **verte**. Ich habe eine **grüne** Jacke gekauft.
		C'est un ami **que tu ne connais pas encore**. Das ist ein Freund, **den du noch nicht kennst**.
als **Apposition**		Chantal, **ma sœur**, est bilingue. Chantal, **meine Schwester**, ist zweisprachig.
Apostroph (Anrede)		**Anne**, tu viens avec moi ? **Anne**, kommst du mit?

Beachten Sie
– Ein indirektes Objekt wird im Gegensatz zu einem direkten Objekt mit einer Präposition an das Verb angeschlossen. Dabei unterscheidet man im Französischen zwei Fälle:
  1. Das indirekte Objekt wird mit à angeschlossen und kann durch ein indirektes Objektpronomen ersetzt werden:
     J'ai écrit une lettre **à Thierry**. Ich habe **Thierry** einen Brief geschrieben.
     → Je **lui** ai écrit une lettre. Ich habe **ihm** einen Brief geschrieben.
     In dieser Funktion entspricht das indirekte Objekt in der Regel einem deutschen **Dativobjekt**.
  2. Das indirekte Objekt wird mit unterschiedlichen Präpositionen angeschlossen und muss bei Personen mit der jeweiligen Präposition und dem entsprechenden unverbundenen Objektpronomen bzw. bei Sachen mit den Adverbialpronomen y oder en wieder aufgenommen werden:
     Je pense souvent **à Thierry**. Ich denke oft **an Thierry**. → Je pense souvent **à lui**. Ich denke oft **an ihn**.

Der Satz (Einführung)

Tu penses **à tes devoirs** ? – Oui, j'**y** pense. Denkst du **an deine Hausaufgaben?** → Ja, ich denke **daran**.
In dieser Funktion entspricht das indirekte Objekt in der Regel einem **Präpositionalobjekt**.

– Präpositionen (➡ **Kapitel 29**) und Konjunktionen (➡ **Kapitel 30**) sind keine Satzteile, sondern Funktionswörter: Sie haben keine eigene Funktion im Satz, sondern verbinden zwei Elemente miteinander:
Präposition: Le chat dort **sur** le lit. Die Katze schläft **auf** dem Bett.
Konjunktion: J'ai acheté un livre **et** un CD. Ich habe ein Buch **und** eine CD gekauft.

2 Satzarten

Wie im Deutschen gibt es im Französischen vier Satzarten. Die Wortfolge im Satz ist nicht frei: Sie hängt von der Satzart ab.

Die folgende Tabelle gibt einen Überblick über die verschiedenen Satzarten:

1. Aussagesatz (➡ **Kapitel 27, Satzbau und Satzgefüge, 1**)	Il fait beau aujourd'hui. Heute ist das Wetter schön.
2. Fragesatz – Gesamtfrage – Teilfrage (➡ **Kapitel 27, Satzbau und Satzgefüge, 2**)	Connais-tu Pierre ? Kennst du Pierre? Quel jour sommes-nous aujourd'hui ? Welchen Tag haben wir heute?
3. Aufforderungssatz (➡ **Kapitel 21, Der Imperativ**)	Parle moins vite, s'il te plaît. Sprich langsamer, bitte.
4. Ausrufesatz (➡ **Kapitel 27, Satzbau und Satzgefüge, 3**)	Comme c'est facile ! Wie leicht das ist! Quelle bonne idée ! Was für eine gute Idee!

Beachten Sie
– Die Satzarten unterscheiden sich voneinander durch Satzzeichen (➡ **Kapitel 2, Die Schreibung, 6**) und Satzmelodie (➡ **Kapitel 1, Die Aussprache, 8.1**).

Der Satz (Einführung)

– Für jede Satzart gibt es eine bejahte und eine verneinte Form:

Aussagesatz	J'apprends le français. Ich lerne Französisch. Je n'apprends pas l'anglais. Ich lerne nicht Englisch.
Fragesatz	Comprenez-vous ? Verstehen Sie? Ne comprenez-vous pas ? Verstehen Sie nicht?
Aufforderungssatz	Dépêche-toi ! Beeil dich! Ne perdons pas de temps. Verlieren wir keine Zeit!
Ausrufesatz	C'est magnifique ! Das ist wunderschön! N'est-ce pas merveilleux ! Ist es nicht wundervoll!

3 Satzverbindungen

Man unterscheidet zwischen einfachen und zusammengesetzten Sätzen (➡ **Kapitel 27, Satzbau und Satzgefüge, 5**):

3.1 Der einfache Satz

Der einfache Satz enthält in der Regel eine einzige konjugierte Verbform:
J'**ai** travaillé dans le jardin. Ich **habe** im Garten gearbeitet.

3.2 Der zusammengesetzte Satz

– Der zusammengesetzte Satz (auch „komplexer Satz" genannt) besteht aus mehreren Teilsätzen und enthält folglich mehrere Verben:
La porte **est** ouverte, mais il n'y **a** personne. Die Tür **ist** offen, aber es **ist** niemand da.
– Es gibt zwei Sorten von Satzverbindungen: Die Satzreihe (➡ **3.2.1**) und das Satzgefüge (➡ **3.2.2**).

3.2.1 Die Satzreihe (Koordination)
In Satzreihen werden gleichwertige, selbstständige Sätze miteinander verbunden:
J'ai sonné et je suis entré. Ich habe geklingelt und ich bin eingetreten.
J'ai téléphoné, c'était occupé. Ich habe angerufen, es war besetzt.

Der Satz (Einführung)

3.2.2 Satzgefüge (Subordination)

Im Satzgefüge wird ein Nebensatz einem Hauptsatz oder einem weiteren Nebensatz untergeordnet:
Je crois qu'il va pleuvoir. Ich glaube, es wird regnen.
Je sais qu'il a une fille qui s'appelle Marie. Ich weiß, dass er eine Tochter hat, die Marie heißt.

Nebensätze sind abhängige Sätze, die wie folgt nach ihrer Funktion im Satz klassifiziert werden:

Funktion	Beispiel
– Subjektsatz	Il est évident **que tu exagères**. Es ist offensichtlich, **dass du übertreibst**.
– Objektsatz	Je crois **que c'est possible**. Ich glaube, **dass es möglich ist**.
– Adverbialsatz	Je te préviens **dès que j'arrive**. Ich sage dir Bescheid, **sobald ich da bin**.
– Attributsatz (➡ **Kapitel 14, Die Relativpronomen**)	Le livre **que vous cherchez** est épuisé. Das Buch, **das Sie suchen**, ist vergriffen.

Satzbau und Satzgefüge 27

In diesem Kapitel geht es um die Stellung der verschiedenen Satzglieder im einfachen Satz (➩ **Einführung, Der Satz, 1**), um die verschiedenen Satzarten (➩ **Einführung, Der Satz, 2**) sowie um Satzgefüge, d. h. die Verknüpfung von mehreren Hauptsätzen und von Haupt- und Nebensatz.

Auf Entdeckung

Wie im Deutschen werden im Französischen vier Satzarten unterschieden (➩ **Einführung, Der Satz, 2**). Um welche Satzart handelt es sich in den folgenden Beispielen: Aussagesatz, Fragesatz, Ausrufesatz oder Aufforderungssatz? Schreiben Sie die passende Bezeichnung in die rechte Spalte. (➩ **Lösungen**)

Beispiel	Satzart
1. Comprenez-vous ? Verstehen Sie?	
2. Il travaille vite. Er arbeitet schnell.	
3. Dépêche-toi. Beeil dich!	
4. C'est impossible ! Es ist unmöglich!	

1 Der Aussagesatz

Charakteristisch für den Aussagesatz ist die am Satzende sinkende Intonation (in der gesprochenen Sprache) und der Schlusspunkt (.) oder die Auslassungspunkte (...) am Ende des Satzes (in der geschriebenen Sprache).
J'ai ouvert la porte. Je suis entré ... Ich habe die Tür geöffnet. Ich trat ein ...

Beachten Sie
Die folgenden Regeln zur Wortstellung gelten für alle Satzarten sowie für Haupt- und Nebensätze mit Ausnahme des Fragesatzes mit Inversion (➩ **2.2**). Weitere Abweichungen sind unter ➩**1.2** dargestellt.

1.1 Grundregeln zur Wortstellung im Aussagesatz

Die Stellung von Subjekt, Verb und Objekt ist im französischen Aussagesatz fester als im deutschen.

27 Satzbau und Satzgefüge

1.1.1 Stellung von Subjekt, Verb und direktem Objekt

Auf Entdeckung
In den folgenden Sätzen ist das Subjekt jeweils fett gedruckt und das Objekt unterstrichen. Was stellen Sie bezüglich der Wortstellung im Aussagesatz fest? (➡ Lösungen)

> 1. **Je** voudrais un croissant. **Ich** möchte ein Croissant.
> 2. **Mes parents** ont vendu leur maison. **Meine Eltern** haben ihr Haus verkauft.
> 3. **Mon chien** déteste mon chat. **Mein Hund** hasst meine Katze.
> 4. **Mon chat** déteste mon chien. **Meine Katze** hasst meinen Hund.

Markieren Sie die richtige Möglichkeit. (➡ Lösungen)
1. Das Subjekt steht in der Regel an (erster / zweiter) Stelle im Satz.
2. Das Subjekt steht (vor / nach) dem Verb.
3. Das direkte Objekt (Akkusativobjekt) steht direkt (vor / nach) dem Verb.

Beachten Sie
- Weil es im Französischen keine Deklinationen gibt, sind Subjekt und direktes Objekt nur an ihrer Stellung im Satz zu erkennen. Der Satz „Meinen Hund nehme ich immer an die Leine." kann im Französischen so nicht gebildet werden, weil das Objekt nicht an erster Stelle stehen kann.
- Bei zusammengesetzten Verbformen werden Hilfsverb und Partizip Perfekt in der Regel nicht getrennt:
  Nous **avons** pris beaucoup de photos. Wir **haben** viele Fotos **gemacht**.

1.1.2 Stellung des direkten und indirekten Objekts

Auf Entdeckung
Lesen Sie die folgenden Sätze aufmerksam. Das direkte Objekt ist jeweils unterstrichen, das indirekte fett gedruckt. Was stellen Sie fest? (➡ Lösungen)

> 1. J'offre une montre **à ma fille**. Ich schenke **meiner Tochter** eine Uhr.
> 2. Le professeur explique l'exercice **aux élèves**. Der Lehrer erklärt **den Schülern** die Übung.

Markieren Sie nun die richtige Aussage. (➡ Lösungen)
1. Wie im Deutschen steht das indirekte Objekt vor dem direkten Objekt.
2. Anders als im Deutschen steht das direkte Objekt vor dem indirekten Objekt.

1 Der Aussagesatz

Satzbau und Satzgefüge 27

Beachten Sie
- Die Voranstellung des indirekten Objekts ist möglich, bewirkt aber eine Hervorhebung des nachgestellten direkten Objekts:
  J'offre à ma fille **une montre**. **Eine Uhr** schenke ich meiner Tochter.
- Objektpronomen und Adverbialpronomen stehen in der Regel vor dem Verb:
  Je **te** téléphone demain. Ich rufe **dich** morgen an.
  Je **lui** ai donné mon adresse. Ich habe **ihm / ihr** meine Adresse gegeben.
  A Paris, je n'**y** suis jamais allé. In Paris war ich noch nie.
  Eine ausführliche Darstellung der Stellung der Pronomen im Satz finden Sie in ➡ **Kapitel 9, Die Personalpronomen, 2** und in ➡ **Kapitel 10, Die Adverbialpronomen, 3**).

Test 1
Bringen Sie die Satzglieder in die richtige Reihenfolge.
1. je / la télé / regarde Ich sehe fern.
   → _____.
2. adore / la musique / mon frère Mein Bruder liebt Musik.
   → _____.
3. un bonbon / elle / aux enfants / donne Sie gibt den Kindern ein Bonbon.
   → _____.
4. à ses amis / envoie / Anne / une carte Anne schickt ihren Freunden eine Karte. → _____.
5. vous / beaucoup / remercie / je Ich danke Ihnen vielmals.
   → _____.

1.1.3 Stellung der adverbialen Bestimmungen
- Die adverbiale Bestimmung als notwendige Ergänzung des Verbs (➡ **Einführung, Das Verb und seine Ergänzungen, 7**) steht in der Regel nach dem Verb:
  Je vais **au café**. Ich gehe **ins Café**.
  Nous habitons **ici** depuis longtemps. Wir wohnen schon lange **hier**.
- Fakultative adverbiale Bestimmungen sind wie im Deutschen im Satz sehr beweglich. Sie stehen
  • am Ende: Elle regarde la télé **tous les soirs**. Sie sieht jeden Abend fern.
  • in der Mitte: Elle regarde **tous les soirs** la télé.
  • am Anfang: **Tous les soirs**, elle regarde la télé.
- Enthält ein Satz eine Zeit- und Ortsangabe, so ist die Reihenfolge beider Satzglieder ziemlich frei:
  Elle regarde la télé **tous les soirs dans sa chambre**. / Elle regarde la télé **dans sa chambre tous les soirs**. Sie sieht jeden Abend in ihrem Zimmer fern. / Sie sieht in ihrem Zimmer jeden Abend fern.

27 Satzbau und Satzgefüge

Beachten Sie
Steht die adverbiale Bestimmung am Anfang des Satzes, so wird sie durch ein Komma vom Rest des Satzes getrennt.
Le soir, j'aime écouter de la musique. Abends höre ich gern Musik.

 Test 2
Verbessern Sie die fehlerhaften Sätze, indem Sie die Satzglieder in die richtige Reihenfolge bringen. Zwei Sätze sind bereits korrekt.
1. Au cinéma une fois par semaine je vais. Ich gehe einmal die Woche ins Kino. → _____.
2. Un réveil j'achète à Pierre pour son anniversaire. Ich kaufe Pierre einen Wecker zum Geburtstag. → _____.
3. Anne fait du jogging tous les matins dans le parc. Anne joggt jeden Morgen im Park. → _____.
4. Le bus j'attends depuis une heure. Ich warte seit einer Stunde auf den Bus. → _____.
5. J'ai rencontré un ancien collègue ce matin. Ich habe heute Morgen einen ehemaligen Kollegen getroffen. → _____.

TIPP

Im Folgenden werden Abweichungen von den oben genannten Grundregeln dargestellt. Wenn Sie erst angefangen haben Französisch zu lernen, können Sie den nächsten Abschnitt zu einem späteren Zeitpunkt erarbeiten und gleich zu ➡ 1.3 gehen.

1.2 Abweichungen von der regelmäßigen Wortstellung

Im Folgenden werden nur die gängigsten Ausnahmen dargestellt.

1.2.1 Inversion Verb – Subjekt im Aussagesatz
In den folgenden Fällen steht das Verb vor dem Subjekt:
– Im Schaltsatz (im Beispiel fett gedruckt) nach der direkten Rede:
  « J'accepte. », **dit-il**. „Ich nehme an", **sagte er**.
– Wenn Adverbien wie aussi (deshalb), peut-être (vielleicht) oder à peine (kaum) am Satzanfang stehen (➡ **Kapitel 28, Das Adverb, 3 Beachten Sie**):
  Peut-être **avez-vous** raison. Vielleicht haben Sie Recht.
– Bei vorangestellter Ortsbestimmung kann umgestellt werden, wenn das Subjekt ein Nomen ist:
  Au mur étaient accrochés trois tableaux. = Au mur trois tableaux étaient accrochés. An der Wand hingen drei Bilder.

1 Der Aussagesatz

Satzbau und Satzgefüge 27

Test 3
Bringen Sie die Satzteile in die richtige Reihenfolge.
1. fais / une grande fête / je / pour mon anniversaire Ich mache an meinem Geburtstag ein großes Fest.
   → _____.
2. sans doute / ma proposition / refusera-t-il Wahrscheinlich wird er meinen Vorschlag ablehnen.
   → _____.
3. montre / le professeur / à ses élèves / des diapositives Der Lehrer zeigt seinen Schülern Dias.
   → _____.
4. mon patron / j'ai informé / de mes projets Ich habe meinen Chef über meine Plänen informiert.
   → _____.
5. je / hier soir / ai vu / vous Ich habe Sie gestern Abend gesehen.
   → _____.

1.2.2 Hervorhebung von Satzgliedern
Im Folgenden Abschnitt werden drei wichtige Möglichkeiten der Hervorhebung bestimmter Satzglieder dargestellt, die im Deutschen keine genaue Entsprechung haben.

a) Hervorhebung durch c'est ... qui / c'est ... que
Die Hervorhebung durch c'est + Relativpronomen ist im Französischen sehr gebräuchlich (siehe auch ➡ **Kapitel 14, Die Relativpronomen, 9.1**).
Der von c'est ... qui oder c'est ... que eingerahmte Satzteil wird hervorgehoben und steht am Satzanfang:

Subjekt (c'est ... qui)	Alex a fait la vaisselle. → **C'est Alex qui** a fait la vaisselle. **Alex** hat gespült.
direktes Objekt	J'ai vu Julie hier. → **C'est Julie que** j'ai vue hier. **Julie** habe ich gestern gesehen.
indirektes Objekt	Je te parle. → **C'est à toi que** je parle. **Mit dir** spreche ich.
Adverbialbestimmung	J'habite ici. → **C'est ici que** j'habite. **Hier** wohne ich.
Nebensatz	Il est fatigué parce qu'il travaille trop. → **C'est parce qu'il travaille trop** qu'il est si fatigué. **Weil er zu viel arbeitet**, ist er so müde.

1 Der Aussagesatz

27 Satzbau und Satzgefüge

Beachten Sie

- C'est ... qui hebt das Subjekt hervor, c'est ... que die anderen Satzglieder.
  C'est moi qui fais tout ici. Ich mache alles hier.
  C'est lui que j'ai rencontré hier. Ihn habe ich gestern getroffen.
- In Verbindung mit c'est ... qui und c'est ... que wird nur die betonte Form des Personalpronomens verwendet:
  J'ai raison. → C'est moi qui ai raison. Ich bin es, der Recht hat.
  Anders als im Deutschen, wo das Verb des Nebensatzes immer in der 3. Person Singular steht, richtet sich das Verb des qui-Satzes nach der jeweiligen Person. Vergleichen Sie:
  Tu as tort. → C'est toi qui as tort. Du bist es, der Unrecht hat.

 Test 4

Heben Sie die unterstrichenen Satzteile hervor.

1. <u>Anne</u> apporte les boissons. <u>Anne</u> bringt die Getränke.
   → _____.

2. J'ai pris <u>le train de 10 heures</u>. Ich habe <u>den 10-Uhr-Zug</u> genommen.
   → _____.

3. <u>Pierre</u> a été choisi. <u>Pierre</u> wurde gewählt.
   → _____.

4. <u>Il</u> a de la chance. <u>Er</u> hat Glück.
   → _____.

5. Je suis né <u>en Corse</u>. Ich bin <u>auf Korsika</u> geboren.
   → _____.

6. J'ai vendu ma voiture <u>à Luc</u>. Ich habe <u>Luc</u> mein Auto verkauft.
   → _____.

b) Hervorhebung durch ce qui / ce que

Der Relativsatz steht in diesem Fall am Satzanfang und wird durch das Demonstrativpronomen c' (= ce) wieder aufgenommen:

- Ce qui hebt das Subjekt hervor:
  Ce qui me plaît, c'est la présentation. Was mir gefällt, (das) ist die Aufmachung.
- Ce que hebt das direkte Objekt hervor:
  Ce que j'aimerais, c'est vivre à la campagne. Was ich möchte, (das) ist auf dem Land leben.

Beachten Sie

Andere Relativpronomen sind ebenfalls mit dem Demonstrativpronomen ce kombinierbar:
Ce dont je rêve, c'est de partir très loin. Wovon ich träume, (das) ist weit weg zu fahren.
Siehe hierzu ➡ **Kapitel 14, Die Relativpronomen, 6.**

Satzbau und Satzgefüge

c) Segmentierung

Die Segmentierung von Satzteilen ist ein Phänomen der gesprochenen Sprache. Dabei wird das hervorzuhebende Satzglied an den Anfang oder ans Ende des Satzes gestellt:
Satzanfang: **Cette fille,** je **la** connais bien. Dieses Mädchen kenne ich gut.
Satzende: Je **l'**aime bien, **ce garçon**. Diesen Jungen habe ich gern.
Der hervorgehobene Satzteil wird durch ein Pronomen (in den Beispielen unterstrichen) wieder aufgenommen bzw. angekündigt:

Wiederaufnahme	**Fanny,** tu <u>la</u> connais depuis longtemps ? Kennst du Fanny schon lange?
Ankündigung	Je <u>la</u> connais depuis trois ans, **Fanny**. Fanny kenne ich seit drei Jahren.

Folgende Satzglieder können durch Segmentierung hervorgehoben werden:

Subjekt	<u>Il</u> finit quand, **le film** ? / **Le film,** <u>il</u> finit quand ? Wann ist der Film zu Ende?
direktes Objekt	Je <u>le</u> trouve bon, **ce vin**. / **Ce vin,** je <u>le</u> trouve bon. Diesen Wein finde ich gut.
indirektes Objekt	**A Jeanne,** je <u>lui</u> ai pardonné depuis longtemps. / Je <u>lui</u> ai pardonné depuis longtemps, **à Jeanne**. Jeanne habe ich schon lange verziehen.
Adverbialbestimmung	**Au Maroc,** je n'<u>y</u> suis jamais allé. / Je n'<u>y</u> suis jamais allé, **au Maroc**. In Marokko war ich noch nie.

Beachten Sie
– Für die Hervorhebung eines Personalpronomens wird die betonte Form des Pronomens verwendet:
Je ne mange pas de viande. **Ich** esse kein Fleisch.
→ **Moi,** je ne mange pas de viande. / Je ne mange pas de viande, **moi**.
– Die Segmentierung kann bei allen Satzarten erfolgen:

Satzart	Beispiel
Aussagesatz	Il est bon, ce vin. Dieser Wein ist gut.
Fragesatz	Il est bon, ce vin ? Ist dieser Wein gut?
Ausrufesatz	Qu'est-ce qu'il est bon, ce vin ! Dieser Wein ist so gut!
Aufforderungssatz	Goûte-le, ce vin. Koste mal diesen Wein!

1 Der Aussagesatz

Satzbau und Satzgefüge

Test 5
Vervollständigen Sie die folgende Tabelle.

neutrale Wortstellung	Hervorhebung durch Segmentierung
1. Anne est très sympathique. Anne ist sehr sympathisch.	1. _____.
2. _____. Meine Katze heißt Léon.	2. Mon chat, il s'appelle Léon.
3. _____. Ich habe Lise sehr gern.	3. Lise, je l'aime beaucoup.
4. Je connais bien Mélanie. Mélanie kenne ich gut.	4. _____.

1.3 Die Verneinung

Die französische Verneinung besteht immer aus zwei Teilen: das erste Element ist immer **ne**, das zweite variiert je nach Bedeutung:
Je **ne** comprends **pas**. Ich verstehe **nicht**.
Elle **ne** comprend **rien**. Sie versteht **nichts**.

1.3.1 Der Gebrauch von **ne ... pas** nicht
Ne ... pas (nicht) ist die meist verwendete Verneinung:
Je **ne** suis **pas** fatigué. Ich bin nicht müde.

Auf Entdeckung
Vergleichen Sie das Französische mit dem Deutschen und formulieren Sie die Regeln zur Stellung von ne ... pas im Satz.

> Je **ne** mange **pas**. Ich esse nicht.
> Je **ne** te vois **pas**. Ich sehe dich nicht.
> Je **ne** lui ai **pas** répondu. Ich habe ihm nicht geantwortet.
> Ce **n'**est **pas** vrai. Es ist nicht wahr.

Markieren Sie die richtige Möglichkeit. (➡ **Lösungen**)
1. Ne und pas stehen (nebeneinander / getrennt) im Satz.
2. Ne steht (vor / hinter) der konjugierten Verbform.
3. Pas steht (vor / hinter) der konjugierten Verbform.
4. Die konjugierte Verbform steht (vor / zwischen) ne und pas.
5. Die Gruppe Pronomen + Verb wird von ne ... pas (getrennt / eingerahmt).

Satzbau und Satzgefüge 27

Beachten Sie
- Ne wird vor vokalischem Anlaut zu n':
  Je n'y arrive pas. Ich schaffe es nicht.
  Il n'habite pas ici. Er wohnt nicht hier.
- Im gesprochenen Französisch wird der erste Teil der Verneinung ne oft weggelassen:
  Je ne travaille pas. → Je travaille pas. Ich arbeite nicht.
- Nur vor einem Infinitiv stehen ne und pas nebeneinander im Satz (➡ **Kapitel 23, Infinite Verbformen, 1.4**):
  Prière de ne pas toucher. Bitte nicht berühren.
  J'espère ne pas le rencontrer. Ich hoffe, ihn nicht zu treffen.
- Zur Verwendung von ne ... pas de in der Bedeutung von „kein/-e" siehe
  ➡ **Kapitel 4, Der Artikel, 2.2 Beachten Sie**.

Test 6

Ergänzen Sie die folgende Tabelle mit den fehlenden Aussagen.

Positive Aussage	verneinte Aussage
1. Ils viennent demain. Sie kommen morgen.	Ils _____ demain. Sie kommen morgen nicht.
2. _____ le bus. Wir nehmen den Bus.	Nous ne prenons pas le bus. Wir nehmen nicht den Bus.
3. J'aime le sport. Ich mag Sport.	Je _____ le sport. Ich mag keinen Sport.
4. Je la vois souvent. Ich sehe sie oft.	Je _____ souvent. Ich sehe sie nicht oft.
5. Elle _____ souvent. Sie ruft micht oft an.	Elle ne me téléphone pas souvent. Sie ruft mich nicht oft an.
6. Je suis arrivé à l'heure. Ich bin pünktlich angekommen.	Je _____ à l'heure. Ich bin nicht pünktlich angekommen.

TIPP

Wenn Sie erst angefangen haben Französisch zu lernen, können Sie die nächsten Abschnitte zu einem späteren Zeitpunkt erarbeiten und direkt zu ➡ **2** gehen.

1.3.2 Weitere Verneinungswörter

Die folgende Tabelle gibt Ihnen einen Überblick über weitere Verneinungswörter des Französischen:

ne ... plus nicht mehr	Je **ne** fume **plus**. Ich rauche **nicht mehr**.
ne ... rien nichts	Je **ne** mange **rien**. Ich esse **nichts**.
ne ... jamais nie / niemals	Il **ne** s'énerve **jamais**. Er regt sich **nie** auf.
ne ... personne niemand	Je **ne** vois **personne**. Ich sehe **niemanden**.
ne ... pas encore noch nicht	Je **ne** suis **pas encore** inscrit. Ich bin **noch nicht** angemeldet.
ne ... plus jamais nie wieder	Je **ne** veux **plus jamais** le revoir. Ich will ihn **nie wieder** sehen.
ne ... nulle part nirgendwo / nirgendwohin	Je **ne** trouve mes clés **nulle part**. Ich finde **nirgendwo** meine Schlüssel.
ne ... aucun gar kein/-e / überhaupt kein/-e / kein/-e einzige/-r	Il **n'**y a **aucun** problème. Es gibt **gar kein** Problem.
ne ... nul kein/-e / keinerlei	Je **n'**ai **nulle** objection à faire. Ich habe nichts einzuwenden.
ne ... ni ... ni weder ... noch (➠ **Kapitel 30, Die Konjunktionen, 1 Beachten Sie**)	Ce vin **n'**est **ni** bon **ni** mauvais. Dieser Wein ist **weder** gut **noch** schlecht.
ne ... guère nicht viel / nicht sehr / kaum	Ce **n'**est **guère** raisonnable. Es ist **nicht sehr** vernünftig.
ne ... pas du tout überhaupt nicht / keineswegs	Je **n'**aime **pas du tout** la téléréalité. Reality-TV mag ich **überhaupt nicht**.
ne ... point (gar) nicht	Il **n'**a **point** répondu. Er hat **nicht** geantwortet.

Beachten Sie
– Im gesprochenen Französisch wird ne häufig weggelassen:
  Je **ne** vois **personne**. → Je vois **personne**. → Ich sehe niemanden.
– In verblosen Sätzen fällt ne weg:
  Tu viens souvent ici ? – Non, **jamais**. Kommst du oft hierher? – Nein, **nie**.
  Où vas-tu ? – **Nulle part**. Wohin gehst du? – **Nirgendwohin**.
  Qu'est-ce que tu dis ? – **Rien**. Was sagst du? – **Nichts**.

Satzbau und Satzgefüge 27

- Zum Gebrauch von personne (niemand), rien (nichts) und aucun / nul (gar kein / kein einziger) siehe ➠ **Kapitel 8, Die Indefinitbegleiter**).
- Ne ... point (nicht) und ne ... guère (kaum) werden selten verwendet und im gesprochenen Französisch wie folgt ersetzt:
  ne ... point → ne ... pas: Il **ne** veux **point** comprendre. → Il **ne** veut **pas** comprendre. Er will nicht verstehen.
  ne ... guère → ne ... pas beaucoup (nicht viel) / ne ... pas très (nicht sehr):
  On **n'**y voit **guère**. → On **n'**y voit **pas beaucoup**. Man sieht nicht viel.
  Ce **n'est guère** agréable. → Ce **n'est pas très** agréable. Es ist nicht sehr angenehm.

Test 7
Fügen Sie die passenden Verneinungswörter ein.
1. Tu fumes encore ? – Non, je __ fume _____. Rauchst du noch? – Nein, ich rauche **nicht mehr**.
2. As-tu compris quelque chose? – Non, je __ ai _____ compris. Hast du etwas verstanden? – Nein, ich habe **nichts** verstanden.
3. Pierre est déjà là ? – Non, il __ est _____ là. Ist Pierre schon da? – Nein, er ist **noch nicht** da.
4. Connaissez-vous quelqu'un ici ? – Non, je __ connais _____. Kennen Sie jemanden hier? – Nein, ich kenne **niemanden**.
5. Elle téléphone souvent ? – Non, elle __ téléphone _____. Ruft sie oft an? – Nein, sie ruft **nie** an.

TIPP

Bevor Sie den nächsten Abschnitt lesen, sollten Sie mit ➠ **Kapitel 18, Der Indikativ (Zeiten der Vergangenheit)** vertraut sein.

1.3.3 Die Verneinung bei den zusammengesetzten Zeiten
In den zusammengesetzten Zeiten rahmen die Verneinungspartikel in der Regel nur die konjugierte Form des Verbs ein:
Nous **ne** sommes **pas** restés longtemps. Wir sind nicht lange geblieben.
Je **n'**avais **rien** compris. Ich hatte nichts verstanden.
Je **ne** vais **pas** répondre à ce mail. Ich werde auf diese Mail nicht antworten.

Beachten Sie
Die Verneinungswörter ne ... personne (niemand), ne ... aucun / nul (gar kein/-e), ne ... nulle part (nirgendwo / nirgendwohin) rahmen die konjugierte Verbform und das Partizip Perfekt ein:
Je **n'**ai vu **personne**. Ich habe niemanden gesehen.

27 Satzbau und Satzgefüge

Je **ne** suis allé **nulle part**. Ich bin nirgendwo hingegangen.
Je **n'**ai eu **aucune** réponse. Ich habe keine einzige Antwort erhalten.
Il **n'**a fait **nul** commentaire. Er hat keinerlei Kommentar abgegeben.

 Test 8
Setzen Sie die Satzteile in die richtige Reihenfolge.
1. ne / Nous / pas / allés / sommes / au bord de la mer Wir sind nicht ans Meer gefahren. → _____.
2. ses examens / Anne / réussi / n' / pas / a Anne hat ihre Prüfungen nicht bestanden. → _____.
3. compris / ai / rien / à cet exercice / Je / n' Ich habe bei dieser Übung nichts verstanden. → _____.
4. personne / n'/ rencontré / avez / Vous / en ville Sie haben niemanden in der Stadt getroffen. _____.
5. ne / Je / travailler / pas / demain / vais Ich werde morgen nicht arbeiten. → _____.
6. pas / Mes amis / ne / sont / hier / partis Meine Freunde sind gestern nicht weggefahren. → _____.

1.3.4 Die Einschränkung mit ne ... que

Ne ... que (nur / erst) drückt eine Einschränkung aus. Ne steht vor dem Verb und que steht vor dem einschränkenden Element (in den Beispielen unterstrichen):
Je **ne** bois **que** de l'eau. Ich trinke **nur** Wasser.
Il **ne** voit **qu'**elle. Er sieht **nur** sie.
Je **ne** peux prendre mes vacances **que** le mois prochain. Ich kann **erst** nächsten Monat meinen Urlaub nehmen.
Tu **ne** réussiras ton examen **que** si tu travailles plus. Du wirst dein Examen **nur** schaffen, wenn du mehr arbeitest.

Beachten Sie
– Ne ... que und seulement (nur) sind gleichbedeutend:
  Ça **ne** coûte **que** trois euros. = Ça coûte **seulement** trois euros. Es kostet nur drei Euro.
  Das Französische bevorzugt jedoch die Wendung mit ne ... que.
  Aber:
  In subjektlosen Sätzen steht ausschließlich seulement:
  Tu pars longtemps ? – **Seulement** une semaine. Fährst du lange weg? – **Nur** eine Woche.
– Ne ... plus que hat die Bedeutung „nur noch":
  Je **n'**ai **plus que** trois jours de vacances. Ich habe nur noch drei Tage Ferien.

474   1 Der Aussagesatz

Satzbau und Satzgefüge 27

Test 9
Sagen Sie dasselbe mit ne ... que wie im Beispiel:
J'ai seulement une semaine de vacances. Ich habe nur eine Woche Ferien.
→ Je **n'**ai **qu'**une semaine de vacances.
1. J'ai bu seulement un verre. Ich habe nur ein Glas getrunken.
   → Je _____.
2. Mes amis arrivent seulement demain. Meine Freunde kommen erst morgen.
   → Mes amis _____.
3. J'utilise seulement les transports en commun. Ich benutze nur öffentliche Verkehrsmittel. → Je _____.
4. Elle peut faire ses devoirs seulement le soir. Sie kann ihre Hausaufgaben erst abends machen. → Elle _____.

1.3.5 Besonderheiten bei der Verwendung von ne
Sie haben bis jetzt gelernt, dass die Verneinungspartikel ne in der Regel mit einem anderen Wort verwendet wird. In den folgenden Fällen kann ne allein im Satz stehen:

a) Gebrauch von ne als verneinende Partikel ohne pas
– Vor den Verben oser wagen, savoir wissen, pouvoir können und cesser de aufhören:
  Je **n'ose** y aller. Ich traue mich nicht hinzugehen.
  On **ne pouvait** imaginer mieux. Man konnte sich nichts Besseres vorstellen.
  Je **ne sais** où aller. Ich weiß nicht, wohin ich gehen soll.
  Je **ne cesse** de vous le dire. Ich höre nicht auf, Ihnen das zu sagen.

  Beachten Sie
  Nach den oben aufgeführten Verben kann pas jederzeit verwendet werden:
  Je **n'ose pas** te le dire. Ich traue mich nicht, es dir zu sagen.
  Je **ne sais pas** où aller. Ich weiß nicht, wohin ich gehen soll.

– In einem Relativsatz, der von einem verneinten Hauptsatz eingeleitet wird:
  Il n'y a personne qui ne puisse répondre. Es ist niemand da, der nicht antworten könnte.
– Nach que in der Bedeutung von pourquoi (warum):
  Que ne l'avez-vous dit plus tôt ? Warum haben Sie es nicht früher gesagt?
– In festen Wendungen wie n'importe où irgendwo, n'importe quand irgendwann, n'empêche que immerhin / dennoch, n'avoir que faire de nichts anfangen können mit / nicht brauchen.
  Avec toi, j'irais **n'importe où**. Mit dir würde ich überall hingehen.
  N'empêche que j'ai gagné. Immerhin habe ich gewonnen.
  Qu'à cela ne tienne. Daran soll's nicht liegen.

27 Satzbau und Satzgefüge

   Je n'ai que faire de tes conseils. Ich brauche deine Ratschläge nicht.
- Nach il y a und ça fait in Verbindung mit einer Zeitangabe:
  Il y a des années que nous **ne** les avons vus. Seit Jahren haben wir sie nicht gesehen.
- Im si-Satz in bestimmten Wendungen:
  Si je **ne** m'abuse. / Si je **ne** me trompe. Wenn ich mich nicht irre.
  Si ce **n'**est toi, c'est donc ton frère. Wenn du es nicht bist, dann ist es dein Bruder.
- In Sprichwörtern:
  Qui **ne** dit mot, consent. Wer nichts sagt, stimmt zu.
  Qui jeune **n'**apprend, vieux **ne** saura. Was Hänschen nicht lernt, lernt Hans nimmermehr.

b) Das „zusätzliche" ne (ne explétif)
Das ne explétif hat keine eindeutig verneinende Funktion mehr. Seine Verwendung ist immer fakultativ und kommt nur noch im gehobenen Sprachgebrauch vor, z. B.
- in einem Komparativsatz, der eine Ungleichheit ausdrückt:
  L'essence est beaucoup **plus chère qu'**elle **ne** l'était il y a un an. Benzin ist viel teurer, als es vor einem Jahr war.
- nach den Konjunktionen avant que bevor, à moins que es sei denn:
  Partons **avant que** l'orage **n'**éclate. Gehen wir, bevor das Gewitter kommt.
  Je n'irai pas **à moins que** l'on **ne** m'y oblige. Ich werde nicht hingehen, es sei denn man zwingt mich dazu.
- bei Verben oder Wendungen, die eine Befürchtung ausdrücken:
  Je crains qu'il **ne** soit trop tard. Ich befürchte, dass es zu spät ist.
  Je n'ai rien dit **de peur qu'**il **ne** se mette en colère. Ich habe nichts gesagt, aus Angst er könnte sich ärgern.
  J'ai dit ça pour **éviter** qu'il **ne** se mette en colère. Ich habe das gesagt, um zu vermeiden, dass er sich aufregt.
- Nach den Verben nier leugnen, contester bestreiten, douter bezweifeln, wenn diese in verneinender oder fragender Form verwendet werden:
  Je **ne** doute pas qu'il **ne** réponde vite. Ich zweifle nicht daran, dass er schnell antwortet.
  Doutez-vous qu'il **ne** réussisse ? Zweifeln Sie daran, dass er es schafft?

Beachten Sie
Das ne explétif kann immer wegfallen, ohne dass sich die Bedeutung des Satzes ändert: Je crains qu'il **ne** soit en retard. = Je crains qu'il soit en retard. Ich befürchte, dass er zu spät kommt.

Satzbau und Satzgefüge 27

Test 10
Markieren Sie die Sätze, in denen die Verwendung von ne nur fakultativ ist.
1. J'ai peur qu'il **n'**ait oublié notre rendez-vous. Ich befürchte, dass er unsere Verabredung vergessen hat.
2. Il **n'**ose donner son avis. Er traut sich nicht, seine Meinung zu sagen.
3. Tu peux venir **n'**importe quand. Du kannst irgendwann kommen.
4. Il est moins grand que je **ne** le pensais. Er ist nicht so groß, wie ich dachte.

2 Der Fragesatz

Charakteristisch für den Fragesatz ist die steigende Intonation (in der gesprochenen Sprache) und das Fragezeichen (?) am Ende des Satzes (in der geschriebenen Sprache).

Was Sie vorab wissen sollten
- Wie im Deutschen unterscheidet man im Französischen zwischen
  - **Entscheidungsfragen**, die mit oui (ja), si (doch) oder non (nein) beantwortet werden:
    Habitez-vous en France ? Wohnen Sie in Frankreich? → Oui. Ja.
    N'avez-vous pas faim ? Haben Sie keinen Hunger? → Si. Doch.
    und
  - **Ergänzungsfragen**, die ein Fragewort enthalten:
    Où habitez-vous ? Wo wohnen Sie? → En France. In Frankreich.
    In ➡ **Kapitel 15, Die Interrogativa, 1** finden Sie einen Überblick über die verschiedenen Fragewörter.
- Anders als im Deutschen verfügt das Französische über mehrere Fragetypen. Die Frage „Wo wohnen Sie?" kann wie folgt formuliert werden:
  1. als Inversionsfrage: Où **habitez-vous** ? (gehobenes Sprachniveau)
  2. als est-ce que-Frage: Où **est-ce que** vous habitez ? (neutrales Sprachniveau)
  3. als Frage ohne Inversion mit
     nachgestelltem Fragewort: Vous habitez où ? (gesprochene Sprache)
     vorangestelltem Fragewort: Où vous habitez ? (nachlässiger Sprachgebrauch)
- Wie im Deutschen kann der verneinte Fragesatz meistens als rhetorische Frage zum Ausdruck einer bestimmten Erwartung, Enttäuschung oder Überraschung gedeutet werden:
  N'as-tu pas faim ? Hast du keinen Hunger?
  Pourquoi n'as-tu rien dit ? Warum hast du nichts gesagt?
  Der verneinte Fragesatz wird, wenn er bejaht wird, mit si (doch) beantwortet:
  Tu n'es pas prête ? – Si. Bist du nicht fertig? – **Doch**.

27 Satzbau und Satzgefüge

2.1 Die Frage ohne Inversion

Die Frage ohne Inversion ist im gesprochenen Französisch sehr gebräuchlich.

2.1.1 Die Intonationsfrage

Die Intonationsfrage ist leicht zu bilden, da sie die Wortstellung des Aussagesatzes beibehält: Subjekt – Verb – (Ergänzungen):
Tu viens ? Kommst du?
Tu veux un café ? Möchtest du einen Kaffee?

Beachten Sie
Die Intonationsfrage ist eine Entscheidungsfrage, die im gesprochenen Französisch nur an der Intonation (steigende Melodie) und im geschriebenen Französisch am Fragezeichen erkennbar ist:
Fragesatz: Ça va ? ⟶ Geht es? ↔ Aussagesatz: Ça va. ⟶ Es geht.

2.1.2 Frage ohne Inversion mit Fragewort

Die Ergänzungsfrage ohne Inversion kommt im gesprochenen Französisch häufig vor. Man unterscheidet zwei Varianten:

Stellung des Fragworts	Beispiel
1. Das Fragewort steht am Satzanfang	**Depuis quand** vous habitez ici ? Seit wann wohnen Sie hier ? **Qui** c'est ? Wer ist das?
2. Das Fragewort wird nachgestellt	Vous habitez ici **depuis quand** ? Seit wann wohnen Sie hier? C'est **qui** ? Wer ist das?

Beachten Sie
Die Ergänzungsfrage ohne Inversion gehört zum umgangssprachlichen bzw. lässigen Sprachgebrauch: C'est quoi ? Was ist das?

2.1.3 Die Frage mit est-ce que

Die Frage mit est-ce que ist sowohl im gesprochenen als auch im geschriebenen Französisch gebräuchlich.

Auf Entdeckung
Betrachten Sie die folgende Tabelle und ergänzen Sie die unten stehenden Aussagen zur Verwendung von est-ce que. (➡ **Lösungen**)

Satzbau und Satzgefüge 27

ohne Fragewort	Est-ce que tu viens ? Kommst du? Est-ce que tu veux un café ? Möchtest du einen Kaffee?
mit Fragewort	Quand est-ce que tu viens ? Wann kommst du? Pourquoi est-ce que tu dis ça ? Warum sagst du das? Avec qui est-ce que tu sors ce soir ? Mit wem gehst du heute Abend aus?

1. Bei der Frage ohne Fragewort steht est-ce que am (Satzanfang / Satzende).
2. Bei der Frage mit Fragewort steht est-ce que (vor / nach) dem Fragewort.
3. Est-ce que hat (eine / keine) eigene Bedeutung.

Beachten Sie
– Informationen über die Verwendung von est-ce que und est-ce qui bei den Fragewörtern finden Sie in ➠ **Kapitel 15, Die Interrogativa, 8.1 und 8.2**.
– Zur Wiedergabe des deutschen Fragewortes „was" ist die mit est-ce que verstärkte Form qu'est-ce que gebräuchlicher als die einfache Form que.
Qu'est-ce que tu dis ? Was sagst du?
Qu'est-ce que c'est ? Was ist das?

Test 11

Ergänzen Sie die folgende Tabelle, indem Sie die jeweils fehlende Variante der Frage ohne Inversion eintragen.

Frage ohne est-ce que	Frage mit est-ce que
1. Tu prends un café ? Nimmst du einen Kaffee?	_____ ?
2. _____ ? Wann kommst du zurück?	Quand est-ce que tu rentres ?
3. Vous faites du sport ? Treiben Sie Sport?	_____ ?
4. Tu as acheté ton sac où ? Wo hast du deine Tasche gekauft?	_____ ?

2.2 Die Frage mit Inversion

Wie eingangs erwähnt, kommt die Inversionsfrage vor allem in der Schriftsprache vor. Im gesprochenen Französisch zeugt sie von einer gepflegten Ausdrucksweise.

Satzbau und Satzgefüge

Man unterscheidet je nach Art des Subjekts zwei Typen von Inversionsfragen:
1. Die einfache Inversionsfrage (➠ **2.2.1**)
   A quelle heure **arrivez-vous** ? Um wie viel Uhr kommen Sie an?
2. Die komplexe Inversionsfrage (➠ **2.2.2**)
   A quelle heure **Luc arrive-t-il** ? Um wie viel Uhr kommt Luc an?

2.2.1 Die einfache Inversionsfrage

Die einfache Inversionsfrage (Umstellung von Subjekt und Verb) entspricht der deutschen Frageform: (Fragewort) – Verb – Subjekt – (Ergänzungen). Bei der einfachen Inversionsfrage wird das Subjektpronomen nachgestellt und mit Bindestrich ans Verb angeschlossen:
Habitez-**vous** en France ? Wohnen **Sie** in Frankreich?
Sie ist immer möglich, wenn das Subjekt ein Pronomen ist.

Entscheidungsfrage (ohne Fragewort)	**Viens-tu** ? Kommst du? **As-tu** acheté du pain ? Hast du Brot gekauft?
Ergänzungsfrage (mit Fragewort)	Comment **vas-tu** ? Wie geht es dir? Pourquoi **dis-tu** ça ? Warum sagst du das?

Ist das Subjekt ein Nomen, so ist die Inversion bei der Ergänzungsfrage außer nach pourquoi (warum) möglich:
Comment vont tes parents ? Wie geht es deinen Eltern?
Que disent les médias ? Was sagen die Medien?
Bei der Entscheidungsfrage ist in diesem Fall nur die komplexe Inversion möglich (➠ **2.2.2**):
Max prendra-t-il le train ? Nimmt Max den Zug?

Beachten Sie
- Endet das Verb auf einen Vokal, wird ein -t- zur Vermeidung des hiatus (Sprechen von zwei aufeinander folgenden Vokallauten) zwischen Verb und den Pronomen (il / ils und elle / elles) eingeschoben:
  Pense-t-il à son rendez-vous ? Denkt er an seinen Termin?
  Aura-t-il le temps de venir ? Wird er Zeit haben zu kommen?
- Nach dem Fragewort que (was) ist nur die einfache Inversion möglich:
  Que font tes parents ? Was machen deine Eltern?
- Im gesprochenen Französisch kommen vor allem kurze Inversionsfragen vor, wie z. B.:
  Quel **est votre nom** ? Wie heißen Sie?
  Où **habitez-vous** ? Wo wohnen Sie?
  Quand **partez-vous** ? Wann fahren Sie?

Satzbau und Satzgefüge 27

– Mit dem Personalpronomen je (ich) ist die Inversionsfrage selten und bei vielen Verben aus lautlichen Gründen nicht möglich.
Achten Sie bei den folgenden Beispielen auf die Aussprache:
Où suis-je ? [sɥiʒ] Wo bin ich?
Ai-je fait une erreur ? [ɛʒ] Habe ich einen Fehler gemacht?
Puis-je vous aider ? [pɥiʒ] Kann ich Ihnen / euch helfen?
Die e-Endung des Verbs wird durch -é ersetzt: Parlé-je ? Spreche ich?
Die Empfehlungen zur Vereinfachung der Rechtschreibung schlagen hierzu die Schreibung -è vor: Parlè-je ?

Test 12

Ergänzen Sie die folgende Tabelle, indem Sie die jeweils fehlende Variante der Frage eintragen.

Frage mit est-ce que	Frage mit einfacher Inversion
1. Qu'est-ce que tu veux ? Was willst du?	_____ ?
2. _____ ? Wann fährst du weg?	Quand pars-tu ?
3. Où est-ce que ton frère habite ? Wo wohnt dein Bruder?	_____ ?
4. _____ ? Was möchten Sie lieber?	Que préférez-vous ?
5. Pourquoi est-ce que vous riez ? Warum lacht ihr?	_____ ?
6. _____ ? Wie haben Sie das gemacht?	Comment avez-vous fait ?

TIPP

Wenn Sie erst angefangen haben Französisch zu lernen, können Sie den nächsten Abschnitt, in dem die Bildung der Inversionsfrage dargestellt wird, wenn das Subjekt ein Nomen ist, zu einem späteren Zeitpunkt erarbeiten und direkt zu Abschnitt ➧ 4 gehen.

Satzbau und Satzgefüge

2.2.2 Die komplexe Inversionsfrage
Die komplexe Inversionsfrage wird verwendet, wenn die einfache Inversionsfrage nicht gebildet werden kann (➡ 2.2.1). Bei der komplexen Inversionsfrage steht das Subjekt (ein Nomen) an erster Stelle im Satz bzw. nach dem Fragewort und wird durch ein Subjektpronomen wieder aufgenommen, das ans Verb mit Bindestrich angeschlossen wird: (Fragewort) – Subjekt – Verb – Pronomen – (Ergänzungen)

Entscheidungsfrage (ohne Fragewort)	**Luc** viendra-t-**il** demain ? Kommt Luc morgen? **Le sucre** nuit-**il** à la santé ? Schadet Zucker der Gesundheit?
Ergänzungsfrage (mit Fragewort)	Quand **Luc** viendra-t-**il** demain ? Wann kommt Luc morgen? Pourquoi **le sucre** nuit-**il** à la santé ? Warum schadet Zucker der Gesundheit?

Beachten Sie
Die komplexe Inversionsfrage zeugt von einer gepflegten Ausdrucksweise und kommt vor allem im geschriebenen Französisch vor.
Alice a-t-**elle** réussi son examen ? Hat Alice ihre Prüfung bestanden?

Test 13
Bilden Sie die zu den folgenden Antworten passenden Inversionsfragen.
1. _____ ? – Oui, j'ai bien dormi.
   Haben Sie gut geschlafen? – Ja, ich habe gut geschlafen.
2. _____ ? – Non, merci. Je ne prends pas d'apéritif.
   Nehmen Sie einen Aperitif? – Nein, danke, ich nehme keinen Aperitif.
3. _____ ? – Oui, Judith a téléphoné.
   Hat Judith angerufen? – Ja, Judith hat angerufen.
4. _____ ? – Non, il n'est pas malade.
   Ist Eric krank? – Nein, er ist nicht krank.

3 Der Ausrufesatz

Charakteristisch für den Ausrufesatz ist in der geschriebenen Sprache das Ausrufezeichen (!) am Satzende und in der gesprochenen Sprache eine besondere Intonation je nach Gefühlslage.
Der Ausrufesatz drückt ein Gefühl oder eine Emotion aus, wie z. B.

Satzbau und Satzgefüge

Begeisterung: C'est fantastique ! Das ist fantastisch!
Entrüstung: C'est complètement faux ! Es ist völlig falsch!
Bedauern: Quel gâchis ! So eine Verschwendung!

Die Wortstellung des Ausrufesatzes ist die des Aussagesatzes: (Ausrufewort) – Subjekt – Verb:
Comme c'est gentil ! Wie lieb das ist!
Que c'est beau ! Wie schön das ist!

3.1 Ausrufesatz ohne einleitendes Wort

Durch Intonation oder Ausrufezeichen wird ein Aussagesatz oder ein Aufforderungssatz zum Ausrufesatz:
Ce livre est complètement idiot ! Dieses Buch ist völlig idiotisch!
Sors d'ici tout de suite ! Geh sofort raus!

Beachten Sie
Ist das Subjekt ein Pronomen, so wird beim Ausrufesatz ohne einleitendes Wort die Inversion (Umstellung von Subjekt und Verb) gemacht:
Suis-je bête ! Bin ich dumm!
Das gesprochene Französisch bevorzugt jedoch die Wendung mit que am Satzanfang und ohne Inversion:
Que je suis bête ! Wie dumm ich bin!

3.2 Ausrufesatz mit einleitendem Wort

Der Ausrufesatz wird meistens durch ein Ausrufewort eingeleitet:
Comme c'est agréable ! Wie angenehm das ist!

Folgende Wörter können einen Ausrufesatz einleiten:

Ausrufewort	Ausrufesatz
que / qu'est-ce que in der Bedeutung von „wie"	Que c'est cher ! / Qu'est-ce que c'est cher ! Wie teuer das ist!
comme wie	Comme c'est beau ! Wie schön das ist! Comme il est gentil ! Wie freundlich er ist!
quel welche/-r/-s / was für (ein/-e) + Substantiv	Quel dommage ! Wie schade! Quelle chance ! Was für ein Glück!
si in der bedeutung von „wenn ... nur"	Si (seulement) elle pouvait venir ! Wenn sie nur kommen könnte!

3 Der Ausrufesatz **483**

27 Satzbau und Satzgefüge

Beachten Sie
- Qu'est-ce que wird im gesprochenen Französisch häufiger als que verwendet:
  Qu'il est pénible ! = Qu'est-ce qu'il est pénible ! Wie anstrengend er ist!
- Que / qu'est-ce que und comme sind austauschbar:
  Qu'il a bien travaillé ! = Qu'est-ce qu'il a bien travaillé ! = Comme il a bien travaillé ! Wie gut er gearbeitet hat!

Test 14
Setzen Sie das passende Ausrufewort ein: quel/-le oder qu'est-ce que / qu'
1. _____ beau vélo ! So ein schönes Fahrrad!
2. _____ il est sympathique ! Wie nett er ist!
3. _____ je m'ennuie ici ! Wie ich mich hier langweile!
4. _____ belle journée ! So ein schöner Tag!

4 Der Aufforderungssatz

Der Aufforderungssatz drückt Befehle, Verbote oder Ratschläge aus:
N'approche pas ! Komm nicht näher!
Prends ton pull, il fait froid. Nimm deinen Pulli, es ist kalt!
Calmez-vous. Beruhigen Sie sich!

Hier sind die wichtigsten Möglichkeiten, eine Aufforderung zu formulieren:

– mit dem Imperativ	Réponds-moi vite. Antworte mir schnell!
– mit que + subjonctif	Qu'il sorte. Er soll rausgehen.
– mit dem Infinitiv	Prendre un comprimé avant chaque repas. Eine Tablette vor jeder Mahlzeit einnehmen.

Beachten Sie
Weitere Möglichkeiten, eine Aufforderung zu formulieren, finden Sie in
➡ **Kapitel 21, Der Imperativ, 3.**

5 Der komplexe Satz (das Satzgefüge)

Was Sie vorab wissen sollten
Der komplexe Satz besteht aus
- zwei oder mehreren Hauptsätzen (gleichwertige Sätze):
  Il pleut et il fait soleil. Es regnet und die Sonne scheint.
  oder

Satzbau und Satzgefüge 27

- Haupt- und Nebensatz (der Nebensatz hängt vom Hauptsatz ab):
  La route est glissante parce qu'il a gelé cette nuit. Die Straße ist glatt, weil es heute Nacht gefroren hat.

5.1 Verbindung von zwei oder mehreren Hauptsätzen (Parataxe)

Für die Verbindung mehrerer Hauptsätze gibt es folgende Möglichkeiten:

1. mit Satzzeichen (Aneinanderreihung)	Le soleil brille, il fait chaud. Die Sonne scheint, es ist heiß. J'étais pressé : j'ai pris la voiture. Ich hatte es eilig: Ich habe das Auto genommen.
2. mit Konjunktionen oder Adverbien (Koordinierung) (➡ **Kapitel 30, Die Konjunktionen 1**)	J'ai froid **et** j'ai faim. Ich habe Hunger **und** ich habe Durst. Je vais d'abord à la piscine **puis** je fais les courses. Ich gehe zuerst ins Schwimmbad, **dann** kaufe ich ein.
3. mit dem gérondif (➡ **Kapitel 23, Infinite Verbformen, 3.2.1**)	Il travaille et il siffle. → Il siffle **en travaillant.** Er arbeitet **und** pfeift dabei.

Test 15

Verbinden Sie die Teilsätze, die zusammenpassen.

1. J'ai pris un parapluie Ich habe einen Schirm mitgenommen,	mais il n'était pas à la maison. aber er war nicht zu Hause.
2. J'en ai assez, Ich habe genug,	ou on va au restaurant ? oder gehen wir ins Restaurant?
3. Je n'ai pas pu venir : Ich konnte nicht kommen:	car il pourrait pleuvoir. denn es könnte regnen.
4. J'ai téléphoné à Luc Ich habe Luc angerufen,	en pensant à autre chose. und denkt dabei an etwas anderes.
5. On mange à la maison Essen wir zu Hause	j'avais trop de travail. ich hatte zu viel Arbeit.
6. Elle lit Sie liest	je m'en vais. ich gehe.

5 Der komplexe Satz (das Satzgefüge) **485**

27 Satzbau und Satzgefüge

5.2 Verbindung von Haupt- und Nebensatz (Hypotaxe)

Der Nebensatz ist vom Hauptsatz abhängig. Er kann nicht allein stehen.
Bien que nous soyons en automne, il fait encore très chaud. **Obwohl wir schon Herbst haben**, ist es noch sehr warm.

Hier finden Sie eine Auflistung der verschiedenen Nebensätze:

Nebensatz	Beispiel
– Adverbiale Nebensätze: eingeleitet durch eine subordinierende Konjunktion (➡ **Kapitel 30, Die Konjunktionen, 2**)	Il reste au lit **parce qu'**il est malade. Er bleibt im Bett, weil er krank ist. La mer est trop froide **pour que** je me baigne. Das Meer ist zu kalt zum Baden.
– Objektsätze: eingeleitet durch que (dass), si (ob) und die Fragewörter in der indirekten Rede (➡ 5.3)	J'espère **que** tu vas bien. Ich hoffe, es geht dir gut. Elle dit **qu'**elle est fatiguée. Sie sagt, sie sei müde. Il demande **si** tu vas bien. Er fragt, ob es dir gut geht. Je veux savoir **quand** on part. Ich will wissen, wann wir fahren.
– Relativsätze: eingeleitet durch ein Relativpronomen (➡ **Kapitel 14, Die Relativpronomen**)	C'est un artiste **qui** a beaucoup de succès. Das ist ein Künstler, der sehr erfolgreich ist. C'est un roman **que** j'ai lu deux fois. Das ist ein Roman, den ich zwei Mal gelesen habe.
– Verkürzte Nebensätze: als Infinitivkonstruktion	Ferme les fenêtres **avant de partir**. Schließe die Fenster, bevor du gehst.
als Partizipialkonstruktion	**Arrivé à la maison**, j'ai pris une douche. Zu Hause angekommen, habe ich geduscht.
als gérondif-Konstruktion (➡ **Kapitel 23, Infinite Verbformen, 3.2.2**)	Je me suis coupé **en épluchant** les pommes de terre. Ich habe mich beim Kartoffelschälen geschnitten.

Beachten Sie
– Anders als im Deutschen steht die konjugierte Verbform im Nebensatz nicht am Satzende:

Satzbau und Satzgefüge

Je ne sors pas parce que je **suis** enrhumé. Ich gehe nicht aus, weil ich erkältet **bin**.
- Zwischen Haupt- und Nebensatz steht in der Regel kein Komma:
J'espère que tu as fait bon voyage. Ich hoffe, du hattest eine angenehme Reise.

Test 16
Werden die folgenden Haupt- und Nebensätze durch eine Konjunktion (K), ein Relativpronomen (R) oder eine satzverkürzende Konstruktion (sK) miteinander verbunden?
Kreuzen Sie die entsprechende Kategorie an.

K R sK
1. Le voisin a un chien qui aboie sans arrêt. Der Nachbar hat einen Hund, der pausenlos bellt. ☐ ☐ ☐
2. Je pense partir demain. Ich denke, dass ich morgen wegfahre. ☐ ☐ ☐
3. Je n'ai pas lu le livre dont tu parles. Ich habe das Buch, über das du sprichst, nicht gelesen. ☐ ☐ ☐
4. Je suis déçu parce qu'il n'est pas venu. Ich bin enttäuscht, weil er nicht gekommen ist. ☐ ☐ ☐
5. Arrivé au bureau, je commence par prendre un café. Wenn ich im Büro ankomme, trinke ich zuerst einen Kaffee. ☐ ☐ ☐
6. Préviens-moi quand tu partiras. Sag mir Bescheid, wenn du gehst. ☐ ☐ ☐

5.3 Die indirekte Rede und die indirekte Frage

Was Sie vorab wissen sollten
Wie im Deutschen unterscheidet man im Französischen zwischen
- direkter Rede / Frage, die das Gesagte wörtlich wiedergibt:
Il dit : « Je viens tout de suite. » Er sagt: „Ich komme sofort."
Il demande : » Voulez-vous un café ? ». Er fragt: „Möchten Sie einen Kaffee?"
und
- indirekter Rede / Frage, die bereits Gesagtes wiedergibt:
Il dit qu'il vient tout de suite. Er sagt, er komme sofort.
Il demande si vous voulez un café. Er fragt, ob Sie einen Kaffee möchten.

Beachten Sie
Die direkte Rede wird in beiden Sprachen weitgehend gleich verwendet. Ihre Merkmale sind der Doppelpunkt und die Anführungszeichen:
Elle dit : « J'ai fini. » Sie sagt: „Ich bin fertig."
Anders als im Deutschen wird im Französischen vor dem Doppelpunkt und vor den Anführungszeichen ein Leerzeichen gesetzt.

27 Satzbau und Satzgefüge

5.3.1 Veränderungen bei der Bildung der indirekten Rede

- Die indirekte Rede gibt bereits Gesagtes wieder und wird durch die Konjunktion que (dass) eingeleitet, der ein Verb des Sagens vorausgeht:
  Pierre dit **qu**'il veut une augmentation. Pierre sagt, **dass** er eine Gehaltserhöhung wolle.
  Le directeur répond **qu**'il est d'accord. Der Direktor antwortet, **dass** er einverstanden sei.
- Verben, die die indirekte Rede einleiten, sind z. B.:
  affirmer behaupten, annoncer ankündigen, indiquer hinweisen, prétendre behaupten, prévenir unterrichten.
  Elle **affirme** que le feu était vert. Sie **behauptet**, dass die Ampel grün war.
  Le directeur **a annoncé** que la réunion était reportée à la semaine prochaine. Der Direktor **hat angekündigt**, dass die Sitzung auf nächste Woche verschoben wird.

Beachten Sie
- Anders als im Deutschen kann que (dass) nicht wegfallen:
  Er sagt, er sei krank. Il dit **qu**'il est malade.
- In der indirekten Rede steht im Französischen in der Regel der Indikativ:
  Il prétend qu'il ne **sait** rien. Er behauptet, er **wisse** von nichts.
- Die Wortfolge in der indirekten Rede ist die des Aussagesatzes:
  Il prétend que tu n'as pas payé. Er behauptet, dass du nicht bezahlt hast.
- Anders als im Deutschen steht zwischen Haupt- und Nebensatz kein Komma.

TIPP

Die folgenden Regeln gelten sowohl für die indirekte Rede als auch für die indirekte Frage.

Bei der indirekten Rede wird das Gespräch aus der Perspektive des Berichtenden wiedergegeben. Dieser Perspektivewechsel (vom Sprecher zum Berichterstatter) hat folgende Auswirkungen:
- Wie im Deutschen müssen die Personal-, Reflexiv- und Possessivpronomen sowie die Personalendungen des Verbs angepasst werden:

direkte Rede	indirekte Rede
Il dit: « **J'ai** perdu **mes** clés. » Er sagt: „**Ich habe meine** Schlüssel verloren."	Il dit qu'**il a** perdu **ses** clés. Er sagt, **er habe seine** Schlüssel verloren.
Elle dit: « **Je vais me** dépêcher. » Sie sagt: „**Ich werde mich** beeilen."	Elle dit qu'**elle va se** dépêcher. Sie sagt, **sie werde sich** beeilen.

Satzbau und Satzgefüge

– Zeit- und Ortsadverbien müssen ebenfalls der neuen Gesprächssituation angepasst werden, da sie sich in der direkten Rede auf den Sprecher beziehen und in der indirekten Rede auf den Berichtenden:
Il dit : « Je reste **ici.** » Er sagt: „Ich bleibe **hier.**" → Il dit qu'il reste **là**. Er sagt, er bleibe **dort**.
aujourd'hui heute → ce jour-là an diesem Tag
ce matin heute Morgen → ce matin-là an diesem Morgen
demain morgen → le lendemain am nächsten / folgenden Tag
hier gestern → la veille am vorigen Tag
le mois prochain nächsten Monat → le mois suivant im nächsten Monat
l'année dernière letztes Jahr → l'année précédente das Jahr davor

Beachten Sie
Entscheidend ist der Zeitpunkt der Wiedergabe: Die Zeitadverbien können unverändert übernommen werden, wenn die indirekte Rede am selben Tag wie die direkte Äußerung formuliert wird:
Il dit : « Je viens **demain.** » Er sagt: „Ich komme **morgen.**" → Il dit qu'il vient **demain**. Er sagt, dass er **morgen** komme.

– Welche Zeit im Nebensatz steht, hängt von der Zeit des Verbs im Hauptsatz ab. Die Regel lautet:
 • Steht das Verb, das die direkte Rede einführt, im Präsens, so steht die gleiche Zeit in der direkten wie in der indirekten Rede:
 Elle dit : « Je **pars** bientôt. » **Sie sagt**: „ Ich **fahre** bald weg." →
 Elle dit qu'elle **part** bientôt . **Sie sagt**, sie **fahre** bald **weg**.
 • Steht das Verb, das die direkte Rede einführt, in einer Zeit der Vergangenheit, so gilt eine bestimmte Zeitenfolge:
 Elle a dit : «Je **pars** bientôt. » Sie **hat gesagt**: „Ich **fahre** bald weg." →
 Elle a dit qu'elle **partait** bientôt. Sie **hat gesagt**, sie **fahre** bald weg.
 Die Zeitenfolge in der indirekten Rede und Frage ist in ➡ **Kapitel 22, Die Zeitenfolge, 3** ausführlich dargestellt.

– Der Imperativsatz der direkten Rede wird in der Regel durch eine Infinitivkonstruktion in der indirekten Rede ersetzt:
 Il m'a dit : « **Viens** tout de suite. » Er hat zu mir gesagt: „**Komm** sofort!" →
 Il m'a dit **de venir** tout de suite. Er hat mir gesagt, **ich soll** gleich kommen.

Test 17

Leiten Sie die indirekte Rede ab.
1. Il dit : « J'ai envie d'aller au cinéma. » Er sagt: „Ich habe Lust, ins Kino zu gehen." → Il dit _____.
2. Elle me dit : « Ferme la porte. » Sie sagt zu mir : „Mach die Tür zu!" → Elle me dit _____.

27 Satzbau und Satzgefüge

3. Elle dit : « Il pourrait bien pleuvoir demain. » Sie sagt: „Es könnte morgen regnen." → Elle dit _____.
4. Il m'a dit : « Je ne veux pas rester ici. » Er sagte zu mir: „Ich will hier nicht bleiben. → Il m'a dit _____.

5.3.2 Die indirekte Frage

– Die indirekte Frage wird von Verben des Fragens und Nicht-Wissens eingeleitet, z. B. se demander sich fragen, ne pas savoir / ignorer nicht wissen.
  Je me demande où il va. Ich **frage mich**, wohin er geht.
  J'**ignore** ce qu'il fait. Ich **weiß nicht**, was er macht.
– Wie bei der direkten Frage unterscheidet man zwischen der
  • indirekten Entscheidungsfrage, die mit si / s' (ob) eingeleitet wird:
  Je demande : « Viendra-t-il demain ? » Ich frage: „Wird er morgen kommen?" → Je demande s'il viendra demain. Ich frage, ob er morgen kommt.
  und der
  • indirekten Ergänzungsfrage, die mit einem Fragewort eingeleitet wird:
  Je demande : « Quand viens-tu ?» Ich frage: „Wann kommst du?" → Je demande **quand** tu viens. Ich frage, wann du kommst.

Beachten Sie

– Die Konjunktion si (ob) wird vor den Pronomen il (er) und ils (sie) apostrophiert:
  Je me demande s'il a reçu ma lettre. Ich frage mich, ob er meinen Brief bekommen hat.
  J'ai invité Julien et Anne, mais je ne sais pas s'ils viendront. Ich habe Julien und Anne eingeladen, aber ich weiß nicht, ob sie kommen werden.
– Eine ausführliche Darstellung der bei der indirekten Frage verwendeten Fragewörter finden Sie in ➠ **Kapitel 15, Die Interrogativa, 8.3**).
– In der indirekten Frage wird keine Inversion gemacht:
  « Où allez-vous ? » → Je veux savoir où **vous allez**. Wohin geht ihr? → Ich will wissen, wohin ihr geht.

Test 18
Leiten Sie indirekte Fragen ab.

direkte Frage	indirekte Frage
Anne demande : Anne fragt:	Anne voudrait savoir ... Anne möchte wissen ...

5 Der komplexe Satz (das Satzgefüge)

Satzbau und Satzgefüge 27

1. « Quand partez-vous ? » „Wann fahrt ihr weg?"	... quand vous partez.
2. « Où allez-vous ? » „Wohin fahrt ihr?"	... _____.
3. « Avec qui partez-vous ? » „Mit wem fahrt ihr weg?"	... _____.
4. « Combien coûte ce voyage ? » „Was kostet diese Reise?"	... _____.
5. « Vous m'enverrez une carte ? » „Werdet ihr mir eine Karte schicken?"	... _____.
6. « Vous partez longtemps ? » „Fahrt ihr lange weg?"	... _____.

Auf den Punkt gebracht

1. (➡ 1)
Die Regeln zur Wortstellung im Aussagesatz gelten ja nein
1. nur für Hauptsätze. ☐ ☐
2. für Haupt- und Nebensätze. ☐ ☐
3. für alle Satzarten. ☐ ☐
4. für alle Satzarten außer der Inversionsfrage. ☐ ☐

2. (➡ 1.1)
Stimmen die folgenden Aussagen zur Wortstellung im Aussagesatz? ja nein
1. Die normale Wortstellung lautet: Subjekt – Verb – Objekt. ☐ ☐
2. Das direkte Objekt kann an erster Stelle im Satz stehen. ☐ ☐
3. Das direkte Objekt steht in der Regel vor dem indirekten Objekt. ☐ ☐
4. Die notwendige adverbiale Ergänzung steht in der Regel am Satzanfang. ☐ ☐
5. Die fakultative adverbiale Ergänzung hat keinen festen Platz. ☐ ☐

27 Satzbau und Satzgefüge

3. (▸ 1.2.1)
Markieren Sie die richtige Aussage.
1. Im Schaltsatz gilt folgende Wortstellung: (Subjekt – Verb / Verb – Subjekt).
2. Bei vorangestellten adverbialen Bestimmungen des Ortes oder der Zeit wird (immer / in einigen Fällen) die Inversion gemacht.
3. Werden peut-être (vielleicht) oder à peine (kaum) vorangestellt, ist die Inversion (fakultativ / obligatorisch).

4. (▸ 1.2.2)
Bringen Sie die verschiedenen Satzteile in die richtige Reihenfolge. Der hervorzuhebende Teil ist fett gedruckt.
1. ces fleurs / j'ai acheté / c'est / que / **pour toi** → _____.
   Für dich habe ich diese Blumen gekauft.
2. magnifique / je le trouve / **ce bouquet** → _____.
   Diesen Strauß finde ich wunderschön.
3. je passe / que / c'est / **demain** / le permis → _____.
   Morgen mache ich die Fahrprüfung.
4. il / **le prof** / qu'est-ce qu' / t'a dit ? → _____ ?
   Was hat dir **der Lehrer** gesagt?

5. (▸ 1.3.1)
Kreuzen Sie ja oder nein an.   ja nein
1. Die französische Verneinung besteht aus zwei Wörtern.   ☐   ☐
2. Ne … pas entspricht dem deutschen „nicht".   ☐   ☐
3. Ne … pas steht in der Regel vor der konjugierten Verbform.   ☐   ☐
4. Ne … pas rahmt die konjugierte Verbform ein.   ☐   ☐
5. Die Gruppe Objektpronomen + Verb wird von ne … pas getrennt.   ☐   ☐

6. (▸ 1.3.2)
Verbinden Sie die französischen Verneinungspartikel mit ihrer deutschen Entsprechung.

ne … aucun/-e	niemals	ne … pas encore	nicht mehr
ne … jamais	nirgendwo	ne … plus	nichts
ne … nulle part	niemand	ne … point	noch nicht
ne … personne	gar kein/-e	ne … rien	nicht

7. (▸ 1.3.3)
Markieren Sie die richtige Aussage. In den zusammengesetzten Zeiten …
1. rahmen die Verneinungswörter (die konjugierte Verbform / die konjugierte Verbform und das Partizip Perfekt) ein.
2. ne … personne (niemand) rahmt (nur die konjugierte Verbform / die konjugierte Verbform und das Partizip Perfekt) ein.

Satzbau und Satzgefüge

8. (→ 1.3.4)
Kreuzen Sie ja oder nein an.

	ja	nein
1. Ne ... que (nur) drückt eine Einschränkung aus.	☐	☐
2. Ne ... que und seulement sind gleichbedeutend.	☐	☐
3. Ne ... que wird seltener verwendet als seulement.	☐	☐
4. Ne ... que rahmt den einzuschränkenden Satzteil ein.	☐	☐

9. (→ 1.3.5)
Markieren Sie die Sätze, die ein ne explétif enthalten.
1. Je ne sais que dire. Ich weiß nicht, was ich sagen soll.
2. Partez vite, avant qu'il ne fasse nuit. Gehen sie schnell, bevor es Nacht wird.
3. Je crains qu'il n'ait raté son examen. Ich befürchte, dass er sein Examen nicht bestanden hat.
4. Cet exercice est moins difficile que je ne le pensais. Diese Übung ist nicht so schwer, wie ich dachte.

10. (→ Was Sie vorab wissen sollten und → 2.1)
Markieren Sie die richtige Aussage.
1. Entscheidungsfragen werden (mit / ohne) Fragewort eingeleitet.
2. Ergänzungsfragen werden (mit / ohne) Fragewort eingeleitet.
3. Die Wortstellung bei der Intonationsfrage ist (dieselbe wie / eine andere als) im Aussagesatz.
4. Die Ergänzungsfrage ohne Inversion kommt (selten / nur) im lässigen Sprachgebrauch vor.
5. Bei der Frage mit est-ce que (wird / wird nicht) die Inversion gemacht.
6. Die Frage mit est-ce que kommt (nur / auch) im geschriebenen Französisch vor.

11. (→ 2.2)
Markieren Sie die richtige Aussage.
1. Die Inversionsfrage kommt (selten / vor allem) im geschriebenen Französisch vor.
2. Die einfache Inversionsfrage ist bei Entscheidungsfragen (nicht / immer) möglich, wenn das Subjekt ein Pronomen ist.
3. Die komplexe Inversionsfrage wird gebildet, wenn das Subjekt (ein Pronomen / ein Nomen) ist.
4. Bei der komplexen Inversionsfrage erfolgt (ebenfalls / nicht) die Inversion Verb-Pronomen.
5. Die komplexe Inversionsfrage kommt vor allem im (gesprochenen / geschriebenen) Französisch vor.

Auf den Punkt gebracht

27 Satzbau und Satzgefüge

12. (➔ 3)
Markieren Sie die richtige/-n Möglichkeit/-en.
1. Der Ausrufesatz drückt (eine Aufforderung / eine Emotion) aus.
2. Der Ausrufesatz kann durch (qu'est-ce que / comme / comment) eingeleitet werden.
3. Quel als Ausrufewort wird in Verbindung mit einem (Adjektiv / Substantiv) verwendet.

13. (➔ 4)
Ergänzen Sie die folgenden Aussagen.
Die wichtigsten Möglichkeiten eine Aufforderung zu formulieren sind:
1. der _____ : Concentre-toi. Konzentriere dich!
2. der _____ : Que tout le monde sorte ! Alle sollen hinausgehen!
3. der _____ : Ne pas toucher. Nicht berühren.

14. (➔ 5.1 und ➔ 5.2)
Markieren Sie die richtige/-n Möglichkeit/-en.
1. Hauptsätze können miteinander verbunden werden durch (koordinierende Konjunktionen / Satzzeichen / subordinierende Konjunktionen / den gérondif).
2. Haupt- und Nebensatz können miteinander verbunden werden durch (subordinierende Konjunktionen / Relativpronomen / koordinierende Konjunktionen / satzverkürzende Konstruktionen).

15. (➔ 5.3)
Markieren Sie die richtige Möglichkeit.
1. In der indirekten Rede steht in der Regel (der Indikativ / der subjonctif).
2. Die Konjunktion que (dass) (kann / kann nicht) entfallen.
3. In der indirekten Rede werden die Pronomen (verändert / unverändert) von der direkten Rede übernommen.
4. Ein Imperativsatz in der direkten Rede wird durch einen (Infinitiv / subjonctif) in der indirekten Rede ersetzt.
5. Welche Zeit in der indirekten Rede steht, ist (abhängig / unabhängig) von der Zeit des Verbs im Hauptsatz.
6. Die indirekte Entscheidungsfrage wird mit (que / si) eingeleitet.
7. Die Konjunktion si (wenn / ob) wird vor (il und ils / ils und elles) apostrophiert.
8. In der indirekten Frage wird die Inversion (gemacht / nicht gemacht).

Das Adverb 28

Bevor Sie dieses Kapitel durcharbeiten, sollten Sie ➡ **Kapitel 5, Das Adjektiv** gelesen haben.

Was Sie vorab wissen sollten

Adverbien sind unveränderlich. Sie dienen dazu, Verben, Adjektive, andere Adverbien oder ganze Sätze näher zu bestimmen.

Verb: Bastien travaille **lentement**. Bastien arbeitet **langsam**.
Adjektiv: Anne est **très** sympa. Anne ist **sehr** nett.
Adverb: Tu fumes **beaucoup** trop. Du rauchst **viel** zu viel.
Satz: Il part **certainement** demain. Er fährt **sicher** morgen weg.

Auf Entdeckung

Lesen Sie die folgenden Sätze und vergleichen Sie das Französische und das Deutsche.

Adjektiv	Adverb
Le train est **rapide**. Der Zug ist **schnell**.	Le train roule **rapidement**. Der Zug fährt **schnell**.
C'est une **bonne** cuisinière. Sie ist eine **gute** Köchin.	Elle fait **bien** la cuisine. Sie kocht **gut**.

Kreuzen Sie ja oder nein an. (➡ **Lösungen**)   ja nein
Im Französischen hat das Adverb eine eigene Form, die sich von
der des entsprechenden Adjektivs deutlich unterscheidet.   ☐   ☐

1 Form

Man unterscheidet zwei große Klassen von Adverbien: die abgeleiteten Adverbien und die ursprünglichen Adverbien, die nicht von einem anderen Wort abgeleitet werden.

1.1 Die abgeleiteten Adverbien

Die meisten Adverbien dieser Klasse werden von einem Adjektiv abgeleitet.

1.1.1 Adverbien auf -ment

Die meisten dieser Adverbien werden gebildet, indem man die Endung -ment an die feminine Singularform des Adjektivs anhängt.

28 Das Adverb

Adjektiv maskulin	Adjektiv feminin	abgeleitetes Adverb
certain sicher	certaine	certainement sicher
courageux mutig	courageuse	courageusement mutig
actif aktiv	active	activement aktiv
régulier regelmäßig	régulière	régulièrement regelmäßig

Beachten Sie
- Die folgenden Adverbien werden unregelmäßig gebildet:
  gentil → gentiment freundlicherweise
  bref → brièvement kurz
  journalier → journellement täglich
- Adjektive auf -e, deren maskuline und feminine Form gleich sind, leiten das Adverb von dieser Form ab.
  agréable → agréablement angenehm
- Adjektive, deren maskuline Form auf einen betonten Vokal endet, leiten das Adverb von der maskulinen Form ab.
  auf -i: joli → joliment hübsch
  auf -u: absolu → absolument absolut
  Aber: gai → gaie → gaiement fröhlich (die Form gaîment ist veraltet)
- Einige Adverbien haben einen accent circonflexe (als Überbleibsel des weggefallenen -e):
  assidu → assidûment eifrig
  cru → crûment roh / unverblümt
  goulu → goulûment gierig

Test 1
Leiten Sie von den folgenden Adjektiven das Adverb ab.
1. logique logisch _____
2. poli/-e höflich _____
3. vrai/-e wirklich _____
4. concret/-ète konkret _____
5. léger/-ère leicht _____
6. admirable wunderbar _____
7. doux/-ce sanft _____
8. sportif/-ve sportlich _____

1.1.2 Adverbien auf -ément
Einige Adverbien erhalten zusätzlich einen accent aigu. Da es keine eindeutige Regel hierfür gibt, sollten Sie sich diese Adverbien einprägen. Hier folgt eine Liste der gebräuchlichsten:

aveugle → aveuglément blind
conforme → conformément gemäß
énorme → énormément sehr

intense → intensément intensiv
précis/-e → précisément genau
profond/-e → profondément tief

Das Adverb

1.1.3 Adverbien auf -emment und -amment
- Adjektive, die auf -ent enden, bilden das Adverb auf -emment:
  prudent → prudemment vorsichtig
  innocent → innocemment unschuldig
  Aber:
  lent → lentement langsam
  présent → présentement gegenwärtig
- Adjektive, die auf -ant enden, bilden das Adverb auf -ammant:
  courant → couramment fließend
  méchant → méchamment böse

Beachten Sie
Die Endungen -emment und -amment werden gleich ausgesprochen: [amã].

Test 2

Sagen Sie dasselbe mit einem Adverb so wie im Beispiel:
C'est une enfant **polie**. → Elle répond **poliment** à toutes les questions.
Sie ist ein höfliches Kind. → Sie antwortet höflich auf alle Fragen.

1. Elle est élégante. → Elle s'habille _____.
   Sie ist elegant. Sie zieht sich elegant an.
2. C'est un conducteur imprudent. → Il conduit _____.
   Er ist ein unvorsichtiger Fahrer. Er fährt unvorsichtig.
3. C'est une élève lente. → Elle comprend _____.
   Sie ist eine langsame Schülerin. Sie versteht langsam.
4. C'est un enfant patient. → Il attend _____.
   Es ist ein geduldiges Kind. Es wartet geduldig.

1.1.4 Sonderformen
Die folgenden Adverbien sind sehr gebräuchlich. Sie sollten sie sich deshalb besonders gut merken.

Adjektiv	Adverb	Beispiel
bon/-ne	bien	Ici, le vin est bon et on mange **bien**. Hier ist der Wein gut und man isst gut.
mauvais/-e	mal	Là-bas, le vin est mauvais et on mange **mal**. Dort ist der Wein schlecht und man isst schlecht.
grave	gravement / grièvement	Il est **gravement** malade. Er ist schwer krank. Il est **grièvement** blessé. Er ist schwer verletzt.

28 Das Adverb

Beachten Sie
- Bien muss im Deutschen unterschiedlich übersetzt werden:
  Il travaille **bien**. Er arbeitet **gut**.
  Je l'aime **bien**. Ich mag ihn **ganz gern**.
  Tu es **bien** curieuse ! Du bist **ziemlich** neugierig!
- Grave weist zwei Adverbformen auf. Die Form grièvement ist aber nur im Kontext „Unfall" anzutreffen und wird immer mehr von der regelmäßigen Form gravement verdrängt.

Test 3
Adjektiv oder Adverb? Setzen Sie bon oder bien, mauvais oder mal ein.
1. Cette élève travaille _____. Diese Schülerin arbeitet **gut**.
2. Ce film est _____. Dieser Film ist **schlecht**.
3. Cet acteur joue _____. Dieser Schauspieler spielt **schlecht**.
4. Il m'a donné un _____ conseil. Er hat mir einen **guten** Rat gegeben.

1.2 Die ursprünglichen Adverbien

Viele Adverbien werden nicht von einem anderen Wort abgeleitet. Sie werden deshalb „ursprüngliche" oder „einfache" Adverbien genannt. Beispiele: aujourd'hui heute, hier gestern, demain morgen, maintenant jetzt, ici hier, partout überall, vite schnell usw. (mehr von diesen Adverbien finden Sie in ➡ 2).

1.3 Adverbiale Ausdrücke und Umschreibungen

Adverbiale Ausdrücke sind präpositionale Wendungen, die wie Adverbien gebraucht werden. Sie sind im heutigen Französisch sehr beliebt.

1.3.1 Adverbiale Ausdrücke statt Adverbien auf -ment
Adverbiale Ausdrücke ersetzen oft Adverbien auf -ment.

Adverb	Adverbialer Ausdruck
généralement meistens	en général
patiemment geduldig	avec patience
provisoirement provisorisch	à titre provisoire
systématiquement systematisch	de façon systématique
régulièrement regelmäßig	de manière régulière

Das Adverb 28

Beachten Sie
Folgende adverbiale Ausdrücke sind besonders produktiv:
de manière + Adjektiv de manière évidente offensichtlich
                       de manière brutale auf brutale Weise
de façon + Adjektiv   de façon inofficielle inoffiziell
                       de façon inattendue unerwarteterweise
avec + Substantiv   avec attention aufmerksam
                       avec tact taktvoll

1.3.2 Adverbiale Ausdrücke als Ersatz für nicht ableitbare Adverbien

Adverbiale Ausdrücke stehen auch zur Verfügung, wenn z. B. von einem Adjektiv kein Adverb abgeleitet werden kann.

Adjektiv	Adverb	adverbialer Ausdruck
content zufrieden	Ø	avec contentement mit Zufriedenheit
satisfait zufrieden	Ø	avec satisfaction mit Zufriedenheit
charmant charmant	Ø	avec charme mit Charme
français französisch	Ø	à la française auf französische Art

Test 4

Verbinden Sie den adverbialen Ausdruck mit dem gleichbedeutenden Adverb.

Adverb
1. inutilement umsonst
2. brutalement brutal
3. sèchement trocken
4. volontiers gern
5. immédiatement sofort
6. soudainement plötzlich

Adverbialer Ausdruck
a. avec plaisir
b. de façon inattendue
c. sur le champ
d. en vain
e. d'un ton sec
f. de manière brutale

2 Klassifizierung

Abgeleitete und ursprüngliche Adverbien können nach Bedeutung und Funktion klassifiziert werden. Man unterscheidet dann folgende Klassen:

1. Adverbien der Zeit
aujourd'hui heute, hier gestern, demain morgen, tard spät, bientôt bald, encore noch, souvent oft, maintenant jetzt, parfois manchmal, récemment neulich, toujours immer usw.

Nous partons **aujourd'hui**. Wir fahren **heute** ab.
Ne rentre pas **tard** ! Komm nicht **spät** nach Hause!
Tu vas **souvent** au cinéma ? Gehst du **oft** ins Kino?

28 Das Adverb

2. Adverbien des Ortes
ici hier, là-bas dort, loin weit, partout überall, devant davor usw.

Restez **ici** ! Bleibt **hier**!
Ne va pas **là-bas** ! Geh nicht **hin**!

3. Adverbien der Art und Weise
bien gut, mal schlecht, ensemble zusammen, vite schnell, volontiers gern, attentivement aufmerksam usw.

Il court **vite**. Er rennt **schnell**.
Ils sont toujours **ensemble**. Sie sind immer **zusammen**.
Lisez ce texte **attentivement** ! Lesen Sie diesen Text **aufmerksam**!

4. Adverbien der Menge und der Intensität
beaucoup viel, peu wenig, assez genug, trop zu viel, pas du tout überhaupt nicht, suffisamment reichlich, très sehr, énormément sehr (viel), autant gleich viel usw.

Il m'aime **un peu, beaucoup, passionnément ... pas du tout**. Er liebt mich **ein wenig, sehr, leidenschaftlich ... überhaupt nicht**.
Il est **très** malade. Er ist **sehr** krank.
Il crie **énormément**. Er schreit **sehr viel**.

5. Verknüpfungsadverbien
(verbinden Satzteile oder Sätze miteinander)
aussi auch, par conséquent also, en effet tatsächlich, puis / ensuite dann, d'abord zuerst, enfin zum Schluss usw.

C'est **aussi** mon avis. Es ist **auch** meine Meinung.
Je vais **d'abord** à la banque, **puis** au marché. Ich gehe **zuerst** auf die Bank, **dann** auf den Markt.

6. Kommentaradverbien
peut-être vielleicht, vraiment wirklich, certainement sicher, probablement wahrscheinlich, naturellement natürlich, sans doute wahrscheinlich, sans aucun doute zweifellos, heureusement zum Glück usw.

Tu as **peut-être** raison. **Vielleicht** hast du Recht.
Nous partons **probablement** demain. Wir fahren **wahrscheinlich** morgen.
Heureusement, j'ai retrouvé mes clés. **Zum Glück** habe ich meine Schlüssel wiedergefunden.

7. Adverbien der Zustimmung und der Verneinung
oui ja, si doch, assurément sicher, tout à fait ganz und gar, non nein, (ne) ... jamais nie(mals), (ne) ...

Tu n'as pas lu le journal ? – **Si**. Hast du die Zeitung nicht gelesen? – **Doch**.
Je **ne** fume **plus** depuis trois ans. Ich

Das Adverb 28

plus nicht mehr, nullement keineswegs, nulle part nirgendwo usw. (➡ **Kapitel 27, Satzbau und Satzgefüge, 1.3**)

rauche seit drei Jahren **nicht mehr**. Je n'ai **jamais** fumé. Ich habe **niemals** geraucht.

8. Frageadverbien

quand wann, pourquoi warum, combien wie viel, comment wie, où wo / wohin usw. (➡ **Kapitel 15, Die Interrogativa**)

Quand partez-vous ? **Wann** fahren Sie?
Où sont les clés ? **Wo** sind die Schlüssel?
Comment conduit-il ? **Wie** fährt er?

Test 5

Tragen Sie die folgenden Adverbien in die richtige Spalte ein.

bientôt bald, certes sicherlich, quelquefois manchmal, probablement wahrscheinlich, volontiers gern, doucement leise, rapidement schnell, sûrement sicherlich, récemment neulich

Zeitadverbien	Kommentaradverbien	Adverbien der Art und Weise
_____	_____	_____
_____	_____	_____
_____	_____	_____

3 Stellung

Die Stellung des Adverbs im Satz ist abhängig von seiner Funktion, von seinem Bezugswort, von der Absicht des Sprechers, manchmal sogar von der Länge des Adverbs. Es ist deshalb nicht möglich, eine allgemein gültige Regel zu formulieren. Es gilt jedoch meist der Grundsatz: Das Adverb steht unmittelbar bei dem Satzteil, den es näher bestimmt.
Im Folgenden sind die wichtigsten Regeln aufgelistet.

Das Adverb steht vor dem Adjektiv oder dem Adverb, auf das es sich bezieht.	Il est **très** sympa. Er ist sehr nett. Tu fumes **beaucoup** trop. Du rauchst viel zu viel.

28 Das Adverb

Auf ein Verb bezogen verhält sich das Adverb wie folgt:
- Bei einfachen Zeiten steht es nach dem Verb.
- Bei zusammengesetzten Zeiten steht es nach dem Partizip Perfekt bzw. nach dem Infinitiv.

Aber:
bien gut, mal schlecht, trop zu viel, toujours immer, déjà schon, · assez genug, souvent oft, bientôt bald stehen vor dem Partizip Perfekt bzw. dem Infinitiv.

Elle travaille **énormément**. Sie arbeitet wahnsinnig viel.
J'ai dormi **profondément**. Ich habe tief geschlafen.
On va lire **attentivement** le texte. Wir werden den Text aufmerksam lesen.
Avez-vous **bien** dormi ? Haben Sie gut geschlafen?
J'ai **déjà** vu ce film. Ich habe diesen Film schon gesehen.
On va **bien** manger, ce soir ! Wir werden heute Abend gut essen!

Auf einen Satz bezogen kann das Adverb
- am Anfang,
- in der Mitte oder
- am Ende des Satzes stehen.

Kommentaradverbien stehen meistens am Anfang oder am Ende des Satzes und werden durch ein Komma vom Rest des Satzes getrennt. (Sie können aber auch in der Mitte des Satzes stehen).

Demain, on part à Paris. /
On part **demain** à Paris. /
On part à Paris **demain**.
Morgen fahren wir nach Paris.
Evidemment, je n'ai rien dit. /
Je n'ai rien dit, **évidemment**. /
Je n'ai **évidemment** rien dit.
Ich habe natürlich nichts gesagt.

Beachten Sie
- Steht à peine (kaum) am Satzanfang, ist die Inversion (Umstellung von Subjekt und Objekt) erforderlich:
  A peine **s'était-il** couché qu'il dormait déjà. Kaum hatte er sich hingelegt, da schlief er schon.
- Stehen peut-être (vielleicht) und sans doute / probablement (wahrscheinlich) am Satzanfang, wird entweder die Inversion gemacht oder das Adverb wird mit que an den Satz angeschlossen:
  Peut-être a-t-il oublié notre rendez-vous. / **Peut-être qu'**il a oublié notre rendez-vous. Vielleicht hat er unsere Verabredung vergessen.
  Sans doute refusera-t-il de venir. / **Sans doute qu'**il refusera de venir. Wahrscheinlich wird er sich weigern zu kommen.
  Die Inversion gehört zum gehobenen, der Anschluss mit que eher zum umgangssprachlichen Sprachgebrauch.

Das Adverb **28**

– Bei den anderen Kommentaradverbien oder Adverbialausdrücken, die ebenfalls mit que an den Satz angeschlossen werden, wenn sie am Satzanfang stehen, ist die Inversion nicht möglich:
Heureusement que je n'ai rien dit. Zum Glück habe ich nichts gesagt.
Bien sûr que je lui ai dit. Natürlich habe ich es ihm gesagt.

Test 6
Bringen Sie die Satzteile in die richtige Reihenfolge. Achten Sie dabei auf die Stellung des Adverbs im Satz.
1. trop / vous / vite / marchez _____
   Sie gehen zu schnell.
2. à droite / tournez / puis / allez / tout droit _____
   Gehen Sie geradeaus und biegen Sie dann rechts ab.
3. mal / j'ai / la nuit dernière / dormi / très _____
   Ich habe letzte Nacht sehr schlecht geschlafen.
4. Il n'est pas / bien sûr / à l'heure / arrivé _____
   Er ist natürlich nicht pünktlich angekommen.
5. très / une femme / c'est / élégante _____
   Das ist eine sehr elegante Frau.
6. bien / faire / je vais / cet exercice _____
   Ich werde diese Übung gut machen.

4 Besonderheiten

4.1 Adverbial gebrauchte Adjektive

Einige (meist einsilbige) Adjektive werden in Verbindung mit bestimmten Verben anstelle eines Adverbs verwendet. Sie stehen dann in der maskulinen Form und sind unveränderlich.
Die folgenden Verb-Adjektiv-Verbindungen sind sehr gebräuchlich:
chanter faux / juste falsch / richtig singen
coûter cher viel kosten
gagner gros viel verdienen
parler fort / bas laut / leise sprechen
peser lourd schwer wiegen
sentir bon / mauvais gut / schlecht riechen (duften / stinken)
travailler dur hart arbeiten

Beachten Sie
Das heutige Französisch macht häufig Gebrauch von dieser Möglichkeit, besonders die Medien und die Werbung. Hier einige Kreationen:

28 Das Adverb

parler vrai die Wahrheit sagen
s'habiller triste / sport / jeune sich trist / sportlich / jung kleiden
acheter français französisch(-e Waren) kaufen
bronzer idiot sich bräunen und nichts anderes dabei tun
acheter malin schlau sein beim Einkaufen

> **TIPP**
>
> Als AnfängerIn sollten Sie Ihre Aufmerksamkeit auf die Regelmäßigkeiten der Sprache lenken. Es folgen jetzt einige Besonderheiten, die Sie, wenn Sie erst angefangen haben Französisch zu lernen, überspringen können. Sie können also zum Abschnitt ➡ 5 übergehen.

4.2 Adjektivisch gebrauchte Adverbien

Einige Adverbien werden als Adjektive gebraucht (vor allem in Sätzen mit être) und bleiben unveränderlich.
Ce film est très bien. Dieser Film ist sehr gut.
Ce livre n'est pas mal. Dieses Buch ist nicht schlecht.
Les vacances sont encore loin. Die Ferien sind noch weit weg.
Cette voiture a deux portes arrière. Dieses Auto hat zwei Hintertüren.

4.3 Besonderer Gebrauch einiger Adverbien

Die folgenden Adverbien werden im Deutschen unterschiedlich wiedergegeben.

4.3.1 Très

Achten Sie auf die deutsche Übersetzung des Adverbs très. Vor einem Adjektiv wird es mit „sehr" übersetzt, in einer Wendung mit avoir + Substantiv ohne Artikel wird es dagegen mit „groß" übersetzt.

très + Adjektiv	très + Substantiv
C'est **très** compliqué. Das ist **sehr** kompliziert.	J'ai **très** faim. Ich habe **großen** Hunger.
Elle a été **très** malade. Sie war **sehr** krank.	Nous avons eu **très** peur. Wir hatten **große** Angst.

Das Adverb

4.3.2 Beaucoup

Dem französischen Adverb beaucoup entspricht im Deutschen sowohl „viel" als auch „sehr" oder „sehr viel".

beaucoup = viel	beaucoup = sehr
J'ai **beaucoup** travaillé. Ich habe **viel** gearbeitet.	Ce pull me plaît **beaucoup**. Dieser Pulli gefällt mir **sehr**.

Beachten Sie
- Beaucoup trop + Adjektiv / Adverb entspricht dem deutschen „viel zu" + Adjektiv / Adverb.
  Il est **beaucoup trop** gros. Er ist **viel zu** dick.
  J'ai **beaucoup trop** mangé. Ich habe **viel zu viel** gegessen.
- Très (sehr) und beaucoup (viel) können nicht in einem Satz nebeneinander stehen. Das deutsche „sehr viel" wird meistens mit beaucoup oder énormément wiedergegeben.
  Nous avons **beaucoup / énormément** ri. Wir haben **sehr viel** gelacht.

Test 7

Setzen Sie très oder beaucoup ein.
1. C'est _____ urgent. Es ist sehr dringend.
2. Cela ne m'intéresse pas _____. Das interessiert mich nicht sehr.
3. Elle a _____ changé. Sie hat sich sehr verändert.
4. Il m'a _____ aidé. Er hat mir sehr geholfen.
5. Je suis _____ contente. Ich bin sehr froh.

4.3.3 Tout

Das Adverb tout (ganz) bildet die einzige Ausnahme zu der Regel der Unveränderlichkeit des Adverbs.
- Vor einem femininen Adjektiv, das mit einem Konsonanten oder h aspiré beginnt, richtet sich tout nach dem Bezugswort.
  Elle est **toute** surprise.   Sie ist ganz überrascht.
  Elles sont **toutes** surprises.   Sie sind ganz überrascht.
- In allen anderen Fällen bleibt tout unveränderlich.
  Elle est **tout** attentive.   Sie ist ganz aufmerksam.
  Elle est **tout** heureuse.   Sie ist ganz glücklich.
  Elles sont **tout** heureuses.   Sie sind ganz glücklich.
  Ils sont **tout** contents.   Sie sind ganz zufrieden.
  Ils étaient **tout** étonnés.   Sie waren ganz überrascht.

28 Das Adverb

Beachten Sie
Tout kann Adverb, Begleiter (➡ **Kapitel 8, Die Indefinitbegleiter, 2.2**) oder Pronomen (➡ **Kapitel 13, Die Indefinitpronomen, 2.5**) sein. Als Adverb hat tout die Bedeutung „ganz".
Adverb: Allez **tout** droit. Gehen Sie (ganz) geradeaus!
Begleiter: Il parle **tout le** temps. Er spricht die ganze Zeit.
Pronomen: Je lui ai **tout** raconté. Ich habe ihm alles erzählt.

Test 8
Ergänzen Sie, wenn nötig, die Endungen von tout.
1. Elle est tout__ émue. Sie ist ganz gerührt.
2. Elles sont tout__ émues. Sie sind ganz gerührt.
3. C'est une tout__ petite maison. Das ist ein ganz kleines Haus.
4. Elles étaient tout__ contentes. Sie waren ganz froh.
5. Elles sont tout__ abîmées. Sie sind ganz beschädigt.

4.3.4 Aussi und autant
Beide Adverbien werden in Vergleichen mit dem Gleichheitskomparativ verwendet:

Aussi (genauso / gleich) steht – bei Adjektiven – bei Adverbien (Vergleich von Qualitäten).	Pierre est **aussi grand** que moi. Pierre ist gleich groß wie ich. Elle travaille **aussi vite** que moi. Sie arbeitet genauso schnell wie ich.
Autant (genauso viel) steht – bei Verben – bei Substantiven (Vergleich von Quantitäten).	Je **travaille autant** que toi. Ich arbeite genauso viel wie du. J'ai **autant de vacances** que toi. Ich habe genauso viel Urlaub wie du.

Beachten Sie
– In verneinten Sätzen kann si anstelle von aussi und tant anstelle von autant verwendet werden:
   Elle ne travaille pas **si** vite que moi. Sie arbeitet nicht so schnell wie ich.
   Je ne gagne pas **tant** que toi. Ich verdiene nicht so viel wie du.
– Das Substantiv wird im Vergleich immer mit de angeschlossen:
   Il y a **autant de touristes** que l'an passé. Es sind **genauso viele Touristen** wie letztes Jahr.

Das Adverb

Test 9
Fügen Sie aussi oder autant ein.
1. Vous gagnez _____ que moi. Sie verdienen so viel wie ich.
2. Le voisin n'est pas _____ aimable que sa femme. Der Nachbar ist nicht so freundlich wie seine Frau.
3. Je n'ai pas _____ de temps que toi. Ich habe nicht so viel Zeit wie du.
4. Elle danse _____ bien que sa sœur. Sie tanzt genauso gut wie ihre Schwester.

4.4 Verbaler Ausdruck im Französischen zur Wiedergabe eines deutschen Adverbs

Einige deutsche Adverbien werden im Französischen mit einem Verb wiedergegeben. In der folgenden Tabelle finden Sie die gebräuchlichsten Wendungen.

deutsches Adverb	französisches Verb
gern Ich spreche **gern**.	aimer + Infinitiv J'**aime** parler.
lieber Sie hört **lieber** zu.	préférer + Infinitiv Elle **préfère** écouter.
hoffentlich **Hoffentlich** geht alles gut!	espérer que J'**espère** que tout ira bien !
beinahe Ich wäre **beinahe** hingefallen.	avoir failli + Infinitiv J'**ai failli** tomber.
gerade Wir sind **gerade** gekommen.	venir (juste) de + Infinitiv Nous **venons (juste) d'**arriver.
schließlich Er hat **schließlich** alles zugegeben	finir par + Infinitiv Il **a fini par** tout avouer.
weiter Sie haben **weiter** gegessen.	continuer à + Infinitiv Ils ont **continué à** manger.
allmählich / langsam Du gehst mir **langsam** auf die Nerven!	commencer à + Infinitiv Tu **commences à** m'énerver.
bald Es wird **bald** regnen.	ne pas tarder à + Infinitiv Il **ne** va **pas tarder à** pleuvoir.

28 Das Adverb

5 Steigerung des Adverbs

Was Sie vorab wissen sollten
Das Adverb wird genauso wie das Adjektiv gesteigert. Deshalb sollten Sie, bevor Sie diesen Abschnitt bearbeiten, die Steigerung des Adjektivs kennen (➡ **Kapitel 5, Das Adjektiv, 3**).

5.1 Regelmäßige Komparativbildung

Das Adverb bildet den Komparativ wie folgt:
- (+) plus + Adverb   Lisa roule plus vite. Lisa fährt schneller.
- (–) moins + Adverb   Félix roule moins vite. Félix fährt weniger schnell.
- (=) aussi + Adverb   Léo roule aussi vite. Léo fährt genauso schnell.

Auf Entdeckung
Lesen Sie die Beispiele aufmerksam und ergänzen Sie dann die unten stehende Regel. (➡ **Lösungen**)
Lisa roule plus vite **que** Félix.   Lisa fährt schneller **als** Félix.
Félix roule moins vite **que** Lisa.   Félix fährt weniger schnell **als** Lisa.
Léo roule aussi vite **que** Félix.   Léo fährt genauso schnell **wie** Félix.

Die Vergleichspartikel heißt im Französischen immer ____ und entspricht im Deutschen sowohl „wie" als auch „____".

Test 10
Formulieren Sie Vergleiche wie im Beispiel:
(–) Sur la route nationale, on roule ____ vite que sur l'autoroute. →
Sur la route nationale, on roule **moins** vite que sur l'autoroute.
Auf der Bundesstraße fährt man weniger schnell als auf der Autobahn.
1. (–) Dans un bus, on voyage ____ confortablement que dans un train.
   In einem Bus fährt man „weniger bequem" als in einem Zug.
2. (+) Je suis resté ____ longtemps que toi.
   Ich bin länger als du geblieben.
3. (=) A Paris, on avance souvent ____ vite à pied qu'en voiture.
   In Paris kommt man oft zu Fuß genauso schnell voran wie mit dem Auto.

5.2 Regelmäßige Superlativbildung

Das Adverb bildet den Superlativ wie folgt:
le plus + Adverb   Marine roule le plus vite. Marine fährt am schnellsten.
le moins + Adverb   Valentin roule le moins vite. Valentin fährt am wenigsten
                    schnell (= am langsamsten).

Das Adverb 28

Beachten Sie
- Das Französische bildet häufig im Superlativ Gegensatzpaare wie z. B. le plus vite (am schnellsten) und le moins vite (am wenigsten schnell). Letztere Konstruktion wird im Französischen häufiger verwendet als im Deutschen.
- Der Superlativ wird sehr oft durch die Wendung c'est ... qui / c'est ... que verstärkt.
  C'est Marine qui roule le plus vite. Marine fährt am schnellsten.
  C'est Valentin qui roule le moins vite. Valentin fährt am langsamsten.

5.3 Unregelmäßige Komparativ- und Superlativformen

Beaucoup, peu, bien und mal haben unregelmäßige Komparativ- und Superlativformen.

Positiv	Komparativ	Superlativ
beaucoup viel	plus mehr	le plus am meisten
peu wenig	moins weniger	le moins am wenigsten
bien gut	mieux besser	le mieux am besten
mal schlecht	pis / plus mal schlechter	le pis / le plus mal am schlechtesten

Beachten Sie
Die unregelmäßigen Superlativformen pis schlimmer, le pis am schlimmsten wurden von der regelmäßigen Form plus mal (schlechter), le plus mal (am schlechtesten) verdrängt.
Sehr gebräuchlich sind die Redewendungen Tant pis ! (Halb so schlimm!) und Tant mieux ! (Um so besser!) geblieben.

Test 11

Ergänzen Sie wie im Beispiel mit einem Superlativ.
(+) En France, c'est en Bretagne qu'il pleut ___ _____. →
En France, c'est en Bretagne qu'il pleut le plus.
In Frankreich regnet es am meisten in der Bretagne.
1. (+) C'est le 4 août qu'il a fait ___ _____ chaud.
   Am 4. August war es am wärmsten.
2. (–) Dans notre famille, c'est mon père qui gagne ___ _____.
   In unserer Familie verdient mein Vater am wenigsten.
3. (+) C'est dans ce restaurant qu'on mange ___ _____.
   In diesem Restaurant isst man am besten.

28 Das Adverb

Auf den Punkt gebracht

1. (➡ 1.1.1 bis ➡ 1.1.3)
Kreuzen Sie ja oder nein an.   ja   nein
1. Die meisten abgeleiteten Adverbien werden mit Hilfe des
   Suffixes -ment gebildet.   ☐   ☐
2. Alle Adverbien auf -ment werden von der femininen Form
   des Adjektivs abgeleitet.   ☐   ☐
3. Einige abgeleitete Adverbien enden auf -ément.   ☐   ☐
4. Adjektive auf -ant und -ent bilden das Adverb auf -amment.   ☐   ☐
5. -emment und -amment werden gleich ausgesprochen.   ☐   ☐

2. (➡ 1.1.4)
Den Adjektiven bon, mauvais und rapide entsprechen die Adverbien
bon: _____ mauvais: _____ rapide: _____ und _____

3. (➡ 1.2 und ➡ 1.3)
Kreuzen Sie ja oder nein an.   ja   nein
1. Ursprüngliche Adverbien haben keine erkennbare Endung.   ☐   ☐
2. Von einigen Adjektiven lassen sich keine Adverbien ableiten.   ☐   ☐
3. Adverbiale Ausdrücke ersetzen häufig Adverbien.   ☐   ☐
4. Adverbiale Ausdrücke werden nur verwendet, wenn
   kein Adverb abgeleitet werden kann.   ☐   ☐

4. (➡ 2)
Ordnen Sie die folgenden Adverbien nach ihrer Bedeutung.
hier gestern, partout überall, pourquoi warum, déjà schon, sans doute wahrscheinlich, comment wie, malheureusement leider, ici hier.

Ortsadverb	Frageadverb	Kommentaradverb	Zeitadverb
_____	_____	_____	_____
_____	_____	_____	_____

5. (➡ 3)
Kreuzen Sie die richtige Alternative an.
                                          vor   hinter
1. Adverbien, die sich auf ein
   Adjektiv beziehen, stehen   ☐   ☐   dem Adjektiv.
2. Adverbien, die sich auf ein
   Verb beziehen, stehen   ☐   ☐   dem konjugierten Verb.
3. Bei zusammengesetzten Zeiten
   steht das Adverb   ☐   ☐   dem Partizip Perfekt.
4. Die Adverbien bien gut, déjà schon
   und toujours immer stehen   ☐   ☐   dem Partizip Perfekt.

Das Adverb 28

6. (→ 4.1 und → 4.2)
Kreuzen Sie ja oder nein an.
	ja	nein
1. Einige Adjektive werden als Adverbien verwendet.	☐	☐
2. Adverbial gebrauchte Adjektive sind veränderlich.	☐	☐
3. Einige Adverbien werden als Adjektiv gebraucht: Ce film n'est pas mal. Dieser Film ist nicht schlecht.	☐	☐

7. (→ 4.3.1 und 4.3.2)
Setzen Sie très oder beaucoup ein.
1. Tu vis dangereusement : tu bois _____ et tu fumes _____.
   Du lebst gefährlich: Du trinkst viel und du rauchst viel.
2. Tu roules _____ vite, ce n'est pas _____ prudent.
   Du fährst sehr schnell, es ist nicht sehr vernünftig.
3. J'aime _____ le dernier film de Cédric Klapisch : il est _____ drôle.
   Ich mag den letzten Film von Cédric Klapisch sehr: Er ist sehr lustig.

8. (→ 4.3.3 und → 4.3.4)
Markieren Sie die richtige/-n Aussage/-n.
1. Tout als Adverb verwendet ist (veränderlich / unveränderlich).
2. Aussi wird beim Vergleich von (Quantitäten / Qualitäten) verwendet.
3. Aussi wird beim Vergleich bei (Adjektiven / Verben / Adverbien) verwendet.
4. Autant wird bei (Adverbien / Nomen / Verben) verwendet.

9. (→ 4.4)
Übersetzen Sie die folgenden französischen Verben mit einem Adverb.
1. Nous avons continué à parler. _____.
2. Aimez-vous danser ? _____?
3. J'ai failli ne pas venir. _____.

10. (→ 5.1 und → 5.2)
Ergänzen Sie.
Der Komparativ wird gebildet mit
1. _____ (mehr) + Adverb
   Parlez _____ lentement s'il vous plaît ! Sprechen Sie langsamer, bitte!
2. _____ (weniger) + Adverb
   Parlez _____ vite, s'il vous plaît ! Sprechen Sie langsamer, bitte!
3. _____ (genauso) + Adverb
   Elle parle _____ vite que moi. Sie spricht genauso schnell wie ich.

Der Superlativ wird gebildet mit
1. _____ (am meisten) + Adverb
   C'est Jeanne qui parle _____ vite. Jeanne spricht am schnellsten.

28 Das Adverb

2. ____ (am wenigsten) + Adverb
C'est Anne qui parle _____ vite. Anne spricht am langsamsten.

11. (➡ 5.3)
Ergänzen Sie die Tabelle mit den unregelmäßigen Formen des Komparativs und des Superlativs.

Adverb	Komparativ	Superlativ
1. beaucoup	_____	_____
viel	mehr	am meisten
2. bien	_____	_____
gut	besser	am besten
3. peu	_____	_____
wenig	weniger	am wenigsten
4. mal	_____	_____
schlecht	schlechter	am schlechtesten

Und wenn Sie noch neugierig sind ...
... können Sie noch die folgenden Sprichwörter lernen, die alle ein Adverb enthalten (das Adverb ist fett gedruckt). Tragen Sie in die rechte Spalte die deutsche Entsprechung ein. (➡ **Lösungen**)
1. Qui va **lentement**, va **sûrement**. _____
2. Hâte-toi **lentement**. _____
3. Mieux vaut **tard** que **jamais**. _____
4. **Tout** nouveau, **tout** beau. _____
5. **Mieux** vaut tenir que courir. _____
6. Tout est **bien** qui finit **bien**. _____

Die Präpositionen 29

Was Sie vorab wissen sollten
- Präpositionen (z. B. sur auf, de von, pour für) dienen dazu, zwei Wörter oder Wortgruppen zueinander in Beziehung zu setzen. Sie können z. B. temporale, lokale, modale oder kausale Verhältnisse ausdrücken.
lokal: J'ai rendez-vous **devant** la poste. Ich bin **vor** der Post verabredet.
temporal: Je t'attends **depuis** une heure. Ich warte **seit** einer Stunde auf dich.
- Wie im Deutschen können Präpositionen von bestimmten Verben, Adjektiven oder Nomen abhängig sein:
penser **à** denken **an** → Je pense à toi. Ich denke an dich.
facile **à** leicht **zu** → C'est facile à comprendre. Das ist leicht zu verstehen.
la joie **de** se revoir die Freude, sich wiederzusehen
- Präpositionen stehen immer **vor** dem Wort, auf das sie sich beziehen:
au mur an der Wand, contre un arbre gegen einen Baum
- Gebrauch und Wahl der Präpositionen sind in beiden Sprachen oft unterschiedlich. Vergleichen Sie:
Je viendrai **après** 8 heures. Ich werde **nach** 8 Uhr kommen.
Cet été, nous allons **en** France. Diesen Sommer fahren wir **nach** Frankreich.
Der deutschen Präposition „nach" entsprechen hier zwei verschiedene französische Präpositionen (en und après).

Auf Entdeckung

Die Präposition und die von ihr abhängige Wortgruppe nennt man Präpositionalgruppe. Lesen Sie die folgenden Beispiele und markieren Sie die Präpositionalgruppen. (➡ **Lösungen**)
Avez-vous parlé à la Directrice ? Haben Sie mit der Direktorin gesprochen?
J'ai pensé à toi. Ich habe an dich gedacht.
J'ai envie de dormir. Ich möchte schlafen.

Beachten Sie
Präpositionen stehen vor:
- Substantiven: J'ai voté **pour les Verts**. Ich habe die Grünen gewählt.
- Pronomen: C'est **pour toi**. Das ist für dich.
- Adverbien: Penchez-vous **en avant.** Beugen Sie sich nach vorne.
- Infinitiven: C'est facile **à comprendre**. Es ist leicht zu verstehen.

29 Die Präpositionen

1 Form und Funktion

Alle Präpositionen (bis auf à und de ➡ 2.1.1) sind unveränderlich.

1.1 Form

Der Form nach unterscheidet man zwischen
- einfachen Präpositionen, die aus einem einzigen Wort bestehen, wie z. B. pour für, de von, en in, contre gegen, dans in und
- Präpositionalausdrücken (auch „Doppelpräpositionen" genannt), die aus einer Präposition und einem anderen Wort bestehen, wie z. B. en face de gegenüber, à côté de neben, à cause de wegen, jusqu'à bis (➡ 2.4).

1.2 Funktion

Präpositionen leiten eine Ergänzung ein und können im Satz unterschiedliche Funktionen haben:
- Einführung einer Adverbialbestimmung (➡ 1.2.1):
  J'habite **au rez-de-chaussée**. Ich wohne **im Erdgeschoss**.
- Einführung einer Adjektiv-, Substantiv-, Adverb- oder Verbergänzung:
  Adjektivergänzung: Je suis **fier de** toi. Ich bin stolz auf dich.
  Substantivergänzung: J'ai **le plaisir de** vous annoncer … Ich habe das Vergnügen Ihnen mitzuteilen …
  Adverbergänzung: **Contrairement à** lui, je n'ai rien dit. Im Gegensatz zu ihm habe ich nichts gesagt.
  Verbergänzung: Je n'ai pas encore **répondu à** mes amis. Ich habe meinen Freunden noch nicht geantwortet.
- Bildung von Komposita (➡ 1.2.3):
  un sac **à main** eine Handtasche, un sac **de voyage** eine Reisetasche.

Beachten Sie
Anders als im Deutschen, wo die Funktion eines Wortes / einer Wortgruppe über den Kasus des Begleiters / Substantivs gekennzeichnet wird, wird im Französischen die Funktion Dativ (= indirektes Objekt) oder Genitiv durch eine Präposition verdeutlicht:
Dativ → à: Je donne toujours quelque chose **aux musiciens des rues**. Ich gebe **den Straßenmusikanten** immer etwas.
Genitiv → de: C'est la voiture **de mes parents**. Das ist das Auto **meiner Eltern**.

1.2.1 Einführung einer Adverbialbestimmung
Mit Präpositionen werden Adverbialbestimmungen (lokale, temporale, modale oder kausale) eingeleitet. Die Wahl der Präposition hängt in diesem Fall vom darauf folgenden Bezugswort ab:

Umstandsangabe	Beispiele
lokal (Ort)	Nous habitons **en** France. Wir wohnen **in** Frankreich. Nous habitons **à** Paris. Wir wohnen **in** Paris.
temporal (Zeit)	Je pars **dans** une heure. Ich fahre **in** einer Stunde. Il arrive **à** trois heures. Er kommt **um** drei Uhr.
modal (Art und Weise)	C'est écrit **à** la main. Es ist **mit** der Hand geschrieben. Je porte une robe **en** laine. Ich trage ein Kleid **aus** Wolle.
kausal (Grund)	Ils sont morts **de** faim. Sie sind **vor** Hunger gestorben.

Beachten Sie
Eine ausführlichere Darstellung finden Sie unter ➡ 2.

1.2.2 Einführung einer Adjektiv-, Substantiv- und Verbergänzung
Wie im Deutschen erfordern einige Adjektive, Substantive und Verben eine ganz bestimmte Präposition (in den Beispielen fett gedruckt). Diese ist in beiden Sprachen nicht immer identisch.
Im Folgenden finden Sie eine Auflistung einiger gebräuchlicher Verbindungen:

Adjektiv + Präposition
fier de stolz auf, capable de fähig zu, amoureux de verliebt in, fou de verrückt nach, facile à leicht zu, prêt à bereit zu, fidèle à treu, bon en gut in, aimable avec freundlich zu

Il est **capable de** tout. Er ist **zu** allem **fähig**.
Je suis **fou de** toi. Ich bin **verrückt nach** dir.
Je suis **prêt à** tout. Ich bin **zu** allem **bereit**.
Elle est **bonne en** maths. Sie ist **gut in** Mathe.

Substantiv + Präposition
la peur de die Angst vor, le droit de das Recht auf, le plaisir de die Freude zu, le cœur à zumute zu

Enfant, j'avais très **peur du** noir. Als Kind hatte ich große **Angst vor** der Dunkelheit.
J'ai le **plaisir de** vous annoncer ... Ich habe die **Freude** Ihnen mitteilen **zu** dürfen ...
Je n'ai pas **le cœur à** rire. Mir ist nicht zum Lachen zumute.

29 Die Präpositionen

Verb + Präposition
avoir besoin de brauchen,
parler de sprechen von / über,
rêver de träumen von,
dépendre de abhängen von

J'ai besoin de temps. Ich brauche Zeit.
Je rêve d'une maison au bord de la mer.
Ich träume von einem Haus am Meer.
Cela dépend du temps. Das hängt vom Wetter ab.

s'intéresser à sich interessieren für, participer à teilnehmen an, s'habituer à sich gewöhnen an

Il ne s'intéresse à rien. Er interessiert sich für nichts.
Je n'ai pas pu participer au match. Ich konnte am Spiel nicht teilnehmen.

se déguiser en sich verkleiden als
compter sur zählen auf
tenir pour halten für

Je me déguise en Martien. Ich verkleide mich als Marsbewohner.
Je compte sur toi. Ich zähle auf dich.
Je le tiens pour fou. Ich halte ihn für verrückt.

Beachten Sie
– Da es sich hier um feststehende lexikalische Verbindungen handelt, empfiehlt es sich, diese auswendig zu lernen, z. B.:
jouer de + Musikinstrument → Je joue du piano. Ich spiele Klavier.
jouer à + Spiel oder Sport → Je joue au football. Ich spiele Fußball.
– Einige Verben oder Adjektive lassen mehrere Präpositionen zu:
continuer à / de weitermachen → Il continue à / de fumer. Er raucht weiter.
remercier de / pour → Je vous remercie beaucoup de / pour votre aimable lettre. Ich danke Ihnen vielmals für Ihren freundlichen Brief.
Die Wahl der Präposition bewirkt in einigen Fällen eine Bedeutungsänderung:
commencer à anfangen zu → Commençons à traduire ce texte. Fangen wir an diesen Text zu übersetzen.
commener par anfangen mit → Commençons par traduire ce texte. Fangen wir zunächst damit an, diesen Text zu übersetzen.

Test 1
Markieren Sie die richtige Präposition.
1. J'ai peur (de / devant) l'orage. Ich habe Angst vor Gewittern.
2. Je compte (avec / sur) ton aide. Ich zähle auf deine Hilfe.
3. Il est amoureux (avec / de) sa voisine. Er ist in seine Nachbarin verliebt.
4. Vous intéressez-vous (à la / pour la) politique ? Interessieren Sie sich für Politik?
5. Elle est incapable (d'une / pour une) mauvaise pensée. Sie ist nicht zu einem bösen Gedanken fähig.
6. Nous avons parlé longtemps (sur / de) littérature. Wir haben lange über Literatur gesprochen.

1.2.3 Bildung von Komposita

Komposita (zusammengesetzte Wörter) werden im Französischen wie folgt gebildet: Die verschiedenen Bestandteile werden
- zusammengeschrieben: un portefeuille eine Brieftasche
- mit Bindestrich verbunden: un porte-monnaie ein Geldbeutel
- durch eine Präposition verbunden: un sac de voyage eine Reisetasche.
(➥ **Kapitel 32, Wortbildung, 1**)

Deutsche Komposita werden im Französischen meistens mit Hilfe der Präpositionen à oder de wiedergegeben.
Komposita mit à: un bac **à** sable ein Sandkasten
                   une machine **à** écrire eine Schreibmaschine
Komposita mit de: un pot **de** fleur ein Blumentopf
                   un sac **de** couchage ein Schlafsack

Beachten Sie
Es gibt keine allgemein gültige Regel für die Verwendung von à oder de bei der Bildung von Komposita. Hinweise hierzu kann nur das Wörterbuch geben.
Aber:
À und de markieren bei **Gefäßen** die Opposition zwischen Inhalt und Behälter:
Inhalt: un verre **de** vin ein Glas Wein
Behälter: un verre **à** vin ein Weinglas.

Test 2

Lesen Sie den folgenden Text und richten Sie Ihre Aufmerksamkeit auf die verschiedenen Funktionen von à. Lösen Sie anschließend die unten stehende Aufgabe.

Nous partons **à Lyon** demain. Nous y allons **à moto**. Nous partons **à 6 heures**. N'oubliez par vos sacs **à dos**. Avez-vous téléphoné **à l'auberge** de jeunesse ?	Wir fahren morgen nach Lyon. Wir fahren mit dem Motorrad hin. Wir fahren um 6 Uhr ab. Vergesst eure Rücksäcke nicht. Habt ihr die Jugendherberge angerufen?

Ordnen Sie nun die verschiedenen Präpositionalgruppen mit à (fett gedruckt im Text) jeweils einer Kategorie zu.
1. temporal (Frage „wann?"): _____
2. lokal (Frage „wo?" oder „wohin?"): _____
3. Art und Weise (Frage „wie?"): _____
4. Kompositum: _____
5. Abhängigkeit vom Verb: _____

29 Die Präpositionen

2 Gebrauch

Was Sie vorab wissen sollten
- Einige französische Präpositionen haben ein breites Bedeutungsspektrum. Zum Beispiel werden zur Wiedergabe von à in den folgenden Beispielen vier verschiedene deutsche Präpositionen verwendet:
  Je reste **à** la maison. Ich bleibe **zu** Hause.
  Je vais **à** la maison. Ich gehe **nach** Hause.
  Je pars **à** trois heures. Ich fahre **um** drei Uhr.
  J'adore le lapin **à** l'ail. Ich liebe Kaninchen **in** Knoblauchsoße.
  Der korrekte Gebrauch der Präpositionen ist oft ein lexikalisches und weniger ein grammatisches Problem.
- Den meisten französischen Präpositionen entspricht im Deutschen jedoch nur eine Präposition:
  Le jardin est **derrière** la maison. Der Garten liegt **hinter** dem Haus.
  J'ai préparé cet exposé **avec** une amie. Ich habe dieses Referat **mit** einer Freundin vorbereitet.

2.1 Präpositionen mit mehreren deutschen Entsprechungen

Die im Folgenden genannten Präpositionen zählen zu den gebräuchlichsten des Französischen. Es werden hier nur die Grundbedeutungen dieser Präpositionen dargestellt (weitere Verwendungen finden Sie unter ➠ 2.2).

2.1.1 À, de und en

Die Präpositionen à, de und en sind die meist gebrauchten Präpositionen des Französischen und werden in den folgenden Fällen verwendet:

à (in / nach)	
– antwortet auf die Frage „wo?" oder „wohin?"	Je reste **au** lit. Ich bleibe **im** Bett.
– steht bei Städtenamen	Je vais **au** lit. Ich gehe **ins** Bett.
– steht bei maskulinen und pluralischen Ländernamen	Il habite **à** Montréal. Er wohnt **in** Montréal.
	aux USA **in die / den** USA.

de (von / aus)	
– antwortet auf die Frage „woher?"	Je viens **de** la maison. Ich komme **von** zu Hause.
– kennzeichnet Besitz und Zugehörigkeit	la maison **de** mes parents das Haus meiner Eltern, un roman **de** Balzac ein Roman **von** Balzac

Die Präpositionen

en (in / nach) wird ohne
Artikel verwendet
- antwortet auf die Frage „wo?" oder „wohin?"
- steht bei femininen Ländernamen und Regionen

J'ai passé une semaine **en** France, **en** Bretagne. Ich habe eine Woche **in** Frankreich, **in** der Bretagne verbracht.

- steht bei maskulinen Ländernamen, die mit Vokal anfangen

en Iran **im** / **in den** Iran

- steht bei Namen von Inseln
- steht vor Jahreszahlen
- steht vor Monatsnamen
- steht vor Jahreszeiten

Aber:
au printemps im Frühling

en Corse **auf** / **nach** Korsika
en (l'an) 2005 (**im** Jahr) 2005
Il est né **en** mai. Er ist **im** Mai geboren.
Les vendanges ont lieu **en** automne. Die Weinlese findet **im** Herbst statt.

Beachten Sie
- Im Gegensatz zum Deutschen unterscheidet das Französische nicht mit Hilfe von Präpositionen zwischen Richtung und Aufenthaltsort:
  Je suis à la maison. Ich bin **zu** Hause.
  Je vais à la maison. Ich gehe **nach** Hause.
  Die Unterscheidung zwischen Aufenthaltsort (Frage: wo?) und Richtung (Frage: wohin?) erfolgt ausschließlich über die Bedeutung des Verbs (hier: être sein und aller gehen / fahren).
- Bei Ländernamen markieren au und en die Opposition maskulin vs. feminin:
  la France → **en** France in / nach Frankreich
  le Portugal → **au** Portugal in / nach Portugal.
  (Zur Bestimmung des Genus bei Ländernamen ➡ **Kapitel 3, Das Substantiv, 1.2.2**)
- Bei femininen Inselnamen wird en verwendet.
  Aber:
  à la Reunion auf / nach Réunion, à la Martinique auf / nach Martinique.
- Bei maskulinen Inselnamen wird à verwendet.
  Aber:
  à Chypre auf / nach Zypern.
- À und de bilden die einzige Ausnahme zu der Regel der Unveränderlichkeit der Präpositionen. Zum Verschmelzen des bestimmten Artikels mit den Präpositionen à und de ➡ **Kapitel 4, Der Artikel, 1.1.2, Auf Entdeckung.**

à + bestimmter Artikel	de + bestimmter Artikel
à la banque in der / zur Bank	de la banque von der Bank
à l'hôtel im / ins Hotel	de l'hôtel vom Hotel

29 Die Präpositionen

au travail bei der / zur Arbeit
aux Baléares auf den / die Balearen
du travail von der Arbeit
des Baléares von den Balearen

– De ist die meist verwendete Präposition des Französischen. Vor Vokal oder stummem h wird de zu d': comme d'habitude wie gewöhnlich.
– Beziehen sich die Präpositionen à, de oder en auf mehrere Substantive, müssen sie wiederholt werden:
Tu es **à** vélo ou **à** moto ? Bist du mit dem Fahrrad oder dem Motorrad hier?
Cela dépend **du** temps et **du** prix. Das hängt vom Wetter und vom Preis ab.
Habitez-vous **en** Belgique ou **en** Allemagne ? Wohnen Sie in Belgien oder in Deutschland?

Test 3

Setzen Sie à / au, de oder en ein.
1. J'habite ___ Fribourg, ___ Suisse. Ich wohne in Fribourg in der Schweiz.
2. C'est la fille ___ mon frère. Das ist die Tochter meines Bruders.
3. Cet été, nous allons ___ Corse. Wir fahren diesen Sommer nach Korsika.
4. ___ quelle ville es-tu ? – ___ Lyon. Aus welcher Stadt bist du? – Aus Lyon.
5. Je viendrai te voir ___ août. Ich werde dich im August besuchen.
6. Je mange ___ restaurant ce soir. Ich esse heute Abend im Restaurant.

2.1.2 Avec, dans, par und pour

Avec, dans, par und pour werden vor allem in den folgenden Fällen verwendet:

avec (mit) – in der Bedeutung „in Begleitung von" – zur Angabe des Mittels und der Art und Weise	Venez-vous **avec** nous ? Kommen Sie **mit** uns? Lave-toi les mains **avec** du savon. Wasch dir die Hände **mit** Seife. **avec** doigté **mit** Fingerspitzengefühl
dans (in / in … hinein) – bei maskulinen Namen von Gegenden, bei den Départements – bei Gebirgsnamen – mit einer Zeitangabe (vorausschauend)	Qu'est-ce qu'il y a **dans** cette boîte ? Was ist **in** dieser Dose (drin)? Nous campons **dans** le Périgord cet été. Wir zelten diesen Sommer **im** Périgord. Nous faisons du camping **dans** les Vosges. Wir zelten **in** den Vogesen. Nous partons **dans** une heure. Wir fahren **in** einer Stunde.
par (durch / über) – in der Bedeutung „durch" (örtlich)	Je suis entré **par** la fenêtre. Ich bin **durch** das Fenster hereingekommen.

Die Präpositionen

– in der Bedeutung „über" (örtlich)	Ce train passe **par** Reims. Dieser Zug fährt **über** Reims.
pour (für)	
– in der Bedeutung „für" (Bestimmung)	Cette lettre est **pour** toi. Dieser Brief ist **für** dich.
– in der Bedeutung „für" (Dauer)	Ils sont partis **pour** trois mois. Sie sind **für** drei Monate weggefahren.

Beachten Sie
– Dans ist konkreter als à und bedeutet „in ... drin" oder „in ... hinein":
Elle est **dans** la maison. Sie ist **im** Haus (drin).
Im Gegensatz zu: Elle est **à** la maison. Sie ist **zu** Hause.
– Dans und en werden beide mit „in" ins Deutsche übersetzt. Achten Sie jedoch auf die unterschiedliche Verwendung dieser beiden Präpositionen:
En und dans markieren bei Namen von Regionen die Opposition maskulin vs. feminin.
maskulin → dans: **dans** le Midi in Südfrankreich
feminin → en: **en** Normandie in der Normandie
(Zur Bestimmung des Genus bei Namen von Regionen ➡ **Kapitel 3, Das Substantiv, 1.2.2**)

Test 4
Setzen Sie par, pour, avec, dans oder en ein.
1. Nous allons ____ France, ____ les Alpes. Wir fahren nach Frankreich, in die Alpen.
2. Est-ce que ce train passe ____ Lyon ? Fährt dieser Zug über Lyon?
3. ____ qui est ce paquet ? Für wen ist dieses Päckchen?
4. De quel quai part le train ____ Nantes ? Von welchem Gleis fährt der Zug nach Nantes ab?
5. Nous allons en vacances ____ des amis. Wir fahren mit Freunden in Urlaub.
6. Nous déménageons ____ trois mois. Wir ziehen in drei Monaten um.

TIPP

Sie haben nun die wichtigsten Präpositionen des Französischen in ihren Grundbedeutungen kennen gelernt. Der folgende Abschnitt befasst sich mit weiteren Verwendungen dieser Präpositionen. Wenn Sie jedoch zunächst einen Überblick über andere Präpositionen haben möchten, können Sie gleich zum Abschnitt ➡ **3** gehen.

Die Präpositionen

2.2 Weitere Verwendungen der Präpositionen à, de, en, par und pour

Wie bereits erwähnt, können die Präpositionen à, de, en und par viele Funktionen übernehmen. Im Folgenden finden Sie weitere Verwendungen dieser vier Präpositionen aufgelistet.

2.2.1 Die Präposition à
Über die in ➠ 2.1.1 genannten Funktionen hinaus wird die Präposition à verwendet:

bei Zeitangaben (zu / um / in)	
– bei Feiertagen	à Noël **an** Weihnachten, à Pentecôte **an** Pfingsten, A quelle heure ? **Um wie viel Uhr?**
– bei der Uhrzeit	à une heure **um ein Uhr**, à midi **um zwölf Uhr**
– bei Altersangaben	à quel âge ? **in welchem Alter?**, à un an **mit einem Jahr**, à trente ans **mit dreißig Jahren**
bei Modalangaben (mit)	
– Art und Weise	à voix basse **mit leiser Stimme**
– Art der Zubereitung	le saumon à l'oseille **Lachs mit Sauerampfer**
– Eigenschaft / Charakteristik	la peinture à l'huile **Ölmalerei**, une robe à fleurs **ein geblümtes Kleid**, une voiture à 5 portes **ein Auto mit 5 Türen**
– Verkehrsmittel	à vélo **mit dem Fahrrad**, à moto **mit dem Motorrad**
bei Zahlenangaben	
– Preisangabe	un kilo de pommes à 1,40 € **ein Kilo Äpfel zu 1,40 €**
– Entfernung	J'habite à 3 kilomètres du centre ville. **Ich wohne 3 km von der Stadtmitte entfernt.**
zur Einführung des indirekten Objekts (Frage: „wem?") ➠ 1.2 Beachten Sie	A qui offres-tu ces fleurs ? – A personne, elles sont pour moi. **Wem schenkst du diese Blumen? – Niemandem, sie sind für mich.**

Beachten Sie
– Als temporale Präposition verweist à (an / zu / um / bei) auf einen genauen Zeitpunkt:
 à trois heures **um 3 Uhr.**

Die Präpositionen

- À wird nur in Verbindung mit einem nicht geschlossenen Verkehrsmittel verwendet. Vergleichen Sie:
  à vélo mit dem Fahrrad → en voiture mit dem Auto.
- Vor einem Wochentag bedeutet à bis (und niemals „am"):
  Allez, salut, à lundi ! Also, tschüss, **bis** Montag!
- De … à kennzeichnet einen Zeitabschnitt und bedeutet „von … bis (zu)":
  Il travaille du matin au soir. Er arbeitet **vom** Morgen **bis zum** Abend.

2.2.2 Die Präposition de
Über die in ➡ 2.1.1 genannten Funktionen hinaus wird die Präposition de verwendet:

bei Modalangaben (aus / vor) – Beschaffenheit – Material (auch in metaphorischer Verwendung) – Ursache und Grund	le pâté de foie die Leberpastete un pantalon de cuir eine Lederhose un cœur de pierre ein Herz **aus** Stein Il était vert de peur. Er war total verängstigt.
bei Mengenangaben mit partitiver Bedeutung und bei Mengenadverbien	un kilo de pommes ein Kilo Äpfel, un morceau de fromage ein Stück Käse beaucoup de temps viel Zeit, peu d'espoir wenig Hoffnung
zur Einführung des Urhebers in einigen Passivsätzen (➡ **Kapitel 25, Das Passiv**, 3.1)	Ce professeur est aimé de tous ses élèves. Dieser Lehrer wird **von** allen seinen Schülern geliebt.
zur Einführung des Genitiv-Objekts (Frage: wessen?) ➡ **1.2 Beachten Sie**	La fille de mon ami s'appelle Anne. Die Tochter **meines Freundes** heißt Anne.
zur Angabe eines Maßes	un bouchon de 15 km ein 15-km-langer Stau

Test 5

Setzen Sie die Präposition à oder de ein.
1. L'ordinateur ___ Léo est en panne. Léos Computer geht nicht.
2. Il arrive ___ 3 heures. Er kommt um 3 Uhr.
3. Je voudrais une livre ___ carottes. Ich möchte ein Pfund Karotten.
4. Il y avait une queue ___ 200 mètres devant le musée. Es gab eine 200 Meter lange Schlange vor dem Museum.
5. Nous sommes venus ___ vélo. Wir sind mit dem Fahrrad gekommen.

29 Die Präpositionen

2.2.3 Die Präposition en

Über die in ➠ 2.1.1 genannten Funktionen hinaus wird die Präposition en verwendet:

bei Zeitangaben (in) – drückt eine Dauer aus	J'ai fait le trajet **en** une heure. Ich bin die Strecke **in** einer Stunde gefahren.
bei Modalangaben (mit / aus) – bei Verkehrsmitteln weist en auf einen geschlossenen Raum hin – gibt das Material an – drückt einen Zustand aus	**en** voiture **mit** dem Auto, **en** train **mit** dem Zug, **en** avion **mit** dem Flugzeug, **en** bateau **mit** dem Schiff une table **en** bois ein Tisch **aus** Holz, une poche **en** papier eine Papiertüte du sucre **en** morceaux Würfelzucker Je suis **en** retard. Ich bin zu spät.
zur Bildung des gérondif: (➠ **Kapitel 23, Infinite Verbformen, 3.1**)	Je suis parti **en** courant. Ich bin weggerannt.

Beachten Sie

En kann mit de verwendet werden in der Bedeutung „von … zu", z. B.:
de ville en ville **von** Stadt **zu** Stadt, de haut en bas **von** oben **bis** unten, de moins en moins immer weniger.
Je fume un cigare de temps en temps. Ich rauche **von** Zeit **zu** Zeit eine Zigarre.
Je travaille de plus en plus. Ich arbeite immer mehr.

Test 6

Vervollständigen Sie mit à, de oder en.
1. Nous sommes arrivés ___ cinq heures. Wir sind um fünf Uhr angekommen.
2. Nous avons beaucoup parlé ___ toi. Wir haben viel über dich gesprochen.
3. Viens-tu ___ pied ou ___ voiture ? Kommst du zu Fuß oder mit dem Auto?
4. Cette peinture sèche ___ une heure. Diese Farbe trocknet in einer Stunde.
5. J'ai cassé un verre ___ faisant la vaisselle. Ich habe ein Glas beim Spülen zerbrochen.

2.2.4 Die Präposition par

Über die in ➠ 2.1.2 genannten Funktionen hinaus wird die Präposition par verwendet:

Die Präpositionen

für Modalangaben (per / mit) – in Verbindung mit einem öffentlichen Verkehrsmittel, vor allem wenn dieses näher bestimmt wird – in der Bedeutung von „per" (modal)	Je suis venu **par** le train (de onze heures). Ich bin **mit** dem (Elf-Uhr-)Zug gekommen. **par** fax **per** Fax, **par** mail **per** E-Mail, **par** téléphone telefonisch
distributiv (pro) – ohne Artikel	La chambre coûte 80 euros **par** nuit et **par** personne. Das Zimmer kostet 80 Euro **pro** Nacht und **pro** Person.
zur Bezeichnung der Ursache (aus)	**par** hasard zufällig, **par** habitude **aus** Gewohnheit Elle a agi **par** amour. Sie hat **aus** Liebe gehandelt.
um den Urheber der Handlung in Passivsätzen einzuführen (➡ **Kapitel 25, Das Passiv, 3.1**)	J'ai été réveillé **par** un bruit bizarre. Ich wurde **durch** ein seltsames Geräusch geweckt.

2.2.5 Die Präposition pour

Über die in ➡ **2.1.2** genannten Funktionen hinaus wird die Präposition pour verwendet:

zur Bezeichnung der Ursache (wegen) – meist ohne Artikel	**pour** excès de vitesse **wegen** Geschwindigkeitsüberschreitung
zur Angabe der Richtung (nach / in) – meist ohne Artikel	le train **pour** Paris der Zug **nach** Paris Nous partons **pour** les USA demain. Wir fliegen morgen **in** die USA.

Beachten Sie
Zur Verwendung von pour vor einem Infinitiv siehe ➡ **2.5**.

Test 7
Setzen Sie die jeweils passende Präposition ein: par oder pour?
1. Vous pouvez me joindre ____ téléphone. Sie können mich telefonisch erreichen.
2. J'ai été contrôlé ____ la police. Ich wurde von der Polizei kontrolliert.
3. Il a été condamné ____ assassinat. Er wurde wegen Mordes verurteilt.
4. J'y vais une fois ____ semaine. Ich gehe einmal pro Woche hin.
5. Nous nous sommes rencontrés ____ hasard. Wir sind uns zufällig begegnet.

29 Die Präpositionen

2.3 Präpositionen mit eindeutiger Entsprechung im Deutschen

Diese Präpositionen können nach ihrer Bedeutung klassifiziert werden und sind leicht ins Deutsche zu übersetzen.

2.3.1 Ortspräpositionen

chez bei / zu (nur Personen)	Je vais **chez** le dentiste. Ich gehe **zum** Zahnarzt. Je suis **chez** le dentiste. Ich bin **beim** Zahnarzt.
sur auf	Le vase est **sur** la table. Die Vase steht **auf** dem Tisch.
sous unter	Le chien est couché **sous** la table. Der Hund liegt **unter** dem Tisch.
devant vor	Je suis garé **devant** la poste. Ich parke **vor** der Post.
derrière unter	Restez **derrière** moi ! Bleibt **hinter** mir!
entre zwischen	Le cinéma est **entre** la poste et le théâtre. Das Kino liegt **zwischen** der Post und dem Theater.
parmi unter / mitten in vers in Richtung / auf ... zu	**parmi** vous **unter** euch / Ihnen Elle est allée **vers** la fenêtre. Sie ging **auf** das Fenster **zu**.

Beachten Sie
- Chez wird ebenfalls bei Firmennamen verwendet, die an den Gründer / Besitzer erinnern: Elle travaille **chez** Peugeot. Sie arbeitet **bei** Peugeot.
- Chez kann mit einer weiteren Präposition verwendet werden:
  Je reviens **de chez** le dentiste. Ich komme vom Zahnarzt.
  Je suis passé **devant chez** lui. Ich bin bei ihm vorbeigekommen.

Test 8

Setzen Sie die passende Präposition ein.
1. (sur / sous) Ne mets pas tes coudes ____ la table ! Leg deine Ellbogen nicht **auf** den Tisch!
2. (parmi / entre) Il était assis ____ le Maire et le Curé. Er saß **zwischen** dem Bürgermeister und dem Pfarrer.
3. (vers / chez) Va ____ la voisine. Geh **zur** Nachbarin!
4. (derrière / devant) Restez ____ la porte. Bleibt **hinter** der Tür stehen!

Die Präpositionen 29

2.3.2 Zeitpräpositionen

avant vor	Je suis arrivé **avant** lui. Ich bin **vor** ihm angekommen.
après nach	Qu'est-ce qu'on fait **après** le cours ? Was machen wir **nach** dem Kurs?
depuis seit	J'habite ici **depuis** trois ans. Ich wohne hier **seit** drei Jahren.
dès schon / gleich nach	Je me manifesterai **dès** mon retour. Ich melde mich **gleich nach** meiner Rückkehr.
entre zwischen	Je suis libre **entre** midi et deux heures. Ich habe frei **zwischen** 12 und 2 Uhr.
pendant / durant während	Qu'est-ce que tu fais **pendant** les vacances ? Was machst du **während** der Ferien? **durant** la nuit **während** der Nacht
vers gegen (drückt einen ungenau definierten Zeitpunkt aus)	Je suis arrivé **vers** 5 heures. Ich bin **gegen** 5 Uhr angekommen.

Beachten Sie
- Zur Wiedergabe der deutschen Präposition „vor" + Zeitraum hat man im Französischen drei Möglichkeiten: il y a, il y a ... que oder ça fait ... que: J'ai arrêté de fumer il y a un mois. / Il y a un mois que j'ai arrêté de fumer. / Ça fait un mois que j'ai arrêté de fumer. Ich habe **vor** einem Monat aufgehört zu rauchen.
- Verwechseln Sie nicht avant (mit temporaler Bedeutung) und devant (mit lokaler Bedeutung). Beide Präpositionen werden im Deutschen mit „vor" wiedergegeben:
Si tu arrives **avant** moi, attends-moi **devant** le cinéma. Wenn du **vor** mir kommst, warte **vor** dem Kino auf mich.
- Durant (während) wird mehr in der geschriebenen Sprache gebraucht und kann nachgestellt werden:
Il avait plu trois jours **durant**. Es hatte drei Tage lang geregnet.
- Zur Verwendung von après und avant de vor einem Infinitiv siehe ➠ 2.5.

Test 9

Setzen Sie die richtige Präposition ein.
1. (vers / après) Ils sont partis _____ neuf heures. Sie sind gegen neun Uhr weggefahren.

29 Die Präpositionen

2. (avant / dès) J'ai répondu ____ les autres. Ich habe vor den anderen geantwortet.
3. (pendant / depuis) Je travaille ____ trois ans dans cette entreprise. Ich arbeite seit drei Jahren in diesem Betrieb.
4. (depuis / entre) Qu'est-ce que tu fais ____ Noël et le Nouvel-An ? Was machst du zwischen Weihnachten und Neujahr?

2.3.3 Modale und kausale Präpositionen

sans ohne (wird meistens ohne Artikel gebraucht)	Je prends mon café **sans** sucre. Ich nehme meinen Kaffee **ohne** Zucker.
contre gegen	Il est toujours **contre** moi. Er ist immer **gegen** mich.
malgré trotz	**malgré** la pluie trotz des Regens, **malgré** tout trotz allem
sauf außer	Tout le monde riait, **sauf** moi. Alle lachten, **außer** mir.
selon nach / gemäß	**selon** moi meiner Meinung **nach** (nach mir)

Beachten Sie
Zur Verwendung von sans vor einem Infinitiv siehe ➡ 2.5.

TIPP

Sie kennen nun die einfachen Präpositionen des Französischen. Wenn Sie erst angefangen haben Französisch zu lernen, können Sie die Erarbeitung dieses Kapitels hier abschließen und zu den Kontrollaufgaben gehen. Die nächsten Abschnitte können Sie zu einem späteren Zeitpunkt lesen.

2.4 Präpositionalausdrücke

Präpositionalausdrücke werden in Verbindung mit der Präposition à oder de verwendet. Im Folgenden sind die gebräuchlichsten nach ihrer Bedeutung klassifiziert.

Beachten Sie
Bei allen Präpositionalausdrücken verschmelzen die Präpositionen à oder de mit dem bestimmten Artikel (➡ 2.1.1 **Beachten Sie**):
en face **du** café gegenüber dem Café

Die Präpositionen

en face **des** Halles gegenüber der Markthalle
jusqu'**au** café bis zum Café
jusqu'**aux** Halles bis zur Markthalle

Präpositionalausdrücke bei Ortsangaben:

jusqu'à bis	Allez **jusqu'au** feu. Gehen Sie **bis zur** Ampel.
au-dessus de über / oberhalb von au-dessous de unter / unterhalb von	La lampe est **au-dessus de** la table. Die Lampe hängt **über** dem Tisch. Il habite **au-dessous de** chez moi. Er wohnt **unter** mir.
à côté de neben à droite de rechts von à gauche de links von	**à côté du** théâtre **neben** dem Theater, **à droite du** cinéma **rechts vom** Kino, **à gauche de** l'hôtel **links vom** Hotel
au milieu de in der Mitte von	**au milieu du** parc **in der Mitte** des Parks, **au milieu de** la table **in der Mitte** des Tisches
à l'intérieur de in (… drin) / innerhalb à l'extérieur de außerhalb	Qu'y a-t-il **à l'intérieur de** cette valise ? Was ist **in** diesem Koffer **drin**? Ma maison est située **à l'extérieur de** la ville. Mein Haus befindet sich **außerhalb** der Stadt.
près de in der Nähe von / neben loin de weit (weg) von	Assieds-toi **près de** moi. Setz dich **neben** mich. **près de** Paris **in der Nähe von** Paris J'habite **loin de** la mer. Ich wohne **weit weg vom** Meer.
en face de gegenüber	J'habite **en face du** cinéma. Ich wohne **gegenüber** dem Kino.
le long de entlang	J'ai marché **le long de** la rivière. Ich bin am Fluss **entlang** gelaufen.
au bord de am	Il est assis **au bord de** l'eau. Er sitzt **am** Ufer.
auprès de bei (Personen und Ämter)	Renseignez-vous **auprès du** secrétariat. Erkundigen Sie sich **beim** Sekretariat.

2 Gebrauch

29 Die Präpositionen

Präpositonen bei Zeitangaben:

à partir de ab	**A partir de** demain, le prix des timbres-poste augmente. **Ab** morgen werden die Briefmarken teurer.
au bout de nach	Je suis parti **au bout d**'une heure. Ich bin **nach** einer Stunde gegangen.
d'ici bis	Vous recevrez tout le matériel **d'ici** demain. Sie bekommen das ganze Material **bis** morgen.
jusqu'à bis	J'ai attendu **jusqu'au** soir. Ich habe **bis zum** Abend gewartet.

Präpositionen bei modalen und kausalen Angaben:

en raison de aufgrund / wegen	Le spectacle est annulé **en raison du** mauvais temps. Die Aufführung findet **wegen** schlechten Wetters nicht statt.
à cause de wegen	**à cause d'un** embouteillage **wegen** eines Staus **à cause de** toi **wegen** dir
grâce à dank / wegen	C'est **grâce à** elle que j'ai réussi mon examen. **Dank** ihr habe ich die Prüfung geschafft.

Beachten Sie
- De ... jusqu'à wird meistens zu de ... à verkürzt (➔ 2.2.1):
  Il travaille **du** lundi **jusqu'au** vendredi. → Il travaille **du** lundi **au** vendredi.
  Er arbeitet **von** Montag **bis** Freitag.
- À cause de hat im Französischen eher eine negative Bedeutung und wird oft im Sinne von „schuld daran ist ..." verwendet:
  Je ne peux pas venir demain **à cause de** la grève. Ich kann morgen **wegen des** Streiks nicht kommen.

Test 10
Wie heißt das Gegenteil von ...? Tragen Sie die Lösung ein.
1. au-dessus de oberhalb von   _____ unterhalb von
2. près de in der Nähe von   _____ weit (weg) von
3. à cause de wegen   _____ dank
4. à gauche de links von   _____ rechts von
5. à l'extérieur de außerhalb von   _____ innerhalb von

2.5 Präpositionen mit Infinitiv

Nach bestimmten Verben wird der Infinitiv mit einer Präposition angeschlossen. Die Präposition drückt verschiedene Beziehungen aus:

Präposition	Beispiel
avant de (Zeitangabe)	Je dois réfléchir **avant de** répondre. Ich muss überlegen, **bevor** ich antworte.
après (Zeitangabe, mit Infinitiv II)	**Après** avoir dîné, j'ai allumé la télé. **Nachdem** ich zu Abend gegessen hatte, habe ich den Fernseher eingeschaltet.
pour um ... zu (Ziel)	Je fais du yoga **pour** me détendre. Ich mache Yoga, **um** mich **zu** entspannen.
sans ohne zu	Il est arrivé **sans** prévenir. Er ist gekommen, **ohne** Bescheid **zu** sagen.

Beachten Sie
- Infinitiv-Konstruktionen, die mit der Präposition de oder à eingeführt werden, sind in ➜ **Kapitel 23, 1.2.2 bis 1.2.3** ausführlich dargestellt:
  Il a cessé **de** pleuvoir. Es hat aufgehört zu regnen.
  Je commence **à** comprendre. Ich fange an zu verstehen.
- Bei Infinitiv-Konstruktionen ist Subjektgleichheit erforderlich. Mehr dazu erfahren Sie ebenfalls in ➜ **Kapitel 23, Infinite Verbformen, 1.3.2 bis 1.3.3**.

Test 11

Durch welche Präposition wird die Infinitiv-Konstruktion eingeleitet?
1. Il est parti _____ attendre. Er ist ohne zu warten gegangen.
2. Enlevez vos chaussures _____ entrer. Zieht eure Schuhe aus, bevor ihr hereinkommt.
3. J'ai pris un taxi _____ aller plus vite. Ich habe ein Taxi genommen, um schneller zu sein.
4. Tu n'as pas raccroché correctement _____ avoir téléphoné. Du hast nach dem Telefonieren das Telefon nicht richtig eingehängt.

Auf den Punkt gebracht

1. (➜ **Was Sie vorab wissen sollten**)
Kreuzen Sie ja oder nein an.

	ja	nein
1. Eine Präposition leitet einen Nebensatz ein.	☐	☐
2. Präpositionen stehen vor dem Wort, das sie einführen.	☐	☐
3. Präpositionen verbinden zwei Wörter oder Wortgruppen.	☐	☐

29 Die Präpositionen

2. (➟ 1)
Ordnen Sie die folgenden Präpositionalgruppen einer Funktion zu: Verbergänzung (V), Adverbialbestimmung (A), Wortbildung (W), indirektes Objekt (I). Tragen Sie den entsprechenden Buchstaben ein.
1. J'habite à côté. Ich wohne nebenan. __
2. Je ne fais pas de ski de fond. Ich fahre nicht Langlaufski. __
3. Qui s'occupe des enfants ? Wer kümmert sich um die Kinder? __
4. Elle ressemble beaucoup à sa sœur. Sie gleicht ihrer Schwester sehr. __

3. (➟ 2.1.1 und ➟ 2.1.2)
Markieren Sie die richtige Möglichkeit.
1. Die Präposition à kennzeichnet (den Aufenthaltsort / die Herkunft).
2. Die Präposition de antwortet auf die Frage (wo? / woher?).
3. Die Präposition en wird meistens (mit / ohne) Artikel verwendet.
4. Die Präposition en steht vor (maskulinen / femininen) Ländernamen.
5. Die Präposition dans steht vor (maskulinen / femininen) Regionennamen.
6. Die Präposition (par / pour) entspricht der deutschen Präposition „durch".

4. (➟ 2.2)
Ergänzen Sie die folgenden Aussagen und setzen Sie die passenden Präpositionen ein.
1. Bei Feiertagen wird die Präposition ____ verwendet:
   ____ Pâques an Ostern, ____ la Toussaint an Allerheiligen.
2. Bei Mengenangaben steht die Präposition ____:
   un kilo ____ tomates ein Kilo Tomaten, beaucoup ____ travail viel Arbeit.
3. Bei offenen Verkehrsmitteln wird ____ verwendet:
   ____ moto mit dem Motorrad, ____ vélo mit dem Fahrrad.
4. Bei geschlossenen Verkehrsmitteln wird ____ verwendet:
   ____ avion mit dem Flugzeug, ____ tram mit der Straßenbahn.
5. Zur Bildung des gérondif wird die Präposition ____ verwendet:
   Je me suis brûlé ____ allumant la bougie. Ich habe mich beim Anzünden der Kerze verbrannt.
6. Die Präposition ____ wird distributiv ohne Artikel verwendet:
   Elle téléphone deux fois ____ semaine. Sie ruft zweimal pro Woche an.

5. (➟ 2.3)
Setzen Sie die jeweils passende Präposition ein.
1. _____ les voisins   bei den Nachbarn
2. _____ les candidats   unter den Kandidaten
3. _____ cinq heures   gegen fünf Uhr
4. _____ une semaine   seit einer Woche
5. _____ la guerre   während des Krieges

Die Präpositionen

6. _____ ma volonté — gegen meinen Willen
7. _____ la victoire — trotz des Sieges
8. _____ un — außer einem
9. _____ trois heures — vor drei Uhr

6. (▶ 2.4)
Ergänzen Sie.
jusqu'à (+ le) = _____   près de (+ le) = _____
jusqu'à (+ les) = _____   près de (+ les) = _____
On a marché _____ sommet. Wir sind bis zum Gipfel gelaufen.
La poste est _____ marché. Die Post ist in der Nähe vom Markt.

7. (▶ 2.5)
Ergänzen Sie.
1. Elle a répondu _____ hésiter. Sie hat ohne zu zögern geantwortet.
2. J'économise _____ m'acheter un ordinateur portable. Ich spare, um mir einen Laptop zu kaufen.
3. J'ai rangé la chambre _____ partir. Ich habe das Zimmer aufgeräumt, bevor ich gegangen bin.
4. _____ avoir lu ma lettre, tu comprendras tout. Wenn du meinen Brief gelesen hast, wirst du alles verstehen.

Und wenn Sie noch neugierig sind ...

Machen Sie sich den Unterschied zwischen Präpositionen, Adverbien und unterordnenden Konjunktionen klar. In der folgenden Tabelle finden Sie ein Beispiel für den Gebrauch dieser drei Funktionswörter.

Präposition	Adverb	Konjunktion
J'habite ici **depuis** 3 ans. Ich wohne hier **seit** 3 Jahren.	Qu'est-ce qu'il a fait **depuis** ? Was hat er **seitdem** gemacht?	**Depuis que** j'ai déménagé, je peux de nouveau dormir. **Seit** ich umgezogen bin, kann ich wieder schlafen.

– Eine Präposition definiert das Verhältnis zwischen zwei nominalen Elementen und wird aus diesem Grund auch „Verhältniswort" genannt. Eine Präposition kann nicht allein stehen.
– Ein Adverb bestimmt ein Verb, ein Adjektiv, ein Adverb oder einen ganzen Satz näher und kann allein (d. h. ohne Ergänzung) stehen.
– Eine unterordnende Konjunktion besteht z. B. aus einer Präposition + que und leitet immer einen Nebensatz ein.

30 Die Konjunktionen

Auf Entdeckung

Lesen Sie die folgenden Beispiele. Die fett gedruckten Wörter sind Konjunktionen.

> 1. Je voudrais un café **et** un verre d'eau. Ich möchte einen Kaffee **und** ein Glas Wasser.
> 2. Il travaille **et** elle lit. Er arbeitet **und** sie liest.
> 3. Il lit **pendant que** sa sœur travaille. Er liest, **während** seine Schwester arbeitet.

Kreuzen Sie ja oder nein an. (➡ **Lösungen**) ja nein
1. Die Konjunktion et verbindet zwei Sätze. ☐ ☐
2. Die Konjunktion et verbindet zwei Satzteile. ☐ ☐
3. Die Konjunktion pendant que verbindet zwei Satzteile. ☐ ☐
4. Die Konjunktion pendant que verbindet einen Haupt- und einen Nebensatz. ☐ ☐

Was Sie vorab wissen sollten

– Konjunktionen sind unveränderlich. Sie dienen dazu, Wörter, Satzteile oder ganze Sätze miteinander zu verbinden.
– Man unterscheidet nach der Funktion zwischen
  • **koordinierenden (beiordnenden) Konjunktionen**, die gleichwertige syntaktische Elemente – Satzteile oder Hauptsätze – miteinander verbinden, und
  • **subordinierenden (unterordnenden) Konjunktionen**, die einen Haupt- und einen Nebensatz miteinander verbinden.

koordinierend	Je connais son père **et** sa mère. Ich kenne seinen Vater **und** seine Mutter. Ils sont là, **mais** ils sont déjà couchés. Sie sind da, **aber** sie sind schon im Bett.
subordinierend	Il ne vient pas **parce qu'il** est malade. Er kommt nicht, **weil** er krank ist. Ecris-moi **si** tu as le temps. Schreibe mir, **wenn** du Zeit hast.

Die Konjunktionen 30

1 Koordinierende (beiordnende) Konjunktionen

Koordinierende Konjunktionen werden weitgehend wie im Deutschen verwendet.

Auf Entdeckung

In den folgenden Beispielen finden Sie die koordinierenden Konjunktionen des Französischen. Tragen Sie diese in die dafür vorgesehene Spalte ein. Sie erhalten dann eine vollständige Liste. Die deutsche Übersetzung kann Ihnen dabei helfen. (➡ **Lösungen**)

Konjunktion	Beispiele
_____	L'appartement est grand et clair. Die Wohnung ist groß **und** hell.
_____	Vous êtes marié ou célibataire ? Sind Sie verheiratet **oder** ledig?
_____	Il pleut, mais il y a du soleil. Es regnet, **aber** die Sonne scheint.
_____	Il dit qu'il n'est pas sorti, or je l'ai vu en ville. Er sagt, er sei nicht weggegangen, ich habe ihn **jedoch** in der Stadt gesehen.
_____	L'enfant pleure car sa mère est partie. Das Kind weint, **denn** seine Mutter ist weggegangen.
_____	Je ne mange ni viande ni poisson. Ich esse **weder** Fleisch **noch** Fisch.

Beachten Sie
- Die Konjunktionen car (denn) und or (aber / dennoch) findet man vorwiegend in der Schriftsprache.
- Vor or (aber / dennoch) und mais (aber / sondern) wird meistens ein Komma gesetzt.
- Die Konjunktion ni verbindet verneinte Elemente. Deshalb wird ni meistens in Verbindung mit der Verneinungspartikel ne / n' verwendet und tritt in folgenden Kombinationen auf:
  - ne ... ni ... ni ...
    Elle n'a ni téléphoné ni écrit. Sie hat **weder** angerufen **noch** geschrieben.
  - ne ... ni ne ...
    Elle ne boit ni ne fume. **Weder** trinkt sie **noch** raucht sie.

30 Die Konjunktionen

- **ni ... ni**
  C'est un livre ni drôle ni triste. Das ist **weder** ein lustiges **noch** ein trauriges Buch.

Aber:
In Verbindung mit sans (ohne) wird ni ohne Verneinungspartikel gebraucht:
sans travail ni logement ohne Arbeit und ohne Unterkunft
sans foi ni loi ohne Religion und ohne Gesetz.

Test 1
Setzen Sie die jeweils passende koordinierende Konjunktion ein.
1. Je ne t'ai pas écrit _____ je n'avais pas ton adresse.
   Ich habe dir nicht geschrieben, **denn** ich hatte deine Adresse nicht.
2. Tu pleures _____ tu ris ?
   Weinst du **oder** lachst du?
3. Elle n'a _____ mangé _____ bu.
   Sie hat **weder** gegessen **noch** getrunken.
4. Je suis en vacances, _____ je n'ai pas beaucoup de temps.
   Ich habe Ferien, **aber** ich habe nicht viel Zeit.
5. Cet exercice est facile _____ court.
   Diese Übung ist einfach **und** kurz.
6. Il voulait écrire, _____ je n'ai toujours rien reçu. Er wollte schreiben, **dennoch** habe ich immer noch nichts bekommen.

1.1 Funktion

Koordinierende Konjunktionen verbinden ausschließlich gleichwertige Satzteile oder Sätze miteinander:
Satzteile: le frère **et** la sœur der Bruder **und** die Schwester
toi **ou** moi ich **oder** du
ni oui **ni** non **weder** ja **noch** nein
Sätze: Je l'ai attendu une heure. Il n'est pas venu. → Je l'ai attendu une heure, **mais** il n'est pas venu. Ich habe zwei Stunden auf ihn gewartet, **aber** er ist nicht gekommen.
Je suis allé au lit. J'étais fatigué. → Je suis allé au lit **car** j'étais fatigué. Ich bin ins Bett gegangen, **denn** ich war müde.

Beachten Sie
Neben den koordinierenden Konjunktionen gibt es eine Reihe von Adverbien (➡ Kapitel 28, Das Adverb, 2), die ebenfalls eine verknüpfende Funktion haben. Im Unterschied zu den Konjunktionen, die am Anfang des Satzes stehen, können die Adverbien jedoch verschiedene Positionen im Satz einnehmen.

Die Konjunktionen **30**

Vergleichen Sie:

Konjunktion	Adverb
J'adore les huîtres, **mais** je les digère mal. Ich liebe Austern, **aber** ich verdaue sie schlecht.	J'adore les huîtres, **cependant** je les digère mal / je les digère **cependant** mal / je les digère mal **cependant**.

1.2 Bedeutung

Im Folgenden erhalten Sie einen Überblick über die gebräuchlichsten Konjunktionen und Verknüpfungsadverbien, klassifiziert nach ihrer Bedeutung.

1.2.1 Konjunktionen und Adverbien mit anreihender Bedeutung
Sie reihen gleichwertige Elemente aneinander:

et und	Toi **et** moi. Du **und** ich.
et ... et sowohl ... als auch	Finalement, j'ai acheté **et** le livre **et** le CD. Ich habe schließlich **sowohl** das Buch **als auch** die CD gekauft.
d'un côté ... de l'autre / d'une part ... d'autre part einerseits ... andererseits	**D'un côté** je l'aime bien, **de l'autre** il m'énerve un peu. **Einerseits** mag ich ihn, **andererseits** nervt er mich ein bisschen.
non seulement ... mais aussi nicht nur ... sondern auch	J'ai perdu **non seulement** mes clés **mais aussi** mes lunettes. Ich habe **nicht nur** meine Schlüssel, **sondern auch** meine Brille verloren.
ni ... ni weder ... noch	Je n'ai **ni** faim **ni** soif. Ich bin **weder** hungrig **noch** durstig.

1.2.2 Konjunktionen und Adverbien mit ausschließender Bedeutung
Sie verbinden zwei Elemente, von denen eins auszuschließen ist.

ou oder	Tu veux un thé **ou** un café ? Möchtest du einen Tee **oder** einen Kaffee?
ou (bien) ... ou (bien) / soit ... soit entweder ... oder	Je viendrai **soit** avant **soit** après le film. Ich werde **entweder** vor **oder** nach dem Film kommen.

1 Koordinierende (beiordnende) Konjunktionen

30 Die Konjunktionen

| tantôt … tantôt mal … mal | Nous nous voyons **tantôt** le matin, **tantôt** le soir. Wir sehen uns **mal** am Vormittag, **mal** am Nachmittag. |

1.2.3 Konjunktionen und Adverbien mit adversativer Bedeutung
Sie führen eine Einschränkung bzw. einen Gegensatz ein.

mais aber / sondern	Je ne veux pas du thé, **mais** du café. Ich will keinen Tee, **sondern** Kaffee.
or / toutefois / pourtant / cependant jedoch / dennoch / aber	Il devait venir, **toutefois** il n'est pas venu. Er sollte kommen, er ist **jedoch** nicht gekommen.
au contraire im Gegenteil	Je ne m'ennuie pas, **au contraire** je m'amuse beaucoup. Ich langweile mich nicht, **im Gegenteil** ich amüsiere mich sehr.
d'ailleurs übrigens	Je ne m'ennuie jamais, **d'ailleurs** je n'en ai pas le temps. Ich langweile mich nie, ich habe **übrigens** keine Zeit dazu.

Test 2
Welche Konjunktion oder welches Adverb passt? Ergänzen Sie die Sätze.
1. Je prends tout : _____ le manteau _____ la veste. Ich nehme alles: **sowohl** den Mantel **als auch** die Jacke.
2. Décide-toi ! _____ tu y vas _____ tu n'y vas pas. Entscheide dich! **Entweder** gehst du hin **oder** du gehst nicht hin.
3. Je n'aime _____ la viande _____ le poisson. Ich mag **weder** Fleisch **noch** Fisch.
4. Il m'a expliqué trois fois, je n'ai _____ pas compris. Er hat es mir dreimal erklärt, ich habe es **jedoch** nicht verstanden.
5. Cet exercice n'est pas difficile, il est _____ très facile. Diese Übung ist nicht schwierig, sie ist **im Gegenteil** sehr leicht.
6. J'ai acheté _____ des pommes, _____ des oranges. Ich habe **nicht nur** Äpfel, **sondern auch** Orangen gekauft.

1.2.4 Konjunktionen und Adverbien mit kausaler Bedeutung
Sie führen einen Grund bzw. eine Erklärung ein.

car denn	Il ne viendra pas **car** il est souffrant. Er wird nicht kommen, **denn** er ist unpässlich.
en effet / effectivement in der Tat / tatsächlich	J'ai raté le train. Je suis arrivé **en effet** cinq minutes trop tard. Ich habe den Zug verpasst. Ich bin **in der Tat** fünf Minuten zu spät gekommen.

1.2.5 Konjunktionen und Adverbien mit konsekutiver Bedeutung
Sie führen eine Schlussfolgerung ein.

donc also / folglich	Il ne dit rien, **donc** il est d'accord. Er sagt nichts, **also** ist er einverstanden.
par conséquent folglich / infolgedessen	Je n'aime pas les fêtes. **Par conséquent**, je ne viendrai pas. Ich mag keine Feste. **Folglich** werde ich nicht kommen.
c'est pourquoi / voilà pourquoi deshalb	Je ne voulais pas le vexer, **c'est pourquoi** je n'ai rien dit. Ich wollte ihn nicht kränken, **deshalb** habe ich nichts gesagt.
aussi (+ Inversion) aus diesem Grund / deshalb	Nous étions en retard, **aussi** avons-nous pris un taxi. Wir waren spät dran, **deshalb** haben wir ein Taxi genommen.

1.2.6 Konjunktionen und Adverbien mit erklärender Bedeutung
Sie führen eine zusätzliche Erklärung ein.

c'est à dire das heißt	Je pars bientôt, **c'est à dire** dans deux jours. Ich fahre bald weg, **das heißt** in zwei Tagen.
par exemple zum Beispiel	J'aime rouler vite : hier, **par exemple**, j'ai roulé à 180 km à l'heure. Ich fahre gern schnell: Gestern, **zum Beispiel**, bin ich 180 gefahren.
à savoir nämlich	J'ai trois plats préférés, **à savoir** le couscous, les spaghettis … Ich habe drei Leibgerichte, **nämlich** Couscous, Spaghetti …

30 Die Konjunktionen

1.2.7 Verknüpfungsadverbien mit temporaler Bedeutung
Sie ordnen das Geschehen chronologisch ein.

d'abord zuerst, ensuite / puis / alors / après dann	Je vais **d'abord** à la banque, **puis** au marché. Ich gehe **zuerst** zur Bank, **dann** auf den Markt.
avant vorher	J'habite à Nice, **avant** j'habitais à Cannes. Ich wohne in Nizza, **vorher** habe ich in Cannes gewohnt.
finalement schließlich	J'ai hésité, **finalement** j'ai refusé. Ich habe lange gezögert, ich habe **schließlich** abgelehnt.

Test 3
Setzen Sie die passende Konjunktion / das passende Adverb ein.
1. Notre professeur est malade, _____ nous n'avons pas cours.
   Unser Lehrer ist krank, **deshalb** haben wir keinen Unterricht.
2. Nous partons bientôt, _____ le 18. Wir fahren bald weg, **das heißt** am 18.
3. Il faut repeindre la maison, _____ les murs sont sales. Man muss das Haus neu streichen, die Mauern sind **in der Tat** schmutzig.
4. Il parle trois langues, _____ le français, l'allemand et le russe. Er spricht drei Sprachen, **nämlich** Französisch, Deutsch und Russisch.
5. J'ai essayé plusieurs fois, _____ ça a marché. Ich habe es mehrere Male versucht, es hat **schließlich** funktioniert.

2 Subordinierende (unterordnende) Konjunktionen

2.1 Funktion

Subordinierende Konjunktionen leiten einen Nebensatz ein. Dabei lassen sich einige wichtige Unterschiede zwischen dem Französischen und dem Deutschen feststellen.

Auf Entdeckung
Lesen Sie die folgenden Beispiele und vergleichen Sie das Französische mit dem Deutschen (die subordinierenden Konjunktionen sind fett gedruckt).

Die Konjunktionen 30

Französisch	Deutsch
Il est venu vers moi **dès qu**'il m'a vu. **Dès qu**'il m'a vu, il est venu vers moi.	Er ist auf mich zugekommen, **sobald** er mich gesehen hat. **Sobald** er mich gesehen hat, ist er auf mich zugekommen.
Je reste à la maison **parce que** je suis enrhumée.	Ich bleibe zu Hause, **weil** ich erkältet bin.
Elle rit **bien qu**'elle ait envie de pleurer. **Bien qu**'elle ait envie de pleurer, elle rit.	Sie lacht, **obwohl** sie weinen möchte. **Obwohl** sie weinen möchte, lacht sie.

Kreuzen Sie ja oder nein an. (➡ **Lösungen**)   ja   nein
1. Haupt- und Nebensatz werden im Französischen immer durch ein Komma getrennt. ☐ ☐
2. Im Französischen wird in der Regel nur dann ein Komma gesetzt, wenn der Satz mit dem Nebensatz beginnt. ☐ ☐
3. Anders als im Deutschen steht die konjugierte Verbform im französischen Nebensatz nicht am Ende:
   parce que je suis enrhumé weil ich erkältet bin ☐ ☐

2.2 Form

Man unterscheidet zwischen
- **einfachen Konjunktionen**, z. B. que dass, si wenn, quand / lorsque wenn / als, comme / puisque da, quoique obwohl und
- **zusammengesetzten Konjunktionen (mit que)**, z. B. pendant que während, dès que sobald, parce que weil, bien que obwohl, afin que damit, de sorte que so dass usw.

2.3 Modus nach den subordinierenden Konjunktionen

Bevor Sie diesen und den nächsten Abschnitt durcharbeiten, sollten Ihnen ➡ **Kapitel 16, Der Indikativ** und ➡ **Kapitel 20, Der *subjonctif*** vertraut sein.

Auf Entdeckung
Lesen Sie die folgenden Sätze aufmerksam. Was fällt Ihnen bezüglich des Gebrauchs der Modi auf? (➡ **Lösungen**)

2 Subordinierende (unterordnende) Konjunktionen

30 Die Konjunktionen

Je crois que tu **as** raison.	Ich glaube, dass du Recht **hast**.
Je viens dès que je **peux**.	Ich komme, sobald ich **kann**.
Fais-le avant qu'il ne **soit** trop tard.	Tu es, bevor es zu spät **ist**.
Je suis restée jusqu'à ce qu'elle **parte**.	Ich bin geblieben, bis sie **wegging**.

Kreuzen Sie ja oder nein an. (➡ **Lösungen**) ja nein
1. Im Nebensatz steht im Französischen immer der indicatif. ☐ ☐
2. Im Nebensatz steht je nach Konjunktion der indicatif oder der subjonctif. ☐ ☐

2.3.1 Subordinierende Konjunktionen mit Indikativ
Die meisten unterordnenden Konjunktionen erfordern den Indikativ. In der folgenden Tabelle finden Sie eine Liste der gebräuchlichsten Konjunktionen, die einen Nebensatz mit Indikativ einleiten. Die Konjunktionen sind nach ihrer Bedeutung erfasst:

temporal (kennzeichnet einen Zeitpunkt oder Zeitraum) quand / lorsque wenn / als, pendant que während, dès que sobald, depuis que seit, après que nachdem, alors que / tandis que während, tant que solange	J'aime sortir **quand** il pleut. Ich gehe gern raus, **wenn** es regnet. Va jouer **pendant que** je travaille. Geh spielen, **während** ich arbeite. **Depuis qu'**il ne fume plus, il est de mauvaise humeur. **Seit** er nicht mehr raucht, ist er schlecht gelaunt.
kausal (führt einen Grund ein) parce que weil, comme / puisque da, sous prétexte que unter dem Vorwand, dass, étant donné que angesichts der Tatsache, dass	J'apprends le français **parce que** j'aime cette langue. Ich lerne Französisch, **weil** ich diese Sprache liebe. **Puisque** tu ne veux pas m'accompagner, j'irai seul. **Da** du mich nicht begleiten willst, werde ich allein hingehen.
konsekutiv (führt eine Folge ein) au point que / de façon que / de sorte que / si bien que sodass, si … que / tant que / tellement que so … dass	J'ai oublié la clé **de sorte que** je ne peux pas ouvrir la porte. Ich habe den Schlüssel vergessen, **sodass** ich die Tür nicht aufmachen kann. Il est **si** malade **qu'**il doit rester au lit. Er ist **so** krank, **dass** er im Bett bleiben muss.

Die Konjunktionen 30

modal (gibt die Art und Weise an) comme wie, ainsi que so wie, à mesure que in dem Maße, dass, comme si als ob, de même que ebenfalls / wie	Il ment **comme** il respire. Er lügt **wie** gedruckt (wörtlich: **wie** er atmet). J'ai acheté le journal **ainsi que** tu me l'avais dit. Ich habe die Zeitung gekauft, **so wie** du es mir gesagt hattest. Il fait **comme s'**il ne me connaissait pas. Er tut so, **als ob** er mich nicht kennen würde.
konditional (führt eine Bedingung ein) si wenn / falls	Viens **si** tu peux. Komm, **wenn** du kannst. **S'il** pleut, nous resterons à la maison. **Falls** es regnet, bleiben wir zu Hause.
konzessiv (führt eine Einschränkung ein) même si auch wenn	Fais-le **même si** tu n'en as pas envie. Tu es, **auch wenn** du keine Lust dazu hast.

Beachten Sie
- Tandis que und alors que können ebenso wie das deutsche „während" temporal oder adversativ (im Sinne von „wohingegen") gebraucht werden.
  Temporal: **Tandis qu'**il parlait, il regardait par la fenêtre. **Während** er sprach, sah er zum Fenster hinaus.
  Adversativ: J'ai déjà fini **tandis que** toi, tu n'as même pas commencé. Ich bin schon fertig, **während** du nicht mal angefangen hast.
- Zum Gebrauch des Indikativs im si-Satz ➡ 2.5.
- Zum Ersatz von Nebensätzen ➡ 3.

Test 4

Verbinden Sie Haupt- und Nebensatz mit Hilfe der passenden Konjunktion.
1. _____ le chat n'est pas là, les souris dansent. **Wenn** die Katze aus dem Haus ist, tanzen die Mäuse.
2. D'accord, on y va _____ tu insistes ! Einverstanden, gehen wir hin, **da** du darauf bestehst!
3. Il parle bas _____ personne ne peut le comprendre. Er spricht leise, **sodass** niemand ihn verstehen kann.
4. Elle fait _____ elle ne savait rien. Sie tut, **als ob** sie von nichts wüsste.
5. Le chien des voisins aboie _____ il entend un bruit. Der Hund der Nachbarn bellt, **sobald** er ein Geräusch hört.
6. _____ je dormais, un cambrioleur est entré. **Während** ich schlief, kam ein Einbrecher rein.

2 Subordinierende (unterordnende) Konjunktionen

30 Die Konjunktionen

> **TIPP**
>
> Wenn Sie erst angefangen haben Französisch zu lernen, können Sie die Erarbeitung dieses Kapitels vorläufig hier abschließen und direkt zu den Kontrollaufgaben gehen. Bevor Sie den folgenden Abschnitt lesen, sollte Ihnen das ➠ **Kapitel 20, Der** *subjonctif* vertraut sein.

2.3.2 Unterordnende Konjunktionen mit dem subjonctif

Im Folgenden finden Sie eine Liste der gebräuchlichsten Konjunktionen, die den subjonctif erfordern. Auch diese Konjunktionen sind nach ihrer Bedeutung erfasst.

final (Zweck) pour que / afin que damit, de sorte que / de manière que / de façon que sodass, de peur que / de crainte que damit nicht / aus Angst, dass …	Je prie **pour qu'elle réussisse**. Ich bete, **dass** (**damit**) sie es schafft. Je n'ai rien dit **de peur qu'il ne se mette** en colère. Ich habe nichts gesagt **aus Angst**, er könnte wütend werden.
konzessiv / adversativ (Einschränkung) quoique / bien que obwohl / obgleich, quoi que was auch immer, au lieu que anstatt dass, si … que so (+ Adjektiv) auch	**Bien qu'elle soit** malade, elle continue à travailler. **Obwohl** sie krank ist, arbeitet sie weiter. **Quoi que je fasse**, il n'est jamais content. **Was** ich **auch immer** tue, nie ist er zufrieden. **Si rapide qu'il soit**, je le rattrape toujours. **So** schnell er **auch** ist, ich hole ihn immer ein.
temporal (Zeit) avant que bevor, jusqu'à ce que (solange) bis, en attendant que bis	Partons vite **avant qu'il ne pleuve** ! Gehen wir schnell, **bevor** es regnet! Je vais faire un tour **en attendant que tu sois** prêt. Ich laufe noch eine Runde, **bis** du fertig bist.
modal (Art und Weise) sans que ohne dass	Elle est partie **sans que je l'aie** remarqué. Sie ist weggegangen, **ohne dass** ich es gemerkt habe.

Die Konjunktionen 30

kausal (Grund – verneint) ce n'est pas que / non pas que nicht dass	Ce n'est pas que je sois bête mais je n'ai rien compris. **Nicht dass** ich dumm bin, aber ich habe nichts verstanden.
konditional (Bedingung) à condition que / pourvu que vorausgesetzt (dass), que ... que ... ob ... oder..., à supposer que angenommen dass, à moins que es sein denn	Je viens **à condition que tu viennes** aussi. Ich komme, **vorausgesetzt dass** du auch kommst. **Qu'il pleuve ou qu'il neige**, on part demain. **Ob** es regnet **oder** schneit, wir fahren morgen. Je viens en train **à moins que la SNCF ne fasse grève**. Ich komme mit dem Zug, **es sei denn** die Bahn streikt.

Beachten Sie
- Avant que wird meistens mit der Verneinungspartikel ne verwendet (➜ **Kapitel 27, Satzbau und Satzgefüge, 1.3.5 b**):
  Partons avant qu'il (**ne**) fasse nuit. Fahren wir, bevor es Nacht wird.
- Wird nach de sorte que / de manière que / de façon que eine reale Konsequenz eingeführt, so steht im Nebensatz der Indikativ. Handelt es sich aber nur um eine mögliche Konsequenz, so steht im Nebensatz der subjonctif. Der Nebensatz wird unterschiedlich ins Deutsche übersetzt:
  Wirklichkeit: J'ai tout préparé de sorte qu'elle n'**a** plus rien à faire. Ich habe alles vorbereitet, **sodass** sie nichts mehr **zu tun hat**.
  Möglichkeit: J'ai tout préparé de sorte qu'elle n'**ait** plus rien à faire. Ich habe alles vorbereitet, **sodass** sie nichts mehr **zu tun haben dürfte**.
- Pourvu que kann in einem Hauptsatz verwendet werden und bedeutet dann „hoffentlich": Pourvu qu'elle réussisse ! Hoffentlich schafft sie es!

Test 5

Indikativ oder subjonctif? Tragen Sie die richtige Form ein.
1. (elle a / elle ait) → Bien qu'_____ beaucoup d'argent, elle vit comme une pauvre. Obwohl sie viel Geld hat, lebt sie wie eine Arme.
2. (tu es / tu sois) → J'ai tout fait pour que _____ heureux. Ich habe alles getan, damit du glücklich bist.
3. (il n'y a / il n'y ait) → Je viendrai en voiture à moins qu'_____ du verglas. Ich komme mit dem Auto, es sei denn die Straßen sind glatt.
4. (est / soit) → Il fait froid parce que le chauffage _____ en panne. Es ist kalt, weil die Heizung nicht funktioniert.

30 Die Konjunktionen

5. (se tait / se taise) → Elle lui a donné de l'argent pour qu'il _____. Sie hat ihm Geld gegeben, damit er schweigt.
6. (pleut / pleuve) → Nous attendrons jusqu'à ce qu'il ne _____ plus. Wir werden warten, bis es nicht mehr regnet.
7. (sais / saches) → Dis-le moi puisque tu le _____. Sag es mir, da du es weißt.
8. (viens / viennes) → Si tu _____, je serai très heureuse. Wenn du kommst, werde ich mich sehr freuen.

2.4 Die Konjunktion que

Bei dem Gebrauch von que (dass) fallen einige Unterschiede zum Deutschen auf.

2.4.1 Gebrauch von que
– Anders als im Deutschen darf que im Französischen nicht weggelassen werden:
   Je pense qu'elle arrive demain. Ich denke, sie kommt morgen.
   J'espère que vous allez bien. Ich hoffe, es geht Ihnen gut.
– Werden zwei Nebensätze koordiniert, wird que verwendet, um die Wiederholung einer Konjunktion zu vermeiden. Vergleichen Sie hierzu in den folgenden Beispielen das Französische mit dem Deutschen:

Französisch	Deutsch
Je n'y vais pas **parce que** c'est loin **et parce que** je n'ai pas le temps. → Je n'y vais pas parce que c'est trop loin **et que** je n'ai pas le temps.	Ich fahre nicht hin, **weil** es weit ist und **weil** ich keine Zeit habe. → Ich fahre nicht hin, **weil** es zu weit ist **und** ich keine Zeit habe.

Beachten Sie
Que wird vor Vokal zu qu':
Je sais **qu'**il viendra. Ich weiß, dass er kommen wird.
Elle dit **qu'**elle arrive demain. Sie sagt, dass sie morgen kommt.

2.4.2 Modus nach que
Ob nach que der Indikativ oder der subjonctif steht, hängt von dem Verb des Hauptsatzes ab (→ Kapitel 20, Der *subjonctif*, 2.1 und 2.2).
– Nach Verben der Meinungsäußerung, die eine Sicherheit ausdrücken, steht der Indikativ:
   Je sais qu'il viendra. **Ich weiß, dass** er kommen wird.
   Je pense qu'il est déjà arrivé. **Ich denke, dass** er schon angekommen ist.

Die Konjunktionen

- Nach Verben, die einen Willen, eine Notwendigkeit, ein Gefühl, einen Zweifel oder eine Möglichkeit ausdrücken, steht der subjonctif:
  Je veux qu'il vienne. **Ich will, dass** er kommt.
  Il faut que vous sachiez … **Sie müssen** wissen …
  Je crains qu'il ne soit trop tard. **Ich fürchte, dass** es zu spät ist.
  Je doute qu'elle ne réussisse. **Ich bezweifle, dass** sie es schafft.
  Il est possible qu'il pleuve. **Es ist möglich, dass** es regnet.

Test 6
Indikativ oder subjonctif? Tragen Sie die richtige Form ein.
1. (je vais / j'aille) → Il faut que _____ en ville. Ich muss in die Sadt gehen.
2. (il est / il soit) → Je pense qu' _____ riche. Ich denke, dass er reich ist.
3. (il fait / il fasse) → Je veux qu' _____ ses devoirs. Ich will, dass er seine Hausaufgaben macht.
4. (c'est / ce soit) → Je sais que _____ utile. Ich weiß, dass es nützlich ist.

2.5. Die Konjunktion si

Als unterordnende Konjunktion kann si einen Bedingungssatz oder eine eine indirekte Frage einleiten.

2.5.1 Si in der Bedeutung von „wenn" oder „falls"
Die Konjunktion si (wenn / falls) leitet einen Konditionalsatz ein (➡ **Kapitel 22, Die Zeitenfolge, 4 Auf Entdeckung**).
Je viendrai si j'ai le temps. Ich werde kommen, **wenn** ich Zeit habe.
Si j'avais su, je serais venu plus tôt. **Wenn** ich es gewusst hätte, wäre ich früher gekommen.

Beachten Sie
- Im si-Satz steht niemals das Futur oder das Konditional. Diese Regel gilt ebenfalls für die mit si zusammengesetzten Konjunktionen comme si als ob, même si auch wenn, sauf si außer wenn.
  J'ai fait **comme si** je n'avais rien vu. Ich habe so getan, **als ob** ich nichts gesehen hätte.
  Nous ferons une randonnée, **même s'**il pleut. Wir werden wandern, **auch wenn** es regnet.
  Le match aura lieu demain, **sauf s'**il pleut. Das Spiel wird morgen stattfinden, **außer wenn** es regnet.
- Vor il und ils wird si zu s'. Vor elle oder elles wird si nicht apostrophiert.
  si + il → s'il   si + elle → si elle
  s'il vient wenn er kommt   si elle vient wenn sie kommt
  s'ils viennent wenn sie kommen   si elles viennent wenn sie kommen

2 Subordinierende (unterordnende) Konjunktionen

30 Die Konjunktionen

2.5.2 Si in der Bedeutung von „ob"
Die Konjunktion si (ob) leitet eine indirekte Frage ein (➡ **Kapitel 27, Satzbau und Satzgefüge 5.3.2**):
Elle demande **si** tu viens demain. Sie fragt, **ob** du morgen kommst.
Elle a demandé **si** ça a marché. Sie hat gefragt, **ob** es geklappt hat.

Test 7
Tragen Sie die jeweils passende Übersetzung von si ein.
1. Si tu continues, je m'en vais. _____ du so weiter machst, gehe ich.
2. Elle demande si tu es encore là. Sie fragt, _____ du noch da bist.
3. Dis-moi si tu es d'accord. Sag mir, _____ du einverstanden bist.
4. Je passerai si j'ai le temps. Ich komme vorbei, _____ ich Zeit habe.

3 Ersatz von Nebensätzen

Im Französischen gibt es viele Möglichkeiten, die oft als schwerfällig empfundenen Nebensätze zu vermeiden.

3.1 Präpositionalgruppe anstelle eines Nebensatzes

Wie im Deutschen können Nebensätze durch eine Präpositionalgruppe ersetzt werden (➡ **Kapitel 29, Die Präpositionen**). Voraussetzung dafür ist, dass die Präposition die Bedeutung der Konjunktion übernimmt:
Depuis qu'il est parti, je suis triste. → **Depuis** son départ ...
Seitdem er weg ist, bin ich traurig. → **Seit** seiner Abreise ...

Test 8
Verbinden Sie die gleichbedeutenden Gruppen miteinander:

Nebensatz
1. depuis que j'ai déménagé ...
   seit ich umgezogen bin ...
2. avant que nous ne partions ...
   bevor wir wegfahren ...
3. jusqu'à ce que le film se termine ...
   bis der Film zu Ende ist ...
4. après qu'il a téléphoné ...
   nachdem er angerufen hat ...
5. parce qu'il a été malade ...
   weil er krank gewesen ist ...
6. bien qu'elle soit malade ...
   obwohl sie krank ist ...

Präpositionalgruppe
a. après son coup de téléphone ...
   nach seinem Anruf ...
b. à cause de sa maladie ...
   wegen seiner Krankheit ...
c. malgré sa maladie ...
   trotz ihrer Krankheit
d. depuis mon déménagement ...
   seit meinem Umzug ...
e. avant notre départ ...
   vor unserer Abfahrt ...
f. jusqu'à la fin du film ...
   bis zum Ende des Films ...

3.2 Infinitiv-Konstruktion anstelle eines Nebensatzes

Bei Subjektgleichheit im Haupt- und Nebensatz werden viele Konjunktionen durch eine Infinitiv-Konstruktion ersetzt:
- après que + Indikativ (nachdem) → après + Infinitiv Perfekt
  Après avoir dîné, nous avons pris un digestif. Nachdem **wir** zu Abend gegessen hatten, haben **wir** einen Verdauungsschnaps getrunken.
- avant que + subjonctif (bevor) → avant de + Infinitiv
  J'ai dîné **avant de partir**. Ich habe zu Abend gegessen, bevor ich losgefahren bin.
- pour que + subjonctif (damit) → pour + Infinitiv / afin de + Infinitiv
  J'ai besoin de lunettes **pour conduire**. Ich brauche eine Brille beim Fahren.
- sans que + subjonctif (ohne dass) → sans + Infinitiv
  J'écoute **sans comprendre**. Ich höre zu, ohne zu verstehen.
- à condition que + subjonctif (vorausgesetzt [dass]) → à condition de + Infinitiv
  Tu réussiras **à condition de travailler** plus. Du wirst es schaffen, vorausgesetzt du arbeitest mehr.

Beachten Sie
In dem Satz Après qu'il a dîné, nous avons fait une promenade. (Nachdem **er** zu Abend gegessen hatte, haben **wir** einen Spaziergang gemacht.) ist die Infinitiv-Konstruktion nicht möglich, weil Haupt- und Nebensatz nicht das gleiche Subjekt haben. (Siehe auch ➡ **Kapitel 23, Infinite Verbformen, 1.3.3**)

Test 9

Ist eine Infinitiv-Konstruktion möglich? Kreuzen Sie ja oder nein an.   ja   nein
1. Après que nous avons regardé le film, nous sommes allés au lit. Nachem wir den Film gesehen haben, sind wir ins Bett gegangen.   ☐ ☐
2. Nous irons à la mer à condition qu'il fasse beau. Wir werden ans Meer fahren, vorausgesetzt das Wetter ist schön.   ☐ ☐
3. Avant qu'il ne vienne, il a téléphoné. Bevor er kam, hat er angerufen.   ☐ ☐

3.3 Partizipial-Konstruktion und gérondif anstelle eines Nebensatzes

Weitere Möglichkeiten, Konjunktionalsätze zu umgehen, sind die Partizipial-Konstruktion und das gérondif (➡ **Kapitel 23, Infinite Verbformen, 2.1.3, 2.2.2 und 3.2.2**). Voraussetzung für solche Satzverkürzungen ist ebenfalls die Subjektgleichheit im Haupt- und Nebensatz.

30 Die Konjunktionen

Nebensatz	→	Partizipial-Konstruktion
Quand je suis arrivé à la gare, je n'avais plus mon billet. Als ich am Bahnhof ankam, hatte ich meine Fahrkarte nicht mehr.		**Arrivé à la gare**, je n'avais plus mon billet. Am Bahnhof angekommen, hatte ich meine Fahrkarte nicht mehr.
Nebensatz	→	Konstruktion mit gérondif
Elle lit le journal **pendant qu'elle mange**. Sie liest die Zeitung, während sie isst.		Elle lit le journal **en mangeant**. Sie liest die Zeitung beim Essen.

Beachten Sie
- In dem Satz Elle lit le journal pendant qu'il mange. (Sie liest die Zeitung, während er isst.) kann der Nebensatz nicht ersetzt werden, weil Haupt- und Nebensatz nicht das gleiche Subjekt haben.
- Auf quoique und bien que (obwohl) kann ein participe présent oder ein Adjektiv folgen, wenn das Subjekt von Haupt- und Nebensatz identisch ist. Quoiqu'étant malade … / Quoique malade, je suis allée au travail. Obwohl ich krank war, bin ich zur Arbeit gegangen.

Test 10

Können Sie die folgenden Konstruktionen benutzen, um die Nebensätze 1–5 zu verkürzen? Ersetzen Sie den Nebensatz nur, wenn es möglich ist.

> en mangeant   en regardant la télé   en prenant un taxi
>   avant de partir   quoique parti tôt

1. On ne parle pas quand on mange. Man spricht nicht, wenn man isst. → On ne parle pas _____.
2. Elle parle toujours quand il regarde la télé. Sie spricht immer, wenn er fernsieht. → Elle parle toujours _____.
3. Si tu prends un taxi, tu iras plus vite. Wenn du ein Taxi nimmst, wirst du schneller sein. → _____, tu iras plus vite.
4. Je voudrais lui parler avant qu'il ne parte. Ich möchte mit ihm sprechen, bevor er wegfährt. → Je voudrais lui parler _____.
5. Bien qu'il soit parti tôt, il est arrivé en retard. Obwohl er früh losgegangen ist, ist er zu spät gekommen. → _____, il est arrivé en retard.

3 Ersatz von Nebensätzen

Die Konjunktionen 30

Auf den Punkt gebracht

1. (➡ Was Sie vorab wissen sollten)
Kreuzen Sie ja oder nein an.   ja nein
1. Koordinierende Konjunktionen verbinden immer gleichwertige
   Elemente.   ☐   ☐
2. Unterordnende Konjunktionen verbinden immer einen
   Hauptsatz mit einem Nebensatz.   ☐   ☐
3. In dem Satz Il pleut et il fait soleil. (Es regnet und die Sonne
   scheint.) ist et eine unterordnende Konjunktion.   ☐   ☐

2. (➡ 1 Auf Entdeckung)
a) Verbinden Sie die französischen beiordnenden Konjunktionen mit ihrer deutschen Entsprechung.
1. mais   a. dennoch
2. ou   b. denn
3. et   c. oder
4. or   d. und
5. ni   e. aber / sondern
6. car   f. weder

b) Markieren Sie die richtige Aussage.
1. Vor einer beiordnenden Konjunktion steht in der Regel (ein / kein) Komma.
2. Vor mais aber und car denn steht in der Regel (ein / kein) Komma.

3. (➡ 1.2)
Ergänzen Sie die folgenden Aussagen mit den französischen Wörtern.
1. Anreihende Konjunktionen sind z. B. _____ (nicht nur ... sondern auch), _____ (weder ... noch), _____ (einerseits ... andrerseits).
2. Adversative Konjunktionen sind z. B. _____ (aber), _____ (dennoch), _____ (im Gegenteil), _____ (übrigens).
3. Konjunktionen mit kausaler und konsekutiver Bedeutung sind z. B. _____ (denn), _____ (in der Tat), _____ (deshalb).
4. Erklärende Verknüpfungsadverbien sind z. B. _____ (das heißt), _____ (zum Beispiel), _____ (nämlich).
5. Temporale Verknüpfungsadverbien sind z. B. _____ (zuerst), _____ (dann), _____ (vorher), _____ (schließlich).
6. Konjunktionen mit ausschließender Bedeutung sind z. B. _____ (entweder ... oder), und _____ (mal ... mal).

Die Konjunktionen

4. (➡ 2.3.1)
Verbinden Sie die folgenden unterordnenden Konjunktionen mit ihrer deutschen Entsprechung.
1. pendant que   a. als ob
2. parce que   b. seit
3. dès que   c. so dass
4. de sorte que   d. während
5. comme si   e. sobald
6. depuis que   f. weil

Markieren Sie die richtige Aussage.
Diese Konjunktionen ziehen alle den (Indikativ / subjonctif) nach sich.

5. (➡ 2.3.2)
Kreuzen Sie ja oder nein an.   ja nein
1. Alle unterordnenden Konjunktionen erfordern den subjonctif.   ☐   ☐
2. Nach quand / lorsque / pendant que steht immer der Indikativ.   ☐   ☐
3. Nach après que steht immer der subjonctif.   ☐   ☐
4. Nach bien que und quoique steht immer der subjonctif.   ☐   ☐
5. Nach avant que steht immer der subjonctif.   ☐   ☐

6. (➡ 2.3)
Tragen Sie die französische Übersetzung der folgenden Konjunktionen ein.
Wenn Sie mehrere Möglichkeiten haben, wählen sie eine aus.

Konjunktion	Indikativ	subjonctif
temporal	wenn _____ nachdem _____	bevor _____ bis _____
kausal	weil _____	nicht dass _____
final	so ... dass _____	damit _____
konzessiv	auch wenn _____	obwohl _____
konditional	wenn / falls _____	vorausgesetzt, dass _____
modal	wie _____	ohne dass _____

7. (➡ 2.4)
Kreuzen Sie ja oder nein an.   ja nein
1. Nach que (dass) steht immer der Indikativ.   ☐   ☐
2. Nach que (dass) steht immer der subjonctif.   ☐   ☐
3. Nach que (dass) kann der Indikativ oder der subjonctif stehen.   ☐   ☐

Die Konjunktionen

8. (⇒ 2.5)
Markieren Sie die richtige Aussage.
1. Die Konjunktion si kann einen (Bedingungssatz / Relativsatz) einleiten.
2. Die Konjunktion si kann eine (direkte / indirekte) Frage einleiten.
3. In einem Bedingungssatz mit si steht immer (der Indikativ / das Konditional).
4. Vor il (er) wird si (apostrophiert / nicht apostrophiert).
5. Vor elle (sie) wird si (apostrophiert / nicht apostrophiert).

9. (⇒ 3)
Können die folgenden Konjunktionalsätze verkürzt werden?
Kreuzen Sie ja oder nein an.

	ja	nein
1. Il parle souvent quand il dort. Er spricht oft, wenn er schläft.	☐	☐
2. Je crois qu'il n'a pas assez dormi. Ich glaube, dass er nicht genug geschlafen hat.	☐	☐
3. Je crois que je n'ai pas assez dormi. Ich glaube, dass ich nicht genug geschlafen habe.	☐	☐

Auf den Punkt gebracht

31 Zahlen, Zeit- und Mengenangaben

1 Zahlen

Was Sie vorab wissen sollten
– Man unterscheidet im Französischen zwischen folgenden Zahlen:

> Grundzahlen: 1 un, 2 deux, 3 trois (➡ **1.1**)
>
> Ordnungszahlen: premier/-ière erste/-r, deuxième zweite/-r (➡ **1.2**)
>
> Bruchzahlen: ¹/₄ un quart, ¹/₈ un huitième (➡ **1.4**)
>
> Sammelzahlen: une dizaine etwa zehn, une trentaine etwa dreißig (➡ **1.5**)
>
> Vervielfältigungszahlen: double doppelt, quadruple vierfach (➡ **1.6**)

– Wie im Deutschen können die Zahlwörter sowohl als Begleiter eines Nomens als auch pronominal (ohne Nomen) verwendet werden.
Begleiter: J'ai **trois** frères. Ich habe **drei** Brüder.
Pronominal: **Deux** sont plus âgés que moi. **Zwei** sind älter als ich.

Auf Entdeckung
Sie kennen sicher bereits einige französische Zahlen. Setzen Sie die jeweils passende Grundzahl (aus dem Kasten) ein. (➡ **Lösungen**)

dix	six	sept	douze	trois	quinze	cinq	quatre

1. les _____ continents die fünf Kontinente
2. les _____ saisons die vier Jahreszeiten
3. les _____ jours de la semaine die sieben Tage der Woche
4. les _____ mois de l'année die zwölf Monate des Jahres
5. les _____ commandements die zehn Gebote
6. les _____ dimensions die drei Dimensionen
7. le _____ de France die Rugby-Nationalmannschaft
8. les _____ faces d'un dé die sechs Seiten eines Würfels

1.1 Die Grundzahlen

– Die Grundzahlen geben eine genaue Anzahl oder Menge an:
Je voudrais cinq timbres, s.v.p. Ich möchte fünf Briefmarken, bitte.
– Anders als im Deutschen sind die Grundzahlen im Französischen maskulin:
Ton cinq ressemble à un six. Deine Fünf sieht wie eine Sechs aus.
– Die Grundzahlen sind bis auf zéro 0, un 1, vingt 20 und cent 100 unveränderlich (➡ **1.1.1**, ➡ **1.1.2** und ➡ **1.1.3**):
Il viendra dans les huit jours. Er kommt in den nächsten acht Tagen.

Zahlen, Zeit- und Mengenangaben 31

Auf Entdeckung
Lesen Sie die folgende Tabelle und vergleichen Sie die französischen Grundzahlen mit den deutschen Entsprechungen. (➡ **Lösungen**)

Zahl	französische Zahl	deutsche Zahl
23	vingt-trois	dreiundzwanzig
56	cinquante-six	sechsundfünfzig
69	soixante-neuf	neunundsechzig

Markieren Sie nun die richtige Aussage.
1. Im Französischen werden die Zahlen (in einem Wort / getrennt) geschrieben.
2. Im Französischen werden zuerst (die Einer / die Zehner) geschrieben und gesprochen.

1.1.1 Die Grundzahlen von 0 bis 20
Die Grundzahlen werden, wenn sie allein gesprochen werden z. B. beim Zählen oder an letzter Stelle im Satz, wie folgt gesprochen:

0 zéro [zeʀo]			
1 un / une [ɛ̃] / [yn]	6 six [sis]	11 onze [ɔ̃z]	16 seize [sɛz]
2 deux [dø]	7 sept [sɛt]	12 douze [duz]	17 dix-sept [disɛt]
3 trois [tʀwa]	8 huit [ɥit]	13 treize [tʀɛz]	18 dix-huit [dizɥit]
4 quatre [katʀ]	9 neuf [nœf]	14 quatorze [katɔʀz]	19 dix-neuf [diznœf]
5 cinq [sɛ̃k]	10 dix [dis]	15 quinze [kɛ̃z]	20 vingt [vɛ̃]

Die Aussprache der folgenden Zahlen hängt vom darauf folgenden Wort ab:

Zahl	vokalischer Anlaut (gebundene Aussprache ➡ **Kapitel 1, Die Aussprache, 5.1**)	konsonantischer Anlaut
4	quatre amis [katʀami] 4 Freunde	quatre points [katpwɛ̃] 4 Punkte
5	cinq enfants [sɛ̃kɑ̃fɑ̃] 5 Kinder	cinq mois [sɛ̃mwa] 5 Monate
8	huit ans [ɥitɑ̃] 8 Jahre	huit verres [ɥivɛʀ] 8 Gläser
9	neuf heures [nœvœʀ] 9 Uhr	neuf points [nœfpwɛ̃] 9 Punkte
10	dix euros [dizøʀo] 10 Euro	dix vélos [divelo] 10 Fahrräder
20	vingt ans [vɛ̃tɑ̃] 20 Jahre	vingt maisons [vɛ̃mɛzɔ̃] 20 Häuser

Beachten Sie
– Zéro (Null) ist ein Substantiv und erhält im Plural ein **-s**:
1000, ça s'écrit avec trois **zéros**. Tausend schreibt man mit drei **Nullen**.
Anders als im Deutschen steht das Substantiv nach zéro im Singular:
zéro centime Null Cents, zéro point Null Punkte.

31 Zahlen, Zeit- und Mengenangaben

- Un (eins) verhält sich wie der unbestimmte Artikel und richtet sich im Genus nach dem Nomen, das es begleitet: un pain ein Brot, une baguette ein Baguette.
- Der bestimmte Artikel le und die Präposition de werden vor un, huit und onze nicht elidiert (d. h. das -e entfällt nicht):
  le un die Eins, le train de onze heures der Elf-Uhr-Zug.
- Folgt auf eine Zahl ein Substantiv mit vokalischem Anlaut, ist die liaison obligatorisch (➡ **Kapitel 1, Die Aussprache, 5.2.1**):
  deux_ennemis [døzɛn(ə)mi] zwei Feinde, trois_heures [trwazœr] drei Uhr.

Test 1
Schreiben Sie die folgenden Zahlen in Buchstaben.

3 ____	9 ____	16 ____	4 ____
7 ____	12 ____	15 ____	19 ____
6 ____	18 ____	17 ____	13 ____

1.1.2 Die Grundzahlen von 21 bis 69
Bis 69 werden die Grundzahlen regelmäßig gebildet: Dabei wird in der Regel die Grundzahl direkt an den Zehner mit Bindestrich angeschlossen.
Aber:
Die Zahl un (eins) wird durch et und ohne Bindestrich an den Zehner angeschlossen: 21 vingt et un, 31 trente et un, 61 soixante et un.

20 vingt	30 trente	40 quarante	50 cinquante
21 vingt et un	31 trente et un	41 quarante et un	51 cinquante et un
22 vingt-deux	32 trente-deux	42 quarante-deux	52 cinquante-deux
23 vingt-trois	33 trente-trois	43 quarante-trois	53 cinquante-trois
...	...	...	...
29 vingt-neuf	39 trente-neuf	49 quarante-neuf	59 cinquante-neuf

Beachten Sie
Die Empfehlungen zur Vereinfachung der Rechtschreibung schlagen die Schreibung mit Bindestrich für alle Zahlen vor (außer million und milliard):
21 vingt-et-un, 228 deux-cent-vingt-huit

Test 2
Zählen Sie nach obigem Modell weiter bis 69 und schreiben Sie die Zahlen in Buchstaben auf.
60 **soixante**

61 ____	64 ____	67 ____
62 ____	65 ____	68 ____
63 ____	66 ____	69 ____

Zahlen, Zeit- und Mengenangaben

> **TIPP**
>
> Die Grundzahlen bis 20 sowie die Zehnerzahlen bis 60 (fett gedruckt in der oben stehenden Liste) dienen zur Bildung aller weiteren Grundzahlen bis 99. Deshalb sollten Sie diese Zahlen besonders gut lernen.

1.1.3 Die Grundzahlen von 70 bis 100

In Frankreich gibt es – anders als in Belgien und der Schweiz – kein spezielles Wort für die Zehnerzahlen 70, 80 und 90, deshalb werden diese drei Zehnerzahlen aus den schon vorhandenen gebildet.

Auf Entdeckung

Sie kennen bereits die Zahlen bis zwanzig. Vervollständigen Sie nun die folgenden Reihen. Die Regel lautet hier: Endet die Zehnerzahl auf dix (10) wie z. B. bei 70 (soixante-dix), so zählt man einfach weiter bis dix-neuf (19).

79–79	80–89	90–99
70 **soixante-dix**	80 **quatre-vingts**	90 **quatre-vingt-dix**
71 soixante et onze	81 quatre-vingt-un	91 quatre-vingt-onze
72 soixante-douze	82 quatre-vingt-deux	92 _____
73 _____	83 _____	93 quatre-vingt-treize
74 _____	84 quatre-vingt-quatre	94 _____
75 _____	85 _____	95 quatre-vingt-quinze
76 _____	86 _____	96 _____
77 soixante-dix-sept	87 quatre-vingt-sept	97 quatre-vingt-dix-sept
78 _____	88 _____	98 _____
79 _____	89 _____	99 quatre-vingt-dix-neuf

Beachten Sie

- Bei 81 quatre-vingt-un und 91 quatre-vingt-onze wird et nicht verwendet.
- Vingt wird mit -s geschrieben, wenn es als letzte Zahl steht. Folgt auf vingt eine andere Zahl, so bleibt es unverändert:
  80 quatre-vingts, 85 quatre-vingt-cinq.

Test 3

Schreiben Sie die folgenden Zahlen in Ziffern.

____ trente-huit	____ quarante-neuf
____ cinquante-trois	____ quatre-vingt-dix-neuf
____ quatre-vingt-cinq	____ soixante-treize
____ soixante-quinze	____ soixante-neuf
____ soixante-dix-huit	____ quatre-vingt-onze

1 Zahlen

Zahlen, Zeit- und Mengenangaben

1.1.4 Die Grundzahlen ab 100

Der Bindestrich steht nur zwischen der Zehnerzahl und der Grundzahl. Alle anderen Zahlen werden getrennt geschrieben (ohne Bindestrich) und in derselben Reihenfolge wie im Deutschen gelesen:

100 cent	1 000 mille	1 000 000 un million
101 cent un	1 001 mille un	2 000 000 deux millions
117 cent dix-sept	1 010 mille dix	20 000 000 vingt millions
200 deux cents	2 000 deux mille	...
201 deux cent un	...	1 000 000 000 un milliard
215 deux cent quinze	30 000 trente mille	3 000 000 000 trois milliards
300 trois cents	100 000 cent mille	
328 trois cent vingt-huit	300 000 trois cent mille	

Beachten

- Cent wird (ähnlich wie vingt) mit -s geschrieben, wenn es multipliziert wird und als letzte Zahl steht. Folgt auf cent eine weitere Zahl, so bleibt es unverändert: 200 deux cents, **aber:** 203 deux cent trois.
- Anders als im Deutschen kann un nicht vor cent oder mille stehen. „Einhundert" heißt auf Französisch nur cent, „eintausend" heißt nur mille:
  130 einhundert dreißig → cent trente
  1 500 eintausendfünfhundert → mille cinq cents.
- Mille (tausend) ist unveränderlich.
- Million und milliard sind maskuline Substantive und werden im Plural mit -s geschrieben:
  3 000 000 trois millions, 2 000 000 000 deux milliards.
  Folgt ein Substantiv, so wird es mit der Präposition de angeschlossen:
  trois millions d'euros drei Millionen Euro
  des milliards d'années Milliarden von Jahren.
- Kurze, nicht sehr hohe Zahlen werden in der Regel in einem Text in Buchstaben geschrieben:
  J'habite ici depuis **vingt** ans. Ich wohne hier seit **zwanzig** Jahren.
  On estime à 35 000 le nombre des manifestants. Man schätzt die Zahl der Demonstranten auf 35 000.

Test 4

Lesen Sie die folgenden Zahlen.
500, 145, 378, 1 240, 15 000, 350 550, 3 300 000, 1 311 950 200.

Zahlen, Zeit- und Mengenangaben

1.2 Die Ordnungszahlen

Die Ordnungszahlen antworten auf die Frage „der/die/das Wievielte?" und geben eine Rangordnung in einer Reihe an:
C'est mon **troisième** essai. Dies ist mein **dritter** Versuch.
Il est arrivé **premier**. Er ist als **erster** angekommen.

Ordnungszahlen richten sich im Numerus nach ihrem Bezugswort. Nur premier und second sind im Genus veränderlich:
le premier jour du printemps der erste Frühlingstag
les premiers jours du printemps die ersten Frühlingstage
la première communion die erste Kommunion
les premières années de la vie die ersten Lebensjahre

1.2.1 Bildung der Ordnungszahlen
Die Ordnungszahlen werden gebildet, indem man die Endung -ième an die entsprechende Grundzahl anhängt:
3 trois + -ième → troisième dritte/-r/-s
10 dix + -ième → dixième zehnte/-r-/-s
100 cent + -ième → centième hundertste/-r/-s
Endet die Grundzahl auf -e, entfällt dieses -e:
11 onze → onzième elfte/-r/-s, 15 quinze → quinzième fünfzehnte/-r/-s,
30 trente → trentième dreißigste/-r/-s.
Aber:
un → premier/-ière erste/-r/-s
le premier jour der erste Tag, la première nuit die erste Nacht

Beachten Sie
– Der Zahl 5 cinq wird ein -u hinzugefügt: cinq → cinquième fünfte/-r/-s.
– Das -f von neuf wird zu -v: neuf → neuvième neunte/-r/s.
– Der Grundzahl 2 deux entsprechen zwei Ordnungszahlen, die meistens austauschbar sind: deuxième und second/-e [s(ə)gɔ̃]:
  la deuxième / seconde place der zweite Platz.
  Second/-e wird heute seltener verwendet als deuxième.
– Das von un abgeleitete unième wird nur bei zusammengesetzten Zahlen verwendet: trente et un → le trente et unième jour der 31. Tag.

Test 5

Setzen Sie die jeweils passende Ordnungszahl ein.
1. C'est mon _____ jour. Das ist mein erster Tag.
2. C'est son _____ essai. Das ist sein / ihr dritter Versuch.

1 Zahlen

31 Zahlen, Zeit- und Mengenangaben

3. Il est _____. Er ist vierter.
4. Il fête son _____ anniversaire. Er feiert seinen 21. Geburtstag.
5. Je voyage toujours en _____ classe. Ich fahre immer 2. Klasse.
6. J'habite au _____ étage. Ich wohne im 12. Stock.

1.2.2 Notierung der Ordnungszahlen als Ziffer
Anders als im Deutschen werden die Ordnungszahlen ohne Punkt geschrieben und wie folgt abgekürzt:
la 2e fois das 2. Mal, le 3e prix der 3. Preis, la 9e symphonie die 9. Symphonie, le XIXe siècle das 19. Jahrhundert.
Aber:
premier/-ière → le 1er prix der 1. Preis, la 1ère rue die 1. Straße
second/-e → le 2nd prix der 2. Preis, la 2nde fois das 2. Mal.

Test 6
Kürzen Sie die in Klammern stehende Ordnungszahl ab.
1. (deuxième) le ___ à partir de la gauche der 2. von links
2. (premier) le ___ rang die 1. Reihe
3. (centième) le ___ anniversaire der 100. Geburtstag
4. (vingt-cinquième) la ___ rue die 25. Straße
5. (second) le ___ tome der 2. Band
6. (première) la ___ rue à droite die 1. Straße rechts

1.2.3 Ableitung zu Adverbien
Von den Ordnungszahlen können Adverbien abgeleitet werden, indem man die Endung -ment an die feminine Form der Ordnungszahl anhängt:
première → premièrement erstens
deuxième → deuxièmement zweitens
troisième → troisièmement drittens
Aber:
Von second/-e kann kein Adverb abgeleitet werden.

1.3 Unterschiedlicher Gebrauch der Grund- und Ordnungszahlen

Anders als das Deutsche verwendet das Französische in den folgenden Fällen eine Grundzahl:

Zahlen, Zeit- und Mengenangaben 31

– bei Datumsangaben (➜ 2.2) **Aber:** der erste Tag des Monats wird mit premier angegeben	le 25 (vingt-cinq) décembre der 25. Dezember Colmar, le 3 (trois) janvier Colmar, den 3. Januar le 1er (premier) avril der 1. April
– bei Herrschernamen **Aber:** der erste Vertreter einer Dynastie wird mit premier angegeben	Louis XIV (quatorze) Ludwig der Vierzehnte Henri IV (quatre) Heinrich der Vierte Frédéric 1er Friedrich der Erste
– in Redewendungen	à deux zu zweit, à trois zu dritt … un Français sur deux jeder zweite Franzose tous les deux jours jeden zweiten Tag

Test 7
Grundzahl oder Ordnungszahl? Schreiben Sie das passende Zahlwort.
1. le _____ juin der einundzwanzigste Juni
2. un jour sur _____ jeden zweiten Tag
3. Nous sommes _____. Wir sind zu sechst.
4. le _____ mai der erste Mai
5. Henri _____ Heinrich der Dritte

TIPP

Dies waren die wichtigsten Informationen über die Grund- und Ordnungszahlen. Wenn Sie erst angefangen haben Französisch zu lernen, können Sie nun mit ➜ 2 weitermachen und die nächsten Abschnitte zu einem späteren Zeitpunkt erarbeiten.

1.4 Die Bruchzahlen

Die Bruchzahlen werden, bis auf die drei ersten (demi halb, tiers Drittel, quart Viertel) regelmäßig gebildet: Wie im Deutschen steht im Zähler die Grundzahl und im Nenner die Ordnungszahl: $1/8$ un huitième ein Achtel.

Beachten Sie
– Die Bruchzahlen sind veränderlich: Ist der Zähler größer als eins, so wird die Ordnungszahl im Nenner mit -s geschrieben:
$1/100$ un centième, $3/100$ trois centièmes.

31 Zahlen, Zeit- und Mengenangaben

– Folgt auf eine Bruchzahl ein Substantiv, so wird es mit der Präposition de angeschlossen:
les deux tiers **des** personnes interrogées zwei Drittel der befragten Personen.

1.4.1 Demi halb
Anstelle von deuxième wird demi verwendet: un demi ein halber.

Beachten Sie
– Vor einem Substantiv ist demi unveränderlich. Das Substantiv wird mit Bindestrich angeschlossen:
la **demi**-finale das Halbfinale
des **demi**-litres halbe Liter
– Die Wendung à demi (halb / zur Hälfte) ist ebenfalls unveränderlich:
Nous étions **à demi** morts de faim. Wir waren **halb** verhungert.
– Et demi/-e (einhalb) steht immer im Singular, richtet sich aber im Genus nach dem Substantiv, das es näher bestimmt (➡ **2.1.2** Angabe der Uhrzeit):

maskulin	feminin
un an et demi eineinhalb Jahre trois ans et demi dreieinhalb Jahre	une tasse et demie eineinhalb Tassen deux tasses et demie zweieinhalb Tassen

1.4.2 Tiers Drittel und quart Viertel
Anstelle von troisième und quatrième werden für die Bruchzahlen tiers (Drittel) und quart (Viertel) verwendet:
¹/₄ un **quart** d'heure eine Viertel Stunde
¹/₃ le **tiers** provisionnel die Steuervorauszahlung.

Test 8
Lesen Sie und schreiben Sie die folgenden Bruchzahlen.
1. ¹/₄ _____
2. ¹/₂ _____
3. ¹/₈ _____
4. ⁵/₈ _____
5. ³/₄ _____
6. ²/₃ _____

1.5 Die Sammelzahlen

Sammelzahlen (auch „Kollektivzahlen" genannt) sind feminine Substantive, die eine ungenaue Menge oder Anzahl angeben und dem deutschen „circa", „etwa" oder „ungefähr" entsprechen. Wie alle Substantive erhalten die Sammelzahlen im Plural ein -s:

Zahlen, Zeit- und Mengenangaben

une centaine de blessés circa hundert Verletzte
des centaines de blessés Hunderte von Verletzten.

1.5.1 Sammelzahlen zur Kennzeichnung einer ungenauen Menge

Sammelzahlen zur Kennzeichnung einer ungenauen Menge werden gebildet, indem man die Endung -aine an die Grundzahl anhängt:
vingt → une vingtaine ungefähr 20
cent → une centaine circa 100
Aber:
dix → une dizaine ca. 10
mille → un millier ca. 1 000

Beachten Sie
– Endet die Grundzahl auf -e, so entfällt dieses -e:
 douze → douzaine circa zwölf, quinze → quinzaine circa fünfzehn.
– Sammelzahlen sind Substantive und werden mit Begleiter verwendet:
 Il y avait **une vingtaine** de personnes. Es waren ca. zwanzig Leute da.
– Folgt ein Substantiv auf die Sammelzahl, so wird dieses mit der Präposition de angeschlossen:
 Il a une soixantaine d'années. Er ist ungefähr 60 Jahre alt.

Auf Entdeckung

Die Liste der Sammelzahlen ist begrenzt. Leiten Sie von der jeweiligen Grundzahl die Sammelzahl ab. Sie erhalten dann sämtliche französischen Sammelzahlen. (➡ **Lösungen**)

8 huit → une huitaine	40 quarante → une _____
10 dix → une _____	50 cinquante → une _____
12 douze → une _____	60 soixante → une _____
15 quinze → une _____	100 cent → une _____
20 vingt → une _____	1 000 mille → un millier
30 trente → une _____	

Beachten Sie
– Huitaine ist nur in Verbindung mit jours (Tage) gebräuchlich:
 Nous sommes restés une huitaine de jours. Wir sind etwa 8 Tage geblieben.
– Sammelzahlen sind nur von einfachen Grundzahlen ableitbar. Um eine ungenaue Menge mit zusammengesetzten Zahlen auszudrücken, verwendet man die Adverbien environ circa oder à peu près ungefähr.
 C'était il y a **environ** vingt-cinq ans. Es war vor **circa** 25 Jahren.
 Elle a **à peu près** soixante-dix ans. Sie ist **ungefähr** 70 Jahre alt.

31 Zahlen, Zeit- und Mengenangaben

– Une douzaine kann auch genau 12 bedeuten, z. B. beim Einkaufen oder Bestellen:
Je voudrais une douzaine d'huîtres. Ich möchte zwölf Austern.
Demzufolge bedeutet une demi-douzaine sechs: Je voudrais une demi-douzaine d'œufs. Ich möchte 6 Eier.

1.5.2 Sammelzahlen auf -aire
Durch Anhängen der Endung -aire an die lateinische Zahlwurzel können weitere Sammelzahlen gebildet werden. Sie werden verwendet

– bei ungefährer Altersangabe.	un quinquagénaire ein Mann in den Fünfzigern une octogénaire eine Frau in den Achtzigern
– bei genauer Angabe eines Zeitraums.	le centenaire das hundertjährige Jubiläum le millénaire das Jahrtausend

Test 9
Setzen Sie die jeweils fehlende Sammelzahl ein.
1. Je pars dans une _____ de jours. Ich fahre in ca. 10 Tagen.
2. Donnez-moi une _____ d'œufs, s.v.p. Geben Sie mir 12 Eier, bitte.
3. En Crète, il y a beaucoup de _____. Auf Kreta leben viele hundertjährige Menschen.
4. J'ai invité une _____ d'amis à mon anniversaire. Ich habe etwa 30 Freunde zu meinem Geburtstag eingeladen.

1.6 Die Vervielfältigungszahlen

Vervielfältigungszahlen drücken das Vielfache einer Menge aus. Die meisten werden mit dem Suffix -uple gebildet: cent → centuple das Hundertfache.

1.6.1 Gebräuchliche Vervielfältigungszahlen
Nur die zwei ersten Vervielfältigungszahlen sind gebräuchlich:
double doppelt → voir double doppelt sehen
triple dreifach → en triple exemplaire in dreifacher Ausfertigung.

1.6.2 Seltene Vervielfältigungszahlen
Die anderen Vervielfältigungszahlen gehören zu den so genannten mots savants (Fachwörter) des Französischen und werden selten verwendet. Sie werden gebildet, indem man das Suffix -uple an die lateinische Wurzel anhängt:
quadruple vierfach, quintuple fünffach, sextuple sechsfach …

Zahlen, Zeit- und Mengenangaben 31

Beachten Sie
Die Vervielfältigungszahlen werden im Alltag meistens durch andere Wendungen ersetzt:
payer **le quintuple** → payer **cinq fois plus** das Fünffache bezahlen
deux fois plus grand doppelt so groß
quadrupler → **multiplier par quatre** vervierfachen

Test 10
Setzen Sie die jeweils fehlende Vervielfältigungszahl oder eine gleichbedeutende Wendung ein.
1. Il faut faire un _____ nœud. Man muss einen doppelten Knoten machen.
2. Huit est le _____ de deux. Acht ist das Vierfache von zwei.
3. Elle a un _____ menton. Sie hat ein dreifaches Kinn.

2 Zeitangaben

2.1 Die Uhrzeit

Zur Angabe der Uhrzeit werden wie im Deutschen die Grundzahlen verwendet.

2.1.1 Offizielle und umgangssprachliche Uhrzeitangabe
Wie im Deutschen unterscheidet man zwischen einer offiziellen (z. B. in den Medien) und einer umgangssprachlichen Zeitangabe:

in Ziffern	offizielle Zeitangabe	umgangssprachliche Zeitangabe
13h00	treize heures	une heure
20h45	vingt heures quarante-cinq	neuf heures moins le quart

Beachten Sie
- Die offizielle Zeitangabe erfolgt genau wie im Deutschen: die Stunden werden von 0 bis 24 und die Minuten von 1 bis 59 gezählt:
  12h30 douze heures trente   22h56 vingt-deux heures cinquante-six
  15h18 quinze heures dix-huit   23h05 vingt-trois heures zéro cinq.
- Im alltäglichen Sprachgebrauch werden die Stunden nur von 1 bis 11 gezählt. Die zwölfte Stunde wird jeweils mit midi (Mittag) und minuit (Mitternacht) bezeichnet. Unklarheiten werden durch Ergänzungen wie du matin (morgens), de l'après-midi (nachmittags) oder du soir (abends) beseitigt:
  12h00 → Il est **midi**. Es ist 12 Uhr / Mittag.
  15h00 → jusqu'à **trois heures de l'après-midi** bis drei Uhr nachmittags

31 Zahlen, Zeit- und Mengenangaben

22h00 → Il est **10 heures du soir**. Es ist 10 Uhr nachts.
24h00 → Il est **minuit**. Es ist 24 Uhr / Mitternacht.
- Ab „2 Uhr" steht anders als im Deutschen heure im Plural:
  Il est une **heure**. Es ist 1 **Uhr**.
  Il est quinze **heures**. Es ist 15 **Uhr**.

 Test 11
Geben Sie die Uhrzeit an. Fangen Sie mit der offiziellen Angabe an.
1. 18h00 _____ oder _____ 18 Uhr oder 6 Uhr (abends)
2. 21h00 _____ oder _____ 21 Uhr oder 9 Uhr (abends)
3. 12h00 _____ oder _____ 12 Uhr oder Mittag
4. 16h00 _____ oder _____ 16 Uhr oder 4 Uhr

2.1.2 Angabe der Uhrzeit

Die Frage nach der Uhrzeit lautet: Quelle heure est-il ? Wie viel Uhr ist es? und wird wie folgt beantwortet: Il est ... heure(s). Es ist ... Uhr.

– **Volle Stunden** Anders als im Deutschen kann heure/-s (Uhr) nicht entfallen.	Il est **une heure**. Es ist **ein Uhr**. Il est **trois heures**. Es ist **drei** (Uhr).
– **... nach** Die Minuten werden direkt hinzugefügt. **Aber:** Quart (Viertel) und demi/-e (halb) werden mit et (und) eingeführt.	Il est huit heures **cinq**. Es ist **fünf nach** acht. Il est midi **dix**. Es ist **zehn nach** zwölf. Il est six heures **et quart**. Es ist **Viertel nach** sechs. Il est une heure **et demie**. Es ist **halb zwei**. Il est midi **et demi(e)**. Es ist **halb eins**.
– **... vor** Die Minuten werden mit moins (minus) von der nächsten Stunde abgezogen. **Aber:** „Viertel vor" heißt moins le quart	Il est une heure **moins cinq**. Es ist **fünf vor** eins. Il est trois heures **moins vingt**. Es ist **zwanzig vor** drei. Il est cinq heures **moins le quart**. Es ist **Viertel vor** fünf.

Beachten Sie
- Anders als im Deutschen werden im Französischen zuerst die Stunden und dann die Minuten angegeben.
  Il est huit heures cinq. Es ist fünf nach acht.

Zahlen, Zeit- und Mengenangaben

- Bei et demi/-e geht das Französische von der angefangenen Stunde aus und fügt eine halbe Stunde hinzu, während das Deutsche auf die nächste Stunde hinweist: **huit** heures et demie halb **neun**.
- In Verbindung mit midi (Mittag) und minuit (Mitternacht) kann demi mit oder ohne -e geschrieben werden:
  Il est minuit et demi(e). Es ist halb ein Uhr nachts.
  Il est midi et demi(e). Es ist halb eins.
- Das deutsche „um" + Uhrzeit wird mit der Präposition à wiedergegeben.
  A quelle heure ? – A midi. Um wie viel Uhr? – Um zwölf.

Test 12
Schreiben Sie die Uhrzeit in Buchstaben. Verwenden Sie dabei die umgangssprachliche Uhrzeitangabe.
Il est ... Es ist ...
1. 9h15 _____
2. 6h20 _____
3. 8h45 _____
4. 22h30 _____
5. 1h50 _____
6. 12h30 _____

2.2 Das Datum

Zur Angabe des Datums werden die Grundzahlen verwendet. Nur für den ersten des Monats steht die Grundzahl premier erster (➡ **1.3**):
Aujourd'hui, nous sommes **le premier mai**. Heute haben wir den ersten Mai.
Nous partons **le sept juillet** en vacances. Wir fahren am 7. Juli in Urlaub.

Beachten Sie
- Die Frage nach dem Datum lautet: Nous sommes / On est le combien aujourd'hui ? Den Wievielten haben wir heute?
- Wie im Deutschen steht vor dem Datum der bestimmte Artikel:
  le 3 juin (le trois juin) **der** 3. Juni.
- Zur Angabe des Datums in Briefen werden meistens Schrägstriche benutzt:
  Colmar, le 14/03/06 oder Colmar, le 14 mars 2006.

Test 13

Übersetzen Sie die folgenden Zeitangaben ins Französische (der französische Monatsname steht jeweils in Klammern).
1. der 28. Oktober (octobre) _____
2. am 24. Dezember (décembre) _____
3. der 10. Mai 2006 (mai) _____
4. der 1. September (septembre) _____

31 Zahlen, Zeit- und Mengenangaben

2.3 Die Wochentage

Die Wochentage lauten: lundi Montag, mardi Dienstag, mercredi Mittwoch, jeudi Donnerstag, vendredi Freitag, samedi Samstag, dimanche Sonntag.

Auf Entdeckung
Vergleichen Sie beide Sprachen und lösen Sie die unten stehende Aufgabe. Welche Unterschiede fallen Ihnen beim Gebrauch der Wochentage auf?

Französisch	Deutsch
Qu'est-ce qu'on fait **dimanche** ?	Was machen wir **am Sonntag**?
Je rentre **samedi**.	Ich komme **am Samstag** zurück.
Je ne travaille pas **le lundi**.	Ich arbeite **montags** nicht.
Le mardi, j'ai cours de danse.	**Jeden Dienstag** habe ich Tanzkurs.

Kreuzen Sie ja oder nein an.   ja nein
1. Die Wochentage werden im Französischen immer mit einer Präposition verwendet. ☐ ☐
2. Das deutsche „am" + Wochentag wird im Französischen nur mit dem Wochentag ohne Präposition und Artikel wiedergegeben. ☐ ☐
3. „Dienstags" heißt auf Französisch le mardi. ☐ ☐
4. Der bestimmte Artikel le + Wochentag bedeutet, dass an diesem Wochentag etwas regelmäßig geschieht. ☐ ☐

Beachten Sie
In Verbindung mit einem Wochentag bedeutet à bis (und niemals „am"):
Salut et **à** lundi ! Tschüss und **bis** Montag!

Test 14
Markieren Sie den richtigen Ausdruck.
1. (Le samedi / Samedi), c'est jour de marché. **Samstags** ist Markttag.
2. Que faites-vous (vendredi / à vendredi) ? Was machen Sie **am Freitag**?
3. Elle arrive (le mardi / mardi). Sie kommt **am Dienstag** an.
4. Je ne travaille pas (le lundi / lundi). Ich arbeite **montags** nicht.
5. D'accord, (le / à) samedi ! Einverstanden, **bis Samstag**!

2.4 Jahreszahlen und Jahrhunderte

2.4.1 Jahreszahlen
– Die Jahreszahlen können auf verschiedene Weise gelesen werden:
   1989 → mille neuf cent quatre-vingt-neuf / dix-neuf cent quatre-vingt-neuf.

Zahlen, Zeit- und Mengenangaben 31

- Jahreszahlen werden mit der Präposition en eingeführt:
  Il est né **en** 1989. Er ist 1989 geboren.
- Bei Jahreszahlen kann mille (tausend) auch mil geschrieben werden. Dies kommt selten vor (ist aber in juristischen Schriften üblich) und ist nur für das zweite Jahrtausend nach Christi Geburt möglich:
  en 1789 → en **mil** sept cent quatre-vingt-neuf.
- Ausdrücke wie „die sechziger Jahre" werden mit les années soixante wiedergegeben.

2.4.2 Jahrhunderte

- Wie im Deutschen werden Jahrhunderte mit einer Ordnungszahl angegeben:
  le XXIe siècle = le vingt et unième siècle das 21. Jahrhundert
- Jahrhunderte werden mit der Präposition à + bestimmter Artikel (au im) eingeführt:
  au XIXe siècle = **au** dix-neuvième siècle im 19. Jahrhundert.

Beachten Sie
Im Französischen werden in der Regel die Jahrhunderte mit römischen Ziffern notiert:
le XVIIIe siècle das 18. Jahrhundert.

Test 15

Lesen Sie die folgenden Sätze.
1. Marie Curie est née en 1868. Marie Curie ist 1868 geboren.
2. François Truffaut est mort en 1984. Truffaut ist 1984 gestorben.
3. En 2001, l'euro a remplacé le franc. 2001 hat der Euro den Franc ersetzt.
4. J'adore la littérature du XIXe siècle. Ich liebe die Literatur des 19. Jahrhunderts.

2.5 Die Monate und die Jahreszeiten

2.5.1 Die Monate
- Die Monatsnamen lauten:
  janvier Januar, février Februar, mars März, avril April, mai Mai, juin Juni, juillet Juli, août August, septembre September, octobre Oktover, novembre November, décembre Dezember.
- Die Monatsnamen werden mit der Präposition en (im) oder der Wendung au mois de (im Monat) eingeführt:
  Je ne suis pas là **en** juillet / **au mois de** juillet. Ich bin **im** Juli nicht da.

2 Zeitangaben **569**

Zahlen, Zeit- und Mengenangaben

2.5.2 Die Jahreszeiten
- Wie im Deutschen sind die Jahreszeiten im Französischen maskulin:
  un printemps très doux ein sehr milder Frühling
  un été pluvieux ein regnerischer Sommer
  un automne magnifique ein herrlicher Herbst
  un hiver rigoureux ein strenger Winter.
- Die Jahreszeit wird mit der Präposition en verwendet:
  en hiver im Winter, en été im Sommer, en automne im Herbst.
  Aber:
  au printemps im Frühling
- Zur Angabe einer Regelmäßigkeit kann der bestimmte Artikel anstelle der Präposition en (nicht aber anstelle von au) stehen:
  L'hiver, je fais du ski et l'été du parapente. Im Winter fahre ich Schi und im Sommer fliege ich mit dem Gleitschirm.

Test 16
Welche Präposition steht vor der Zeitangabe?
1. ___ mois d'août, Paris appartient aux touristes. Im August gehört Paris den Touristen.
2. C'est ___ printemps qu'il faut aller en Grèce. Man sollte im Frühjahr nach Griechenland fahren.
3. ___ octobre, c'est mon anniversaire. Im Oktober habe ich Geburtstag.
4. La Fontaine est né ___ 1621. La Fontaine ist 1621 geboren.

3 Maße und Mengenangaben

Anders als im Deutschen haben Maße und Mengenangaben im Französischen eine Pluralform: 100 grammes 100 Gramm.
In der Tabelle sind die gebräuchlichsten Maße und Mengenangaben aufgelistet:

Maße		Mengenangaben	
1 mm	un millimètre	1 g	un gramme
1 cm	un centimètre	100 g	cent grammes
1 m	un mètre	500 g	cinq cents grammes / une livre
1 km	un kilomètre	1 kg	un kilo(gramme)
1 m^2	un mètre carré	100 kg	cent kilos / un quintal
1 m^3	un mètre cube	1 t	une tonne
1°	un degré	1 l	un litre

Zahlen, Zeit- und Mengenangaben

Beachten Sie
- Folgt ein Substantiv auf eine Maß- oder Mengenangabe, so wird es mit der Präposition de (von) und ohne Artikel angeschlossen (➡ **Kapitel 4, Der Artikel, 4.2**):
  deux mètres de tissu zwei Meter Stoff, un litre de lait ein Liter Milch.
- Folgende Wendungen werden zur Angabe von Temperaturen gebraucht:
  Il fait 20° (degrés). Es hat 20 Grad.
  Il fait 15 degrés au-dessous de zéro. Es hat 15 Grad unter Null.
  Il fait 15 degrés au-dessus de zéro. Es hat 15 Grad über Null.
  Il fait moins quinze (degrés). Es hat minus 15 Grad.

Test 17
Tragen Sie die richtige Maß- oder Mengenangabe in Buchstaben ein.
1. (km) La plage est à 3 _____. Der Strand ist 3 km entfernt.
2. (kg) Je pèse 63 _____. Ich wiege 63 Kilo.
3. (°) Il fait 35 _____ à l'ombre. Es hat 35 Grad im Schatten.
4. (m^2) La cuisine fait 15 _____. Die Küche hat 15 Quadratmeter.

4 Rechnen

Die folgenden Rechenoperationen werden wie folgt gelesen:

4 + 3 = 7	quatre plus trois font sept
9 − 4 = 5	neuf moins quatre égalent cinq
3 × 5 = 15	trois fois cinq font quinze / trois multiplié par …
12 : 3 = 4	douze divisé par trois égalent quatre
12,5 + 0,5 = 13	douze virgule cinq plus zéro virgule cinq égalent treize
10 %	dix pour cent

Beachten Sie
Das Ergebnis einer Rechenaufgabe kann mit font (machen) oder égalent (sind gleich) angegeben werden.

Test 18
Die folgenden Rechenaufgaben stimmen nicht ganz. Verbessern Sie bitte das jeweils fehlerhafte Element (unterstrichen).
1. Quatre fois cinq fait vingt-cinq.
2. Trente-cinq divisé par sept égalent six.
3. Quatre plus 28 égalent trente et un.
4. Trois fois cinq font huit.
5. Cent plus trois égalent cent trente.
6. Trente plus six font vingt-quatre.

31 Zahlen, Zeit- und Mengenangaben

Auf den Punkt gebracht

1. (⟹ 1.1)
a) Markieren Sie die richtige Alternative.
   1. Die Grundzahlen sind (maskulin / feminin).
   2. Die meisten Grundzahlen sind (veränderlich / unveränderlich).
   3. Die Grundzahlen werden (getrennt / in einem Wort) geschrieben.
   4. In der Regel wird die Grundzahl (mit Bindestrich / mit et) an den Zehner angeschlossen.
   5. Cent (hundert) ist (veränderlich / unveränderlich).
   6. Mille (tausend) ist (veränderlich / unveränderlich).

b) Schreiben Sie die folgenden Zahlen aus.
   0 _____   10 _____   20 _____   30 _____
   40 _____   50 _____   60 _____   70 _____
   80 _____   90 _____   100 _____   1 000 _____
   100 000 _____   1 000 000 _____   100 000 000 _____

2. (⟹ 1.2)
Markieren Sie die richtige Alternative.
   1. Die Ordnungszahlen sind (veränderlich / unveränderlich).
   2. Die Ordnungszahlen enden in der Regel auf (-ième / -aine).
   3. Deuxième wird mit (2ème / 2e) abgekürzt.

3. (⟹ 1.3)
Wie heißt es auf Französisch?
   1. der 30. Mai _____   3. jeden zweiten Tag _____
   2. zu dritt _____   4. Napoléon III _____

4. (⟹ 1.4)
Schreiben Sie die folgenden Bruchzahlen aus.
$1/2$ _____ $7/8$ _____ $3/4$ _____

5. (⟹ 1.5 und ⟹ 1.6)
Markieren Sie die richtige Alternative.
   1. Sammelzahlen sind (feminine / maskuline) Substantive.
   2. Sammelzahlen sind (veränderlich / unveränderlich).
   3. Centaine ist (eine Sammelzahl / eine Vervielfältigungszahl).
   4. Vervielfältigungszahlen werden mit (-aire / -uple) abgeleitet.

Zahlen, Zeit- und Mengenangaben 31

6. (➞ 2.1)
Markieren Sie die richtige Alternative.
1. Die Minuten werden (direkt / mit et) zur vollen Stunde hinzugefügt.
2. Demie und quart werden (direkt / mit et) zur vollen Stunde hinzugefügt.
3. Die Zeit vor der vollen Stunde wird mit (moins / plus) angegeben.
4. „Viertel vor" heißt auf Französisch (moins un quart / moins le quart).
5. Six heures et demie heißt auf Deutsch (halb sechs / halb sieben).

7. (➞ 2.2, ➞ 2.3, ➞ 2.4 und ➞ 2.5)
Ergänzen Sie die folgenden Aussagen.
1. Der 1. Mai heißt auf Französisch le _____ mai.
2. Der 30. Juni heißt auf Französisch le _____ juin.
3. Lundi heißt auf Deutsch _____, le lundi bedeutet _____.
4. Die Präposition ___ vor dem Wochentag bedeutet „bis".
5. Jahreszahlen und Monate werden mit der Präposition ___ eingeführt.
6. Jahrhunderte werden mit der Präposition ___ eingeführt.

8. (➞ 3)
Markieren Sie die richtige Alternative und ergänzen Sie das Beispiel.
1. Maße und Mengenangaben haben (eine / keine) Pluralform.
2. Substantive, die auf Maße oder Mengenangaben folgen, werden mit der Präposition (à / de) angeschlossen: un kilo ___ farine ein Kilo Mehl.

9. (➞ 4)
Ergänzen Sie die ausgeschriebenen Rechenaufgaben.
1. 3 × 7 = 21 → trois _____ sept égalent vingt et un.
2. 15 : 3 = 5 → quinze _____ par trois font cinq.
3. 10 + 15 = 25 → dix _____ quinze font vingt-cinq.
4. 100 − 25 = 75 → cent _____ vingt-cinq égalent soixante-quinze.
5. 10 % de 250 = 25 → dix _____ de deux cent cinquante font vingt-cinq.

Und wenn Sie noch neugierig sind ...
Die folgenden Redewendungen enthalten alle ein Zahlwort. Können Sie die richtige deutsche Entsprechung zuordnen?

1. J'ai vu trente-six chandelles. a. die dritte Welt
2. J'arrive dans cinq minutes.   b. Ich habe Sterne gesehen.
3. Il fait les trois huit.   c. Ich komme gleich.
4. Elle marche à quatre pattes.   d. Er arbeitet in Schicht.
5. J'ai deux mots à te dire.   e. die Achterbahn
6. le tiers-monde   f. Ich habe ein Wörtchen mit dir zu reden.
7. le grand huit   g. Sie geht auf allen Vieren.

32 Wortbildung

Was Sie vorab wissen sollten

Eine Sprache braucht und generiert ständig neue Wörter. Sie tut das vor allem, indem sie Wörter aus anderen Sprachen entlehnt (z. B. week-end Wochenende) oder aus ihrem eigenen Fundus neue Wörter bildet.

In diesem Kapitel geht es um die wichtigsten Möglichkeiten der Wortbildung im Französischen:
– die Zusammensetzung
   porter tragen + monnaie Kleingeld → porte-monnaie Geldbeutel
– die Ableitung durch Präfixe (Vorsilben) oder Suffixe (Nachsilben)
   Präfix: porter tragen → **em**porter **mit**nehmen
   Suffix: porter tragen → port**able** trag**bar**
   Prä- und Suffix: imaginer sich vorstellen → **in**imagin**able** **un**vorstell**bar**
– die Ableitung durch Wortartwechsel ohne Änderung der Form
   sourire lächeln → le sourire das Lächeln
– die Abkürzung
   autocar Reisebus → car

1 Die Zusammensetzung

Bei der Zusammensetzung werden zwei oder mehrere Einzelwörter zur Bildung eines neuen Begriffs (= Kompositum) verbunden.
Substantiv: grand-mère Großmutter, restoroute Autobahnrestaurant
Adjektiv: petit-bourgeois kleinbürgerlich / spießig, jaune citron zitronengelb

Beachten Sie
– Die verschiedenen Bestandteile des Kompositums werden im Französischen oft mit einer Präposition verbunden:
   le compte **en** banque das Bankkonto
   le sac **à** dos der Rucksack
– Anders als im Deutschen steht das Grundwort (Hauptträger der Bedeutung des Kompositums) in der Regel an erster Stelle. Vergleichen Sie:
   chaise longue Liege**stuhl**
   lecteur de CD CD-**Player**

1.1 Schreibung der Komposita

Es gibt drei Möglichkeiten, französische Komposita zu schreiben:
1. zusammen: portefeuille Brieftasche
2. getrennt: chaise longue Liegestuhl
3. mit Bindestrich: arc-en-ciel Regenbogen

Wortbildung 32

> **TIPP**
>
> Es gibt keine eindeutige Regel zur Schreibung der Komposita. Das Wörterbuch hilft Ihnen im Zweifelsfall immer weiter.

1.2 Bestandteile des Kompositums

Die Zusammensetzung ermöglicht die Bildung neuer Substantive und Adjektive.

1.2.1 Zusammengesetzte Substantive

Auf Entdeckung

Schreiben Sie die folgenden Komposita in den jeweils passenden Kasten. So erhalten Sie einen Überblick über die möglichen Bestandteile zusammengesetzter Substantive:

~~chou fleur~~ Blumenkohl
laissez-passer Passierschein
porte-bonheur Glücksbringer
café au lait Milchkaffee
contre-offensive Gegenangriff
voie express Schnellstraße

belle-sœur Schwägerin
salle à manger Esszimmer
passe-partout Generalschlüssel
non-fumeur Nichtraucher
le qu'en-dira-t-on das Gerede der Leute

Wortart	Beispiel
1. Substantiv + Substantiv	chou-fleur Blumenkohl
2. Substantiv + Präposition + Substantiv	
3. Substantiv + Adjektiv	
4. Adjektiv + Substantiv	
5. Verb + Substantiv	
6. Substantiv + Präposition + Verb	
7. Verb + Adverb	
8. Verb + Verb	
9. Präposition + Substantiv	
10. Adverb + Substantiv	
11. feste Wendung	

1 Die Zusammensetzung **575**

Wortbildung

Beachten Sie
Zur Pluralbildung der Komposita siehe auch ➠ **Kapitel 3, Das Substantiv, 2.4**.

1.2.2 Zusammengesetzte Adjektive
Zusammengesetzte Adjektive bestehen aus den folgenden Elementen:

Wortart	Beispiele
1. Adjektiv + Adjektiv	franco-allemand deutsch-französisch
2. Präposition + Adjektiv	contre-révolutionnaire konterrevolutionär
3. Adverb + Adjektiv	anti-dérapant rutschfest

Beachten Sie
Zur Angleichung der zusammengesetzten Adjektive siehe ➠ **Kapitel 5, Das Adjektiv, 2.5**.

Test 1
Wenn Sie die Wörter innerhalb eines Kastens paarweise verbinden, können Sie folgende Komposita bilden: ~~Vorspeise~~, Halbbruder, Schwiegermutter, Fahrschule, Wundertüte, Glücksbringer, Muttersprache, Scheibenwischer, zusammengesetztes Wort, Korkenzieher.

hors-	frère	porte-	glace
pochette-	mère	mot	maternelle
tire-	surprise	auto-	bonheur
belle-	d'œuvre	essuie-	composé
demi-	bouchon	langue	école

2 Die Ableitung

Wörter werden abgeleitet, indem man ein Prä- oder Suffix an den Wortstamm (Substantiv, Adjektiv oder Verb) anhängt:
Ableitung durch Präfix: gel Frost → **dé**gel Tauwetter
Ableitung durch Suffix: lire lesen → lis**ible** leser**lich**

Beachten Sie
Es gibt auch eine Ableitung ohne Prä- oder Suffixe: coûter kosten → le coût die Kosten.

Wortbildung 32

> **TIPP**
>
> Wenn Sie die Bedeutung der Präfixe und Suffixe kennen, können Sie in vielen Fällen die Bedeutung des Wortes erschließen (➠ **Tabellen 2.1** und **2.2**):
> Präfix re- (wieder) → re**prendre wieder** nehmen
> Suffix -vore (essend) → herbi**vore** gras**fressend**

2.1 Ableitung durch Präfixe

Präfixe stehen am Wortanfang. Durch ihre eigene Bedeutung ändern sie die ursprüngliche Bedeutung des Stammwortes:
migrer wandern → émigrer **aus**wandern → immigrer **ein**wandern

Beachten Sie
Präfixe ändern nicht die Wortart des Stammwortes:
Adjektiv: possible möglich → Adjektiv: im**possible un**möglich
Verb: faire machen → re**faire wieder** machen
Substantiv: charge Last → Substantiv: sur**charge Über**lastung

> **TIPP**
>
> Sie müssen die folgenden Listen selbstverständlich nicht lernen, können sie aber jederzeit zum Nachschlagen verwenden.

Überblick über gebräuchliche Präfixe des Französischen. Viele kommen in beiden Sprachen vor.

Präfix	Entsprechung	Beispiel
a- (bei Adjektiven)	a-, un-	politique politisch → apolitique unpolitisch, social sozial → asocial asozial
a- ad- ap- vor p ac- vor c (bei Verben)	hin-, herbei-, hinzu- (näher bringen)	baisser senken → abaisser erniedrigen joindre fügen → adjoindre hinzufügen porter tragen → apporter hin-/ mitbringen courir rennen → accourir herbei rennen
anti-	gegen-, anti- vor- (zeitlich)	poison Gift → antipoison Gegengift dater datieren → antidater vordatieren
arch(i)-	erz-, äußerst- (verstärkend)	evêque Bischof → archevêque Erzbischof plein voll → archiplein brechend voll

2 Die Ableitung **577**

Wortbildung

Präfix	Entsprechung	Beispiel
auto-	selbst-	collant klebend → autocollant selbstklebend
bi-	bi-	polaire polar → bipolaire bipolar
co- col- vor l con- com- vor b/p	mit- zusammen-	habiter wohnen → cohabiter zusammenwohnen latéral seitlich → collatéral kollateral centrer zentrieren → concentrer konzentrieren battre schlagen → combattre bekämpfen
contre-	wider-	dire sagen → contredire widersprechen
cyber-	Internet-	café Café → cybercafé Internetcafé
dé- dés- dis- / dys-	ent-, des-, un-, miss- (Gegenteil)	ranger aufräumen → déranger stören armer bewaffnen → désarmer entwaffnen paraître scheinen → disparaître verschwinden fonctionnement Funktionieren → dysfonctionnement Funktionsstörung
é- ef- vor f	ab-, ent-	couler fließen / laufen → écouler ablaufen feuillage Laub → effeuillage Entlaubung
en- em- vor b/p	ein-	prison Gefängnis → emprisonner einsperren
entr(e)-	gegenseitig zwischen	aider helfen → s'entraider sich gegenseitig helfen poser stellen → entreposer zwischenlagern
ex-	ex-	porter tragen → exporter exportieren
hétéro- ↔ homo-	hetero- / homo-	sexuel sexuell → hétérosexuel / homosexuel heterosexuell / homosexuell
extra-	außer-	ordinaire gewöhnlich → extraordinaire außergewöhnlich
hyper- ↔ hypo-	hyper- / hypo-	tension Druck → hypertension Hypertonie
in- -im vor b/p il- vor l ir- vor r	un-, ir- (Gegenteil)	fidèle treu → infidèle untreu patient geduldig → impatient ungeduldig lisible leserlich → illisibe unleserlich réel real → irréel irreal

2 Die Ableitung

Wortbildung 32

Präfix	Entsprechung	Beispiel
inter-	zwischen-, inter-	culturel kulturell → interculturel interkulturell venir kommen → intervenir einschreiten
mal- mé- més- (vor Vokal)	un-, miss- (negativ)	honnête ehrlich → malhonnête unehrlich content zufrieden → mécontent unzufrieden aventure Abenteuer → mésaventure Missgeschick
mi- demi- semi-	halb-	temps Zeit → mi-temps Halbzeit sœur Schwester → demi- sœur Halbschwester automatique automatisch → semi-automatique halbautomatisch
multi- pluri- poly-	mehr-, viel-, multi-	forme Form → multiforme vielfältig langue Sprache → plurilingue mehrsprachig culture Kultur → polyculture Mischkultur
omni-	all-, überall-	présent anwesend → omniprésent überall anwesend
para-	schützend vor para-	chute Fall → parachute Fallschirm psychologie Psychologie → Parapsychologie
pré-	vorher-, voraus-, vor-	voir sehen → prévoir vorhersehen achat Kauf → préachat Vorkauf
re- ré- / r- (vor vokalischem Anlaut)	wieder-, neu- schreiben	dire sagen → redire wieder sagen organiser organisieren → réorganiser neu organisieren écrire hören → récrire neu schreiben
retro-	rück-	actif aktiv → rétroactif rückwirkend
sous- sur-	unter- über-	louer mieten → sous-louer untermieten vivre leben → survivre überleben
télé-	fern-, tele-	travail Arbeit → télétravail Telearbeit commande Bedienung → télécommande Fernbedienung
trans-	trans-	planter pflanzen → transplanter transplantieren

2 Die Ableitung

32 Wortbildung

Test 2
Leiten Sie vom Stammwort ein neues Wort ab.
1. pluie Regen → _____ Regen**schirm**
2. carte Karte → _____ **Telefon**karte
3. population Bevölkerung → _____ **Über**bevölkerung
4. possible möglich → _____ **un**möglich
5. commander bestellen → _____ **ab**bestellen
6. complet vollständig → _____ **un**vollständig
7. grâce Gunst → _____ **Miss**gunst
8. se marier heiraten → se _____ **wieder** heiraten
9. censure Zensur → _____ **Selbst**zensur
10. traiter behandeln → _____ **miss**handeln

2.2 Ableitung durch Suffixe

Suffixe stehen am Wortende. Mit Hilfe von Suffixen werden Substantive, Adjektive, Verben und Adverbien gebildet. Suffixe ändern in der Regel die Wortart des Stammwortes:
Verb → Substantiv: parler sprechen → parl**oir** Sprech**zimmer**
Adjektiv → Substantiv: beau schön → beau**té** Schön**heit**
Substantiv → Adjektiv : automne Herbst → automn**al** herbst**lich**
Adjektiv → Verb: général allgemein → générali**ser** **ver**allgemein**ern**
Adjektiv → Adverb: bête dumm → bête**ment** dummer**weise**

2.2.1 Bildung von Substantiven
Die folgenden Suffixe dienen zur Ableitung von Substantiven.

Suffix	Kennzeichnung von	Beispiel
-age	Kollektiv Tätigkeit	feuille Blatt → feuill**age** Laubwerk masser massieren → mass**age** Massage
-aire **-aste** **-ateur/** **-atrice** **-er/-ère** **-eur/-euse**	Urheber einer Handlung, Beruf	bibliothèque Bibliothek → bibliothéc**aire** Bibliothekar/-in cinéma Kino → ciné**aste** Filmemacher/-in animer moderieren → anim**ateur/** **-atrice** Moderator/-in horloge Uhr → horlog**er/-ère** Uhrmacher/-in danser tanzen → dans**eur/-euse** Tänzer/-in

Wortbildung 32

Suffix	Kennzeichnung von	Beispiel
-ien/-ienne -ier/ -ière		informatique Informatik → informaticien/-ne Informatiker/-in serrure Schloss → serrurier/-ière Schlosser/-in
-ance	Eigenschaft	tolérer tolerieren → tolérance Toleranz élégant elegant → élégance Eleganz
-ard/-e	gehörig zu	montagne Berg → montagnard/-e Bergbewohner/-in
-at	Funktion, Kollektiv	secrétaire Sekretär → secrétariat Sekretariat
-ation	Tätigkeit, Ergebnis einer Handlung	adorer anbeten → adoration Anbetung
-ée	Inhalt, Maß	cuillère Löffel → cuillerée ein Löffel (voll)
-erie	Betrieb, Geschäft	déchet Müll → déchetterie Müllverwertungsanlage
-ence -esse -eur	Eigenschaften, Zustand	prudent vorsichtig → prudence Vorsicht riche reich → richesse Reichtum lent langsam → lenteur Langsamkeit
-eur -euse -oir -oire	Geräte, Maschinen, Sachen	cuire kochen → autocuiseur Schnellkochtopf percer bohren → perceuse Bohrer arroser gießen → arrosoir Gießkanne bouillir kochen → boulloire Wasserkessel
-ier	Sachen Obstbäume	sable Sand → sablier Sanduhr pomme Apfel → pommier Apfelbaum
-isme -iste	Doktrin, Schule, Meinung Anhänger einer Schule Berufe	réalité Wirklichkeit → réalisme Realismus féminin feminin → féministe Feminist/-in social sozial → socialiste Sozialist/-in urgent dringend → urgentiste Not- arzt/-ärztin

2 Die Ableitung

Wortbildung

Suffix	Kennzeichnung von	Beispiel
-ité	Abstrakta	célèbre berühmt → célébrité Berühmtheit
-eté		pauvre arm → pauvreté Armmut
-té		beau schön → beauté Schönheit
-itude	Eigenschaften	seul einsam → solitude Einsamkeit apte fähig → aptitude Fähigkeit
-ment	Ergebnis einer Handlung	déménager ausziehen → déménagement Auszug
-teur	Beruf Gerät	diriger leiten → directeur Direktor ventiler lüften → ventilateur Ventilator
-tion	Tätigkeit, Ergebnis einer Handlung	construire bauen → construction Bau

Beachten Sie
- Der Wortstamm kann sich bei der Ableitung verändern:
  clair hell → clarté Helligkeit
  voir sehen → voyant Hellseher → visible sichtbar.
- Die meisten Suffixe zur Ableitung von Substantiven geben Auskunft über das Genus des Substantivs: z. B. sind alle Substantive auf -age maskulin und alle Substantive auf -tion feminin:
  parrain Pate → le parrainage die Patenschaft
  distribuer verteilen → la distribution die Verteilung.
  Ausführliche Informationen darüber finden Sie in ➡ **Kapitel 3, Das Substantiv, 1.1.3 und 1.2.1**.
- Viele Suffixe griechischer Herkunft sind im Deutschen wie im Französischen sehr produktiv, wie z. B.
  -logie (-logie) zur Bezeichnung einer Wissenschaft und -logue (-loge) zur Bezeichnung des Wissenschaftlers: filmologie Film**wissenschaft**, astrologue Astro**loge**.
  -thèque (-thek) → médiathèque Media**thek**, discothèque Disko**thek**.

 Test 3
Wählen Sie das richtige Suffix und bilden Sie Substantive.
1. marier heiraten → _____ Heirat
2. former bilden → _____ Bildung
3. inquiet beunruhigt → _____ Beunruhigung
4. prune Pflaume → _____ Pflaumenbaum

5. fromage Käse → _____ Käserei
6. raser rasieren → _____ Rasierer
7. grand groß → _____ Größe
8. égal gleich → _____ Gleichheit

2.2.2 Bildung von Adjektiven

Die folgenden Suffixe dienen zur Ableitung von Adjektiven. In der Tabelle stehen sie nur in der maskulinen Form.

Suffix	Entsprechung	Beispiel
-able / -ible Ableitung vom Verb	-lich, -bar (möglich / machbar)	payer bezahlen → pay**able** bezahl**bar**, aimer lieben → aim**able** lieben**wert** lire lesen → lis**ible** leser**lich**
-aire Ableitung vom Substantiv	-(t)är	humanité Menschheit → humanit**aire** humanit**är** réaction Reaktion → réactionn**aire** reaktion**är**
-al / -ial **-el / -uel** Ableitung vom Substantiv	-lich	hiver Winter → hivern**al** winter**lich** nature Natur → natur**el** natür**lich** sens Sinn → sens**uel** sinn**lich**
-er / -ier Ableitung vom Substantiv	-haft / -lich	mensonge Lüge → mensong**er** lügen**haft** saison Jahreszeit → saisonn**ier** jahreszeit**lich**
-eux Ableitung vom Substantiv	-lich	danger Gefahr → danger**eux** gefähr**lich**
-if	-lich / -iv	sport Sport → sport**if** sport**lich**
-ique **-tique**	-isch	type Typ → typ**ique** typ**isch** chaos Chaos → chao**tique** chao**tisch**
-oire	-orisch	illusion Illusion → illus**oire** illus**orisch**
-u	-ig	barbe Bart → barb**u** bärt**ig**

32 Wortbildung

Beachten Sie
Zur Ableitung von Adverbien von Adjektiven (poli höflich → poliment höflich) siehe ➠ **Kapitel 28, Das Adverb, 1.1**.

 Test 4
Leiten Sie von den folgenden Wörtern das Adjektiv ab.
1. habiter wohnen → _____ bewohn**bar**
2. matin Morgen _____ morgend**lich**
3. satire Satire → _____ satir**isch**
4. poil Haar → _____ be**haart**
5. peur Angst → _____ ängst**lich**
6. théorie Theorie → _____ theoret**isch**

2.2.3 Suffixe zur Herkunftsbezeichnung
Mit den folgenden Suffixen werden Adjektive von geographischen Namen abgeleitet. In der Tabelle stehen sie nur in der maskulinen Form.

Suffix	Beispiel
-ais	France Frankreich → français französisch, Français Franzose Nantes → nantais aus Nantes
-ois	Lille → lillois aus Lille Québec → québécois aus Québec
-ien	Colmar → colmarien aus Colmar Iran → iranien aus dem Iran / iranisch
-ain	Amérique Amerika → américain amerikansich
-éen	Europe Europa → européen europäisch Corée Korea → coréen koreanisch
-an	Afghanistan → afghan afghanisch
-on	Bretagne → breton bretonisch

Beachten Sie
– Herkunftsadjektive und -substantive unterscheiden sich nur durch die Klein- oder Großschreibung am Wortanfang. Das Adjektiv wird klein-, das Substantiv großgeschrieben:
J'ai acheté un journal français. Ich habe eine **französische** Zeitung gekauft.
Les Français ont voté dimanche. Die **Franzosen** haben am Sonntag gewählt.

Wortbildung 32

– Anders als im Deutschen wird die Nationalität im Französischen mit dem Adjektiv und nicht mit dem Substantiv angegeben. Vergleichen Sie:
Je suis français. Ich bin Franzose.

2.2.4 Suffixe mit wertender Bedeutung
Mit Hilfe der folgenden Suffixe können Adjektive oder Substantive abgeleitet werden, die eine gewisse Emotionalität ausdrücken:

1. abwertende Bedeutung	
-ard (lässiger Sprachgebrauch)	frousse Angst → froussard Angshase nul Null → nullard Niete
-asse (lässiger Sprachgebrauch)	vin Wein → vinasse schlechter Wein blond blond → blondasse hässliches Blond
-âtre	vert grün → verdâtre grünlich mère Mutter → marâtre böse Stiefmutter
-aud	lourd schwer → lourdaud schwerfällig
-aille	fer Eisen → ferraille Schrott
2. verniedlichende Bedeutung	
-et/-ette **-elet**	jardin Garten → jardinet Gärtchen poche Tüte → pochette Tütlein porc Schwein → porcelet Ferkel
-ine	sonate Sonate → sonatine kleine Sonate botte Stiefel → bottine Stiefelchen
-ot	île Insel → îlot Inselchen
-otin	diable Teufel → diablotin kleiner Teufel
3. emphatische Bedeutung	
-issime	célèbre berühmt → célébrissime sehr berühmt riche reich → richissime steinreich

Test 5
Leiten Sie von den folgenden Wörter neue Wörter ab.
1. bleu blau → bleu____ bläulich
2. agneau Lamm → agn____ Lämmchen
3. riche reich → rich____ Neureicher

Wortbildung

4. rare selten → rar____ äußerst selten
5. fille Mädchen → fill____ kleines Mädchen
6. figure Figur → figur____ kleine Figur

2.2.5 Bildung von Verben
Im heutigen Französisch sind die folgenden Suffixe noch produktiv:

-er	
Ableitung vom Substantiv	fax Fax → faxer faxen

-ir	
Ableitung vom Substantiv und vom Adjektiv	lune Mond → alunir auf dem Mond landen grand groß → grandir wachsen

Beachten Sie
- Folgende Erweiterungen der er-Endung sind ebenfalls produktiv:
  -iser → monopole Monopol → monopoliser monopolisieren
  -ifier → bon gut → bonifier verbessern
- Verben auf -oir werden im heutigen Französisch nicht mehr gebildet.

Folgende Suffixe fügen eine abwertende Bedeutung hinzu:

-ailler	rime Reim → rimailler schlechte Verse schmieden
-asser	rêver träumen → rêvasser vor sich hinträumen

Folgende Suffixe haben eine verniedlichende Wirkung:

-onner	chanter singen → chantonner summen
-oter	trembler zittern → trembloter leicht zittern
-iller	sauter springen → sautiller hüpfen
-eter	voler fliegen → voleter flattern

Test 6
Leiten Sie von den jeweiligen Wörtern ein Verb ab.
1. rentable rentabel → _____ rentabilisieren
2. maigre mager / dünn → _____ mager werden / abnehmen
3. fax Fax → _____ faxen
4. fleur Blume → _____ blühen
5. robot Automat → _____ automatisieren
6. mail e-Mail → _____ mailen

Wortbildung

> **TIPP**
>
> Abgeleitete Wörter gehören zur selben Wortfamilie. Deshalb lohnt es sich, wenn Sie ein neues Wort lernen, andere von diesem Wort abgeleitete Wörter mitzulernen, wie z. B. possible möglich → impossible unmöglich → possibilité Möglichkeit usw.

3 Ableitung ohne Änderung der Form

Wie im Deutschen können im Französischen Wörter ohne Änderung der Form die Wortart wechseln. Meistens handelt es sich dabei um Nominalisierungen, d. h. um die Bildung von Substantiven:
Verb → Substantiv: rire lachen → le rire das Lachen
Adjektiv → Substantiv: réel wirklich → le réel das Reale

Folgende Wortarten können durch Voranstellung eines Begleiters substantiviert werden:

Wortart	Beispiel
Adjektive	bleu blau → le bleu das Blau
Adverbien	arrière hinten → l'arrière der hintere Teil extra außer → un extra etwas Besonderes
Pronomen	moi ich → le moi das Ich
Partizip Präsens Partizip Perfekt	gagnant gewinnend → le gagnant der Gewinner reçu erhalten → un reçu eine Quittung
Präpositionen	le pour et le contre das Für und Wider
Zahlwort	le deux die Zwei, le quinze die Fünfzehn
Konjunktion	Avec des si, on mettrait Paris en bouteille. Wenn das Wörtchen wenn nicht wär, ...
Infinitiv	se souvenir sich erinnern → les souvenirs die Erinnerungen

Beachten Sie
- Im Deutschen können alle Infinitive und verbalen Ausdrücke ohne Veränderung substantiviert werden: Der Infinitiv wird dann mit einem Begleiter verwendet und großgeschrieben: staunen → das Staunen.

32 Wortbildung

Eine ähnliche Möglichkeit gibt es zwar auch im Französischen, diese ist aber auf wenige Verben beschränkt: dîner zu Abend essen → le dîner das Abendessen.
– Anders als im Deutschen sind die meisten substantivierten Infinitive im Französischen bereits lexikalisiert, d. h. sie stehen als eigenständige Substantive im Wörterbuch:
paraître scheinen → le paraître der Schein
savoir wissen → le savoir das Wissen.
(Siehe hierzu auch ➡ **Kapitel 23, Infinite Verbformen, 1.3.4**)
– Wortartwechsel ohne Änderung der Form kommt in der Sprache der Jugendlichen und in der Werbung oft vor. So werden z. B. Adjektive als Adverbien oder Adverbien und Substantive als Adjektive verwendet:
Adverb als Adjektiv: Il est **trop**, ce type. Er ist super, dieser Typ.
Adjektiv als Adverb: Il hallucine **grave**. Er spinnt total.
Substantiv als Adjektiv: Je suis très **salade**. Ich esse sehr gern Salat.

Test 7
Von welchem Stammwort wurden die folgenden Substantive abgeleitet?
1. _____ → le déjeuner das Mittagessen
2. _____ → le jardinage die Gartenarbeit
3. _____ → le sourire das Lächeln
4. _____ → le rangement das Aufräumen
5. _____ → la verdure das Grün
6. _____ → la rapidité die Schnelligkeit

4 Wortkürzung

Die Wortkürzung ist im heutigen Französisch ein sehr produktives Mittel der Wortbildung.

4.1 Bildung von Kurzformen

Kurzformen werden durch Wegfallen einer oder mehrerer Silben am Anfang oder Ende eines Wortes gebildet:
– am Anfang: autobus → bus Bus
– am Ende: cinématographe → cinéma → ciné Kino.
Das verkürzte Wort behält in der Regel seine Bedeutung bei.

Wortbildung

Die Wortkürzung ist bei Jugendlichen sehr beliebt, kommt jedoch in allen Sprachniveaus vor:

Standardsprache	Umgangssprache
métropolitain → métro Metro- pneumatique → pneu Reifen photographie → photo Foto	écologiste → écolo Umweltschützer faculté → fac Uni manifestation → manif Demo

4.2 Initialwörter

Initialwörter (auf Französisch sigles) sind ebenfalls bei der Bildung neuer Begriffe sehr produktiv. Sie werden entweder buchstabiert oder als Silben gesprochen:
H.L.M. [aʃ ɛl ɛm] Sozialwohnung
UNICEF / Unicef [ynisɛf]

Beachten Sie
– Initialwörter, die als ein Wort ausgesprochen werden, können groß- oder kleingeschrieben werden: SIDA / sida AIDS
– Von gebräuchlichen Initialwörtern können wiederum neue Wörter abgeleitet werden, wie z. B.:
O.N.U. UNO → onusien von der UNO
S.M.I.C. Mindestlohn → smicard jemand, der den Mindestlohn verdient
E.N.A. → énarque Schüler der E.N.A.
PACS eheähnlicher Vertrag → se pacser

Test 8
Ergänzen Sie die Tabelle, indem Sie die jeweils fehlende Form hinzufügen.

vollständige Form	abgekürzte Form
1. _____ Fernseher	télé
2. parachutiste Fallschirmjäger	_____
3. climatisation Klimaanlage	_____
4. météorologie Wetterbericht	_____
5. adolescent Jugendlicher	_____
6. _____ Werbung	pub

32 Wortbildung

Auf den Punkt gebracht

1. (➡ Was Sie vorab wissen sollten)
Vom Stammwort passer (gehen / fahren durch) können zahlreiche Wörter gebildet werden, wie z. B.:

passage Übergang   passeport Pass   trépasser dahinscheiden
surpasser übertreffen   dépasser überholen   passe-temps Zeitvertreib
passager Passagier   laissez-passer Passierschein   passation Übergabe

Ordnen Sie diese Wörter einer der folgenden Kategorien zu.

Zusammensetzung	Ableitung durch Präfix	Ableitung durch Suffix
_____	_____	_____
_____	_____	_____
_____	_____	_____

2. (➡ 1)
Kreuzen Sie ja oder nein an.   ja nein
1. Die Bestandteile der Komposita werden immer mit einer
   Präposition verbunden.   ☐   ☐
2. Komposita werden zusammen, getrennt oder mit
   Bindestrich geschrieben.   ☐   ☐
3. Wie im Deutschen steht im Französischen das
   Grundwort an erster Stelle.   ☐   ☐

3. (➡ 2)
Markieren Sie die richtige Aussage.
1. Präfixe stehen am (Wortanfang / Wortende).
2. Suffixe stehen am (Wortanfang / Wortende).
3. Präfixe (ändern / ändern nicht) die Wortart des Stammwortes.
4. Suffixe (ändern / ändern nicht) die Wortart des Stammwortes.
5. Suffixe geben in der Regel (Auskunft / keine Auskunft) über das Genus des Substantivs.
6. Die Suffixe -able und -ible dienen zur Ableitung von (Substantiven / Adjektiven).
7. Die Suffixe -ard und -asse haben eine (abwertende / verniedlichende) Bedeutung.
8. Die Suffixe -ette und -elet haben eine (abwertende / verniedlichende) Bedeutung.
9. Die Suffixe -er und -ir sind bei der Ableitung von Verben (noch produktiv / nicht mehr produktiv).

Wortbildung

10. Verben auf -oir werden im heutigen Französisch (noch / nicht mehr) gebildet.

4. (➡ 3)
Kreuzen Sie ja oder nein an.   ja   nein
1. Adjektive, Adverbien und Pronomen können ohne Änderung der Form substantiviert werden. ☐ ☐
2. Wie im Deutschen kann jeder Infinitiv substantiviert werden. ☐ ☐

5. (➡ 4)
Kreuzen Sie ja oder nein an.   ja   nein
1. Die Wortkürzung kommt nur in der Umgangssprache vor. ☐ ☐
2. Ein Wort kann durch Wegfall einer oder mehrerer Silben am Wortanfang oder Wortende verkürzt werden. ☐ ☐
3. Initialwörter sind im heutigen Französisch sehr gebräuchlich. ☐ ☐

Auf den Punkt gebracht

Anhang

Geschriebenes und gesprochenes Französisch

Präpositionen

Verbtabellen

Lösungen

Wort- und Sachregister

Grammatische Fachausdrücke

Geschriebenes und gesprochenes Französisch

Was Sie vorab wissen sollten
– Der Begriff „geschriebenes Französisch" bezeichnet hier das Sprachniveau des gehobenen Sprachgebrauchs (usage soutenu).
– Der Begriff „gesprochenes Französisch" bezeichnet dagegen die Alltagssprache (usage courant). Die Sprache des Alltags und der Medien entspricht in der Regel dem Sprachniveau des gesprochenen Französisch.
– Usage soutenu und usage courant unterscheiden sich voneinander
  1. in der Aussprache
  2. im Wortschatz
  3. in der Syntax
  4. in der Verwendung der Zeiten und Modi.

Hauptmerkmale der beiden Sprachniveaus

In der folgenden Tabelle sind die auffälligsten Unterschiede zwischen den beiden Sprachniveaus (= registres) dargestellt.

usage soutenu (gehobener Sprachgebrauch)	usage courant (Alltagssprache)
1. Aussprache – Subjektpronomen : Je crois. [ʒə kʀwa] Ich glaube. Es-tu pressé ? [e ty pʀese] Bist du in Eile? Il faut faire attention, il y a du verglas. [il fo fɛʀ atɑ̃sjɔ̃ il ja dy vɛʀgla] Man muss aufpassen, es ist glatt. – Vier Nasallaute: Il a les cheveux bruns. [bʀœ̃] Er hat braune Haare. (➟ **Kapitel 1, Die Aussprache, 1.1.2**)	– Kürzung der Subjektpronomen: J'crois. [ʃkʀwa] T'es pressé ? [te pʀese] (I) faut faire attention, y'a du verglas. [(i) fo fɛʀ atɑ̃sjɔ̃ ja dy vɛʀgla] – Drei Nasallaute: [œ̃] wird zugunsten von [ɛ̃] aufgegeben. Il a les cheveux bruns. [bʀɛ̃]
2. Wortschatz – Vollständige Wörter: Ce professeur est très sympathique. Dieser Professor ist sehr sympathisch. – Gebrauch seltener Wendungen: Prenez garde à la marche. Achten Sie auf die Stufe.	– Verwendung von Kurzformen: Ce prof est très sympa. (➟ **Kapitel 32, Die Wortbildung, 4.1**) – Gebrauch einfacher Wendungen: Faites attention à la marche. Vorsicht Stufe.

Geschriebenes und gesprochenes Französisch

usage soutenu (gehobener Sprachgebrauch)	usage courant (Alltagssprache)
3. Syntax – Verwendung von nous wir: Nous partons demain. Wir fahren morgen weg. – Verwendung von cela das: Cela m'étonne. Das wundert mich. – Verwendung von ce sont vor einem Substantiv im Plural: Ce sont des amis à moi. Es sind Freunde von mir. – Vollständige Verneinung: Je ne vois rien. Ich sehe nichts. – Inversionsfrage: Quand venez-vous ? Wann kommen Sie? (➡ **Kapitel 27, Satzbau und Satzgefüge, 2.1 und 2.2**) – Neutrale Wortstellung: J'aime beaucoup ce roman. Ich liebe diesen Roman sehr. J'ai fait la vaisselle. Ich habe den Abwasch gemacht. – Satzgefüge (Nebensätze): Nous sortirons bien qu'il pleuve. Wir werden rausgehen, obwohl es regnet. – Verwendung von ne allein nach bestimmten Verben: Je n'ose le croire. Ich wage nicht, das zu glauben. (➡ **Kapitel 27, Satzbau und Satzgefüge, 1.3.5**) – Verwendung des ne explétif: Commençons avant que vous ne changiez d'avis. Fangen wir an, bevor ihr eure Meinung ändert. (➡ **Kapitel 27, Satzbau und Satzgefüge, 1.3.5**)	– Gebrauch von on wir: On part demain. (➡ **Kapitel 9, Die Personalpronomen, 1.1.2**) – Verwendung von ça das: Ça m'étonne. – Gebrauch von c'est vor einem Substantiv im Plural: C'est des amis à moi. (➡ **Kapitel 12, Die Demonstrativpronomen, 2.2**) – Verneinung ohne ne: Je vois rien. (➡ **Kapitel 27, Satzbau und Satzgefüge, 1.3.1 Beachten Sie**) – Frage ohne Inversion: Vous venez quand ? – Segmentierung / Hervorhebung: Ce roman, je l'aime beaucoup. C'est moi qui ai fait la vaisselle. (➡ **Kapitel 27, Satzbau und Satzgefüge, 1.1. und 1.2.2**) – Satzreihe (Hauptsätze): Il pleut, on sort quand même. Es regnet, wir gehen trotzdem raus. (➡ **Einführung, Der Satz, 3.2**) – Verwendung von (ne) pas Je n'ose pas le croire. / J'ose pas le croire. – Weglassen des ne explétif: Commençons avant que vous changiez d'avis.

Hauptmerkmale der beiden Sprachniveaus

Geschriebenes und gesprochenes Französisch

usage soutenu (gehobener Sprachgebrauch)	usage courant (Alltagssprache)
4. Verwendung der Zeiten und Modi – Verwendung des passé simple: Il **prit** son verre et le **vida** d'un trait. Er nahm sein Glas und leerte es in einem Zug. (➠ **Kapitel 18, Der Indikativ [Die Zeiten der Vergangenheit], 3 Beachten Sie**) – Gebrauch des subjonctif imparfait und plus-que-parfait: Je voulais tellement qu'il **vînt**. Ich wollte so sehr, dass er kommt. (➠ **Kapitel 22, Die Zeitenfolge, 2.2**)	– Das passé composé übernimmt die Funktion des passé simple: Il **a pris** son verre et l'**a vidé** d'un trait. – Subjonctif présent und passé anstelle des subjonctif imparfait und plus-que-parfait: Je voulais tellement qu'il **vienne**.

Beachten Sie
Beide Sprachniveaus haben ihre Berechtigung. Fehlerhaft ist lediglich die Verwendung des falschen Sprachniveaus am falschen Ort.

Präpositionen Deutsch – Französisch

Die französischen Präpositionen (➡ **Kapitel 29, Die Präpositionen**) haben meist keine einfache Entsprechung im Deutschen, vielmehr wird ihre Verwendung vom Sprachgebrauch festgelegt. Es lohnt sich deshalb, sich diese festen Verbindungen zu merken.

Im Folgenden finden Sie einen Überblick über die gebräuchlichsten Präpositionen, alphabetisch geordnet ausgehend vom Deutschen.

an	à	au bord de la mer am / ans Meer, à la plage am / an den Strand, au téléphone am / ans Telefon
	sur	sur la Loire an der Loire, Francfort sur le Main Frankfurt am Main
auf	à	à la campagne auf dem / das Land, à la chasse auf der / die Jagd, à la recherche auf die / der Suche, au marché auf dem / den Markt
	dans	dans la rue auf der / die Straße, dans l'escalier auf der Treppe, dans le monde entier auf der ganzen Welt
	de	de cette manière / de cette façon auf diese Weise
	en	en français auf Französisch, en fuite auf der Flucht, en voyage auf der Reise
	par	par terre auf den / dem Boden
	sur	Le livre est sur la table. Das Buch liegt auf dem Tisch.
aus	à	boire à la bouteille aus der Flasche trinken
	de	une lettre d'Allemagne ein Brief aus Deutschland
	par	par amour aus Liebe, par pitié aus Mitleid
	pour	pour cette raison aus diesem Grund
bei	à	au travail bei der Arbeit
	auprès de	auprès de toi bei dir / in deiner Nähe
	chez	Vous habitez chez vos parents ? Wohnen Sie bei Ihren Eltern? Je travaille chez Siemens. Ich arbeite bei Siemens. Je viens de chez moi. Ich komme von zu Hause.
	dans	dans un accident de voiture bei einem Autounfall
	près de	près de Nantes bei Nantes
	sur	Je n'ai pas mes papiers sur moi. Ich habe meine Papiere nicht bei mir.
durch	par	Passez par la porte de derrière. Gehen Sie durch die Hintertür.
für	pour	un cadeau pour toi ein Geschenk für dich bon pour la santé gut für die Gesundheit

Präpositionen Deutsch – Französisch

gegen	contre	trois contre un drei gegen einen
	vers	vers midi gegen Mittag
in	à	à Paris in / nach Paris
		au café im / ins Kaffee, au lit im / ins Bett
		au Danemark in / nach Dänemark
		aux Etats-Unis in den / die Vereinigten Staaten
		à l'avenir in Zukunft
		à la radio im Radio, à la télévision im Fernsehen
		au soleil in der / die Sonne
		au printemps im Frühjahr
	dans	dans le jardin in den / im Garten
		Je prends ma retraite dans trois ans. Ich gehe in drei Jahren in Rente.
	en	en France in / nach Frankreich, en Alsace im / ins Elsass
		en plein soleil in der prallen / in die pralle Sonne
		en ville in die / der Stadt
		en grève im Streik
		en ce moment im Augenblick
		en l'an 2000 im Jahr 2000, en été im Sommer, en automne im Herbst, en hiver im Winter, en juin im Juni
	entre	entre parenthèses in Klammern
	sous	sous la pluie im Regen
mit	à	à vingt ans mit zwanzig Jahren, à voix basse mit leiser Stimme
	avec	avec des amis mit Freunden, avec du sucre mit Zucker, avec plaisir mit Vergnügen
	en	en retard mit Verspätung
	par	par la poste mit der Post
nach	à	à Nice nach Nizza, au Canada nach Kanada
	après	après le repas nach dem Essen, après le feu nach der Ampel
	d'après	d'après moi meiner Meinung nach
	en	en Italie nach Italien, en Corse nach Korsika
	pour	le train pour Paris der Zug nach Paris
ohne	sans	sans aucun doute ohne Zweifel
seit	depuis	depuis trois heures seit drei Stunden
		depuis peu seit kurzer Zeit / kurzem

Präpositionen Deutsch – Französisch

über	au-dessus de	au-dessus des nuages **über den Wolken**
	par	Je suis passé par Paris. **Ich bin über Paris gefahren.**
	sur	un livre sur les animaux **ein Buch über Tiere**
um	à	A quelle heure ? **Um wie viel Uhr?** à minuit **um Mitternacht**
	autour de	un voyage autour du monde **eine Reise um die Welt**
unter	à	à cette condition **unter dieser Bedingung**
	dans	dans ces circonstances **unter diesen Umständen**
	entre	Cela reste entre nous. **Das bleibt unter uns.**
	parmi	quelques personnes parmi nous **einige unter uns**
von	de	Je ne suis pas d'ici. **Ich bin nicht von hier.** en sortant de chez moi **als ich von zu Hause wegging** la voiture de mon père **das Auto meines Vaters** un enfant de dix ans **ein Kind von zehn Jahren** une ville de 30 000 habitants **eine Stadt von 30 000 Einwohnern**
vor	avant	avant le repas **vor dem Essen**, avant tout **vor allem**
	devant	Il est assis devant la télé. **Er sitzt vor dem Fernseher.**
	il y a	il y a trois ans **vor drei Jahren**
wegen	à cause de	à cause de toi **wegen dir**, à cause de la pluie **wegen dem Regen**
zu	à	à la maison **zu Hause**, à présent **zur Zeit**, au même moment **zur gleichen Zeit**, à Noël **zu Weihnachten**, à deux **zu zweit**, à vélo **mit dem Fahrrad**, à pied **zu Fuß**
	chez	chez moi **bei mir (zu Hause)** Je vais chez des amis. **Ich fahre zu Freunden.**
	pour	pour rire **zum Spaß** pour la première fois **zum ersten Mal**
zwischen	entre	Entre elle et lui, c'est le grand amour. **Es ist die große Liebe zwischen ihr und ihm.**

Verbtabellen

1 Konjugation der Hilfsverben

1.1 Konjugation von avoir haben

→ Avoir wird zur Bildung der zusammengesetzten Zeiten der Vergangenheit und als Vollverb gebraucht.

INDICATIF

	Présent	Imparfait	Futur I	Passé simple
j'	ai	avais	aurai	eus
tu	as	avais	auras	eus
il/elle/on	a	avait	aura	eut
nous	avons	avions	aurons	eûmes
vous	avez	aviez	aurez	eûtes
ils/elles	ont	avaient	auront	eurent

	Passé composé	Plus-que-parfait	Futur II	Passé antérieur
j'	ai eu	avais eu	aurai eu	eus eu
tu	as eu	avais eu	auras eu	eus eu
il/elle/on	a eu	avait eu	aura eu	eut eu
nous	avons eu	avions eu	aurons eu	eûmes eu
vous	avez eu	aviez eu	aurez eu	eûtes eu
ils/elles	ont eu	avaient eu	auront eu	eurent eu

CONDITIONNEL   **IMPERATIF**

	Présent	Passé	Présent
j'	aurais	aurais eu	
tu	aurais	aurais eu	aie
il/elle/on	aurait	aurait eu	
nous	aurions	aurions eu	ayons
vous	auriez	auriez eu	ayez
ils/elles	auraient	auraient eu	

SUBJONCTIF

	Présent	Passé	Imparfait	Plus-que-parfait
que j'	aie	aie eu	eusse	eusse eu
que tu	aies	aies eu	eusses	eusses eu
qu'il/elle/on	ait	ait eu	eût	eût eu
que nous	ayons	ayons eu	eussions	eussions eu
que vous	ayez	ayez eu	eussiez	eussiez eu
qu'ils/elles	aient	aient eu	eussent	eussent eu

INFINITIF   **PARTICIPE**   **GERONDIF**

Présent	Passé	Présent	Passé	Présent	Passé
avoir	avoir eu	ayant	eu / ayant eu	en ayant	en ayant eu

Verbtabellen

1.2 Konjugation von être sein

→ Être wird als Hilfsverb zur Bildung der zusammengesetzten Zeiten der Vergangenheit, zur Bildung des Passivs und als Vollverb gebraucht.

INDICATIF

	Présent	Imparfait	Futur I	Passé simple
je/j'	suis	étais	serai	fus
tu	es	étais	seras	fus
il/elle/on	est	était	sera	fut
nous	sommes	étions	serons	fûmes
vous	êtes	étiez	serez	fûtes
ils/elles	sont	étaient	seront	furent

	Passé composé	Plus-que-parfait	Futur II	Passé antérieur
j'	ai été	avais été	aurai été	eus été
tu	as été	avais été	auras été	eus été
il/elle/on	a été	avait été	aura été	eut été
nous	avons été	avions été	aurons été	eûmes été
vous	avez été	aviez été	aurez été	eûtes été
ils/elles	ont été	avaient été	auront été	eurent été

CONDITIONNEL   IMPERATIF

	Présent	Passé	Présent
je/j'	serais	aurais été	
tu	serais	aurais été	sois
il/elle/on	serait	aurait été	
nous	serions	aurions été	soyons
vous	seriez	auriez été	soyez
ils/elles	seraient	auraient été	

SUBJONCTIF

	Présent	Passé	Imparfait	Plus-que-parfait
que je/j'	sois	aie été	fusse	eusse été
que tu	sois	aies été	fusses	eusses été
qu'il/elle/on	soit	ait été	fût	eût été
que nous	soyons	ayons été	fussions	eussions été
que vous	soyez	ayez été	fussiez	eussiez été
qu'ils/elles	soient	aient été	fussent	eussent été

INFINITIF   PARTICIPE   GERONDIF

Présent	Passé	Présent	Passé	Présent	Passé
être	avoir été	étant	été / ayant été	en étant	en ayant été

Verbtabellen

2 Konjugation der regelmäßigen Verben

2.1 Konjugation der Verben auf -er

→ Alle Verben auf -er (außer aller gehen / fahren) werden nach diesem Modell konjugiert.

INDICATIF

	Présent	Imparfait	Futur I	Passé simple
je	parle	parlais	parlerai	parlai
tu	parles	parlais	parleras	parlas
il/elle/on	parle	parlait	parlera	parla
nous	parlons	parlions	parlerons	parlâmes
vous	parlez	parliez	parlerez	parlâtes
ils/elles	parlent	parlaient	parleront	parlèrent

	Passé composé	Plus-que-parfait	Futur II	Passé antérieur
j'	ai parlé	avais parlé	aurai parlé	eus parlé
tu	as parlé	avais parlé	auras parlé	eus parlé
il/elle/on	a parlé	avait parlé	aura parlé	eut parlé
nous	avons parlé	avions parlé	aurons parlé	eûmes parlé
vous	avez parlé	aviez parlé	aurez parlé	eûtes parlé
ils/elles	ont parlé	avaient parlé	auront parlé	eurent parlé

CONDITIONNEL   **IMPERATIF**

	Présent	Passé	Présent
je/j'	parlerais	aurais parlé	
tu	parlerais	aurais parlé	parle
il/elle/on	parlerait	aurait parlé	
nous	parlerions	aurions parlé	parlons
vous	parleriez	auriez parlé	parlez
ils/elles	parleraient	auraient parlé	

SUBJONCTIF

	Présent	Passé	Imparfait	Plus-que-parfait
que je/j'	parle	aie parlé	parlasse	eusse parlé
que tu	parles	aies parlé	parlasses	eusses parlé
qu'il/elle/on	parle	ait parlé	parlât	eût parlé
que nous	parlions	ayons parlé	parlassions	eussions parlé
que vous	parliez	ayez parlé	parlassiez	eussiez parlé
qu'ils/elles	parlent	aient parlé	parlassent	eussent parlé

INFINITIF   **PARTICIPE**   **GERONDIF**

Présent	Passé	Présent	Passé	Présent	Passé
parler	avoir parlé	parlant	parlé / ayant parlé	en parlant	en ayant parlé

2.2 Konjugation der Verben auf -ir mit Stammerweiterung

→ Alle Verben auf -ir mit Stammerweiterung -iss- werden nach diesem Modell konjugiert.

INDICATIF

	Présent	Imparfait	Futur I	Passé simple
je	finis	finissais	finirai	finis
tu	finis	finissais	finiras	finis
il/elle/on	finit	finissait	finira	finit
nous	finissons	finissions	finirons	finîmes
vous	finissez	finissiez	finirez	finîtes
ils/elles	finissent	finissaient	finiront	finirent

	Passé composé	Plus-que-parfait	Futur II	Passé antérieur
j'	ai fini	avais fini	aurai fini	eus fini
tu	as fini	avais fini	auras fini	eus fini
il/elle/on	a fini	avait fini	aura fini	eut fini
nous	avons fini	avions fini	aurons fini	eûmes fini
vous	avez fini	aviez fini	aurez fini	eûtes fini
ils/elles	ont fini	avaient fini	auront fini	eurent fini

CONDITIONNEL

IMPERATIF

	Présent	Passé	Présent
je/j'	finirais	aurais fini	
tu	finirais	aurais fini	finis
il/elle/on	finirait	aurait fini	
nous	finirions	aurions fini	finissons
vous	finiriez	auriez fini	finissez
ils/elles	finiraient	auraient fini	

SUBJONCTIF

	Présent	Passé	Imparfait	Plus-que-parfait
que je/j'	finisse	aie fini	finisse	eusse fini
que tu	finisses	aies fini	finisses	eusses fini
qu'il/elle/on	finisse	ait fini	finît	eût fini
que nous	finissions	ayons fini	finissions	eussions fini
que vous	finissiez	ayez fini	finissiez	eussiez fini
qu'ils/elles	finissent	aient fini	finissent	eussent fini

INFINITIF

PARTICIPE

GERONDIF

Présent	Passé	Présent	Passé	Présent	Passé
finir	avoir fini	finissant	fini / ayant fini	en finissant	en ayant fini

Verbtabellen

2.3 Konjugation der Verben auf -ir vom Typ partir weggehen / abreisen

→ Ebenso konjugiert werden dormir schlafen, mentir lügen, se repentir bereuen, sentir fühlen / riechen, servir (be-)dienen, sortir (hin-)ausgehen und deren Ableitungen, z. B. consentir zustimmen, démentir dementieren, s'endormir einschlafen, pressentir ahnen, repartir wieder abreisen.

INDICATIF

	Présent	Imparfait	Futur I	Passé simple
je	pars	partais	partirai	partis
tu	pars	partais	partiras	partis
il/elle/on	part	partait	partira	partit
nous	partons	partions	partirons	partîmes
vous	partez	partiez	partirez	partîtes
ils/elles	partent	partaient	partiront	partirent

	Passé composé	Plus-que-parfait	Futur II	Passé antérieur
je/j'	suis parti	étais parti	serai parti	fus parti
tu	es parti	étais parti	seras parti	fus parti
il/elle/on	est parti(e)	était parti(e)	sera parti(e)	fut parti(e)
nous	sommes parti(e)s	étions parti(e)s	serons parti(e)s	fûmes parti(e)s
vous	êtes parti(e)(s)	étiez parti(e)(s)	serez parti(e)(s)	fûtes parti(e)(s)
ils/elles	sont parti(e)s	étaient parti(e)s	seront parti(e)s	furent parti(e)s

CONDITIONNEL   **IMPERATIF**

	Présent	Passé	Présent
je	partirais	serais parti	
tu	partirais	serais parti	pars
il/elle/on	partirait	serait parti(e)	
nous	partirions	serions parti(e)s	partons
vous	partiriez	seriez parti(e)(s)	partez
ils/elles	partiraient	seraient parti(e)s	

SUBJONCTIF

	Présent	Passé	Imparfait	Plus-que-parfait
que je	parte	sois parti	partisse	fusse parti
que tu	partes	sois parti	partisses	fusses parti
qu'il/elle/on	parte	soit parti(e)	partît	fût parti(e)
que nous	partions	soyons parti(e)s	partissions	fussions parti(e)s
que vous	partiez	soyez parti(e)(s)	partissiez	fussiez parti(e)(s)
qu'ils/elles	partent	soient parti(e)s	partissent	fussent parti(e)s

INFINITIF   **PARTICIPE**   **GERONDIF**

Présent	Passé	Présent	Passé	Présent	Passé
partir	être parti	partant	parti / étant parti	en partant	en étant parti

Verbtabellen

2.4 Konjugation der Verben auf -re vom Typ attendre warten

→ Ebenso konjugiert werden u. a. défendre verteidigen, descendre hinuntergehen, perdre verlieren, répondre antworten, vendre verkaufen und deren Ableitungen. Rompre (zer-)brechen und seine Ableitungen werden ebenfalls wie attendre konjugiert, wobei die 3. Person Singular Indikativ Präsens auf -t endet.

INDICATIF

	Présent	Imparfait	Futur I	Passé simple
j'	attends	attendais	attendrai	attendis
tu	attends	attendais	attendras	attendis
il/elle/on	attend	attendait	attendra	attendit
nous	attendons	attendions	attendrons	attendîmes
vous	attendez	attendiez	attendrez	attendîtes
ils/elles	attendent	attendaient	attendront	attendirent

	Passé composé	Plus-que-parfait	Futur II	Passé antérieur
j'	ai attendu	avais attendu	aurai attendu	eus attendu
tu	as attendu	avais attendu	auras attendu	eus attendu
il/elle/on	a attendu	avait attendu	aura attendu	eut attendu
nous	avons attendu	avions attendu	aurons attendu	eûmes attendu
vous	avez attendu	aviez attendu	aurez attendu	eûtes attendu
ils/elles	ont attendu	avaient attendu	auront attendu	eurent attendu

CONDITIONNEL   IMPERATIF

	Présent	Passé	Présent
j'	attendrais	aurais attendu	
tu	attendrais	aurais attendu	attends
il/elle/on	attendrait	aurait attendu	
nous	attendrions	aurions attendu	attendons
vous	attendriez	auriez attendu	attendez
ils/elles	attendraient	auraient attendu	

SUBJONCTIF

	Présent	Passé	Imparfait	Plus-que-parfait
que j'	attende	aie attendu	attendisse	eusse attendu
que tu	attendes	aies attendu	attendisses	eusses attendu
qu'il/elle/on	attende	ait attendu	attendît	eût attendu
que nous	attendions	ayons attendu	attendissions	eussions attendu
que vous	attendiez	ayez attendu	attendissiez	eussiez attendu
qu'ils/elles	attendent	aient attendu	attendissent	eussent attendu

INFINITIF   PARTICIPE   GERONDIF

Présent	Passé	Présent	Passé	Présent	Passé
attendre	avoir attendu	attendant	attendu / étant attendu	en attendant	en ayant attendu

Verbtabellen

2.5 Die reflexiven Verben am Beispiel des Verbs se laver sich waschen

→ Reflexive Verben werden mit einem Reflexivpronomen verwendet und bilden die zusammengesetzten Zeiten mit dem Hilfsverb être (sein).

INDICATIF

	Présent	Imparfait	Futur I	Passé simple
je	me lave	me lavais	me laverai	me lavai
tu	te laves	te lavais	te laveras	te lavas
il/elle/on	se lave	se lavait	se lavera	se lava
nous	nous lavons	nous lavions	nous laverons	nous lavâmes
vous	vous lavez	vous laviez	vous laverez	vous lavâtes
ils/elles	se lavent	se lavent	se laveront	se lavèrent

	Passé composé	Plus-que-parfait	Futur II	Passé antérieur
je	me suis lavé	m'étais lavé	me serai lavé	me fus lavé
tu	t'es lavé	t'étais lavé	te serais lavé	te fus lavé
il/elle/on	s'est lavé(e)	s'était lavé(e)	se sera lavé(e)	se fut lavé(e)
nous	nous sommes lavé(e)s	nous étions lavé(e)s	nous serons lavé(e)s	nous fûmes lavé(e)s
vous	vous êtes lavé(e)(s)	vous étiez lavé(e)(s)	vous serez lavé(e)(s)	vous fûtes lavé(e)(s)
ils/elles	se sont lavé(e)s	s'étaient lavé(e)s	se seront lavé(e)s	se furent lavé(e)s

CONDITIONNEL

	Présent	Passé
je	me laverais	me serais lavé
tu	te laverais	te serais lavé
il/elle/on	se laverait	se serait lavé(e)
nous	nous laverions	nous serions lavé(e)s
vous	vous laveriez	vous seriez lavé(e)(s)
ils/elles	se laveraient	se seraient lavé(e)s

IMPERATIF

Présent
lave-toi
lavons-nous
lavez-vous

SUBJONCTIF

	Présent	Passé	Imparfait	Plus-que-parfait
que je	me lave	me sois lavé	me lavasse	me fusse lavé
que tu	te laves	te sois lavé	te lavasses	te fusses lavé
qu'il/elle/on	se lave	se soit lavé(e)	se lavât	se fût lavé(e)
que nous	nous lavions	nous soyons lavé(e)s	nous lavassions	nous fussions lavé(e)s
que vous	vous laviez	vous soyez lavé(e)(s)	vous lavassiez	vous fussiez lavé(e)(s)
qu'ils/elles	se lavent	se soient lavé(e)s	se lavassent	se fussent lavé(e)s

INFINITIF		PARTICIPE		GERONDIF	
Présent	Passé	Présent	Passé	Présent	Passé
se laver	s'être lavé	se lavant	lavé / s'étant lavé	en se lavant	en s'étant lavé

Verbtabellen

2.6 Das Passiv am Beispiel des Verbs aimer lieben

→ Das Passiv wird mit dem Hilfsverb être (sein) gebildet. Die Zeit und der Modus von être ist die Zeit und der Modus des Passivs.

INDICATIF

	Présent	Imparfait	Futur I	Passé simple
je/j'	suis aimé(e)	étais aimé(e)	serai aimé(e)	fus aimé(e)
tu	es aimé(e)	étais aimé(e)	seras aimé(e)	fus aimé(e)
il/elle/on	est aimé(e)	était aimé(e)	sera aimé(e)	fut aimé(e)
nous	sommes aimé(e)s	étions aimé(e)s	serons aimé(e)s	fûmes aimé(e)s
vous	êtes aimé(e)(s)	étiez aimé(e)(s)	serez aimé(e)(s)	fûtes aimé(e)(s)
ils/elles	sont aimé(e)s	étaient aimé(e)s	seront aimé(e)s	furent aimé(e)s

	Passé composé	Plus-que-parfait	Futur II	Passé antérieur
j'	ai été aimé(e)	avais été aimé(e)	aurai été aimé(e)	eus été aimé(e)
tu	as été aimé(e)	avais été aimé(e)	auras été aimé(e)	eus été aimé(e)
il/elle/on	a été aimé(e)	avait été aimé(e)	aura été aimé(e)	eut été aimé(e)
nous	avons été aimé(e)s	avions été aimé(e)s	aurons été aimé(e)s	eûmes été aimé(e)s
vous	avez été aimé(e)(s)	aviez été aimé(e)(s)	aurez été aimé(e)(s)	eûtes été aimé(e)(s)
ils/elles	ont été aimé(e)s	avaient été aimé(e)s	auront été aimé(e)s	eurent été aimé(e)s

CONDITIONNEL

	Présent	Passé
je/j'	serais aimé(e)	aurais été aimé(e)
tu	serais aimé(e)	aurais été aimé(e)
il/elle/on	serait aimé(e)	aurait été aimé(e)
nous	serions aimé(e)s	aurions été aimé(e)s
vous	seriez aimé(e)(s)	auriez été aimé(e)(s)
ils/elles	seraient aimé(e)s	auraient été aimé(e)s

IMPERATIF

Présent
sois aimé(e)
soyons aimé(e)s
soyez aimé(e)(s)

SUBJONCTIF

	Présent	Passé	Imparfait	Plus-que-parfait
que je	sois aimé(e)	aie été aimé(e)	fusse aimé(e)	eusse été aimé(e)
que tu	sois aimé(e)	aies été aimé(e)	fusses aimé(e)	eusses été aimé(e)
qu'il/elle/on	soit aimé(e)	ait été aimé(e)	fût aimé(e)	eût été aimé(e)
que nous	soyons aimé(e)s	ayons été aimé(e)s	fussions aimé(e)s	eussions été aimé(e)s
que vous	soyez aimé(e)(s)	ayez été aimé(e)(s)	fussiez aimé(e)(s)	eussiez été aimé(e)(s)
qu'ils/elles	soient aimé(e)s	aient été aimé(e)s	fussent aimé(e)s	eussent été aimé(e)s

INFINITIF / PARTICIPE / GERONDIF

INFINITIF		PARTICIPE		GERONDIF	
Présent	Passé	Présent	Passé	Présent	Passé
être	avoir été aimé	aimant / étant aimé	étant aimé / ayant été aimé	en aimant / en étant aimé	en ayant été aimé

Verbtabellen

3 Die unregelmäßigen Verben

- Die mit einem * gekennzeichneten Verben bilden die zusammengesetzten Zeiten der Vergangenheit mit dem Hilfsverb être (sein).
- Verben, die mit zwei ** gekennzeichnet sind, bilden je nach Bedeutung die zusammengesetzten Zeiten der Vergangenheit mit dem Hilfsverb être (sein) oder avoir (haben).
- Von den angegebenen Formen können alle anderen Formen abgeleitet werden.

absoudre die Absolution erteilen	→ dissoudre	
accroître vermehren	→ croître	
accueillir empfangen	→ cueillir	
acquérir erwerben sowie alle Verben auf -quérir: conquérir erobern, requérir erfordern usw.	Indicatif présent	j'acquiers … nous acquérons … ils acquièrent
	Futur I	j'acquerrai … nous acquerrons …
	Participe I / II	acquérant / acquis
	Passé simple	j'acquis … nous acquîmes …
	Subjonctif présent	que j'acquière … que nous acquérions … qu'ils acquièrent
aller* gehen / fahren	Indicatif présent	je vais, tu vas, il va, nous allons, vous allez, ils vont
	Indicatif imparfait	j'allais … nous allions …
	Futur I	j'irai … nous irons …
	Participe I / II	allant / allé
	Passé simple	j'allai … nous allâmes …
	Subjonctif présent	que j'aille … que nous allions … qu'ils aillent
	Impératif	va, allons, allez
apercevoir erblicken	→ recevoir	
apparaître** erscheinen	→ connaître	
apprendre lernen	→ prendre	
appuyer drücken sowie alle Verben auf -uyer (z. B. ennuyer langweilen)	Indicatif présent	j'appuie … nous appuyons … ils appuient
	Futur I	j'appuierai … nous appuierons …
	Participe I / II	appuyant / appuyé
	Passé simple	j'appuyai … il appuya … nous appuyâmes …
	Subjonctif présent	que j'appuie … que nous appuyions
assaillir angreifen / stürmen	→ cueillir	

Verbtabellen

asseoir setzen	Indicatif présent	j'assois / j'assieds ... nous assoyons / nous asseyons ... ils assoient / ils asseyent
	Indicatif imparfait	j'assoyais / j'asseyais...
	Futur I	j'assoirai / j'assiérai ... nous assoirons / nous assiérions ...
	Participe I / II	assoyant / asseyant / assis
	Passé simple	j'assis ... nous assîmes ...
	Subjonctif présent	que j'assoie / j'asseye ... que nous assoyions / asseyions ...
atteindre erreichen sowie alle Verben auf -indre (z. B. teindre färben, craindre fürchten, joindre verbinden / erreichen)	Indicatif présent	j'atteins ... nous atteignons ... ils atteignent
	Futur I	j'atteindrai ...
	Participe I / II	atteignant / atteint
	Passé simple	j'atteignis ... nous atteignîmes ...
	Subjonctif présent	que j'atteigne ... que nous atteignions ...
battre schlagen sowie: abattre fällen / erschießen, combattre (be)kämpfen	Indicatif présent	je bats, tu bats, il bat, nous battons, vous battez, ils battent
	Futur I	je battrai ... nous battrons ...
	Participe I / II	battant / battu
	Passé simple	je battis ... nous battîmes ...
	Subjonctif présent	que je batte ... que nous battions ...
boire trinken	Indicatif présent	je bois ... nous buvons ... ils boivent
	Indicatif imparfait	je buvais ... nous buvions ... ils buvaient
	Futur I	je boirai ... nous boirons ...
	Participe I / II	buvant / bu
	Passé simple	je bus ... nous bûmes ...
	Subjonctif présent	que je boive ... que nous buvions ... qu'ils boivent
bouillir kochen	Indicatif présent	je bous ... il bout ... nous bouillons ...
	Futur I	je bouillirai ...
	Participe I / II	bouillant / bouilli
	Passé simple	je bouillis ... nous bouillîmes ...
	Subjonctif présent	que je bouille ... que nous bouillions ...
bruire ein Geräusch machen (defektiv)	Indicatif présent	il bruit ... ils bruissent
	Indicatif imparfait	il bruissait
	Participe I / II	bruissant / bruit
choir** fallen (defektiv)	→ déchoir	
	Futur I	je choirai / je cherrai ...
clore schließen	Indicatif présent	je clos ... nous closons ...
	Futur I	je clorai ...
	Indicatif imparfait	Ø

3 Die unregelmäßigen Verben

Verbtabellen

	Participe II Passé simple Subjonctif présent	clos Ø que je close ... que nous closions ...
conclure beschließen sowie: exclure ausschließen	Indicatif présent Participe I / II Passé simple Subjonctif présent	je conclus ... nous concluons ... concluant / conclu je conclus ... nous conclûmes ... que je conclue ... que nous concluions ...
conduire fahren	Indicatif présent Participe I / II Passé simple Subjonctif présent	je conduis ... nous conduisons ... conduisant / conduit je conduisis ... nous conduisîmes ... que je conduise ... que nous conduisions ...
connaître kennen sowie: paraître scheinen, disparaître verschwinden	Indicatif présent Futur I Participe I / II Passé simple Subjonctif présent	je connais ... il connaît ... nous connaissons ... je connaîtrai ... connaissant / connu je connus ... nous connûmes ... que je connaisse ... que nous connaissions ...
construire bauen	→ conduire	
convaincre überzeugen	→ vaincre	
coudre nähen	Indicatif présent Futur I Participe I / II Passé simple Subjonctif présent	je couds ... il coud ... nous cousons ... je coudrai ... cousant / cousu je cousis ... nous cousîmes ... que je couse ... que nous cousions ...
courir rennen	Indicatif présent Futur I Participe I / II Passé simple Subjonctif présent	je cours ... il court ... nous courons ... je courrai ... courant / couru je courus ... nous courûmes ... que je coure ... que nous courions ...
couvrir bedecken	→ offrir	
craindre fürchten	→ atteindre	
croire glauben	Indicatif présent Futur I Participe I / II Passé simple Subjonctif présent	je crois ... nous croyons ... ils croient je croirai ... croyant / cru je crus ... nous crûmes ... que je croie ... que nous croyions ...
croître wachsen sowie: accroître vermehren	Indicatif présent Futur I Participe I / II	je croîs ... il croît ... nous croissons ... je croîtrai ... croissant / crû

Verbtabellen

	Passé simple	je crûs ... il crût ... nous crûmes ...
	Subjonctif présent	que je croisse ... que nous croissions ...
cueillir pflücken sowie: accueillir empfangen, recueillir sammeln / ernten	Indicatif présent Futur I Participe I / II Passé simple Subjonctif présent	je cueille ... nous cueillons ... je cueillerai ... cueillant / cueilli je cueillis ... nous cueillîmes ... que je cueille ... que nous cueillions ...
cuire kochen	→ conduire	
déchoir** tief sinken (defektiv)	Indicatif présent Futur I Participe II Passé simple Subjonctif présent	je déchois ... il déchoit ... nous déchoyons ... je déchoirai ... nous déchoirons ... déchu je déchus ... il déchut ... nous déchûmes ... que je déchoie ... que nous déchoyions ...
défaillir schwinden / in Ohnmacht fallen	→ cueillir	
devenir werden	→ venir	
devoir müssen / sollen	Indicatif présent Futur I Participe I / II Passé simple Subjonctif présent	je dois ... nous devons ... ils doivent je devrai ... devant / dû je dus ... nous dûmes ... que je doive ... que vous deviez ... qu'ils doivent
dire sagen	Indicatif présent Futur I Participe I / II Passé simple Subjonctif présent	je dis, tu dis, il dit, nous disons, vous dites, ils disent je dirai ... disant / dit je dis ... nous dîmes ... que je dise ... que nous disions ... qu'ils disent
disparaître verschwinden	→ apparaître	
dissoudre auflösen	Indicatif présent Futur I Participe I / II Passé simple Subjonctif présent Subjonctif imparfait	je dissous ... il dissout ... nous dissolvons ... je dissoudrai ... dissolvant / dissous/dissoute Ø que je dissolve ... que nous dissolvions ... Ø
écrire schreiben	Indicatif présent Futur I	j'écris ... nous écrivons ... ils écrivent j'écrirai ...

Verbtabellen

	Participe I / II	écrivant / écrit
	Passé simple	j'écrivis ... nous écrivîmes ...
	Subjonctif présent	que j'écrive ... que nous écrivions ...
émettre senden	→ mettre	
émouvoir bewegen	→ mouvoir	
ennuyer langweilen	→ appuyer	
envoyer schicken	Indicatif présent	j'envoie ... il envoie ... nous envoyons ...
	Futur I	j'enverrai ...
	Participe I / II	envoyant / envoyé
	Passé simple	j'envoyai ... nous envoyâmes ...
	Subjonctif présent	que j'envoie ... que nous envoyions ...
essayer versuchen sowie alle Verben auf -ayer (z. B. payer zahlen, effrayer erschrecken, balayer fegen)	Indicatif présent	j'essaie / j'essaye ... nous essayons ...
	Futur I	j'essaierai / j'essayerai ... nous essaierons / essayerons ...
	Participe I / II	essayant / essayé
	Passé simple	j'essayai ... nous essayâmes ...
	Subjonctif présent	que j'essaie / que j'essaye ... que nous essayions ...
essuyer abtrocknen	→ appuyer	
éteindre auslöschen	→ atteindre	
étreindre umarmen	→ atteindre	
faillir etwas beinahe getan haben (defektiv)	Passé composé	j'ai failli
	Futur I	je faillirai ...
	Participe I / II	faillant / failli
	Passé simple	je faillis ... nous faillîmes ...
	Subjonctif présent	Ø
faire machen	Indicatif présent	je fais, tu fais, il fait, nous faisons, vous faites, ils font
	Indicatif imparfait	je faisais ...
	Futur I	je ferai ...
	Participe I / II	faisant / fait
	Passé simple	je fis ... nous fîmes ...
	Subjonctif présent	que je fasse ... que nous fassions ... qu'ils fassent
falloir (man braucht etwas, man muss etwas tun)	Indicatif présent	il faut
	Indicatif imparfait	il fallait
	Futur I	il faudra
	Passé composé	il a fallu
	Passé simple	il fallut
	Subjonctif présent	qu'il faille

Verbtabellen

fuir fliehen	Indicatif présent Futur I Participe I / II Passé simple Subjonctif présent	je fuis … il fuit … nous fuyons … je fuirai … fuyant / fui je fuis … nous fuîmes … que je fuie … qu'il fuie … que nous fuyions …
gésir liegen (defektiv)	Indicatif présent Indicatif imparfait Participe I	je gis… il gît … nous gisons … je gisais … il gisait… gisant
haïr hassen	Indicatif présent Futur I Participe II Passé simple Subjonctif présent	je hais … nous haïssons … je haïrai … haï je haïs … nous haïmes … que je haïsse … que nous haïssions …
lire lesen	Indicatif présent Futur I Participe I / II Passé simple Subjonctif présent	je lis … nous lisons … je lirai … lisant / lu je lus … nous lûmes … que je lise … que nous lisions …
luire scheinen	→ conduire	
maudire verfluchen	Indicatif présent Participe I / II Subjonctif présent	je maudis … nous maudissons … maudissant / maudit que je maudisse … que nous maudissions …
mettre setzen / legen / stellen sowie: émettre senden	Indicatif présent Futur I Participe I / II Passé simple Subjonctif présent	je mets … nous mettons … ils mettent je mettrai … mettant / mis je mis … nous mîmes … que je mette … que nous mettions …
moudre mahlen	Indicatif présent Futur I Participe I / II Passé simple Subjonctif présent	je mouds … il moud … nous moulons … je moudrai … moulant / moulu je moulus … nous moulûmes … que je moule … que nous moulions …
mourir sterben	Indicatif présent Futur I Participe I / II Passé simple Subjonctif présent	je meurs … nous mourons … je mourrai … mourant / mort je mourus … nous mourûmes … que je meure … que nous mourions …
mouvoir bewegen	Indicatif présent Futur I	je meus … nous mouvons … ils meuvent je mouvrai …

Verbtabellen

	Participe I / II	mouvant / mû
	Passé simple	je mus ... nous mûmes ...
	Subjonctif présent	que je meuve ... que nous mouvions ...
naître geboren werden	Indicatif présent	je nais ... il naît ... nous naissons ...
	Futur I	je naîtrai ...
	Participe I / II	naissant / né
	Passé simple	je naquis ... il naquit ... nous naquîmes ...
	Subjonctif présent	que je naisse ... que nous naissions ...
nuire schaden	→ conduire	
obtenir erhalten	→ tenir	
offrir schenken	Indicatif présent	j'offre ... il offre ... nous offrons ...
	Futur I	j'offrirai ...
	Participe I / II	offrant / offert
	Passé simple	j'offris ... il offrit ... nous offrîmes ...
	Subjonctif présent	que j'offre ... que nous offrions ...
ouvrir öffnen	→ offrir	
paraître scheinen	→ connaître	
peindre malen	→ atteindre	
permettre erlauben	→ mettre	
plaire gefallen	Indicatif présent	je plais ... nous plaisons ... ils plaisent
	Futur I	je plairai ... nous plairons ...
	Participe I / II	plaisant / plu
	Passé simple	je plus ... nous plûmes ...
	Subjonctif présent	que je plaise ... que nous plaisions ... qu'ils plaisent
plaindre bedauern	→ craindre	
pleuvoir regnen	Indicatif présent	il pleut
	Indicatif imparfait	il pleuvait
	Futur I	il pleuvra
	Passé composé	il a plu
	Passé simple	il plut
	Subjonctif présent	qu'il pleuve
poursuivre verfolgen	→ suivre	
pouvoir können / dürfen	Indicatif présent	je peux, tu peux, il peut, nous pouvons, vous pouvez, ils peuvent
	Futur I	je pourrai ...
	Participe I / II	pouvant / pu
	Passé simple	je pus ... nous pûmes ...
	Subjonctif présent	que je puisse ... que nous puissions ... qu'ils puissent

Verbtabellen

prendre nehmen sowie die mit prendre zusammengesetzten Verben	Indicatif présent Futur I Participe I / II Passé simple Subjonctif présent	je prends ... nous prenons, vous prenez, ils prennent je prendrai ... prenant / pris je pris ... nous prîmes ... que je prenne ... que nous prenions ... qu'ils prennent
prévoir voraussehen	Indicatif présent Futur I Participe I / II Passé simple Subjonctif présent	je prévois ... nous prévoyons je prévoirai ... prévoyant / prévu je prévis ... nous prévîmes ... que je prévoie ... que nous prévoyions ...
produire herstellen	→ conduire	
promettre versprechen	→ mettre	
recevoir erhalten	Indicatif présent Futur I Participe I / II Passé simple Subjonctif présent	je reçois ... nous recevons ... ils reçoivent je recevrai ... recevant / reçu je reçus ... nous reçûmes ... que je reçoive ... que nous recevions ... qu'ils reçoivent
résoudre lösen	Indicatif présent Futur I Participe I / II Passé simple Subjonctif présent	je résous ... il résout ... nous résolvons ... je résoudrai ... résolvant / résolu je résolus ... nous résolûmes ... que je résolve ... que nous résolvions ...
rire lachen sowie: sourire lächeln	Indicatif présent Futur I Participe I / II Passé simple Subjonctif présent	je ris ... nous rions ... je rirai ... riant / ri je ris ... nous rîmes ... que je rie ... que nous riions ...
savoir wissen	Indicatif présent Futur I Participe I / II Passé simple Subjonctif présent Impératif	je sais ... nous savons ... ils savent je saurai ... sachant / su je sus ... nous sûmes ... que je sache ... que nous sachions ... sache, sachons, sachez
souffrir leiden	→ offrir	
soustraire subtrahieren / abziehen	Indicatif présent Futur I	je soustrais ... nous soustrayons ... ils soustraient je soustrairai ...

3 Die unregelmäßigen Verben

Verbtabellen

	Participe I / II	soustrayant / soustrait
	Passé simple	Ø
	Subjonctif présent	que je soustraie ... que nous soustrayions ...
suffire genügen	Indicatif présent	je suffis ... nous suffisons ...
	Futur I	je suffirai ...
	Participe I / II	suffisant / suffi
	Passé simple	je suffis ... nous suffîmes ...
	Subjonctif présent	que je suffise ... que nous suffisions ...
suivre folgen	Indicatif présent	je suis ... nous suivons ... ils suivent
	Futur I	je suivrai ...
	Participe I / II	suivant / suivi
	Passé simple	je suivis ... nous suivîmes ...
	Subjonctif présent	que je suive ... que nous suivions ...
taire verschweigen	→ plaire	
teindre färben	→ atteindre	
tenir halten	→ venir	
traduire übersetzen	→ conduire	
tressaillir zittern / zusammenzucken	→ assaillir	
vaincre besiegen	Indicatif présent	je vaincs ... il vainc ... nous vainquons ...
	Futur I	je vaincrai ...
	Participe I / II	vainquant / vaincu
	Indicatif imparfait	je vainquais ...
	Passé simple	je vainquis ... nous vainquîmes ...
	Subjonctif présent	que je vainque ... que nous vainquions ...
valoir kosten / wert sein	Indicatif présent	je vaux, tu vaux, il vaut, nous valons, vous valez, ils valent
	Futur I	je vaudrai ...
	Participe I / II	valant / valu
	Passé simple	je valus ... nous valûmes ...
	Subjonctif présent	que je vaille ... que nous valions ... qu'ils vaillent
venir* kommen	Indicatif présent	je viens ... nous venons ... ils viennent
	Futur I	je viendrai ...
	Participe I / II	venant / venu
	Passé simple	je vins ... nous vînmes ... ils vinrent
	Subjonctif présent	que je vienne ... que nous venions ... qu'ils viennent
vêtir anziehen	Indicatif présent	je vêts ... nous vêtons ...

Verbtabellen

	Futur I	je vêtirai ...
	Participe I / II	vêtant / vêtu
	Passé simple	je vêtis ... nous vêtîmes ...
	Subjonctif présent	que je vête ... que nous vêtions ...
vivre leben	Indicatif présent	je vis ... nous vivons ... ils vivent
	Futur I	je vivrai ...
	Participe I / II	vivant / vécu
	Passé simple	je vécus ... nous vécûmes ...
	Subjonctif présent	que je vive ... que nous vivions ... qu'ils vivent
voir sehen	Indicatif présent	je vois ... nous voyons ... ils voient
	Futur I	je verrai ...
	Participe I / II	voyant / vu
	Passé simple	je vis ... nous vîmes ...
	Subjonctif présent	que je voie ... que nous voyions ... qu'ils voient
vouloir wollen	Indicatif présent	je veux, tu veux, il veut, nous voulons, vous voulez, ils veulent
	Indicatif imparfait	je voulais ... nous voulions ...
	Futur I	je voudrai ... nous voudrons ...
	Participe I / II	voulant / voulu
	Passé simple	je voulus ... nous voulûmes ...
	Conditionnel I	je voudrais ... nous voudrions ...
	Subjonctif présent	que je veuille ... que nous voulions ... qu'ils veuillent
	Impératif	veux / veuille, voulons / veuillons, voulez / veuillez

3 Die unregelmäßigen Verben

1 Die Aussprache

Auf Entdeckung
1. ja 2. ja

Test 1, 2, 3, 4: ohne Lösung

Test 5
2. petit / parti 3. ronde / monde 4. lente / tante

Test 6, 7, 8, 9: ohne Lösung

Auf Entdeckung
1. [g] 2. [ʒ] 3. [g] und [gi]

Test 10
âge; voyage; gentil; fromage; argent; boulanger; exagérer; Belgique; changer; manger

Auf Entdeckung
1. [k] 2. [s] [s]

Test 11
maçon; leçon; essence; épice; glace; déçu

Test 12, 13: ohne Lösung

Test 14
1. Ils travaillent tous les jours 2. Ils visitent le port 3. Le chat dort sous le lit 4. Il vit ici depuis six mois.

Test 15: ohne Lösung

Test 16
1. les‿animaux 2. Nous‿arrivons 3. un‿hôtel trois‿étoiles

Test 17
1. Vous‿êtes français ? 2. Nous‿avons passé nos vacances en‿Italie. 3. Je voudrais‿un café et un verre d'eau, s.v.p. 4. Je crois qu'elle est chez‿elle.

Test 18: ohne Lösung

Test 19
1. Je sais. 2. Je ne sais pas. 3. Je ne sais pas pourquoi. 4. Je ne sais pas, en fait, pourquoi tu dis ça.

Test 20; 21: ohne Lösung

Auf den Punkt gebracht
1. 1. nein 2. ja
2. 1. [y] rue / musée; [u] tout / ouvert; [i] dynamique / gyrophare
   2. [ã] attendre / allemand; [ɛ̃] chemin / copain; [ɔ̃] compris / blond
   3. [ɥi] ensuite / lui; [wa] toit / voix; [j] briller / payer
3. 1. nein 2. ja 3. ja
4. 1. in einigen Fällen nicht 2. niemals 3. unterschiedlich
5. [e] les; [ə] demain; [ɛ] mai
6. 1. getrennt 2. unterschiedlich 3. -guë
7. 1. [s], [s], [z] 2. [ʒ], [g] 3. [s], [k]
8. 1. niemals 2. verlangt
9. [z] deuxième; [ks] texte; [gz] examen
10. 1. nicht alle 2. nicht hörbar 3. nicht hörbar
11. 1. nein 2. ja
12. 1. ja 2. nein 3. ja 4. ja 5. ja 6. nein 7. ja
13. 1. ja 2. nein
14. 1. Aujourd'hui, je vais au marché. 2. Moi, dit-elle, j'adore la musique. 3. Nous irons, si le temps le permet, faire une randonnée.
15. fallend: 1, 3; steigend: 2, 4, 5

2 Die Schreibung

Auf Entdeckung
C E G H J Q U V W Y Z

Test 1: ohne Lösung

Auf Entdeckung
1. en 2. maire / mer 3. Königin / Rentier

Test 2
1. ont / on 2. ce / se 3. où / ou 4. son / sont 5. a / à

Test 3
1. hôpital 2. fenêtre, hôtel 3. déjà là 4. Ø

Test 4
1. J'habite à Paris. 2. Tu aimes le chocolat. 3. J'espère qu'il va bien. 4. C'est facile et c'est intéressant. / C'est intéressant et c'est facile.

Lösungen

Test 5
1. Prenez-vous 2. Ø 3. Attends-moi 4. Ø
5. vingt-cinq

Test 6
1. Strasbourg, le 30 mai 2. Ø 3. Ø 4. Ø
5. En fait, tu n'as rien compris.

Test 7
1. l'océan Atlantique 2. l'île de Ré 3. la Révolution russe 4. Le Malade imaginaire
5. la Commission européenne

Auf Entdeckung
1. ja 2. ja 3. nein 4. nein 5. ja

Test 8
a-ni-mal; re-gar-der; ha-bi-ter; im-por-tant; ma-la-die; ou-ver-tu-re; mé-ta-mor-pho-se; ar-chi-tec-tu-re; au-then-ti-que; oph-tal-mo-lo-gue; ma-gni-fi-que; or-tho-gra-phe

Auf den Punkt gebracht
1. 1. nein 2. ja 3. ja
2. ou = oder où = wo / wohin; a = hat à = in; ce = dieser se = sich
3. 1. aigu / grave / circonflexe 2. aigu 3. e 4. a, e, u
4. 1. ja 2. nein 3. ja 4. ja
5. 1. ja 2. nein 3. ja
6. 1. ja 2. nein 3. ja 4. nein
7. 1. groß 2. klein 3. groß 4. groß
8. 1. ja 2. nein 3. ja

3 Das Substantiv

Test 1
1. guide 2. veuve 3. commerçant
4. Chinois 5. internaute 6. invité

Test 2
1. infirmière 2. comédienne 3. serveur
4. espion 5. électrice

Auf Entdeckung
1. nein 2. ja 3. nein

Test 3
1. m 2. f 3. m 4. f 5. f 6. m 7. f 8. m
9. m 10. m 11. m 12. f 13. f 14. f 15. f
16. m

Test 4
1. m 2. m 3. m 4. f 5. m 6. m 7. m 8. f
9. m 10. m 11. f 12. f

Test 5
1. une femme chauffeur de taxi 2. une artisane 3. auteure 4. une consultante d'entreprise

Auf Entdeckung
la livre = das Pfund / le livre = das Buch
la poêle = die Pfanne / le poêle = der Ofen
la manche = der Ärmel / le manche = der Stiel
la vase = der Schlamm / le vase = die Vase
la voile = das Segel / le voile = der Schleier
la tour = der Turm / le tour = die Tour

Auf Entdeckung
1. nein 2. ja 3. ja

Test 6
1. voisin 2. pays 3. noix 4. haricots
5. merguez

Test 7
1. maux 2. aveux 3. feux 4. bateaux
5. détails 6. journaux 7. clous 8. bijoux
9. travaux 10. lieux 11. trous 12. adieux

Test 8
1. lave-linge 2. sous-sols 3. laissez-passer
4. couvre-lits 5. pommes de terre 6. grands-pères 7. eaux-de-vie 8. rouges-gorges

Auf den Punkt gebracht
1. 1. ja 2. nein 3. ja
2. 1. ja 2. nein 3. ja
3. 1. directrice 2. Italienne 3. voleuse 4. Bretonne
4. 1. am Begleiter 2. -ment, -isme, -eau, -age, -oir 3. -ade, -elle, -ance, -ude
5. 1. Bäume, Sprachen, Zahlwörter 2. Ländernamen auf -e, Autos
6. une femme médecin; architecte; paysanne; une femme ingénieur / ingénieure
7. 1. ja 2. nein 3. ja
8. avions; manteaux; canaux; clous; neveux; journaux; bijoux
9. 1. yeux; hobbys; cieux; agendas; sandwichs; länder 2. vacances; épinards; fiançailles
10. 1. nein 2. ja 3. ja

Lösungen

4 Der Artikel

Test 1
le train; le hasard; l'honneur; les élèves; les chiens; l'ennemi; l'huître; l'oncle; la tante; l'herbe; l'amour; les parents

Auf Entdeckung
au; aux; du; des

Test 2
1. de la 2. jusqu'au 3. des 4. au 5. aux 6. du

Test 3
1. le 2. Ø 3. Ø 4. les 5. l' 6. les

Test 4
1. Ø 2. La 3. la 4. Les

Test 5
1. Ø 2. le 3. Ø 4. du 5. du 6. la; Ø

Auf Entdeckung
un homme; une femme; des hommes; des femmes

Test 6
un bus; une fille; un manteau; une élève; des chiens; des oiseaux; un jour; un policier; une idée; des amis; un chien; des enfants

Test 7
bestimmter Artikel: les jours; l'enfant; les hivers; la mère / les mères; l'oie / les oies; les haches
unbestimmter Artikel: un jour; des enfants; un hiver / des hivers; une mère / des mères; une oie / des oies; une hache / des haches

Auf Entdeckung
1. du 2. de la 3. de l' 4. des
du; de la; de l'; des

Test 8
1. de l' 2. de la 3. du 4. de la 5. du 6. de l'

Test 9
1. du 2. les 3. des 4. de l' 5. de l' 6. des 7. du 8. une

Test 10
1. Ø 2. du 3. des 4. Ø 5. Ø; Ø 6. Ø

Test 11
1. de chance 2. d'amis 3. la télé 4. de pain 5. de famille

Auf den Punkt gebracht
1. 1. nein 2. nein 3. ja
2. 1. le / l'; le jour / l'hôtel; la / l'; la nuit / l'université 2. les, les étudiants / les étudiantes
3. au / au musée, aux / aux Baléares, du / du marché, des / des Pays-Bas
4. 1. nein 2. ja 3. nein 4. ja 5. nein 6. ja 7. ja
5. un jour; des jours; une gare; des gares
6. 1. eine 2. unbestimmte 3. pas de / pas de chien
7. 1. du 2. de la 3. de l' 4. de l' 5. des
8. 1. nein 2. ja 3. ja
9. 1. ja 2. ja / trop de beurre 3. nein 4. nein 5. ja

5 Das Adjektiv

Auf Entdeckung
1. ja 2. nein

Auf Entdeckung
1. -e / verte, polie 2. e / moderne

Test 1
1. française 2. rapide 3. marine 4. jolie

Auf Entdeckung
1. -s, neufs / neuves 2. -x 3. -s oder -x, gros / doux

Test 2
1. fidèles 2. facile 3. doux 4. bas 5. beau 6. nationaux

Auf Entdeckung
1. nein 2. ja

Test 3
1. Ø; Ø 2. allemands / allemands 3. Ø; Ø 4. grande / grande

Test 4
1. polis, sages 2. intelligente, cultivée 3. dures, bancales

Lösungen

Test 5
1. absents 2. rouges 3. petites 4. absentes

Test 6
1. une histoire compliquée 2. un vin espagnol 3. un livre intéressant 4. une robe verte et rouge

Test 7
1. un vieux manteau 2. un enfant intelligent 3. un petit vélo vert 4. un débat ennuyeux

Test 8
1. cadet 2. alsacienne 3. affreuse 4. légère 5. publique 6. naturel 7. épaisse 8. sportive

Test 9
1. vieille 2. fraîche 3. fausse 4. longue 5. douce 6. nouvelle

Test 10
1. vieil 2. nouveau 3. vieil 4. nouvel 5. bel 6. beau

Test 11
1. rouges 2. Ø, Ø 3. et demie 4. extra(s) 5. chic(s) 6. sympa(s)

Test 12
1. saubere 2. einsame 3. traurige 4. Schwägerin 5. einziges 6. letzte

Test 13
1. aigres-doux 2. franco-allemandes 3. non-gouvernementales

Auf Entdeckung
1. plus, aussi, moins 2. que, plus grande que lui 3. qu', plus grand qu'Alain

Test 14
1. plus dangereux 2. plus malin 3. moins sympa 4. aussi nerveux

Test 15
1. le plus vieux 2. la plus froide 3. le plus grand 4. le plus célèbre

Test 16
1d; 2b; 3a; 4f; 5c; 6e

Test 17
1. le meilleur 2. le pire 3. le plus petit 4. le moindre 5. le plus mauvais

Auf den Punkt gebracht
1. 1. ja 2. ja
2. 1. ja 2. nein 3. ja
3. un village: petit / charmant / riche; des yeux: bleus; un homme: avare / petit / charmant / riche; une femme: blonde / avare / riche; une ville: riche; une robe et un pull: bleus
4. 1. nein 2. ja 3. nein
5. première; annuelle; naïve; discrète; italienne; peureuse; franche; publique
6. fausse; douce; vieille; longue; fraîche; nouvelle
7. bel homme; beau livre; nouvel ami; nouveau film; vieil hôtel; vieux vélo
8. 1. nein 2. ja 3. ja ; marron 4. ja; vert clair
9. 1. ja 2. ja 3. nein; einzige
10. 1. nein 2. ja
11. 1. de 2. à 3. de 4. à
12. 1. plus / plus cher; moins / moins cher; aussi / aussi cher
    2. le plus / le plus cher; le moins / le moins cher
13. 1. meilleur / le meilleur
    2. regelmäßig: plus petit / le plus petit; unregelmäßig: moindre / le moindre
    3. regelmäßig: plus mauvais / le plus mauvais; unregelmäßig: pire / le pire

Und wenn Sie noch neugierig sind ...
2d; 3f; 4b; 5a; 6c

6 Die Possessivbegleiter

Auf Entdeckung
mes montres; ton livre; ta montre; tes livres; sa montre; ses montres

Test 1
a) 1. ton 2. mon 3. sa 4. ma 5. mes 6. mon 7. son 8. sa 9. mes 10. ses 11. ta 12. mon
b) 1. mon 2. mon 3. mon 4. mon 5. mon 6. mon 7. ma 8. mon 9. ma 10. mon

621

Lösungen

Test 2
1. vos 2. leurs 3. nos 4. votre 5. leur
6. notre

Test 3
1. mon 2. votre 3. au 4. son 5. les 6. sa

Auf den Punkt gebracht
1. 1. ja 2. nein 3. ja
2. a) maskulin: mon; ton; son; feminin: ma; ta; sa; Plural: mes; tes; ses
   b) son plan / son plan; sa voiture / sa voiture; son ami / son ami; son amie / son amie
3. notre; votre; leur / nos; vos; leurs
4. 1. ja; la 2. ja; mes 3. nein; ta

Und wenn Sie noch neugierig sind ...
2e; 3a; 4f; 5b; 6h; 7d; 8c

7 Die Demonstrativbegleiter

Auf Entdeckung
1. ce: ce livre / ce héros; cet: cet ami / cet hôtel 2. cette: cette amie / cette porte
3. ces: ces gens

Test 1
1. ce 2. cette 3. cet 4. ces 5. cette 6. ces
7. ce 8. cette 9. cet 10. cet 11. cette
12. ces

Test 2
1. ce 2. cet 3. ce 4. ce 5. cette 6. cette

Test 3
1. là 2. là 3. ci 4. ci

Auf den Punkt gebracht
1. ce livre / cet arbre / cet hôtel; ces livres / ces arbres / ces hôtels; cette amie / cette porte; ces amies / ces portes
2. 1. cette porte-là 2. ce livre-là 3. Ces robes-là
3. 1. ja 2. ja 3. nein

Und wenn Sie noch neugierig sind ...
2e; 3f; 4c; 5a; 6b

8 Die Indefinitbegleiter

Test 1
1. quelques 2. plusieurs 3. un autre
4. différents 5. chaque 6. tous les 7. tels
8. la même

Test 2
1. aucune 2. aucun 3. aucune 4. aucunes

Auf Entdeckung
1. veränderlich 2. ganz 3. alle

Test 3
1. Tous 2. Tout 3. toute 4. toutes

Test 4
1. plusieurs 2. quelque 3. plusieurs
4. chaque 5. quelques 6. chaque

Auf Entdeckung
une autre fois / ein anderes Mal; d'autres chaises / andere Stühle; un autre café / noch einen Kaffee; l'autre jour / neulich

Test 5
1. un autre 2. une autre 3. une autre
4. d'autres

Test 6
1. le même 2. les mêmes 3. la même 4. la même

Test 7
1. diverses 2. différents 3. différentes
4. certains

Test 8
1. Ø 2. quels 3. quelle 4. quelles

Test 9
1. nulle 2. maintes 3. telle 4. quelconque

Auf den Punkt gebracht
1. 1. nicht genau 2. vor
2. 1b; 2e; 3f; 4a; 5c; 6d
3. 1. die gleiche 2. Singular 3. einige
   4. meistens 5. ganz 6. alle 7. unveränderlich 8. allen Begleitern 9. veränderlich 10. unveränderlich 11. mit
   12. kann
4. 1e; 2d; 3c; 4f; 5b; 6a

Lösungen

9 Die Personal- und Reflexivpronomen

Auf Entdeckung
1. Pierre 2. Luc et moi 3. cette voiture
4. mes amis

Test 1
1. tu 2. j' 3. elle 4. ils / elles 5. vous 6. il
7. nous 8. je

Test 2
1. Elles 2. elle 3. ils 4. il 5. Tu 6. vous
7. nous

Test 3
1. Je ne travaille pas. 2. Où allez-vous ?
3. Qu'est-ce que vous avez vu ? 4. Il ne rit jamais.

Test 4
1. Il 2. Ce 3. le 4. Ça 5. On 6. C'

Test 5
1. la 2. nous 3. me 4. te 5. vous 6. le

Test 6
1. l' 2. les 3. les 4. la

Auf Entdeckung
1. lui 2. leur

Test 7
1. lui 2. m' 3. t' 4. lui 5. nous 6. vous
7. leur

Test 8
1. leur 2. vous; nous 3. vous; me 4. nous; vous 5. lui; lui 6. lui; m'

Test 9
1. Ø 2. t' 3. Ø 4. t' 5. me 6. Ø

Test 10
1. s' 2. me 3. t' 4. se 5. nous 6. vous

Test 11
1. d 2. i 3. i 4. d 5. d

Test 12
1. Suivez-moi 2. vous remercie 3. la vois
4. te comprends 5. Vous partez 6. Habille-toi 7. lui as écrit 8. Lave-toi

Test 13
1. le lui 2. le leur 3. me l' 4. les lui

Test 14
1. Moi; toi 2. Elle; lui 3. moi; toi 4. vous; elle

Test 15
1. tu 2. je; toi 3. Moi; je 4. Tu 5. Elle; je; lui

Auf den Punkt gebracht
1. 1. ja 2. nein 3. ja 4. nein 5. ja 6. ja
   7. ja 8. ja
2. 1. Ça 2. Il 3. le 4. Ce
3. Singular: te (dich), la (sie); Plural: nous (uns), les (sie)
4. 1. nein 2. ja 3. ja
5. 1. ja 2. nein 3. ja 4. nein
6. 1. vor: la trouve 2. vor: se lavent
   3. vor: me touche 4. vor: le connaissez
   5. hinter: Lavez-vous
7. le, la, les; lui, leur
8. moi, toi, lui, elle; nous, vous, eux, elles
9. 1. ja 2. ja 3. ja 4. nein; me 5. ja; Donne-moi

Und wenn Sie noch neugierig sind ...
2a; 3f; 4e; 5c; 6b

10 Die Adverbialpronomen

Test 1
1. j'y pense 2. je pense à elle 3. j'y crois
4. il y a répondu

Test 2
1. il en parle souvent 2. je me souviens d'elle 3. j'en ai besoin 4. je m'en souviens
5. je m'en occupe

Auf Entdeckung
1. vor 2. hinter 3. vor

Auf Entdeckung
1. ja 2. nein 3. nein 4. ja

Test 3
1. te le 2. t'en 3. leur en 4. la lui 5. y en
6. l'y

Lösungen

Auf den Punkt gebracht
1. 1.ja 2. ja 3. nein
2. 1. ja 2. nein 3. ja; Ich möchte zwei.
3. 1. y 2. en 3. en 4. y 5. en
4. y (vor) en

Und wenn Sie noch neugierig sind ...
2c; 3e; 4b; 5a; 6l; 7i; 8j; 9k; 10g; 11f; 12h

11 Die Possessivpronomen

Auf Entdeckung
1. nein 2. ja 3. ja 4. ja

Test 1
1. les vôtres 2. les nôtres 3. la sienne 4. la tienne 5. la sienne 6. le vôtre 7. les leurs 8. la mienne

Test 2
1. la tienne 2. les leurs 3. les tiennes 4. le mien 5. les nôtres 6. le sien

Auf Entdeckung
2d; 3b; 4a; 5c; 6e

Auf den Punkt gebracht
1. 1. ja 2. nein 3. ja
2. 1. nein 2. ja 3. nein
3. ein Besitzer: le, tien, sien; mienne, tienne, la; les, tiens, les siens; miennes, les siennes
   mehrere Besitzer: vôtre, le; nôtre, leur; les, vôtres, leurs
4. 1. le sien 2. la nôtre 3. la vôtre 4. la tienne

12 Die Demonstrativpronomen

Auf Entdeckung
1. nein 2. ja

Test 1
1. celle-ci 2. celui-ci 3. ceux-ci 4. celles-ci

Test 2
1. celui 2. celui 3. celles 4. ceux, ceux

Test 3
1. C' 2. Ça 3. Ça 4. Ce 5. ce 6. Ce 7. Ça

Test 4
1. celui-ci 2. Celle-ci 3. ceci 4. ça 5. Cela

Auf den Punkt gebracht
1. 1. nein 2. ja 3. nein
2. 1. Singular: celui, celle; Plural: ceux, celles 2. -ci, -là 3. ce, ça
3. 1. nein 2. ja 3. ja 4. ja 5. nein 6. ja
4. 1. nein 2. ja 3. ja

13 Die Indefinitpronomen

Test 1
1. chacun 2. tout 3. rien 4. quelqu'un 5. quelque chose 6. aucune 7. quelques-uns 8. n'importe quoi 9. la plupart 10. le même

Test 2
1. Rien 2. Quelqu'un 3. quelques-uns 4. on 5. personne 6. quelque chose

Test 3
1. tous 2. tout, tout, tout 3. toutes 4. tous

Test 4
1. chacune 2. chacun 3. aucun 4. aucune

Test 5
1. personne / pas un 2. quelque-uns / certains 3. plusieurs 4. personne 5. tous 6. rien 7. quelques-uns / certains 8. on 9. quelque chose 10. quelqu'un

Test 6
1. l'un, l'autre 2. l'une, l'autre 3. l'une, l'autre 4. les uns les autres

Test 7
1. n'importe quoi 2. la même 3. la plupart 4. d'autres 5. n'importe lequel

Test 8
1. tel, tel 2. nul 3. autrui 4. quiconque

Auf den Punkt gebracht
1. 1. ja 2. nein 3. ja; aucun, plusieurs
2. 2d; 3f; 4h; 5g; 6b; 7a; 8c

Lösungen

3. 1. nein 2. nein 3. ja 4. ja 5. ja 6. ja
4. 2d; 3a; 4g; 5b; 6c; 7f
5. 1. Verwaltungssprache 2. jeder

14 Die Relativpronomen

Auf Entdeckung
1. la maison 2. les photos 3. les fruits
4. l'exposition

Auf Entdeckung
1. nein 2. ja 3. nein

Test 1
1. qui viennent de France 2. qui donne sur la cour. 3. qui va te plaire

Test 2
1. que 2. qui 3. que 4. à qui 5. qui 6. à qui

Test 3
1. dont 2. que 3. dont 4. qui 5. où

Test 4
1. de quoi 2. dont 3. à quoi

Auf Entdeckung
1. Subjekt 2. Objekt 3. Verb 4. Subjekt

Test 5
1. ce que 2. ce qu' 3. Ce qu' 4. ce qui 5. ce que 6. Ce qui

Auf Entdeckung
maskulin: lequel, lesquels; feminin: laquelle, lesquelles

Test 6
1. laquelle 2. auxquels 3. duquel 4. lesquels

Test 7
1. lesquels 2. laquelle 3. lequel 4. lesquelles

Test 8
1. dont 2. de laquelle 3. dont 4. dont

Auf Entdeckung
1. Subjekt 2. Objekt

Test 9
1. C'est ... que 2. C'est ... que 3. C'est ... qui 4. C'est ... qui 5. C'est ... qui 6. C'est ... qu'

Test 10
1. que 2. qui 3. que 4. qui 5. dont 6. dont

Test 11
1. que j'ai acheté aux puces 2. avec lesquels j'ai fabriqué cette table 3. que je t'ai prêté hier 4. dont les enfants sont déjà grands

Test 12
1. Komma 2. Ø 3. Komma

Auf den Punkt gebracht
1. 1. ja 2. nein 3. ja 4. ja
2. 1. nein 2. ja 3. ja 4. nein
3. 1. ja 2. ja 3. ja 4. nein 5. ja 6. nein 7. ja 8. ja
4. 1. was 2. Subjekt 3. Objekt
5. maskulin: lesquels; feminin: laquelle, lesquelles
6. 1. ja 2. ja 3. ja 4. nein
7. 1. in manchen Fällen 2. Personen 3. duquel 4. dem Bezugswort
8. 1. nein 2. ja
9. 1. Subjekt 2. Objekt 3. celui qui 4. moi qui 5. Voilà ... qui
10. 1. nein 2. ja 3. nein

15 Die Interrogativa

Test 1
1. Où 2. Pourquoi 3. Qui 4. Combien 5. Quel 6. Que 7. quoi 8. Lequel 9. Comment 10. Quand

Test 2
1. Pour qui 2. Qui 3. À qui 4. Avec qui 5. De qui 6. Qui

Test 3
1. Que 2. quoi 3. Que 4. quoi 5. Que

Test 4
1. Quelles 2. Quels 3. Quelle 4. quel

Test 5
1. Combien d' 2. Combien de 3. Combien 4. Combien

Lösungen

Test 6
1. Pourquoi 2. Comment 3. Quand 4. D'ou 5. Où

Auf Entdeckung
maskulin: lesquels; feminin: laquelle, lesquelles

Test 7
1. laquelle 2. lesquels 3. laquelle / lesquelles 4. lequel

Auf Entdeckung
1. nein 2. ja 3. ja 4. ja

Auf Entdeckung
1. Personen 2. Sachen 3. Subjekt

Test 8
1. Qui est-ce qui 2. Qu'est-ce qui 3. Qu'est-ce qui 4. Qui est-ce qui

Test 9
1. où 2. ce qu' 3. qui 4. ce qui

Auf den Punkt gebracht
1. 1. nein 2. nein 3. ja 4. ja 5. ja
2. 1. ja 2. nein 3. ja; 1. nein 2. ja 3. ja
3. Singular: quel, quelle; Plural: quels, quelles
4. 1. ja 2. ja 3. nein 4. ja
5. 1. pourquoi 2. où 3. d'où 4. comment 5. quand 6. combien
6. 1. nein 2. ja 3. ja
7. 1. ja 2. nein 3. ja 4. nein 5. nein 6. ja 7. ja

16 Der Indikativ (Präsens)

Auf Entdeckung
-e; -es; -e; -ons; -ez; -ent

Test 1
-e; -e; -ons; -ent; -es; -ez; -ent

Auf Entdeckung
-is; -is; -it; -ons; -ez; -ent

Test 2
finis, finit, nous finissons; réussis, nous réussissons, vous réussissez; ralentis, ralentissons, ralentissent; maigrit, vous maigrissez, ils maigrissent; obéis, obéit, obéissons

Auf Entdeckung
-s; -s; -t; -ons; -ez; -ent

Test 3
1. sors 2. partons 3. ment 4. sens 5. dorment 6. ressentez

Auf Entdeckung
-s; -s; -Ø; -ons; -ez; -ent

Test 4
vends, vend, vendons; perds, nous perdons, vous perdez; entendons, entendez, entendent; attends, attend, attendent

Test 5
1. vais 2. fait 3. ai 4. êtes 5. dit 6. sommes 7. as 8. allez 9. prend 10. dites 11. sont 12. fait

Test 6
1. offrir 2. dormir 3. prendre 4. rougir 5. répondre

Test 7
nage, nages, nageons; places, plaçons, placez; changeons, changez, changent; lance, lançons, lancez

Auf Entdeckung
1. ja 2. nein 3. ja

Test 8
essaye / essaie, essayes / essaies, essayons; emploies, employons, employez; appuyons, appuyez, appuient

Test 9
achète, achetez, achètent; rappelles, rappelons, rappelez; espère, espérez, espèrent; emmènes, emmène, emmenons

Test 10
1. Beschreibung 2. Zukunft 3. zeitlos gültige Aussage 4. Gewohnheit 5. historisches Präsens

Auf den Punkt gebracht
1. 1. nein 2. ja 3. nein 4. ja

je porte, tu portes, il/elle/on porte, nous portons, vous portez, ils/elles portent
2. 1. ja 2. nein 3. ja 4. nein 5. ja 6. ja
3. 1. nein 2. ja 3. ja
4. suis, es, êtes; as, avons, avez; vais, va, allons; prends, prenez, prennent; fais, faisons, faites; vient, venez, viennent
5. 1. bei allen 2. zwei Formen 3. eine Form 4. je préfère 5. j'appelle 6. je mène
6. 1. ja 2. ja 3. nein

17 Der Indikativ (Futur)

Test 1
1. -ons 2. -ez 3. -ai 4. -ont 5. -as 6. -a

Test 2
1. contacterons 2. attendras 3. racontera 4. partirez 5. habituerai 6. termineront

Auf Entdeckung
j'aurai, il/elle/on aura, nous aurons, vous aurez, ils/elles auront
je serai, tu seras, nous serons, vous serez, ils/elles seront
je ferai, tu feras, il/elle/on fera, nous ferons, ils/elles feront
tu iras, il/elle/on ira, nous irons, vous irez, ils/elles iront
je viendrai, tu viendras, il/elle/on viendra, nous viendrons, vous viendrez

Test 3
1. irai 2. voudra 3. pleuvra 4. faudra 5. verra 6. pourras

Test 4
1. payerez / paierez 2. ennuieras 3. appuierez 4. emploierez 5. enverrons

Test 5
1. lèverons 2. achèterai 3. promènera 4. jetterai

Test 6
1. b 2. a 3. d 4. c

Auf Entdeckung
vas, va, allons, allez, vont

Test 7
1. va 2. vais 3. allez 4. allons 5. vas 6. vont

Test 8
1. je vais demander 2. mariera 3. aura 4. n'allons pas rester

Test 9
1. Je vais me coucher. 2. Tu ne voleras pas. 3. tu vas tomber. 4. tu vas être en retard. 5. Vous éteindrez 6. Quand je serai

Auf Entdeckung
manger: auras, aura, aurons, auront; partir: serai, sera, serez, seront

Test 10
1. Elle aura rencontré des amis. → Sie wird Freunde getroffen haben 2. Vous serez rentrés à 20 heures → Ihr werdet um 20 Uhr zurückgekommen sein. 3. Ils auront fini. → Sie werden fertig sein. 4. Je me serai habillé. → Ich werde mich angezogen haben. 5. J'aurai préparé à manger. → Ich werde etwas zu essen vorbereitet haben.

Test 11
1. c 2. b 3. b 4. a 5. a 6. c

Auf den Punkt gebracht
1. a) je resterai, tu resteras, il/elle/on restera, nous resterons, vous resterez, ils/elles resteront
je dormirai, tu dormiras, il/elle/on dormira, nous dormirons, vous dormirez, ils/elles dormiront
j'attendrai, tu attendras, il/elle/on atttendra, nous attendrons, vous attendrez, ils/elles attendront
b) 1. ja 2. nein 3. ja 4. ja
2. 1. serai 2. aurai 3. viendrai 4. ferai 5. irai
3. 1. emploierai 2. achèterai 3. enverrai 4. essayerai / essaierai
4. 1. häufiger 2. temporal 3. modal 4. in einigen Fällen
5. 1. Infinitiv; commencer 2. gesprochenen 3. die konjugierte Form von aller; Je ne vais pas travailler 4. in vielen Fällen
6. 1. FP; Je vais partir 2. FI; je partirai. 3. FI; Tu ne sortiras pas. 4. FP; tu vas tomber.

Lösungen

7. terminer: j'aurai, tu auras, il/elle/on aura, nous aurons, vous aurez, ils/elles auront
sortir: je serai, tu seras, il/elle/on sera, nous serons, vous serez, ils/elles seront
8. 1. nein 2. ja 3. ja 4. ja

18 Der Indikativ (Zeiten der Vergangenheit)

1 Das *passé composé*

Auf Entdeckung
manger: tu as, il/elle/on a, nous avons, vous avez, ils/elles ont
rester: tu es, il/elle/on est, nous sommes, vous êtes, ils/elles sont

Test 1
1. êtes, sommes, sont, suis, est, es 2. ont, as, avons, ai, avez, a

Test 2
1. aimé 2. dormi 3. descendu 4. parti 5. répondu 6. arrivé

Test 3
1. dit 2. fait 3. eu 4. dû 5. été 6. pris 7. pu

Test 4
1. as 2. sommes 3. est 4. a 5. es

Test 5
1. Avez 2. ont 3. a 4. a 5. ai 6. avons

Test 6
1. est 2. a 3. avez 4. sommes 5. ont

Auf Entdeckung
1. unveränderlich; mangé, mangé
2. veränderlich; resté, restée

Test 7
1. Ø 2. -e 3. Ø 4. -s 5. -s 6. -es

Test 8
1. Es 2. sont 3. a 4. a

Test 9
1. achetés 2. acheté 3. achetée 4. rencontrés 5. oublié 6. écrite

Test 10
1. disputés 2. acheté 3. ennuyés 4. lavé 5. téléphoné 6. accordé

Test 11
1. est allée 2. n'ai pas lu 3. avons attendu 4. as-tu pu 5. a dit 6. avez fait 7. Ont-ils bien dormi ? 8. suis pas sorti(e)

Auf den Punkt gebracht
1. 1. mehr 2. zusammengesetzte 3. être; avoir
2. parler: tu as, il/elle/on a, nous avons, vous avez, ils/elles ont
aller: tu es, il/elle/on est, nous sommes, vous êtes, ils/elles sont
3. 1. chanté, sorti, répondu 2. eu, été, fait, pris, vu
4. 1. avoir 2. avoir 3. avoir 4. avoir 5. être 6. être 7. être
5. 1. unveränderlich 2. veränderlich
6. 1. suis 2. es 3. As 4. ai
7. 1. ja, Ø 2. ja, mangée 3. nein 4. ja 5. nein
8. 1. nein 2. ja 3. nein 4. ja 5. nein

2 Das *imparfait*

Auf Entdeckung
-ais, -ais, -ait, -ions, -iez, -aient

Test 1
1. -ais, -iez, -aient 2. -ais, -ions, -iez 3. -ais, -iez, -aient 5. -ait, -ions, -iez

Test 2
habitons; finissons → finiss-; payons → pay-; faisons → fais-; allons → all-; avons → av-; prenons → pren-; mangeons → mange-

Test 3
1. b 2. a 3. d 4. c

Test 4
1. d 2. e 3. a 4. c 5. b

Test 5
1. J'ai téléphoné, n'était pas 2. adorait, allions 3. faisait, sentait, suis ressorti 4. était, n'arrivait pas 5. était, avons mangé 6. sommes allés, C'était

Lösungen

Auf den Punkt gebracht
1. 1. -ais, -ais, -ait, -ions, -iez, aient
   2. 1. Person Plural Präsens 3. être, j'étais
2. 1. ja 2. ja 3. nein 4. nein 5. ja 6. ja
3. 1. d 2. a 3. c 4. b
4. 1. J'ai regardé 2. il faisait 3. a dit
   4. avions, est arrivé 5. semblait, ne sommes pas

3 Das *passé simple*
Auf Entdeckung
-as, -a, -âmes, -âtes, -èrent

Test 1
tu écoutas, vous écoutâtes, ils écoutèrent; il alla, ils allèrent, nous allâmes; je mangeai, nous mangeâmes, ils mangèrent; il lança, vous lançâtes, ils lancèrent

Auf Entdeckung
-is, -it, -îmes, -îtes, -irent

Test 2
tu réussis, vous réussîtes, ils réussirent; il répondit, ils répondirent, nous répondîmes; je finis, il finit, ils finirent; il vendit, nous vendîmes, ils vendirent

Test 3
il prit; ils prirent; il fit; elles firent; il vit; ils virent; il vint; elles vinrent; il vécut; ils vécurent; il voulu; ils voulurent

Auf Entdeckung
1. imparfait und passé simple 2. imparfait
3. passé simple 4. passé simple

Test 4
1. étions, arriva 2. ouvrit, découvrit
3. essaya 4. pleuvait, était 5. marièrent, eurent 6. pleuvait, décidèrent

Auf den Punkt gebracht
1. 1. nein 2. ja 3. ja 4. ja
2. 1. nein 2. ja 3. ja
3. 1. was geschah 2. plötzlich eintretend
   3. Handlung 4. dynamischer
4. 1. passé simple 2. abgeschlossene
   3. passé simple 4. keinen
5. 1. ja 2. ja 3. nein 4. nein

4 Das *plus-que-parfait*
Auf Entdeckung
manger: avais, avait, avions, avaient; partir: étais, était, étiez, étaient

Test 1
1. avions déjà mangé 2. étaient partis
3. Aviez-vous appris 4. n'avait rien compris 5. étaient arrivées

Test 2
1. avait réussi 2. n'avait pas encore mangé
3. j'avais passé 4. était entré 5. J'avais commandé 5. avait plu

Test 3
1. b 2. a 3. c

Auf den Punkt gebracht
1. trouver: avais, avais, avait, avions, aviez, avaient
   sortir: étais, étais, était, étions, étiez, étaient
2. 1. ja 2. nein 3. ja 4. ja 5. ja

5 Das *passé antérieur*
Auf Entdeckung
manger: eus, eut, eûmes, eurent; partir: fus, fut, fûtes, furent

Test 1
1. eûmes dit 2. fus arrivé 3. eurent pris
4. fûtes sortis 5. eut travaillé

Test 2
1. eut dépensé 2. eurent enfin compris
3. eut aperçu 4. eut téléphoné

Auf den Punkt gebracht
1. parler: eus, eut, eûmes, eurent; rester: fus, fut, fûtes, furent
2. 1. nein 2. ja 3. ja 4. ja 5. nein 6. ja 7. ja 8. ja

6 Das *passé surcomposé*
Test 1
1. a eu vu 2. j'ai eu mangé 3. a été arrivé
4. avons eu demandé

Lösungen

Auf den Punkt gebracht
1. gesprochenen 2. zwei 3. passé antérieur
2. 1. nein 2. ja 3. nein 4. ja

19 Das *conditionnel*

Auf Entdeckung
arriverais, arriveriez, arriveraient; finirais, finirais, finirions, finiraient; prendrais, prendrait, prendriez, prendraient; -ais, -ais, -ait, -ions, -iez, -aient

Test 1
1. -ais 2. -ait 3. -ions 4. -ais 5. -aient 6. -iez

Auf Entdeckung
aur-, ir-, fer-, viendr-, pourr-, devr-, voudr-

Test 2
1. irais 2. ferais 3. Pourriez 4. viendrais 5. serait 6. devrais 7. voudrais 8. Auriez

Test 3
1. emmènerais 2. essaierais / essayerais 3. préférerais 4. appellerais

Test 4
1. b 2. F 3. D 4. I

Auf Entdeckung
aurais, aurions, auraient; serais, serait, seriez

Test 5
1. aurions compris 2. serais arrivé 3. auraient été 4. aurais fait

Test 6
1. rentrerait 2. aurais dû 3. j'achèterais 4. J'aurais aimé 5. serait pas venu 6. aurait consommé

Auf den Punkt gebracht
1. 1. identische 2. imparfait 3. identisch
2. 1. serais 2. viendrais 3. irais 4. ferais 5. pourrais 6. devrais 7. ennuierais 8. lèverais 9. essaierais / essayerais
3. 1. ja 2. nein 3. ja 4. ja 5. ja
4. aurais, aurions, auraient; serais, serait, seriez
5. 1. nein 2. ja 3. nein 4. ja 5. ja

20 Der *subjonctif*

Auf Entdeckung
-e, -es, -e, -ions, -iez, -ent

Test 1
1. reste, restiez 2. dormes, dorment 3. préfère, préfériez 4. buvions, boivent 5. parte, partent 6. envoies, envoyions 7. prennes, preniez

Auf Entdeckung
aller → -e, -e, -iez; faire → -e, -es, -e, -ions, -ent; pouvoir → -es, -e, -ions, -iez, -ent; savoir → -es, -e, -ions, -iez; vouloir → -e, -es, -ions, -ent

Test 2
1. fasse 2. prennes 3. puisse 4. soit 5. ailles 6. ayez

Auf Entdeckung
aie, ait, ayons, ayez, aient; sois, soit, soyons, soyez, soient

Test 3
1. soit venue 2. ait choisi 3. ait travaillé 4. aient compris

Auf Entdeckung
rester → -sse, -sses, ^t, -ssions, -ssiez, -ssent; partir → -sse, -sses, ^t, -ssions, -ssiez, -ssent; avoir → -sse, -sses, ^t, -ssions, -ssiez, - ssent; être → -sse, -sses, ^t, -ssions, -ssiez, -essent
Endungen: -sse, -sses, ^t, -ssions, -ssiez, -ssent

Test 4
1. restât 2. dormissent 3. revinsses 4. eût 5. bût 6. partissions 7. fît 8. fût

Auf Entdeckung
eusse, eût, eussions, eussiez, eussent; fusses, fût, fussions, fussiez, fussent

Test 5
1. eût réussi 2. eussent renoncé 3. eussions appris 4. fût arrivé

Test 6
1. prenne 2. est 3. comprenne 4. dise 5. ait 6. est

Test 7
1. c 2. b 3. b 4. a 5. c 6. a

Lösungen

Test 8
1. preniez 2. est parti 3. fasse 4. ne soit
5. peux 6. s'endorme

Test 9
1. ne soit 2. ayons 3. j'ai 4. fasse 5. aie

Test 10
1. c 2. c 3. a 4. b

Test 11
1. vienne / viendra 2. veniez 3. ait fait
4. a 5. a / ait 6. prennes

Test 12
1. nein 2. ja 3. ja 4. nein

Test 13
1. soit venu 2. réussisses 3. sois trompé
4. aies 5. ait raté 6. ai eu

Auf den Punkt gebracht
1. 1. nein 2. nein 3. ja 4. ja
2. 1. Plural 2. alle Verben außer être und avoir 3. zwei Stammformen 4. imparfait 5. -e, -es, -e, -ions, -iez, -ent
3. sois, soit, soyons; aies, ait, ayez; fasse, fassions, fassent; aille, ailles, allions; sache, sache, sachiez; puisses, puissions, puissent
4. 1. nein 2. ja
5. 1. ja 2. nein 3. -sse, -sses, ^t, -ssions, -ssiez, -ssent
6. eusse, eusses, eût, eussions, eussiez, eussent; fusse, fusses, fût, fussions, fussiez, fussent
7. 1. ja 2. ja 3. nein 4. ja 5. ja 6. nein 7. nein 8. ja
8. 1. nein 2. ja 3. ja
9. 1. selten 2. Ausrufesätzen 3. Befehle / Wünsche
10. 1. subjonctif 2. in einigen Fällen möglich
11. 1. nein 2. ja
12. 1. nicht abgeschlossen 2. abgeschlossen

21 Der Imperativ

Auf Entdeckung
1. nein 2. ja 3. nein 4. ja 5. ja

Test 1
1. cherche 2. mangeons 3. commençons
4. signez 5. essaie / essaye 6. ouvre

Auf Entdeckung
finnissons; sors; sortons; fais; faisons; faites

Test 2
1. prenons 2. lis 3. apprenez 4. reviens
5. va 6. voyons

Test 3
1. sois 2. sachez 3. veuillez 4. n'ayez
5. soyez

Test 4
1. téléphone-moi 2. calmez-vous
3. repose-toi 4. regarde-le 5. dépêchons-nous 6. écris-lui

Test 5
1. Ne le lui donne pas. 2. Ne m'attends pas. 3. Ne vous dépêchez pas. 4. Ne le fais pas. 5. Ne les prends pas.

Test 6
1. Attends-la. 2. Parlons-en. 3. Envoies-en.
4. Vas-y.

Test 7
2. Eplucher trois oignons 3. Tu ne mentiras pas 4. Défense de parler 5. Qu'il se décide vite 6. Pourrais-tu m'apporter un thé

Test 8
1. Sie müssen vor heute Abend abgereist sein. 2. Seien Sie vor Mittag fertig. 3. Du kannst rausgehen, aber sei vor Mittag zurück.

Auf den Punkt gebracht
1. 1. ja 2. nein
2. 1. parle, parlons, parlez 2. fais, faisons, faites 3. va, allons, allez
3. 1. soyez 2. ayez 3. veuillez
4. 1. vor → Ne le lui donne pas   2. hinter → excusez-moi 3. hinter → reposez-vous
5. 1. nein 2. ja 3. nein
6. 1. ja 2. nein 3. ja

Lösungen

22 Die Zeitenfolge

Test 1
1. tu sois 2. tu répondras 3. tu saches 4. ne soit 5. comprend 6. soit

Test 2
1. n 2. w 3. v 4. w 5. v 6. n

Test 3
1. n 2. n 3. v 4. g 5. v 6. g

Auf Entdeckung
1. ja 2. ja 3. ja 4. nein

Test 4
1. fassions 2. fasse 3. ait réussi 4. ayez révisé 5. ait fait

Test 5
1. fasse 2. soit informée 3. fasse 4. ait pu

Auf Entdeckung
1. Nebensatz 2. kein 3. Indikativ

Test 6
elle a mal aux dents; Je viendrai demain; elle téléphonera demain; J'ai perdu mes papiers; J'étais malade hier; il aimerait être au bord de la mer

Test 7
1. était restée 2. elle avait, il n'était pas venu 3. il n'avait même pas téléphoné 4. elle allait lui téléphoner 5. était 6. elle ferait attention

Auf Entdeckung
1. ja 2. nein 3. ja 4. ja

Test 8
2. si tu viens en train 3. si tu n'y arrives pas 4. s'il le faut 5. si tu as le temps 6. si la tienne est en panne

Test 9
1. étais, pourrions 2. j'avais eu, aurais 3. essayais, réussirais 4. avais voulu, aurais gagné 5. avais, aurais compris 6. gagnais, j'achèterais

Auf den Punkt gebracht
1. 1. ob im Hauptsatz ein „subjonctif-Auslöser" steht oder nicht.
2. In welcher Zeit das Verb im Hauptsatz steht.
3. Welches Zeitverhältnis zwischen der Handlung im Hauptsatz und der im Nebensatz besteht.
2. 1. Präsens, Futur 2. imparfait, passé composé, passé simple, plus-que-parfait, passé antérieur
3. 1. nachzeitig 2. gleichzeitig 3. vorzeitig
4. 1. subjonctif présent / subjonctif passé 2. subjonctif présent / subjonctif passé 3. subjonctif imparfait / subjonctif plus-que-parfait
5. 1. unverändert 2. verändert
6. était, s'était couchée, mangeait, irait
7. 1. Nebensatz 2. nur der Indikativ 3. ein Komma
8. 1. erfüllbar 2. wie
9. 1. conditionnel I, réussirais 2. conditionnel I, accepterais 3. plus-que-parfait, conditionnel II, je serais venu
10. 1. même si 2. au cas où 3. à condition que 4. sauf si / excepté si

23 Infinite Verbformen

Der Infinitiv

Test 1
travailler; finir, avoir fini; avoir; aimer, avoir aimé; rentrer, être rentré; avoir; avoir, avoir; être, avoir été

Test 2
2, 5, 6, 7, 8, 9, 11, 13, 14, 15
Modal → pouvoir, vouloir; Empfinden → préférer, détester; Denken → affirmer, croire; Wahrnehmung → regarder, voir; Bewegung → passer, monter

Test 3
1. Ø 2. Ø 3. de 4. Ø 5. de 6. de 7. Ø 8. de 9. Ø 10. de

Test 4
1. à 2. Ø 3. de 4. de 5. à 6. Ø 7. de 8. à

Test 5
1, 3

Lösungen

Test 6
1. avant de partir 2. pour que tu puisses lire 3. après avoir mangé 4. pour qu'il me pardonne 5. sans me regarder 6. pour maigrir

Test 7
1. ne pas parler 2. ne pas ouvrir 3. n'être pas allé 4. n'avoir pas fait les courses

Auf den Punkt gebracht
1. a) 1. nein 2. ja
   b) 1. -er 2. -ir 3. -(d)re 4. -oir; travailler, avoir travaillé, partir, être parti
2. 1. ja 2. ja 3. nein 4. ja 5. nein 6. ja
3. 1. nein 2. ja 3. ja 4. ja
4. 1. nein 2. ja 3. nein 4. nein
5. 1. nein 2. ja 3. nein 4. ja
6. 1. das gleiche Subjekt 2. Präposition 3. pour / afin de, sans, avant, après, à condition de, au lieu de
7. 1. nein 2. ja
8. 1. nein 2. ja 3. nein 4. ja
9. 1. Wir haben weiter gegessen. 2. Ich nehme lieber den Zug. 3. Ich hätte beinahe gelacht.

Das Partizip

Auf Entdeckung
1. nein 2. ja 3. ja

Test 1
1. voulant 2. sachant 3. attendant 4. étant 5. allant 6. faisant 7. disant 8. dormant

Test 2
aimant, ayant aimé; restant, étant resté; lisant, ayant lu; cherchant, ayant cherché; voyant, ayant vu

Test 3
1. concernant votre demande de bourse 2. bien qu'ayant beaucoup d'argent 3. Ayant fini son travail 4. Roulant trop vite 5. sortant de la gare

Test 4
1. commerçante 2. roulant 3. bruyants 4. fuyant 5. parlant 6. rafraîchissante 7. filante 8. courant

Test 5
1. sautant 2. enseignants 3. Enseignant 4. provocant 5. voyant 6. Négligeant 7. négligent

Auf Entdeckung
1. parlé, allé 2. parti, fini 3. perdu, descendu
1. -é, aimé 2. -i, dormi 3. -u, attendu

Test 6
1. Née 2. Partis 3. finis 4. poursuivi

Test 7
1. industrialisés 2. alcoolisées 3. trouvés 4. réussi 5. concernées 6. endormi 7. déplacées 8. étoilée

Test 8
1. Ø 2. -e 3. -e 4. Ø 5. -s/es 6. Ø 7. -es, -es 8. -s/es, -es 9. Ø, Ø

Auf den Punkt gebracht
1. 1. nein 2. ja 3. ja → chantant, ayant chanté 4. étant, ayant, sachant
2. 1. ja 2. nein 3. ja 4. nein
3. 1. -s, c 2. -s, a 3. Ø, b
4. 1. chanté 2. parti 3. attendu
5. 1. ja 2. ja 3. ja 4. nein
6. 1. veränderlich 2. Subjekt 3. in einigen Fällen

Das *gérondif*

Auf Entdeckung
1. nein 2. ja 3. ja

Test 1
1. en conduisant 2. en lisant 3. en pleurant 4. en courant

Test 2
1. nein 2. ja 3. nein 4. ja 5. ja

Auf den Punkt gebracht
1. 1. ja 2. nein 3. ja
2. 1. Partizip Präsens 2. nebeneinander 3. Objektpronomen, Adverbialpronomen, Reflexivpronomen
3. 1. ja 2. ja 3. nein 4. ja
4. modal: 2; temporal: 1; kausal: 5; konditional: 4; konzessiv: 3

633

Lösungen

24 Die reflexiven Verben

Auf Entdeckung
me; laves; se; se; nous lavons; lavez; se lavent; se

Test 1
1. s' 2. me 3. s' 4. vous 5. nous

Auf Entdeckung
je me suis; tu t'es; il s'est; elle s'est; nous nous sommes; vous vous êtes; ils se sont; elles se sont

Test 2
1. était 2. serons 3. serais

Test 3
1. s'est levée 2. êtes ... levée 3. sont baignés 4. ... est ... excusé 5. sont perdues 6. es ... levée

Test 4
1. Ø 2. Ø 3. -é(e)s 4. -e 5. Ø 6. -s

Test 5
1. Ø 2. -e 3. Ø 4. -e

Test 6
1. c 2. b 3. c 4. a 5. b 6. a

Test 7
1. nous 2. Ø 3. Ø 4. s' 5. me 6. Ø

Auf den Punkt gebracht
1. a) me -e; te -es; se -e; se -e; nous -ons; vous -ez; se -ent; se -ent
   b) 1. nein 2. ja 3. nein
2. 1. nein; suis; sommes 2. ja; -e; -s 3. ja 4. nein 5. ja
3. 1. ja 2. nein 3. ja 4. ja 5. nein

25 Das Passiv

Auf Entdeckung
1. ja 2. nein 3. ja 4. ja

Auf Entdeckung
1. unterscheidet 2. gleich

Test 1
1. ist 2. wurde 3. wurden 4. sind 5. wurde 6. bin

Auf Entdeckung
suis; était; serons; seraient; soit

Test 2
1. sera 2. est 3. étaient 4. seraient

Test 3
1. va être 2. avons été 3. avait été 4. aurait été

Test 4
1. par 2. de 3. de 4. par

Test 5
1; 3; 4; 5

Auf den Punkt gebracht
1. 1. nein 2. ja 3. ja 4. nein
2. 1. ja 2. nein
3. a) 1. est, était, a été, seront, avaient été, va être
   b) 1. nein 2. ja
4. 1. kann 2. par, de 3. par
5. 1. A 2. P 3. P 4. A

26 Besonderheiten bei Verben

Auf Entdeckung
1. Vollverben 2. Hilfsverben 3. Infinitiv 4. zukünftige 5. vergangene

Test 1
1. va arriver 2. viennent d'arriver 3. vient de commencer 4. va revenir

Test 2
1. vais 2. sont en train 3. arrêté de 4. allions

Test 3
1. doivent 2. pouvez 3. devrais 4. veulent 5. dois 6. sais

Test 4
Je sais: parler français, faire la cuisine, faire du ski
Je peux: venir demain, rester un peu, essayer

Test 5
1. ja 2. ja 3. nein 4. ja 5. nein 6. nein

Lösungen

Auf Entdeckung
1. d 2. e 3. a 4. c 5. b; Satz 2

Auf Entdeckung
1. e 2. c 3. a 4. b 5. d; ohne; mit

Auf Entdeckung
1. à, à 2. verbundenes; ohne; me

Test 6
1. mes enfants 2. l' 3. à ses parents 4. l' 5. leur 6. leur

Test 7
2; 3

Test 8
1. à 2. des 3. de 4. de 5. à 6. aux

Test 9
1. aux 2. à 3. du 4. à 5. à 6. de

Test 10
2, 3, 4

Test 11
1. i 2. i 3. t 4. i

Auf den Punkt gebracht
1. 1. ja 2. nein 3. ja 4. ja 5. nein 6. ja
2. 1. direkt 2. Vermutung 3. Vermutung 4. erlernte Fähigkeit
3. 1. il 2. Singular 3. nur 4. der subjonctif
4. 1. Ich kann kaum erwarten, dich wiederzusehen. 2. Es heißt, dass es schneien wird. 3. Was ist passiert? 4. Es ist besser, wenn ich gehe. 5. Mir ist kalt. 6. Wie geht es dir?
5. 1. ja 2. nein 3. ja
6. a) regarder, aider, féliciter, écouter, remercier, attendre
   b) 1. können das Passiv 2. immer 3. Dativobjekt und Präpositionalobjekt 4. verbundenes
   c) appartenir à, intervenir dans, réfléchir à, se débarrasser de, se souvenir de renoncer à, s'intéresser à, participer à, avoir besoin de, se déguiser en, s'occuper de, compter sur
   d) 1. aux 2. de 3. du 4. Ø
7. 1. nein 2. ja 3. ja 4. ja 5. ja 6. nein
8. 1. ja 2. nein 3. ja

27 Satzbau und Satzgefüge

Auf Entdeckung
1. Fragesatz 2. Aussagesatz 3. Aufforderungssatz 4. Ausrufesatz

Auf Entdeckung
1. erster 2. vor 3. nach

Auf Entdeckung
2 ist richtig

Test 1
1. Je regarde la télé. 2. Mon frère adore la musique. 3. Elle donne un bonbon aux enfants. 4. Anne envoie une carte à ses amis. 5. Je vous remercie beaucoup.

Test 2
1. Je vais au cinéma une fois par semaine. 2. J'achète un réveil à Pierre pour son anniversaire. 3. Ø 4. J'attends le bus depuis une heure. 5. Ø

Test 3
1. Je fais une grande fête pour mon anniversaire. 2. Sans doute refusera-t-il ma proposition. 3. Le professeur montre des diapositives à ses élèves. 4. J'ai informé mon patron de mes projets. 5. Je vous ai vu hier soir.

Test 4
1. C'est Anne qui apporte les boissons. 2. C'est le train de dix heures que j'ai pris. 3. C'est Pierre qui a été choisi. 4. C'est lui qui a de la chance. 5. C'est en Corse que je suis né. 6. C'est à Luc que j'ai vendu ma voiture.

Test 5
1. Anne, elle est très sympathique. 2. Mon chat s'appelle Léon. 3. J'aime beaucoup Lise. 4. Mélanie, je la connais bien.

Auf Entdeckung
1. getrennt 2. vor 3. hinter 4. zwischen 5. eingerahmt

Test 6
1. ne viennent pas 2. Nous prenons

Lösungen

3. n'aime pas 4. ne la vois pas 5. me téléphone 6. ne suis pas arrivé

Test 7
1. ne … plus 2. n'… rien 3. n'… pas encore 4. ne … personne 5. ne … jamais

Test 8
1. Nous ne sommes pas allés au bord de la mer. 2. Anne n'a pas réussi ses examens. 3. Je n'ai rien compris à cet exercice. 4. Vous n'avez rencontré personne en ville. 5. Je ne vais pas travailler demain. 6. Mes amis ne sont pas partis hier.

Test 9
1. n'ai bu qu'un verre 2. n'arrivent que demain 3. n'utilise que les transports en commun 4. ne peut faire ses devoirs que le soir

Test 10
1; 4

Auf Entdeckung
1. Satzanfang 2. nach 3. keine

Test 11
1. Est-ce que tu prends un café ? 2. Tu rentres quand ? 3. Est-ce que vous faites du sport ? 4. Où est-ce que tu as acheté ton sac ?

Test 12
1. Que veux-tu ? 2. Quand est-ce que tu pars ? 3. Où habite ton frère ? 4. Qu'est-ce que vous préférez ? 5. Pourquoi riez-vous ? 6. Comment est-ce que vous avez fait ?

Test 13
1. Avez-vous bien dormi ? 2. Prenez-vous un apéritif ? 3. Judith a-t-elle téléphoné ? 4. Eric est-il malade ?

Test 14
1. Quel 2. Qu'/ qu'est-ce qu' 3. Que / Qu'est-ce que 4. Quelle

Test 15
2. je m'en vais 3. j'avais trop de travail 4. mais il n'était pas à la maison 5. ou on va au restaurant ? 6. en pensant à autre chose

Test 16
1. R 2. sK 3. R 4. K 5. sK 6. K

Test 17
1. qu'il a envie d'aller au cinéma 2. de fermer la porte 3. qu'il pourrait bien pleuvoir demain 4. qu'il ne voulait pas rester ici

Test 18
2. où vous allez 3. avec qui vous partez 4. combien ce voyage coûte 5. si vous lui enverrez une carte 6. si vous partez longtemps

Auf den Punkt gebracht
1. 1. nein 2. ja 3. nein 4. ja
2. 1. ja 2. nein 3. ja 4. nein 5. ja
3. 1. Verb – Subjekt 2. in einigen Fällen 3. obligatorisch
4. 1. C'est pour toi que j'ai acheté ces fleurs. 2. Ce bouquet, je le trouve magnifique. 3. C'est demain que je passe le permis. 4. Qu'est-ce qu'il t'a dit, le prof ?
5. 1. ja 2. ja 3. nein 4. ja 5. nein
6. ne … jamais (niemals); ne … nulle part (nirgendwo); ne … personne (niemand); ne … pas encore (noch nicht); ne … plus (nicht mehr); ne … point (nicht); ne … rien (nichts)
7. 1. die konjugierte Verbform 2. die konjugierte Verbform und das Partizip Perfekt
8. 1. ja 2. ja 3. nein 4. nein
9. 2, 3, 4
10. 1. ohne 2. mit 3. dieselbe wie 4. nur 5. wird nicht 6. auch
11. 1. vor allem 2. immer 3. ein Nomen 4. ebenfalls 5. geschriebenen
12. 1. Emotion 2. comme / qu'est-ce que 3. Substantiv
13. 1. der Imperativ 2. der subjonctif 3. der Infinitiv
14. 1. koordinierende Konjunktionen, Satzzeichen, den gérondif 2. subordinierende Konjunktionen, Relativpronomen, satzverkürzende Konstruktionen
15. 1. der Indikativ 2. kann nicht 3. verändert 4. Infinitiv 5. abhängig 6. si 7. il und ils 8. nicht gemacht

28 Das Adverb

Auf Entdeckung
ja

Test 1
1. logiquement 2. poliment 3. vraiment
4. concrètement 5. légèrement 6. admirablement 7. doucement 8. sportivement

Test 2
1. élégamment 2. imprudemment
3. lentement 4. patiemment

Test 3
1. bien 3. mauvais 3. mal 4. bon

Test 4
2. f 3. e 4. a 5. c 6. b

Test 5
Zeitadverbien: bientôt, quelquefois, récemment
Kommentaradverbien: certes, probablement, sûrement
Adverbien der Art und Weise: volontiers, doucement, rapidement

Test 6
1. Vous marchez trop vite. 2. Allez tout droit puis tournez à droite. 3. J'ai très mal dormi la nuit dernière. 4. Il n'est pas arrivé à l'heure, bien sûr. 5. C'est une femme très élégante. 6. Je vais bien faire cet exercice.

Test 7
1. très 2. beaucoup 3. beaucoup
4. beaucoup 5. très

Test 8
1. Ø 2. Ø 3. -e 4. -es 5. Ø

Test 9
1. autant 2. aussi 3. autant 4. aussi

Auf Entdeckung
que; als

Test 10
1. moins 2. plus 3. aussi

Test 11
1. le plus 2. le moins 3. le mieux

Auf den Punkt gebracht
1. 1. ja 2. nein 3. ja 4. nein 5. ja
2. bien; mal; rapidement und vite
3. 1. ja 2. ja 3. ja 4. nein
4. Ortsadverb: partout, ici
   Frageadverb: pourquoi, comment
   Kommentaradverb: sans doute, malheureusement
   Zeitadverb: hier, déjà
5. 1. vor 2. hinter 3. hinter 4. vor
6. 1. ja 2. nein 3. ja
7. 1. beaucoup, beaucoup 2. très, très
   3. beaucoup, très
8. 1. veränderlich 2. Qualitäten
   3. Adjektiven, Adverbien 4. Nomen, Verben
9. 1. Wir haben weiter gesprochen
   2. Tanzen Sie gern? 3. Ich wäre beinahe nicht gekommen.
10. 1. plus, plus 2. moins, moins 3. aussi, aussi; 1. le plus, le plus 2. le moins, le moins
11. 1. plus, le plus 2. mieux, le mieux
    3. moins, le moins 4. pis, le pis

Und wenn Sie noch neugierig sind ...
1. Wer langsam geht, kommt auch zum Ziel. 2. Eile mit Weile. 3. Besser spät als nie. 4. Neue Besen kehren gut. 5. Besser der Spatz in der Hand als die Taube auf dem Dach. 6. Ende gut, alles gut.

29 Die Präpositionen

Auf Entdeckung
à la directrice; à toi; de dormir

Test 1
1. de 2. sur 3. de 4. à la 5. d'une 6. de

Test 2
1. à six heures 2. à Lyon 3. à moto 4. sac à dos 5. à l'auberge

Test 3
1. à, en 2. de 3. en 4. De, de 5. en 6. au

Test 4
1. en, dans 2. par 3. Pour 4. pour 5. avec
6. dans

Lösungen

Test 5
1. de 2. à 3. de 4. de 5. à

Test 6
1. à 2. de 3. à, en 4. en 5. en

Test 7
1. par 2. par 3. pour 4. par 5. par

Test 8
1. sur 2. entre 3. chez 4. derrière

Test 9
1. vers 2. avant 3. depuis 4. entre

Test 10
1. au-dessous de 2. loin de 3. grâce à 4. à droite de 5. à l'intérieur de

Test 11
1. sans 2. avant d' 3. pour 4. après

Auf den Punkt gebracht
1. 1. nein 2. ja 3. ja
2. 1. A 2. W 3. V 4. I
3. 1. Aufenthaltsort 2. woher 3. ohne 4. femininen 5. maskulinen 6. par
4. 1. à 2. de 3. à 4. en 5. en 6. par
5. 1. chez 2. parmi 3. vers 4. depuis 5. pendant / durant 6. contre 7. malgré 8. sauf 9. avant
6. jusqu'au, jusqu'aux, près du, près des; jusqu'au, près du
7. 1. sans 2. pour 3. avant de 4. après

30 Die Konjunktionen

Auf Entdeckung
1. ja 2. ja 3. nein 4. ja

Auf Entdeckung
et; ou; mais; or; car; ni ... ni

Test 1
1. car 2. ou 3. ni ... ni 4. mais 5. et 6. or

Test 2
1. et ... et 2. ou ... ou / soit ... soit 3. ni ... ni 4. toutefois / pourtant / cependant 5. au contraire 6. non seulement ... mais aussi

Test 3
1. c'est pourquoi 2. c'est à dire 3. en effet 4. à savoir 5. finalement

Auf Entdeckung
1. nein 2. ja 3. ja

Auf Entdeckung
1. nein 2. ja

Test 4
1. quand 2. puisque 3. de sorte que / si bien que 4. comme si 5. dès qu' 6. pendant que

Test 5
1. elle ait 2. tu sois 3. il n'y ait 4. est 5. se taise 6. pleuve 7. sais 8. viens

Test 6
1. j'aille 2. il est 3. il fasse 4. c'est

Test 7
1. wenn 2. ob 3. ob 4. wenn

Test 8
2e; 3f; 4a; 5b; 6c

Test 9
1. ja 2. nein 3. ja

Test 10
1. en mangeant 2. Ø 3. en prenant un taxi 4. Ø 5. quoique parti tôt

Auf den Punkt gebracht
1. 1. ja 2. ja 3. nein
2. a) 2c; 3d; 4a; 5f; 6b
   b) 1. kein 2. ein
3. 1. non seulement ... mais aussi; ni ... ni; d'un côté ... de l'autre / d'une part ... d'autre part
   2. mais; cependant; au contraire; d'ailleurs
   3. car; en effet; c'est pourquoi
   4. c'est à dire; par exemple; à savoir
   5. d'abord; ensuite / puis / après; avant; finalement
   6. ou (bien) ... ou (bien); tantôt ... tantôt
4. 2f; 3e; 4c; 5a; 6b
   Indikativ
5. 1. nein 2. ja 3. nein 4. ja 5. ja

6. Indikativ: quand; après que; parce que; si ... que; même si; si; comme; subjonctif: avant que; jusqu'à ce que; non pas que; pour que / afin que; bien que / quoique; à condition que / pourvu que; sans que
7. 1. nein 2. nein 3. ja
8. 1. Bedingungssatz 2. indirekte 3. der Indikativ 4. apostrophiert 5. nicht apostrophiert
9. 1. ja 2. nein 3. ja

31 Zahlen; Zeit- und Mengenangaben

Auf Entdeckung
1. cinq 2. quatre 3. sept 4. douze 5. dix 6. trois 7. quinze 8. six

Auf Entdeckung
1. getrennt 2. die Zehner

Test 1
3 trois; 7 sept; 6 six; 9 neuf; 12 douze; 18 dix-huit; 16 seize; 15 quinze ; 17 dix-sept; 4 quatre; 19 dix-neuf; 13 treize

Test 2
61 soixante et un; 62 soixante-deux; 63 soixante-trois; 64 soixante-quatre; 65 soixante-cinq; 66 soixante-six; 67 soixante-sept; 68 soixante-huit; 69 soixante-neuf

Auf Entdeckung
73 soixante-treize; 74 soixante-quatorze; 75 soixante-quinze; 76 soixante-seize; 78 soixante-dix-huit; 79 soixante-dix-neuf 83 quatre-vingt-trois; 85 quatre-vingt-cinq; 86 quatre-vingt-six; 88 quatre-vingt-huit; 89 quatre-vingt-neuf 92 quatre-vingt-douze; 94 quatre-vingt-quatorze; 96 quatre-vingt-seize; 98 quatre-vingt-dix-huit

Test 3
(von oben nach unten) 38; 53; 85; 75; 78; 49; 99; 73; 69; 91

Test 4
cinq cents; cent quarante-cinq; trois cent soixante-dix-huit; mille deux cent quarante; quinze mille; trois cent cinquante mille cinq cent cinquante; trois millions trois cent mille; un milliard trois cent onze millions neuf cent cinquante mille deux cents

Test 5
1. premier 2. troisième 3. quatrième 4. vingt et unième 5. deuxième / seconde 6. douzième

Test 6
1. 2e 2. 1er 3. 100e 4. 25e 5. 2nd 6. 1ère

Test 7
1. vingt et un 2. deux 3. six 4. premier 5. Trois

Test 8
1. un quart 2. un demi 3. un huitième 4. cinq huitièmes 5. trois quarts 6. deux tiers

Auf Entdeckung
dizaine; douzaine; quinzaine; vingtaine; trentaine; quarantaine; cinquantaine; soixantaine; centaine

Test 9
1. dizaine 2. douzaine 3. centenaires 4. trentaine

Test 10
1. double 2. quadruple 3. triple

Test 11
1. dix-huit heures / six heures du soir
2. vingt et une heure / neuf heures du soir
3. douze heures / midi 4. seize heures / quatre heures

Test 12
1. neuf heures et quart 2. six heures vingt
3. neuf heures moins le quart 4. dix heures et demie (du soir) 5. deux heures moins dix (du matin) 6. midi et demi

Lösungen

Test 13
1. le vingt-huit octobre 2. le vingt-quatre décembre 3. le dix mai deux mille six 4. le premier septembre

Auf Entdeckung
1. nein 2. ja 3. ja 4. ja

Test 14
1. le samedi 2. vendredi 3. mardi 4. le lundi 5. à

Test 15
1. mille huit cent soixante-huit / dix-huit cent soixante-huit 2. mille neuf cent quatre-vingt-quatre / dix-neuf cent quatre-vingt-quatre 3. deux mille un 4. dix-neuvième

Test 16
1. au 2. au 3. en 4. en

Test 17
1. kilomètres 2. kilos / kilogrammes 3. degrés 4. mètres carrés

Test 18
1. font 2. cinq 3. trois 4. plus 5. trente 6. moins

Auf den Punkt gebracht
1. a) 1. maskulin 2. unveränderlich 3. getrennt 4. mit Bindestrich 5. veränderlich 6. unveränderlich

  b) 0 zéro; 10 dix; 20 vingt; 30 trente; 40 quarante; 50 cinquante; 60 soixante; 70 soixante-dix; 80 quatre-vingts; 90 quatre-vingt-dix 100 cent; 1000 mille; 100 000 cent mille; 1 000 000 un million; 100 000 000 cent millions
2. 1. veränderlich 2. ième 3. 2^e
3. 1. le trente mai 2. à trois 3. un jour sur deux 4. Napoléon Trois
4. un demi; sept huitièmes; trois quarts
5. 1. feminine 2. veränderlich 3. Sammelzahl 4. -uple
6. 1. direkt 2. mit et 3. moins 4. moins le quart 5. halb sieben
7. 1. premier 2. trente 3. am Montag, montags 4. à 5. en 6. à

8. 1. eine 2. de, un kilo de farine
9. 1. fois 2. divisé 3. plus 4. moins 5. pour cent

Und wenn Sie noch neugierig sind …
2c; 3d; 4g; 5f; 6a; 7e

32 Wortbildung

Auf Entdeckung
2. café au lait 3. voie express 4. belle-sœur 5. porte-bonheur 6. salle à manger 7. passe-partout 8. laissez-passer 9. contre-offensive 10. non-fumeur 11. le qu'en-dira-t-on

Test 1
demi-frère; belle-mère; auto-école; pochette-surprise; porte-bonheur; langue maternelle; essuie-glace; mot composé; tire-bouchon

Test 2
1. parapluie 2. télécarte 3. surpopulation 4. impossible 5. décommander 6. incomplet 7. disgrâce 8. remarier 9. autocensure 10. maltraiter

Test 3
1. mariage 2. formation 3. inquiétude 4. prunier 5. fromagerie 6. rasoir 7. grandeur 8. égalité

Test 4
1. habitable 2. matinal 3. satirique 4. poilu 5. peureux 6. théorique

Test 5
1. bleuâtre 2. agnelet 3. richard 4. rarissime 5. fillette 6. figurine

Test 6
1. rentabiliser 2. maigrir 3. faxer 4. fleurir 5. robotiser 6. mailer

Test 7
1. déjeuner 2. jardin 3. sourire 4. ranger 5. vert 6. rapide

Test 8
1. télévision 2. para 3. clim 4. météo 5. ado 6. publicité

Lösungen

Auf den Punkt gebracht
1. Zusammensetzung: passeport, laissez-passer, passe-temps
   Ableitung durch Präfix: surpasser, dépasser, trépasser
   Ableitung durch Suffix: passage, passager, passation
2. 1. nein 2. ja 3. nein
3. 1. Wortanfang 2. Wortende 3. ändern nicht 4. ändern 5. Auskunft 6. Adjektiven 7. abwertende 8. verniedlichende 9. noch produktiv 10. nicht mehr
4. 1. ja 2. nein
5. 1. nein 2. ja 3. ja

Wort- und Sachregister

Die Zahlen verweisen auf Seitenzahlen.
Die **fett** gedruckten Stichwörter sind gleichzeitig Kapitel der Lerngrammatik.

A

à 88, 175, 183, 237, 445–447, 518–520, 522–523
à cause de 530
à ce moment-là 308
à condition de 391
à condition que 345, 379, 545
à côté de 529
à droite de 529
à gauche de 529
à l'extérieur de 529
à l'intérieur de 529
à mesure que 543
à moins que 379, 476, 545
à partir de 530
à peine 466, 502
à savoir 539
à supposer que 379, 545
abgeleitete Adverbien 495–498
abgeschlossene Handlung 247–248, 274–275, 279, 290 ff., 300, 308–309, 312–313, 317–318, 329–330, 337
Ableitung 576 ff.
Ableitung ohne Änderung der Form 587–588
Absicht 272
absoluter Superlativ 118 ff.
Abstrakta 66, 97
abwertende Suffixe 585
accent 52–53
accent aigu 52–53, 63, 259, 264, 496
accent circonflexe 52–53, 63, 339, 496
accent grave 52–53, 63, 259
acheter 259, 267, 325, 334
Adjektive 67–68, 104 ff., 286, 388, 399–400, 405, 495–498, 583–584, 587–588
Adjektivergänzungen 116, 214, 514–516

adjektivisch gebrauchte Adverbien 504
adorer 90
Adressen 98
Adverbien 190, 495 ff., 513, 560, 587–588
Adverbergänzungen 514
adverbial verwendete Adjektive 113, 503–504
adverbiale Ausdrücke und Umschreibungen 498–499
adverbiale Bestimmungen (= adverbiale Ergänzungen) 250, 458, 465 ff., 514–515
adverbialer Nebensatz 486
Adverbialpronomen 151, 175 ff., 288, 409, 447–448, 459, 465
Adverbialsatz 462
Adverbien auf *-amment* 497
Adverbien auf *-ément* 496
Adverbien auf *-emment* 497
Adverbien auf *-ment* 495–496, 498
Adverbien der Art und Weise 500
Adverbien der Menge und Intensität 500
Adverbien der Verneinung 500
Adverbien der Zeit 499
Adverbien der Zustimmung 500
Adverbien des Ortes 500
adversativ 544
afin de 390
afin que 345
Agens 428–429, 458
aimer 90, (Verbtabelle) 607
ainsi que 542
Akkusativobjekt 158, 250
Aktiv 248, 424, 430
Akzent 52–53
alle/alles 138 ff., 199 ff.
aller 251, 255–256, 265, 270, 284, 304, 324, 335–336, 357, 384, 433–434, (Verbtabelle) 608
aller chercher 270

aller voir 270
allmählich 507
Alltagsfranzösisch 290, 290, 303, 332, 347, 349, 351, 369 ff., 374–375
alors 540
alors que 542–543
Alphabet 20, 49–50
alternative Konstruktionen zum Imperativ 361–362
anaphorische Funktion 133, 151, 159, 161
andere/-r/-s 137 ff., 197 ff.
Aneinanderreihung 485
Angleichung des Adjektivs 104–105, 107 ff., 155
Angleichung des Partizips 155, 213, 285 ff., 312, 317, 328, 337, 340, 406, 416–418, 427
Anrede 128
Apostroph 54
appartenir 186
appeler 259, 267, 304, 325, 356
Apposition 67, 98, 459
appuyer 258, 325
après 391, 527, 531, 540
après que 317, 542
après quoi 216
après-midi 565
arriver 284, 323
article contracté 88–89
article partitif 95 ff.
Artikel 86 ff.
Aspekt 247–249, 299 ff.
assez 502
Assimilation 40
attendre 255, 305, (Verbtabelle) 605
Attribut 107, 459
attributiv 400
Attributsatz 462
au bord de 529
au bout de 530
au cas où 379
au contraire 538
au lieu de 390
au lieu que 544
au milieu de 529
au mois de 569
au point que 542
aucun 137 ff., 197 ff.

642

Wort- und Sachregister

au-dessous de 529
au-dessus de 529
aufeinander folgende Handlungen 290, 300, 308
Aufforderung 246–247, 260, 355 ff., 460–461, 484
auprès de 529
Auslassung 48, 54
Ausrufesatz 90, 133, 234, 348, 460–461, 482–484
Ausrufezeichen 58, 59, 355 ff.
Aussagesatz 165, 178, 460–461, 463 ff.
aussi 117 ff., 506, 508, (mit Inversion) 466, 539
aussitôt que 269, 275, 317
Aussprache 20 ff., 594
autant 506
Autonamen 76
autre 137 ff., 197 ff.
autre chose 205
autrefois 301
autrui 197 ff.
avancer 283
avant 527, 540
avant de 391, 531
avant que 345, 476, 544–545
avec 499, 520
avoir 186, 255–256, 263, 265, 279 ff., 282, 312, 316, 320, 324, 328, 334, 336, 339, 340, 358, 363, 396, 406, 433, (Verbtabelle) 600
avoir l'air 451
avouer 323

B

bald 507
Bäume 75
beaucoup 281, 505
Bedauern 298, 314, 329, 342
Bedingungssatz 269, 298, 314, 326, 329, 376 ff.
Befehle 260, 341, 348, 355 ff., 484
Begleiter 66 ff., 86 ff., 554
beinahe 393, 507

beiordnende Konjunktionen 534, 535 ff.
bejahter Imperativsatz 166, 170, 178–179, 359
Belgien 557
Berge 92
Berichte 303
Berufsbezeichnungen 70, 77–78, 98
Beschreibungen 296, 300, 308
Besitzer 125–127, 182
Besitzobjekt 126–127, 182–183
Besitzverhältnisse 186, 519
bestimmter Artikel 86 ff., 182, 218, 237
betonte (= unverbundene) Personalpronomen 153 ff., 168 ff., 360, 447, 448, 468–469
betonte Endungen 252, 258
Betonung 40–42
beugen 244
Bezugswort 210 ff.
bien 281, 497–498, 502
bien que 345, 544
bientôt 502
Bildung von Kurzformen 588–589
Bindestrich 55, 156, 170, 359
Bitte 355 ff.
boire 282, 306
Bruchzahlen 561–562
Buchstaben 49–50, 75
Buchstabieren 50

C

c'est 95, 170, 191, 222 ff., 595
c'est ... que/qui 222 ff., 467–468, 509
c'est à dire 539
c'est pourquoi 539
c'est une chance que 344
ça 157, 189, 191–192, 595
ça fait 223
car 535, 539
ce/cet/cette/ces 131 ff.
ce 157, 188, 215

ce à quoi 216
ce dont 191, 468
ce jour-là 308
ce matin-là 301
ce n'est pas la peine que 343
ce n'est pas que 345, 545
ce que 191, 216 ff., 468
ce qui 191, 216 ff., 468
ce sont 95, 170, 192, 595
ceci 189, 191–192
cédille 32–33
cela 157, 189, 191–192, 595
celui/celle/ceux/celles 188 ff.
celui-ci/celui-là 189 ff.
celui qui 190, 223
cent 554, 558
cependant 538
certain 137 ff., 198 ff.
cesser de 475
chacun 198 ff.
chaîne parlée 35 ff.
chanter 304
chaque 137 ff.
chaque fois 297
chemische Substanzen 76
chez 526
-ci 131 ff.
circa 562–564
combien (de) 230 ff.
comme 200, 483, 542
comme si 543
commencer 270, 304, 450
comment 230 ff.
conditionnel 246 ff., 268, 298, 322 ff., 328 ff., 361, 367, 379, 436, 547
conditionnel I (= conditionnel présent) 322 ff., 328
conditionnel II (= conditionnel passé) 328 ff.
Conseil supérieur de la langue française 63
considérer comme 452
contester 476
contre 528
convenir 285
courir 283, 305, (Verbtabelle) 610
craindre 476
créer 323
crier 294, 323

643

Wort- und Sachregister

croire 306, 450, (Verbtabelle) 610

D

d'abord 540
d'ailleurs 538
d'ici 530
d'où 236
d'un côté ... de l'autre 537
d'une part ... d'autre part 537
dafür 175
danach 216
dann 216
dans 449, 520–521
daran 175
darauf 175
daraus 176
darüber 176
Dativ 514
Dativobjekt 160, 250, 443–445, 459
Datum 561, 567
davon 176
de 88, 176, 177, 183, 187, 190, 201, 214 ff., 221, 237, 429, 447–448, 506, 518–520, 523, 571
de crainte que 544
de façon + Adjektiv 498–499
de façon que 345, 542, 544–545
de manière + Adjektiv 498–499
de manière que 345, 544–545
de même que 543
de peur que 544
de quoi écrire 216
de sorte que 542, 544–545
defektives Verb 246
deiktische Funktion 133
dein/-e/-r/-s 125 ff., 183 ff.
déjà 502
Deklination 69, 464
demain 298
demeurer 284, 451
demi 113, 561–562, 566–567
Demonstrativbegleiter 131 ff., 188
Demonstrativpronomen 152, 187, 188 ff.

depuis 527, 533
depuis que 533, 542
der eine ... der andere 199 ff.
der/die/das 86 ff., 210 ff.
deren 187, 214
derjenige 190
derrière 526
dès 527
dès que 269, 275, 317, 542
descendre 284
désirer 384
dessen 187, 214
détester 90
deuxième 559, 562
devant 526
devenir 107, 249, 285, 451
devoir 191, 266, 282, 324, 326, 384, 435–437, (Verbtabelle) 611
die meisten 138 ff.
diese/-r/-s 131 ff., 188 ff.
différents 138 ff.
dire 255–256, 328, (Verbtabelle) 611
direkte Objektpronomen 157, 158 ff.
direkte Rede 303, 309, 327, 487 ff.
direktes Objekt 153, 159, 164, 177, 203, 204, 213, 231 ff., 250, 283, 285 ff., 406, 417–418, 424, 441 ff., 458, 464 ff.
Distanzierung 322, 329
divers 138 ff.
divisé par 571
donc 539
dont 187, 214 ff.
Doppelkonsonant 50
Doppelpräpositionen 514
Doppelpunkt 56, 59
dormir 254
double 564
douter 476
douzaine 564
duquel 220–221
durant 527
durativer Aspekt 248, 299 ff., 308, 435

E

e muet (= stummes *e*) 28 ff.

écrire 256, 282, (Verbtabelle) 611–612
effectivement 539
égaler 571
Eigennamen 66, 68, 97
Eigenschaftswort 104 ff.
ein jeder 199 ff.
ein/-e 93 ff.
einander 162, 205, 419–420
einfache Inversionsfrage 480–481
einfache Konjunktionen 541
einfache Präpositionen 514
einfache Zeit 245–247, 279, 294 ff., 303 ff., 332, 414–415, 502
einfacher Satz 461
einige 137 ff., 198 ff.
einmalige Handlungen 308
elektronische Medien 76
élision 48, 54
elle/elles 154–155, 169
emotional-affektiv 332
Empfehlungen 268, 341
Empfehlungen zur Vereinfachung der Rechtschreibung 63
emphatisch 133, 272
emphatische Suffixe 585
en 176 ff., 201, 203, 204, 288, 360–361, 409 ff., 448, 449, 459, 518–520, 524, 569
en attendant que 544
en effet 539
en face de 529
en raison de 530
en un instant 317
en un rien de temps 317
Endbetonung 41
Endung 244 ff.
ensuite 540
Entnasalierung 23, 37, 105
entre 220, 526, 527
entrer 285
Entscheidungsfrage 477 ff.
envoyer 258, 267, (Verbtabelle) 612
erfüllbare Bedingung 378

Wort- und Sachregister

Ergänzung 67–68, 250
Ergänzungsfrage 230, 477 ff.
errer 283
Ersatz von Nebensätzen 548–550
Erstaunen 342
erwünschte Handlung 246–247
Erzählungen 297, 303, 307, 309
es 157, 159
espérer 259, 269, 325, 384
essayer 325, (Verbtabelle) 612
est-ce que-Frage 156, 165, 238, 477–479
est-ce qui 238
et 537, 566
et ... et 537
étant donné que 542
être 98, 107, 157, 191, 192, 249, 255–256, 265, 279 ff., 282, 283, 295, 296, 312, 316, 320, 324, 328, 334, 336, 339, 340, 358, 363, 396, 406, 415 ff., 426–428, 433, 451, (Verbtabelle) 601
être à 187
être élu 451
être nommé 451
etwa 562–564
euer/-e/-s 127 ff., 183 ff.
eux 169
évaluer 323
Eventualität 298
excepté si 379
extrêmement 119

F

Fabeln 307
Fachgebiete 90
faillir (Verbtabelle) 612
faire 97, 255–256, 265, 289, 282, 306, 324, 335, 357, 389–390, 451, 571, (Verbtabelle) 612
fakultative adverbiale Ergänzungen 465
falloir 266, 335, 438, (Verbtabelle) 612
Farbadjektive 113–114

Farben 76
faute de quoi 216
Feiertage 90
feminin 69 ff.
final 345, 544
finalement 540
finir 252, 305, 323, 333, (Verbtabelle) 603
finite Verbformen 245, 458
Flüsse 76, 92
fois 571
Folge 347
formelhafte Wendungen 348
Fragen mit Inversion 479–482
Fragen ohne Inversion 478–479, 595
Frageadverbien 230 ff., 501
Fragebegleiter 230 ff., 288
Fragepronomen 230 ff., 288
Fragesätze 165, 178, 230 ff., 460–461, 477 ff.
Fragewörter 230 ff., 477 ff.
freie adverbiale Ergänzungen 250
Fremdwörter 81, 85, 113
Freude 342
fuir 283, (Verbtabelle) 613
Funktionswörter 460
Furcht 342
Fürwörter 150 ff.
Futur 246, 260, 263 ff., 291, 327, 361–362, 367, 547
futur antérieur 274 ff.
Futur der Vergangenheit 326–327, 329
Futur I 263 ff., 327
Futur II 274 ff., 329
futur proche 270 ff., 384, 434
futur simple 263 ff.
Futur-Stamm 263 ff. 322

G

ganze/-r/-s 138 ff., 199 ff.
gar kein/-e/-s 137 ff., 197 ff.
Gattungsnamen 66, 68
Gebote 268, 355 ff.

gebundene Aussprache 36
Gefallen 342
Gefäße 517
gegenseitig 419–420
Gegenwart 245–246, 251 ff.
gehobener Sprachgebrauch (= *usage soutenu*) 194, 338, 369 ff., 477, 594 ff.
geler 259
genauso ... wie 117 ff., 506
Genitiv 514, 523
Genus 69 ff.
geographische Namen 92
gepflegter Sprachgebrauch 194, 338, 369 ff., 594 ff.
gerade 393, 434, 507
gern 393, 507
gérondif 247, 409 ff., 485–486, 524, 549–550
Gesamtfrage 460
geschriebenes Französisch (= Schriftsprache) 193, 194, 230, 271, 290, 303, 316, 318, 369 ff., 482, 594 ff.
Gesprächsstrategie 348
gesprochenes Französisch 238, 271, 290, 303, 318, 320, 469, 471, 477, 480, 483, 594 ff.
Gewässer 92
gewisse/-r/-s 137 ff., 198 ff.
Gewohnheiten 296
gleiche/-r/-s 138 ff., 198 ff.
gleicher Grad 117 ff.
Gleichzeitigkeit 296–297, 300, 308, 350–351, 367 ff.
grâce à 530
grammatische Fachausdrücke 654 ff.
grandir 252
gravement 497–498
grièvement 497–498
Groß- und Kleinschreibung 59–60
Grundform 104, 383
Grundzahlen 554 ff.

H

h aspiré 33
h muet (= stummes *h*) 33, 36, 69, 86–87, 93, 126,

645

Wort- und Sachregister

132, 154, 158, 161, 164, 234, 235, 252, 267
haïr (Verbtabelle) 613
Halbvokale 24–25
Handlungsrahmen 307
Hauptsatz 366 ff., 410 ff., 462, 484 ff.
Herkunftsbezeichnung 584–585
Herrschernamen 561
Hervorhebung 222 ff., 467 ff., 595
heure(s) 565–567
Hiat(us) 47, 132, 480
hier 301
Hilfsverben 246, 249, 279 ff., 328, 397, 416, 433, (Verbtabellen) 600–601
Himmelsrichtungen 75, 90
Hintergrundhandlung 296–297
hinweisende Fürwörter 188 ff.
historische Texte 268, 290, 303
hoffentlich 507
höfliche Bitten 268, 326, 436
Höflichkeitsform 127, 298
Homophon 50–52, 78
Horoskop 272
huitaine 563
hyper- 120
Hypotaxe 486

I

ihr/-e/-r/-s 125 ff., 127 ff., 183 ff.
il/ils 154–155, 157
il est dommage que 344
il est important que 344
il est nécessaire que 343
il est normal que 344
il est possible que 343
il est probable que 343
il est urgent que 344
il est utile que 344
il faut (que) 343, 437, 438
il ne faut pas que 343
il s'agit de 438
il se peut que 343
il semble que 343

il y a 223, 438
imaginierte Handlungen 326
imparfait 246–247, 294 ff., 308, 313, 327, 333, 367
imparfait-Endungen 295, 322–323
imparfait-Stamm 295
Imperativ 246, 260, 268, 272, 335–336, 355 ff., 484, 489
Imperativ der Vergangenheit (= *impératif passé*) 247, 355, 363–364
Imperfekt 294 ff.
imperfektiver Aspekt 248, 296, 299 ff.
inchoativer Aspekt 435
Indefinitbegleiter 137 ff.
Indefinitpronomen 152, 177, 197 ff.
Indikativ 246, 251 ff., 332, 333, 347
indirekte Frage 239–240, 389, 487, 490–491
indirekte Rede 298, 326–327, 329–330, 372 ff., 487 ff.
indirektes Objekt 153, 160, 162, 164, 175, 212, 219, 250, 283, 289, 417–418, 424, 443 ff., 458, 464 ff.
infinite Verbformen 245, 383 ff.
Infinitiv 190, 227, 244 ff., 249, 264, 289, 322, 361–362, 383 ff., 471, 484, 502, 513, 531, 587–588
Infinitiv im Hauptsatz 389
Infinitiv im Nebensatz 389 ff.
Infinitiv nach der Präposition *à* 388
Infinitiv nach der Präposition *de* 386–387
Infinitiv ohne Präposition 384 ff.
Infinitiv Perfekt (= Infinitiv II) 383–384, 392
Infinitiv Präsens (= Infinitiv I) 383, 392

Infinitivendungen 244 ff., 383
Infinitivergänzungen 250, 384 ff.
Infinitivkonstruktionen 166, 318, 343, 349, 384 ff., 486, 489, 549
Infinitivstamm 252, 304–305
Initialwörter 589
Inselnamen 92, 519
Interrogativa 152, 230 ff.
Intonation 42–43, 458, 463, 477, 482–483
Intonationsfragen 165, 478
intransitive Verben 424, 441 ff., 452–453
Inversion Verb-Subjekt 466, 483
Inversionsfragen 156, 165, 477, 479–482, 595
irgendein/-e/-r/-s 138 ff., 198 ff.
irgendjemand 198 ff.
irgendwelche 198 ff.
irreale Bedingungssätze 329, 376 ff.
irreale Hypothesen 378 ff.
-iss-Erweiterung 252–253

J

Jahreszahlen 519, 568–569
Jahreszeiten 76, 519, 570
Jahrhunderte 569
je/j' 154, 481
jede/-r/-s 137 ff., 198 ff.
jeder, der 198 ff.
jene/-r/-s 134, 193
jeter 259, 267, 325
jouer 90, 450
journalistische Berichterstattung 296–297
Jugendlichensprache 588, 589
jusqu'à 529
jusqu'à ce que 345, 544

K

Kasus 514
kataphorische Funktion 133, 151, 159, 162

Wort- und Sachregister

kausal 345, 515, 542, 545
kein/-e 94, 97, 100
kein/-e einzige/-r/-s 137 ff., 197 ff.
keinerlei 137 ff., 197 ff.
Klassifizierung der Adverbien 499–501
Klassifizierung der Verben 248–249
Kollektivzahlen 562–564
Kommasetzung 57–58, 226, 571
Kommentaradverbien 157, 500, 502
Komparativ 117 ff.
Komparativsatz 476
komplexe Inversionsfragen 482
komplexer Satz 461, 484 ff.
Komposita 55, 82–83, 99, 514, 517, 574–576
konditional 345, 543, 545
konditionale Konstruktionen 379
Konditionalsätze 376 ff.
Konfessionen 98
Konjugation 244 ff.
Konjugationsgruppe/-klasse 244 ff., 383
konjugieren 244
Konjunktionen 341, 391, 485, 587
Konjunktiv 332
konkurrierende Formen 134, 193, (Passiv) 430–431
konsekutiv 542
Konsonant 25 ff.
Kontinente 92
Konzession 347
konzessiv 345, 543, 544
Koordination 461, 485
koordinierende Konjunktionen 534, 535 ff.
Kopulaverb 249, 451–452
Körperteile 90

L

l' 86, 158, 202
l'année dernière 301
l'un l'autre 419
la 86, 158
la plupart 198 ff.
la plupart de 138 ff.
-là 131 ff.
laisser 289, 389–390
Ländernamen 75–76, 92, 519
Landschaften 92
langsam 507
lassen 389–390
le 86, 158, 202
le leur/la leur/les leurs 183 ff.
le long de 529
le mien/la mienne/les miens/les miennes 183 ff.
le nôtre/la nôtre/les nôtres 183 ff.
le sien/la sienne/les siens/les siennes 183 ff.
le tien/la tienne/les tiens/les tiennes 183 ff.
le vôtre/la vôtre/les vôtres 183 ff.
lequel 218 ff., 230 ff.
les 86, 158
lettre épenthétique 47–48
leur/leurs 127 ff., 160–161
lever 325
liaison 36 ff., 47, 87, 93, 252, 556
lieber 393, 507
lire 282, 306, (Verbtabelle) 613
literarische Texte 310
literarischer Sprachgebrauch 316, 338, 369 ff.
loin de 529
lorsque 317, 542
lui 160, 169

M

maint 138 ff.
mais 535, 538
mal 281, 497, 502
malgré 528
man 154–155, 430
manche/-r/-s 137 ff., 198 ff.
manger 274, 280, 312, 316, 320
manière que 544
manquer 439, 450
Märchen 303, 307
marcher 283
maskulin 69 ff.
Maße 570 ff.
me 158, 160, 163
Medien 401, 503–504
Meere 92
mehrere 138 ff., 198 ff.
meilleur 120
mein/-e/-r/-s 125 ff., 183 ff.
même 138 ff., 171, 198 ff.
même si 379, 543
mener 259
Mengen 90
Mengenangaben 100, 177, 570 ff.
mettre (Verbtabelle) 613
midi 565
mieux 200, 509
mil 569
mille 558
milliard 558
million 558
minuit 565
Missfallen 342
Mitgefühl 342
modal 345, 515, 543, 544
modaler Gebrauch 298, 314, 322
Modalverb 249, 326, 329, 384, 435–437
Modus 244 ff., 366 ff.
Modus im Nebensatz 366 ff., 541 ff.
Modus im Relativsatz 226
Möglichkeit 343
moi 168, 223
moindre 120
moins 117 ff., 508–509, 566, 571
mon/ma/mes 125 ff.
Monate 76, 99, 519, 569
monter 284
moudre 306, (Verbtabelle) 613
mourir 285, 305, (Verbtabelle) 613
mouvoir (Verbtabelle) 613–614
moyennant quoi 216
mutuellement 420

647

Wort- und Sachregister

N
n'avoir que faire de 475
n'empêche que 475
n'importe lequel 198 ff.
n'importe où 475
n'importe quand 475
n'importe quel 138 ff.
n'importe qui 198 ff.
n'importe quoi 198 ff.
nachgestellte Adjektive 109, 114–115
nachgestellte Fragewörter 477–478
Nachstellung der Pronomen 156–157, 166 ff.
Nachstellung des direkten Objekts 418
Nachzeitigkeit 350–351, 367 ff.
nager 283, 304
nahe Zukunft 270 ff., 384, 434
naître 285, (Verbtabelle) 614
Nasalvokale 23–24, 594
Nationalitäten 70, 98, 584–585
ne 139, 200 ff., 207, 470 ff., 595
ne ... aucun 472–474
ne ... guère 472–473
ne ... jamais 472
ne ... ni ... ne 535
ne ... ni ... ni 472, 535, 537
ne ... nul 472–474
ne ... nulle part 472–474
ne ... pas 470–471
ne ... pas du tout 472
ne ... pas encore 472
ne ... personne 472–474
ne ... plus 472
ne ... plus jamais 472
ne ... plus que 474
ne ... point 472–473
ne ... que 474
ne ... rien 472–473
ne explétif 476, 595
Nebensatz 332, 341, 350, 366 ff., 398 ff., 411–412, 462, 485 ff., 548–550
Negationsklammer 166
Negationspartikel 392
nettoyer 325

Neubildungen 401
neutrale Demonstrativpronomen 157
neutrales Subjekt 192
ni ... ni 536
nicht-abgeschlossene Handlungen 247–248, 337
nicht-betonte Endungen 252
nicht-erfüllbare Bedingungen 378
nicht-konkurrierende Formen 134
nicht-notwendige Relativsätze 226
nichts 198 ff.
nicht-zählbare Substantive 66, 97
niemand 198 ff.
nier 476
Nomen 66, 182, 221, 513
Nominalgruppe 66, 150, 153, 177, 182, 184, 188
nommer 452
non pas que 545
non seulement ... mais aussi 537
notre/nos 127 ff.
notwendige adverbiale Ergänzungen 250, 465
notwendige Relativsätze 226
Notwendigkeit 343
nous 154, 158, 160, 163, 168, 595
nu 113
nul 138 ff., 198 ff.
Null-Artikel 98 ff.
Numerus 69 ff.

O
ob 548
obéir 305
Objekt 162, 217, 222, 239, 249, 250, 458
Objektergänzung 249, 250, 451–452
Objektpronomen 153, 192, 202, 270, 288, 409, 465
Objektsatz 250, 462, 486
obtenir 306
offrir 356, (Verbtabelle) 614

on 48, 127, 154, 157, 198 ff., 430, 595
or 535, 538
orale Vokale 21 ff.
Ordnungszahlen 559 ff.
Ortsadverbien 489, 500
Ortsangaben 176, 213
Ortspräpositionen 526
oser 475
ou 537
où 213, 227, 230
ou (bien) ... ou (bien) 537
ouvrir 282
Ozeane 92

P
par 429, 520–521, 524
par conséquent 539
par exemple 539
paraître 107, 439, 451
Parataxe 485
parce que 542
parler 251, 294, 333, 450, (Verbtabelle) 602
parmi 220, 526
partir 274, 284, 312, 316, 320, 338, (Verbtabelle) 604
Partizip Perfekt (= *participe passé*) 155, 190, 202, 213, 246–247, 274, 279 ff., 312, 316, 320, 328, 336, 340, 363, 402 ff., 416, 426–428, 464, 473, 502, 587
Partizip Präsens (= *participe présent*) 396 ff., 550, 587
Partizipialkonstruktionen 398 ff., 404, 486, 549–550
pas un/une 138 ff., 198 ff.
passé antérieur 246, 316 ff., 320, 367
passé composé 246, 279 ff., 299, 309, 312, 313, 320, 328, 367, 596
passé simple 246, 290–291, 303 ff., 313, 316, 338, 367, 596
passé surcomposé 246, 318, 320 ff.
passer 285
passer pour 451

Wort- und Sachregister

Passiv 248, 403, 423, 424 ff., (Verbtabelle) 607
Passiv-Satz 157, 424 ff., 458, 523–524
payer 258, 267, 294, 304, 356
pendant 527
pendant que 297, 542
Perfekt 279 ff.
perfektiver Aspekt 248, 299 ff., 435
Person 244 ff.
Personalform 245
Personalpronomen 151, 153 ff., 488
Personennamen 91
personne 198 ff.
peu 281
peut-être 157, 466, 502
Phonem 20
phonetische Lautschrift 20 ff.
pire 120
pis 509
plaire (Verbtabelle) 614
Pläne 268
pleuvoir 266, (Verbtabelle) 614
Plural 69 ff., 78 ff., 106 ff.
plus 117 ff., 508–509, 571
plusieurs 138 ff., 198 ff.
Plusquamperfekt (= *plus-que-parfait*) 246–247, 312 ff., 318, 330, 367
posséder 186
Possessivbegleiter 125 ff., 182, 183
Possessivpronomen 151, 182 ff., 488
pour 390, 449, 521, 525, 531
pour que 345
pourquoi 230 ff., 475
pourtant 538
pourvu que 545
pouvoir 191, 266, 282, 324, 326, 335, 384, 435–437, 475, (Verbtabelle) 614
Prädikat 458
prädikativ 400
prädikative Ergänzung 249, 250, 459
Präfixe 120, 577–580

Präpositionalausdrücke 514, 528–530
Präpositionalgruppe 67, 221, 318, 513, 548
Präpositionalobjekt 250, 445 ff., 460
Präpositionen 88, 96, 183, 219, 232 ff., 443–450, 513 ff., 587, (Liste Deutsch–Französisch) 597 ff.
Präpositionen mit Infinitiv 531
Präsens 245–247, 356, 367
Präteritum 291, 295, 296
préférer 90, 259, 264, 325
premier 347, 559, 561, 567
prendre 256, 282, 306, 323, (Verbtabelle) 615
près de 529
prévoir (Verbtabelle) 615
probablement 502
Pronomen 150 ff., 513, 554, 587
puis 540
puisque 542
Punkt 56, 59
punktueller Aspekt 299 ff., 307–308, 318

Q

qu'est-ce que 483
quand 231 ff., 269, 275, 317, 376, 542
quart 561–562, 566
que (= Ausrufewort) 483, (= Fragewort) 231 ff., 475, (= Konjunktion) 341 ff., 484, 486, 488, 541, 546–547, (= Relativpronomen) 212 ff., (= Vergleichspartikel) 118, 508
que ... ou que 379
que ... que ... 545
quel 231 ff., 483
quelconque 138, 143
quelque 138 ff.
quelque chose 198 ff., 215
qui 211 ff., 231 ff.
quiconque 198 ff.
quoi 215 ff., 231 ff.
quoi que 544
quoique 345, 544

R

Rat 355 ff., 484
reale Bedingungssätze 376 ff.
reale Handlungen 246–247
récemment 301
recevoir 306, (Verbtabelle) 615
Rechnen 571
reculer 283
réfléchir 253, 305
reflexive Verben 164, 285, 414 ff., 430, (Verbtabelle) 606
Reflexivpronomen 151, 153, 162 ff., 270, 289, 410, 414 ff., 488
regelmäßige Handlungen 260, 296, 300, 308, 318
regelmäßige Verben 244, (Verbtabellen) 602 ff.
regelmäßige Verben auf *-(d)re* 254–255, 264, 281, 304–305, 357, 403, (Verbtabelle) 605
regelmäßige Verben auf *-er* 251–252, 264, 254, 281, 303–304, 355–357, 403, (Verbtabelle) 602
regelmäßige Verben auf *-ir* 252–254, 264, 281, 304–305, 357, 403, (Verbtabelle) 603–604
Regionen 75–76, 92, 519
registre 594 ff.
régler 259
régulièrement 297
relativer Superlativ 118 ff.
Relativpronomen 152, 191, 210 ff., 288, 467–468, 488
Relativsatz 67, 189, 210 ff., 389, 475, 486
remercier 450
rendre 452
rentrer 285
répondre 255
résoudre (Verbtabelle) 615
rester 280, 284, 328, 338, 451
retourner 285
reziprok 162, 205, 290

Wort- und Sachregister

reziprok verwendete Verben 419–420
rien 198 ff., 215, 281
rire 306, (Verbtabelle) 615
Romane 303
römische Ziffern 569
rougir 252
rückbezügliches Fürwort 414

S

Sachverhalt 153, 157
Sammelzahlen 562–564
sans 200, 390, 528, 531
sans doute 157, 502
sans que 345, 544
sans quoi 216
s'appeler 451
Satz 150, 157, 458 ff.
Satzarten 460
Satzfunktionen 458–460
Satzgefüge 462, 484 ff., 595
Satzreihe 461, 595
Satzverbindungen 461
Satzverkürzung 390 ff., 398 ff., 404, 410 ff.
sauf 528
sauf si 379
savoir 266, 282, 306, 335–336, 358, 384, 396, 435–437, 475, (Verbtabelle) 615
Schaltsatz 466
schließlich 393, 507
Schreibung 49 ff.
Schriftsprache (= geschriebenes Französisch) 193, 194, 230, 271, 290, 303, 316, 318, 369 ff., 482
Schweiz 557
se 163
se faire + Infinitiv 430–431
se laver 414, 416, (Verbtabelle) 606
se passer 439
se révéler 451
se sentir 451
se voir + Infinitiv 430
second 559
Segmentierung 469–470, 595
sein/-e/-r/-s 125 ff., 183 ff.
selbe 138 ff., 198 ff.

selon 528
sembler 107, 249
semer 259
servir 450
seul 198 ff., 347
seulement 474
si (= doch) 477, (= so) 506, (= wenn / falls) 543, 547–548
si-Satz 269, 298, 314, 326–327, 329–330, 346, 376 ff., 476, 483
si ... que 542, 544
si bien que 542
Signalwörter für das *imparfait* 301
Signalwörter für das *passé composé* 301
Signalwörter für das *passé simple* 308
Silbentrennung 60–61
Singular 69 ff., 81
soi 169
soir 566
solche/-r/-s 138 ff.
son/sa/ses 125 ff.
sonst 216
sortir 285, 357
soudain 308
souhaiter 384
sous 526
sous prétexte que 542
soustraire (Verbtabelle) 615–616
souvent 297, 502
Sportarten 97
Sprachen 75
Spracheinheit 41
Sprichwörter 99, 207, 268, 476
Städtenamen 92
Stammerweiterung 252–253
Stammwechsel 333
Steigerung (Adjektive) 117 ff., (Adverbien) 508–509
Stellung der Adverbien im Satz 501–503
Stellung der Objekt- und Reflexivpronomen 165 ff., (beim Imperativ) 359 ff.

Stoffnamen 89
stummes *e* (= *e muet*) 28 ff.
stummes *h* (= *h muet*) 33, 36, 69, 86–87, 93, 126, 132, 154, 158, 161, 164, 234, 235, 252, 267
Subjekt 153, 162, 202, 211, 217, 219, 222, 224, 231, 239, 245, 249, 286, 318, 458, 464 ff.
Subjektergänzungen 249, 250, 451
Subjektgleichheit 343, 349, 385, 391, 412, 549
Subjektivität 332, 341
Subjektpronomen 153, 154 ff., 251, 594
Subjektsatz 462
subjonctif 226, 246–247, 332 ff., 361–362, 368 ff., 427–428, 439, 484, 546–547, 596
subjonctif imparfait 338 ff., 371, 375
subjonctif in der Zeitenfolge 350
subjonctif in Hauptsätzen 348
subjonctif in Relativsätzen 346–347
subjonctif nach Konjunktionen 345–346
subjonctif oder Infinitiv 349
subjonctif passé 336 ff., 368 ff.
subjonctif plus-que-parfait 340 ff., 371, 375
subjonctif présent 332 ff., 368 ff.
subjonctif-Auslöser 332, 341, 366 ff.
Subordination 462
subordinierende Konjunktionen 534, 540 ff.
Substantiv 66 ff., 150, 187, 190, 400, 405, 513, 580–582, 588
Substantivergänzungen 514–516
substantivierter Infinitiv 76, 392

Wort- und Sachregister

suffire 439, (Verbtabelle) 616
Suffixe 71–72, 73–75, 580–587
suivre (Verbtabelle) 616
super- 120
Superlativ 90, 117 ff., 347
supposé que 379
sur 449, 526
Syntax 595

T

Tageszeiten 90
tandis que 542–543
tant 506
tant mieux 509
tant pis 509
tant que 542
tantôt … tantôt 538
tarder 439
Tätigkeitswort 244 ff.
te 158, 160, 163
Teilfrage 460
Teilungsartikel 95 ff., 177
tel 138 ff., 199 ff.
tellement que 542
Temperatur 571
temporal 345, 515, 542, 544
temporale Nebensätze 317, 320
temporaler Gebrauch 298, 314, 322
Tempus 245 ff.
tenir 305, 306
tenir pour 452
tiers 561–562
Titel 91, 128
toi 168, 223
tomber 284
ton/ta/tes 125 ff.
toujours 297, 502
tout 138 ff., 199 ff., 281, 505–506
tout à coup 301, 308
toutefois 538
trait d'union 55
transitive Verben 441 ff.
travailler 294, 356
tréma 30–31
très 119, 504–505
triple 564
trop 502

trouver 452
tu 154

U

überhaupt kein/-e/-r/-s 137 ff., 197 ff.
Uhrzeit 565 ff.
ultra- 120
Umstandsergänzung 177
un/une 93 ff., 554–556
unbestimmte Menge 94
unbestimmte Sachverhalte 215
unbestimmter Artikel 93 ff., 177
ungefähr 562–564
Ungewissheit 342
unmittelbare Vergangenheit 386, 434
unpersönliche Ausdrücke 343–344, 385 ff., 438–440
unpersönliche Verben 438–440
unpersönliches „es" 157
unregelmäßige Imperativ-Formen 358
unregelmäßige Verben 244 ff., 255 ff., 265 ff., 323–324, (Verbtabellen) 608 ff.
unregelmäßige Partizipien 282
unser/-e/-s 127 ff., 183 ff.
unterordnende Konjunktionen 534, 540 ff.
unveränderliche Verbformen 245
unverbundene (= betonte) Personalpronomen 153 ff., 168 ff., 360, 447, 448, 468–469
-uple 564
Urheber der Handlung im Passiv-Satz 428–429
ursprüngliche Adverbien 498
usage courant 594 ff.
usage soutenu 594 ff.

V

vaincre (Verbtabelle) 616
valoir (mieux) 439, (Verbtabelle) 616

venir 256, 265, 282, 283, 305, 306, 324, 334, 433–434, (Verbtabelle) 616
venir de 386
Veränderlichkeit des Partizip Perfekt 406, 416–418
veranlassen 389–390
Verbaladjektiv 399–400
Verbalperiphrase 249, 435
Verben 244 ff., (Stellung im Satz) 464 ff., (Wortbildung) 586
Verben auf -(d)re 254–255, 264, 281, 304–305, 357
Verben auf -cer 257–258, 295, 304
Verben auf -éer 323
Verben auf -er 251–252, 264, 254, 281, 303–304, 355–357
Verben auf -ger 257–258, 295, 304
Verben auf -ier 323
Verben auf -ir 252–254, 264, 281, 304–305, 357
Verben auf -ouer 323
Verben auf -uer 323
Verben auf -yer 258, 266–267, 325
Verben der Fortbewegung 283
Verben der Meinungsäußerung 348–349
Verben der Wahrnehmung 385, 389
Verben der Willensäußerung 384
Verben des Sagens und Denkens 341–342, 348–349, 385
Verben mit prädikativer Ergänzung 451–452
Verbergänzungen 214, 384 ff., 440 ff., 514–516
verblose Sätze 361
Verbote 268, 272, 342, 355 ff., 484
Verbstamm 244, 252
verbundene Personalpronomen 153 ff., 447

651

Wort- und Sachregister

Vereinfachung der Rechtschreibung 63, 85, 481
Vergangenheit 245
Vergleich 117 ff., 508–509
Vergleichspartikel 118
Vergleichssätze 170
Vergleichsstufen 117
Verkehrsmittel 76, 524
Verknüpfungsadverbien 500, 537 ff.
Verlauf 296, 308
Vermutungen 268, 275, 326, 329, 436
verneinte Imperativsätze 165, 179, 360
verneinter Fragesatz 477
verneinter Infinitiv 392–393
Verneinung 470 ff., 595
Verneinungspartikeln 200, 270, 281, 410, 472–473
verniedlichende Suffixe 585
vers 526–527
verschiedene 138 ff.
Verschmelzen des bestimmten Artikels mit à und de 88–89, 519–520
verstärkte Formen der Demonstrativa 132, 134
Vervielfältigungszahlen 564–565
Verwaltungssprache 399, 401
Verwandtschaftsbezeichnungen 128
vêtir (Verbtabelle) 616–617
vingt 554–555
virgule 57–58, 571
vite 317
vivre 306, (Verbtabelle) 617
voilà 215
voilà pourquoi 539
voir 256, 266, 282, 306, (Verbtabelle) 617
Vokal 21 ff.
Vollverb 248–249
vorangestellte Adjektive 110, 112, 114–115, 119
vorangestellte Fragewörter 477–478
Voranstellung der Pronomen 156, 165 ff.

Voranstellung des direkten Objekts 288, 406, 418
Vorgangspassiv 425
Vorschläge 298, 326
Vorwürfe 32, 329
Vorzeitigkeit 275, 313, 316–317, 320, 326, 329, 350–351, 367 ff.
votre/vos 127 ff.
vouloir 266, 282, 306, 324, 335–336, 358, 384, 435–437, (Verbtabelle) 617
vous 154–155, 158, 160, 163, 168

W

wahrscheinliche Handlungen 246–247
wann 231 ff.
Warnung 273
warum 230 ff.
was 216 ff., 231 ff.
was für (ein/-e) 234
Wechselseitigkeit 419–420
weiter 393, 507
welche/-r/-s 230 ff.
wem 232
wen 231
wer 231–232
Werbung 503–504, 588
wertende Suffixe 585
wessen 232
Wetter 438
Wettervorhersage 272
wie viel/-e 230 ff.
Wissenschaften 76, 90
wo 230 ff.
Wochentage 76, 90, 98, 568
woher 236
wohin 230 ff.
woran 233
worauf 216
Wortbildung 574 ff.
Wortkette 35 ff.
Wortkürzung 588–589
Wortschatz 594
Wortstellung im Aussagesatz 463 ff.
wovon 233
Wünsche 298, 326, 329, 341, 348

Y

y 175 ff., 360–361, 447, 459

Z

zählbar 66
Zahlen 554 ff.
Zahlwort 75, 177
zehn Gebote 269
Zeit 244 ff.
Zeit im Nebensatz 367 ff.
Zeitadverbien 269, 273, 297, 489, 499
Zeitangaben 213, 565 ff.
Zeiten der Gegenwartsgruppe 367, 372–373, 377
Zeiten der Vergangenheit 279 ff.
Zeiten der Vergangenheitsgruppe 367, 374–375
Zeitenfolge 327, 366 ff.
Zeitenfolge in Bedingungssätzen 376 ff.
Zeitenfolge in der indirekten Rede 372 ff.
Zeitenfolge in *subjonctif*-Sätzen 368 ff.
Zeitpräpositionen 527
Zeitungsüberschriften 99
Zeitverhältnis zwischen Haupt- und Nebensatz 366 ff.
zéro 554–555
Ziel 347
Zugehörigkeit 519
Zukunft 245–246, 260, 263 ff.
zusammengesetzte Adjektive 115, 576
zusammengesetzte Konjunktionen 541
zusammengesetzte Zeiten 245–247, 256, 279, 312, 316, 328, 332, 340, 403, 415 ff., 473–474, 502
zusammengesetzter Satz 461
zusammengezogener Artikel 88–89
Zusammensetzung 574–576
Zustandspassiv 425
Zweifel 342, 348–349

Zeichen und Abkürzungen

⇉	Verweis auf Abschnitt innerhalb des Kapitels bzw. auf ein anderes Kapitel
Ø	fehlende Form bzw. kein Eintrag
/	alternative Form oder Bedeutung
bzw.	beziehungsweise
etc.	et cetera = und so weiter
ff.	und folgende Seiten
u. a.	unter anderem
usw.	und so weiter
vs. = ↔	versus = im Gegensatz zu
z. B.	zum Beispiel

Grammatische Fachausdrücke

Lateinisch	Deutsch	Französisch	Beispiele
absoluter Superlativ	Form, die einen hohen Grad einer Eigenschaft bezeichnet	superlatif absolu	très grand, hyper-cher, ultra-chic
Adjektiv	Eigenschaftswort	adjectif	bon, mauvais
Adverb	Umstandswort	adverbe	bien, mal
Adverbial = adverbiale Bestimmung	Umstandsbestimmung	complément circonstanciel	Qu'est-ce que tu fais ce soir ?
Adverbialpronomen	Fürwort, das eine Umstandsbestimmung ersetzt	pronom adverbial	en, y
Affirmation	Aussagesatz	phrase affirmative	Il parle français.
Akkusativ	4. Fall (Wenfall)	accusatif / complément d'objet direct	J'ai rencontré mon voisin en ville.
Aktiv	Tatform	voix active	Le peuple élit le président.
Akzent	Aussprachezeichen	accent	été, à, être
Apposition	Einschub / Zusatz	apposition	Jean, mon oncle, vit en Italie.
Artikel	Geschlechtswort	article	le soleil, la lune, un café
attributives Adjektiv	Eigenschaftswort, das als Beifügung zu einem Nomen gebraucht wird	adjectif épithète	un repas délicieux
Auxiliarverb	Hilfsverb	auxiliaire	avoir, être
–	Bindung	liaison	les ‿ enfants
Dativ	3. Fall (Wemfall)	datif / complément d'objet indirect	Je ne vais rien dire au chef.
Deklination	Beugung von Hauptwörtern	déclinaison	–
Demonstrativum	hinweisender Begleiter / hinweisendes Fürwort	déterminant / adjectif / pronom démonstratif	Cette voiture ne me plaît pas. / Je préfère celle-là.
direktes Objekt	Ergänzung im 4. Fall / Akkusativobjekt	complément d'objet direct	J'ai rencontré mon voisin en ville.
durativ	nicht abgeschlossen	duratif, imperfectif	Quand je suis arrivé, il pleuvait.
Elision	Auslassung	élision	j'aime, s'il vient

Grammatische Fachausdrücke

Lateinisch	Deutsch	Französisch	Beispiele
emphatisch	betonend / nachdrücklich	emphatique	Moi, je n'y vais pas.
expletiv	zusätzlich	ne explétif	J'ai peur qu'il **ne** rate son examen.
feminin	weiblich	féminin	la mère
finite Verbform	Verbform, die in einer Zeit steht	forme conjuguée	je prends
Futur	Zukunft	futur	je prendrai, j'aurai pris
Genitiv	2. Fall (Wesfall)	génitif	le restaurant **de Pierre**
Genus	grammatisches Geschlecht	genre	table = féminin
Gerundium	Verlaufsform	gérondif	en prenant
Hauptsatz	Hauptsatz	(proposition) principale	**Je n'y vais pas** parce que je n'ai pas le temps.
Imperativ	Befehlsform	impératif	prends, prenons, ne prenez pas
imperfektiv	nicht abgeschlossen	imperfectif / duratif	Quand je suis arrivé, **il pleuvait**.
Indefinitum / Indefinitpronomen	unbestimmter Begleiter / unbestimmtes Fürwort	déterminant / adjectif / pronom indéfini	**Quelques** amis sont venus. / **Quelques-uns** sont venus.
Indikativ	Wirklichkeitsform	indicatif	je prends
indirektes Objekt	Ergänzung im 3. Fall / Dativobjekt	complément d'objet indirect	Je vais **lui** dire la vérité.
infinite Verbfom	Verbform, die nicht in einer Zeit steht: Infinitiv, Partizip und Gerundium	mode impersonnel	prendre, pris, en prenant
Infinitiv	Grundform des Verbs	infinitif	prendre
Interpunktion	Zeichensetzung	ponctuation	, ; ! ? . :
Interrogativsatz	Fragesatz	phrase / proposition interrogative	Il parle français ?
Interrogativum	Fragewort	mot interrogatif	que ?, quand ?, qui ?, lequel ?
Intonation	Satzmelodie	intonation de la phrase	–
intransitives Verb	Zeitwort, das kein Objekt zulässt	verbe intransitif	dormir, marcher

Grammatische Fachausdrücke

Lateinisch	Deutsch	Französisch	Beispiele
Inversion	Umstellung von Satzgegenstand und Satzaussage	inversion	Que fais-tu ce soir ?
Kardinalzahl	Grundzahl	nombre / numéral cardinal	un(e), deux, trois ...
kausal	den Grund / die Ursache bezeichnend	causal / de cause	par amour
Komparativ	1. Steigerungsstufe	comparatif	Pierre est plus grand que Jean.
Kompositum	zusammengesetztes Wort	mot composé	tire-bouchon, pot de fleur
Konditional	Bedingungsform	conditionnel	je prendrais, j'aurais pris
Konditionalsatz	Bedingungssatz	phrase conditionnelle	Si j'avais le temps, je ferais un voyage.
Kongruenz	Übereinstimmung	accord	certaines belles femmes parisiennes
Konjugation	Beugung von Zeitwörtern	conjugaison	je prends, tu prends, il/elle/on prend, ...
Konjunktion	Bindewort	conjonction	parce que, et, mais
Konjunktiv	Möglichkeitsform	(subjonctif)	Vive la république !
Konsonant	Mitlaut	consonne	b, c, d, f ...
Kopula(verb)	Gleichsetzungsverb	verbe attributif / copule	Jean est médecin.
maskulin	männlich	masculin	arbre = masculin
Modalverb	Zeitwort, das die Bedeutung eines Vollverbs modifiziert	auxiliaire de mode	devoir, pouvoir, savoir
Modus	Aussageweise: Kennzeichnung einer Aussage als wirklich, möglich oder als Aufforderung	mode	indicatif: je prends, subjonctif: que je prenne, impératif: prends
Morphologie	Formenlehre	morphologie	–
Nebensatz	Nebensatz / untergeordneter Satz	(proposition) subordonnée	Je n'y vais pas parce que je n'ai pas le temps.
Negation	Verneinung	négation	Il ne parle pas français.
Neutrum	sächliches Geschlecht	neutre	cela = ça, ceci
Nomen	Nennwort / Hauptwort	nom / substantif	homme, table, liberté
Nominativ	1. Fall (Werfall)	nominatif	Jean a deux fils.

Grammatische Fachausdrücke

Lateinisch	Deutsch	Französisch	Beispiele
Numerus	Zahl	nombre	singulier: table, pluriel: tables
Objekt	Ergänzung des Verbs	complément d'objet (direct / indirect / prépositionnel)	Tu as vu **ce film** ? Tu **lui** as parlé ? Tu as confiance **en lui** ?
Objektkomplement	prädikative Ergänzung zum Objekt	attribut du complément d'objet	Il **me** prend **pour un idiot**.
Objektpronomen	persönliches Fürwort als Ergänzung des Verbs	pronom (personnel) objet	Je **t**'aime. Je **le lui** donne.
Ordinalzahl	Ordnungszahl	nombre / numéral ordinal	deuxième, troisième …
Partitiv	Teilungsartikel	article partitif	**du** sucre
Partizip Perfekt	Mittelwort der Vergangenheit	participe passé	pris
Passiv	Leideform	voix passive	Le président est élu par le peuple.
Perfekt	vollendete Gegenwart	passé composé	j'ai pris
Personalpronomen	persönliches Fürwort	pronom personnel	je, me, à moi
Plural	Mehrzahl	pluriel	**les** amis, aime**nt**
Plusquamperfekt	Vorvergangenheit	plus-que-parfait	j'avais pris
Possessivum	besitzanzeigender Begleiter / besitzanzeigendes Fürwort	déterminant / adjectif / pronom possessif	C'est **ma** mère. / C'est **la mienne**.
Prädikat	Satzaussage	prédicat	Jean **regarde** la télé.
prädikative Ergänzung	die Satzaussage betreffende Ergänzung, die nach einem Gleichsetzungsverb steht	complément prédicatif	Marie est **infirmière**.
prädikatives Adjektiv	Eigenschaftswort, das nach einem Gleichsetzungsverb steht	adjectif attribut	Ce repas est **délicieux**.
Präposition	Verhältniswort	préposition	à, de, avec, derrière

Grammatische Fachausdrücke

Lateinisch	Deutsch	Französisch	Beispiele
Präpositional-objekt	Ergänzung des Verbs, die ein Verhältniswort enthält	complément d'objet prépositionnel	Je compte sur ton aide.
Präsens	Gegenwart	présent	je prends
Präteritum	Vergangenheit	passé	j'ai pris, je prenais, je pris
Pronomen	Fürwort	pronom	je, me, quelqu'un, le mien, celui, lequel
reflexives Verb	rückbezügliches Verb	verbe pronominal	se lever, s'appeler
Reflexiv-pronomen	rückbezügliches Fürwort	pronom réfléchi	je me lève, il s'appelle
relativer Superlativ	2. Steigerungsstufe	superlatif relatif	Marie est la meilleure de la classe.
Rektion	Ergänzung mit einer Präposition	rection	penser à, insister sur, se souvenir de
Relativ-pronomen	bezügliches Fürwort	pronom relatif	Passe-moi les livres qui sont sur la table.
Relativsatz	Nebensatz in der Rolle eines Attributs	(phrase / proposition) relative	C'est un film que j'adore.
Reziprok-pronomen	wechselbezügliches Fürwort	pronom réciproque	Nous nous respectons.
Semikolon	Strichpunkt	point-virgule	;
Singular	Einzahl	singulier	la table, je prends
Subjekt	Satzgegenstand	sujet	Cet enfant fait toujours des bêtises.
Subjekt-pronomen	persönliches Fürwort in der Funktion des Satzgegenstandes	pronom (personnel) sujet	je, tu, il, elle …
Subjekt-komplement	prädikative Ergänzung zum Subjekt	attribut du sujet	Jean est professeur.
Substantiv	Hauptwort	substantif	homme, table, liberté
Superlativ	höchste Steigerungsstufe	superlatif	le plus cher, hyper-cher
Syntax	Lehre vom Satzbau	syntaxe	–
temporal	zeitlich	temporal	–
Tempus	Zeit	temps	présent, passé, futur
transitives Verb	Zeitwort, das ein Objekt zulässt	verbe transitif	faire quelque chose, voir quelqu'un, parler à quelqu'un

Grammatikalische Fachausdrücke

Lateinisch	Deutsch	Französisch	Beispiele
Valenz	Ergänzungsmöglichkeiten eines Zeitworts	valence	parler à quelqu'un de quelque chose
Verb	Zeitwort	verbe	prendre, être, savoir
Verbalaspekt	Kategorie, die den zeitlichen Verlauf einer Handlung beschreibt	aspect du verbe	imperfectif : **avait** vs. perfectif : **a eu / eut**
Verbalperiphrase	Umschreibung mit einem Zeitwort	périphrase verbale	être en train de faire quelque chose
Vokal	Selbstlaut	voyelle	a, e, i, o, u
	Zeitenfolge	concordance des temps	Il a dit qu'il pleuvait.

Hueber
Sprachen der Welt

Wortschatz und mehr ...

Großer Lernwortschatz Französisch
Erweiterte und aktualisierte Neuausgabe
15.000 Wörter zu 150 Themen
420 Seiten
ISBN 3–19–019493–9

15.000 Wörter, tausende von Anwendungsbeispielen sowie grammatische, lexikalische und landeskundliche Erläuterungen machen diese Neubearbeitung zu einem „Muss" für alle, die systematisch ihre Wortschatzkenntnisse vervollständigen möchten.

- ✔ zweisprachiger Wortschatz mit Beispielsätzen, Kollokationen und Hinweisen zur Aussprache
- ✔ topaktuelle Wortschatzergänzungen z.B. EU-Erweiterung, Ökosteuer, Globalisierung, Digitalkamera und Bioethik
- ✔ Kurzgrammatik mit den wichtigsten Themen
- ✔ zusätzliches deutsches Register zum schnellen Auffinden von Wörtern oder Themen
- ✔ Berücksichtigung von Schriftsprache, Umgangssprache und Slang

Auch für Wirtschaftsenglisch, Englisch, Italienisch, Spanisch und Portugiesisch lieferbar.

Max Hueber Verlag   **www.hueber.de**